我國引進國民參與
刑事審判制度之研究

以日本裁判員制度為借鏡

張永宏

本書經政大出版社思源人文社會科學博士論文獎評選委員會審查
獲「第三屆思源人文社會科學博士論文獎法律學門首獎」

國家圖書館出版品預行編目(CIP)資料

我國引進國民參與刑事審判制度之研究：以日本裁判員
制度為借鏡 / 張永宏著. -- 初版. -- 臺北市：政大出版社
出版：政大發行, 2014.04
　　面；　公分
ISBN　978-986-6475-50-4（平裝）

1. 刑事審判　2. 陪審　3. 日本

586.5　　　　　　　　　　　103006769

我國引進國民參與刑事審判制度之
研究──以日本裁判員制度為借鏡

著　　者｜張永宏

發 行 人　吳思華
發 行 所　國立政治大學
出 版 者　政大出版社
執行編輯　朱星芸
地　　址　11605臺北市文山區指南路二段64號
電　　話　886-2-29393091#80626
傳　　真　886-2-29387546
網　　址　http://nccupress.nccu.edu.tw

經　　銷　元照出版公司
地　　址　10047臺北市中正區館前路18號5樓
網　　址　http://www.angle.com.tw
電　　話　886-2-
傳　　真　886-2-
郵撥帳號　19246
戶　　名　元照出

法律顧問　黃旭田
電　　話　886-2-

排　　版　振基興
印　　製　祥新印
初版一刷　2014年
定　　價　600元
ISBN　97898
GPN　10103

政府出版品展售處
• 國家書店松江門市：104臺北市松江路209號1樓
　電話：886-2-25180207
• 五南文化廣場臺中總店：400臺中市中山路6號
　電話：886-4-22260330

目　次

4　國民參與刑事審判制度的基本理念 177

5　國民參與刑事審判制度的合憲性爭議與憲法界線
.... 217

10 結論 563

賴序

　　我國司法公信力長期以來低迷不振，過去一連串的司法改革雖收到一定程度的效果，但就司法達成其解決社會紛爭、維護法和平性之功能、獲得人民完全的信任而言，仍有相當程度的距離。因此，我自就任司法院長以來，即參考世界各國司法潮流及我國法制文化現狀，以推動人民觀審制度，讓一般民眾有機會進入法院，與法官共同審判，使司法能夠更透明、更能傾聽人民的聲音，以此提升司法的公信力，為施政的主要方針。

　　人民觀審制度推動以來，即深獲社會各界的關注與討論，在多元化的社會中，有各種不同的聲音，本即為正常可喜的現象，而在此制度引發的各種討論中，吾人可以發現，其中有主張應該仿效英美引進陪審制者，有主張應參考德日採行參審制者，當然亦有認為現階段仍不宜引進人民參與審判制度者；進一步分析上述主張背後的論點，或認為仿效英美之陪審制可以實現司法民主化，或認為人民參與審判制度有違憲之虞，亦有擔憂人民參與審判將導致裁判品質下降，更有認為我國之社會文化仍不成熟、不宜引進人民參與審判者；就人民參與審判制度與刑事訴訟程序關係，固有倡議應該配合進行刑事訴訟改革者，但亦有認為應維持現行刑事訴訟程序不做任何變動，以減輕司法體系之負擔。

　　張永宏法官於 2010 年 9 月進入司法院刑事廳服務，正巧即為我任職司法院長之時，由於張法官資質聰穎、做事認真、長年辦理刑事審判業務，又有赴日留學親炙該國裁判員制度之背景，於是指派其擔任人民觀審制度研擬與推動之重要幕僚工作。張法官及刑事廳同仁 3 年來的孜

孜矻矻、不辭勞苦,不但完成了人民觀審試行條例草案全文,並將草案送入立法院審議,社會各界有識之士更逐漸體認到人民觀審制度乃是我國採用人民參與審判制度所踏出較為穩健的第一步。張法官在擔任上述工作之際,亦深感此一議題對於我國法制發展及社會健全之重要性,於是參考眾多文獻,針對人民參與審判制度引發之各個層次的問題,進行詳盡的分析檢討,完成此一質量俱巨之博士論文。此一論文不僅學術及實務觀點兼備,更是洞察、認知社會實態,理解、掌握立法者思維的重要參考資料。希望藉由此論文之出版,能夠讓更多讀者注意到人民參與審判制度之議題,深化我國人民參與審判制度之相關討論,以使人民參與審判制度在我國早日實現,司法公信力更能夠藉此有效提升,達到司法為民、實現社會正義的終局目標。

　　是為序。

司法院院長　賴浩敏

2013 年 8 月

蘇序

　　張法官這本有關人民參與審判的大書，就各部分的內容而言，不一定都是先驅性的研究，也不一定都是一家之言，但就宏觀視野和各問題處理的完整細緻而言，稱之為國內的第一本書，絕對當之無愧。

　　這樣的大書，磨磨蹭蹭可以寫個十年，張法官花的時間可能不到一半，如果沒有外逼內攻，大概是難以為繼的。內攻我不知道，外逼的正犯就是他在司法院服務的所有長官：「你既然研究這個，我們剛好要作這個，那你就多出點力嘍」，這也是司法院擠壓調院「辦事」法官慣用的手段，結果到底是誰賺到了，帳很難算，但法律、法規不在著作權保護範圍，僅就這一點，人民觀審試行條例從第一個字開始寫的張法官，應該是吃了一點虧。

　　從學術研究到政策推動，台灣現在面對這個重大議題都像是急行軍，沒有半點清談的優雅，何以如此，很耐人尋味。主要的問題大概在於，我們沒有人民參與審判的傳統，不管你的史觀如何，從台灣算還是全中國算，都沒有。法律人多少知道一點，外國有這樣的制度，但在他們學習外國的法律制度時，自動的都刪除了這部分，因為離我們實在太遙遠。過去偶見有人談到陪審、參審，多半是抱著介紹寰宇花絮的心情，真有人提起我們何不試試的，大概也是言者嘻嘻，聽者哈哈。

　　所以當司法院賴浩敏院長開始談司法的社會化改革，真的把人民觀審制當成社會化改革的第一箭時，確實引起法界不小的騷動。接下來的反應就是重回過去的清談式改革，準備繼續從 ABC 開始談他個十年，而且你說參審，就有人主張陪審，你說先行觀審，就有人說何不一步到

位。過去二十五年司法院就是這樣清談了三波人民參與審判，也製造了不少篇短論，派出好幾個考察團，最後法案連大門都沒出，就無疾而終。冰凍三尺，豈清談可以融解？但司改今昔的不同，就在開始注意民眾的想法，你如果現在試試去問街上的人，司法院要不要審判機關化，刑事訴訟要不要改採當事人主義，他們連理都懶得理，但是讓人民參與審判？百分之八十會說要，而且越快越好。這就是基本的改革哲學問題，很多人質疑為什麼要問不懂法律的民眾，不問懂法律專業人士？社會化改革要改的第一件事，就是從民眾的角度去找問題，這也許正是法律和醫療專業最不同的地方，病醫好了沒有，最後是醫生說了算，正義實現了沒有，最後是人民說了算。因此如果人民不相信司法，就算所有法律專業都按讚，司法還是不能定紛止爭。

什麼樣的司法可以定紛止爭？最近美國佛羅里達州保全員齊莫曼誤殺黑人青年馬丁一案，法院的無罪判決一度引發全國性種族抗爭，竟能很快的在非裔的歐巴馬總統和民權領袖呼籲接受司法後逐漸平息，其實已經說得很清楚，只有當司法能得到民眾基本的信賴，民眾對司法也有合理的期待時，司法的社會控制功能才會有效。我們的司法所以會盪到谷底，絕對不是因為我們的法官在整體能力、操守上不如歐美國家，或者我們的法制落後人家很多，真正的問題在於：人家對法院的信賴比我們高很多，對判決效果的期待卻又比我們低很多。台灣的司法會變成一種煎熬，不論對法官還是人民，問題就出在這裡，而所以如此，都因為人民對司法源於文化的陌生、疏離，絕不是法律人關起門來作這樣那樣的改變，可以有任何根本的改善，唯一的辦法，就是讓人民進入法院，和法官一起聽審，一起討論、評議，最後一起作成決定，不用多，每個人一輩子有一次就夠了。

但改革面對的最大考驗，還是怎樣從無到有的，把這樣一個陌生的制度設計出來，而且把阻力、風險都減到最小，讓它先成功著陸。和我們處境類似的日本、韓國，這幾年都量身打造了軟著陸的計畫，幾年內就把一套全新的人民參與審判制度穩穩的扎了根。作為後發者的台灣，

司法院鑑於三度無法起飛的失敗先例，設計了觀審試行條例這樣的在實體和程序都相當溫和的輕起飛、軟著陸方式，從規劃、起草到模擬審判，能想、能作的都已窮盡可能，可以說是抱定必成的決心，這一箭，絕對關乎社會化改革的成敗。

　　說這些背景，完全無意減損這本書的學術價值，好的政策本來就要建立於客觀周延的資訊和理論分析上，作為一個參與擘劃者，我只能感謝有這麼好的因緣，可以碰到像張法官這樣耐操又有執行力的同事，學術上還能大放光彩。古時候都管那些能文能武的將軍叫儒將，我看到法官案子辦得好的，還能擠出時間思考一些理論問題發而為文的，就覺得是法界的儒將，以法學經世致用的本質來看，在我心中這才是拔劍四顧無敵手的狠角色。寄語我親愛的法官同仁，有為者亦若是？

司法院副院長　蘇永欽

2013 年 8 月

第一章
緒論

Chapter 1

壹、研究動機與目的

一、研究動機

　　筆者曾於 2007 至 2008 年間，在日本東京大學法學政治學研究科擔任客座研究員，其時正逢日本的刑事參審制度——裁判員制度[1]即將正式施行（施行日：2009 年 5 月 21 日）之際，不論是立法完成前，對於制度的規劃、設計，乃至於制度施行後，應如何運用、操作裁判員制度，日本學界與實務界均有非常激烈、廣泛的討論，一個國家對於法制的興立存廢，竟有如此認真、謹慎的態度，乃筆者所初見，不僅驚異、更覺感動，因此產生研究日本裁判員制度之興趣，並盡力蒐羅相關文獻。

　　隨著閱覽文獻日多，筆者逐漸察覺到我國與日本在法律、文化之間許多相近之處。例如我國與日本在社會文化方面，均受儒家、佛教文化的長期浸淫，同屬東亞文化圈，很早就完成了成文法之法典化，[2]自古

1　法律名稱為「關於裁判員參加的刑事審判的法律」，2004 年 5 月 28 日公布，以下均稱為「裁判員制度」。該制度是由職業法官與一般國民（裁判員）一起認定事實、適用法律及量刑，與一般國民僅負責認定事實與適用法律，職業法官僅負責解釋法律及刑的陪審制不同，而屬參審制度。

2　我國自秦漢以來，伴隨著中央集權體制，即有成文法典之制訂，至隋唐更臻成熟，而有「開皇律令」、「武德律令」、「開元二十五年律令」、「永徽律令」等成文法。近鄰的日本對於隋唐的典章制度也亟思仿效，自西元 7 世紀（飛鳥時代）

以來，在典章制度上即有諸多雷同之處，且有菁英統治的長期傳統；在19世紀西風東漸之際，兩國均亟思學習、仿效歐美法律制度，以維護國家的尊嚴與權益，於刑事法領域，我國與日本都選擇學習、仿效大陸法系，當時許多日籍學者（如清末的岡田朝太郎）更在我國刑事法制的建立上，扮演重要的角色，更遑論我國於1949年以後實際支配的領土──臺灣，甫於1949年結束日本長達50年之統治。但值得注意的是，我國與日本在學習仿效大陸法系的刑事法制之際，卻都捨棄一併引進當時即已存在於歐陸法制中的陪審制度或參審制度，仍然以「職業法官審判」作為刑事審判唯一的運作方式，[3]而沒有實行國民參與刑事審判制度的打算，其後日本雖然有短暫實施過僅具有諮詢性質的陪審制度（大正陪審制，1928-1943），我國亦不乏將陪審制度入憲、立法的提議，但上述嘗試最後都以失敗收場，在20世紀末葉，日本、我國與韓國、荷蘭，成為民主國家中少數沒有讓「一般國民」參與刑事審判的幾個國家，我國或日本的學者或實務家，亦習慣於僅從職業法官審判的角度來思考、設計、解釋刑事訴訟制度。即使日本在第二次世界大戰戰後、我國在20世紀末葉，先後引進當事人主義，以取代、弱化既有的職權主義色彩，但仍然維持職業法官獨力職司刑事審判的狀態。而日本、我國的憲法，對於一般國民參與審判亦均持沈默的態度，反而是以「職業法官審判」為前提而設各項規定，釋憲者亦多以此角度解釋憲法中關於司法權、人權的相關規定，亦與職業法官審判之現狀相互呼應。

　　惟在步入本（21）世紀之初，上述情勢突然有了改變，日本完成

　　起，即派遣「遣隋使」、「遣唐使」，並促成了「大化改新」（西元646年）。西元701年（大宝元年），文武天皇頒訂了「大宝律令」，其後更有「養老律令」之訂頒，亦完成了成文法法典化運動，此一時期（西元7世紀至10世紀）史稱「律令國家」。

3　日本於戰後（1948年）創設了檢察審查會制度（檢察審查會法），由11名成年的一般日本國民擔任檢察審查員，負責審查檢察官的不起訴處分是否適當，此雖為「廣義的刑事司法」之中國民參與的例子，但嚴格而言，並非國民參與刑事「審判」制度。

了裁判員制度（2004）的立法，鄰近的韓國也緊接著制定了國民參與刑事審判法（2007），我國則先後提出刑事參審試行條例草案（1994）、國民參審試行條例草案（2006）、人民觀審試行條例草案（2012）。東亞三個主要的民主國家——日本、韓國、臺灣，突然出現了一股國民參與刑事審判的浪潮。論者有仿效美國政治學者杭亭頓（Samuel Phillips Huntington，1927-2008）在《第三波——二十世紀末的民主化浪潮（*The Third Wave—Democratization in the Late Twentieth Century*）》一書對於政治民主化歷史的分類，將歷史上國民參與刑事審判制度的引進，區分為三個波段——（1）英國殖民（17-18世紀）、（2）拿破崙戰爭（18-19世紀）、（3）後冷戰的政治民主化（19世紀90年代迄今），並將東亞引進國民參與刑事審判制度的浪潮定位於「第三波」之中。[4]誠然，「民主化」與「國民參與刑事審判制度」的關連性為何，可能有不同見解，是否可以逕自以「政治民主化」來看待東亞這一波國民參與刑事審判制度的浪潮？並非全無爭議，[5]但東亞民主國家於20世紀末以來先後引進國民參與刑事審判制度，從比較直接的角度來觀察，乃起因於「對於既有職業法官審判現狀的不滿與變革」，厥為不爭的事實。我國與日本，也很有默契地，一起走到了此一歷史的十字路口。

　　但我國與日本畢竟都是長期以來習於由職業法官審判的大陸法系國家，相關實體或程序法制多已完備、實務的運作解釋也告穩定，面對國民參與刑事審判制度的引進，難以避免產生矛盾、衝突之感。此就如同已經居住許久的房子，突然要進行增建、修繕、裝潢一般，所需的調適，與在現代法制尚未完備之際即引進國民參與刑事審判制度的歐美各國相較，實非可同日而語。而日本在引進裁判員制度之際，舉凡引進此

---

[4]　Ryan Y. Park, The globalizing jury trial: Lessons and insights from Korea, 58 Am. J. Comp. L. 525, at 525(2010).

[5]　例如日本早於第二次世界大戰之後即被視為民主國家，故要說是因為冷戰後的政治民主化促成了日本裁判員制度的出現，即非沒有爭議。

制度的基本理念（必要性）為何？應該引進的是陪審制還是參審制？引進國民參與刑事審判制度有無違憲的問題？具體的制度內容應該如何設計？對於現行刑事訴訟程序會產生如何的影響？應如何配合修正？等等，均引發了相當熱烈、廣泛的討論，筆者在觀察日本裁判員制度之際，亦不禁開始思索我國是否也應該引進國民參與刑事審判制度？對於法制環境與日本如此相近的我國而言，日本在引進裁判員制度之際曾經引發上述的各種討論，也實適足以作為我國引進國民參與刑事審判制度的參考。

因此，筆者擬借用日本裁判員制度引進之際，論者針對各種問題所投注的智慧與思辨，進而觀察我國建構與設計國民參與刑事審判制度時，必須思考的各項問題，並嘗試提出解決的方案，在我國應否引進國民參與刑事審判制度之討論方興未艾之際，或許能夠提供更多思考的方向，而為撰寫本文的研究動機。

二、研究目的

本文期望達成的研究目的計有以下各點：

（一）釐清陪審與參審的區別，尋找現代國民參與刑事審判制度的歷史根源與主要國家的發展情形；並探尋德、法等大陸法系國家為何從陪審制度轉向為參審制的理由。

（二）將日本、韓國及我國置為比較分析的對象，整理日本戰前的陪審制、戰後的裁判員制度、韓國現行的國民參與刑事審判制度、我國的刑事參審試行條例草案、國民參審試行條例草案、人民觀審試行條例草案等制度產生的緣由與內容，並以日、韓兩國立法的經驗，尋求對於我國有益的啟發。

（三）分析陪審、參審的利弊得失，並臚列我國應該採行參審制而非陪審制的理由。

（四）分析「實現國民主權、司法民主化」是否適於作為國民參與

刑事審判制度的基本理念？並進而探尋我國現今引進國民參與刑事審判制度的基本理念究竟應該如何定位。

（五）分析我國憲法與國民參與刑事審判制度的關係為何？憲法是否自始拒絕國民參與刑事審判制度的出現？憲法對於國民參與刑事審判制度的「沈默態度」應如何解讀？

（六）國民參與刑事審判制度是否會違反憲法明文保障之法官審判獨立與身分保障？此外，是否會違反法定法官原則？侵害被告之憲法訴訟權保障與正當法律程序？又賦予一般國民參與審判的義務，是否會不當侵害人民權利，而屬違憲？

（七）探討具體設計國民參與刑事審判制度時，有關適用案件的範圍劃定、合議庭的組成、參與審判國民的資格、選任方式、任期、職權、評議可決標準等制度內容應如何規劃、設計。

（八）分析引進國民參與刑事審判制度並適用於第一審之後，對於第一審刑事訴訟程序將會帶來如何的影響，第一審刑事訴訟程序是否應該配合進行必要的改革。

（九）分析引進國民參與刑事審判制度，並適用於第一審之後，現行第二審的審理構造──「職業法官覆審制」是否應該配合進行必要的改革？以及如何改革始能適合於第一審國民參與刑事審判制度的需要。

貳、研究內容與架構

基於上述研究目的，本文擬將討論的內容分為十章，除第一章為緒論、第十章為結論之外，本於主題內容而進行實質討論的共有八章。大致而言，可以將上述八章分為以下三個部分：第一部分屬於「歷史研究」，亦即從「他山之石可以攻錯」的角度，先向上溯及英、美、法、德等國引進國民參與刑事審判制度的歷史（第二章），並緊接介紹我國借鏡之對象──日本引進國民參與刑事審判制度的歷史（第三章），並旁及韓國之國民參與刑事審判制度，以此彰明國民參與刑事審判的取

向、趨勢及問題；第二部分在處理「法理問題」，本文打算先處理幾個重要的基礎問題，包括分析國民參與刑事審判制度的基本理念（第四章），釐清國民參與刑事審判制度的合憲性爭議與憲法界線（第五章），以及制度基本型態（陪審或參審）的選擇（第六章），以為後續具體制度設計、影響評估的基礎；第三部分為「實踐方案與影響評估」，本文將先探討國民參與刑事審判制度的具體設計方案（第七章），接著探討國民參與刑事審判制度倘實行於第一審，則第一審的刑事訴訟程序應如何配合改革（第八章），以及第二審的審理構造應如何配合改革（第九章）。亦即本文係以雙視點（Dual Viewpoints）的角度，先以日本裁判員制度立法過程引發的相關討論為出發點，再以我國國民參與刑事審判制度的建構與設計為歸結點。各章並依據實際討論上之需要，在章之下續分為若干節、項、款，必要時並加附圖表。以下茲分述各章之研究架構：

第一章　緒論

　　緒論中將探討本文研究之動機與目的，並歸納研究之架構，說明研究之範圍與限制，以期能清楚說明本文所欲探討的主題，避免焦點散亂或致生誤解。另外，於本章中亦將敘述研究之方法，以供參考。

第二章　現代國民參與刑事審判制度的歷史溯源——從中古到近代

　　為了掌握現代國民參與刑事審判制度的演進歷程，本文將於第二章擇取在國民參與刑事審判制度歷史上扮演重要角色的 4 個國家——英國（英格蘭）、美國、法國及德國，介紹該 4 個國家國民參與刑事審判制度歷史演進歷程。其中英國（英格蘭）部分，將介紹現代陪審制度的形成過程；美國部分，則介紹陪審制度在該國的進一步發展；法國的觀察重點，則為該國引進陪審制度後所遭遇的困難，以及最後改弦更張實施參審制度的緣由；德國部分，則從古代日耳曼的人民參與審判開始討

論，介紹在大陸法系法典化運動與學識法曹的高度發展下，傳統國民參與刑事審判制度逐漸消失的歷史發展，以及 19 世紀德國引進陪審制度後所面臨的困難、參審制度的應運出現及所代表的意義。本文擬經由上述歷史觀察，以為後續討論國民參與刑事審判制度的基本理念（第四章），並為陪審與參審的制度選擇（第六章）時，奠定必要的問題意識與理論基礎。

第三章　他山之石──日本國民參與刑事審判的今昔

本文係以日本裁判員制度立法過程所引發的相關討論為借鏡，故在實質討論之始，有必要先對於日本引進國民參與刑事審判制度的歷史進行介紹，以建立本文的第一個視點而開展後續其他討論。本章將探討日本明治維新以後引進國民參與刑事審判制度的歷史，包括 1878 年伯索納的治罪法草案、1928 年至 1943 年間短暫實行過的「大正陪審制」、二次大戰戰後制定新憲與裁判所法時有關應否引進陪審制度的討論、以及現行裁判員制度的誕生、運作情形。此外，本章並將旁及韓國的國民參與刑事審判制度，以更寬廣的角度掌握東亞民主國家引進國民參與刑事審判制度之思潮。本文擬藉由上述討論，歸納出日本乃至於韓國引進國民參與刑事審判制度過程所能給予我國的啟發。

第四章　國民參與刑事審判制度的基本理念

在討論國民參與刑事審判制度種種問題前，必須先回答「為何要引進國民參與刑事審判制度」之「必要性」問題，亦即「國民參與刑事審判制度的基本理念」為何。本章將論者曾經提出的幾個理由──國民主權、司法民主化、強化司法的民主正當性、民主教育、提升國民對於司法的理解與信賴、促進刑事訴訟程序的再改革等等，逐一進行介紹與剖析，以尋求適合於現代意義與我國國情需要的「制度基本理念」。

第五章　國民參與刑事審判制度的合憲性爭議與憲法界線

　　是否要引進國民參與刑事審判制度？主要爭點除了前述國民參與刑事審判制度的「基本理念」之外，更重要的乃是「合憲性爭議」的問題，蓋如果國民參與刑事審判制度已屬當然違憲，即無展開後續其他討論的價值。本文於第五章先從「憲法對於國民參與刑事審判制度未有明文規定」的角度出發，以文義解釋及歷史解釋探尋「憲法沈默」的真意，並進而探討「國民主權原理」是否可以直接推論出國民參與刑事審判制度合憲的結論。在確認無從僅以憲法條文或憲政原理來確認制度之合憲性後，本文將逐一檢視憲法就司法權／人權運作的各項規定──法官身分保障、法官獨立性保障、法定法官原則、人民訴訟權保障、比例原則之內涵，及與國民參與刑事審判制度的關係，探尋國民參與刑事審判制度在現行憲法中的合憲性爭議與憲法界線為何。

第六章　陪審？參審？適合於我國的國民參與刑事審判制度

　　由於陪審制度與參審制度在具體制度設計、對於刑事訴訟程序的影響評估等各個方面均有相當大的歧異性，故國民參與刑事審判制度的討論在進入後續細節之前，勢必要先決定我國國民參與刑事審判制度的「基本型態」究竟是陪審？抑或參審？本文於第六章將先簡略介紹我國引進國民參與刑事審判制度的歷史，彰明「陪審」與「參審」均曾為我國論者所主張、鼓吹，但各方意見莫衷一是、亟待討論確認之現況，繼而剖析參審與陪審的差別、陪審制度的優缺點，並以此提出本文主張我國應該以「參審型」為國民參與刑事審判制度基本型態的理由。

第七章　設計我國國民參與刑事審判制度時應考慮的各種因素──以參審為原型

　　第七章將焦點放在制度設計層面的討論，並以參審型（即國民與法

官一起決定事實認定、法律適用及量刑之國民參與審判型態，但不以特定國家法制為限）為制度設計之原型。舉凡適用案件（包括應否因被告認罪而排除、應否給予被告選擇適用之權利）、合議庭之組成（法官與參審員之人數與比例）、參審員之產生（包含資格與選任程序）、參審員之任期、職權、評議可決標準等制度內容，逐一進行討論，並提出本文之主張。

第八章　國民參與刑事審判制度對於我國刑事訴訟程序之影響評估（I）——行參審審判的第一審程序

國民參與刑事審判制度的引進，除了可以達到制度本身所期待發揮的功能（如提升國民對於司法的理解與信賴）外，由於國民參與刑事審判亦屬刑事訴訟程序之一環，且必須因應參與審判國民的需要，進行必要的改革，故國民參與刑事審判制度對於現行刑事訴訟程序的「影響評估」，亦必須加以探討。本章先從刑事訴訟改革的歷程出發，確認已經完成的改革及其成效，並進而探究引進國民參與刑事審判制度後，諸如起訴狀一本主義、證據裁定制度等制度應否配合引進？直接審理、言詞審理、迅速集中審理等目標是否更易於達成？以檢視此制度對於現行刑事訴訟程序所帶來的影響。

第九章　國民參與刑事審判制度對於我國刑事訴訟程序的影響評估（II）——第一審行參審審判時的第二審審理構造

我國現行刑事訴訟的第二審審理構造係採覆審制，亦即第二審對於第一審已經調查過的證據，均應重新調查以形成第二審本身對於案件的心證，並以該心證與第一審之心證進行比較，若有不同，不問鉅細，均得撤銷原審判決並自為判決。但引進國民參與刑事審判制度後，第二審之審理構造是否仍宜維持現行的覆審制？抑或應配合國民參與刑事審判制度之採行而進行改革？如要進行改革，是應該於第二審亦進行國民參

與的覆審審判？抑或應該於第二審改採由職業法官進行事後審、續審的審查模式？本章嘗試剖析各種論點的利弊得失，並提出第二審應採職業法官進行「法律審兼事實審的事後審」之理由。

第十章　結論

本章將就前面各章所做之介紹與討論，於此作綜合之歸納整理，提出研究之發現，並闡述研究之心得。

參、研究範圍與限制

一、國民參與刑事審判制度的定義與類型

何謂國民參與刑事審判制度？最廣泛的定義，是指「讓不具法律專業素養的人士（lay person）參與刑事審判程序，並參與作成決定（decision making、終局裁判形成）過程的制度」。

上述國民參與刑事審判制度的定義雖然顯得過於簡單、空泛，但若要更進一步地為國民參與刑事審判制度賦予定義、或分析其要件，即有困難。蓋國民參與刑事審判制度雖然是許多國家採行的制度，但每個國家所採取的制度，其內容均有不同，因此，我們很難說哪一個國家的制度才是「正統的」國民參與刑事審判制度，更遑論要用更周延的定義、更複雜的要件來說明「正統的」國民參與刑事審判制度。

但為了界定本文的研究範圍與限制，筆者打算另以「分類」國民參與刑事審判制度的方式，來試圖解決上述定義上的困難，並借用Jackson & Kovalev（2006/2007）與 Hans（2008）的分類方式，將國民參與刑事審判制度區分為以下幾種類型：[6]

6　John D. Jackson & Nikolay P. Kovalev, Lay adjudication and human right in Europe, 13 Colum. J. Eur. L. 83. at 95-100(2006/2007); Valerie P. Hans, Jury systems around

（一）陪審型（The Jury Model）

簡單地說，陪審型的國民參與刑事審判制度，就是將審判的核心工作——事實認定、法律適用交給由不具法律專業的一般國民所組成的少人數團體（陪審團，6 至 12 人，一般以 12 人居多）來決定，職業法官不得參與陪審團就上述事項所進行的評議。至於職業法官的人數，雖多為 1 人，但亦有 3 人者。在陪審型的國民參與刑事審判制度中，職業法官負責提供陪審團法律的諮詢、決定是否准許證據調查，以及進行訴訟指揮，但某些法制進一步容許職業法官對陪審團進行證據的評價，以及整理事實爭點。

多數陪審型的國民參與刑事審判制度中，陪審團並不參與量刑的決定，但亦有例外者（如美國的死刑案件）；此外，陪審型的國民參與刑事審判制度，適用案件的類型也不盡相同，有廣泛適用於多數刑事案件者，亦有僅適用重大犯罪（如殺人、加重強制性交、強盜）者，甚至適用於政治性犯罪（如奧地利、比利時、丹麥、俄羅斯）或言論、出版犯罪（比利時、瑞典）者。

陪審型的國民參與刑事審判制度最早起源於英國，隨著英國向海外拓展殖民地，包括美國、加拿大、澳洲、紐西蘭等諸多英國前殖民地均採行此類制度，但在脫離英國獨立之後，部分國家（如新加坡、馬來西亞）也隨之廢除了陪審制度。在歐陸，法國於 18 世紀首先引進陪審型的國民參與刑事審判制度，其他歐陸國家則先後於 19 世紀至 20 世紀初引進，但進入 20 世紀之後，多數歐陸國家改以「國民參審制」取代陪審制，現僅有奧地利、比利時、丹麥、馬爾他、挪威、俄國、西班牙、

---

the world, 4 Annu. Rev. Law. Soc. Sci. 275. at 278-280(2008). 必須特別說明的是，Jackson & Kovalev 係以歐洲理事會（Council of Europe）成員國中的大陸法系國家為觀察對象，故將陪審型（Jury Model）稱為「大陸陪審型（continental jury model）」，意指實行於歐陸（不含英國、愛爾蘭）的陪審制，Hans 沿用此一稱呼，但指涉的對象擴及全世界，為了避免誤解，本文遂自改為稱「陪審型」，敬請諒察。

瑞典以及部分瑞士的州，仍保有陪審型的國民參與刑事審判制度。

（二）合作法庭模式（The Collaborative Court Model, Mixed Court, Mixed Tribunal）──參審員擁有評決權的參審制

　　相較於「陪審型」的國民參與刑事審判制度，乃是將事實認定與法律適用完全委諸陪審團決定，並排除法官參與，「合作法庭模式」的國民參與刑事審判制度，則是讓職業法官與不具法律專業的人士，一起參與事實認定、法律適用、量刑等審判核心事項的作成決定（decision making）程序，個別的參審員與法官擁有平等的表決權，依事先規定的評決標準，決定應依何種多數意見以作成判決。由於事實認定、法律適用、量刑等審判核心事項既有不具法律專業人士的參與，也有職業法官的參與，所以是一種職業法官與不具法律專業人士「合作」的態樣，故被稱為「合作法庭模式」或「混合法庭」，亦即吾人所習稱之「參審制」。

　　依據 Jackson & Kovalev（2006/2007）的主張，合作法庭模式還可以再細分為「德國模式（The German Collaborative Court Model/ Schöffen）」[7]、「法國模式（The France Collaborative Court Model）」以及「專家模式（The Expert Assessor Collaborative Court Model）」，並認為德國模式與法國模式在參與審判國民與法官的人數比例、選任程序、執行職務期間、評議方式等均有所不同。但本文認為在合作法庭模式之中，僅有「專家模式（The Expert Assessor Collaborative Court Model）──專家參審制」，與「國民（素人）模式（The Lay Assessor Collaborative Court Model）──國民參審制」的區別才有其意義，蓋「德國模式」與「法國模式」的分類，既無法有效地歸納世界上所有

7　依 Jackson & Kovalev（2006/2007）的整理，歐盟會員國之中有 19 個國家採行「德國模式」的合作法庭模式，包括：奧地利、保加利亞、克羅埃西亞、捷克、丹麥、愛沙尼亞、芬蘭、德國、匈牙利、拉脫維亞、馬其頓、挪威、波蘭、塞爾維亞、斯洛伐克、斯洛維尼亞、瑞典、瑞士以及烏克蘭等國。

合作法庭模式的國民（素人）參與刑事審判制度，[8] 且用以區別德國模式與法國模式的標準，其實均為具體制度設計上的差別，並無本質上的歧異，亦即兩者間略作取捨更替，亦無關宏旨；從而，本文認為「德國模式」、「法國模式」或其他無法歸類為德國或法國模式的「合作法庭模式」，其實都可以歸類為「素人模式（國民參審）」，而與後述的「專家模式」產生區別。

　　至於被歸類為一種「合作法庭模式」的「專家模式（專家參審）」，與前述「素人模式」似同而實異。雖然除了職業法官之外，「專家模式」與「素人模式」都容許非法律專家參與審判，但專家模式之中參與審判的非法律專家，乃是審判所需特定專業領域（如教育學、醫學、工程學等）的專家，而「素人模式」則根本不要求參與審判的一般國民必須具備特殊的知識或技能，也不期待這些參與審判的一般國民能夠在審判過程中提供法官其他專業上的支援。因此，專家模式與素人模式的制度宗旨並不相同，專家模式的目的主要還是在追求判決之正確妥適。故論者認為即使在沒有堅強國民參與審判制度傳統的國家，專家模式仍然可以運作良好、受到歡迎，[9] 據 Jackson & Kovalev（2006/2007）的考證，克羅埃西亞、法國、德國、冰島、挪威，都有「專家模式」的合作法庭模式。

（三）純粹素人法官模式（The Pure Lay Judge Model）

　　另一種迴別於前述「陪審模式」、「合作法庭模式」的國民參與刑事審判制度，即為「純粹素人法官模式」。所謂「純粹素人法官模式」，

8　例如日本的裁判員制度，部分類似於德國、部分又類似於法國，即使 Jackson & Kovalev 也自承義大利、希臘、葡萄牙等國兼有德國模式與義大利模式的特質，故難以分類，參見 John D. Jackson & Nikolay P. Kovalev, *supra* note 6, at 98. 至於參與審判一般國民的意見只有諮詢、勸告效力，而非與法官一起表決的制度，如韓國國民參與刑事審判制度，以及臺灣的人民觀審制，就更難歸類為德國模式或法國模式。

9　Valerie P. Hans, *supra* note 6, at 280.

即由不具法律專業的一般國民全權決定如何判決，而別無具備法律專業之法官參與，通常素人法官都是獨任審判，但亦有 3 名素人法官組成合議庭的情形，此時甚至會配置 1 名具備法律專業的職員負責提供法律上的諮詢。「純粹素人法官」主要負責審理輕罪，以減輕職業專業法官的案件壓力，在英格蘭、蘇格蘭以及法國，均有此制度存在，但名稱不同。[10] 由於部分論者也會將參審制中的參審員稱為「素人法官」，為免混淆，本文其後均另以英格蘭對此類純粹素人法官法官的稱呼——「治安法官」代替之。

（四）諮詢法庭模式（The Consultative Court Model）——
一種合作法庭模式？

此一分類乃本文所獨創，用以歸納一種難以歸類的國民參與刑事審判制度，此即參與審判之一般國民「沒有表決權」的國民參與刑事審判制度，在此制度下，參與審判的國民雖然也要全程參與審判程序，並參與作成決定過程，但渠等並無表決權，換言之，判決的結論仍然由職業法官決定，參與審判國民的意見僅有「諮詢」、「勸告」的效力。當然，立法者會另外設計一些手段（如判決書中交代不採納的理由、或需重新選任一批國民），使職業法官必須慎重地考慮參與審判國民的意見，以確保國民參與審判能發揮其功能。

或許有人認為在陪審模式之下，法官亦可推翻陪審團的評決自為判決或重新組成陪審團，故諮詢法庭模式如果採取類似於陪審制的審判程序（如韓國），其實即與陪審模式無異。但在陪審模式之下，法官僅能在極度限定的情形下，始能推翻陪審團的評決自為判決或重新組成陪審團，而諮詢法庭模式中，法官卻可以僅因「心證不同」為由，即否決參

10　如英格蘭稱為治安法官（magistrates）、蘇格蘭稱為治安法官（太平紳士，justice of the peace）、法國稱為近鄰法官（juges de proximité）。此外，也有使用相同名稱（如英格蘭的「治安法官（magistrates）」），卻是指涉具備法律專業的獨任法官的情形（如義大利、北愛爾蘭、俄羅斯），故用語相當混亂。

與審判國民的意見，故諮詢法庭模式與陪審模式，仍有本質上的不同。

　　本文認為韓國現行的國民參與刑事審判制度（2008）、日本於1928-1943 年實行過的大正陪審制，以及我國最近提出的「人民觀審試行條例草案（2012）」，由於參與審判國民對於案件判決的意見，仍須經過職業法官的審查，職業法官可以僅因為心證不同，即否決參與審判國民的意見，故均可歸類為此種「諮詢法庭模式」的國民參與刑事審判制度。誠然，韓國的國民參與刑事審判制度與日本的大正陪審制，在法庭布置、參與審判國民人數、評議方式等，均較類似於陪審模式，但純以「決定者是誰」這個最實質的角度來看，仍然不能逕自視為是「陪審模式」。

　　如果將「合作法庭模式」的「合作（collaborative）」作比較廣義的解讀，並包含諮詢、提供意見在內，則「諮詢法庭模式」亦不妨歸類為「合作法庭模式」中「素人模式」的一種，甚至不妨直接視為一種特殊的國民參審制，但為了彰顯其特殊性，本文於此仍將之獨立列為一種類型。

二、研究範圍的選擇

　　本文所欲探討者為國民參與刑事「審判」制度，故廣義的國民參與司法，諸如具有起訴或不起訴審查意義的大陪審制度（Grand Jury）或日本檢察審查會制度，雖亦有國民參與司法之性質，但並非審判制度，為免論點蕪雜，即不在本文研究之範圍內。

　　且所謂「國民參與審判」，本文之研究範圍亦僅限於既有職業法官參與、又有一般國民參與的部分，亦即限於前述（一）陪審型、（二）合作法庭模式中的「素人模式（國民參審）」，以及（四）諮詢法庭模式。而不包括（二）合作法庭模式中的「專家模式（專家參審）」及（三）純粹素人法官模式（治安法官）。蓋「專家模式」及「純粹素人法官模式」的立法宗旨，與其他讓一般國民參與刑事審判制度的立法宗

旨明顯不同，如果一併探討，將使本文陷於蕪雜，故不得不予捨棄，合先敘明。換言之，本文所欲探討的國民參與刑事審判制度，乃是指「既有職業法官之存在，又讓不具備法律專業、亦不要求具備其他專業知識的一般國民參與刑事審判程序，並參與作成決定過程的制度」。至於不能算是「一般國民」的其他領域專家，以及嚴格來說不能算是「參與」而應該算是「獨力運作」的治安法官，都不在本文討論的範圍內。以下本文所指之「國民參與刑事審判制度」，即不包含專家參審及治安法官制度，而僅限於一般所稱的陪審、國民參審等制度，且為求簡略起見，本文嗣後述及「國民參審制度」時，除有特別與專家參審區別之需要外，均僅以「參審制」代之。

其次，國民參與審判制度不僅在刑事審判領域中存在，在民事、行政審判中也可以見到。但現代意義的國民參與審判制度，比較重視的乃是提升國民對於司法的理解與信賴、以及促進刑事訴訟程序的改革，相較於民事、行政審判，刑事審判涉及之「公益性」更高，更受到一般國民的重視與關注，故刑事審判中實行國民參與審判、以提升國民對於司法理解與信賴之需求，即較其他領域為高，更何況在刑事審判中引進國民參與刑事審判制度，還有促進刑事訴訟程序改革的附帶意義，故比較晚近的國民參與刑事審判制度（如日本、韓國及我國），均僅實行於刑事審判領域，而不及於民事或行政領域。為求焦點集中，本文亦將討論的對象限於刑事審判領域。

再者，我國的人民觀審試行條例草案雖已於 2012 年 4 月由司法院完成草擬，並於同年 5 月經行政院同意會銜，於同年 6 月送立法院審議，但此一草案尚未完成立法，且除司法院、行政院共同會銜送立法院審議的上述版本草案之外，尚有多個立法委員自行提案的版本，內容自陪審制至參審制，不一而足。在人民觀審試行條例草案尚未完成立法、內容是否會因應國會審議而出現變動猶未可知之際，本文並不打算對於人民觀審試行條例草案之具體內容進行逐條式的介紹與檢討，但從草案研議時起，至草案公布之後相關重要的爭議問題，正亦為引進國民參與

刑事審判制度時的重要議題，本文已擇要於各章中進行討論，併此敘明。

此外，在我國確定引進國民參與刑事審判制度之後，由於此係過去所無的嶄新制度，對於法官、檢察官及辯護人而言，如何操作此一制度，亦即國民參與刑事審判制度「具體運作」方面的問題，勢必成為實務上重要課題。但誠如先前所述，我國國民參與刑事審判制度之具體內容尚未確定，故缺乏探討具體運作的法律條文憑據，是本文對此部分亦僅能暫予割愛，但此為未來制度施行後相當值得探討的領域，爰留待日後再撰文進行討論。

最後，本文除介紹日本法的部分外，其餘部分亦大量引用日本文獻，甚至有關介紹我國法之部分，也可看到日文文獻的引用，此除了涉及筆者的文獻資料主要來源之外，更重要的乃是：我國就國民參與刑事審判制度的相關文獻尚有不足，而日本在引進裁判員制度之際，相關討論則非常豐富，且我國與日本之間在法制文化方面亦有高度的類似性，故凡可以逕自引用日本文獻見解以說明相關議題之處，本文即逕行引用，尚請諒察。

肆、文獻回顧

學術研究是「站在巨人的肩膀上」，追求的是「把既有知識的邊界往前推」，對於國民參與刑事審判制度此一議題，本文亦係參考諸多中外文獻之後，始勉力為筆，雖不敢自詡有何重大之獨見創獲，但若能對於此一議題之討論，有些許推動前進的助力，即屬小成。

為了提供讀者檢證本文價值、功能的客觀標準，本文將於此節進行文獻回顧（literature survey, literature review），整理國內相關主要文獻，並以本文之各個討論子題為歸納標準，分析各文獻之價值，並釐清就此一議題仍有哪些領域尚待開拓，以為本文後續討論努力達成的目標。

（一）「現代國民參與刑事審判制度的歷史溯源」部分

關於德國國民參與刑事審判制度之發展歷史、以及德國參審制度之內容，首見於林永謀教授〈德國陪審、參審採行之理念上觀察〉（1995）一文，其後張麗卿教授於〈德國刑事訴訟法參審之研究〉（1995）、〈參審制度之研究〉（1999）一文中亦有概略之介紹，另Helmut Satzger教授之〈德國刑事訴訟之參審員〉一文中譯（2011）、何賴傑教授之〈從德國參審制談司法院人民觀審制〉（2012）對於此一子題則有更詳盡之探討。而有關美國陪審制度之發展歷史及制度介紹，林永謀教授的〈美國陪審制度之理念與其迴避制度之問題〉（1996）、黃國昌教授的〈美國陪審制度之規範與實證〉（2011）則有論及。又關於國民參與刑事審判制度在英、美、法、德等國的演進史，尤伯祥律師於〈論國民參與審判〉一文（2012）中亦有引介。但整體而言，有關「現代國民參與刑事審判制度的歷史溯源」此一子題，國內的文獻尚屬貧乏，而為有待進一步拓展、開發的領域。

本文除參考上述中文文獻外，有鑑於日本在引進裁判員制度之前，即已針對此一子題有相當程度之介紹、討論，故以日本相關之文獻為主、輔以美國文獻，盡可能呈現英、美、法、德等國民參與刑事審判制度代表性國家之制度演進歷史，並探討制度演進、變化的緣由、制度的梗概，以為歷史研究、比較研究乃至於實證研究之基礎。

（二）「日本國民參與刑事審判制度的歷史」部分

國內最早介紹日本裁判員制度的論者，首推陳運財教授，陳教授於〈論日本刑事司法制度之改革〉（2004）一文中對日本裁判員制度之內容作了概略的介紹，其後的〈國民參與刑事審判之研究〉（2010）除制度內容更為詳盡外，更兼及制度的基本理念、合憲性及刑事訴訟程序的影響評估。而林裕順（日本「裁判員制度」觀摩與前瞻，2011）、吳景欽（日本裁判員制度之研究，2010；國民參與刑事審判制度，2010）等教授的文獻，在裁判員制度內容之介紹、及相關議題之探討上亦卓有貢

獻；此外，與我國僅有一水之隔的日本，其學者或實務家（如三井誠、井上正仁、酒卷匡、後藤昭、大澤裕、笹倉宏紀、村永史朗、太田茂等）亦以日文中譯之方式介紹日本裁判員制度。

　　本文除參考上述文獻外，更引用日文文獻、實務統計資料以充實日本裁判員制度之介紹，此外，本文尚將介紹日本國民參與刑事審判制度的時間維度，向上延伸至日本明治維新時期。亦即包括參座制、法國法學家伯索納的治罪法草案、明治憲法制定時期的討論、大正陪審制的制定與實施、二次大戰戰後制憲時的討論等，就日本裁判員制度的介紹，亦兼及立法階段的相關討論、爭辯，以此嘗試進行更詳盡、精細的介紹。

　　有關韓國國民參與刑事審判制度部分，在我國文獻中，最早為韓國李東熹教授以日文寫作譯為中文之〈韓國國民參與審判制度現狀與課題〉（2009），其後筆者亦有拙文一篇（韓國國民參與審判制度介紹，2011）、而韓國申東雲、李東熹、李東洽教授後續亦有韓文中譯之制度介紹（2011、2012），筆者乃以前開文獻為基礎，輔以韓籍學者以日文撰寫、翻譯之文獻，以及韓國實務之統計資料，以充實此部分的內涵，資為比較法研究之基礎。

（三）「國民參與刑事審判制度之基本理念」部分

　　有關我國引進國民參與刑事審判制度之基本理念，亦即該制度之正當基礎、引進該制度之必要性問題，呂秉翰於〈審判制度之民主化？〉（2010）一文中針對司法民主化是否適於作為國民參與刑事審判制度之基本理念已見探討，而陳運財教授之〈國民參與刑事審判之研究〉（2010）、何賴傑教授之〈從德國參審制談司法院人民觀審制〉（2012）等文獻則從更廣泛的角度探討國民參與刑事審判制度之基本理念，此外，林俊益、林信旭法官合著之〈人民參與審判初探〉（2012）亦對此一子題有所探究。

　　本文將踵繼各位學者專家之論點，在法制史研究、比較法研究的基

礎上，盡可能整理國民參與刑事審判制度的各種基本理念，再輔以日文之相關文獻，對於各種基本理念之利弊得失進行剖析，以期能探求適合於我國引進國民參與刑事審判制度之基本理念，資為制度引進的基石。

（四）「國民參與刑事審判制度之合憲性爭議與憲法界線」部分

有關國民參與刑事審判制度的合憲性爭議，最早以專論形式探討的，厥為蘇永欽教授的〈參審制度有無違憲之研究〉（1989），其後彥棻文教基金會、中國憲法學會、政治大學法律系舉辦的「『參審制之研究』學術研討會」（1995），邀集了幾位重要的憲法、刑事法學者——林永謀、蔡墩銘、李念祖、蘇永欽，發表了以參審制為主題的論文，其中林永謀教授的〈論國民參與司法暨參審制之採行〉、李念祖教授的〈實施參審制度在我國憲法上的幾個基本問題〉、蘇永欽教授的〈從憲法及司法政策角度看參審及其試行〉，均對參審制度有無違憲進行了深入的剖析，而蘇永欽教授其後發表的〈參審是毒藥還是補藥？〉（1998），更是完整論述此一問題的重要論著，然而，蘇永欽教授的參審制度合憲論並未能拯救司法院所提出歷次參審草案（刑事參審試行條例草案、專家參審試行條例草案、國民參審試行條例草案）之違憲爭議困境，相關討論的文獻也似告停息。

其後，我國憲法解釋學雖然日益興盛，尤其是與人民權利有關的憲法議題，例如正當法律程序（如湯德宗的〈論憲法上的正當程序保障〉〔2000〕、何賴傑的〈正當法律程序原則〉〔2000〕、許玉秀的〈論正當法律程序原則〉〔1-15，2009-2011〕）、法定法官原則（如陳運財的〈恣意裁判之禁止與法定法官原則〉（2009）、姜世明的〈法定法官原則之基本概念〉（2009）、陳新民的〈評議法定法官原則的探源與重罪羈押合憲性的爭議〉）等，均受到非常多的討論與關注，但以國民參與刑事審判制度作為憲法議題而加以討論者，則除部分以國民參與刑事審判制度為主題的碩士論文（如謝凱傑〔2008〕）外，幾未得見。直到人民觀審試行條例草案研議期間，司法院邀請吳庚、李念祖、陳愛娥三位教授以

「人民參與審判之憲法爭議」為題發表專題演講（2011），始略微補足了此一子題相關文獻的時間缺口。其後亦有學者文獻（如陳運財〈國民參與刑事審判之研究〉〔2010〕、林裕順〈日本「裁判員制度」觀摩與前瞻〉〔2011〕）、碩士論文（如吳文華〈人民參與司法審判——沿革、類型與合憲性〉〔2012〕）持續以此議題進行探討，但整體而言，相關問題仍有討論、探究的廣泛空間。

本文為能完整呈現國民參與刑事審判制度的合憲性爭議，並尋覓該制度於我國的憲法界線，除參考上述文獻外，並援引我國大法官會議解釋、憲法註釋教科書、制憲史料以為研究基石，旁徵討論此一議題之日文文獻與日本實務見解，以期能就相關問題提出完整的論述。

（五）「陪審、參審之制度原型採擇」部分

有關陪審、參審之比較分析，國內相近主題之碩士學位論文（如詹維堯〔2005〕、謝凱傑〔2008〕、王天宇〔2009〕、周儀婷〔2009〕、李秋滿〔2011〕、郭懷澤〔2011〕、吳文華〔2012〕）均有論及，除此之外，比較近期的文獻則有曹競輝（試論參審制之可行性，1989）、蔡志方（論我國採行參審制度之必要性與可行性，1993）、林永謀（論國民參與司法暨參審制之採行，1995）、蔡墩銘（參審與司法改革，1995）、易延友（陪審團審判與對抗式訴訟，2004）、李太正（陪審與參審，2007）、黃國昌（美國陪審制度之規範與實證，2011）、何賴傑（從德國參審制談司法院人民觀審制，2012），以及拙著〈研擬引進刑事國民參審制度之芻議〉（2011），為求能深入探求陪審、參審制度的利弊得失，以為制度原型的採擇基礎，本文更引用日本文獻，進行彙整、歸納、分析。

又有關我國引進國民參與刑事審判制度之歷史、以及歷次草案的介紹，蘇永欽教授的〈參審是毒藥還是補藥？〉（1998）、張麗卿教授之〈德國刑事訴訟法參審制之研究〉（1995）、〈參審制度之研究〉（1999）乃就「刑事參審試行條例草案」進行分析檢討；而蘇素娥法官之〈我

國刑事審判是否採行國民參審之研究〉（2010）、呂秉翰之〈審判制度之民主化？〉（2010）、拙著〈論國民參與刑事審判制度之第二審上訴制度構造〉（2010）則針對「國民參審試行條例草案」進行分析檢討；有關最近的「人民觀審試行條例草案」，則有明顯較為熱烈的討論，舉凡陳運財教授之〈人民參與審判法制面面觀〉（2012）、何賴傑教授之〈從德國參審制談司法院人民觀審制〉（2012）、林俊益、林信旭法官合著之〈人民參與審判初探〉（2012）、〈人民觀審制之建構〉（1-4，連載中，2012-2013）、尤伯祥律師之〈論國民參與審判〉（2012）、〈臨淵履冰、戰戰兢兢、反而滅頂？〉（2012）、羅秉成律師之〈觀審是毒藥還是補藥？〉（2012）等均對此一草案之制度設計有所評析，相信後續還會有更多有關人民觀審試行條例草案的評析討論。

　　筆者雖然並不打算對於某一特定草案的具體條文利弊得失進行詳細分析，但制度具體設計之良窳仍屬重要議題，並將置於其他章節討論。惟除此之外，本文意欲引用我國刑事訴訟立法史之相關文獻（如尤志安《清末刑事司法改革研究》〔2004〕、劉恆妏《革命／反革命》〔2008〕），並輔以立法相關資料，以呈現清末以來我國對於引進國民參與刑事審判制度的一連串立法嘗試，並以此彰明我國引進國民參與刑事審判制度的軌跡，藉此窺知我國國民參與刑事審判制度的未來走向。

（六）「國民參與刑事審判制度的具體制度設計」部分

　　有關討論國民參與刑事審判制度之文獻，在我國初期率多僅進行理念階段的闡述、分析，而缺乏有關具體制度設計的評論、研究，直到最近「人民觀審試行條例草案」的提出，才引發了較多的討論，例如前述陳運財教授之〈人民參與審判法制面面觀〉（2012）、何賴傑教授之〈從德國參審制談司法院人民觀審制〉（2012）、林俊益、林信旭法官合著之〈人民參與審判初探〉（2012）、〈人民觀審制之建構〉（1-3，連載中，2012）、尤伯祥律師之〈論國民參與審判〉（2012）、〈臨淵履冰、戰戰兢兢、反而滅頂？〉（2012）、羅秉成律師之〈觀審是毒藥還是補藥？〉

（2012）等均有觸及。

　　具體制度設計的良窳，與制度宗旨之能否順利達成息息相關，故本文於此議題自不能缺席，本文除參考上述文獻外，並以日本裁判員制度立法階段就具體制度設計進行討論的相關文獻為輔助觀察、思考的基礎，盡可能以各種角度思考具體制度設計時的妥適方案。

（七）國民參與刑事審判制度對於刑事訴訟程序的影響評估

　　我國自 1999 年全國司法改革會議以來，刑事訴訟程序改革即為重要議題，不惟有關第一審證據法則、起訴狀一本主義、法院依職權調查證據之文獻汗牛充棟，即如第二審應否由覆審制改為事後審制之文獻，亦甚可觀。但將上述問題重新以國民參與刑事審判制度之觀點對於刑事訴訟程序之改革進行觀察、討論者，則甚為稀少，僅能略舉陳運財教授之〈國民參與刑事審判之研究〉（2010）、蘇素娥法官之〈我國刑事審判是否採行國民參審之研究〉（2010），拙著〈論國民參與刑事審判制度之第二審上訴制度構造〉（2010）、〈論證據裁定制度〉（上、下，2012）而已。

　　有鑑於此，本文乃以刑事訴訟改革有關之本國文獻為本，佐以日本裁判員制度引進之際以裁判員制度與刑事訴訟改革為主題之日文文獻，盡可能客觀評估國民參與刑事審判制度對於刑事訴訟程序，包括第一審審理程序與第二審審查構造之影響，以探究我國引進國民參與刑事審判制度，是否可以實現其中一項重要宗旨——促進刑事訴訟程序的再改革。

伍、研究方法

　　本文乃先溯及英、美、法、德等國陪審制、參審制的發展歷史，並以此為基礎，探究日本國民參與刑事審判制度的歷史與現況，以為參考借鏡的對象，其後並進而探討國民參與刑事審判制度的基本理念、國民

參與刑事審判制度之合憲性爭議、陪審制與參審制之選擇，於釐清基本法理問題後，進一步探討國民參與刑事審判制度之具體設計，以及對於刑事訴訟程序的影響評估。本文所採取的研究方法計有：

一、歷史研究法

本文首先將以歷史研究法，分別探究：（1）現代國民參與刑事審判制度的形成（第二章、包括陪審制度於英國的形成、美國的發展、以及德國、法國引進陪審制度但其後又改為參審制度的歷史發展）、（2）日本國民參與刑事審判制度的歷史（第三章、包括日本大正陪審制以及裁判員制度的形成與發展）、（3）我國引進國民參與刑事審判制度的歷史（第六章第一節、從清末沈家本的草案、民國初年的反革命案件陪審暫行法，以及近年的軍官參審制、刑事參審試行條例草案、專家參審試行條例草案、國民參審試行條例草案、人民觀審試行條例草案）、（4）我國制憲史的觀察（第五章第二節第三項），不惟介紹各個制度的概略內容，更探究其法制肇建背景、制訂旨趣，乃至於轉向、失敗的成因分析。期盼藉此，能以更巨觀、更深入的角度來理解國民參與刑事審判制度，掌握其基本理念的流變與發展，並對於我國、乃至東亞國家（日本、韓國、臺灣）此波引進國民參與刑事審判制度的浪潮，有更正確、符合時代思潮之歷史定位。而日本裁判員制度研議期間產生的種種爭議、討論，更為本文議題設定時的重要參考。

二、文獻分析法

本文體認到在國民參與刑事審判制度此一議題中，我國雖有些許討論，但部分議題討論之廣度、深度均尚嫌有所不足，並有鑑於日本與我國在社會文化、法制現狀上的高度相似性，故本文乃以日本裁判員制度研議期間以來，針對國民參與刑事審判制度所進行、各種討論面向的豐富相關文獻為主要分析對象，並輔以介紹韓國國民參與刑事審判制度之

相關文獻、美國學者就陪審制度、參審制度之相關比較文獻，以及我國就國民參與刑事審判制度、刑事訴訟程序之相關文獻，進行議題式的分類、整理、分析，期能盡可能彰明我國引進國民參與刑事審判制度之際可能產生的所有問題，並以閱覽相關文獻所得之啟發，謀求適當的解決途徑。此外，在有關合憲性爭議部分、國民參與刑事審判制度對於我國刑事訴訟程序的影響評估等章節，更將輔以司法院大法官會議之解釋、最高法院判例、判決等實務見解，以期能更契合於實務的真實情況；另在有關參與審判的國民宜否閱卷的議題方面，並引用與我國同樣不採起訴狀一本主義之德國的實務見解，以資周延。

三、比較分析法

國民參與刑事審判制度有無違憲？其合憲性界線為何？就此問題，我國雖已有部分討論，但尚嫌不足，為了研究此一問題，除了有賴我國憲法學者對於憲法相關條文（如憲法第 8、16、23、80、81 條）之解讀、司法院大法官會議之相關釋憲解釋文外，與我國憲法規範模式相近的日本國憲法亦得為比較分析的對象，尤其該國裁判員制度是否合憲、憲法界線何在之相關學說與實務見解，亦為本文比較分析之對象。

立法不適於實驗，不能單純翻譯外國立法例而模仿其條文，而是應該慎重地追尋各該規定之立法緣由，明其所以然，瞭解立法政策上的利弊得失，以為立法時之採擇參考，實現最符合我國社會文化、法制現狀的最佳方案。故在制度選擇與制度設計方面，本文將運用比較分析法（比較法研究），並體認到世界各國國民參與刑事審判制度的多樣性，首先以一般習用的兩種理想型——「陪審制」與「參審制」作為制度分析、比較之先決對象，採擇其中較適於我國的參審制之後，進而進行參審制制度設計內容的探討，以及對於刑事訴訟程序、包括第一審與第二審的影響評估；其間更輔以有關德國參審制、法國參審制、日本裁判員制度、韓國國民參與刑事審判制度，乃至於英國陪審制、美國陪審制、

北歐等國的陪審、參審制度之介紹，甚且包括我國過去提出的國民參與刑事審判制度草案之分析，以期能夠旁徵博引、綜覽全觀，明辨彼此間之利弊得失，以形塑出適於我國的國民參與刑事審判制度。

四、實證研究法

　　我國從未實施過真正由國民參與審判的國民參與刑事審判制度，相關制度不是停留在草案層次，就是僅進行黨員、軍官等特定身分者的參與審判。因此，雖不無法律文化、法律意識的相關實證研究，但我國就國民參與刑事審判制度實際運作情形的實證研究則是付之闕如。惟舉凡制度的選擇（陪審？或是參審？）、立法宗旨之達成可能性評估（可否提升國民對於司法的理解與信賴？）、制度設計（適用案件、參與審判國民的產生方式、參與審判國民宜否閱卷、合議庭組成、評決標準）等，均需有實證研究資料的配合，始能避免純屬主觀理念論述或個人好惡採擇的局面。故本文將引用日本大正陪審制、日本裁判員制度、以及韓國國民參與刑事審判制度的實證資料，作為上述論述的佐證，並輔以重要的陪審制、參審制實證研究—— Harry Kalven 與 Hans Zeisel 合著之 *The American Jury*（1966）一書介紹的美國陪審制度實證研究「Chicago Project（芝加哥計畫，1954-1958）」、Gerhard Casper 與 Hans Zeisel 於 1970 年代針對德國巴登－符騰堡（Baden-Württemberg）、漢堡（Hamburg）、黑森（Hessen）三邦之區法院（Amtsgericht）所屬參審法院（Schöffengericht）、地方法院（Landgericht）所屬大刑事庭（Große Strafkammer）及陪審法院（Schwurgericht）進行的實證研究，以期能夠對於國民參與刑事審判制度的相關議題，有更正確、客觀的評價。

第二章
現代國民參與刑事審判制度的歷史溯源
——從中古到近代

壹、前言

　　不論東方或西方，古代的審判，本來就是由業餘者擔任審判者，例如西元前 6 世紀初，實行於雅典之「民眾法院（Heliaia）」，乃由雅典之十個部族中以抽籤方式選出 30 歲以上、願意擔任審判人（dikastai）之男性各 600 人、合計 6,000 人，成為任期一年之審判人，於西元前 5 世紀後半時，此等審判人約占全雅典全部 18 歲以上男性市民之五分之一至六分之一，於實際審判時，依案件類型、重大程度，於上開審判人中以一定人數（以公法案件而言，人數自 501 人至 1,500 人均可能）分別組成法庭，蓋當時並無法律專業可言，更沒有法官此種專門職業存在。[11]

　　即使國家建立，君主開始委派官吏職司審判，但刑事司法中「業餘者的暫時性參與」，仍然屢見於東西方的史料之中。例如中國的《周禮》所記載的司刺「三刺之法」：「司刺一刺曰訊群臣、再刺曰訊群吏、三刺曰訊萬民」，司刺雖是專職人員，但群臣、群吏、萬民卻都是業餘者，其等意見卻成為判案的依據；又例如羅馬共和時期，由元老院議

11　三谷太一郎，裁判員制度の政治史的意義，自由と正義，55 卷 2 号，2004 年 2月，頁 29。又此一民眾法院於西元前 339 年，以腐化青年、冒瀆國家所信神祇等罪宣判蘇格拉底（Sōkratēs）死刑，蘇格拉底之弟子柏拉圖（Platōn）所著「蘇格拉底的辯明（Apologia Socratis）」中即批評此制度。

員中選出的審判人（index）負責做成終局判決，作為職業法官的法務官（praetor）則僅負責程序事項與爭點整理。[12] 故從比較長的時間維度（Time Dimension）來看，國民參與刑事審判的歷史，實遠較職業法官審判來得久遠。

　　但這樣的理解，無寧失之疏闊，蓋「職業法官專職審判」乃是比較近代才出現的制度，一個缺乏比較對象的「國民參與刑事審判制度」即使時日久遠，亦欠缺其實質意義。故本文乃以「職業法官審判」制度確立之後，國民參與刑事審判制度的演進歷史作為討論的主要對象。但必須先予敘明的是，本章所指的「職業法官」，僅指該人的日常工作職掌中包括「審判」在內，但並非指該人僅以審判為業，亦非指該人必須具備解釋、適用法律的專業，此與其他章節的定義並不相同；又所謂「暫時性的業餘參與者」亦未必以一般國民為限，可能會賦予其等官職、身分、社會階級上的限制，或賦予其等性別、學識上的限制，故「職業法官」與「暫時性的業餘參與者」的界限其實相當模糊，但本文仍嘗試從模糊不清的界限中，探尋現代國民參與刑事審判制度的起源。

　　本章將從英格蘭的刑事陪審制度開始介紹，追尋其散布的路徑，包括其在舊有殖民地——美國的發展光大，歐陸主要國家——法國、德國對於英國陪審制度的繼受與衰退，以及改良的國民參與刑事審判制度——參審制的出現，以此為基礎，彰明國民參與刑事審判制度的「多樣性」，以及其必須切合既有國家體質與法制文化需要的「地域性」特質。

12　勝田有恒、森征一、山內進編，概說西洋法制史，初版，2004 年 10 月，頁 22。

貳、英格蘭刑事陪審制度的興起 [13]

一、起訴陪審的出現

　　英格蘭於中古時代的審判，仍然承繼古代日耳曼（Germane）的審理方法，[14] 以雪冤宣誓（Compurgation）、[15] 神判（Ordeals）、[16] 決鬥（Trial by Battle）[17] 等非文明方式來證明被告有無犯罪，[18] 雖然國王也會委派官員主持審判程序，但官員的角色僅及於程序的指揮與判決的宣告而已。至於被告究竟有無犯罪？還是沿用上述非文明的方式來決定。

─────

13　英國，正式名稱應為「聯合王國（the United Kingdom）」，可分為 3 個法域，即英格蘭與威爾斯（England, Wales）、蘇格蘭（Scotland）、北愛爾蘭（Northern Ireland），各法域之法制史、法律文化、制度均略有差異，以歷史來看，威爾斯係於 1536 年納入版圖，蘇格蘭係於 1707 年納入，愛爾蘭則係於 1801 年始遭兼併（其後於 1922 年，北愛爾蘭以外的愛爾蘭地區另行獨立脫幅而去），故至少在 1707 年之前，稱英格蘭即可代表英國。

14　西元 5 世紀以後，占據英格蘭的盎格魯薩克遜（Anglo-Saxons）人乃日耳曼人的一支，故英格蘭的古代審判，乃承繼日耳曼人的傳統。

15　雪冤宣誓類似於自我詛咒，即由宣誓者以手碰觸武器或家畜，並宣誓其無辜，若所誓虛偽，則武器或家畜即會使虛偽宣誓者受傷。

16　在早期，神判係雪冤宣誓的輔助證明手段，在輔助宣誓者無法成功協助宣誓者，或是被告為女性、奴隸等無宣誓能力者，或被告所犯為不名譽之罪時使用之。所謂神判，即係以自然界力量來判斷被告是否無辜，通常使用的是火、水及抽籤。火審有要求被告將手放入滾燙熱水中，將其中預先放入之石頭取出，如果傷口潰爛即有罪，反之即無罪，或命被告赤腳於熱鐵上奔跑或手持灼熱鐵塊步行一定距離，若受傷即有罪，反之即無罪；水審則將被告推入水中，若浮在水面上即有罪，沈入水中一定深度即無罪，蓋當時人類相信水會接納無辜者；甚至有要求被告一口氣吃掉一塊麵包，若噎住即有罪，沒有噎住即無罪，參見林毅，ゲルマン古代の民眾裁判，載：佐藤篤士、林毅編，司法への民眾參加：西洋における歷史的展開，初版，1996 年 2 月，頁 44；丸田隆，陪審裁判を考える：法廷にみる日米文化比較，1990 年 5 月，頁 64。

17　決鬥亦係雪冤宣誓的替代手段，在原告質疑宣誓之可信性，或質疑判決時，即由提訴之人（原告）與被告決鬥，被告勝時無罪，敗時有罪，蓋當時的人們相信，神明會站在正義的一方。

18　當時的審判並未區別民事事件、刑事案件而為不同處理，且均由私人（原告）發動訴追，尚無國家訴追的制度。

　　但值得注意的是，前述雪冤宣誓的證明方式，除了命令被告宣誓之外，大多還要求要有一定人數的輔助宣誓者（compurgators），這些來自於被告族人、友人（equals, peers）的輔助宣誓者被要求宣誓，以擔保被告的雪冤宣誓係屬真實、並無虛偽；再者，英格蘭中古時代的審判，究竟要以雪冤宣誓、神判、決鬥中何種方式來決定被告有無犯罪？也是交由審判地域的居民以判決發現人（domesmen）的角色先進行中間判決（medial judgment）來決定。[19] 除了前述英格蘭傳統審理方式之外，西元 1066 年諾曼征服（Norman Conquest）之後，[20] 來自異邦（相當於今日法國西北部）的新國王威廉一世（1027-1087）體認到統治初定、以及地方分權統治的現實，基於在行政、租稅等方面獲取當地資訊之需要，也會派遣官員前往地方，召集當地居民，命其宣誓後陳述土地的真正所有人為何？以擔保土地調查的真實性，資為課稅的基礎。例如 1085 年及於全英格蘭的土地調查（Domesday Inquest）及依此製作的土地調查書（Domesday Book）即為最著名的例子，[21] 上述經驗，除了可視為近代證人制度的先聲之外，也為後來的民眾參與司法預先奠定了基礎。

　　之後的金雀花王朝（Plantagenet dynasty，又稱為安茹王朝 Anjou dynasty，1154-1399）創始者亨利二世（Henry II，1133-1189），於其在任期間（1154-1189）進行了一連串司法制度的改革，其中最重要的，厥為建立國家訴追制度。[22] 1166 年的克蘭敦巡迴法（Assize of

---

19　松本英俊，イギリスにおける初期の陪審の発展とその影響，九大法学，72 号，1996 年 9 月，頁 148。

20　1066 年，來自法國的諾曼地大公威廉二世（征服者威廉，後來的英王威廉一世，1027-1087）於哈斯汀戰役（Battle of Hastings）中擊敗英王（盎格魯薩克森王朝）哈洛德二世（1022-1066），並開創諾曼王朝（Norman dynasty，1066-1154）。

21　鯰越溢弘，イギリス陪審の歴史と現状，法律時報，64 卷 5 号，1992 年 4 月，頁 26。

22　亨利二世設立國家訴追制度，除了要更有效地摘發犯罪、給予犯罪行為人適當處罰以維護治安之外，更重要的是可以藉此獲得財政上的挹注，蓋當時犯罪的處罰

Clarendon）第 1 條規定，應自各百戶邑（Hundred）中挑選出 12 名適法者（lawful men），及自各村落（vills）中挑選出 4 名適法者，命其等於宣誓後，向國王派遣的巡迴法官（eyre）申告當地有無強盜、殺人、竊盜等重大犯罪，自此案件進入法院的來源除了既有的私人訴追（appeal）之外，「起訴陪審（正確來說，應該稱為「告發陪審」）」所發動的公訴（presentment）亦宣告出現，其後的 1176 年北安普頓巡迴法（Assize pf Northampton）更強化此制度。但無論是起訴陪審或是私人訴追，之後的審理，均仍沿用既有的神判、決鬥等方式行之（起訴陪審後，主要進行神判，而私人訴追者，則主要進行決鬥）。

　　但必須說明的是，當時的起訴陪審，是讓當地居民依據親身見聞、自他人處取得之資訊、甚至是傳聞風評以申告犯罪，若國王派遣之官員（coroner）經調查後有紀錄某項重大犯罪，但起訴陪審未盡職申告、而私人亦未追訴時，所屬的百戶邑或村落將會受到處罰，故此制度比較像是證人制度，用來補救地方分權統治之下，中央政府偵查犯罪機關能力之不足；此與後來只負責審查國家偵查機關之起訴主張可否採納，並無提供資訊、情報功能的起訴陪審，或是讓陪審團決定被告有無犯罪的審理陪審，均有本質上的差異。但由於當時的起訴陪審可以不告發被告，或雖然告發但又認為被告沒有犯罪嫌疑，以此免除被告進而接受審判或處罰的風險，對於案件後續發展具有相當大的影響力，故可謂當時的起訴陪審已經提供了後來的起訴陪審以及審理陪審制度所必要的發展基礎。

　　附帶一提，類似於起訴陪審的制度，也引進私人訴追程序中。蓋私人進行訴追後，當時主要的審理方式乃進行決鬥，當兩造均不願意決鬥而有意迴避時，則進行神判，但若被告不打算進行決鬥，亦不打算接受

　　方式，包括罰金及沒收（被告凡犯重罪者即處死刑，即可沒收其財產），故對於犯罪若能更有效地進行追訴或處罰，將可以充實國庫，參見鯰越溢弘，同註 21，頁 27。

神判，則可以主張原告之提訴是基於憎恨或惡意（de odio et atia），並向國王購買令狀以傳喚、組成用以判斷原告提訴是否基於憎恨或惡意的陪審，當此種陪審團認定該私人訴追為無效時，等於免除了被告進一步接受審判或處罰的風險，對於私人訴追案件之後續發展，亦有相當大的影響力。[23]

二、審理陪審的出現

1215 年的第四次拉特蘭會議（Fourth Council of the Lateran），教皇英諾森三世（Innocentius III，1161-1216）基於耶和華為唯一神明的立場，宣告禁止天主教神職人員參與以自然力量為尊的「神判」儀式，少了神職人員的見證，神判即失去了正當性，故英諾森三世的宣告，實際上等於廢止「神判」此種審理方式。

神判既無正當性，當時歐洲各國刑事訴訟程序中，用以證明被告有無犯罪的最重要手段亦宣告喪失，在混亂的狀況中，各國開始因應其國情進行刑事訴訟審理程序的改革，例如大陸法系的國家，即以法官的職權糾問（如拷問被告以取得其自白）取而代之，奠定了大陸法系職權主義、糾問主義的基礎；相較於此，英格蘭國王雖然也於 1219 年下達一份通告，要求法官自行尋求解決之道，故法官並不是沒有機會藉此走向職權糾問式審理之途，但地方分權統治、法官人數不足[24]等等現實考量，讓法官反而傾向於將原本即存在的「告發陪審、私人訴追之憎恨或惡意陪審」等制度逐漸延伸到審理程序中。截至 1222 年止，不論何種方式（告發陪審或私人訴追）而進入審理之案件，均出現以審理陪審的方式確定被告有無犯罪的案例，到了 13 世紀末，所有刑事案件均以審

23　松本英俊，同註 19，頁 150。

24　如果要徹底進行職權糾問，勢必要有相當多人數的法官來踐行糾問，但當時英國的法官人數明顯不足，參見鯰越溢弘，同註 21，頁 28。

理陪審的方式進行審理。

　　當時的審理陪審，是由法官傳喚 12 名知悉被訴案件之當地居民，命其當庭宣誓後，作證陳述其知悉或聽聞與本件犯罪有關之事實，這與後來的證人制度相當類似；所不同者，乃審理陪審逐漸發展出可以進而對被告有無犯罪做出評決的職權。[25] 但因為審理陪審當時仍存有相當濃厚的證人性格，故審理陪審的功能，與前述同樣近似於證人制度的告發陪審即出現重疊，實際運作上，審理陪審團的成員，往往就直接從該案先前之告發陪審團成員中選出。如此一來，告發者等於又成為審判者，對於被告而言往往不利，也不公平，故當時的被告不斷主張要將曾經擔任告發陪審員的人排除於審理陪審之外。但對於國王而言，只要能將被告判罪，就能沒收其財產或判處罰金以挹注國庫，[26] 乃有利於己之事，自然不會輕言答應，然而，在當時的英格蘭，國王並不是唯一的實權者，而必須與教會、封建貴族、下級貴族（gentry）、自由市民（yeomen）等宗教、地方勢力妥協，故到了 1352 年，當時的國王愛德華三世（Edward III，1312-1377）終於接受議會請願，承認審理陪審團組成時，應將原本告發陪審團之成員排除在外，[27] 至此，審理陪審至少在成員組成方面，與告發陪審產生了區別，也進一步促進了審理陪審與告發陪審的分化，以及後來陪審員篩選程序（jury selection, voir dire）

25　當時的陪審員，未必均為直接見聞犯罪案件發生過程之人，有時僅為犯罪發生地附近的居民，但由於擔任陪審員者，往往即為地方上的仕紳、菁英，故被認為有權力對案件進行評判；相反地，當時的職業法官係由中央政府派遣、巡迴於各地，在地方上，則無獨立、穩定的情報來源可資依恃，故無足夠手段確認陪審員所言是否屬實，至多僅能消極制止收賄玩法的陪審團而已，遂逐漸演進成陪審團可對被告有無犯罪進行評決（verdict），而法官僅能有限度地審查、控制的制度，參見松本英俊，同註 19，頁 166；丸田隆，同註 16，頁 65。

26　在當時，重罪（felony）等於死刑，且受重罪有罪宣告者，國王還可以沒收其全部財產、土地。

27　谷直之，国民の司法参加として陪審制に関する一考察：英米の議論を素材にして，同志社法学，51 巻 1 号，1999 年 5 月，頁 39。

的發展。

此外,審理陪審在草創初期,與告發陪審一樣,非常類似於現在的證人制度,所不同者,乃是證人僅陳述其所見所聞而已,至於其所述是否屬實?被告是否成立犯罪?則另由審判者進行判斷;而審理陪審則是根據其本身所見所聞,逕自做出事實存否、被告有無犯罪的判斷(評決)。對於當時的英格蘭國王而言,雖然沒有能力將「逕自決定被告有無犯罪的權利」從陪審團手中奪回,而進行徹底的職權糾問式審判,且基於禁止雙重危險的普通法(common law)傳統,也無法再要求對無罪判決重新審理。但如果審理陪審所做出的評決與真實不符,或者該說是與國王的利益不符時,則仍必須有一定的控制手段,以下的幾種控制手段,可說即是針對審理陪審的「證人性格」而來:

(一)陪審團負責事實、法官負責法律

當時的陪審團既然仍然保有證人性格,故陪審團乃是認定事實的最適當人選,但如果陪審團的事實認定進而干預、忽視國王的法律,則非國王所能忍受,故國王在必須接受陪審團的事實認定特權之餘,往往處心積慮地保有法律解釋、適用的權利,「陪審團負責事實、法官負責法律」此一劃定陪審團與職業法官「分工」權限的慣例,於英王愛德華一世(Edward I,1239-1307)在位期間(1272-1307)即告確立。所謂法官負責法律,不僅指法官擁有解釋、適用法律的專權,在近代的證人制度逐漸出現時,[28] 法官更擁有「篩選、排除不合法證據進入法庭」的權利。

(二)陪審查問令狀(attaint)制度與星室法院(Court of Star Chamber)

一如現代證人制度下,證人如果作偽證,將受到偽證罪的處罰。

---

28 14世紀中葉時,為了因應審理之需要,除了既有陪審團擔負部分證人的工作外,另外出現專門提供資訊、情報的證人,參見谷直之,同註27,頁39。

早期審理陪審具有強烈證人性格，故陪審團如果做出虛偽評決（false verdict）時，亦會受到偽證罪（perjury）之處罰。到了13世紀，有關陪審團的控管，更演進為陪審查問（attaint）令狀制度，亦即對於陪審團之評決有疑問之原審當事人，得聲請星室法院（Court of Star Chamber）核發陪審查問令狀（attaint），法官受理後得召集組成一個人數高達24人的新陪審團，該新陪審團僅可重新審查就陪審團所審酌過的證據，但不能調查新證據，若新陪審團之評決與舊陪審團不同，則舊陪審團之陪審員將受到非常嚴厲的處罰，諸如一年的拘禁，所有土地不動產均沒收或充公，其家族將被驅逐、並被印上「不名譽（infamous）」的烙印，未來亦將無法在法庭上擔任證人。[29]

此外，陪審團的評決採取全員一致決，如果無法形成全員一致決，即得解散舊陪審團重新組成新陪審團（retrial），此雖然與陪審團的證人性格較無關係，但也是當時國王為了控制陪審團而逐漸形成的實務上慣例。更何況，如果陪審員為全員一致的評決，在陪審查問令狀制度下，即可處罰陪審員全員，亦具有「連坐」的強烈暗示存在。

除了對於陪審團的控制之外，當時的國王，仍然希望所有被告都能接受陪審審判。蓋對於當時的英格蘭國王而言，陪審制度的出現雖然是「妥協」的產物，但有了相當的控制權後，這樣的審理方式總比完全沒有辦法處罰犯人、沒收其財產來得好。因此，當自認有罪的被告拒絕接受陪審審判時，國王為了避免「煮熟的鴨子飛了」、無法順利沒收其財產，即必須想方設法使該被告接受陪審，除了軟性的勸說之外，更有接下來的強硬手段。最早是將該被告驅離所居住的地域，到了1275年，更通過法律（Statute of Westminster 1275），將拒絕接受陪審的被告關押（稱為「改過自新的禁錮（prison forte et dure）」），甚至將其身體用二塊厚木板夾住，再在其上壓上重石（稱為「改過自新的痛楚

29　丸田隆，アメリカ陪審制度研究：ジュリー・ナリフィケーションを中心に，1997年5月，頁21。

（peine forte et dure）」），直至被告願意接受陪審為止，被告往往因而死亡，但如此死亡的被告，財產並不會被沒收充公，反而成為自認有罪之被告拒絕陪審以守護其財產、使家族不致流離失散的方式，直到 1772年，這樣的制度才為有罪答辯（plea of guilty）所取代。[30]

三、脫離證人性格、更具獨立性的陪審制度

初期具有相當強烈證人性格的陪審制度，隨著時間演進，逐漸褪去其證人性格。此與國家的發展有密切的關係，蓋到了中古世紀後期（15-16 世紀），城鎮都市規模擴大、社會日趨複雜，且國家也逐漸具備自行蒐集證據的能力，陪審員實無法僅憑其個人見聞或他人轉述的風評傳聞，即作出適當的評決。於是法官開始容許陪審員帶同具備相關知識、見聞的輔助者參與審判，陪審輔助者遂逐漸取代陪審團原本具有的證人功能，最後更發展成為脫離陪審員而獨立的證人制度，[31] 而陪審團，則成為消極的起訴審查者或事實認定者，且既然無須限定少數知悉本案經過的人才能擔任陪審員，故起訴陪審與審理陪審的功能也被徹底區隔。

縱然後來的陪審制度已經喪失其證人性格，但國王打算控制、介入陪審團判斷的努力並未因而終止。而陪審制度功能的變化，也進一步提供了助力。蓋陪審員兼有證人性格之時，法官別無其他資訊可以確認陪審團之評決是否正確，陪審員相對地可以自由評決而不受法官的審查，但有了獨立的證據與證人制度後，陪審團的判斷過程被一定程度地透明化，法官與陪審員的資訊落差亦告消弭，法官也能夠藉由在法庭上提出之證據或證人形成心證，當法官與陪審團就事實認定的判斷不同時，法

30　丸田隆，同註 16，頁 65-66；John Hostettler, The Criminal Jury Old and New—Jury Power from Early Times to the Present Day, 26(2004).

31　沢田裕治，中世イングランド陪審制の歷史的形成，載：佐藤篤士、林毅編，司法への民眾參加：西洋における歷史的展開，初版，1996 年 2 月，頁 128。

官、或其背後的國家自然會增強對於陪審團的統制。[32] 故前述針對陪審團之證人性格而出現的「陪審查問令狀制度」，在陪審團已經成為單純的事實認定者之後，仍然繼續運作，甚至成為國王作為控制其政敵陪審審判結果的手段，凡是未依照法官指示而為評決的陪審團，均可能受到星室法院的陪審查問及處罰。

其後，於 1641 年，英格蘭雖然經由議會施壓而廢除了惡名昭彰的星室法院，但國王、法官與陪審團間的緊張關係並未因而煙消雲散，1670 年的 Bushell 案（Bushell's Case）中，陪審團針對兩名在非法集會中發表演說的被告，其中一人評決無罪，法院無法接受此一評決，要求重新評決，並以不達到法院認可的評決即會一直受到拘禁而無法回家來要脅陪審團，但擔任陪審長的 Bushell 氏仍然拒絕重新為法院認可的評決，甚至進而評決另一名有罪的被告也改為無罪，審判長即裁處所有陪審員罰金，在罰金繳清前繼續受到拘禁，Bushell 氏即帶領全體陪審員向 Common Pleas 法院（Court of Common Pleas，民事法院）請願，經該法院核發人身保護令（Writ of Habeas Corpus），該院認為評決乃陪審的傳統固有權利（traditionally their right），故取消罰金，將陪審團全員釋放，[33] 自此，確立了基於善意而為評決的陪審員，即使未依據法官之諭示而為評決，仍可不受處罰的原則，而使陪審制度更具獨立性。

截至 15-16 世紀時，英格蘭的陪審制度已經具備了今日所見現代陪審制度的大部分雛形，[34] 亦即起訴陪審（大陪審）負責審查國家或私

32　松本英俊，同註 19，頁 166。

33　丸田隆，同註 29，頁 24 以下。

34　其後的演變，均可看做陪審制度的細節演進，但無損於陪審制度的大體結構。例如 1649 年承認被告受辯護人協助權、1919 年容許女性擔任陪審員、1933 年廢除大陪審制（倫敦及米德爾賽克斯〔Middlesex〕郡則於 1948 年始廢除）並大幅限縮民事陪審的適用範圍（僅限於毀損名譽、惡意訴迫、不法監禁、詐欺等）、1967 年放寬無需全員一致即可評決（當評議時間超過 2 小時以上時，容許 10 名以上陪審員之多數意見即得評決）、1974 年廢除陪審員的財力限制、1988 年廢除不附理由拒絕陪審員（peremptory challenge）制度、1994 年容許陪審員於審理期間可以

人提出的正式起訴狀（bill of indictment），如果起訴陪審認為該案有足以提起公訴的證據（prima facie）存在，則簽署「本案正當（villa vera）」，並將案件送進法院審理，如果認為證據不足，則簽署「無視（ignoramus）」，並將被告釋放；至於審理陪審，則依據兩造當事人在公開法庭上提出之證據，判斷被告有罪、無罪。但有關陪審，尤其是審理陪審，其與法官間權限的劃分，諸如法官透過諭示（instruction）、訴訟指揮、證據篩選、法律解釋等方式介入陪審團的事實認定職權，陪審團則藉由無視法律（Jury Nullification）來架空法官及法律等，仍然是不斷受到討論的議題。對於以法官與國民（陪審團）「分工而分離」來架構的陪審制而言，如何界定陪審團與職業法官的權限，的確是困難的問題。

四、小結

英格蘭的陪審制，從一開始即係國王在法官不足、地方分權統治的現實下，容許地方勢力介入紛爭解決所誕生的產物。故陪審制度可以說從一開始，就具有「與國王分權」的性質存在，雖然從中古世紀以降，英格蘭國王的「對手」隨著時間遞嬗而不斷改變，從最早的盎格魯薩克遜遺民，到中期的下級貴族與自由市民，再到後期的議會與中產階級，但英格蘭國王從來沒有辦法徹底掌控司法制度，而必須與當時期地方上的中堅份子分享司法權的運作，厥為不爭的事實。正因為陪審制度讓被統治者有效瓜分君主統治權威的象徵——司法權，所以後來 18 世紀的美國獨立革命與法國大革命，即將陪審制度視為對抗君主專制的「自由堡壘」。

此外，對於地方的中堅份子而言，有效調停紛爭，維持地域的穩定與和平，比起有效處罰犯罪，維持中央政權的威信與利益來得更重要，

返家居住而無需集中居住於旅館等。

故英格蘭除了順應地方分權之現實而採行陪審制之外，更採行彈劾主義而非糾問主義的訴訟構造，亦可看做是地方分權統治下，中央政權必須與地方勢力妥協的例證。[35]

　　因此，即使現代英格蘭與威爾斯的陪審制度，僅適用在皇室法院（Crown Court）審理之正式起訴犯罪（indictable only offence，如謀殺、放火、故意殺人、強盜等重罪）中被告為無罪答辯者，以及中間類型犯罪（offences triable either way，如詐欺、竊盜等中度刑犯罪）中經訴訟型態決定程序（Model of Trial proceedings）裁定由皇室法院審理、且被告為無罪答辯者。[36] 依據統計資料，實際由陪審審理的刑事案件僅占全部刑事案件的 1-2% 而已，[37] 此外，絕大多數的刑事案件，則由治安法官法院（magistrates' ccourt）審理終結。但即使如此，英格蘭陪審制所代表的反君主專制、維護一般人民自由、當事人主義訴訟構造等精神，藉由其本身的國力，以及其承繼者——美國的散布，對於現代的司法制度，仍有其深厚的影響力。

參、美國陪審制度的發展

一、殖民時期

　　英國大約從 17 世紀初期開始，正式將今日美國東北部海岸地帶視為其殖民地。早自 1606 年，英國國王詹姆士一世（James I，1566-1625）發給殖民地建設公司 —— 維吉尼亞公司（Virginia Company）的「維吉尼亞第一號特許狀（The First Charter of Virginia）

35　鯰越溢弘，同註 21，頁 29。

36　英國並不承認被告於否認犯罪而為無罪答辯後，尚得拒絕接受陪審審判而要求由職業法官審理，此與美國不同。

37　大石和彦，「国民の司法参加」をめぐる憲法問題：司法制度改革審議会最終意見書を受けて，白鴎法学，18 号，2001 年 11 月，頁 155。

中，即有美洲殖民地如何實行陪審的相關規定。1623 年，新英格蘭地區最早的殖民地區——在今日麻州東南部的普利茅斯殖民地（Plymouth Colony）已經承認被告有接受陪審審判之權利，到了 1628 年，麻薩諸塞灣殖民地（Massachusetts Bay Colony，今日麻州波士頓一帶）也引進陪審審判，其後，英國從荷蘭手中搶來的西新澤西（West New Jersey）、賓夕法尼亞（Pennsylvania）也先後於 1677、1682 年實行陪審審判。甚至在殖民地政府尚未建立前，羅德島（Rhode Island）當時的居民即於 1647 年進行過陪審審判。[38]

這些前往美洲殖民地開展新生活的人們，雖然仍保有母國——英國的生活習慣與法制傳統，也仍然受到英國的統治，但其中許多移民乃是受到英國國教打壓的清教徒（Puritan），其等原本就對英國的統治採取質疑、迴避的態度，加上美洲殖民地與母國之間地理位置遙遠，美洲殖民地在經濟、社會上亦必須獨立自給自主，更何況這片美洲殖民地更有來自其他國家的移民，[39] 故也摻雜了其他國家的文化、法制，是以美洲殖民地雖然承襲了英國的普通法（Common Law）傳統，但為了符合殖民地現地的需求，遂漸出現改變，且各個殖民地——以後的各州也分別因應當地需要而呈現略有不同的發展，學者即稱此為「普通法的美國化（Americanization of the Common Law）」。

隨著英國統治而進入美洲殖民地的陪審制度，當然也不例外。由於陪審團是由審判地域的當地居民所組成，本來就比職業法官更容易在判斷時融入當地的規範與價值觀，對於遠離英國本土、對英國政府有一定程度的排斥、疏離感的移民而言，自然容易對陪審團審判投以比較多的好感與期待，加上當時殖民地政府的法官人數嚴重不足，素質又非常低

38　Neil Vidmar & Valerie P. Hans, American Juries: The Verdict, 47(2007).

39　例如今日的紐約，原本是荷蘭人的殖民地，稱為「新阿姆斯特丹（New Amsterdam）」，1664 年被英國奪走，賜與約克公爵（Duke of York），改名為紐約（New York），但原本的荷蘭籍移民仍然繼續居住該地，並未遷離。

落，故比起英國本土的陪審制度，殖民時期的美國陪審制度，被更加廣泛地運用在各類紛爭，如刑事、民事、行政訴訟案件中，自知無能的法官也會給予陪審團更多的尊重，陪審團則更想排除法官的干涉與指導。例如，當時的陪審團不僅可以認定事實，甚至擁有解釋法律的權利，而法官則鮮少對於陪審團進行法律解釋、適用的諭示（instruction）。[40] 但必須注意的是，各個殖民地對於陪審制度的歡迎程度亦不相同，某些殖民地大量利用陪審制度，但某些殖民地則採取保留的態度。

　　對於英國殖民政府而言，陪審制度往往成為殖民地居民用來拒絕英國政府的法律及法官的工具，亦即意味著殖民地居民打算藉由陪審制度來遂其反抗政府的陰謀，例如 1735 年的 John Peter Zenger 事件，即為殖民政府打算利用文書誹謗罪處罰批評英國政府之人士，陪審團即以無罪評決、拒絕處罰被告來回應，又例如殖民地陪審不斷將違反航海條例（Navigation Act）而遭扣留的船隻發還。對此，英國殖民政府遂想方設法讓陪審制度受到控制或限制，例如設立不採行陪審的副海事法院（Court of Vice Admiralty）、海事法院等特殊法院，並逐步擴大其管轄範圍。

　　1756 年至 1763 年的英法七年戰爭，英國雖然獲勝，但債務負擔更形沈重，也加重了對於殖民地的管制與稅賦，這樣的作法，當然更招致殖民地人民的反感。1774 年召開的第一次大陸會議（First Continental Congress），美東 13 個殖民地中 12 個殖民地 [41] 的代表即宣稱各殖民地均享有英國普通法上的所有權利，並擁有在普通法之程序上接受近鄰同儕審判此一偉大且不可取代的特權。1776 年 7 月 4 日的獨立宣言（The Unanimous Declaration of the thirteen United States of America）中，更將「以法律大量剝奪殖民地人民受陪審審判的利益」視為當時英王喬

40　谷直之，同註 27，頁 50；常本照樹，司法権：権利性と国民参加，公法研究，57
　　号，1995 年 10 月，頁 68。
41　不含喬治亞省（Province of Georgia）。

治三世（George III）所犯罪惡之一（HE has combined with others to subject us to a Jurisdiction foreign to our Constitution, and unacknowledged by our Laws; giving his Assent to their Acts of pretended Legislation: FOR depriving us, in many Cases, of the Benefits of Trial by Jury），故英國政府對於美東殖民地陪審制度所採取的限制，也可視為美國獨立戰爭（1775-1783）的起因之一。

二、獨立建國以後

對於甫獨立建國的美國而言，殖民地時期英國政府的種種壓迫、管制還歷歷在目，故在制訂憲法時，自然會受到其過往受殖民經驗的影響。陪審制度在獨立革命的過程中，發揮了許多保障人權、維護刑事被告自由權利的功能，甚至被進一步視為對抗專制暴政的利器、體現直接民主主義的指標。故在美國，陪審制度比起其發源國——英國，受到了更多的重視與期待，制憲者非但將陪審制度明訂於憲法中，標舉為美國聯邦刑事司法應備的一種訴訟制度（例如美國聯邦憲法第3條第2項第3款前段規定：「除彈劾事件外，所有犯罪之審判，均應以陪審行之。」又第5修正案前段規定：「任何人若未經大陪審（grand jury）之告發或正式起訴，不負科處死刑或科處有期徒刑之不名譽罪之刑罰。」）甚至還將之明定為被告憲法上的權利 [42]（聯邦憲法第6修正案

---

[42] 岩田太，合衆国における刑事陪審の現代の役割（一）：死刑陪審の量刑裁量をめぐって，法学協会雑誌，118巻7号，2001年6月，頁1003。美國聯邦憲法第5修正案前段規定：「任何人若未經大陪審（grand jury）之告發或正式起訴，不負科處死刑或科處有期徒刑之不名譽罪之刑罰。」第6修正案規定：「於所有之刑事追訴，被告擁有於犯罪發生地之州及依法律事先規定之地區，受公正之**陪審**進行迅速公開審判，並受告知其被訴案件之性質與原因之權利。」表面上看來，似乎都寓有保障被告訴訟權利的意涵，但保障受大陪審告發或正式起訴之權利並不及於各州，可參見 Hurtabo v. California, 110 U.S. 516, 4 S. Ct. 111(1884); Palko v. Connecticut, 302 U.S. 319, 58 S. Ct. 149(1937)，至於保障受小陪審審判之權利則因被視為基本權利（fundamental rights）而及於各州，參見 Duncan v. Louisiana, 391

明文保障刑事被告受小陪審〔petit jury〕審判之權利，另第 7 修正案則明文保障訴訟標的價額在 20 美元以上之民事案件有受陪審審判的權利[43]），其中第 6 修正案將接受陪審審判直接視為刑事被告憲法上的權利，不惟係陪審制度的起源國——英國所無，更為舉世所首創。而近代史上第一個成文憲法的美國憲法，在憲法中明文規定刑事被告有受陪審審判的權利，對於後繼的各國憲法，實具有非常大的啟發意義，但也給予所有視美國聯邦憲法為圭臬的後世制憲者或釋憲者一個困難的課題，亦即究竟應不應該在憲法中明文表現其對於陪審制度的態度？應不應該將陪審制度明文入憲？應不應該將被告接受陪審審判視為一種憲法權利？時至今日，這些問題仍然考驗著制憲者與釋憲者的智慧。

值得注意的是，美國早期的陪審制，與其繼受的英國陪審制不同，也與今日美國所見的陪審制不同，蓋其不僅讓陪審團決定事實認定與法律適用，更可以進一步進行法律解釋（law declaration），已如前述。在殖民時期，賦予陪審團法律解釋的權限，有助於限制職業法官的權限、對抗殖民政府種種不當法律的壓迫，而這樣的想法，在建國初期、尤其是反聯邦主義者心中，依然強而有力。1829 年，出身美國中西部、非豪門出身的傑克遜（Andrew Jackson，1767-1845；在任：1829-1837）當選美國第七任總統，大力提升小農、普通市民（common men）的影響力，其執政時期被史家稱為「傑克遜式民主（Jacksonian democracy）」，而為草根式民主（Grassroots democracy）的同義詞。在陪審制度上，傑克遜除了繼續維持陪審解釋法律的權限外，更進一步限

U.S.145, S. Ct. 1444(1968).

43　民事案件中是否應明訂適用陪審審判？在美國聯邦憲法制定時曾有激烈爭執，聯邦主義者擔心陪審團會拒絕支付獨立之前所生債務，導致美國向外舉債生困難；而反聯邦主義者則擔心中央政府會透過沒有陪審的民事審判進行增稅等侵害地方自治權的行為，最後雖然妥協同意於憲法中明訂民事事件亦適用陪審，但訴訟標的價額受到限制，且許多民事事件之管轄權歸於聯邦法院而非州法院，參見 Neil Vidmar & Valerie P. Hans, *supra* note 38, at 53.

制職業法官的訴訟指揮權，例如於法律及州憲法中明文禁止法官向陪審團就證據價值進行評論，即為一例。而也是從此時期開始，美國對於陪審制度的理解，逐漸以其民主主義方面的意涵，凌駕於自由主義意涵之上。[44]

　　傑克遜民主時代，一方面可以看做是陪審擴張權能的顛峰期，但另一方面又是陪審權能走下坡、受限制的開始，蓋獨立後的美國，不僅殖民時期受壓迫的記憶日益淡化，聯邦政府效能也日益增強，加上職業法官素質日漸提升、法官經由選舉產生也被認為已經能夠反映國民意志、國會又逐漸增強其立法權能，[45] 對照觀之，不具法律專業、又無民意基礎的陪審團，是否仍適宜進行法律解釋、甚至是法律創造？即成為問題所在。

　　早在 1800 年，United States v. Callender 案中，聯邦最高法院 Samuel Chase 法官在肯認陪審團擁有解釋法律權能的同時，仍然堅持此權能不能擴及憲法解釋，亦即陪審之權能不包含法律之違憲審查；[46] 1835 年的 United States v. Battiste 案中，聯邦巡迴法庭法官 Joseph Story 從保障被告人權的觀點出發，反對陪審擁有可以依憑其自身觀念或欲求而「決定法律」的道德上權利（moral right），其主張應該讓法官先藉由諭示來給予陪審團法律，陪審團則負責將所認定之事實適用於被諭示的法律之中；[47] 其後，1851 年的 United States v. Morris 案中，[48] 法官再次重申陪審團並無對法律問題作決定的權力；到了 1895 年的 Sparf and Hansen v. United States 案，聯邦最高裁判所以 7 比 2 的比數，認為憲法及法律均未明文規定陪審團有同時決定法律及事實之權能，故基於法官與陪審團之權能分化，法律解釋乃是法院的義務，陪審團僅能依其

44　常本照樹，同註 40，頁 69。

45　丸田隆，同註 29，頁 132；谷直之，同註 27，頁 51。

46　United States v. Callender, 25 F. Cas. 239, No. 14,709(1800).

47　United States v. Battiste, 24 F. Cas. 1042, No. 14,545(1835).

48　United States v. Morris, 26 F. Cas. 1323(1851).

確認認定事實後適用經法院諭示之法律。[49] 自此,雖然實務運作上,陪審團仍有可能不理會法官對法律的解釋諭示(例如在一般評決〔general verdict〕的情形下,陪審團逕為被告無罪之評決而無庸說明其理由。越戰時期,陪審團拒絕適用徵兵刑罰法律來處罰拒絕受徵召的被告,即為適例[50]),但「陪審團負責事實、法官負責法律」此一法諺,業已被視為一種原則而被遵守。

此外,隨著時間演進,美國的陪審制度從鄰人、同儕(peer)審判的觀念,逐漸演進為社會各階層的代表(cross section of society)參與審判的觀念;而陪審制度也從原本普遍受到運用,漸漸成為象徵意義遠大於實際適用案件數的制度;甚至原本視為美國陪審制度理所當然的「12 名陪審員組成陪審團、有效評決需採全員一致決」等,也逐漸出現挑戰的聲音,[51] 但即令如此,美國陪審制度,及其所由產生的當事人主義訴訟架構、還有其背後所代表的自由民主精神,仍然深深影響著現代刑事訴訟制度。

三、小結

相較於近代陪審制度的起源國──英國,主要是將陪審制度當作一種地方分權統治之現實情勢下,有效解決重大紛爭的訴訟制度;繼受陪審制度並將之發揚光大的美國,則因為殖民統治的不愉快經驗、世界第一個民主政體、聯邦制國家等種種歷史與政治因素,充分演繹陪審制度中「分權」的特色,讓陪審制度被賦予更多政治制度上的意義,在美國,陪審制度已經不是單純的訴訟制度,而是一種保障被告自由的制度,甚至是一種國民主權在司法權上的展現,一種民主主義的具體實

49　Sparf and Hansen v. United States, 156 U.S. 51(1895).
50　*See* United States v. Spock, 416 F. 2d. 165(1st Cir. 1969).
51　Williams v. Florida, 399 U. S. 78(1970), Johnson v. Louisiana, 406 U. S. 356(1972).

現。

　　美國開國元勳漢彌爾頓（Alexander Hamilton，1757-1804）在其所著 *The Federalist Papers* 一書中，將陪審制度視為一種保護刑事被告自由權利的制度，蓋陪審制度可以從「專斷的起訴、專斷的判決、以及專斷的處罰」等等「司法的專制支配」中保障刑事被告的自由。1831年至 1832 年訪問美國的法國政治家托克維爾（Alexis de Tocqueville，1805-1859），正好在陪審權能達到最高峰、草根民主主義也達到顛峰的「傑克遜民主」時代到訪，在其所著《美國的民主（*Democracy in America, De la démocratie en Amérique*）》一書中，則更進一步將陪審制度視為一種民主制度，托克維爾認為，藉由陪審審判，可以將統制社會的一部分權力，轉移給被統治者（人民）行使，而成為國民主權的一種型態，此外，陪審制度還具有公民教育的功能，讓人民體認到其對自身行為負有責任。[52] 藉由漢彌爾頓的演繹、托克維爾的大力讚揚，所有自詡為「自由」「民主」的國家，幾乎都或多或少考慮過在訴訟制度中加入陪審制，影響所及，不僅歐陸如此，甚至遠東的日本、中國，在歷史上均出現了陪審制度或是立法的動向。

　　但陪審制度本質上畢竟是一種訴訟制度，過度強調其實現民主等等政治功能，會不會反而使其訴訟制度上的功能被忽視？或是使其作為訴訟制度時顯露出的缺點被掩蓋？此厥為探究國民參與刑事審判制度時必須面對的問題。但不可諱言的，美國陪審制度有了政治意涵的包裝，成為閃耀的明星（the morning star of American Liberty），深深影響了後世所有關心國民參與刑事審判制度，乃至於關心自由主義、民主主義的人們。

52　三谷太一郎，政治制度としての陪審制：近代日本の司法權と政治，2001 年 9月，初版，頁 33。

肆、法國參審制度的發展

一、陪審制的導入

　　回顧法國國民參與審判制度的歷史，雖然最早可以回溯到法蘭克王國 [53] 時代（詳見後述「德國參審制度的發展」），但隨著君主專制權力的逐步強化，中世紀以後的法國，截至 1789 年大革命為止，都是由職業法官獨力進行審判，並成為大陸法系最具代表性的國家之一；但 1789 年 7 月 14 日的大革命徹底地改變了法國的政體，法國更仿效英國，引進了陪審制度，改變了法國刑事審判的型態。

　　1789 年法國大革命之前，法國的刑事審判，採取徹底的糾問主義訴訟構造，亦即以不公開審判、不進行對質詰問、書面審理主義為原則，法院在收受預審法官移交的卷證資料後，即依據這些書面的卷證資料、遵循法定證據原則（如要判處被告有罪，需有法定數量的證據或被告自白始得為之），判定被告有無犯罪，這樣的審判方式，在法國大革命以前，即深受批判，[54] 同時，許多啟蒙思想家也開始介紹隔海彼岸英國的陪審制度，視之為能夠具體實現「平等」的法律制度。蓋法國大革命之前的司法官（magistrats，法官與檢察官的總稱），幾乎均出身自特權階級與富人，一般的農民、勞工根本不識字，遑論擔任法官，故法官被視為統治階級的代理人，隨著對於統治階級的不滿日益升高，法國人民也抱持著不信任職業法官的態度。

　　1789 年法國大革命之後，引進言詞辯論主義、自由心證主義、連續審理主義等刑事司法制度的改革，被視為革命後最應優先處理的課題。而在刑事司法的一連串改革中，引進陪審制度又被視為最核心的

53　法蘭克王國（481-987），為日耳曼人建立的王國，全盛時期（9 世紀）時領有法國全土及德國西部。

54　梅田豐，自由心証主義と陪審制度：フランス大革命におけるその誕生の意義を中心に，刑法雜誌，36 卷 3 号，1997 年 4 月，頁 377。

議題。1790 年 3 月 31 日召開的國民議會，在司法問題的討論方面，共計擬出了 10 個先決問題，第一個問題就是「應否設置陪審員？」；同年 4 月 30 日，在杜波爾（Adrien Duport，1759-1798）等人力主之下，國民議會確立了在刑事審判中引進陪審制度的原則，[55] 同年 8 月 16-24 日之「司法組織法」第 2 章第 15 條即明定：「刑事案件中，應進行陪審審判。」其後，陪審制度更獲得 1791 年 9 月 3 日憲法的承認，1791 年 9 月 16-29 日刑事訴訟法 [56] 即據此正式引進起訴陪審（大陪審，jury d'accusation）與審理陪審（小陪審，jury de jugement），並於 1792 年 1 月 1 日正式實施。起訴陪審等於是第二階段的預審，於區法院（tribunal de district）實施，由 8 名陪審員負責審核治安法官（juge de paix）經過預審程序後認為有訴追理由之決定是否適當；審理陪審則係於各縣設置之重罪法院（tribunal criminel）實施，由 12 名陪審員（jurés）全權負責重罪（crime）案件犯罪事實之認定；至於其他犯罪，則歸類為輕罪（délit）或違警罪（contravention），分別由輕罪法院（tribunal correctionnel）及違警罪法院（tribunal de police）的職業法官以合議制或獨任制獨力審判。行陪審審判的重罪法院，若要為被告有罪之評決，必須得到 12 名陪審員中 10 名陪審員的贊成，反之，若要為被告無罪之評決，則僅需得到 3 名陪審員的贊成即可，而重罪法院的法官只能在有罪評決時，依據絕對法定刑所定之刑度宣示刑罰；對於經陪審之判決，無論有罪無罪，均不容許提起上訴。[57]

---

55 民事事件是否採行陪審制度，雖然也在國民議會中受到討論，但最後因為多數與會者認為民事事件比起刑事案件，更不容易區分，故最後並未同步於民事事件中採行陪審制度，見和田敏朗，フランスにおける刑事陪審制，載：佐藤篤士、林毅編，司法への民衆参加：西洋における歴史的展開，初版，1996 年 2 月，頁 169。

56 此為法國法律之慣用表示方式，「16」係指該法案於 9 月 16 日經議會通過，「29」係指該法案經國王准許實施之日期。

57 中村義孝，フランス司法権の特徴と重罪陪審裁判，立命館法学，300・301 号，2005 年，頁 398。

　　其後再經過多次修正，確立了陪審員秘密投票的原則，且陪審員應
自有選舉權的國民中選任；但所謂有選舉權的國民，在當時亦僅占全體
國民的極少數，除了必須是 25 歲以上的成年男性外，還必須有相當豐
厚的財力，在當時，僅占不到全部法國 25 歲國民的 1%，故仍然被視為
一種階級審判，而非陪審制度原本被期望、由與被告同階級的國民參與
審判；加上法國大革命之後社會解體、治安混亂，起訴陪審被認為是造
成犯罪追訴遲滯的元凶，審理陪審則往往因為擔心法定刑過嚴，傾向於
無視證據判處被告無罪，此均與「維持治安」的目標背道而馳，故原本
陪審制度所標榜的理想，漸漸受到質疑。[58]

二、陪審制度的發展與沒落

　　法國引進陪審制度後產生的種種扞格、矛盾，在拿破崙（拿破崙一
世，Napoléon Bonaparte，1769-1821）於 1799 年掌權之後，逐漸衍生
為陪審制度的限縮。1808 年的治罪法（Code d'instruction criminelle）
即廢除了起訴陪審制，改由上訴法院（Cour d'appel）的彈劾庭
（Chambre des mises en accusation）法官取代其功能；又大幅限縮於
重罪法院（Cour d'assies）管轄之重罪案件，藉此擴大不適用陪審的情
形；行陪審審判的重罪法院改由 5 名法官與 12 名陪審員共同組成，陪
審團的評決標準則降低至過半數多數決，亦即 12 名陪審員中，只要有
7 名陪審員贊成，即可為被告有罪之評決，但法官之多數意見倘贊成陪
審員的少數意見，而法官之多數意見與陪審員的少數意見合計，票數又
多於法官之少數意見加上陪審員的多數意見時，則應以有利於被告之意
見為優先；甚至當合議庭 5 名法官一致認為陪審團的評決不正確時，還
可以延期宣示判決，重新組成陪審團，只有重新組成的陪審團意見仍然

58　芦沢政治，フランスの刑事参審制度について，ジュリスト，1195 号，2001 年 3
　　月，頁 88。

與先前的陪審團意見相同時，重罪法院的法官才必須受其拘束；[59] 更有甚者，當檢察官不服重罪法院行陪審後的無罪判決，亦可就同一犯罪事實，變更罪名另外向輕罪法院重行起訴，凡此種種改革，均可視為「實體真實主義」「重視司法效能」與陪審制度理念間的衝突。

1830 年，由中產階級領導的「七月革命」推翻了復辟的波旁王朝，擁立路易菲利普（Louis-Philippe，1773-1850）為法國國王，史稱「七月王朝」，在自由主義者主導下，逐步廢除拿破崙時代對陪審制度進行的種種限制，例如將陪審團的有罪評決標準由過半數多數決提高為三分之二多數決，職業法官的人數也由 5 名減為 3 名，針對陪審團易於傾向判處被告無罪的問題，則賦予陪審團減輕刑罰事由之認定權，期能藉此使陪審團不要因為擔心被告受到重刑而動輒為被告無罪的判決。[60]

但上述改革仍然無法有效解決陪審制度受到的批評，故其後陪審團的有罪評決標準又回復為過半數多數決，且由於當時認為擔任陪審員是履行國民義務、不能支領薪俸，故多數符合擔任陪審員資格的國民，也往往迴避擔任陪審員。

1848 年，由勞工階級、農民主導的「二月革命」推翻了法王路易菲利普，開始「第二共和」，伴隨著普通選舉制的實現，陪審員的來源也被寄望能更為廣泛地遍及社會各階層，但選舉後仍由保守勢力占了上風，故不只沒有選舉權的女性無法擔任陪審員，連擁有選舉權的 21 歲至 30 歲的男性，以及受雇者，亦均無法擔任陪審員；而陪審員在審理過程中表現出的情緒化、無能，也仍然被大肆批評，換言之，審判者的能力、素養、審判的品質、治安的維護，仍然是法國社會中相當重要的價值。[61]

59　中村義孝，同註 57，頁 401。

60　和田敏朗，同註 55，頁 178。

61　白取祐司，フランスの陪審制度，東京三弁護士会陪審制度委員会編，フランスの陪審制とドイツの参審制：市民が参加する刑事裁判，1996 年 7 月，頁 61。

　　1852 年，第二共和的原任總統路易拿破崙（拿破崙三世，Charles
Louis-Napoléon Bonaparte，1808-1873）稱帝，開始「第二帝政」，與其
伯父拿破崙相同，路易拿破崙又再度進行陪審制的限縮，首先將政治、
出版、重傷害等犯罪改列為輕罪（délit），由輕罪法院管轄，同時也將
陪審團的評決標準改為過半數多數決，其結果，重罪法院的管轄案件數
量、陪審審判的無罪率，較之第二共和均呈現明顯的降低。

　　1870 年普法戰爭後，失敗被俘的皇帝路易拿破崙出逃英國，法國
開始「第三共和」，相較於法國大革命以來對於陪審制度的激烈擺盪態
度，第三共和除了將路易拿破崙時代剔除的政治、出版案件重新劃歸重
罪法院行陪審審判外，並無激進的制度變革。但此時社會環境的劇烈變
化並未停息，隨著自然科學、醫學、精神醫學、社會學的急速進步，由
一般國民中產生的陪審員漸漸不能應付刑事案件的需要，更有不少心理
學者、實證學派學者，批判陪審團中個別陪審員容易受到集團心理的暗
示、情緒性的影響而無法正確表示意見，陪審制甚至被論者批評為「厚
顏無恥的時代錯誤」，但即使如此，由於陪審制度具有高度的自由、民
主象徵性意義，仍鮮少有人主張應予廢除。

　　時序進入 20 世紀，陪審審判的高無罪率仍然受到激烈地批判，但
由於陪審制度具有民主主義之意涵，所以即使批評者眾，但擁護者亦不
在少數，故改良陪審制度，以求能讓陪審制度適於法國，乃此階段陪審
制度的主要發展趨勢。例如給予陪審員報酬、將勞工亦列為陪審員候選
人等等，最值得注意的是 1908 年 12 月 10 日的法律修正，讓陪審團得
要求審判長、檢察官、辯護人進入評議室，回答陪審員的問題、交換意
見，以協助陪審團正確做出評決，[62] 相較於傳統的陪審制度，限制外界
對於陪審團評議的影響、干預，而參審制度，則容許評議時法官、參審
員的相互討論、詢答，故法國此一改革，實可視為日後改行參審制度的

62　芦沢政治，同註 58，頁 88；John D. Jackson & Nikolay P. Kovalev, *supra* note 6, at
　　97.

先聲，但審判長的意見，對於陪審團而言，並無任何拘束力，故陪審團無視於證據，猶為無罪評決之案例，仍然屢見不鮮。

　　1932 年 3 月 5 日的法律修正，將法國的陪審制由原本陪審制的「分工型態」更進一步地轉向參審制的「合作型態」（部分參審化）；亦即讓陪審團為有罪之評決後，還可以進一步與法官一起進行量刑的評議，詳言之，1908 年的修正將原本專屬於陪審團的「事實認定權」給予法官參與並表示意見的機會，而 1932 年的修正則將原本專屬於法官的「量刑權」則變成法官與陪審員共同評議後行之；這些改革，當然是針對陪審團無罪率過高的問題而為，但不可諱言的是，這樣的改革，也充分體現了在大陸法系之下，採行陪審制此種「事實問題」與「法律問題」徹底分離制度的困難性。

　　但 1932 年的修正，關於量刑的評議，等於是在原本 3 名法官之上，又加上了 12 名陪審員，形成了一個小型議會（parlement au petit pied），幾乎無法進行任何有意義的討論，故上述改革，仍告失敗。[63]

三、取而代之的參審制

　　1939 年，第二次世界大戰爆發，法國在德國閃電攻擊之下，於 1940 年 6 月宣布投降，由德國擁立第三共和之末代首相菲利普・貝當（Henri Philippe Benoni Omer Joseph Pétain，1856-1951） 為 政 府 主席兼首相，成立傀儡政權，史稱「維琪政權（Régime de Vichy，1940.7-1944.8）」。維琪政府於 1941 年 11 月 25 日修正治罪法，受到德國前於 1924 年改採參審制的影響，雖然仍保留「陪審」之名稱，但實際上已正式改採參審制。亦即於重罪法院（Cour d'assies）設陪審法庭，由 3 名法官（審判長 1 名、陪席法官 2 名）與 6 名陪審員組成合議

63　森下忠，フランスの參審制度（中），判例時報，2089 号，2010 年 11 月，頁 26。

庭，「共同」進行罪責（culpablité）與量刑之評議，並以 3 名法官與 6 名陪審員之過半數多數為評決標準，依此評決而宣示判決。這不但是法國引進國民參與審判制度以來，參與審判國民之人數最少的時期，且評決標準也與拿破崙、路易拿破崙時期同為最低，藉此，職業法官在重罪法院管轄之案件，取得了前所未有的優越地位，重罪案件的無罪率，由原本的 25% 急速降至 8%，若可謂法國引進陪審制度以來，無罪率過高一直被視為最難解決的問題，則此次改革，即可視為最有效地解決了上述問題。

　　戰後，被視為納粹傀儡的維琪政權垮台，但維琪政府時期改採參審制度的前述改革，並未被後繼的共和國臨時政府（gouvernement provisoire de la République française，1944-1946）所推翻，而是延續其參審制度之精神，再進行一定程度的放寬，以求取參審制與陪審制間的平衡，例如 1944 年起給予女性選舉權，使女性亦得成為陪審員，又例如 1945 年再將陪審員的人數由 6 人增為 7 人等，均為適例。

　　第四共和（Quatrième République，1946.10-1958.10）末期之 1957 年 12 月 31 日，法國制定新的刑事訴訟法（Code de Procédure Pénale），並自 1958 年 3 月 3 日正式施行，以之取代自 1808 年以來施行達 150 年的拿破崙治罪法。在這部新的刑事訴訟法中，關於陪審制度（正確而言，應稱為「參審制度」）的改革，最重要的即為陪審員之人數增為 9 人，並以三分之二多數決為評決標準，詳言之，包含 3 名法官在內的合議庭中，必須有 8 名以上贊成始能為被告有罪之評決，由此亦可看出，法國作為陪審制與參審制之間「中間類型制度」的特色，亦即蘊含有不信任法官的思維，認為法官與陪審員是不同的兩個群體，為了避免法官的意見壓倒陪審員的意見，所以將陪審員的人數定為法官人數的 3 倍。[64]

64　佐藤博史，裁判員制の制度設計，載：廣瀨健二等編，田宮裕博士追悼論集・下卷，1 版，2003 年 2 月，頁 823。

　　除了前述合議庭之構成、以及仍然保留「陪審」之名稱外，相較於德國的參審制，法國的參審制無寧有更多陪審制的色彩，茲舉其犖犖大者如下：

　　（一）**普選制**：陪審員係自一般23歲以上之國民中隨機抽選產生，除有法定除斥事由外，符合資格之國民均有機會擔任陪審員。

　　（二）**不附理由之拒卻**：於陪審員選任程序中檢察官、辯護人均得不附理由聲請拒卻一定人數之陪審員，法院不得拒絕。

　　（三）**陪審員席位**：陪審員原則上應坐於法官兩側，但法庭空間無法為此種配置時，得使陪審員就坐於遠離旁聽民眾、證人、並與被告相對之席位。

　　（四）**秘密投票制**：評議前，先由法官擬定問題並於法庭上公開朗讀，問題包括「被告是否因有此一犯罪事實而應有罪？」（主問題，question principale）、刑之加重、減輕事由等在內，此一制度類似於英美法系陪審制的「特別評決（Special Verdict）」；評議時，法官與陪審員雖得針對案件進行討論，但個別表示意見時，係採取秘密投票制，由法官、陪審員個別就上述問題，以無記名方式書寫「有（oui）」或「無（non）」，並投入票箱，審判長應當場開票，記明開票結果，且立即將此次投票用紙燒燬。

　　（五）**判決無需附理由**：評決後，審判長應立即依評決為判決之宣示，但判決無需附理由，僅需說明就個別問題之評決為何即可。考法國所以規定重罪法院的判決無需附理由，除了評決係採秘密投票制之外，也是擔心判決一旦附理由，將會影響第二審陪審員的心證。[65]

　　對於第一審行參審審判之判決，法國原本不容許任何一方以事實

65　森下忠，フランスの參審制度（下），判例時報，2092号，2010年12月，頁48。但2011年8月10日的國民參與刑事審判運作及未成年人審判法已經轉而要求重罪法院的參審判決，也必須附加理由，見Jean-Marie Pontier，張惠東譯，法國國民參與刑事審判制度（La participation des citoyens à la justice pènales en France），司法院專題演講，2011年12月6日，頁14。

問題提起上訴，僅得以判決違反法令為由，向作為法律審之最高法院（破棄院、破毀院、Cour de cassation）提起上訴，且縱使可上訴最高法院，亦只有二級二審，並無三級三審，這不僅是因為第一審行參審審判之判決並未附理由而缺乏上訴爭執的重要工具，也是因為對於國民參與審判制度的最大尊重。但 1988 年生效的歐洲保障人權及基本自由公約第七議定書（Protocol No. 7 to the Convention for the Protection of Human Rights and Fundamental Freedoms）第 2 條第 1 項前段明文規定：「凡受法院之有罪判決者，均有受上級審法院就有罪認定及量刑再予審理之權利。（Everyone convicted of a criminal offence by a tribunal shall have the right to have his conviction or sentence reviewed by a higher tribunal.）」對此，法國政府原本附加了保留條款，將該項所謂「再予審理」限於前述最高法院之審理，[66] 認為法國由於有「預審制度」，故行陪審之重罪法院已經可以被視為「第二審」，且重罪案件上訴於最高法院時，又大量運用特赦等制度，事實上已經發揮了「第二個事實審」的功能。但上述理由在論理上實嫌薄弱，況且為何犯輕罪、違警罪之被告均得享有第二個事實審的機會，相較於輕罪、違警罪，受到更重刑罰的重罪被告，卻無法獲得第二個事實審的保障，亦有難以說明的矛盾之處。[67]

　　1995 年，法國司法部因應上述質疑聲浪，提出刑事訴訟法的修正案，將原本由 3 名法官、9 名陪審員組成的第一審重罪法院改為由 3 名法官與 2 名陪審員組成合議庭，另設重罪上訴法院管轄第一審行參審審判之第二審上訴案件，該重罪上訴法院則由 3 名法官與 9 名陪審員組成。對此，第一審之法官主導性是否過強之批判隨之出現，故司法部又將第一審重罪法院之合議庭改為 3 名法官與 5 名陪審員組成，但因政權

66　白取祐司，同註 61，頁 71。

67　赤池一將，フランスにおける陪審と循環的控訴について，刑事司法への市民參加：高窪貞人教授古稀祝賀記念論文集，1 版，2004 年 5 月，頁 216。

更迭，故此次改革功敗垂成。[68]

　　2000 年 6 月，法國完成刑事訴訟法的修正，賦予檢察官、被告對於行參審審判之重罪法院有罪判決，以事實認定錯誤、量刑失當為由上訴、請求再予審理的機會。2002 年 3 月，並進一步給予檢察長（並非檢察官）就無罪判決，以法律之利益為由上訴之機會。但值得注意的是，上訴審並無另設所謂「高等法院」或「上訴法院」管轄，而是由最高法院刑事庭另外指定原審重罪法院以外之重罪法院行之。作為第二審之重罪法院係採覆審制，換言之，必須重新進行證據調查、言詞辯論以資重新為事實認定與法律適用，更重要的是，此時之重罪法院仍然行參審審判，由 3 名法官與 12 名陪審員組成合議庭，因應陪審員人數之增加，評決標準在維持三分之二多數決的前提下，也改為 10 人以上多數決。不論第二審是否為不同於原審法院之認定，均無需維持或撤銷原判決，而是逕為另一個判決，與第一審相同的是，第二審之重罪法院判決亦無需附理由，[69] 此種制度設計，顯然與一般上訴制度所重視的「審查有無誤判並給予救濟」、「統一法律見解」有異，而是基於給予當事人「第二次審判機會」的立場，希望能藉此避免誤判的發生。

　　2011 年 8 月 10 日，法國更進一步縮減重罪法院之陪審員人數，亦即第一審由原本的 9 人減為 6 人，第二審由原本的 12 人減為 9 人，以達到重罪審判簡單化的目標。與此同時，原本僅由職業法官合議審判的輕罪上訴法院（la Cour correctionnele d'appel），則試行「市民參審員（les citoyens assesseurs）制度」，在原本 3 名職業法官的基礎上，再加上 2 名市民參審員，預計自 2012 年 1 月 1 日起，在指定的法院試行 2 年，[70] 進一步擴大國民參與審判的案件適用範圍。

68　芦沢政治，同註 58，頁 92。
69　赤池一將，同註 67，頁 219。
70　第一年為第戎（Dijon）、土魯斯（Toulouse），第二年（2013 年 1 月 1 日起）更擴及安傑（Anger）、波爾多（Bordeaux）、柯爾瑪（Colmar）、杜埃（Douai）、法蘭西堡（Fort-de-France）、里昂（Lyon）、蒙彼利艾（Montpellier）、奧爾良

　　為利於理解計，特別將法國陪（參）審制中，法官、陪審員人數及評決標準之變化整理如下：

圖表 1　法國陪（參）審制法官、陪審員人數及評決標準之變化表

時間	法官人數	陪審員人數	評決標準
1792（第一共和）	4	12	10/12
1808（拿破崙一世）	5	12	7/12
1830（七月王朝）	3	12	8/12
1852（拿破崙三世）	3	12	7/12
1932（第三共和）	3	12	罪責：7/12 量刑：8/15
1941（維琪政權）	3	6	5/ 9
1945（共和國臨時政府）	3	7	6/10
1958（第四共和）	3	9	8/12
2000（第五共和）	3	第一審： 9 第二審：12	第一審： 8/12 第二審：10/15
2011（第五共和）	3	第一審： 6 第二審： 9	第一審： 6/ 9 第二審： 8/12

四、小結

　　法國現在的國民參與審判制度，雖然已經不再是陪審制度，而是參審制度，但仍然具有許多陪審制度的色彩，這也意味法國從大革命以來，一直將陪審制度視為司法中一定程度體現民主或國民主權的重要制度，從而，即使陪審制度並不是那麼適合於大陸法系的刑法體系架構，但對於法國這個大陸法系國家而言，仍然是刑事訴訟程序中非常重要的一部分。

　　然而，法國從一開始引進陪審制度時，就幾乎注定了多舛的命運，首先，陪審審判程序中的法官從來都不是一個人，而是 3 人至 5 人不等的法官群，這其實代表了法國對於法官審判仍有一定程度的期待，換言

　　（Orléans）等 8 個輕罪上訴法院。

之，法國從未將法官單純視為審判中提供陪審員法律指引的「司儀」或「程序指揮者」，也因此，當參與審判的法官內部形成其多數意見，陪審員的評決又與法官的多數意見相左時，法官究竟應不應該秉持陪審制的精神，最大限度地服從陪審員的意見，還是應該秉持其法律專業，勇敢地向陪審團說不，即成為一個難解的問題，這樣的問題，隨著陪審員的來源愈來愈普及，從而與法官間的觀念差距愈來愈大時，將會顯得更明顯，既然不能完全放棄法官主導審判的前提，則法國最後從陪審制轉向參審制，也就不是完全無法預見的演變。

再者，法國所以不能放棄法官主導審判的前提，一個很重要的背景因素，即在於「社會秩序的維持」，蓋愈是中央集權的國家，社會秩序的維持即愈重要，審判的使命也往往在此，社會秩序崩壞，將會動搖中央政府的統治正當性，而作為官僚體系一員的職業法官，一般而言，當然會比一般人民更容易本於維護社會秩序的使命而去判決被告有罪。法國一向是中央集權的國家，引進陪審制度以來，陪審團的高無罪率即深受批評，其理由亦在此。在社會上重視社會秩序的聲浪不低於重視陪審審判所代表精神的情形下，自然無法坐視陪審團大量判處被告無罪，以此觀之，法國最後走向帶有陪審制色彩的參審制，也可以視為兩種利益妥協後的結果。

二百年來，法國的國民參與審判制度歷經了多次改革，在放寬與減縮陪審員權限之間來回擺盪，最後呈現出一個具有許多陪審制因素、甚至第一、二審均有國民參與審判的參審制，實係法制史上饒富興味的一頁，作為陪審制與參審制中間型態的法國參審制，乃檢討引進國民參與刑事審判制度時，值得借鏡與省思的對象。

伍、德國參審制度的發展

一、早期德國國民參與刑事審判的歷史

現今德國的領域，原本只是日耳曼人居住的地域，並未建立獨立統一的國家。在 5 世紀時，雖然在當地出現了法蘭克王國（Fränkisches Reich），但仍然不斷上演統合與分裂的戲碼，到了 10 世紀，有所謂神聖羅馬帝國（Das Heilige Romische Reich Deutschernation）之成立，但仍然只是一個鬆散的政治組織，其間並參雜了神聖羅馬帝國皇帝與教宗之間的權力鬥爭，以及新教與舊教的對抗，於 1618 年至 1648 年長達 30 年間發生的「三十年戰爭」，更是上述各種勢力爭鬥的徹底展現，其結果，進一步促成了現今德國境內反覆的分裂與統一。進入近代後，伴隨著周邊鄰國的逐漸強大與文明化，民族意識逐漸昇高的日耳曼人開始亟思脫離過去群雄割據的狀態，其後歷經德意志同盟（Der Deutsche Bund，1815-1866）、德意志帝國（Das Deutsche Reich，1871-1918），現代的德國終告出現。

如前所述，由於地理上屬於今日德國的地區，在古代並沒有一個統一的政體，而是不斷重複進行分裂重組，故回溯古日耳曼地區國民參與刑事審判制度的歷史，即有其困難性。但是，至少在古代的日耳曼（西元 1 世紀），即有被稱為「Thing」的人民集會，該人民集會有時也會被用來當作進行刑事審判程序、科處關係人刑罰的場合，「Thing」是從具有戰鬥能力之成年男子之集會（Hundertschaft-und Landesversammulung）演進而來，在 Thing 所進行之刑事程序中，雖然部族中的重要人物均可擔任審判者（Richter=Richt-Herr），然通常由部族之酋長擔任審判長，及至各王國成立後，則由國王或其派遣的官吏擔任審判長。但是，審判長並不會對刑事案件自行判決，而是會向集會的參加者（Urteilsfinder）徵詢對於判決之意見，參加者表示意見且得到其他參加者之同意後，即視為 Thing 的共同意見，審判長並基此宣示判

決。[71]

　　此一制度之精神，一直到法蘭克王國建國之後仍繼續留存，在法蘭克王國初期的薩利卡法典（Lex Salica，508），有所謂「判決發現人（Rachimburgen）」制度，亦即由國王委派的封建諸侯擔任法官（thungius），但於個案，另由當地有影響力的豪族 7 名擔任判決發現人，判決發現人會對被告、在場會眾提出如何判決的提議，且必須得到被告、在場會眾的贊同，如果有不贊成者，即得對該判決提議提出非難（異議），但提出非難者須與判決發現人決鬥，以決鬥之勝負決定如何判決。[72] 當然，被告也可以在判決作成之前或之後，另以雪冤宣誓（Compurgation）、神判（Ordeals）、與提訴之人決鬥（Trial by Battle）等方式來證明自己並沒有犯罪。[73] 必須附帶說明的是，除了上述審判程序之外，自力救濟式的復仇（fehde）也依然併存於當時的社會中。

　　其後，隨著法蘭克國王的權力日漸增大，此種將刑事審判的決定權交給非統治者的制度，終難見容於王國專制體制，到了查理大帝（卡爾大帝，Karl der Große，768-814）時代，即改革上述「判決發現人制度」，將判決發現人之職位改為常任職，由當地的下級貴族擔任，稱為參審人（審判人，scabini），而為德文「參審員（Shöffe）」之語源。而當地的下級貴族所以能夠擔任參審人而參與審判，乃是因為渠等精通當地的習慣法，故法官會遵照參審人的建議而判決。值得注意的是，此時的參審人，已非單純的「判決的發現」，而是「判決與法的發現」，雖然參審人的功能仍在於彰明「當地的習慣法」，而非國家的制定法，但參審人的角色由「個案事實」逐漸轉向「通案法律」，則為國民參與刑事

71　林永謀，德國陪審、參審採行之理念上觀察，法令月刊，46 卷 1 期，1995 年 1月，頁 46-4。

72　勝田有恒、森征一、山内進編，同註 12，頁 72。

73　山内進，中世ユーロッパの決闘裁判：当事者主義の原風景，一橋論叢，105 卷 1号，1991 年 1 月，頁 70。

審判制度的沒落，埋下伏筆。[74]

如前所述，中古世紀實行於日耳曼訴訟程序中的證明方式，與英格蘭早期相同，亦為雪冤宣誓（Compurgation）、神判（Ordeals）、與提訴之人決鬥（Trial by Battle）等超自然方式。1215 年第四次拉特蘭會議（Fourth Council of the Lateran）中教皇英諾森三世（Innocentius III，1161-1216）宣布禁止神職人員參與神判，當然也使得上述證明方式無以為繼，但日耳曼顯然走上與前述英格蘭不同的道路，亦即並未將事實認定的責任委諸於由證人蛻變而成的陪審團，而是仍由有權判斷者（法官、參審人）全權負責，有權判斷者為了獲取形成心證所需的正確資訊，即需依職權進行調查，而此種調查方式往往化為「糾問」，尤其是「被告自白」此種具有高度證明力的直接證據，更是糾問的最主要目標，[75] 大陸法系的職權審理主義、實體真實發現主義，均以此為起源。

再者，隨著羅馬法與教會法（ius canonicum）的發達，歐陸開始大量編纂成文法典，以尋求國內各地法律的齊一，而法律解釋學也日益興盛，此外，中世紀以來大學的出現，更助長了此一傾向，於是「學識法曹」此一具備法律專業、並藉此獲取社會地位、名聲與報酬的社會階級即應運而生，德國法律史學家 Franz Wieacker（1908-1994）稱此趨勢為「法律生活的學問化」。面對此種改變，過去僅由不具備法律專業的參審員、判決發現人來解決紛爭的審判程序，顯然無法符合法律高度專業化、學問化的新要求，對於各項間接證據，此等素人也缺乏整合分析的能力，學識法曹因而有取而代之的趨勢，亦即審判由原本的「集會型審判」，逐漸演變為「學識家審判（Gelehrtengericht）」。[76]

亟思鞏固中央集權的國王，對於此一演變毋寧是樂觀其成的，

74　勝田有恒、森征一、山内進編，同註 12，頁 93。

75　勝田有恒、森征一、山内進編，同註 12，頁 189。

76　三成美保，裁判と學識：ローマ法継受とバーゼル市の裁判，載：佐藤篤士、林毅編，司法への民衆参加：西洋における歴史的展開，初版，1996 年 2 月，頁 143；齋藤哲，市民裁判官の研究，第 1 版，2001 年 2 月，頁 82。

蓋如此一來，判決的結果、乃至司法權將更能為國王所掌控，為了強化此一趨勢，神聖羅馬帝國皇帝馬克西米連一世（Maximilian I，1459-1519，在位：1493-1519）於西元 1495 年設立「帝國裁判所（Reichskammergericht）」作為終審法院，由皇帝任命學識法曹擔任長官（Kammerrichter）及一定人數之判決人（Assesor, Beisitzer），影響所及，下級法院的法官、參審人亦均由學識法曹充任，而為今日合議制法院的濫觴。

1532 年，神聖羅馬帝國皇帝卡爾五世（Karl V，1500-1558，在位：1516-1556）頒布的「卡羅利納刑事法典（Constitutio Criminalis Carolina）」中雖然仍保留了參審人（scabini）、判決發見人（Rachimburgen）為審判參與者的規定，且要求於宣告死刑或無期徒刑時必須有至少 7 名參審人（判決發現人）的參與，[77] 甚至直到 1806 年，仍存有此種法官（Richter）與判決者（Urteiler）分離的設計，但所謂判決者，已非業餘者所能膺任，而漸失其國民參與刑事審判的性質。

二、近代陪審制度的引進

18 世紀後半，歐洲大陸深受自由主義與民主主義的思潮影響，過去受到專制君主嚴密控制、操縱的刑事審判制度也逐漸產生變化，亦即要求刑事審判不應再從屬於君主或特權階級，而應具有獨立之地位（司法獨立），且刑事審判程序應該在公開的法庭中、經由言詞辯論程序進行，使廣大的一般國民得以知悉、批判（公開審理主義、言詞審理主義），而刑罰之執行，則從保護受刑人名譽的觀點，應以不公開為原則。

除了前述司法體系應該獨立於統治者的主張外，更有主張應該進

77　何賴傑，從德國參審制談司法院人民觀審制，臺大法學論叢，41 卷特刊，2012 年 11 月，頁 1198；勝田有恒、森征一、山內進編，同註 12，頁 193。

一步引進陪審制度，以期能更徹底地排除君主或政府對於刑事審判之干預、影響。蓋在當時，法官已經被要求必須具備法律專業知識，俾能順利指揮審判程序之進行，但在教育不普及的現實環境下，受法律教育並非一般平民所能為，所以法官往往成為一定程度以上社會階層的專屬職業，且法官身處於官僚體系內，領取君主或是政府的俸給，以上兩點導致法官常常被視為是君主或特權階級的「代言人」，而被認為不太可能顧及一般平民的利益。故即使不能否定職業法官作為審判程序的主導者的角色與功能，但至少應該要將終局判斷的職權，亦即審判的核心交給職業法官以外的人行使，而陪審制度正好具備了「程序主導者」與「終局判斷者」分離的特色，故為自由主義論者所倡議，並視為「民眾自由的守護神（Das Palladium bürgerlicher Freiheit）」，甚至具有社會主義「階級鬥爭」的意義。[78]

　　法國大革命後，法國於 1791 年即仿效英國，正式導入陪審制度，其後，受到自由主義思潮以及法國拿破崙侵略的影響，尚未統一的德國——日耳曼各邦也開始分別引進陪審審判，但最早在日耳曼各邦全面性引進陪審制度的，則為 1848 年 5 月 18 經由法蘭克福國民會議制定公布的保羅教會基本法（保羅教堂憲法，Paulskirchenverfassung，1848 年 12 月 27 日公布）。該基本法在改採彈劾主義、公開審理主義、言詞審理主義、自由心證主義的同時，也於第 179 條仿效了法國當時的陪審制度，但範圍有所限縮，僅限於重罪、政治犯罪及出版犯罪等案件，亦即最需要保障被告自由的案件類型，由此亦可看出，當時日耳曼各邦引進陪審制度，最主要是受到自由主義思潮的影響。

　　當時日耳曼各邦採行的陪審制度，係由 3 至 5 名職業法官與 12 名陪審員組成陪審法庭，審理完畢後，陪審員組成之陪審團必須就審判

78　在體認到社會上存有統治階級及被統治階級，以及社會上有人種、宗教、語言、信念等各種階級的現實後，避免被告被其他階級的人審判，而寄望能夠讓較知悉實情的同階級人民來解決紛爭。

長提出之質問進行回答，但審判長不是只問結論（有罪或無罪），而是會依犯罪構成要件，逐一對陪審團進行質問，陪審團針對上述質問，係以 3 分之 2 多數決為評決標準。[79] 若陪審團認為某一犯罪構成要件不該當時，審判長還會進行補充的質問以資確認，質問結束後，法院必須依照陪審團上述回答確定犯罪事實之有無，進而適用法律，科處被告刑罰，或為無罪之判決。此種陪審制度，由於必須由審判長依據犯罪構成要件逐一質問陪審團，要求陪審團依據犯罪構成要件逐一回答（特別評決），核與英美法系的陪審制度，通常僅由陪審團逕自宣布評決結果（一般評決）的方式顯有歧異。考此種立法方式，顯然是受到大陸法系中刑法犯罪階層理論的影響，此外，法官只能向陪審員解釋法律並回答陪審員的提問，但不能陳述自己對於案件的意見，此亦與英國式的陪審制度不同（比較近似於後來美國式的陪審），[80] 此則是因為當時的立法者並不信任職業法官所致，故當時日耳曼各邦的陪審制度，被視為一種「大陸法系的陪審制度」。

　　但上述陪審制度施行未久，就受到實務與學界的批判，分析陪審制度受到的批判，約有以下諸點：[81]

79　當時針對陪審團評決標準究竟應該採取「全員一致決」或「特別多數決」即有爭論，論者雖有認為唯有全員一致決始能達到「超越合理懷疑」的要求，確保有罪判決的正當性，但最後多數論者還是基於評議的實務性需求，認為全員一致決只是幻想中的理想狀態，「誰撐得夠久誰就獲勝」，而仍然採行 3 分之 2 多數決的評決標準，參見吉弘光男、本間一也，一九世紀ドイツにおける陪審裁判所および參審裁判所導入の過程，法律時報，64 卷 5 号，1992 年 4 月，頁 49。

80　何賴傑，同註 77，頁 1199。

81　平良木登規男，參審制度について：その成立と発展の経緯，法学研究，67 卷 7 号，1994 年 7 月，頁 22-23。

（一）陪審制度由陪審團認定事實、法官依陪審團之事實認定進而適用法律之審理方式，與制定法之下「法律與事實無法截然分離」之現狀不符

上述「大陸法系的陪審制度」，更嚴格地落實「陪審員負責事實，法官負責法律」，亦即讓陪審員僅擔負「有罪、無罪的事實判斷」職責，至於法律之適用，仍然委諸職業法官。但讓陪審員僅擔負「有罪、無罪的事實判斷」職責，在訴訟技術上卻會出現困難。蓋日耳曼各邦是具有長久制定法（statutory law）之歷史傳統，在立法時就會盡可能地將社會上發生的諸多犯罪事實，以抽象其要件的方式，鉅細靡遺地全部規範在刑事法律中，故刑事審判時所欲確定之事實，自然不可能脫離刑法的法律構成要件而單獨存在。亦即，刑事審判時必須確定的是「法律上重要的事實（rechtserhebilche Tatsache）」，而不是「單純的事實（nackte Tatsache）」。故多數見解對於「事實問題」與「法律問題」能否徹底分離，抱持著質疑的態度，從而陪審員能否僅進行「無法脫離法律適用的事實判斷」？亦受到質疑。為了解決上述問題，勢必讓陪審員同時進行與事實認定相關的「法律判斷」，但陪審員是否擁有法律問題的判斷能力？則更成為問題。[82]

（二）證據法則不完備

德國就證據之採擇，原本係採行法定證據主義，亦即個別證據之證明力、認定犯罪事實所需之證據，均明訂於法律，法定證據主義深受當時之學者批評，德國引進陪審制度後，勢必要配合引進自由心證主義以取代法定證據主義，讓陪審團可以本於內心確信（intime conviction）以認定事實，故在德國，陪審制之引進，也被視為自由心證主義戰勝法定證據主義之象徵。然而，陪審制在配合引進自由心證主義的同時，也必須配合證據法則（rule of evidence）之引進，事先排斥不適格之證

---

[82]　吉弘光男、本間一也，同註79，頁48；常本照樹，同註40，頁70。

據、避免成為陪審團進行判斷的依據。但對於當時之德國而言，證據法則遠不如英國完備，且亦無直接移植英國法制之意願。[83] 而欠缺完備證據法則之基礎，陪審制度運作起來即更形困難。

（三）陪審員認定事實之能力受到質疑

比起長期以來累積經驗，且深受客觀性訓練與教育的職業法官，陪審員對於外界不當影響的抵抗力顯得薄弱許多，甚至審判長亦可藉由對於證人的詰問方式，試圖影響陪審員對於事實之判斷。

（四）陪審制度耗費大量時間、勞力、金錢

在個案審判中要選出陪審員組成陪審團負責審判，勢必進行選任程序，而選出 12 名陪審員的選任程序（jury selection），即為一個相當耗費時間與勞力的工作，而且還必須配合日費、旅費、法院設施改建等各項財政支出，對於刑事審判程序本身、乃至國家而言，均會成為沈重的負擔。

（五）陪審制度不利於法安定性的維持

讓陪審團獨力認定犯罪事實之有無，但陪審團又無須說明認定之依據或理由，將造成陪審團之判斷缺乏可檢驗性、甚至缺乏一致性。[84]

（六）法官畏懼、厭煩於向陪審員解釋爭議

在陪審制之下，雖由陪審團決定有罪、無罪，但法官仍須向陪審團說明法律爭議，而在當時的日耳曼各邦，法官缺乏向素人解釋法律的經驗，況且大陸法系的法律本來就比英美法系來得複雜，故法官解釋法律時常生錯誤，導致法官對陪審制視為畏途。[85]

從以上批判，即可發現日耳曼民族性上的實際面，蓋陪審制度縱使

83　吉弘光男、本間一也，同註 79，頁 48。

84　平良木登規男，国民の司法参加，ジュリスト，1170 号，2000 年 1 月，頁 77。

85　何賴傑，同註 77，頁 1194。

在實踐民主主義、自由主義方面有其重要意義，但對於當時的日耳曼各邦而言，如何能夠與既有制度調和，又不至於造成額外沈重的負擔，更是關注的議題。同時，這或許也能用來理解，為何所有繼受外國法制的國家，由於欠缺制度在歷史上、文化上的意涵，所以往往會對該制度進行一定程度的修正、變形，以符合其個別需要、減輕不必要的疑慮與負擔；而制度起源的國家（如英國、美國之於陪審制），卻只能逐步調整其固有制度，不能或不敢輕言廢除或進行重大變革。

三、參審制度的出現

對於法國大革命之後的日耳曼各邦、乃至於統一後的德國而言，即使陪審制度有上述缺點或疑慮，但由於其具有「民眾參與」此一民主主義、自由主義的意涵，[86] 仍不敢輕言廢除、捨棄，但如何在兼顧「民眾參與刑事審判」的要求下，對於陪審制度進行調整、改造，以「規避、去除」上述疑慮、負擔，則成為司法當局的重要課題。

但幾乎就在陪審制度被全面引進日耳曼各邦的同時，參審制度的構思也悄悄形成。[87] 被稱為「參審法院之父」（Vater des Shöffengerichts）的薩克森（Sachsen）檢察總長——封 · 施瓦澤（Friedrich Oskar von Schwarze，1816-1886）即本於上述理念，取法早於 1850 年即已經開始在漢諾瓦（Hannover）、歐登堡（Oldenburg）等諸侯國實施的參審制度，於 1868 年實施於薩克森，[88] 由參審法院專責管轄重罪案件外之其他案件，施瓦澤其後更本於上述經驗，進而參與統一後的德國 1877 年法

86　平良木登規男，同註 84，頁 80。

87　根據歷史考證，參審制度並非德國所創造發明的，其起源應為 13 世紀的瑞典，參見森井暲，ドイツの参審制について，研究叢書（関西大学），第 8 冊，1993 年 12 月，頁 20。

88　當時實施參審制的德國境內各國，除了薩克森外，還包括漢諾瓦（Hannover）、歐登堡（Oldenburg）、符騰堡（Württemberg）、不來梅（Bremen）等國。

院組織法（Das Gerichtsverfassungsgesetz von 1877）的制定。

1867 年北德意志聯盟（der Norddeutsche Bund）成立，1871 年更形成德意志帝國（Das Deutsche Reich），德國宣告統一，至此，如何迅速建立一個一體通行的審判制度，即成為統一後德國的重要課題。1873 年德國公布了「參審法院之意見書」（Denkschrift über die Shöffengerichte），翌（1874）年，帝國政府的內閣官房更公布了刑事訴訟法與法院組織法的「理由書補遺」（Nachtrag zu den Motiven），以上兩文件，均明確表示德國未來的刑事訴訟程序，將取法薩克森參審法院的組織與程序，設置大（große：3 位法官＋6 位參審員）、中（mittelere：3 位法官＋4 位參審員）、小（kleine：1 位法官＋2 位參審員）的參審法院，藉以完全取代陪審法院。而參審法院，係由職業法官與參審員共同組成一個合議庭，共同協力、進行事實問題與法律問題的判斷。

但 1874 年的全國性選舉結果，主張社會主義的政黨席次大幅成長，且許多律師成為議員，故上述完全廢除陪審法院的草案，被認為會引發違背民主主義、自由主義的批評，恐怕無法獲得議會、輿論的支持，加上南部大邦——巴伐利亞、符騰堡亦不贊成廢除陪審法院，從而法院組織法草案勢必再進行修正。原有草案中「大參審法院」因此改為「陪審法院」，採行陪審制度，「中參審法院」則改為由僅由 5 名職業法官組成的「地方法院刑事庭」（有譯為邦法院刑事庭、Strafkammer beim Landgericht），至於原本草案中規劃的參審法院，則僅剩下小參審法院（Kleine Shöffengerichte），改名為參審法院，置於區法院（Amtsgericht）之內。[89] 另外值得注意的是，關於參審法院與州法院刑

89　此舉等於在既有的、仿造法國而來的「重罪陪審」之外，又加上了「輕罪參審」，而擴大了國民參與審判的範圍，有論者認為此乃因為陪審的適用範圍僅限於重罪，無法滿足當時社會對於國民參與審判的需求，立法者遂以花費較少的參審制度「抵充」，參見森井暲，同註 87，頁 20。

事庭的上訴制度構造，原本草案僅有法律審之上訴的二審制，但經過國會激烈爭論後，小參審法院與州法院刑事庭仍可進行事實審之上訴，而採行三審制；更有趣的是，對於州法院刑事庭僅由職業法官所為之判決，檢察官不能就事實問題提起上訴，但對於小參審法院由參審員與職業法官共同評議作成之判決，卻容許檢察官得針對事實問題提起上訴，此均為國會在激烈爭論下，妥協後的產物。德國第一次全國性的參審制度關係法案——1877 年法院組織法（Gerichtsverfassungsgesetz）草案，終於在 1877 年 1 月 27 通過，並於 1877 年 10 月 1 日開始施行。

　　統一後的德國，依據 1877 年法院組織法之規定，係採取「四級三審制」，包含區法院（Amtsgericht）、地方法院（邦法院，Landgericht）、邦高等法院（Oberlandesgericht）、帝國法院（Reichsgericht），區法院即為參審法院（Shöffengericht），負責管轄輕罪第一審案件，地方法院則包含僅由職業法官組成之刑事庭（Strafkammer）以及陪審法院（Schwurgericht），陪審法院專責管轄重罪之第一審案件。換言之，此為一種「陪審制與參審制併行」的審判制度。

　　依據 1877 年法院組織法之規定，參審法院係由區法院之職業法官 1 名擔任審判長，另由不具法律專業的國民代表 2 名擔任參審員，以組成合議庭。參審法院專責管轄輕微犯罪（Leichte Verbrechen）及違警罪（Übertretung），參審員與職業法官就承審之案件，有同等之評議權限；另就違警罪及略式程序，於檢察官同意，且被告自白時，得例外地僅由區法院之職業法官進行獨任審理。對於參審法院所為之第一審判決不服者，尚得向州法院刑事庭提起第二審上訴，並向邦高等法院提起第三審上訴，亦即採取三審制之上訴構造。

　　此外，地方法院（Landgericht）下設置之陪審法院（Schwurgericht beim Landgericht），則是由 3 名法官與 12 名陪審員組成，管轄重大（Schwere）至中等程度犯罪案件（Mittlere Verberchen），對於陪審法院之判決，則僅容許向帝國法院提起法律審上訴。值得注意的是，陪審

團不僅可以判斷有罪、無罪等事實問題（Tatfindung），更可以進行法律判斷（Rechtfindung），並由陪審團三分之二多數決達成評決。讓陪審團進行法律判斷，應係體認到法律與事實難以切割分離的現實，在採行陪審制的前提下，所不得不為的制度設計吧！相對於此，陪審員能否正確適用法律的批評更形激烈，而廢止陪審制度的呼聲，則不斷在德國出現。

四、陪審制度走入歷史

1914 年至 1918 年的第一次世界大戰，德國淪為戰敗國，高額的戰爭花費及戰後賠償讓國陷入經濟衰退，耗費大量經費的陪審制度，豈能見容於當時的德國？故德國在第一次世界大戰的慘敗，也吹響了陪審制度（為參審制度所全面取代）的喪鐘。

在陪審制度正式走入歷史之前，德國仍有一些因應國家財政惡化而嘗試保留陪審制度的法制上努力，例如刪減陪審團中陪審員的人數、簡化陪審員選任程序、縮減陪審法院的案件管轄範圍等，蓋論者也擔心在參審制度之下，參與審判國民將會淪為職業法官的附庸，或是使得刑事訴訟的改革（如直接審理主義、證據法則等）無法徹底達成，[90] 但由於陪審制度原本就與德國法律制度及法律文化格格不入，加上經費上的現實考量，陪審制度終究難逃遭廢止的命運。

1924 年，時任威瑪共和司法大臣的艾明格（Erich Emminger，1880-1951）頒布了一項政令（史稱「艾明格政令（Emminger Verordnung）」），正式廢止陪審制度，雖然仍然在地方法院（Landgericht）下保留陪審法院（Schwurgericht）的名稱，但該陪審法院不僅陪審員（Geschworene）的人數減為 6 人，且陪審員不再獨立行使職權，而是改採與職業法官一起評議以決定事實認定、法律適用及量

90　平良木登規男，同註 81，頁 37。

刑的「參審制」，故陪審制度實際上已經「名存實亡」，正式從德國法制中消失。

在納粹執政之後，即使參審制度也難逃被控制、甚至廢止的命運。1933 年 4 月，納粹制定了「改選參審員、陪審員及商事法官法」，設置參審員及陪審員的「選舉委員會」，藉此排除不合納粹之意的人士擔任參審員、陪審員，從一開始禁止「非亞利安人（Nichtarier）」、「人民公敵（volksfeindliche Personen）」擔任，到後來更堂而皇之地以納粹黨員充任參審員，例如 1934 年 4 月設置、專職管轄政治案件、叛亂罪及洩密罪的「人民法院（Volksgerichtshof）」，即由 2 名職業法官及 3 名「人民法官」組成合議庭，而這些人民法官，事實上幾乎均為納粹黨員。其後，隨著第二次世界大戰戰事吃緊，1939 年 9 月，國防幕僚會議更通過「新戰時法（Die neue Kriegsgesetzgebung）」，全面改組各級法院，正式關閉所有國民參與審判的途徑。

戰後，雖然聯合國早於 1946 年即容許各邦自行決定是否讓國民參與刑事審判，但在聯合國將德國分由盟軍各國（如美國、英國、法國、蘇聯等）瓜分占領的現實之下，如同 19 世紀德國統一前各諸侯國（Fürstentum）自行發展其訴訟制度一般，不同國家占領的地域，針對是否恢復國民參與審判制度即有不同之選擇，甚至同一同盟國所占領之不同區域，也出現不同的發展。但絕大多數的邦終究都恢復了二次大戰戰前既有的參審制度，值得注意的是，在美國占領下的巴伐利亞邦（Freistaat Bayern）則更進一步由 3 名法官與 12 名陪審員構成陪審法院，但所謂陪審法院，其實仍然是一種擴大國民參與的「參審制度」，蓋該 12 名陪審員並無獨力認定事實、適用法律的職權，而仍是與職業法官一起評議。[91]

1949 年德意志聯邦共和國（西德）成立，馬上面臨「齊一各地域

91　平良木登規男，同註 81，頁 46。

訴訟制度」的問題，有關訴訟制度中應否引進國民參與審判制度也成為問題，雖然 1950 年恢復了參審制度，但並未將參審制度視為一個憲法上的原則，而只視為立法政策上的選擇。而第二次世界大戰後，德國亟待從百廢待舉中振作復興，本即無力實行所費不貲的陪審制度，加上在 1924 年「艾明格改革」前，基本上有關陪審制度不容於德國法制的討論已經定調，故陪審制度，終未能成功復活。

最後還是得關心一下原本僅具其名、而無其實的「陪審法院（Schwurgericht）」的命運。如同戰前「艾明格改革」後的陪審法院，戰後的陪審法院仍不過是一種「參審員增員版」的參審法院，且與戰前相同，也是由 3 名職業法官與 6 名「陪審員（Geschworene）」組成；但 1972 年的法官職稱變更法（das Gesetz zur Änderung der Richteramtsbezeichnungen）首先廢除了前述陪審法院中「陪審員（Geschworene）」的職稱，統一稱為「參審員（Shöffen）」；1974 年德國更將法院組織法（GVG）第 6 章「陪審法院（Schwurgerichte）」之第 79 至 92 條規定全數刪除，而由同樣隸屬於地方法院的大刑事庭（Große Strafkammer，由 3 名法官及 2 名參審員組成）「以陪審法院之名」「代行」審理陪審法院原本管轄之案件，至此，甚至可以說陪審制度在德國法制上的最後一點痕跡，也已經消失殆盡。

由於德國的審級制度略嫌複雜，且參審審判亦非僅存在於第一審，某些案件的第二審亦有參審審判，甚至有第一、二審兩個審級均行參審審判的情形，為易於理解起見，茲以圖示說明之：

圖表 2　德國審級制度與參審法庭配置圖

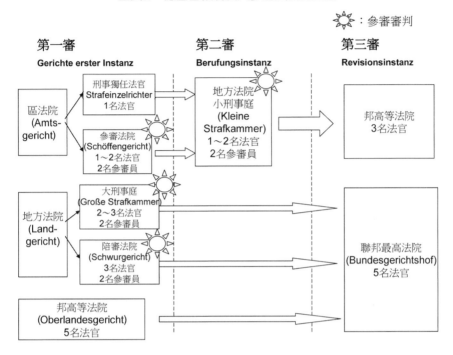

五、小結

　　德國在法國大革命的影響下，基於自由主義、民主主義的理念，乃至於改革刑事訴訟的需求，引進了陪審制度，而陪審制度也的確為當時德國的刑事訴訟程序帶來了許多革命性的影響，例如彈劾主義、公開審理主義、言詞審理主義、自由心證主義等均屬之。但反面觀之，陪審制度作為自由主義、民主主義在司法審判上的實現，則顯得無法估量、甚至飽受批評質疑，且與德國長久以來承襲羅馬法所建立的法解釋學、概念法學，以及由具備法律專業的學識法曹審判等傳統顯得格格不入，當前述彈劾主義、公開審理主義、言詞審理主義、自由心證主義等刑事訴訟改革已經藉由陪審制度成功導入，且可以經由「陪審的修正版、便宜版、縮小版」──參審制度繼續維持，德國為了調和其既有法制及法律文化，斷然捨棄陪審制度而就參審制度，也就不難理解其緣由。

　　但正因為參審制度同時保有「職業法官審判」與「一般國民審判」的特色，且是職業法官與一般國民「共同審判」，兩者間的角色、職權、功能應該如何調和？即成為最常被討論的問題。此外，參審制度的功能也因而不易確定，站在維護國民參與審判精神的角度，參審制度可能只是一個讓國民成為裝飾品的「背書」「假民主」制度；站在維護法官審判功能的角度，參審制度又可能讓職業法官的功能健全性受到減損；而站在促進刑事訴訟改革的角度，參審制度可以達到部分刑事訴訟改革的目的，但反面觀之，這樣的改革，以陪審制度及其所代表的當事人主義標準來看，則又顯得不夠徹底。

　　惟不論如何，德國從陪審制度演進到參審制度的歷史，讓我們看到國民參與審判制度是可以被修正、調整以適合各國實際需要的；大陸法系的國家在面對一個純粹英美法系的產物──陪審制度，除非完全捨棄既有法制傳統，否則必然會產生必要的因應措施，不是去改變國民參與審判制度本身，就是去改變刑事訴訟程序；此外，即使從陪審制度改為參審制度，但作為法律解釋、概念法學高度發展的國家，德國自從於19世紀引進之後，除了戰爭時期外，卻從未揚棄國民參與審判制度，甚至認為民眾參與刑事司法乃自明之理，[92] 箇中的緣由，也值得仔細思索。

陸、結語

　　古代的審判，一如今日的審判，乃是在解決人類社會上的各種紛爭，讓原本依靠自力救濟的野蠻方式能夠以比較文明的方式來解決。隨著國家等政治團體的出現，審判也逐漸納為國家權力的一環，但初期的國家，由於統治者權力有限，未必能夠完全主宰審判的結論，而必須仰

92　Edward Kern 教授於 1947 年德國法律人年會之陳述，轉引自何賴傑，同註 77，頁 1202。

賴地方實力者的支援，此即為國民參與刑事審判制度的濫觴。故國民參與刑事審判制度，尤其是陪審制度，可謂根源於「古代部族社會的解決紛爭需要」，統治者將審判工作交給被告居住地域的「居民」、「同儕」、「地方領袖」來執行，當然，這樣的運作方式除了被告願意接受、甘服，也有賴於統治者的配合，當統治者權力不但擴張，許多國家即將審判工作收回、由統治者委任的專職人員——法官來執行，而改以職業法官審判的方式運作司法權。

　　英國的陪審制度，可說是將此種國民參與刑事審判制度精神保存至今日的最佳典範，在國王權力不斷擴張的時期，陪審制度更成為保障少數人自由不被國家意志恣意侵犯的最後堡壘，具有自由主義之色彩，而為啟蒙時代的歐陸思想家大加讚揚；隨著英國向海外開拓殖民地，其前殖民地——如美國亦紛紛承繼了此一制度，其中美國更將之發揚光大，並另外賦予其民主主義的意涵，而成為所有傾慕民主政治者讚揚不已的制度。

　　與殖民地的傳播大約同時，英國的陪審制度也藉由法國大革命的劇烈變動，跨海散播到了法國、德國，但這樣的散播卻遇到了重大的阻力。蓋法國、德國在中古世紀以來，訴訟程序的發展已經走上一條與英國迥異的道路，亦即受到羅馬法、教會法的影響，有大量的成文法典、以及因應法典化而發展的法解釋學，更重要的是，具備解釋、適用複雜法律的專業能力的「學識法曹」也應運而生，對於亟欲實現中央集權的國家而言，讓學識法曹而非一般國民職司審判工作，非但可以使法律解釋、適用能夠更為正確、恆定，更可以藉此讓司法成為最徹底的國家權力，可以用來執行「維護社會秩序」等國家職責。故即使陪審制度其後傳入歐陸，但前述實定法、法解釋學、學識法曹等制度在歐陸早已根深蒂固，相較於此，標榜個案妥當性高於法安定性的陪審制度就顯得格格不入。但對於德、法等國而言，國民參與刑事審判制度所標榜的自由主義、民主主義，乃至於推動刑事訴訟改革的動力，均無法斷然抹消，一種妥協的方案於焉出現，即為參審制度。

　　對於一個打算引進國民參與刑事審判制度的國家而言，上述英、
美、法、德等國的國民參與刑事審判制度演進史，實具有高度的啟發意
義，蓋不論是繼受既有的陪審、參審制度，或是另行創造出新的國民參
與審判制度，均必須考量與既有的法律制度、乃至於其背後所蘊含的社
會文化、國家體制是否相符；再者，任何既存的國民參與審判制度，均
可能因應時代的演進，而產生程度不一的質變。但即令如此，國民參與
刑事審判制度，乃是現代刑事訴訟程序中不可忽略的制度，甚至影響了
整體刑事訴訟制度的走向、定位，則為不爭的事實。

　　最後，為易於說明、理解起見，本文擬另以圖表方式呈現「國民參
與刑事審判制度的歷史演進」：

圖表 3　國民參與刑事審判制度的歷史演進示意圖

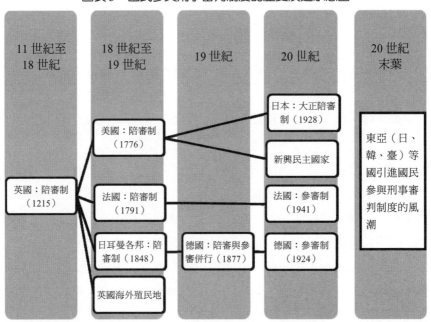

第三章
他山之石——
日本國民參與刑事審判的今昔

壹、日本戰前國民參與刑事審判的發展

一、陪審制的緣起——官僚陪審的參座制

　　明治維新期間，日本亟思引進歐美法制，1871 年（明治 4 年）11 月，由岩倉具視率領，木戶孝允、大久保利通、伊藤博文、山口尚芳等擔任副使之「岩倉使節團」奉派前往美國、英國、法國等地考察該國司法制度，當然也包括各該國的陪審制度在內，但由於當時日本甫脫離封建體制，既沒有足夠的辯護人，也沒有適宜成為陪審員的市民，故岩倉使節團對於陪審團的引進提出了保留的評價。

　　在岩倉使節團返國後，日本於 1873 年（明治 6 年）參照英美各國之陪審制，試行「參座制」，亦即由各中央部會（省廳）之代表中選出「參座」，並委以認定事實、判斷有無犯罪之工作，由於「參座」均為官員，故被視為一種「官僚陪審」。曾經進行過參座制審判之案件中，最具代表性的厥為 1875 年審理之「広沢參議暗殺事件」，[93] 日本司法省（今法務省）特別為該案制訂了「広沢故參議暗殺事件特別審判規

---

[93] 參議広沢真臣（1833-1871）於東京官邸內被暗殺之案件，該案經參座制審判，並由參座為無罪之評決，審判長西岡逾明依評決為無罪之諭知。另在此之前的 1873 年，「小野組轉籍事件」（被告為京都府參事槇村正直等人）雖然也曾經實施「參座制」審判，選出參座 9 人，但程序進行到一半，即解任全部參座，回歸通常審判程序。

則」，依該規則規定，共設 7 人為參座，先由原告官（檢察官、警察）向法官起訴該案，再由法官進行糾問程序，審理完畢後，再由辯護官（司法省任命之官吏）進行辯論，及由法官對參座報告案件始末，參座其後再另外覓室進行評決，並將評決結果報告法官，若為無罪評決，則由法官逕自釋放被告，若為有罪評決，則交由司法大臣決定量刑。

　　但參座制僅是一種臨時審判規則，並非通案性的法律，其後武士階級的叛亂，諸如 1874 年（明治 7 年）的佐賀之亂、[94]1877 年（明治 10 年）的西南戰爭，[95] 均未進行參座制審判。然西南戰爭期間，包括福澤諭吉、島津久光等政壇重量級人士分別建議政府日後處分叛亂首領西鄉隆盛時，應該進行陪審審判 [96] 或參座制審判，惜未獲政府採納，且西鄉隆盛於西南戰爭中兵敗自殺，亦使上開建議不了了之。

　　上述參座制之立法背景，乃司法省希望藉由「官僚陪審」制度的引進，賦予法院判決之正當化、權威化的基礎，化解各行政機關間的對立，以及化解在行政權獨大的現實狀況下，行政機關對於司法判決的掣肘。[97] 參座制容任行政權干預司法權，固然已與現今時代潮流嚴重脫節，但釋放部分司法審判權利以換取司法判決之正當化、權威化的作法，仍然對現今的國民參與審判制度，具有相當程度的啟發功能。

94　日本第一任司法卿江藤新平（1834-1874）等人所領導、爆發於佐賀縣的武士階級叛亂，為日本明治維新後第一個武士階級叛亂案，該案由大久保利通受命負責審理，未行公開審理，亦無容許被告選任辯護人，於拷問 2 日後，即宣判江藤等人斬首，且不容許被告上訴。

95　日本維新三傑之一的西鄉隆盛（1827-1877）等人所領導、爆發於鹿兒島縣的武士階級叛亂，為日本明治維新後最後一個武士階級叛亂案，西鄉隆盛於戰敗後於城山自殺，其餘被捕叛亂犯，亦由大久保利通組成臨時法院、仿照前述佐賀之亂的審理方式審結。

96　三谷太一郎，同註 11，頁 31。當時福沢諭吉主張應設置臨時法院，由皇族、華族、各府縣士族平民有名望者之中選出陪審員，以期能進行公平審判，明瞭戰爭的原因。

97　齋藤哲，同註 76，頁 26。

二、伯索納的治罪法草案——奧地利陪審法的引進

　　談到日本明治維新後法律近代化的過程，就不能不提到被稱為「日本近代法之父」的法國法學家伯索納（Gustave Emile Boissonade de Fontarabie，1825-1910）。日本在維新前後，與清朝一樣，被迫與歐美列強簽訂了許多不平等條約，故日本亟思仿造歐美法律制度，以期能使日本法制受到歐美列強的肯定，進而有助於不平等條約之廢除。

　　對於明治維新後的日本而言，當時最先進新穎的成文法典，當然首推法國的拿破崙法典（法國民法典，1804 年）及刑法典（1810 年），日本政府為了迅速吸取法國法律的精髓，遂決定聘請法國法學家為「客卿」，1873 年（明治 6 年），時年 48 歲的法國巴黎大學教授伯索納應邀來日，在其 22 年（1873-1895）的旅日時光中，先後完成刑法（1875 年，即 1880 年通過、1882 年施行之「舊刑法」）、民法（1890 年，即「舊民法」，未施行）草案，另外與刑事訴訟法有關之草案，則為「治罪法草案」（1878 年、明治 11 年）。在治罪法草案全文 650 條中，最值得注意的是，伯索納引進了陪審制，因為伯索納認為，引進陪審制是廢除不平等條約的必要條件。

　　雖然伯索納起草的治罪法草案主要取範自法國法，但關於陪審制度，則是仿照當時奧地利的刑事訴訟法。在該草案中，由預審法官而非檢察官決定起訴，起訴後，則由陪審法庭進行審判，值得注意的是，包括第一審及上訴後之第二審，均採行陪審制，陪審法庭是由 10 名陪審員組成的陪審團與 3 名職業法官所組成，陪審員由每年製作完成之陪審資格者名簿中抽籤選出，檢察官與被告雙方均得對陪審員候選人進行拒卻，審理完畢後，法官對陪審團提示該案件之爭點，由陪審團依過半數進行評決。此外，在該草案中，並無起訴陪審（大陪審）制度，蓋伯索納認為，只要有審判陪審制度，就足以糾正預審法官的起訴錯誤。

　　該草案於 1880 年送交元老院會議審議前，陪審部分即受到時任太政大書記官（輔佐太政大臣）的井上毅（1843-1895）之強烈反對，終

致陪審之相關條文全數遭到刪除，井上毅反對陪審制度之原因如下：[98]

（一）陪審員既然非普選產生，就不能說是國民的代表，自然無所
　　　謂「國民審判」可言。

（二）政治問題固然應該採行多數決，但審判則不宜依輿論來決
　　　定。

（三）審判時，事實問題與法律問題常常混雜不清，故陪審員勢必
　　　參與法律問題之判斷，但此與陪審員應該僅針對事實問題進
　　　行判斷之旨趣不合。

（四）陪審員易流於感情用事，對於刑事被告之量刑恐將趨之過
　　　嚴。

（五）法國亦有本應有罪者卻受無罪判決的例子。

對此，伯索納的反論為：

（一）陪審員與普選產生之國民代表不同，與被告具備同質性才是
　　　任命陪審員的條件。

（二）井上毅以古代決鬥審判為例，說明依輿論決定判決結果的不
　　　當，但這並不是適當的例子。

（三）與其將事實問題與法律問題一起交給陪審員決定，不將法律
　　　問題交給陪審員判斷的作法（即陪審制），缺點較少，且陪
　　　審員藉由審判過程，亦可彰顯法理之所在。

（四）比起陪審員，職業法官對於被告之偏見才更明顯。

（五）陪審員對於被告之寬容，正是陪審的優點。

　　除了上述對於陪審制度本身的優劣爭議外，引進陪審制度之「戰
略目的」「制度外目的」　　能否有助於日本廢除不平等條約？恐怕
才是問題的核心，相對於伯索納將陪審制度的引進、法制的整備視為
廢除不平等條約的必要條件，出身政治界的井上毅，乃至伊藤博文

98　齋藤哲，同註76，頁30。

（1841-1909）則認為確立強大的政府，必要時甚至可以犧牲國民的權利，才是獲取歐美列強信任的先決步驟。

應否引進陪審制度尚有爭議，且是否有助於日本廢除不平等條約亦難評估之情形下，1880年（明治13年）公布之治罪法中，關於陪審制度之相關條文草案悉數遭刪除，但上述伯索納的治罪法草案，仍為日本陪審制度、乃至於國民參與刑事司法制度的第一個法律案。

三、明治憲法制定前的陪審制度引進論

相對於明治政府一度將陪審制度視為廢除不平等條約的「手段性法律」，日本的知識份子也因為深受歐美民主主義、自由主義的影響，開始倡議制定憲法、設立民選議會、保障集會及言論自由，史稱「自由民權運動」（1874-1890），而陪審制度，由於被視為具有民主主義、自由主義之精神，當然也是自由民權運動者倡議引進的對象。

自由民權運動者一開始先以報紙社論、投稿等方式倡議陪審制度，進而在渠等提出之憲法草案（私擬憲法案）中規定陪審制度，例如1880年（明治13年）的「嚶鳴社案」，即於第8條中規定「凡以法律規定之重罪及侵害國家法益犯罪，均應由陪審官決之。」與之同時期的「五日市憲法草案」（千葉卓三郎草案）亦於第177條中規定「凡法官均由天皇任命，終身任其職，陪審官決判案件事實，法官適用法律，各審判以院長之名決行宣告之。」第194條至第196條更規定「關於國家法益之犯罪，是否得為死刑之宣告，及其犯罪之事實，得由陪審官定之。」「除規定著述出版之犯罪輕重之法律有特別規定外，由陪審官行之。」「凡法律所定之重罪，由陪審官決定其罪。」明確規定重罪、政治犯罪及出版犯罪等最需要保障被告自由的案件，均應適用陪審審判。

況且，明治憲法的仿照對象──1850年普魯士王國憲法，其中第

94 條亦規定重罪案件以實施陪審審判為原則，[99] 故明治憲法中是否亦能明文規定陪審制度，即深受自由民權運動者之期待，但明治憲法（1889年）最後並未規定陪審制度，究其原因，乃在於：

(一) 明治憲法的構成，是以天皇主權為中心，陪審制與此原則不合。

(二) 明治政府中，井上毅等政要強烈反對陪審制度。

(三) 廢除不平等條約時，歐美列強亦不支持日本實施陪審制度。

(四) 當時的知識份子與權力階級視一般庶民為「愚民」。

(五) 與其進行法律制度整備，強化政府權力更有助於廢除不平等條約。[100]

四、大正陪審法的制定與實施

(一) 制定源起

明治憲法制定後，政黨政治漸具雛形，其中作為日本第二次世界大戰前最大政黨之一的「立憲政友會（政友會）」要角的原敬（1856-1921），基於對司法省檢察權大幅擴張[101] 的疑懼，力主引進陪審制度以資制衡，而原敬認為檢察官權力大幅擴張，嚴重威脅到藩閥、[102]

99　普魯士王國憲法第94條規定：「於重罪，關於被告責任之判定由陪審員行之。……陪審法院的組成以法律定之。」（In criminal cases the guilt of the accused shall be determined by jurymen, ... The formation of the jury-court shall be regulated by a law.）

100　齋藤哲，同註76，頁30。

101　當時檢察官的地位不如法官，且受到法官、警察的兩方面制約，對其職務常有無力感、無用感，但1897年日本刑法修正後擴大了檢察官的裁量權，加上當時的司法省（現今法務省）民刑局長平沼騏一郎（1867-1952）全力指揮偵辦政治性案件，並取代警方主導案件偵辦方向，其致力提升檢察官威信之方式奏效，終致檢察權力大幅擴張、檢察權高度獨立，甚至導出「司法獨立」包括「檢察獨立」在內的結論，批判者則稱為「檢察法西斯」。

102　指協助明治天皇推翻德川幕府有功的薩摩、長州、土佐、肥前等藩武士，渠等於

政黨、軍方甚至社會主義者的最主要依據，即為以下四個案例：

（1）日糖事件（1908-1912）——政黨

日本精製糖會社為了使輸入原料之關稅保護法案——「原料輸入砂糖戾稅法」能夠延長施行期間至 1911 年，涉嫌行賄政友會、憲政本黨、大同俱樂部等多名議員，遭檢察官起訴後，這些原本高高在上的議員中，有 18 人受到判刑確定，且有許多被判刑的議員抱怨檢察官的偵訊極為苛酷峻烈。[103] 原敬認為若該案適用陪審團審判，可能獲得無罪判決，或可能獲得較輕之量刑。

（2）大逆事件（幸德秋水事件，1910-1911）——社會主義者

長野縣社會主義者宮下太吉等人密謀暗殺明治天皇，事機外洩後，宮下太吉等人遭逮捕，檢察官並依渠等自白擴大偵辦範圍，平日素與宮下太吉等人有往來交誼的社會主義、無政府主義者幸德秋水等人因此亦遭逮捕，經過檢方綿密地調查後均予起訴，其後審判時，則為非公開審理、不行證人詰問，幸德秋水、宮下太吉等 12 人依刑法第 73 條大逆罪判處死刑並執行完畢，另 12 名被告經宣判死刑後，恩赦改為無期徒刑。

（3）西門子事件（1914）——軍方

德國西門子公司與日本三井物產（英國 Vickers 公司總代理）涉嫌賄賂日本海軍高級將領以獲取軍需採購契約之案件，該案由司法部對海軍涉案高級將領進行搜索，最終導致山本權兵衛內閣（第 1 次山本內閣）垮台。該案後來經軍法會議，宣判全部被告緩刑。

（4）大浦事件（高松事件，1915）——藩閥、政黨

山本權兵衛內閣總辭後，由大隈重信組成內閣（第 2 次大隈內閣，1914-1916），並提出增設兩個陸軍師團及建造軍艦之議案，惟遭受在野黨、眾議院多數黨——立憲政友會之反對，甚至執政黨內也出

明治天皇在位期間，獨占政府體系重要職位。

103　三谷太一郎，同註 52，頁 62。

現反對聲浪，為了順利化解反對意見，時任農商務大臣的大浦兼武（1850-1918、長州藩要角山縣有朋〔1838-1922〕之幕僚）涉嫌收買在野黨立憲政友會的議員，事件爆發後，大浦兼武因而遭到司法省檢察官的訴追，大浦雖然獲得緩起訴處分，[104] 但最後仍被迫辭職、甚至徹底退出政壇，終至抑鬱以終，其他行賄者及受賄議員亦均受到有罪之判決。

上述檢察權大幅擴張的代表性案例中，最值得注意的，厥為「大逆事件」，蓋大逆事件的「被告」並非原本位居高位的議員、將領、政府官員，而是政治異議份子，「案件類型」亦非瀆職，而是反政府犯罪；且大逆事件與其他案件之「量刑」亦有不同，其他案件僅量處有期徒刑、緩刑，甚至於偵查中即以緩起訴處分結案，但大逆事件則為死刑；此外，在「審理方式」方面，大逆事件進行非公開審理、完全未進行證人調查，以異於常例速度之迅速審結，從陪審制度被認為可以維護自由主義的觀點來看，大逆事件實為進行陪審審判的最適當案例。

（二）大正陪審法的制定過程

1910 年（明治 43 年），已經成為最大在野黨——政友會首腦的原敬，開始在議會提出引進陪審制度的議案，其於 1910 年 2 月於第 26 次議會提出「設立陪審制度建議案」，主張「政府宜先行起草於刑事審判中使用陪審之法律案，儘速向帝國議會提出」，並於同年 3 月 3 日獲得眾議院一致通過，考眾議院所以不分朝野一致支持該案，除了上述朝野對於檢察官權力大幅擴張、全力偵辦政治案件的普遍疑懼之外，另外還包含三個因素：

　　（1）日本正準備進行回復關稅自主權、廢除不平等條約，實施陪審制被認為將有助於不平等條約的廢除。

104　因大浦兼武後來獲得緩起訴處分，一改過去緩起訴處分僅限於輕罪之慣例，故大浦事件也被視為日本緩起訴制度的里程碑，檢察官之起訴裁量權因而擴大，亦導致檢察官權力的進一步擴張。

（2）爭議性司法案件將影響天皇的威信。日本明治憲法第57條第1項規定：「司法權係以天皇之名，依法律由法院行之。」故法院的事實判斷若有錯誤，即可能成為天皇的責任，此與「天皇乃神聖不可侵犯」（明治憲法第3條）的基本原則似有矛盾，而陪審制度被認為可以將審判正確性的責任「分攤」給國民，減輕對於天皇的衝擊。[105]

（3）政友會雖然是在野黨，但卻是當時眾議院的多數黨。

原敬的提案，除了獲得政界的普遍贊成外，亦得到辯護人之支持，但法官、檢察官乃至學者之間，多數仍反對陪審制度，分析其理由，約有以下諸說：

（1）陪審員經常流於感情用事。

（2）日本當時國民的智識水準低落，恐無法選出適合的陪審員。

（3）日本國民不太受到宗教力量的拘束，故以富含宗教意味的「宣誓」來確保陪審團的公正性，就日本的國民性而言，亦無法達到效果。

（4）明治憲法已經明文保障司法權的獨立，故已無引進陪審制度以確保司法權獨立之必要性。

（5）陪審制度將造成人民的負擔。

（6）陪審制度與真實發現主義不相符合。

（7）陪審制度與日本明治憲法第24條規定：「日本臣民受依法律規定法官之審判的權利不得剝奪」有所違背，故陪審制度可能有違憲之虞。

（8）引進陪審制度有政治上不純正的動機。[106]

相對於反對陪審制度論者的振振有詞，贊成陪審制度者除了前述政治上理由外，也開始在學理、實務上尋求理論基礎，且正好有社會矚目

---

105 三谷太一郎，同註52，頁124；丸田隆，頁134。
106 三谷太一郎，同註52，頁127至129。

案件（詳後述）足以支持贊成陪審制度者的見解，故贊成陪審制度的看法，逐漸占了上風。

分析贊成陪審制度者提出的理論，約有以下 2 點：

（1）保障人權：當時的檢察官與預審法官 [107] 不尊重被告人權，即使被告並無湮滅證據或逃亡之虞，仍然以羈押被告為原則；預審法官、司法警察在製作筆錄時，亦往往有脅迫、詐欺、疲勞訊問之情形；加上被告與證人之地位未有明確區別，常有將被告以 A 案羈押，但目的卻是為了要該被告為 B 案作證者；而到了審判期日，檢察官僅就偵查筆錄中不利於被告之部分自白提出作為證據，法院在欠缺其他積極證據之情形下亦逕行採納，導致誤判案件時有所聞，嚴重侵害被告人權。[108]

時任大審院長的橫田秀雄（1862-1938）亦深感上述問題之嚴重性，在其所撰〈刑事審判與國民的信賴〉一文（1914 年 6 月 20 日，法律新聞）中提到：「對於我而言，不幸的是，經常在法院內外聽到負責偵查犯罪的檢察官或司法警察有無視人權的情事。亦即經常在報紙或律師的談話中、甚至在交際場合中聽到檢察官或司法警察浮濫地逮捕、使用恐嚇或詐術、或以違警罰法的輕罪為名使用暴力拘留犯罪嫌疑人。這些傳聞究竟是不是真實的呢？……在刑事審判中應該只能將被告視為有嫌疑的人，絕不可將被告當作犯罪人或壞人來看待。博愛寬宏乃刑事審

---

107 當時的日本刑事訴訟程序尚有「預審法官制度」，當時的檢察官、司法警察除了針對現行犯與緊急事件可以逮捕外，並無其他強制處分權，若有拘提、羈押等強制處分之必要時，則需向預審法官聲請，且即使經預審法官允許拘留犯罪嫌疑人，亦必須於 10 日內決定是否起訴，若不起訴即需釋放被告，故多數情形檢察官採取另一種結案方式——「請求預審」，希望預審法官能夠拘束被告的自由以進行詳細的調查及證據蒐集，蓋預審法官拘留被告以進行調查者，並無期限之限制，可以慢慢花時間訊問被告及證人，並製成詳細完整的筆錄，若最後決定「移付公判」，更會將基於調查結果認定的事實製成詳盡的文書，併同相關證據、筆錄一併送交法院，當時法院逕自於判決書中引用上開預審法官製成之文書，依循預審法官認定之事實者，亦所在多有。參見佐伯千仭，陪審裁判の復活はどのように阻止されてきたか，立命館法学，255 号，1998 年 2 月，頁 904。
108 三谷太一郎，同註 52，頁 130。

判上必須遵守的道德。」[109]

從實際案例來看，1915 年（大正 4 年）東京一名女子「お春」（阿春）遭殺害，其情夫小守惣助被檢警認為是犯人而遭逮捕，經過拷問後並為自白，但其後經過辯護人的追查，發現真正的殺人兇手是另一人，小守惣助才獲得無罪判決。

再者，1918 年（大正 7 年）京都府知事（相當於我國的縣〔市〕長）木內重四郎被懷疑收買部分京都府議會議員，以求順利通過議案。該案爆發後，共計有數十名京都府職員、議會議員被起訴，檢察官於偵查過程中，大量對於犯罪嫌疑人進行夜間、徹夜的訊問、深夜逮捕、脅迫自白等手段，亦禁止其等與辯護人之接見通信，最嚴重的侵害人權行為，則是將犯罪嫌疑人置於一個寬 60 公分、高 170 公分，僅有氣孔的木造箱子（有一名犯罪嫌疑人稱此為「豚箱」[110]）內候訊，時間有長達 8 小時、次數有高達 70-80 次者，雖然偵查結果，絕大多數的犯罪嫌疑人都自白犯行，但到了審判期日，所有偵查中自白的被告都翻供否認犯行，並獲得無罪之判決，即所謂「京都豚箱事件」。

（2）司法民主化的浪潮：日本接連在日俄戰爭（1904-1905）、第一次世界大戰（1914-1918）中獲得勝利，加上資本主義的興起，日本國民的生活亦獲得大幅改善，且周遭的中國、俄國又接連發生民主革命，故民主運動開始在日本蓬勃發展，史稱「大正民主主義」，[111] 大正民主主義運動者中，除了主張應進行普通選舉制之外，更主張應導入陪審制，以實現司法的民主化。

---

109 丸田隆，同註 16，頁 131。

110 即豬箱，後來「豚箱（ぶたばこ）」即成為警方「留置場」的俗稱。

111 日文用語為「大正デモクラシー」，即「大正」與「民主主義」的外來語 Democracy 之片假名的結合，考當時所以不逕自翻譯為「大正民主主義」，係因當時係採「天皇主權制」，故有所顧忌，參見阪村幸男，陪審法の理念と大正陪審法の意義，載於刑事法学の現実と展開：齋藤誠二先生古稀記念，第一版，2003 年 6 月，頁 563。

1918 年 9 月 29 日，日本第一個政黨內閣（執政黨為政友會）——原敬內閣宣告成立，內閣總理大臣原敬立即依據其於 8 年前提出、並獲眾議院通過的「設立陪審制度建議案」，開始進行陪審制度的立法作業。首先於 1919 年 11 月 5 日於內閣之下成立了「臨時法制審議會」，經過正反兩派激烈的爭論後，同年 12 月 10 日的第六次委員會，正式確認了陪審制度的方向——適用於一定的刑事案件（不適用於民事、行政事件）、僅採行小陪審制（不採行大陪審——起訴陪審）等。

1920 年 7 月 28 日，本於上述共識，日本於司法省之下設置「陪審法調查委員會」，該會針對陪審員的資格應否限制等制度設計，亦有激烈的爭論，其後於 1921 年 1 月 1 日，司法省向樞密院（按：天皇的諮詢機關）提出「陪審法諮詢案」，請求樞密院審查，在樞密院中，反對陪審制度的見解占了上風，以致該案反覆遭樞密院退回，1921 年 11 月 4 日，原敬在東京火車站遭一名 19 歲的少年刺殺死亡，原敬內閣亦宣告瓦解。但繼任的高橋是清內閣（1921-1922）仍繼續推動陪審制度的立法，樞密院之態度亦開始轉變，將陪審制度視為穩定政治的方案之一，而逐漸願意妥協，但陪審法的內容在正反兩方的妥協下，亦經過大幅的修正。

在當時反對陪審法的意見中，最堅強、也最有理論基礎的，厥為時任東京帝國大學法學部教授美濃部達吉（1873-1948）提出的「陪審法違憲說」，其理由有以下各點：[112]

（1）明治憲法中欠缺陪審之明文規定，而明治憲法所仿效的普魯士憲法則有陪審之明文規定，從明治憲法的立法過程中即可知，此為立法者有意的省略、排斥。

（2）明治憲法第 57 條規定「司法權係以天皇之名由法院依法律行之」，故司法權乃天皇之大權，行使司法權的即為天皇的機關，亦即法

112　三谷太一郎，同註 52，頁 150。但美濃部達吉教授嗣後改變其見解，反而認為陪審制並不違憲。

院，法院必須依法律行使司法權，亦即法院必須獨立，此為憲法所保障
者，若陪審團之決定有拘束力，一旦陪審團之決定為無罪，法院即不能
為有罪之判決，司法大權即告旁落。或有認為事實認定並非司法權的作
用，法律適用才是司法權的作用，但離開事實認定，司法權即不存在。
故陪審團之決定若有拘束力，不但違反司法權之獨立，亦違反法院行使
司法權之精神。

（3）明治憲法第 24 條規定「日本臣民接受依法律所定法官審判之
權利不得剝奪」，此處所謂「接受依法律所定、具有一定資格法官審判
之權力不得剝奪」的規定，應解為由天皇所任命的官吏進行審判之意，
故非職業法官之一般人民參與審判，即有違反明治憲法第 24 條之虞，
若不進行修憲，則應該採取「法官單純聽取陪審員之意見，但不受其拘
束」的方式。

上述質疑經過正反兩方的妥協後，1922 年 2 月 27 日，經過修正
的陪審法諮詢案終於獲得樞密院的通過，並轉送第 45 次議會，於 1922
年 3 月 14 日經眾議院通過，但旋遭貴族院的反對，該案宣告失敗。加
藤友三郎內閣（1922-1923）上任後，重新提出陪審制度法案，終於在
1923 年（大正 12 年）3 月 21 日經貴族院第 46 次議會以 143 票贊成、8
票反對的懸殊比數通過，並於同年 4 月 18 日公布（法律第 50 號），經
過 5 年的準備期間後，於 1928 年（昭和 3 年）10 月 1 日正式施行。[113]

分析大正陪審法的制定過程中，以下各點乃當時陪審制度能順利完
成立法的重要因素：

（1）民主主義運動者的推動：隨著資本主義的興起，民主主義在
日本逐漸發展、成熟，當時被視為民主主義重要指標的「陪審制度」，
也為民主主義論者支持、推動。原本屬於天皇絕對權力一環的司法制
度，因此必須相當程度地尊重民主主義論者的要求，在日本政府極力阻

---

[113] 齋藤哲，同註 76，頁 39 至 43。10 月 1 日也因此成為日本的司法節（司法記念
日、法の日）。

止普通選舉的現實考量下，同為民主主義論者所主張的陪審制度，即被視為「兩害相權取其輕」的選擇。

（2）抑制檢察權膨脹的政治上需要：檢察官權力不斷膨脹、增大，逐漸與政治人物發生衝突、對抗，陪審制度被政治人物認為可以作為對抗檢察權的手段、藉由民眾在審判過程中檢視偵查作為，得以有效地抑制檢察權的迅速膨脹。

（3）人權觀念的興起：當時檢察官、司法警察的偵查手段嚴重侵害被告人權，而陪審制度被認為可以有效地維護被告人權。

（4）責任分攤的思維：依據明治憲法第 57 條第 1 項之規定，審判均係「以天皇之名」為之，一旦審判有違誤，很容易就會上綱推演為天皇的責任，而陪審制度則被認為可以將對於審判的批判、乃至於不當審判的責任「分攤」給一般人民，以此減輕政府乃至於天皇受到的輿論批評，且可藉此達成國民擁護司法、進而擁護天皇的目標。[114]

另依據司法省刑事局於陪審法公布後之 1926 年所編印的宣導小冊——「談陪審制度」中，將日本引進陪審制度的理由，分為政治上的理由與司法上的理由來敘述：[115]

（1）政治上的理由：「我國憲法，基於立憲政治的本旨，將國權的作用分為立法、行政、司法三者，立法以議會之協贊為必要，行政則已承認自治制度，使國民能參與立法與行政。憲法實施以來已歷三十餘年，我國國民就國政之參與已經相當之經驗與訓練。特別是在聽取民意以行國政之傾向甚為顯著之現代，僅有司法仍然不容許國民參與，實有與時世之進展不符之嫌。即使在審判程序，於一定之範圍內承認國民之參與，因合於立憲政治之本旨，自可謂為適當，此為政治上之理由。」亦即引進陪審制度的第一個理由，即為「司法的民主化」。

（2）司法上的理由：「法官所為的判斷，由於職掌的性質使然，

114　三谷太一郎，同註 52，頁 250。
115　丸田隆，同註 16，頁 136。

被批評往往容易陷於過度理性之傾向。因此在此時，若能於適當之範圍內，從國民中選出非法官的非專業人士，使渠參與審判程序，採納渠之判斷，將有助於增加對於我國刑事審判之信賴度，且若實施陪審制度，國民將自然而然地親近法院，培養出法律思想，同時亦能夠理解審判，過去偶有的誤解或疑惑也將一掃而空，更能提升審判的威信。另一方面，對於被告而言，當其想到其所受之審判，是依據從國民之中選出的陪審員所為判斷為基礎時，自亦能欣然接受。此為司法上之理由。」亦即引進陪審制度的第二個理由，即在「提升司法的信賴度」。

（三）大正陪審法的內容

1928 年（昭和 3 年）10 月 1 日開始施行的陪審法，全文共 114 條，[116] 約有以下重要內容：

（1）適用的案件類型

分為「法定陪審」與「請求陪審」兩類，並另有相關例外之規定。

1. 法定陪審：

該當於死刑、無期懲役 [117] 或禁錮 [118] 之案件（如殺人、放火、強盜殺人等），依法原則上均應進行陪審審判（第 2 條）。但被告得於檢察官就該案為陳述前，隨時辭退陪審（第 6 條），且被告於公判程序或公判準備程序時承認被訴事實者，亦不進行陪審（第 7 條）。

2. 請求陪審（選擇陪審）：

該當於三年以上懲役或禁錮之地方法院管轄案件，且被告於第一次公判期日前聲請為陪審審判者（第 3 條、第 5 條）。但被告得於檢察官

---

116 1929 年、1941 年均曾作部分條文修正，本文以 1941 年修正後、1943 年停止施行前的條文為依據。

117 依日本刑法第 12 條第 2 項規定，「懲役」是將受刑人拘置於刑事設施內，並命其為指定之作業（強制勞動）。

118 依日本刑法第 13 條第 2 項規定，「禁錮」是將受刑人拘置於刑事設施內，但未命其為指定之作業（不強制勞動）。

就該案為陳述前，隨時撤回其聲請（第 6 條），且被告於公判程序或公判準備程序時承認被訴事實者，亦不進行陪審（第 7 條）。

3. 例外：

諸如對於皇室、皇族之危害罪；內亂、外患、妨害國交罪、騷擾罪；陸海軍刑法及其他關於軍機之犯罪；違反選舉法案件；違反治安維持法（關於國體變更、否認私有財產之犯罪）案件，[119] 以上案件，縱令符合法定陪審或請求陪審之規定，亦不能適用陪審審判（陪審不適案件）（第 4 條）。

綜上，大正陪審法所適用之案件類型，僅限於一定程度之重罪，且限於被告否認犯行者，另不論是法定陪審或是請求陪審，被告仍然可以用「辭退」或「撤回聲請」的方式，決定是否要適用陪審制度。

在日本陪審法制定當時，美國允許被告放棄接受陪審團審判權利的見解尚未建立，[120] 故上述允許被告選擇是否接受陪審審判的制度，實為日本的獨創，表面上的理由雖然說是「被告對於（只有法官進行之）審判心悅誠服」，但實際上的理由，則是希望盡可能地減少實施陪審審判的案件數量。[121]

（2）陪審員的選任

1. 陪審員的資格：

限於 30 歲以上之日本帝國臣民男子；連續 2 年以上居住於同一市町村內；連續 2 年以上繳納 3 円以上之直接國稅；能讀、寫日文。此一資格要求，係與制度設計當時（1923 年）的眾議員議員選民資格一

---

119 違反治安維持法案件係陪審法於 1929 年（昭和 4 年）修正時列為「陪審不適事件」。

120 一直到 1930 年的 Patton v. United States 案（281 U.S. 276）之後，被告放棄（waiver）接受陪審團審判權利的見解才告確立。

121 松尾浩也，刑事訴訟における国民参加，特集・刑事裁判への国民参加，現代刑事法，27 号，2001 年 7 月，頁 11。

致。[122]

但禁治產人、破產尚未復權者、聾啞盲人、有重刑前科者、在職的法官、檢察官等特定官吏、辯護人、醫師、小學老師、學生等，即使符合前項資格，亦不能擔任陪審員（第 13 條、第 14 條）。

2. 陪審員的選任：

各市町村（相當於我國鄉鎮市）應該定期製作記載所有符合陪審員資格國民的「陪審員資格者名簿」，及依當年度管轄地方法院預計所需陪審員人數，自上述名簿中抽籤產生的「陪審員候選人名簿」。以上名簿，應以公告或通知之方式告知列名其上之人。1928 年（昭和 3 年）時之陪審員候選人共 5 萬 4,339 人。

在特定案件確定要進行陪審審判後，至遲於公判期日前 5 天，應對自「陪審員候選人名簿」抽選之 36 名候選人發出傳票，且至少需有 24 名陪審員候選人於公判期日當天到庭，若無法湊齊 24 名以上陪審員候選人，則可權宜地以電話聯絡居住於法院附近之裁判員候補者，請其到庭。

24 名以上陪審員候選人到庭後，即進行非公開的陪審員選任程序，由審判長以訊問等方式，確定到庭的陪審員候選人有無不符上述資格之情形，及有無陪審法第 15 條所定之除斥事由（如該案被害人、告發人、自訴當事人、證人、鑑定人、代理人、辯護人、輔佐人、與被告或被害人有親屬關係、曾任該案之法官、檢察官、司法警察或陪審員者）。確定符合資格且無除斥事由後，即抽籤選出陪審員，並由檢察官與被告對選出的陪審員逐一進行拒卻，拒卻無須付理由，直至依順序選

---

122 但 1925 年（昭和元年）眾議院議員選舉法修正後，已不復有上述限制。故 1928 年（昭和 3 年）2 月 20 日第一次普通選舉時，全日本有眾議院議員選舉權的人數為 1,240 萬 9,078 人，約占當時全日本人口數的 21%，但 1927 年（昭和 2 年）9 月 1 日當時，其陪審員之資格者僅有 178 萬 1,132 人，僅占當時日本總人口數的 3%，陪審員資格的限制與眾議院議員選舉權人資格顯不相當，被批評是與時代脫節的制度。

出 12 名兩造均無意見之陪審員及 2 名候補陪審員為止。

（3）審判程序的進行

依大正陪審法之規定，陪審法庭係由 12 名陪審員及 3 名職業法官組成。審判長於審判開始時，應先對陪審員說明注意事項（法文稱「諭告」）及由陪審員宣誓[123]（第 69 條）。

在進行證據調查時，主要係由審判長對被告及證人進行訊問，但陪審員得審判長許可者，亦得詰問之（第 70 條第 2 項），此與一般陪審制度下，陪審員不得進行訊問者不同，相較於此，辯護人僅能進行補充性詰問。必須留意的是，只要被告於訊問時坦承犯行，仍得隨時停止陪審，改適用通常審判程序。

調查證據結束後，應進行辯論程序，但辯論的方式與一般職業法官審理之情形不同，而是區分為「關於犯罪事實之辯論」與「關於法律適用之辯論」，辯論結束後，審判長應對陪審團進行「說示」，即說明「關於犯罪構成之法律上論點、事實爭點、證據要領」，但不得對「證據之可信性、罪責之有無」表示意見（第 77 條）。惟審判長「說示」之內容無須事先與當事人溝通，或聽取當事人之意見，且當事人亦不得對「說示」之內容異議。[124]

此外，大正陪審法設有諸多直接審理原則的例外規定，例如預審法官、檢察官、司法警察官作成的訊問筆錄，在「被告或證人在公判庭外訊問時之供述，其重要部分於公判庭有所變更時」、或「被告或證人於公判庭不為陳述時」，即得作為證據（第 72 條至第 75 條），故陪審員雖然不能事先閱覽偵查卷宗，僅能聽取公判程序中被告與證人之供述，但於上述情形，審判長仍得於陪審團評議時，將公判庭中出現過的證物及證據書類交付於陪審團（第 82 條第 2 項）。

123　宣誓內容為：「將依循良心，公平誠實地執行本職務，謹誓。」
124　丸田隆，同註 16，頁 142。但當事人得以審判長之說示違反法律為由提起第三審上訴（同法第 104 條第 5 款）。

（4）陪審團之評議

審判長應於說示後，對陪審團提出「問書」，問書內容包括被告有無起訴犯罪事實的「主問」，被告有無其他起訴犯罪事實以外犯罪事實之「補問」，以及被告有無阻卻違法事由的「別問」（第 79 條）。[125]12 名陪審員組成的陪審團帶著問書提出的問題，進入別室進行評議，評議以過半數之多數決形成「評決」，若遇有可否同數時，則應為被告有利之評決（第 91 條第 2 項）。評決結果應由陪審長向審判長提出，稱為「答申」，並由書記官併同問書之內容當庭朗讀，所謂「答申」，並非如一般陪審制度直接宣布被告有罪、無罪，而是要就問書的問題回答「是」、「不是」或「部分是部分不是」。陪審團之答申無須付理由，蓋陪審員都是非法律專業人士，本來即不可能要求其本於法學或論理提出答申的理由，反而是應該要求陪審員直接透過常識來判斷，故陪審制度乃是將審判置於常識之上的制度，自應尊重不付理由的常識判斷。[126]

陪審團評議期間，陪審員不得與外界有任何聯繫，甚至評議完成為止的審理期間若逾 2 日以上，陪審員必須留宿於陪審員宿舍內（第 83 條、第 84 條）。

陪審員於評決宣讀之後，其義務即告終了，可以退庭（第 94 條），但仍負有對於評議過程守密之義務，若不履行將構成犯罪（第 109 條）。

（5）法院對於陪審團評決的處理

陪審團達成評決後，審判長與 2 名法官應於另室進行評議，以決定是否採行陪審團之評決，若認為陪審團之評決可採，則應宣告採納，再進行犯罪情狀之證據調查，並命檢察官求刑，及命辯護人就刑度進行辯

---

125 問書內容，例如「被告以詐欺保險金之目的，於某年某月某日某時許，在被告所居住之某市某區某町房間內，以某種方式放火，因此致某甲所居住、某乙所有之房屋遭燒毀之事實是否成立？」
126 齋藤哲，同註 76，頁 46。

論，並依陪審團評決為判決（第 96 條、第 97 條）。

　　但合議庭法官評議後，若認為陪審團之評決不可採，則得重新組成陪審團重行審理（稱為「陪審之更新」，第 95 條）。故陪審團評決對法官而言並無拘束力，事實認定之職權仍握於法官手上。又更新並無次數之限制，亦無須說明其理由，換言之，法院得不斷地更新陪審，但合議庭的職業法官則無須更換。

　　上述陪審更新制度，有認為乃是日本特有的規定，為贊成陪審與反對陪審論者妥協後的產物，[127] 亦有認為此係為了規避上述違憲爭議而不得已採行的規定，[128] 復有認為此係參考當時法國、義大利之陪審制度，旨在去除含有偏見、愛憎之陪審團評決，以培養一般國民公正審判、反映健全社會常識的責任觀念，並確保司法的信用，[129] 但不論如何，上述規定實隱含了立法者對於陪審制度的根本性疑慮。

　　（6）對於陪審審判後判決之上訴

　　法院依陪審團評決所為之判決，當事人（包含檢察官、被告）均不得向第二審法院提起上訴，而僅能以法律問題為由，向第三審法院——大審院提起上訴（第 101 條至第 104 條），至於主張原審判決事實誤認、量刑不當者，均不得提起上訴。

　　（7）陪審費用的分擔

　　請求陪審之被告，經陪審審判後若受到有罪判決，除了無法上訴第二審法院外，更需全部或一部負擔使用陪審審判所生的費用（如陪審員的傳喚費用、日費、旅費、住宿費等）（第 107 條）。

---

127 齋藤哲，同註 76，頁 46；戶松秀典於「裁判員制度と日本国憲法」座談會中發言，載於判例タイムズ，1146 号，2004 年 6 月 1 日，頁 6。
128 利谷信義，戰後改革と国民の司法参加：陪審制・参審制を中心として，載於東京大學社會科學研究所戰後改革研究會編，戰後改革 4 司法改革，1975 年 7 月，頁 85；佐伯千仭，同註 107，頁 909；丸田隆，同註 16，頁 143。
129 阪村幸男，同註 111，頁 569、570。但於立法當時，則認為僅有葡萄牙亦採取此一制度，見藤田政博，司法への市民参加の可能性：日本の陪審制度・裁判員制度の実証的研究，2008 年 1 月，頁 107。

（四）大正陪審法的實施狀況

大正陪審法於 1923 年（大正 12 年）4 月 18 日制定公布後，到 1928 年（昭和 3 年）10 月 1 日正式開始施行前，共有 5 年的準備時間，在這 5 年準備期間內，日本政府為了配合陪審制度的實施，增員法官、檢察官共計 256 人，於全國設置陪審法庭與陪審員宿舍，並於全國召開共 3,339 次的演講會，有 124 萬人次聽講，以當時成年人口約 4,000 萬人計算，計有 3.1% 的成人曾經聽講過，另發送了 284 萬本的宣導小冊，還播映了 4 部外國電影、7 部日本電影以宣傳陪審制度，甚至在陪審法正式施行當天，昭和天皇還親范三個法院參訪，故大正陪審法施行前，日本政府對於陪審法的宣傳投注了非常大的資源。

日本政府推動陪審制度的熱情也感染到了當時的人民，故陪審制度一開始施行，即深受輿論、人民的期待，但實際上陪審法的實施狀況並未充分反映這種狀況，甚至愈來愈差，茲以實施案件數、無罪比率分別說明之：

（1）實施案件數：

圖表 4 　日本大正陪審制施行期間受理案件情形表

年	法定陪審	請求陪審	陪審更新	合計
1928	28	0	3	31
1929	133	7	3	143
1930	66	0	0	66
1931	56	1	3	60
1932	48	1	6	55
1933	34	1	1	36
1934	24	2	0	26
1935	17	0	1	18
1936	16	0	3	19
1937	13	0	2	15
1938	4	0	0	4
1939	3	0	1	4
1940	4	0	0	4
1941	1	0	0	1
1942	1	0	1	2
1943	0	0	0	0
合計	448	12	24	484

圖表 5　日本大正陪審制施行期間受理案件推移情形示意圖

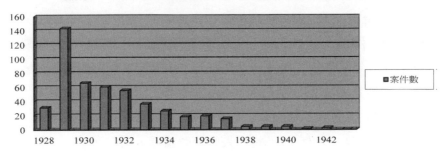

　　從上述圖表可以看出，從 1928 年（昭和 3 年）10 月 1 日起至 1943 年（昭和 18 年）4 月 1 日停止施行為止，近 15 年的時間內，共計僅有 484 件案件進行陪審審判，扣除「陪審更新」的重複計算後，實際僅有 460 件案件經過陪審，與當時日本政府原本一年約有 2300 件陪審案件的預測有明顯落差。又於上述統計期間內，符合「法定陪審」規定之總案件數為 2 萬 5,097 件，法定陪審案件實際進行陪審審判的卻只有 448 件，比例僅達 1.8%。且自從 1929 年的 143 件達到高峰後，隨即逐年下降，到了陪審制度停止適用前的 1941、1942 年更各只有 1 件，甚至到了停止適用的 1943 年，當年度完全無陪審案件。

　　（2）無罪率：

　　在 484 件行陪審審判之案件中，共有 378 件為有罪，有 81 件為無罪，1 件為公訴不受理，有 24 件為陪審更新，無罪率為 16.7%，相較於同時期通常程序之刑事案件無罪率僅為 1.2% 至 3.7%，行陪審審判之無罪率明顯偏高，固然陪審審判僅以否認犯罪之案件為限，普通刑事審判中被告自白之比率則甚高，故兩者之無罪率不能單純以數字比較觀察，但縱令排除上開因素，仍可謂行陪審審判案件之無罪率明顯高於普通程序之無罪率。[130]

130　佐伯千仞，同註 107，頁 907。

（3）審理日數：

平均陪審團審理日數僅 1.7 日，以 2 日最多，為 192 件，其次依序 為 1 日 180 件、3 日 88 件、4 日 18 件、5 日 3 件、6 日 2 件、7 日 1 件，故行陪審審判對於正式審判期間之縮短顯有助益。[131]

（五）大正陪審法的停止施行

1943 年（昭和 18 年）3 月 25 日，日本第 81 次帝國議會通過了「關於陪審法之停止的法律」（法律第 88 號），該法規定「自公布日起停止陪審法之施行」、「陪審法於大東亞戰爭（於 1946 年修正為「本次戰爭」）終了後再施行，期日以敕令定之。」並於 1943 年 4 月 1 日公布，陪審法自該日起即停止施行。

必須注意的是，陪審法並非遭到廢止，而是停止施行，「關於陪審法之停止的法律」的說明即謂：「法律的效力本身並未停止，簡單地說，是打算讓法律繼續存在，只是暫時讓它休眠而已」，[132] 換言之，大正陪審法直至今日，形式上仍然是日本現有法律的一種，這樣的處理方式，也讓戰後的日本，不斷出現應該「復活」陪審法的呼聲。

（六）大正陪審法失敗的原因分析

日本大正陪審法施行了將近 15 年，但由於被告多不願意適用陪審，故實際進行陪審審判的案件卻始終只是鳳毛麟角，甚至最後淪至「名存實亡」的命運，對照前述立法目的——提升司法信賴度、達成司法民主化等等，陪審法顯然沒有達成其目標，故大正陪審法實可謂是一個失敗的制度。

分析日本大正陪審法失敗的原因，約有以下幾點：

（1）制度設計上的問題：

---

131 齋藤哲，同註 76，頁 48。但若加計選任陪審員的前置作業程序（如準備程序、傳喚等），是否能謂仍較通常程序為迅速，恐即難一概而論。

132 齋藤哲，同註 76，頁 48。

1. 陪審員資格、陪審案件類型過度窄化，使陪審制度無法生根茁
壯：

如前所述，大正陪審法對於陪審員資格與陪審案件類型，均採取相
當嚴格的限定，此固然與該制度的「外來性」有關，亦與陪審制度需要
花費大量時間、金錢的考慮脫不了關係。

但任何新引進的制度，如果要迅速獲得法曹、民眾的支持，擴大適
用範圍乃是必要的手段。蓋僅適用於少數案件、由少部分人士參與運作
的制度，自難獲得多數人的支持；大正陪審法對於陪審員資格、陪審案
件類型過度窄化的制度設計，使得一般民眾對於陪審制度不易有所認識
與關心，當國家政策不再支持陪審制度時，陪審制度即會輕易消逝。[133]

2. 「證據法則」的寬鬆，易於產生不利被告的認定：

陪審員於進行審判前，雖然不能閱覽既有之偵查卷證，只能聽取在
審判期日調查之證據，但依照陪審法規定，許多偵查中的卷證仍然可以
例外作為認定事實之證據使用，且應將之交付予陪審團，故陪審團「事
後」仍然可以閱覽這些未經直接審理的卷證資料，造成陪審員還是會依
賴審判外證據認定事實，不但違反直接審理原則與陪審制度的基本精
神，且由於這些卷證資料多是不利於被告的內容，亦將造成陪審團心證
的偏移，進而造成不利於被告的判決結果。[134]

3. 「陪審更新制度」與「卷證併送制度」結合，可能產生不利於被
告的結果：

「陪審更新」制度除了被論者批評違反陪審制度的基本精神 [135]

---

133 此外，論者亦有認為大正陪審法將學理上多認為最需要藉助陪審制度來保障的
「政治性案件」——如內亂、外患等排除在適用範圍之外（第4條），使得陪審
度的重要目的之一——「保障持不同思想、言論、立場之人的人權」完全無法達
成，造成日本大正陪審法脫離陪審制度的根本命題，參見菊地博，陪審制度の歷
史と今後，朝日法學論集，24号，2000年3月，頁20。

134 利谷信義，同註128，頁84；藤田政博，同註129，頁157。

135 齋藤哲，同註76，頁48。

外，對於被告而言，更可能產生不利的結果。依照陪審更新制度，合議庭法官若認為陪審團之評決不可採時，即得重新組成陪審團重行審理，表面上來看，若陪審團為被告有罪之評決，法官可以拒絕遵循評決，更新陪審團重行審理，以保障被告權益；但實際運用上往往並非如此，蓋在卷證併送主義下，法官多半對於案件已經預存了有罪心證，且審判心理上亦較趨向於支持檢察官，故多數情形是，陪審團為被告無罪評決後，法官拒絕接受評決而使用陪審更新制度，希望新的陪審團可以為被告有罪的評決，如此一來，被告自難有進行陪審審判的意願。[136]

4.「經陪審審判之判決，被告不得上訴第二審」之規定，對於被告顯有不利：

本於尊重陪審團事實認定職權的基本立場，在英美陪審制度下，經陪審審判之案件，原則上自不能允許當事人再藉由上訴之方式，對事實重新進行爭執。但對於被告而言，同時又有「個案救濟」之利益需要保障，故事實上多係尊重被告對於陪審判決不服上訴的權利，僅限制檢察官對於陪審判決不服上訴之權利。[137]

大正陪審法施行當時，日本第二審法院係採取覆審制，亦即就第一審法院已經調查之證據再為完全重複之調查。惟基於尊重陪審團審判的立場，陪審法自難容任第二審仍行覆審制，但大正陪審法並未另外修正第二審構造（如改採事後審制，或是第二審亦採陪審審判，或是容許被

---

136 故當時有主張實務上應形成慣例，亦即法院應尊重陪審團所為對被告有利的評決，至於不利於被告之評決，雖得更新陪審，但亦以一次為限，見市原靖久，1923年陪審法の構造的欠陷とその克服：同法施行期および戰後改革期を中心として，關西大學法學研究所編，研究叢書第8冊，1993年12月，頁67。

137 以英國陪審上訴制度為例，第一審皇室法院（Crown Court）經陪審審判之判決，被告得以法律問題（question of law alone）向第二審之上訴法院刑事庭（The Court of Appeal, Criminal Division）提起上訴，以事實問題（question of fact alone）、法律事實混合問題（question of mixed law and fact）或量刑（sentence）上訴者，經第二審法院許可（leave）者，亦得提起上訴，相對於此，檢察官只有在符合相當嚴格的條件下，始能就事實問題提起上訴。

告針對量刑不當提起上訴），而是完全剝奪了當事人（包含被告、檢察官兩造）上訴第二審的權利，從而陪審判決理論上即無法再有審查事實認定、量刑是否違誤的可能性，對於被告而言，即失去個案救濟的諸多機會。

更何況，在當時其他不適用陪審審判的案件仍可上訴第二審的情形下，只有陪審判決無法上訴第二審，對於被告而言，自然會產生一種「相對剝奪感」，更嚴重影響其適用陪審審判之意願。

再者，陪審更新制度往往用來否定陪審團的無罪評決，已如前述，而禁止對陪審判決上訴第二審的制度設計，則往往成為剝奪被告就有罪判決尋求個案救濟的工具，[138] 被告在擔心一旦受到不利益判決將無法上訴第二審請求救濟的情形下，自然會盡可能地避免適用陪審審判，同理，除非是對於被告會受無罪判決極有信心的少數辯護人外，其他辯護人為了避免失去上訴尋求救濟的機會，當然也會盡可能地勸阻被告適用陪審審判。

5.「請求陪審」的被告若受有罪判決需負擔陪審所生費用，造成被告的排斥感：

如前所述，在請求陪審的案件中，若被告受到有罪判決，必須支付一部或全部陪審所生費用。依據統計資料，在陪審法施行的 15 年間，平均一案件陪審所生費用為 386 円 62 錢，以當時物價水準與現在日本物價水準換算結果，現在約合日幣 129 萬 9,043 円（換算為新台幣約 45 萬元），其中最高的為 1937 年（昭和 12 年），該年度平均陪審費用為 482 円 94 錢，最低的則為 1942 年（昭和 17 年），平均陪審費用則為 215 円 72 錢，[139] 對於被告而言，即使只負擔一部分陪審所生費用，都可能會造成經濟上的沈重負擔，在被告沒有充足把握可受無罪判決之情形下，當然不會輕易聲請適用陪審制度，以免遭致必須支付高額費用的下

---

138 利谷信義，同註 128，頁 85。
139 藤田政博，同註 129，頁 119、125。

場。

（2）與既有法律感情的衝突

1.「被告得自願放棄陪審審判」的惡用：

允許被告放棄受陪審審判，本即為英美陪審制度的固有規定，蓋過多的陪審案件將造成司法資源的沈重負擔，讓被告放棄陪審審判即有調節資源分配的功能，況英美陪審制度將「受陪審審判」視為被告的權利，[140] 自然可以允許被告放棄其權利。但對於原本適用陪審審判的案件類型即甚少，又欠缺上述權利意識的日本而言，「被告的放棄」反而成為法官規避適用陪審審判的利器，案件數量因此無法有效增加，亦使一般國民難以感受到陪審審判的存在與意義，終致陪審制度難以在日本扎根苗壯。

如前所述，大正陪審法中，陪審制度適用的案件，有「法定陪審」與「請求陪審」兩種類型，但無論何種類型，均以被告否認犯罪為必要（第 7 條），換言之，只要被告在公判準備程序或公判程序中承認起訴事實，即可不適用陪審制度，而審判又是一個時間歷程，不是單一的時點，故只要被告在審判的任何一個時點承認起訴事實，即無適用陪審制度的餘地，對於心態上本即容易排斥陪審制度的法官而言，實有諸多機會可以讓被告認罪而不適用陪審制度，以下即詳述之。

首先，陪審法第 35 條以下規定，陪審案件必須先進行公判準備程序，而依同法第 40 條第 3 項規定，公判準備程序是非公開的，換言之，僅有法官、書記官、檢察官、被告、辯護人在庭，一般國民不得旁聽，在公判準備程序中，審判長會先確認被告是否承認起訴事實，若被告承認，不問是法定陪審或請求陪審案件，即不適用陪審審判，但被告即使一開始否認犯罪，亦不當然即逕自適用陪審審判，因為接下來審判

---

140 美國憲法第 6 條修正案規定：「於所有之刑事追訴，被告擁有於犯罪發生地之州及依法律事先規定之地區，受公正之陪審進行迅速公開審判，並受告知其被訴案件之性質與原因之權利。」

長還會進行更詳細的「訊問被告程序」，在卷證併送制度下，審判長於公判準備程序前已經詳細地閱覽過偵查或預審階段的卷證資料，故審判長的問題往往非常地尖銳、嚴峻、縝密，若被告先前曾在偵查或預審中自白，往往即難於審判長的訊問下繼續否認犯罪。

　　再者，即使被告在上述訊問中仍堅持否認犯罪，審判長亦有其他的手段可以讓被告自願放棄陪審審判。蓋依陪審法第41條之規定，對於法定陪審之案件，審判長應該告知被告「可以辭退陪審」，只有被告回答「我還是希望進行陪審」，才會進行陪審，事實上，不論是法定陪審或請求陪審，審判長多會在上述「告知程序」中，以各種言詞「勸誘」被告辭退或撤回陪審聲請，諸如：「如果陪審審判後判你有罪，就無法再上訴第二審法院」、「如果你聲請陪審還被判有罪，就要負擔陪審費用」，甚至是「奉天皇之名進行審判的職業法官與陪審團間你要相信誰？」等等，只有能夠在上述層層質問、勸誘中仍堅持否認犯罪、堅持適用陪審審判的被告，才有機會適用陪審審判。[141]

　　2.法院、檢察官對於「經陪審審判之判決，檢察官不得上訴第二　　　審」的疑慮：

　　「經陪審審判之判決，不得上訴第二審」之規定，除了不當剝奪被告尋求個案救濟的機會外，對於檢察官乃至於法院，亦造成了相當大的疑慮。固然，在陪審制度之下，基於尊重陪審團之判斷，以及避免被告就已經審判並獲無罪判決的案件還要遭受審判的危險（即所謂「禁止雙重危險」）等原則，本來就應該限制檢察官之上訴權；但對於當時傳統上習於三審制、一向將案件經上訴後始告確定視為理所當然、甚至將進行覆審制的第二審視為糾正第一審判決錯誤重要機制的日本而言，剝奪檢察官上訴權，將導致檢察官無法充分行使其追訴權，法官亦會擔心可能有誤的第一審判決因此失去被糾正的機會，故檢察官就陪審判決不得

141　佐伯千仞，同註107，頁905-906。

上訴第二審的限制，雖然符合一般陪審的理論，卻使不習慣此種規定的法官、檢察官有所疑慮。

此外，在陪審更新制度同時併行的情形下，陪審評決對於法院並無拘束力，故第一審即使行陪審審判，實際上仍為法官的判斷，而非陪審團的判斷，此與一般不行陪審審判的案件理論上並無不同，在其他非進行陪審審判的案件仍可向第二審上訴、請求第二審重新審理（覆審）的情形，何以陪審判決不得上訴第二審？亦難提出合理的說明。[142] 在上述疑慮無法有效消除的情形下，法官、檢察官當然會傾向於拒絕適用陪審制。

3. 對於「陪審制度耗費大量時間、費用」的疑慮：

陪審制度本來就是非常耗費時間、費用的制度，對於有陪審歷史傳統、或是普遍將陪審制度視為實現民主、保障人權重要指標的國家而言，這樣的時間、金錢上花費乃是無可避免的支出，但對於缺乏歷史傳統與普遍理念認知的當時日本而言，這樣的時間、費用大量支出，即成為制度失敗的重要原因之一。

以必須製作「陪審員資格者名簿」及「陪審員候選人名簿」的市町村（相當於我國鄉鎮市）政府為例，在實際進行陪審之案例日漸減少的情形下，市町村仍然必須固定支出大量人力、物力製作上開名簿，市町村的反彈日漸強大，故 1941 年（昭和 16 年）修正陪審法時，原本應該每年製作的名簿，即修改為每 4 年作一次。

此種對於陪審制度耗費大量時間、費用的不滿，當然也出現在法官、檢察官之間，且與陪審案件的減少互為因果，當時之論者即謂：「陪審之廢止或停止乃法院及檢察署長年的期望，特別是去年實施行政簡化後，各種事務之遂行日益傾向『重點主義』，上述聲浪亦日漸強大。」[143] 在實際適用陪審制度的法官、檢察官日益強大的排斥心理下，

142　市原靖久，同註136，頁 62。

143　岡原昌男，陪審法の停止に関する法律に就て，法曹会雑誌，21 巻 4 号，1943

陪審制度的失敗終難避免。

4. 被告擔心堅持陪審將受到法官的報復性量刑：

法官的排斥心理，也更進一步地影響到了有罪被告的量刑，蓋法官既然認為陪審是耗費法院時間、精力卻又一無是處的制度，則在陪審團為被告有罪評決後，即難避免法官會以被告「堅持陪審審判乃無益耗費審判資源」為由，加重被告的量刑，被告、辯護人為了避免得罪法官，當然不會輕易進行陪審審判。[144]

5. 日本的國民性格──對於職業法官審判的信賴、及對於陪審團評決正確性的疑慮：

當時的日本是一個「官尊民卑」的社會，民眾有很強烈的「依賴官員意識」，對於天皇以下統治階級的信賴感也很高，故多數的民眾認為職業法官所為之判決，比起業餘民眾的判決更公平、正確且值得安心，相較於此，與被告同為一般庶民所為的陪審團判決，即顯得令人難以接受，[145] 亦即與其接受同儕（陪審團）審判，還不如接受上位者（職業法官）審判，[146] 這樣的想法，不只一般輿論有之，連被告也會認為讓陪審審判是在賭運氣，故即使實際統計資料顯示陪審判決之無罪率較高，但仍然無法使陪審制度受到包括被告在內的支持。

（3）國家情勢的巨大轉變

大正陪審法於 1928 年（昭和 3 年）10 月 1 日開始施行，但 1929 年即出現世界經濟大恐慌，日本亦無法倖免，財政逐漸惡化，加上日本自 1937 年起發動侵華戰爭的成效又不如預期，更耗費了大量國家經

年，頁 11，轉引自佐伯千仞，陪審裁判の復活ために，載於石松竹雄等編，えん罪を生む裁判員制度：陪審裁判の復活に向けて，2007 年 8 月，頁 229。

144 佐伯千仞，同註 107，頁 908；同氏著，前揭「陪審裁判の復活ために」一文，頁 227。

145 丸田隆，同註 16，頁 151；藤田政博，同註 129，頁 176。

146 村岡啓一，裁判員制度とその誕生，載於後藤昭編，東アジアにおける市民の刑事司法参加，初版，2011 年 2 月，頁 15。

費，1940 年，日本解散所有政黨，翌（1941）年更完成「戰時治安體制」，在刑事訴訟法方面，藉由擴大簡易案件的範圍、上訴制度全面改採二審制，以求能減少司法審判上的花費，陪審法當然亦無法置身事外。當時論者說明陪審法停止施行的理由，即謂「陪審法之施行，使得市町村、一般國民、法院及檢察署耗費了相當大的時間、勞力、物資、費用，為了節省上開花費，期能更有效地集結起來以遂行戰爭，故必須暫時停止陪審法的執行。」[147] 亦即在國家情勢巨大轉變之下，日漸不受重視、卻又耗費大量時間費用的陪審制度，當然難逃停止施行的命運。

　　大正陪審制既然僅為「停止施行」而非「廢止」，故第二次世界大戰結束之後，是否應該恢復大正陪審制的施行，即成為一個待解決的問題。但大正陪審制即使有其民主主義的外觀，但畢竟還是立基於「天皇制」之下的制度，在第二次世界大戰結束之後，日本憲法已從天皇主權改為國民主權，若仍然要施行以天皇主權為前提的大正陪審制，恐有時代錯亂之感，[148] 故大正陪審制終究無法順利擺脫天皇制的陰影，以致無法重新復活、再度施行。

貳、日本戰後初期關於是否採行國民參與審判制度的爭論

一、制憲階段的討論

　　1945 年 8 月 14 日，日本同意接受波茨坦宣言，正式宣布投降，結束了第二次世界大戰。戰後的日本，依照聯合國占領軍的標準，有許多制度需要改革，司法制度當然也不例外。蓋戰前的日本，為了遂行戰爭，遂有許多假藉維持治安名義、搜捕處罰政治犯的行為，如何在制度

147　同註 143。

148　平野龍一，參審制度採用の提唱，ジュリスト，1189 号，2000 年 11 月 15 日，頁54。

面上避免這種戕害人權的行為再次出現，即有相應地改革司法制度的必要。

　　當時改革司法制度的壓力，一方面來自於以美國為首的聯合國占領軍總司令部（GHQ），另一方面則來自國內的自由派、民主派人士。甚至可以說，在 GHQ 尚未明確表達態度前，長期受壓抑的國內自由派、民主派人士，已經迫不及待地提出相關憲法草案或憲法修正提議。值得注意的是，部分憲法草案或憲法修正提議，更將陪審制度明定於憲法中（如 1945 年的憲法研究會「憲法草案要綱」、布施辰治「憲法改正私案」、1946 年日本共產黨「日本人民共和國憲法草案」、日本辯護士協會‧東京辯護士會「針對政府憲法改正案之修正案及其理由」、岡林辰雄「司法制度的民主化——以其政治的意義為中心」等均屬之）。

　　對此，接替戰後第一個內閣 —— 東久邇宮內閣（1945.8.17-1945.10.9）而成立的幣原內閣（1945.10.9-1946.5.22），受到 GHQ 總司令麥克阿瑟（Douglas MacArthur，1880-1964）的指示，也開始著手於憲法修正，並為此成立「憲法問題調查委員會」，由國務大臣松本烝治（1877-1954）擔任委員長。在該委員會的運作期間（1945.10.13-1946.2.3），當然也曾對陪審制度相關議題進行過激烈的爭辯，有委員主張應該徹底廢除陪審制度者，也有主張應該恢復戰前的陪審法，此外，也有主張即使恢復戰前的陪審法，但程序應該要更簡單者，更有主張應該改行參審制度者。但上述論點未必是相互對立的，例如該委員會的委員，東京大學名譽教授野村淳治（1876-1950）即主張應該先從區法院導入參審法院開始，逐步恢復陪審制度並謀求改善，即為適例。但最後「憲法問題調查委員會」所提出的「松本試案」（1946.1.4），並未有任何國民參與司法的內容，[149] 而該松本試案，即為

---

[149] 但論者有指出松本試案第 20 條規定：「日本臣民有服法律所定役務之義務。」依松本烝治委員長之說明，此處所指「役務」，包括擔任陪審員在內。故即使松本試案中並無國民參與審判的規定，但仍將陪審制度視為當然的前提而進行草擬，參

嗣後政府試案（1946.2.8）的基礎。[150]

　　值得注意的是，司法省為了配合前述「憲法問題調查委員會」的運作，也於 1945 年 11 月 9 日成立了「司法制度改正審議會」，以作為司法大臣的諮詢機關。在該審議會運作期間，完成了「關於司法民主化要綱試案」（1945 年 12 月 18 日），該案主張應在「各法院既有的專門法官之外，另外配置從民間有識者之中選拔參審官（暫名），參與審判、並與法官有相同之職務權限。」亦即採行參審制度，並同步廢止陪審制度。考所以捨陪審而就參審，應係參審花費比陪審少，且參審制度之下審判結果比較容易在職業法官的掌控之中，而該案所主張廢止的陪審制度，顯然並非侷限於戰前實施、無拘束力的陪審制，而是預期日後可能明認其拘束力、標準式的陪審制。[151] 但此案對於陪審、參審如此明顯的好惡取捨，也引發了陪審、參審支持者對於此案的爭議，由於爭執不下，最後即以「是否採行參審制度尚待充分研究」為由，停止了後續的立法化、甚至是立憲化動作。

　　日本將政府試案提交 GHQ 後，內容保守的政府試案並不能滿足 GHQ 的要求，經由媒體揭露而早一步得知政府試案內容的麥克阿瑟，認為幣原內閣已經無可期待，決定轉而指示 GHQ 民政局自行草擬憲法草案。GHQ 民政局在草擬憲法草案時，還特別參考了前述 1945 年憲法研究會「憲法草案要綱」之民間憲法草案，經過了幾次修正後，於收到上述政府試案後不過 5 天，即 1946 年 2 月 13 日，GHQ 就反過來提交了自己草擬的憲法草案給日本政府。幣原內閣接獲 GHQ 草案後，由於擔心英國、蘇聯將透過遠東委員會（FEC）干涉日本內政，遂以很快的速度，於同年 4 月 17 日依 GHQ 憲法草案完成了「憲法改正草案」，於

見土井真一，日本国憲法と国民の司法参加：法の支配の担い手に関する覚書，載於岩波講座 ・ 憲法 4：変容する統治システム，2007 年 11 月，頁 246。
150　利谷信義，同註 128，頁 110-119。
151　利谷信義，同註 128，頁 123。

同年 5 月 16 日提交第 90 次臨時帝國議會審議，其後於 10 月 7 日完成審議、11 月 3 日公布，並於 1947 年 5 月 3 日施行。而 GHQ 最後提交給日本政府的憲法草案中，並無國民參與審判的規定，故日本依 GHQ 憲法草案所擬具的憲法改正草案、以及最後實施的日本國憲法，當然也沒有國民參與審判的相關規定。

　　但值得注意的是，GHQ 憲法草案研議期間，即曾在第 2 次草案中增列重罪被告有聲請陪審審判之權利（但最後正式提交日本政府的草案刪除此一規定 152）；而沒有明定國民參與審判相關規定的憲法改正草案，在研議、國會審議過程中，陪審制度的合憲性也屢屢成為討論的對象。觀察上述研議、審議過程，可知日本憲法雖未明文承認陪審制度，但立憲者亦無排斥日後實施陪審制度之意，姑且不論這是因為情勢所迫、抑或真心信仰，至少當時的立憲史料，對於日後引進國民參與審判制度，提供了重要的合憲性基礎。

　　此外，日本戰後憲法修正，將戰前大日本帝國憲法第 24 條「日本臣民受依法律所定『法官』審判之權利不受剝奪。」之規定，改為戰後日本國憲法第 32 條「任何人於『法院』受審判之權利均不受剝奪。」於修法階段，法制局為因應樞密院與帝國議會審議憲法改正草案，經徵詢司法省意見後製作之「關於憲法改正草案之預想問答」中更提及：「將『法官』改為『法院』，被解為法院讓『法官以外之人』加入而構成亦不生扞格，可謂較現行憲法（按即戰前憲法）更有承認陪審制之餘地，無寧說強制陪審亦可容許。」153 更足認立憲者並無排斥實施陪審制度之意。

---

152 GHQ 刪除陪審規定之原因不明，或許是與當時的憲法草案更著重於「天皇地位」及「戰爭放棄」等規定有關。

153 利谷信義，同註 128，頁 111。

二、裁判所法 [154] 立法階段的討論

　　GHQ 憲法草案放棄引進陪審制度，顯然有「一搥定音」的效果，讓既擔心新憲法可能會大規模引進陪審制度、但又不知如何因應迴避的日本司法當局鬆了一口，司法當局內部關於國民參與審判制度立法化、立憲化的討論也因此暫告停息。

　　但 GHQ 在提出憲法草案後的一個月（1946 年 3 月），所屬民間情報部保安課法律班（Legal Section, Public Safety Section; CIS, G-2）曼尼斯卡爾寇上尉（Captain Maniscalco）另對日本司法省提交了「修正裁判所構成法提案（Proposed Revision of Law of Constituion of the Courts of Justice）」及「刑事訴訟法之修正意見（Proposed Revision of Criminal Procedure）」。針對刑事訴訟法修正，曼尼斯卡爾寇上尉再次主張應該引進起訴陪審及審理陪審制度，且曼氏主張的陪審制度，已經不再是戰前無拘束力的大正陪審制，而是具有拘束力的標準陪審制，曼氏認為應該引進「不受限制、自由的陪審制度」，曼氏除了主張應該引進刑事陪審制度外，更主張刑事訴訟程序也應該配合陪審制度而進行修正。

　　曼尼斯卡爾寇上尉的提案，讓司法省再次受到很大震撼，負責刑事訴訟法修正的司法省刑事局別室於 1946 年 4 月 30 日提出的「刑事訴訟法改正方針試案」，即針對曼氏的「引進起訴陪審與審理陪審」提案，花費了相當篇幅表明其立場。首先，就起訴陪審部分，司法省明白表示拒絕，但承諾對於檢察官裁量權採取必要的制衡措施、以緩和起訴獨占主義；其次，就審理陪審部分，則同意引進陪審制度，並配合引進交互詰問制度及證據法則。同年 5 月 29 日，司法省刑事局作成之「伴隨新憲法關於司法應決定本省態度之事項」中，亦表明刑事審判採行有法律

---

154 日本戰前有關法院、檢察廳的組織法，稱為「裁判所構成法」，該法係明治 23 年（1889 年）施行，於戰後的昭和 22 年（1947 年）5 月 3 日因應「裁判所法」「檢察廳法」施行而宣告廢止。

拘束力陪審制度的態度，故可以認為當時的司法省，係採取「強化復活」陪審制度的態度。[155]

1946 年 6 月，司法省更組成「臨時司法制度改正準備協議會」，承繼支持陪審制度立法化的立場進行後續討論；同年 7 月 3 日，內閣設立「臨時法制調查會」，司法省依此又另組成「司法法制審議會」，下設 3 個小委員會，其中第 1 小委員會（負責裁判所構成法、檢察廳法、判事彈劾法）及第 3 小委員會（負責刑法、刑事訴訟法、陪審法）之討論，均與國民參與審判制度之引進與否有關。

但負責刑事訴訟法、陪審法的司法法制審議會第 3 小委員會的多數委員，卻對陪審制度抱持疑慮，認為應該引進的是「參審制度」而非「陪審制度」。司法省刑事局長佐藤藤佐（1894-1985）遂改請第 1 小委員會考慮是否可在裁判所構成法（後改稱「裁判所法」）中加入「參審制度」，而不是修正刑事訴訟法以加入「陪審制度」。至此，一如 1945 年司法省的「司法制度改正審議會」，司法省的態度再度「捨陪審而就參審」。

然而，參審制度是否即無違憲？受指示要在裁判所構成法中研議加入參審制度的第 1 小委員會委員仍有不同意見，其中兼子一教授（1906-1973）以：1. 新憲法並未明文承認陪審、參審制度；2. 陪審制度、參審制度可能侵犯法官的獨立性保障；3. 依憲法上法官身分保障規定，可推知憲法無意讓一般國民參與審判等理由，認為參審制度仍屬違憲。[156] 1946 年 10 月，內閣「臨時法制調查會」通過內容並沒有陪審制度或參

---

155 佐伯千仞，同註 107，頁 896。

156 此外，戰後的憲法學者仍有以「法官做最後結論乃是憲法要求」（宮沢俊義）、「承認參與審判國民的意見有決定判決結論的權威的制度違反憲法原則」（清宮四郎）、「不可剝奪被告受有資格（專業考試及格）之法官審判之權利」（伊藤正己）等理由，質疑陪審制度或參審制度之合憲性，而僅容許「被告有拒絕接受陪審、參審之權利，且法官不受參與審判國民意見拘束的國民參與審判制度」存在。參見中原精一，陪審制度と憲法論の輪郭，法律時報，61 卷 2 号，1989 年 2 月，頁 71 以下。

審制度在內的裁判所法，至此，關於參審制度的引進，在日本政府中的討論，亦宣告難產。

日本政府將裁判所法草案交付 GHQ 後，始終期待日本能夠引進陪審制度的 GHQ 並不滿意其內容，經日本政府與 GHQ 協議後，另行組成「特別法案改正委員會（Extraordinary Bill Revision Committee，1947.3.3-3.15）」，GHQ 即藉由參與此委員會的機會，希望裁判所法草案中能夠加入陪審制度的相關規定，時任 GHQ 民政局法院法律課（Court and Law Division）課長的歐普樂（Alfred Oppler，1893-1982）即為該委員會的 GHQ 方代表之一。經由歐普樂的建議，裁判所法第 3 條第 3 項加上了陪審制度的相關規定，亦即：「本法規定，無礙於另以其他法律於刑事審判設置陪審制度（The provision of the court organization law does not exclude the establishment of jury system as provided elsewhere by law which will function in connection with the criminal trials.）」。

但此規定並未逕自讓陪審制度「重生」，而只是「為了將來引進刑事陪審制度的可能，而開啟往陪審制度的道路」而已。[157] 此不僅因為日本政府的抵抗，[158] GHQ 也擔心即刻實行陪審制度，恐怕不利於 GHQ 戰後占領政策的實施。[159] 裁判所法經過樞密院、帝國議會（包含眾議院、貴族院）審查通過，雖然仍然引發了要不要立即引進陪審制度的討論，但原案並未因此受到影響，仍然於 1947 年 4 月 16 日公布、並於同年 5 月 3 日與日本國憲法（新憲法）同時施行。國民參與刑事審判制度，在各方勢力衝突妥協之下，僅留下裁判所法第 3 條第 3 項此一「展望未來」的規定而已，真正的國民參與刑事審判制度，則未付諸實現。

157　佐伯千仭，同註 107，頁 919。
158　當時日本政府認為陪審制度本質與日本人國民性不合，且許多法院因為戰爭而受損燒燬，故不希望實施陪審制度。
159　利谷信義，同註 128，頁 158。

三、1951 年刑事訴訟法 [160] 修正階段的討論

日本戰後刑事訴訟法，承繼大正刑事訴訟法的規定，以及接受 GHQ 的人權保障要求，制定了傳聞法則等證據法則、起訴狀一本主義、交互詰問、證據調查順序等具有當事人主義精神的規定，施行未久，實務界即認為上述規定與真實發見使命、自由心證主義等價值、原則不合，而出現應該廢除上述規定的呼聲。

1951 年 9 月，法務府（法務省前身）成立「法制審議會」，並提出「刑事訴訟法改正的問題點」共 29 點，其中第 20 點「關於陪審制度：應否採用公判陪審（按即審理陪審）制度」即與陪審制度有關。其說明略以：「陪審法現在停止中，而陪審應否復活？如果復活的話，應以如何形式復活，即有檢討之必要。我國刑事訴訟法之證據規定，乃模仿以陪審制度為前提而發展的英美證據法，故有主張為了維持現行證據法運作，即應採行陪審制度。但過去的陪審法並沒有很好的實施成效，近年各國的陪審制度也出現衰退的傾向，加上又有新憲法亦不容許採行陪審制度的論點，故應該充分檢討上述各點，以決定是否應該採行陪審制度。如果不採行陪審制度，從此觀點即有再檢討證據法的必要。故基於上述觀點提出本問題。」

1951 年 10 月 6 日的法制審議會刑事法部會，時任檢事總長的佐藤藤佐（原司法省刑事局長）即針對陪審制度與刑事訴訟法之修正，率先發難。佐藤氏表示：「第一、戰前的陪審制度，不知道是與英美制度不同，還是與我國國情不合，幾乎不太被運用。第二、即使採行陪審制度，採行如同英美一般徹底的陪審制度亦有困難，而應該讓法院一定程度地參與事實認定。第三、現在既然不可能直接採行陪審制度，而仍然

---

160 此處所指刑事訴訟法，係 1949 年 1 月 1 日施行的戰後刑事訴訟法，即現行刑事訴訟法，而 1889 年施行的刑事訴訟法則被稱為「舊舊刑事訴訟法」，1924 年施行的刑事訴訟法則被稱為「舊刑事訴訟法」。

由專業法官進行審判程序，則以陪審制度為前提仿造英美刑事程序而制訂的現行刑事訴訟法規定（如起訴狀一本主義、證據能力之限制等），即有修正之必要。」

對此，東京大學團藤重光教授（1913-2012）於會中持反對意見，團藤教授主張：「第一、戰前陪審法未受到活用的原因，乃是因為陪審法本身有其內在缺陷。第二、即使不採行陪審制度，但若因此就直接修改新刑事訴訟法的當事人主義，則屬為時尚早，不應該改變現行刑事訴訟法的根本態度。第三、即使直接讓陪審制度復活有其困難，亦不宜給外面此乃部會決議的既定見解的印象。」

從兩位委員的主張可以發現，佐藤藤佐、團藤重光兩氏其實都不認為有必要立即引進陪審制度，只是在「新刑事訴訟法的當事人主義，應否因應陪審制度並未施行而進行修改？」這一點上出現尖銳對立。對此，論者有認為佐藤氏的出發點乃認為日後已無實施陪審制度的可能，而團藤氏則認為日後仍有實施陪審制度的可能性，[161] 亦即兩者均將新刑事訴訟法的當事人主義，理解為陪審制度的「手段」，佐藤氏的想法是「皮之不存，毛將焉附」，而團藤氏的想法則是「厲兵秣馬，以待其變」。但本文認為戰後甫修正通過的刑事訴訟法應否「改弦更張」，未必與佐藤、團藤兩氏「對於陪審制度的期待不同」有關，而應該是對於新刑事訴訟法本身的規定評價不同所致，亦即在兩氏的心中，刑事訴訟法的當事人主義化，並非只是陪審制度的附隨手段，而有其「自我目的」。

綜上所述，不論新刑事訴訟法中當事人主義的相關規定應否修正，[162] 至少在戰後初期，有關陪審制度、乃至於參審制度的立法化動作，多數論者已經將之定位為「為時尚早」而忽略、擱置，厥為不爭的

---

161 利谷信義，同註128，頁169。
162 本於上述討論，1953年刑事訴訟法修正時，雖未徹底改變既有起訴狀一本主義、證據法則，但仍進行了部分緩和當事人主義的修正。

事實。雖然日本於戰後另外於家事事件、民事訴訟程序、刑事偵查程序中創設了「參與員制度」（1947 年）、「檢察審查會制度」、「司法委員制度」（1948 年）及「調停委員制度」（1974 年），但最正統的國民參與司法——國民參與刑事審判制度，則被束之高閣，甚至連二次大戰期間停止施行的大正陪審法亦未獲重新施行。其後 1959 年的臨時司法制度調查會中，雖然律師界又有應該引進陪審制、參審制的主張，但仍遭駁斥擱置，對照先前的通說見解，也可謂是意料中事。

參、日本裁判員制度的誕生與發展

一、緣起

　　日本於第二次世界大戰後，已經從天皇主權國家改為國民主權國家（象徵天皇制），在國民擁有國家主權的前提下，政府最重要的三項治權——行政、立法、司法等權運作之時，是不是也應該讓國民有更直接積極地參與的機會？即成為無可迴避的問題。蓋在日本戰後引進民主政治後，立法權是由國民普選產生的國會議員代議行使，而行使行政權的內閣，則由總理大臣依據國會議員的意見指定組成，均可謂有讓一般國民參與的機會；相較於此，「司法——審判工作」之中，可以讓一般國民參與意見的機會即顯得明顯不足，固然，審判必須依據法律，而法律即為基於國民多數意見、由國會議員代為制定者，似不能謂司法中全無民主的成分在內，但僅以此實難即謂國民業已直接參與司法權之運作。故引進陪審制、參審制等國民參與審判制度，讓國民有更積極、直接參與司法權運作的機會，以進一步實現「司法的民主化」、符合國民主權的精神，即為戰後日本引進國民參與審判制度論者最主要的論據。

　　上述論據表面上言之成理，但畢竟司法制度的改革絕不是僅憑意識型態或理論鋪陳即可順利開展推動，在缺乏實際需求的情形下，上述論據不免顯得陳義過高，雖然可以激起理論上的些許探討，但學界多數對

此仍甚冷漠，一般國民對於參與審判亦無迫切的需求、司法行政機關復不認為有引進國民參與審判制度的必要性，故純以「實踐司法民主化」為名，實際上尚無法順利開展立法的步伐。[163]

但時序走進 1980 年代，日本先後爆發了四起死刑確定判決再審後改判無罪之案件，[164] 對於實務界乃至學界均造成極大震撼。是否應該引進國民參與審判制度，以改革既有的職業法官審判的缺陋，避免冤獄再度發生？即又成為當時備受討論的議題，但此時的出發點，已經從原本高度理想性的「實現民主主義」，下修到更為實際的「刑事訴訟改革」。例如，日本刑法學會即於 1987 年至 1993 年舉行了以討論陪審制度為中心的研究會，實務界中，日本辯護士連合會亦於 1992 年提出了「刑事陪審法改正討議要綱」，另復有「陪審制度思考會」（1982 年）、「陪審制度復活會」（1995 年）等社會團體先後成立，均主張應該引進陪審制度來避免上述冤獄再度發生。與此同時，也有著重於推動參審制的努力，例如東京大學平野龍一教授自 1985 年起，多次撰文主張應該引進參審制度以活化職業法官之官僚制度傳統，將現行刑事訴訟法從絕望的深淵中救出；日本辯護士連合會也另外從參審制的角度提出了「參審制度要綱試案」（1996 年）及「刑事陪審・參審法討議要項」（1998 年）。

相對於學界及在野法曹的動作頻仍，審判實務界中的部分改革派人士也開始嘗試引進國民參與刑事審判制度，作為立法作業之主管機關，其等一舉一動當然更受矚目。例如 1988 年 5 月 3 日日本憲法紀念日，時任最高裁判所長官（院長）的矢口洪一（1920-2006）於記者會中表

---

163 中山善房，職業裁判官と陪審制・參審制：分かりやすい刑事裁判，松尾浩也、井上正仁編，ジュリスト增刊：刑事訴訟法の爭点，第 3 版，2002 年 4 月，頁 40。

164 該四起死刑確定判決再審後改判無罪之案件，依時間先後，分別為免田事件（被告免田榮）、財田川事件（被告谷口繁義）、島田事件（被告赤堀政夫）、松山事件（被告齋藤幸夫），四名被告歷經了 28 年 7 個月至 34 年 8 個月不等的牢獄之災後，終於在 1980 年代分別經再審後獲判無罪。

示「法院不能孤立，必須要向國民開放」，因而「有必要檢討陪審、參審制度」，而為了進行基礎的調查研究，除了蒐集國內外文獻外，最高裁判所更派遣法官（包括前任最高裁判所長官竹﨑博允〔1944-〕）至美國、英國、德國、法國等地進行實地考察。

　　無論是主張引進陪審制度或參審制度，可以看出日本在 20 世紀末葉出現的國民參與刑事審判思潮，最初係基於民主主義的思潮而出發，然後則是法界自身希望藉此解決冤獄問題，亦即對於職業法官能否正確認定事實的不信任，故希望由一般國民來「協助」甚至「取代」職業法官的角色。但不只是民主主義的熱情無法延燒到司法審判，隨著各界對於國民參與審判制度有了更深入的瞭解後，國民參與審判，尤其是讓一般國民完全「取代」職業法官認定事實功能的陪審制，是否能夠發揮正確認定犯罪事實、防止誤判的功能？也逐漸受到質疑，國民參與審判制度的熱潮在日本也因此又逐漸降溫。[165] 即使熱心推動陪審制度的學者，亦悲觀地認為在其有生之年，恐無法看到國民參與刑事審判制度的立法。[166]

二、司法制度改革審議會階段的討論

　　雖有上述挫折，但國民參與審判立法化的火種並未完全被消滅，隨著日本政府基於「新自由主義」[167]，撤銷或緩和對於產業的管制（規

165　田口守一，刑事司法への市民參加と訴訟理論，刑法雜誌，39 卷 1 号，1997 年 7 月，頁 43。

166　鯰越溢弘，裁判員制度と国民の司法參加，1 版，2004 年 10 月，頁 ii。

167　所謂「新自由主義」，乃 1970 年代中葉以後，資本主義先進國家受到全球不景氣的襲擊，為了克服不景氣促進經濟成長，而採取的改革思維。亦即著眼於改革福利國家式政治，刪減過於龐大的福利支出，減輕稅賦及社會保險等財政、稅制改革，並撤除對於企業活動的規制，以回復企業活動的自由，參見飯考行，裁判員制度の生成經過：司法制度改革論議の動態分析に向けて，法研論集，99 号，2001 年 9 月，頁 27。

制撤廢‧緩和，如郵政民營化等）及進行行政改革，而日本政府原本保持著「民可使由之，不可使知之」的「菁英牧民」思想，也必須有所改變，亦即原本封閉的政府機關運作必須更為公開透明，官僚獨占制必須改為參加制、權威制必須改為民主制、事前審查制也必須改為事後權利保護制。

作為國家制度一環、並擔負「事後權利保護」之重大責任的司法制度，自然無法自外於潮流之外。工商產業界龍頭的日本經濟團體連合會（經團連）及當時執政的自由民主黨（自民黨），於 1998 年均公開倡議司法改革，其中自民黨除了主張應設置「司法制度審議會」之外，針對如何達成「使國民易於理解的司法」？更主張應該就「國民參與司法（陪審、參審等）的走向」廣泛聽取國民之意見並進行討論。[168]

1999 年 6 月，日本公布「司法制度改革審議會設置法」，於該法第 2 條第 1 項，即開宗明義地載明該審議會的宗旨之一，乃是調查審議有關「國民參與司法制度」必要的基本對策。審議會由以下 13 名委員組成：佐藤幸治（會長、時任京都大學法學部教授）、竹下守夫（代理會長、時任一橋大學名譽教授）、井上正仁（時任東京大學法學部教授）、北村敬子（時任中央大學商學部長）、鳥居泰彥（時任慶應義塾長）、藤田耕三（時任律師、前廣島高等裁判所長官）、水原敏博（時任律師、前名古屋高等檢察廳檢事長）、中坊公平（時任律師）、高木剛（時任日本勞働組合總連合會副會長）、山本勝（時任東京電力株式會社取締役副會長）、石井宏治（時任株式會社石井鐵工所代表取締役會長）、吉岡初子（主婦連合會事務局長）、三浦知壽子（時任作家，筆名「曾野綾子」）。除了沒有現職法官、檢察官參與外，更重要的是，還有高達 7 名

---

168 経団連「司法制度改革についての意見」，1998 年 5 月 19 日，網址：http://www.keidanren.or.jp/japanese/policy/pol173.html，最後拜訪日期：2011 年 10 月 13 日；自民党‧司法制度特別調査会報告「21 世紀の司法の確かな指針」，1998 年 6 月 16 日，http://www.veritas-law.jp/ronbun_doc/20090929133643_1.pdf，最後拜訪日期：2011 年 10 月 13 日。

「非法律人（經濟界、勞動界、消費者團體、作家）」參與其中。

　　審議會運作近 2 年（1999.7.27-2001.6.12）期間，共召開 63 次會議，先後提出「論點整理」（1999 年 12 月）、「中間報告」（2000 年 11 月）、「意見書」（2001 年 6 月）等報告。而有關國民參與司法的內容，雖然於上述文件中均有著墨，但主要乃是集中於會議的後半段進行討論。以下即以議題為中心，簡述審議會階段就國民參與審判制度所進行的討論：

（一）是否要引進國民參與審判制度，以及制度意義、宗旨的定位問題

　　首先，針對「究竟要不要引進國民參與審判制度？」此一問題，在 1999 年 12 月 8 日審議會第 8 次會議中，聽取法曹三者（法官、檢察官、辯護人）就此議題之意見時，雖然與會的最高裁判所、法務省的代表都持保留意見，僅日本辯護士連合會明確支持，但審議會中的 13 名委員則是一面倒地支持引進國民參與審判制度。值得注意的是，一開始所謂的「國民參與審判制度」的討論，並非僅侷限於刑事訴訟，但隨後的論點，即逐漸向刑事審判領域集中。169

　　雖然絕大多數委員都支持引進國民參與刑事審判制度，但引進國民參與刑事審判制度的意義、宗旨為何？與會委員的看法即出現明顯歧異，本文將之大致區別為「現狀否定說」與「現狀肯定說」兩種基本態度。而持現狀否定說者，又可以再區分為「政治現狀否定說」及「司法現狀否定說」。前者，即主張「政治現狀否定說」者認為，日本既然是民主國家，參與司法乃是國家的統治主體──「國民」當然的權利，但現行司法審判中卻完全沒有國民直接參與的機制，故日本司法的民主正當性可謂相當薄弱，必須引進國民參與審判制度來確保正當性，日本辯

---

169 論者認為此乃受到日本昭和初期陪審法僅適用於刑事審判之影響，參見松尾浩也，刑事裁判と国民参加：裁判員法施行 1 年の日に，判例タイムズ，1329 号，2010 年 10 月，頁 59。

護士連合會、公明黨、民主黨、共產黨即採此說；主張後者，即「司法現狀否定說」者，則認為現行刑事訴訟實務存在許多結構性的問題，唯有引進國民參與刑事審判制度，才能徹底改變現狀、解決結構性問題。

站在對立面──「現狀肯定說」的委員，則不贊成上述「現狀否定說」委員的論述。首先，其等雖然不否認日本是民主國家，也認為時值今日，司法已不能遠離國民而孤立，但並不同意司法必須要加強「民主」的色彩以取得正當性，相反地，其等認為司法仍應保持其原有「反多數暴力」「客觀、冷靜」的特質，引進國民參與審判制度，主要功能乃在增進一般國民對於司法的理解、「偶爾」在判決中適當地反映國民的「健全社會常識」，以增強國民對於司法的信賴、提升司法的正當性，最高裁判所、法務省、當時執政的自民黨均採此說；再者，持現狀肯定說的委員也不認為現行刑事審判有何必須立刻進行改革的重大瑕疵，反而主張日本國民對於司法的高度信賴，乃是現行刑事審判運作得宜的結果。

在審議會剛開始運作時，「政治現狀否定說」，亦即「司法民主化」的論點占了上風，即使是法官出身的藤田耕三委員（前廣島高等裁判所長官），在第 17 次審議會（2000 年 4 月 17 日）報告時，也將國民參與刑事審判制度的意義、宗旨，理解為「讓擁有主權之人──『國民』主動參加以發揮司法之功能」，[170] 但到了第 32 次審議會（2000 年 9 月 26 日）時，代理會長竹下守夫對於國民參與刑事審判制度的意義做了不同的理解，竹下認為：「從國民主權的原理，或是民主主義的原理，直接推導出應該讓國民參與審判的結論，乃是一種過度飛躍的推論，國民參與刑事審判的意義，應該是讓國民更能理解、支持司法，藉此使司法獲

---

170 但藤田耕三委員並不認為現行刑事審判有何問題，以此觀之，基於實現民主主義而主張引進國民參與審判制度（即政治現狀否定說），與基於推動刑事訴訟改革而主張引進國民參與刑事審判制度（即司法現狀否定說）之間，未必能劃上等號，或有何從屬關係。不同見解（認為有從屬關係），參見柳瀨昇，裁判員法の立法過程（4・完），信州大學法學論集，11 号，2008 年 10 月，頁 142。

得更為強固的民主正當性基礎」。隨著竹下新說的出現，審議會對於裁判員制度的制度宗旨定位，也逐漸從原本的「司法民主化」，改為「提升國民對於司法的理解與信賴」。同時，因為對於刑事審判現狀不滿而主張引進國民參與刑事審判制度的呼聲（即前述「司法現狀否定說」），也為了因應制度設計時「盡可能與現況妥協（採行參審制而非陪審制，法官人數維持 3 人，以保留職業法官的存在與影響力）」的需求，逐漸改為肯定現行刑事司法的論調，[171] 嗣後更成為通說之見解。[172]

　　然而，肯定現行刑事司法、僅僅以「提升國民對於司法的理解與信賴」作為引進國民參與刑事審判制度的意義，彷彿意味著引進國民參與審判制度，只是「花大錢製作司法櫥窗」，說服力似嫌不足，尤其是在日本這種國民對於司法已經有高度信賴的國家，更顯得說服力薄弱，故反對者對於裁判員制度的批評，亦始終未曾停歇。

（二）陪審或參審？

　　日本戰後有關國民參與刑事審判制度的討論，始終存在著陪審制與參審制之爭，已如前述，在司法制度改革審議會運作期間，上述爭論也依然存在。再加上對於國民參與審判制度的意義之理解不同，事實上也會影響到陪審制或參審制的偏好。蓋主張現狀否定說者，往往傾向於引進陪審制度，在部分刑事審判的過程（事實認定）中，讓國民獨力運作、判斷，以排除職業法官的參與、干涉，並藉此達成司法民主化的目標；反之，主張現狀肯定說者，則多贊成參審制度，以保留職業法官在刑事審判中的角色與價值，在不變動原有審判的前提下，引進國民參與審判制度，達到有限度、可控制的改變，實現「提升國民對於司法的理解與信賴」此一立法目的。

171　柳瀨昇，同註 170，頁 145。
172　酒卷匡，裁判員制度の導入に向けて裁判員制度の意義と課題，法学教室，308　号，2006 年 5 月，頁 11；池田修，裁判員制度への期待と今後の課題，法律のひろば，57 卷 9 号，2004 年 9 月，頁 33。

　　就此問題，不妨先來看看法曹三者（法官、檢察官、律師）在司法制度改革審議會運作期間的態度。日本辯護士連合會（日辯連）在審議會初期，並未執著於陪審制，也同意引進參審制，亦即主張刑事重罪案件及國家賠償事件採行陪審制度，而少年案件則採行參審制度。相對於此，最高裁判所支持參審制度，而法務省的態度則曖昧不明。但到了 2000 年 9 月 12 日的第 30 次司法制度改革審議會，最高裁判所正式表明其對於「參審制度具體內容」的態度，最高裁判所主張的，乃是「沒有評決權的、對於法官沒有拘束力」的參審制。[173] 此一提案，不僅無法獲得司法制度改革審議會多數委員的支持，更引發了日辯連的危機意識，故日辯連一改過去陪審、參審都能接受的態度，改為全面反對參審制度、支持陪審制度。此外，最高裁判所的態度表明，也使得「支持參審制還是支持陪審制？」態度上一直諱莫如深的法務省必須表態，法務省支持的是真正的參審制，而非最高裁判所主張的「無評決權參審制」，法務省不願贊同最高裁判所的主張，也讓最高裁判所必須放棄既有主張，轉而贊同真正的參審制。[174]

　　再回到司法制度改革審議會來觀察，在司法制度改革審議會的 13 名委員中，雖然支持參審制度的委員多於支持陪審制度者，但並未形成支持參審制度的全體共識。為了避免委員間執著於理念而影響後續討論的進行，最後司法制度改革審議會所呈現的結論，迴避了贊成「陪審制」或「參審制」與否的用語，例如該會中間報告（2000 年 11 月）即謂：「在陪審、參審制度均可見到，讓廣大的一般國民，與法官一起分擔責任共同工作、並在訴訟程序中對於審判內容之決定為主體性、實質性的參與，可以使司法更為貼近且向國民開放，於判決內容中反映出社

───────

173 最高裁判所，国民の司法参加に関する裁判所の意見，司法制度改革審議会第 30 回配布資料，別紙 5，網址：http://www.kantei.go.jp/jp/sihouseido/dai30/30bessi5. html，最後拜訪日：2012 年 8 月 5 日；媒體（朝日新聞朝刊）早於 2 天前，即 2000 年 9 月 10 日即披露了此一訊息。

174 柳瀬昇，同註 170，頁 145。

會常識，此外，從確保國民對於司法的信賴的觀點來看，(引進陪審、參審制度)也有其必要。」「今後，(本審議會)擬參考歐美各國的陪審、參審制度，充分考量各種制度被指出的各項問題點，<u>不拘泥於特定國家的制度</u>，主要以刑事訴訟案件中一定之案件為考量，<u>檢討適合於我國的參加型態</u>。」[175] 而為了迴避陪審、參審的理念之爭，2001 年 1 月 9 日以學者專家身分前往司法制度改革審議委員會第 43 次會議，並現場發表「關於國民的司法參加」一文的東京大學松尾浩也 (1928-) 名譽教授，首次使用了「裁判員」此一名詞來取代「陪審員」或「參審員」的爭執，並為後續立法時引用作為法律名稱。

　　然而，陪審與參審的理念差異，在進行制度內容的具體設計時，仍然會不斷顯現。在審議會運作的後期 (約 2001 年年初)，支持陪審制度的少數委員知道大勢已去，也希望能夠多少與聞制度的設計方向，在參審制的基礎上體現一些陪審制度的精神，例如在法律規定中盡量降低職業法官對於裁判員的影響力 (諸如減少職業法官人數、增加裁判員人數、事實認定部分排除職業法官的參與等〔即所謂「獨立評決制」〕) 等等。但渠等的想法並沒有付諸實現，最後呈現出來的結論，即作為總結報告的「司法制度改革審議會意見書」(2001 年 6 月) 僅謂：「關於構成一個審判體的法官、裁判員的人數，以及評決的方法，必須要確實斟酌確保裁判員的主體性、實質性參與，以及確保評議的實效性的要求，以及考慮到制度適用的案件之重大性程度，及對於國民的意義、負擔等，決定適當的方向。」[176]

　　雖然針對某些爭執激烈的議題，司法制度改革審議會意見書採取了如上迴避的態度，但該意見書仍然就「國民刑事司法參加 (裁判員制

---

[175] 司法制度改革審議会，中間報告 (2000 年 11 月 20 日)，ジュリスト，1198 号，2001 年 4 月 10 日，頁 205。

[176] 司法制度改革審議会，司法制度改革審議会意見書 (2001 年 6 月 12 日)，ジュリスト，1208 号，2011 年 9 月，頁 231。

度）」的制度設計，例如採取參審制的基本構造（雖然迴避了「參審」用語）、評決標準（不得僅由法官或裁判員單方的多數意見為被告不利的判決）、裁判員選任（隨機抽選、依個案選任）、適用案件、被告無權選擇是否適用裁判員審判、判決書製作等指引了方向，而成為後續制度設計時所憑藉的基礎。

三、裁判員制度 · 刑事檢討會階段的討論

　　司法制度改革審議會於 2001 年 6 月 12 日向內閣提出意見書後，其階段性任務也告完成，為了依循意見書所揭示的各項改革方向進行具體改革，日本於 2001 年 11 月 9 日又通過「司法制度改革推進法」（於同年 12 月 1 日施行），依該法規定，於內閣之下設置「司法改革推進本部」，由內閣總理大臣擔任本部長，預計以 3 年為期，完成相關法案的研擬，其中「包含創設裁判員在內的刑事司法改革相關法案」，預計於 2004 年時完成草案並向國會提出，為此，於 2001 年 12 月 17 日又在司法改革推進本部之下設置「裁判員制度 · 刑事檢討會」，進行裁判員制度草擬及相關刑事訴訟法律修正（如公判前準備程序、證據開示、檢察審查會等）等工作。

　　裁判員制度 · 刑事檢討會係由以下 11 名委員組成：井上正仁（時任東京大學大學院法學政治學研究科教授、座長〔主席〕）、酒卷匡（時任上智大學法學部教授、之後任京都大學大學院法學研究科教授）、平良木登規男（時任慶應義塾大學法學部教授）、大出良知（時任九州大學大學院法學研究院教授）、清原慶子（時任東京工科大學媒體學部教授、之後任三鷹市長）、池田修（時任東京地方裁判所判事、之後任前橋地方裁判所長）、中井憲治（時任最高檢察廳檢事、後由本田守弘（時任最高檢察廳檢事事務處理、之後任宮崎地方檢察廳檢事正）代替）、廣畑史朗（時任警察廳刑事局刑事企畫課長、後由樋口建史〔時任警察廳刑事局刑事企畫課長〕代替）、四宮啓（時任律師）、高井康行

（時任律師）、土屋美明（時任共同通信社論說委員）。值得注意的是，不同於司法制度改革審議會是由退役法官、檢察官出任委員，裁判員制度・刑事檢討會則是由現任的法官、檢察官各 1 人出任委員，蓋政策目標的劃定需要客觀、宏觀，而具體制度的設計則需要新鮮的實務經驗。

在裁判員制度・刑事檢討會運作的近 2 年期間（2002.2.28-2004.1.29），共計召開 31 次會議，針對裁判員制度的具體制度設計，先後完成「試擬案（たたき台案）」（2003 年 3 月 11 日第 13 次會議）、「座長報告（座長ペーパー）」（2003 年 10 月 28 日第 28 次會議）及「骨格案」（2004 年 1 月 29 日第 31 次會議）。以下亦仿效審議會階段的介紹方式，亦即以議題為中心，簡述檢討會階段就裁判員制度所進行的主要討論：[177]

（一）合議庭的組成

如前所述，在司法制度改革審議會的後階段，支持陪審制的委員（如中坊公平、高木剛、吉岡初子等）在大概理解到日本現階段不可能直接採行陪審制度，而是會趨向參審制之後，為了讓日本的國民參與審判制度多少還能保有些許陪審制度的精神，於是希望在法官與裁判員組成合議庭時，法官的人數能夠愈少愈好，而裁判員的人數愈多愈好，藉此「弱化」法官的影響力與決定力，以達到趨近於陪審制度的效果。[178]而這樣的主張，在裁判員制度・刑事檢討會階段亦為該會部分委員（例如：四宮啓律師、大出良知教授）所繼受，此外，一向主張陪審制度最力的日本辯護士連合會也力主減少法官人數（2 人）、增加裁判員人數（9 人），「試擬案（たたき台案）」（2003 年 3 月 11 日第 13 次會議）中的 B 案，即法官 1-2 人，裁判員 9-11 人，即為此種想法的展現。

---

177 其他尚有「獨立評決制」、「適用案件之範圍」、「裁判員的積極、消極要件」等，因爭點較為散亂而缺乏重要性，於茲不贅，但在介紹「設計我國國民刑事參審制度時應考慮的各種因素」，將擇要作為論述時之參考。

178 柳瀨昇，同註 170，頁 153 以下。

但多數委員站在參審制度的觀點，認為法官與裁判員之間並不是對立、抗衡的分工關係，而是共同討論、互補互助的合作關係，且為了與現行合議案件中法官人數取得平衡，因此，合議庭中既有法官的人數（3 人）不應該減縮；又為了確保合議庭能夠進行實質的討論、評議，合議庭的總人數也應該限制在合理範圍內，包括「試擬案（たたき台案）」（2003 年 3 月 11 日第 13 次會議）中的 A 案（法官 3 人，裁判員 2-3 人）、「座長報告（座長ペーパー）」（2003 年 10 月 28 日第 28 次會議）的法官 3 人、裁判員 4 人，「骨格案」（2004 年 1 月 29 日第 31 次會議）的法官 3 人、裁判員 6 人，均為多數見解的展現，但值得注意的是，歷次報告中，合議庭內裁判員的人數有愈來愈多的趨勢，最後達到法官人數的 2 倍（法官 3 人、裁判員 6 人），此允為檢討會中多數意見與少數意見妥協的結果，同時也是執政黨（自民黨、公明黨）中主導政黨（自民黨，主張法官 3 人、裁判員 4 人）與協力政黨（公明黨，主張法官 2 人、裁判員 7 人）妥協之後的結果。其目的在使不具法律專業及審判經驗的裁判員，能夠藉由人數的優勢，多少與職業法官間取得發言權、影響力上的平衡。

（二）評決標準

有關訴訟程序、法令解釋的判斷，乃由合議庭中 3 名職業法官合議決定，裁判員不能與聞，就此部分，檢討會雖然取得一致共識。但針對「實體、終局事項」，亦即「事實認定、法律適用及量刑」，在由法官與裁判員「一起決定」的前提之下，當合議庭成員中意見無法達於一致時，應該以何種標準獲致評決？亦即評決標準的問題，在裁判員制度・刑事檢討會階段，則引發了激烈的爭辯與討論。

首先，作為制度設計前提的「司法改革審議會意見書」（2001 年 6 月 12 日），雖然沒有對評決標準的全貌確立基準，但仍然提示了一個重要的原則，亦即「僅有法官或裁判員一方所形成之多數，不能為被告不

利之決定」，[179] 換言之，在多數決的前提下，即使法官或裁判員任何一方的人數即可達到多數決的要求，但若缺乏另一方（至少一票以上）的支持，仍然不能為被告不利的決定。考其理由，約有以下二點：

（1）為了確保裁判員參與審判的意義：

若職業法官的多數意見即可形成評議結論，縱使給予裁判員表決權，亦可能沒有任何意義，為了彰顯裁判員參與刑事審判的意義，故規定職業法官之多數意見，亦不能單獨形成不利於被告之評議結論。但由於裁判員制度‧刑事檢討會提出「座長報告（座長ペーパー）」（2003 年 10 月 28 日第 28 次會議）之後，有關裁判員審判合議庭的組成，裁判員的人數就超過整個合議庭的半數（法官 3 人、裁判員 4 人以上），故此部分的理由，實已無足輕重。

（2）為了規避可能產生的違憲爭議：

日本憲法第 32 條保障任何人於法院受審判之權利，第 37 條第 1 項保障刑事案件被告受公平法院迅速公開審判之權利，現行日本憲法之規定與戰前明治憲法規定「受法官審判」雖有不同，但通說仍將前述第 32 條及第 37 條第 1 項之規定與憲法第 76 條第 1 項司法權歸屬之規定合併觀察，亦即認為憲法第 32 條、第 37 條第 1 項之「法院」，即為憲法第 76 條第 1 項規定之「法院」，而法院之組成，職業法官乃基本且必要的構成要素。從通說見解來看，雖然不致完全排斥國民參與審判的可能，但在讓國民參與審判之際，亦不能將職業法官完全排除而純由國民進行審判，或採取職業法官雖然存在但卻無實質意義的審判構造。故為了避免違憲的疑慮，必須保障職業法官亦有參與的實質意義，若職業法官全數均主張無罪時，縱令多數的裁判員認為應有罪，亦不得為有罪之評決，同理，職業法官全數均主張無期徒刑時，縱令多數的裁判員認為應處死刑，亦不得為死刑的評決。[180]

---

179 司法制度改革審議会，同註 176，頁 231、232。
180 井上正仁，於「鼎談‧意見書の論点③：国民の司法参加‧刑事司法」三方會

　　上述司法制度改革審議會針對評決標準所揭櫫的立法原則，到了裁判員制度‧刑事檢討會階段，雖然「試擬案（たたき台案）」（2003 年 3 月 11 日第 13 次會議）中又重新擬具 A、B、C 三案來確認具體的制度設計方式，但實際上 3 案均不脫前述司法制度改革審議會的政策方向，所不同者，乃在於「除了應有法官與裁判員組成之合議庭人數之過半數意見外，還必須有法官 1 人以上，以及裁判員 1 人以上之贊成意見」此一評決要件，究竟是僅限於不利於被告評決時有其適用？還是不論有利不利均一體適用？以及有無必要為了解決違憲爭議，而加重職業法官的表決權重至過半數多數決？[181] 最後「一體適用，不另外加重職業法官之表決權重」的 B 案獲得採納，而為後來的裁判員法（第 67 條）所援用。

　　但在裁判員制度‧刑事檢討會運作時，部分委員卻傾向於仿效德國參審制之下的「3 分之 2 多數決」，乃至於陪審制之下的「全員一致決」來決定評決標準。例如委員之一的四宮啟律師即主張評決標準應該是 3 分之 2 多數決；此外，日本辯護士連合會（日辯連）更進一步主張原則上應該採行全員一致決，但評議、投票多次仍無法達成一致時，則改為 3 分之 2 多數決，至於死刑判決，則一定要為全員一致決。然而，在現行職業法官審判仍為過半數多數決的前提下，僅針對適用裁判員制度進行審判的案件採行更高的評決標準，即難以避免「不平等」的質疑，而這樣的質疑，往往就會被推導到「不相信裁判員」的結論，故最後日本裁判員制度採行的，仍然是在過半數多數決的前提下，為了確保

談中的發言，載於「特集‧司法制度改革審議会意見書をめぐって」，ジュリスト，1208 号，2001 年 9 月 15 日，頁 139-140；佐藤幸治等，司法制度改革，於「国民的基盤の確立」部分井上正仁之發言，2002 年 10 月 20 日，初版，頁 338-339。

181 裁判員制度‧刑事檢討會，第 13 回会議配布資料──「裁判員制度について」の説明，2003 年 3 月 11 日，網址 http://www.kantei.go.jp/jp/singi/sihou/kentoukai/saibanin/dai13/13siryou1-2.pdf，最後拜訪日期：2012 年 8 月 13 日。

職業法官決定權而略做修正的「特別多數決制」。

追根究底來看，所謂「職業法官審判時應採過半數多數決」，並非不能被檢驗、推翻的先驗標準，換言之，職業法官審判亦非不能採取 3 分之 2 多數決，甚至全員一致決的評決標準，故日本裁判員制度所以不能採行 3 分之 2 多數決，甚至全員一致決的評決標準，而只能以「酌修」過半數多數決的方式來決定裁判員審判的評決標準，其原因乃在於「過高的評決標準會較難作出有罪判決」。蓋無法達成法律所定的評決標準（不論有罪或無罪的標準）時，除了交由另外的合議庭重新審理外，只有可能擬制為被告無罪，絕不可能擬制為被告有罪，故評決標準提高，當然會造成有罪判決難以出現，對於法官、檢察官、乃至於日本社會而言，恐怕是難以接受之事；反之，比較高的評決標準較有利於被告，故律師界會嘗試引進，當然也不令人意外了。

（三）裁判員的義務、保護

裁判員制度・刑事檢討會運作過程中另一個討論的重點，即在於「裁判員的義務與保護」，申言之，包括（1）裁判員等 [182] 之守密義務及違反之處罰，（2）裁判員之個人資料保護，（3）對於裁判員接觸之規制，（4）禁止妨害審判公正之行為 [183]。

首先，有關「裁判員之守密義務及違反之處罰」，重點在於評議秘密之保密期間、守密義務之例外規定，以及違反義務處罰之輕重。針對評議秘密之保密期間，論者有認為守密期間應以 10 年為期，或有認為應於判決宣示後即告終了，但最後採取的是終身守密的規範方式。此種規範方式，固然有助於嚴守評議秘密，維護評議過程中的表意自由，但也造成裁判員過重的負擔。再者，針對守密義務的例外規定，有論者主

---

[182] 所謂「裁判員等」，包括現任、曾任裁判員、備位裁判員之人，以及裁判員候補者，以下以「裁判員」代稱之。

[183] 詳細討論，參見柳瀨昇，裁判員法の立法過程（2），信州大学法学論集，9 号，2007 年 12 月，頁 228 以下。

張學術研究需要時應當例外解除守密義務，亦有主張應與「國民知的權利」進行調和，甚至有主張評議過程中個別裁判員的個人意見並不在守密義務的範圍內，但上述主張亦無法獲得檢討會多數委員之贊成。至於違反義務處罰之輕重，有認為僅處以罰金刑為已足，但最後通過的方案，仍決定處以 1 年以下有期懲役或 50 萬日圓以下罰金。

其次，有關「裁判員等之個人資料保護」，重點在於個人資料保護的範圍，以及裁判員等可否因其意願而公開個人資料？對此，「試擬案（たたき台案）」（2003 年 3 月 11 日第 13 次會議）、「座長報告（座長ペーパー）」（2003 年 10 月 28 日第 28 次會議）均採取最嚴格的標準，亦即所有足資特定個人身分之個人資料一概不公開；相對於此，委員中則有主張包括姓名、性別、年齡、職業等個人資料不妨公開，且裁判員個人如欲公開其全部個人資料，亦不妨公開之。最後採取的是折衷案，亦即所有足資特定個人身分之個人資料一概不公開，僅有訴訟關係人可以知悉，但亦負有保密義務，至於審判終結後，裁判員個人同意公開其個人資料者，則不在限制之列。

再者，有關「對於裁判員接觸之規制」，亦為裁判員制度‧刑事檢討會階段熱烈討論的問題，主張應該限制他人接觸裁判員者認為，其等接觸裁判員後，如有進一步請託、威脅、教示等行為，將造成審判的公正性受到影響；即令並無影響審判公正的目的，此舉亦可能影響裁判員的正確心證形成；更何況從一般社會大眾的角度來看，裁判員在法庭之外與其他人接觸，亦不免讓人懷疑審判的公正性；而大眾媒體為了追逐新聞而嘗試接觸、採訪裁判員，亦可能造成裁判員的困擾，影響一般國民擔任裁判員的意願，故應該明文禁止、限制法庭外接觸裁判員的行為。對此，執政黨（自民、公明兩黨）、媒體均持保留看法，故最後通過的草案乃是妥協版本，亦即限於「意圖取得裁判員或備位裁判員職務上知悉之秘密」的情形而接觸裁判員者，始應予以禁止。

最後，有關「禁止妨害審判公正之行為」的立法方向，則被媒體視為洪水猛獸條款，蓋「試擬案（たたき台案）」（2003 年 3 月 11 日第 13

次會議）揭示的立法原則中明定：「大眾媒體應恪遵不得使裁判員、補充裁判員或裁判員候補者（僅列名於裁判員候補者名冊，但尚未經選任為裁判員或補充裁判員者）就承審案件產生偏見之義務，於報導特定刑事案件時，應注意不得使裁判員、補充裁判員或裁判員候補者就該刑事案件產生偏見。」[184] 就此義務之違反，試擬案雖無任何處罰規定，但媒體仍然嚴加批評，尤其是「偏見」之用語過於抽象，就連律師界也擔心此舉將妨害其等的辯護活動或評論而反對。最後，在媒體強大的影響力之下，執政的自民、公明兩黨也同聲反對立法明定，而希望委諸「媒體自律」，故即使裁判員制度‧刑事檢討會的多數委員仍然主張應該立法明文禁止，但最後相關規定仍遭全數刪除。

由以上介紹可以發現，媒體界對於上述「裁判員的義務與保護」議題有非常多的意見，也透過其影響力，一定程度地改變了原本的立法方向，相較於其他制度設計因子，幾乎都是依循著司法行政機關、檢討會多數委員（法學教授、法官、檢察官）的意見完成立法，「裁判員的義務與保護」的領域因為威脅到媒體勢力，故立法時折衝協調的情形即相當明顯，關於此點，亦可為日後我國立法時之參考、借鏡。

四、裁判員制度的重要內容、運作情形

2004 年 3 月 2 日，日本政府將「關於裁判員參加的刑事審判法（下稱裁判員法）」草案，併同刑事訴訟法修正案向國會提出，歷經眾議院（2004.3.2-2004.4.23）、參議院（2004.4.28-2004.5.21）2 個多月的討論，雖然各黨各有主張，但基本上最後呈現的裁判員法條文，並未更改「裁判員制度‧刑事檢討會」提出的「骨格案」（2004 年 1 月 29 日

184　裁判員制度‧刑事檢討會，第 13 回会議配布資料——「裁判員制度について」，2003 年 3 月 11 日，網址：http://www.kantei.go.jp/jp/singi/sihou/kentoukai/saibanin/dai13/13siryou1.pdf，最後拜訪日期：2012 年 8 月 14 日。

第 31 次會議）架構，故國會審議階段值得介紹之處並不多，其中最值得注意的，乃是民主黨於眾議院審議階段提出的「應於法律條文中明定『施行 3 年之後應重新檢討制度』」之提案，受到執政黨（自民、公明黨）的支持而順利增列於裁判員法之附則（第 8 條 [185]）之中，[186] 因此，裁判員法被賦予「暫定狀態」的性質，不贊成裁判員制度者，不論是根本不贊成國民參與審判、或是主張應該直接實施陪審制度者，均獲得精神上的些許安慰。

2004 年 5 月 21 日，裁判員法全文 84 條（另有附則 8 條）經參議院通過，正式完成立法（平成 16 年法律第 63 號），並於同年 5 月 28 日公布。歷經近 5 年的構思、討論、爭辯，戰後的日本，再次出現了國民參與刑事審判制度。

裁判員法自 2004 年 5 月 28 日公布之後，截至 2009 年 6 月 3 日止，共計修正 11 次，條文也增加至 113 條（附則增至 9 條），其中最重要的修正，乃 2008 年 5 月 30 日為了因應複雜案件審理而增列第 5 章「區分審理」相關規定共 29 條（平成 19 年法律第 60 號）。而除了少部分條文（與裁判員前階段選任程序及保護有關者）係於 2008 年 7 月 15 日施行外，主要條文在公布後，經過了長達 5 年的籌備期間，於 2009 年 5 月 21 日起始正式施行。

以下即以條列方式，簡要介紹日本裁判員制度規範的重點、特色，並以統計資料輔助觀察其運作情形：

（一）合議庭組成── 3 名職業法官與 6 名裁判員

日本裁判員制度此種合議庭組成，乃是以參審制為基礎，在既有合

---

185 裁判員法附則第 8 條規定：「政府於本法施行後經過 3 年時，應就本法施行狀況進行檢討，認有必要時，應本於檢討之結果，為了使裁判員參與刑事審判制度得以充分發揮作為我國司法制度基礎之功能，採取必要的措施。」

186 柳瀨昇，裁判員法の立法過程（3），信州大學法學論集，10 号，2008 年 3 月，頁 147。

議審判（3 名職業法官組成合議庭）的前提下，酌增國民參與審判。但日本的裁判員制度之裁判員人數比例較傳統參審制（如德國僅有 2 名參審員）為高，被視為是一種在陪審制與參審制中妥協的立法方式。[187]

　　除了 3 名職業法官與 6 名裁判員此種原則性的合議庭外，被告於公判前整理程序中對起訴事實不爭執、且法院斟酌案件內容等情事認為適當者，亦得例外由 1 名職業法官與 4 名裁判員組成合議庭（裁判員法第 2 條第 3 項）。不過截至 2012 年 4 月止，施行近 3 年來，並無僅由 1 名職業法官與 4 名裁判員組成合議庭的案例出現。

　　再者，法院斟酌審理所需時間，認有必要時，尚得在不超過裁判員人數的限度內，增加選任備位（補充）裁判員（裁判員法第 10 條第 1 項），一般情形，會增加選任 2 名補充裁判員。

（二）裁判員的權限——與法官共同就事實認定、法律適用及量刑進行 評議與評決

　　日本裁判員制度原則上係採取「參審制」的模式，亦即由裁判員與法官共同就事實認定、法律適用及量刑進行評議（裁判員法第 6 條第 1 項）；於審理期間，裁判員於審判長同意時，亦得逕自訊問被告及證人（裁判員法第 58 條、第 59 條）；且裁判員與法官於評議時均有獨立、等值的投票權，當評議後合議庭意見無法達於一致時，即依投票結果決定判決之結論（評決）。

　　此外，裁判員法雖未明文、但在辯論終結前，尚有「辯論終結前之評議——中間評議」的程序。蓋裁判員均為不具法律專業與審判經驗的「素人」，為了使渠等能有效把握案件爭點、法令解釋，並釐清其疑問，自有於審判開始時進行必要的「中間評議」，讓法官對其等進行適

187　五十嵐二葉，説示なしでは裁判員制度は成功しない，2007 年 4 月，第 1 版，頁 29 以下。但法國參審制第一審合議庭之國民人數為 6 人（原為 9 人，2011 年修正），則被認為是受到其原先實施陪審制的影響。

當的說明,並由全體合議庭成員進行適當的相互討論;而在證據調查期間,為了掌握後續證據調查的重點,同時為了加深先前證據調查的印象,亦有必要進行「中間評議」,以期能夠釐清爭點與證據調查的關係。凡此等評議,均係為了使裁判員易於形成心證、以利後續「辯論終結後之評議」的進行,尤其在爭點複雜、審理時間長的案件,更有必要適時進行「中間評議」,而非單純仰賴辯論終結後的評議程序而已。但所有終局判斷,仍應於辯論終結「後」之評議中達成,審判長亦負有向裁判員說明此一事項之義務(裁判員規則第 51 條參照),而中間評議,則應定位為辯論終結後評議之準備、意見交換工作。[188]

至於有關訴訟程序及法令解釋之裁定,則專由合議庭中的法官評議(過半數多數決)後決定之,在審判期日中,法官如進行上述裁定時,裁判員經法官合議同意後雖可以在場並陳述意見,但不能參與表決(裁判員法第 6 條第 2 項、第 68 條)。[189]

裁判員於評議結束,並經宣示終局判決後,其義務即屬完成(裁判員法第 48 條),而得重新回歸正常生活,判決書則由該合議庭之法官本於評議結論,於其後負責撰寫完成。但裁判員對於評議之內容及執行職務時知悉之秘密,負有終身保密義務(裁判員法第 70 條),若有洩漏,即構成犯罪,依法可處六月以下懲役或 50 萬日圓以下罰金。

(三)評決標準──特別多數決制

評決標準,係以過半數多數決(亦即 9 票中 5 票贊成)為原則,但多數意見中,必須有至少 1 名法官的贊成意見在內(裁判員法第 67 條第 1 項、特別多數決制),故即使多數意見(例如 5 名以上的裁判員)

---

188 池田修,解説裁判員法:立法の経緯と課題,第 2 版,2009 年 5 月,頁 43。

189 在審判期日「前」的準備程序,為處理上述有關訴訟程序及法令解釋之裁定而評議者,因裁判員尚未選任產生,當然不可能在場旁聽或陳述意見;至於審判期日「中途」進行的準備程序──期日間整理程序(日本刑事訴訟法第 316 條之 28),如法官有評議,則非得允許裁判員在場旁聽或陳述意見。

主張被告有罪，但若缺少至少 1 名職業法官的贊成意見，則僅能為被告無罪之判決。[190] 當然，備位裁判員在遞補成為裁判員之前，僅能旁聽評議，不能參與投票。

關於量刑之評議，亦採取過半數多數決，但由於量刑意見與犯罪事實有無之情形不同，可能包含多種意見在內，故評議方式為：由對於被告最不利刑度之意見開始，由重而輕，漸次加上對被告量刑之其他意見，至全部之法官、裁判員均表達量刑意見後，由其中過半數之量刑意見中最輕者（以由 3 名法官與 6 名裁判員組成之合議庭而言，即第 5 重之量刑意見）為合議庭決定之刑度。

截至 2012 年 5 月止，依裁判員審判審理終結的被告共計 3,884 人，其中 3,779 人遭判處有罪（含一部有罪、一部無罪者 10 人），有罪率達 97.29%，依刑度區分，有 14 人被判處死刑、77 人被判處無期徒刑；另有 18 人被判處無罪，無罪率僅 0.46%。[191] 此一統計數字，與過去純由職業法官審判的情形相去無幾，[192] 值得注意的有三：一是性犯罪案件之量刑明顯偏重，例如強姦致傷罪之量刑高點（最多量刑者），職業法官審判時為 5 年以下，但裁判員審判時則提高至 7 年以下；二是違反覺醒劑取締法（相當於我國毒品危害防制條例）案件之無罪率大幅提升（由職業法官審判時為 0.56%、裁判員參與審判時為 2.27%），此與

190　西野喜一，日本国憲法と裁判員制度（上），判例時報，1874 号，2005 年 1 月 11 日，頁 5；田口守一於三井誠等舉行之「裁判員制度をめぐって」座談會之發言，載於ジュリスト，1268 号，「特集・裁判員制度の導入」，2004 年 6 月 1 日，頁 22。

191　日本最高裁判所「裁判員制度實施狀況」統計資料，網址：http://www.saibanin. courts.go.jp/topics/pdf/09_12_05-10jissi_jyoukyou/h24_5_sokuhou.pdf，最後拜訪日期：2012 年 8 月 14 日。相同資料，亦可參照最高裁判所事務總局，裁判員裁判実施狀況の検証報告書，2012 年 12 月，頁 44。

192　裁判員制度施行前的 2006 年至 2008 年，裁判員制度適用案件之第一審通常程序審結被告有罪率為 96.29%，無罪率為 0.58%，最高裁判所事務總局，裁判員裁判実施狀況の検証報告書，2012 年 12 月，頁 46。

該等案件較具隱密性、缺乏證明被告犯意之直接證據，使得裁判員無法達成有罪心證不無關係，也因此，違反覺醒劑取締法之案件應排除於裁判員審判適用範圍外，即成為檢察官方面的主張；三是「無罪率」的提升，雖然表面上來看，無罪率沒有減少，反而增加，但在裁判員制度施行初期，由於法曹三者對此制度還不熟悉，幾乎都先進行爭執較少的自白案件，使得第 1 年（2009.5.21-2010.6.21）完全沒有無罪案件，也因此壓抑了 3 年來的平均無罪率，如果扣除第一年的特殊情形，則無罪率顯有增加，且隨著進入裁判員審理的有爭執的案件愈來愈多，日後無罪率是否會更進一步提升？使得日本過去超高有罪率、超低無罪率的現象因為裁判員制度而出現轉變？則為值得後續關注的重點。

此外，宣付緩刑、乃至於緩刑時併宣付保護觀察處分之比例明顯增加，也是裁判員審判有別於傳統職業法官審判之特色。就相同的 8 種犯罪（包含殺人既遂、殺人未遂、傷害致死、強姦致傷、強制猥褻致傷、強盜致傷、現住建築物放火、違反覺醒劑取締法），職業法官審判（自 2008 年 4 月 1 日起至 2012 年 3 月 31 日止）宣付緩刑之比例為13%、緩刑同時併宣付保護觀察處分之比例僅有 35.8%；而裁判員審判（自 2009 年 5 月 21 日起至 2012 年 3 月 31 日止）宣付緩刑之比例為15.6%、緩刑同時併宣付保護觀察處分之比例更高達 55.7%。[193] 緩刑、保護觀察處分之比例明顯偏高，應與一般國民對於尚有更生可能之被告，顯較職業法官更願意給予機會改過自新，也更重視被告能否有效更生有關。

（四）適用案件類型——限於重大案件，且依法應適用裁判員法審判之被告，無權拒絕裁判員審判

適用裁判員法進行審判之案件，除了「法定合議案件」（法定刑為 1

---

[193] 最高裁判所事務總局，裁判員裁判実施状況の検証報告書，2012 年 12 月，頁23、92。

年以上懲役或禁錮（懲役與禁錮均相當於我國之徒刑）之犯罪）且故意致被害人死亡者外，以最重法定本刑為死刑或無期懲役或禁錮之案件為限（裁判員法第 2 條第 1 項）。易言之，裁判員法適用之案件類型，性質上乃屬刑度較重、或結果較嚴重的重大案件，包括殺人、傷害致死、現住建築物放火、強制猥褻致死傷、強姦致死傷、擄人勒贖、強盜致死傷、強盜強姦、營利目的輸入製造甲基安非他命等罪。截至 2012 年 5 月止，適用裁判員審判的被告人數（包含尚未審結者）共計 5,345 人，以強盜致傷最多（1,304 人）、殺人次之（1,117 人）、現住建築物放火又次之（510 人）。[194]

　　此外，為了確保在制度實施初期，有足夠的案件適用裁判員審判，以利制度的扎根茁壯，達成立法宗旨，日本裁判員法並不容許依法應適用裁判員法審判之被告，拒絕裁判員審判。換言之，在認為裁判員審判尚不致於侵害被告訴訟上合法權益（非主觀上利益）的前提下，著重於該制度公益性目的之達成。但如被告或被告所屬團體（如不良幫派）之主張、言行有危害裁判員或其親屬生命、身體或脅迫之情形，或對於裁判員或其親屬之生命、身體、財產有重大危害或顯著侵害其生活平穩之行為，致裁判員心生畏怖而難以出庭接受選任、參與審判或遂行其職務，法院得依當事人之聲請，並聽取當事人意見後，例外排除裁判員審判之適用（裁判員法第 3 條）。例如福岡地方裁判所小倉支部（大泉一夫審判長）於 2010 年 12 月 10 日審理一起殺人案件，即因該案係黑道幫派內仇殺，以「有危害裁判員之虞」為由，裁定該案例外地不適用裁判員審判，[195] 但整體而言，此種情形實屬罕見。

---

194 日本最高裁判所「裁判員制度實施狀況」統計資料，網址：http://www.saibanin. courts.go.jp/topics/pdf/09_12_05-10jissi_jyoukyou/h24_5_sokuhou.pdf，最後拜訪日期：2012 年 8 月 14 日。相同資料，亦可參照最高裁判所事務總局，裁判員裁判実施状況の検証報告書，2012 年 12 月，頁 45。

195 每日新聞 2010 年 12 月 11 日，http://headlines.yahoo.co.jp/hl?a=20101211-00000012-mai-soci，最後拜訪日期：2010 年 12 月 23 日。

（五）裁判員之產生──逐案隨機選任

德國參審制之參審員係採取任期制，且於選任參審員時，重視參審員之適任與否，參審員任期為 5 年，於該 5 年任期中參審員會參與多件刑事案件之審判。相較於此，日本裁判員制度則係以「逐案」「隨機」之方式從一般國民中選任裁判員，甚至刻意排除具備法律專業知識者，這一點實與陪審制相當類似，考所以在裁判員的選任上採取偏向於陪審制的設計，應該與裁判員制度之立法目的希望「增進國民對於司法的理解、提升其信賴」（裁判員法第 1 條參照）有關，茲簡述選任裁判員的程序如下：

（1）逐年製作裁判員候補者名冊

地方裁判所先於每年 9 月 1 日前將翌年所需之裁判員候補者人數，依照各行政區域之分配額，通知各行政區域之選舉管理委員會，再由各行政區域之選舉管理委員會自眾議員選舉之選舉人名冊中，以抽籤方式「隨機」選出「裁判員候補者預定者」，製成裁判員候補者預定者名冊，於當年 10 月 15 日前送交地方裁判所，地方裁判所收受上開名冊後，剔除死亡、喪失選舉權、不具義務教育相當之學歷、受刑人、精神障礙及具備裁判員法第 15 條所列禁止擔任裁判員事由（如現任或曾任法官、檢察官、律師、軍人、司法警察等）者，再製成裁判員候補者名冊，於同年 11 月左右通知各裁判員候補者，使各該候補者知悉未來 1 年間可能被選為某特定案件之裁判員，於上開通知中即檢附調查票，調查票中列舉：1. 有無禁止擔任裁判員事由？ 2. 未來一年是否希望辭退擔任裁判員及其理由（例如年滿 70 歲以上、學生、重大疾病、過去 5 年內曾經擔任裁判員）？ 3. 有無特定月份無法擔任裁判員及其理由（例如召開股東大會的月份、農產品採收、出貨月份等）？等問題，其中「2. 未來一年是否希望辭退擔任裁判員及其理由」所列舉者，即為裁判員法第 16 條所列舉之裁判員辭退事由之部分事由，故事實上此一階段即已容許裁判員候補者進行辭退，其目的在於使根本不可能被選任為裁判員之裁判員候補者，不必浪費時間到法院去進行無意義之選任程

序。

（2）逐案選出裁判員候補者

當應該適用裁判員審判的案件繫屬於法院後，地方裁判所會「逐案」以抽籤方式選出該案之裁判員候補者，扣除前述業以調查票表明無法擔任裁判員者外，對於其他未寄還調查票，或雖寄還調查票、但辭退理由不獲允許之裁判員候補者寄發傳票，通知裁判員選任程序之期日，並於傳票後附質問票，凡於質問票中勾選裁判員法第16條所定不能參與審判之理由（包含重大疾病、看護養育家屬、重要工作必須自行處理等）者，亦得容認其辭退。

（3）選出裁判員及備位裁判員

於裁判員選任程序期日出庭之裁判員候補者，再由法官、檢察官、被告以訊問為必要之審查，以確定是否有不符合裁判員資格或不能公正審判的情形，如有，法院得依職權或聲請，以裁定排除之。此外，檢察官與被告各得以不附理由之方式，要求法院不選任特定之裁判員候補者為裁判員，其人數以4人為限（例外僅選任4名裁判員以組成合議庭時為3人，裁判員法第36條第1項），對此聲請，法院不得拒絕。此係仿效美國陪審制之「專斷迴避制度」（peremptory challenge）而來，日本裁判員制度即透過上述逐案、隨機方式，選任出特定案件之裁判員及候補裁判員。

依據統計資料，截至2012年5月止，共計有32萬9,967名「裁判員候補者預定者」列名於裁判員候補者名冊中，其中有18萬3,709人法院未通知或嗣後取消通知，另有14萬6,258人應到庭接受選任，該14萬餘人中，有11萬5,695人出席選任程序，出席率為79.1%，而在到庭的11萬5,695人中，又有2萬9,245人或因資格不符、或因符合辭任事由、或因不附理由拒卻等理由而無法參加抽籤，合格者約占出席者的74.72%，抽籤後共計選出2萬1,944名裁判員，合格者中籤率

約 26.82%，[196] 換言之，每案約有 38.48 人應到庭接受選任、有 30.44 人
實際到庭接受選任、到庭的裁判候補者中，又有 7.69 人無法參與最後
的抽籤，而有 22.74 人可以參加抽選，每案平均選出 6.10 人。上述出席
率、出席者合格率尚稱良好的原因，首先應歸功於日本各地方法院採取
各項增進出席意願、避免無益出席的措施（例如事前多次藉由調查票、
質問票進行意願及適格性調查、避開裁判員候補者特別繁忙而無法參與
的時間、禁止職場上不利益處分等）奏效；其次，也是因為日本當局擔
心制度施行初期國民因為不熟悉制度而心生反感，所以對於主張辭退者
採取比較寬鬆的審查標準，甚至對於未據實填載相關調查票、質問票、
或無正當理由不到庭接受選任之裁判員候補者，亦未聞依法（裁判員法
第 110、111、112 條）裁罰之例。

（六）更縝密精緻的準備程序、更集中迅速的公判程序

（1）公判前整理程序的立法與強制適用

　　日本在引進裁判員制度的同時，也進行刑事訴訟的改革，其中最重
要的，毋寧為準備程序的強化（刑事訴訟法第 316 條之 2 至第 316 條
之 27）。在日本刑事訴訟法此次修正前，刑事訴訟規則雖然原本即有準
備程序的相關規定（刑事訴訟規則第 178 條之 2 至第 178 條之 11、修
正前刑事訴訟規則第 194 條至 195 條），但並非一定要進行之程序（裁
量性規定），且僅著重於當事人（檢察官、辯護人）自行溝通、協調爭
點與證據之調查，以擬定審理計畫，法院並無實質介入。只有複雜案件
時，為了徹底整理爭點、證據，法院認為有必要時，才會於第一次公判
期日之後，介入進行準備程序，但此毋寧僅屬例外情形。

　　引進裁判員制度之後，「為了減輕裁判員的負擔，且使裁判員裁判

---

196 日本最高裁判所「裁判員制度實施狀況」統計資料，網址：http://www.saibanin.
　　courts.go.jp/topics/pdf/09_12_05-10jissi_jyoukyou/h24_5_sokuhou.pdf，最後拜訪日
　　期：2012 年 8 月 14 日。

員充分履行其職責，法官、檢察官、辯護人應盡力使審理迅速且易於理解。」（裁判員法第 51 條）已成為裁判員審理的最高指導原則。申言之，為了顧及不具備法律專業與審判經驗的裁判員，也能夠藉由審理程序之證據調查及言詞辯論順利形成心證，同時不致於過度增加裁判員的心理、時間負擔，故有必要以「條理清晰、緊湊迅速」的方式進行審理程序。而迅速且易於理解之審理程序，尤其是要連日連續開庭的審理程序，當然有賴於準備程序中進行更縝密精緻的準備，以奠定良好的基礎。故日本於刑事訴訟法增加了公判前整理程序的規定（刑事訴訟法第316 條之 2 至第 316 條之 27），同時裁判員法第 49 條更規定，凡適用裁判員審判之案件，均應於第一次審判期日前進行公判前整理程序。197

　　日本刑事訴訟法新增訂的「公判前整理程序」中，除了因應起訴狀一本主義之下，偵查中卷證在檢察官手上而未送交法院的現實，規定了更詳盡的「證據開示（持有證據之一方向對造當事人『開示』證據）」制度（刑事訴訟法第 316 條之 13 至第 316 條之 20、第 316 條之 25 至第 316 條之 27），以取代原來僅有刑事訴訟法第 299 條第 1 項、198 規範廣度、密度均顯然不足的證據開示規定，維護當事人的實質對等之外；

---

197 其他非適用裁判員審判之案件，依刑事訴訟法第 316 條之 2 第 1 項規定，則僅有法院認為有必要時、並聽取當事人意見後，以裁定進行公判前整理程序者，始適用公判前整理程序之相關規定。換言之，其他非適用裁判員審判之案件，仍可依原本刑事訴訟法規定，僅由當事人依刑事訴訟規則第 178 條之 2 至第 178 條之 11 規定進行準備程序，法院則不積極參與。

198 日本刑事訴訟法第 299 條第 1 項規定：「檢察官、被告及辯護人聲請訊問證人、鑑定人、通譯或翻譯前，應預先給予對造知悉受訊問人姓名及其住居所之機會。在聲請調查證據書類或證據物前，應預先給予對造閱覽之機會。但對造對此無異議時，不在此限。」本此規定，刑事訴訟規則第 178 條之 6 第 1 項第 1 款、第 178 條之 7 另設有對應的操作性細節規定，即「檢察官於第一次公判期日前，依刑事訴訟法第 299 條第 1 項本文之規定，應給予被告及其辯護人證據書類或證據物之閱覽機會時，應於提起公訴後立即給予被告及其辯護人上述機會。」「訴訟關係人於第一次公判期日前，依刑事訴訟法第 299 條第 1 項本文之規定需給予對造知悉證人之姓名及住居所之機會時，應儘早給予對造上述機會。」

更重要的，乃是藉由法院於第 1 次審判期日前即介入、主宰的方式，進行更縝密、精緻且符合法院進行裁判員審理之需要的準備程序。詳言之，日本刑事訴訟法新增訂的公判前整理程序，除了證據開示程序外，尚包括：1. 命雙方當事人明示其主張、2. 整理爭點、3. 命當事人聲請調查證據、4. 法院裁定以排除無證據能力之證據、5. 擬定審理計畫等程序在內。[199]

公判前整理程序乃是為了實現後續「充實而迅速的審理」所必備的事前準備工作，也因此，公判前整理程序本身不在求「迅速」，而在求「縝密、精緻」，以統計資料來看，截至 2012 年 5 月底止，所有適用裁判員審判的案件中，平均用了 5.9 個月、進行了 5 次左右的公判前準備程序期日（若區分為自白、否認事件，則自白事件為 4.7 個月、約 4 次，否認事件則為 7.7 個月、約 7 次），相較於職業法官審判時公判前準備程序期日平均需時 2.9 個月（被告自白案件為 2.4 個月、否認案件為 3.7 個月），[200] 且有少數案件更進行審理期日前的鑑定（裁判員法第 50 條）。公判前整理程序所需時間愈趨延長，厥為日本裁判員制度之特色，但也連帶使得整體審理時間延長，故如何更有效地進行公判前整理程序、避免無意義的時間浪費，乃是日本裁判員制度現階段重要的課題。

（2）公判程序的迅速與集中審理

公判前整理程序的立法，既然主要目的是在讓裁判員在審理期日能夠以最少的時間、達到最好的審理成果，則審理期日究竟耗費多久時間？是否符合「連日連續審理」的目標？即值得進一步觀察。以統計資料來看，截至 2012 年 5 月止，適用裁判員審理的案件，平均開庭次數為 4.0 次（被告自白事件為 3.5 次、否認事件為 4.8 次），包含評議所需

---

199 田口守一，刑事訴訟法，第五版，2009 年 3 月，頁 255 以下。
200 最高裁判所事務總局，裁判員裁判実施状況の検証報告書，2012 年 12 月，頁 57。

時間 [201] 在內，裁判員平均從事審判所需花費之日數（從接受選任到宣示判決、但不包含例假日）為 4.7 日，[202] 故大體而言，日本目前為止的審判期日程序進行，尚能恪遵「連日、連續開庭」之原則，且所需日數亦尚不致造成裁判員過重之負擔。

但仍有部分複雜案件所需審理時間遠遠超過上述平均值，例如 2012 年 1 月至 4 月進行審理的殺人、詐欺案件（埼玉地裁）即長達 100 日，2011 年 9 月至 10 日進行審理的放火、殺人案件（大阪地裁）也長達 60 日，無可諱言地，此種複雜案件將造成身為裁判員的一般國民非常沈重的負擔，因此，是否應該排除此等案件適用裁判員制度？勢必將成為下一波制度改革時討論的重點。

此外，雖然裁判員審判案件的審判期日所需期間大幅減少、密集，但由於公判前整理程序所需時間非常長，所以如果合併計算的話，從繫屬起至宣判止，平均要花費 8.5 個月的時間（2009 年 5 月至 2012 年 5 月統計資料，另被告自白事件為 7.2 個月、否認事件為 10.4 個月），與此種案件過去（2006-2008）職業法官審理平均僅需時 6.6 個月相較，反而有延長的情形。

（七）上訴審之審查

日本刑事訴訟法的第二審構造，依法條規定來看，原則上係採取「事後審制」的審理構造，亦即上級審不得對於原審已經調查之證據再行調查，亦不得調查原審所未調查之證據，上級審本身無需對案件形成確信心證，僅需依據原審已經調查之證據、審查原判決事實認定、法律

---

201 自 2009 年 5 月起至 2012 年 5 月止，評議（不含中間評議）所需時間平均為 542.4 分鐘（9.04 小時），其中被告自白者為 450.0 分鐘（7.50 小時）、被告否認者為 685.7 分鐘（11.43 小時），亦即需花費 1-2 日時間進行評議。
202 日本最高裁判所「裁判員制度實施狀況」統計資料，網址：http://www.saibanin. courts.go.jp/topics/pdf/09_12_05-10jissi_jyoukyou/h24_5_sokuhou.pdf，最後拜訪日期：2012 年 8 月 19 日。

適用之適當與否；如遇有原判決應予撤銷之情形，應發回原審重新審理，不能自為判決。此觀日本刑事訴訟法第378條至382條規定，第二審法院原則上僅以「原審之訴訟記錄及曾調查之證據所呈現之事實」作為判斷原判決是否妥當之依據，且同法第400條本文更規定：「除有前二條規定之事由（管轄錯誤、違法之管轄錯誤、公訴不受理判決）外，於撤銷原判決時，應以判決將案件發回原法院或移送於與原法院同等之其他法院。」即得證明。

　　但上述原則性規定之外，另設有例外規定，例如同法第393條第1項但書容許第二審法院對原審法院未及斟酌、但本應成為原審事實認定基礎之新證據進行證據調查，另同法第400條但書規定：第二審法院認為可以逕行判決時，得自為判決。而日本實務實際運作的結果，第二審上訴案件中高達70%至75%均進行新證據之調查，[203] 遇有應撤銷之一審判決者，第二審自為判決之比例均高達九成以上，[204] 故日本實際的第二審審理構造，已經將「例外」的續審制變為原則，亦即上訴審應受原審調查證據之拘束，不得再調查原審已經調查之證據，但對於原審所未調查之證據，當然得進行調查，上訴審依據自身調查證據及閱覽原審調查證據之卷證資料，將所得之確信心證與原審之心證進行比較，一有差異即得撤銷原判決並自為判決。

203　三井誠、酒卷匡，入門刑事手續法，4版，2007年1月20日，頁274。

204　以2004年為例，當年度第二審終結人數共9,170人，其中撤銷原判決者共1,285人，1,272人係自為判決，占撤銷原判決總數之98.99%，13人係發回或移送，僅占撤銷原判決總數之1.01%，資料見三井誠、酒卷匡，同註203，頁282；另以2006年為例，當年度第二審終結人數共9,344人，其中撤銷原判決者共1,490人，1,474人係自為判決，占撤銷原判決總數之98.93%，16人係發回或移送，僅占撤銷原判決總數之1.07%，另2007年當年度第二審終結人數共8,422人，其中撤銷原判決者共1,188人，1,176人係自為判決，占撤銷原判決總數之98.99%，12人係發回或移送，僅占撤銷原判決總數之1.01%，資料見最高裁判所司法統計檢索系統 http://www.courts.go.jp/search/jtsp0010，最後拜訪日期：2010年11月30日。

　　日本引進裁判員制度時，針對上訴制度應否配合修正？亦曾有激烈爭論（本文第九章第三節有詳細介紹），但最後並未配合裁判員制度之引進、修正現行刑事訴訟法的相關規定，亦未於裁判員制度中設計任何上訴審的特別規定，而僅寄望回歸現行法的「原則——事後審制」為已足。此一作法，意含了立法者認為現行法之相關規定已經足供裁判員制度運用，只是過去的運作方式不正確，使原則變為例外、例外變為原則而已，但單純的「依現行法規定」，是否即能擔保適用裁判員審判的第一審案件，第二審在進行審查時就會依循事後審的原則來運作？還是會走回過去續審制的情形？則仍有待進一步的後續觀察。

　　截至 2012 年 5 月止的統計資料 205 顯示，不服裁判員參與之第一審判決而提起上訴之上訴率為 34.5%，與過去（2006 年至 2008 年）職業法官審判之第二審上訴率為 34.3%，相去無幾，但值得注意的是，檢察官的上訴率明顯降低，截至 2012 年 5 月為止，檢察官僅上訴 5 件，可以認為代表檢察官尊重裁判員審判結果之心態。至於第二審法院的職業法官們，則同樣顯現出尊重第一審行裁判員審判判決結果的態度，案件經上訴後之撤銷率僅 6.6%，與制度施行前（2006 年至 2008 年）之平均撤銷率為 17.6% 有明顯落差。但撤銷後自為判決的比例仍然偏高（占全部撤銷案件的 96.36%），則仍顯露出實務界傾向由第二審自行解決爭議，而不欲將案件發回第一審的心態。

205　最高裁判所事務總局，裁判員裁判実施状況の検証報告書，2012 年 12 月，頁112、113、114。

肆、兼論東亞另一種類型的國民參與刑事審判──韓國國民參與刑事審判制度

一、背景與立法過程

為了能夠更廣泛地觀察東亞此波引進國民參與刑事審判制度之浪潮，本文擬花費一些篇幅，介紹另一種類型的國民參與刑事審判──韓國國民參與刑事審判制度。

長久以來，韓國國民對於刑事司法存有強烈的不信任感，其嚴重之程度，較之我國實屬有過之而無不及，而與日本顯難同日而語。例如韓國大法院（相當於我國司法院及最高法院）於 2003 年委託民意調查公司針對 1,000 名韓國民眾進行的民意調查，當被問到刑事審判是否公正時，有高達 83.7% 的受訪民眾認為不公正，而問到對於國民參與司法的看法時，則有高達 78.6% 的受訪民眾採取正面肯定的態度，此外，更有高達 65.2% 有意願擔任陪審員參與審判程序。[206] 甚至大法院針對全國 836 名法官所做之民意調查，亦有 53% 之法官贊成引進國民參與審判制度。[207] 在此社會氛圍之下，如何研擬國民參與司法之制度，以挽回國民對於刑事司法公正性的信賴，即成為韓國政府的當務之急。

2003 年 10 月 28 日，韓國於大法院之下設立了「司法改革委員會」，由大法院及總統官邸之實務協議會自法曹實務家及社會各界中遴選 21 名委員組成。

首先，司法改革委員會針對應否引進國民參與刑事審判制度進行

---

206 今井輝幸，韓国の国民参与裁判制度：裁判員裁判に与える示唆，2010 年 6 月，初版，頁 4。另我國司法院於 2010 年 8 月 31 日至 9 月 19 日針對臺灣地區 5,262 位年滿 20 歲民眾進行「一般民眾對司法認知調查」之電話訪問，其中有 59.8% 的受訪者表示不信任法官，相對於此，只有 36.2% 的受訪者表示信任法官。

207 李東熹，韓国・国民参与裁判制度の現状と課題，東海大學・東亞刑事訴訟法制發展動向學術研討會，2009 年 5 月 1 日，頁 33。

了熱烈的討論，最後一致決議應該引進國民參與刑事審判制度。分析與
會者的意向，其中司法行政機關寄望此一制度可以強化審判之民主正當
性，提高透明度，以確立受到國民信賴的司法制度，解決國民對於職業
法官審判的信賴危機；市民團體與學界則基於「從司法為人民，到司法
來自於人民」的民主主義觀點，認為無論如何應該引進國民參與刑事審
判制度；一般國民雖然不是很清楚國民參與刑事審判制度之內涵，但從
輿論來看，一般國民參與國家制度的意願可說甚為強烈；最後，雖然多
數法律實務家基於「菁英司法優越性」的觀點，對於引進國民參與刑事
審判制度感到憂慮，但終究無法抵擋多數支持者的理論與熱情，[208] 故最
終的結論是決定要引進國民參與刑事審判制度。

其次，司法改革委員會在決定引進國民參與刑事審判制度的前提
下，進而針對究竟應該引進國民參與刑事審判制度中的「陪審制」或
「參審制」進行了廣泛的討論。對於國民參與刑事審判制度之引進採取
消極、質疑態度的委員（如法官），多半傾向於採行以德國為原型的參
審制，蓋在參審制，職業法官得與擔任參審員的一般國民共同進行審
理、認定事實與量刑，甚至可說職業法官在參審制之下的審理、認定事
實與量刑上具有主導地位，較能減少國民參與刑事審判制度引進初期的
副作用與憂慮；相對於此，對於國民參與刑事審判制度之引進採取較積
極、肯定態度的委員（如市民團體），則多傾向於採行以美國為原型的
陪審制，渠等認為參審制是由職業法官來主導案件進行與結論，參審員
只是補助的角色（accessory role），只有採行陪審制，才是完全的司法
參與，更何況一旦採取陪審制後，韓國現有之刑事訴訟程序即必須配合
作全面性的改革，目前以書面審理為主的審理方式勢必進行調整，故採
行陪審制，亦有助於推動刑事訴訟程序之變革。[209]

---

208 韓寅燮，韓国の国民参与裁判：学界から見た韓国の国民参与裁判，法学セミナ
　　ー，55 巻 4 号，2010 年 4 月，頁 37。
209 韓寅燮，同註 208，頁 38。

　　上述討論雖然各有立場，但司法改革委員會考量到韓國之固有文化、歷史與法律感情，以及韓國從來都沒有實行國民參與審判的經驗，加以如果引進正統的陪審制或參審制，有可能侵害被告依韓國憲法第27條第1項[210]受保障之接受法官審判的權利，及違反韓國憲法第103條[211]法官獨立規定之虞，故最後決定在第一階段的5年試行階段，應該建立一個混合陪審制與參審制特色的制度，以利於同時試行陪審制與參審制，[212]司法改革委員會並於2004年12月31日基於以上結論，提出司法改革之建議意見書。

　　2004年12月5日，韓國本於上開建議意見書，另外設置「司法制度改革推進委員會」，直屬於總統，進行有關國民參與刑事審判制度的具體法案研擬工作。2005年12月6日，司法制度改革推進委員會正式向國會提出「國民參與刑事審判法草案」，一開始，國會雖然沒有反對國民參與刑事審判制度之重大聲浪，但由於韓國國會朝野兩黨對抗局勢難解，致使該案立法過程延宕一年之久，社會輿論批評聲浪逐漸高漲之下，國會突然於2007年2月加速該草案之處理，針對上開草案進行部分條文之修正後，於2007年4月30日經院會通過，並於同年6月1日公布，定於2008年1月1日施行。

　　相較於日本在戰前即有施行陪審審判的經驗（1928年至1943年），而且戰後關於國民參與審判之討論、著作亦甚為豐富，韓國在10年之前，幾乎無法想像會實施國民參與刑事審判制度，相關討論此等制

210　大韓民國憲法第27條第1項規定：「所有國民，均擁有接受憲法及法律所定法官依法律審判之權利。」所謂「法律所定法官」，究竟係指兼具憲法獨立審判及身分保障之職業法官？抑或僅單純指由法律指定之法官、不以具備獨立審判及身分保障者為限？即生爭議，多數意見仍然認為以「兼具憲法獨立審判及身分保障之職業法官」者為限，參見申東雲，韓國的國民參與裁判制度，司法周刊，1557期，司法文選別冊，2011年8月，頁6。

211　大韓民國憲法第103條規定：「法官依憲法及法律，依憑良心獨立審判。」

212　趙炳宣，韓国の国民参与裁判制度の1年半の状況とその評価，関西大学法学論集，59巻5号，2010年2月，頁91-92。

度的本國文獻亦非常短缺，但如上所述，竟能在短短 4 年間完成國民參
與審判法之立法，且比起日本於立法完成後 5 年才正式施行，韓國卻於
立法完成 9 個月之後就正式施行，制度創設與實施的迅速程度，與日本
的慎重其事形成強烈對比，故有學者認為，韓國國民參與刑事審判制度
具有「迅速性」的特點。[213]

二、韓國國民參與刑事審判制度的立法目的與制度定位

（一）立法目的——提高司法的民主正當性與信賴

　　韓國國民參與刑事審判法第 1 條規定：「本法之目的為，為了提高
司法的民主正當性與信賴而施行國民之參與刑事審判制度之際，規定審
判程序之特則及其他必要之事項，以明確國民參與所伴隨之權限與責
任。」依此觀之，韓國的國民參與刑事審判制度，其立法目的即在於提
高司法的民主正當性與信賴；相較於此，日本裁判員法第 1 條亦規定：
「有鑑於自國民中選任之裁判員與法官共同參與刑事訴訟程序有助於增
進國民對於司法之理解、提高國民之信賴（下略）」，兩國之國民參與刑
事審判制度，在立法精神實有共通之處。

　　但韓國國民參與刑事審判法更進一步將「提高司法的民主正當性」
作為立法宗旨，此則為日本裁判員法所無。而為了確立國民參與刑事審
判制度在提高司法的民主正當性之重要意義，韓國國民參與審判法第 3
條第 2 項更明定：「大韓民國國民，依本法規定，有參與國民參與審判
之『權利』與義務。」以此彰顯該制度做為國民主權具體實現的重要里
程碑。

　　值得注意的是，日本一般國民多數認為日本過去的刑事司法均能正
確地運作，產生之判決亦甚為妥適而值得信賴，故日本引進國民參與刑

---

213 韓寅燮，同註208，頁37。

事審判制度之裁判員制度，雖然也是為了要增進國民對於司法之理解、提高國民之信賴，但應該視為一種「未雨綢繆」、「精益求精」的預防性制度設計；相對於此，韓國國民對於刑事司法有嚴重的不信任感，故引進國民參與刑事審判制度，有「對症下藥」的現實性目的存在。

　　除了法律中明文揭示的：在審判中反映國民之健全社會常識，以提升國民對於審判正當性之信賴外，論者尚認為韓國國民參與刑事審判制度另有以下兩個目的：[214]

　　（1）制約司法權的濫用。

　　（2）實現迅速審判、讓審判易於理解，並脫離筆錄審判[215]的既有狀態，亦即藉由國民參與審判，促進刑事訴訟的再改革。

（二）試行性質的正式法律

　　韓國國民參與審判法雖未有明文規定，但觀諸前述立法過程，即可發現現行的韓國國民參與刑事審判制度，是一種試行、過渡、實驗性質的法律，[216]預計試行的時間為 5 年，亦即到 2012 年 12 月止，再視具體的實施情形，決定國民參與刑事審判制度的最終型態——究竟應該採行陪審制、參審制或混合型態。韓國國民參與審判法更規定應在大法院之下設立司法參與企畫團及國民司法參與委員會，以進行必要的研究分析（國民參與刑事審判法第 54 條、第 55 條）。

　　韓國於制度施行初期，即 2008 年 2 月 28 日，就依法設置「司法參與企畫團」，邀請審、檢、辯、學、社會賢達參與，進行國民參與刑事審判的研究、分析，並擬定各種實務運作上的改進方案。但有關決定制度未來走向（陪審制、參審制或混合型態？）的「國民司法參與委員

---

214 李銀模，韓国の国民参与裁判制度の内容と問題点：日本の裁判員制度との比較を中心に，ノモス，23 号，2008 年 12 月，頁 65。

215 所謂「筆錄審判」，即審判程序重視偵查中調查證據所製作之筆錄，並以之為認定事實之主要根據。

216 趙炳宣，同註 212，頁 104。

會」，則直到 2012 年 7 月 12 日始正式成立。由審、檢、辯、學、社會賢達共 13 人組成。

三、韓國國民參與刑事審判制度的重要內容、運作情形

（一）適用之案件類型

　　為了避免在施行初期造成制度運作上的重大負擔，韓國設計國民參與刑事審判制度時，不僅賦予被告選擇是否進行國民參與審判程序之權利（國民參與審判法第 5 條第 2 項）外，對於適用的案件類型也有所限制，簡單言之，係限於重大案件。但值得注意的是，所謂重大案件的定義，韓國是採取所謂「二元式規定」，亦即一部分的重大案件由法律列舉明訂，例如殺人、產生死亡結果的結果加重犯、強盜罪、強盜強姦罪、強姦致死罪、收賄罪等；另一部分的重大案件則授權大法院以行政規則自法定合議案件中選擇適用的案件類型，希望以此方式使各地方法院受理之國民參與審判案件，一年總數控制在 100 件至 200 件之間。

　　截至 2011 年底止，韓國各地方法院共計受理 1,490 件國民參與審判案件，其中 574 件已經審理完畢，以年份來區分，其中 2008 年僅審結 64 件，2009 年審結 83 件，此與立法時，一年審理 100 件至 200 件的預期有明顯落差，這當然跟被告可以選擇是否進行國民參與審判程序的制度設計（詳後述）有密切的關係，而為了因應此一情勢，韓國大法院於 2009 年 7 月 1 日修正「關於國民參與刑事審判之規則」，以命令擴大適用之案件類型範圍，自上述修正後，2009 年 7 月起至 2009 年 11 月止受理之 161 件案件中，有 71 件（44%）是擴大適用案件類型範圍後新增加之案件類型，[217] 而 2010 年共審結 162 件，2011 年審結更高達 253 件，審結案件逐漸增多，已達成原本立法者預設的目標。

217　李仁碩，韓国の国民参与裁判：国民参与裁判・施行 2 年の現状および課題，法学セミナー，55 巻 4 号，2010 年 4 月，頁 33。

　　此外，韓國國會體認到此制度對於贏得人民對於司法信賴的重要性，更由國會議員直接提案，將適用範圍由原本的「重大案件、二元式規定」，直接擴大為「法院組織法第 32 條第 1 項（第 2 款及第 2 款除外）所定之合議庭管轄案件（即所有法定合議案件）」（第 5 條第 1 款），該修正業於 2012 年 1 月 17 日立法通過公布，並於 2012 年 7 月 1 日起實施。可以預期的是，經過此一立法修正，適用案件數量將會更進一步擴大，但是否因而使法院、檢察官、辯護人感到負擔過重，反而傾向於勸誘被告不要聲請國民參與刑事審判的反效果？則值得更進一步觀察。

（二）違憲爭議的迴避（之一）——被告聲請制

　　當初反對引進國民參與刑事審判制度的最主要理論依據之一，即為違憲說。蓋韓國憲法第 27 條第 1 項規定：「所有國民，均擁有接受憲法及法律所定法官依法律審判之權利。」而此所謂「法官」，通常解釋為「依憲法與法律所定資格與程序而任命，受到獨立性保障之法官」，亦即隸屬於司法機關之職業法官，才是憲法上所稱之法官，從而使一般國民擔任法官而參與審判，自可能推導出違憲之結論。[218]

　　誠然，現行之韓國憲法中，無法尋找到支持國民參與刑事審判之具體規定，然而，韓國憲法制訂上開條文時念茲在茲的，僅是要防止非法官之人進行審判，此處所謂「非法官之人」，係指「僅由國民構成法官」或「以特別法院之型態而無獨立性保障之人士擔任法官」。至於一般國民以陪審員身分參與審判之型態，現行韓國憲法與其說是禁止，無寧說是沒有設想到。更何況，從內容來看，陪審審判亦未排除職業法官之參與，事實上職業法官自始至終均引導著審理之進行。如此來看，引進陪審制度不致於有違憲之虞。但對於既存的審判制度已經熟悉之法律實務家而言，仍然可能不斷提出違憲之質疑，況且，韓國過去威權政治

218　韓寅燮，同註208，頁 38。

盛行，為了避免威權政府的干涉，司法權獨立之保障，亦即加強職業法官及司法機關之獨立性保障，[219] 對於韓國而言實有其重大歷史意義與象徵意義，此亦為立法之際必須考量的因素。為了避免上述疑慮不斷地擴大，造成國民參與刑事審判制度的難產，故在制度運作的初期，韓國必須設計出有效迴避違憲爭議的制度，[220] 其一即為「被告聲請制」的設置。

　　所謂「被告聲請制」，係指被告被訴之案件即使符合上述國民參與審判法規定之案件類型，亦必須由被告主動提出聲請，始會進行國民參與審判程序。首先，韓國國民參與審判法第 3 條第 1 項規定：「不論何人，依本法規定，均有接受國民參與審判之權利。」冀望國民參與刑事審判制度亦成為被告「受審判權利」之一部分；其次，同法第 5 條第 2 項亦規定：「被告不希望進行國民參與審判，或依第 9 條第 1 項規定受排除者，不實施國民參與審判。」；再者，在詳細的制度設計上，更係由被告主動聲請始適用國民參與審判程序，而非被告主動聲請始例外不適用該程序（同法第 8 條參照），[221] 甚至被告主動聲請後，至遲仍可於第 1 次公判期日前撤回其聲請（同法第 8 條第 4 項），以此使被告不至被迫進行國民參與審判程序，況且在被告不服第一審判決而提出上訴時，由於是被告自行決定適用國民參與審判程序，被告若主張該程序為違憲時，即會限於自我矛盾而抵銷其批判力道。[222] 此外，即使被告聲請進行國民參與審判程序，法院認為有法律所定之事由、不適宜進行國民

219　申東雲，韓国における刑事司法の改革，刑法雜誌，48 卷 2 号，2009 年 2 月，頁 190。

220　韓寅燮，同註 208，頁 39。

221　依韓國國民參與刑事審判法第 8 條第 2 項、第 3 項、第 4 項規定，被告應於受起訴狀繕本送達之日起 7 日內，提出記載是否希望進行國民參與刑事審判之意思之書面，若被告未依規定提出書面，視為不希望進行國民參與審判。但韓國大法院為了促進被告聲請，特別又放寬標準，同意被告於第 1 次公判期日前亦得提出聲請。

222　韓寅燮，同註 208，頁 39。

參與審判程序時，亦得於準備程序終結前，聽取檢察官、被告及辯護人之意見後，以裁定（排除裁定）不進行國民參與審判程序。

依據統計資料，2008 年 1 月 1 日起至 2009 年 10 月 31 日止，符合國民參與刑事審判法規定之起訴案件共 9,775 件，但其中僅有 5.2%、共計 506 件聲請適用國民參與刑事審判程序，聲請比率甚低，且其後撤回或遭法院以裁定排除者亦所在多有，[223] 而依據大法院於 2009 年 5 月間針對 119 位被訴案件符合國民參與刑事審判法規定案件類型之被告進行民意調查，其中有 101 位、占 84.8% 的被告表示不太清楚國民參與審判之內容，表示清楚知道國民參與審判內容者，則僅有 16 位、占 13.4%；而針對律師所做之民意調查，亦有律師表示「如果被告表示有意聲請適用國民參與審判程序的話，律師往往會對被告表示『如果適用國民參與審判程序，可能比較不容易受到減刑』，而阻止被告提出聲請」，或「因為大多數聲請參與審判的被告都是殺人或性犯罪案件的被告，只要對這些被告提到『陪審員有可能偏向於情緒性判斷』，被告即不會提出聲請」等語，[224] 亦即對於國民參與刑事審判制度之陌生，以及擔憂受到不利益判決等，大幅降低了被告聲請進行國民參與審判程序的意願。

而律師會主動勸說被告不要聲請，除去為了被告本身利益的考慮

223　李仁碩，同註 217，頁 33。以較早的資料來看，2008 年 1 月 1 日至 2008 年 10 月 31 日止，被告聲請適用國民參與審判程序的案件共有 193 件，但其中 75 件（39%）被告嗣後又撤回聲請，另 47 件（24%）則經法院以「不適當」為由，裁定不適用國民參與審判程序，參見山內雅哉，韓国「国民参与裁判制度」の調查報告，LIBRA，9 卷 3 號，2009 年 3 月，頁 34。而最近的資料仍然顯示出同樣的問題，2008 年 1 月 1 日起至 2011 年 12 月 31 日止，被告聲請適用國民參與刑事審判的案件共 1,430 件，但其中 582 件（39%）被告嗣後又撤回聲請，另 274 件（18%）則經法院以「不適當」為由，裁定不適用國民參與審判程序，僅有 634 件（43%）適用國民參與審判，參見韓國大法院司法支援室，2008 年～ 2011 年國民參與審判之成果分析，2012 年 2 月。

224　趙炳宣，同註 212，頁 110。

外，當然也有可能是因為國民參與審判程序對於律師而言，實屬吃力不討好的工作。雖然韓國國民參與審判法規定所有進行國民參與審判程序之案件，均為強制律師辯護之案件，但從另一份統計資料就可以發現，從 2008 年 1 月 1 日起至 2011 年 12 月 31 日止，審理完畢之 574 件國民參與審判案件中，僅有 106 件（18.5%）是由選任辯護人擔任辯護工作，另外高達 81.5% 之案件（468 件）則是由公設辯護人或指定義務辯護律師進行辯護，選任辯護人之辯護比率，比起 2008 年其他案件之 40.3%，實有相當大的差距。而大法院於 2009 年 5 月 12 日針對 75 名公設辯護人及指定義務辯護律師進行之民意調查，其中有 55 名（73.3%）認為擔任國民參與審判案件的辯護人是沈重的負擔，另有 52 名（69.3%）認為擔任國民參與審判案件之辯護人，應該獲得一般案件 5 倍以上的報酬，故律師不願意從事國民參與審判的辯護的工作，恐怕也是被告不願意聲請進行國民參與審判的重要因素之一。[225]

　　觀諸日本裁判員制度之立法過程，亦有憲法學者、乃至最高法院對於制度可能引發的合憲性爭議感到憂心，因而倡議要以「被告聲請制」、「參審員之評決無拘束力」等方式來避免違憲爭議，[226] 但最後立法者並未採取上述立法方式；相對於此，韓國對於引進國民參與刑事審判制度的違憲爭議，則採取相對謹慎小心的態度來應對，「被告聲請制」、「陪審團之評決無拘束力」等制度均成為韓國國民參與刑事審判制度的重要內容，此適可以窺知韓國對於憲法爭議、以及背後隱含的反對勢力，較之日本更有不能等閒視之的壓力存在。

---

225 趙炳宣，同註 212，頁 109。

226 高橋和之、竹下守夫，於「座談会。司法制度改革審議会中間報告をめぐって」之發言，ジュリスト，1198 号，2001 年 4 月 10 日，頁 62-63；最高裁判所，国民の司法参加に関する裁判所の意見，司法制度改革審議会第 30 回配布資料，別紙 5，網址：http://www.kantei.go.jp/jp/sihouseido/dai30/30bessi5.html，最後拜訪日：2011 年 3 月 21 日。

（三）陪審員的產生──從一般國民中隨機抽選

（1）陪審員的人數── 9人、7人、5人

韓國國民參與審判法在立法當時，對於參與審判之一般國民應如何命名亦曾進行討論，舉凡「司法參與人」、「參與市民」、「市民法官」、「名譽法官」等等用詞均有人提出，最後決定採用「陪審員」之用語，除了易於使一般國民瞭解該職務之功能外，亦蘊含有韓國國民參與刑事審判制度內容較近似於英美陪審制，且未來的制度設計亦將趨向於陪審制的含意。[227]

立法當時，韓國針對陪審員的人數也曾出現熱烈的討論，蓋陪審員之人數多寡，相當程度地代表了國民參與審判程度之深淺，故主張應讓國民積極參與審判者，多主張應有9至12名之陪審員，而反對者，則主張3至5名即已足夠。最後韓國就陪審員之人數，採取了折衷而多樣性的立法方式，亦即針對法定刑為死刑、無期懲役或無期禁錮[228]之案件，原則上需由9名陪審員參與審判，其他案件，原則上則由7名陪審員參與審判，但不論是上述何種案件，若被告與辯護人於公判準備程序之階段承認被訴事實之主要內容時，則得僅由5名陪審員參與審判。更特別的是，若法院依照案件內容認為有特別情形，經檢察官、被告、辯護人同意時，亦得將將上述原本由9名陪審員審理之案件改由7名陪審員審理，或將原本由7名陪審員審理之案件，改由9名陪審員審理。另外需注意的是，由於現在適用國民參與審判程序之案件，均為法定合議案件，故不論陪審員人數多寡，均係由3名職業法官進行審判。

又為了避免審理中途出現陪審員解任或辭任而缺員之問題，韓國國民參與審判法亦規定法院得依裁量，置5名以內之候補陪審員，候補陪審員除了不能參與評議、評決及關於量刑之討論外，其餘權限與正式的

---

227 李東熹，同註207，頁34。

228 韓國刑法之徒刑處遇分為二種，即懲役與禁錮，二者之差別，在於前者之受刑人尚須在監所從事勞務作業，而後者則無。

陪審員並無二致，一般而言，9 名陪審員組成陪審團之情形，會置 3 名候補陪審員，7 名或 5 名陪審員之情形，會置 2 名候補陪審員。若陪審員缺額情形嚴重到候補陪審員亦無法補足名額時，法院雖然可以再次選任陪審員，但法院依案件審理情形認為不適當時，亦得聽取雙方當事人意見或得雙方當事人之同意後，由剩下的陪審員完成審判。

此外，為了避免候補陪審員因自認僅是「候補」而無心認真參與審判程序，故國民參與刑事審判法第 31 條第 4 項規定，法院得不公布何人為陪審員、何人為候補陪審員，實際運用上，多不公布陪審員與候補陪審員之名單，故除了陪審員缺員需遞補之情形外，唯有審理完畢後，因為陪審員得進入評議室參與評議，但候補陪審員則不得參與，陪審員與候補陪審員之區別才正式公開。[229]

從制度開始的 2008 年 1 月 1 日起至 2011 年 12 月 31 日止，由 9 名陪審員組成陪審團審判之案件，占全部審理案件之 32.9%，7 名陪審員組成者，占 57.1%，5 名陪審員組成者，占 9.9%，即使是被告自白而本得僅由 5 名陪審員審理之案件共計 167 件中，亦僅有 65 件（38.9%）是只由 5 名陪審員組成陪審團進行審判。[230]

（2）陪審員的選任

簡單來說，韓國國民參與刑事審判制度中，陪審員係自一般國民中隨機地抽選產生，具體而言，陪審員係經由下列三個階段產生：

1. 製作陪審員預定候選人名冊：

地方法院院長逐年依據管轄區域內地方自治政府提供之年滿 20 歲以上國民戶籍資料，自該資料中隨機抽選一定數量之陪審員預定候選人，製成當年度之陪審員預定候選人名冊。

2. 選定陪審員候選人：

---

229 今井輝幸，同註 206，頁 9。
230 韓國大法院司法支援室，2008 年～ 2011 年國民參與審判之成果分析，2012 年 2 月。

　　當具體個案要進行國民參與審判程序時，法院再從前開陪審員預定候選人名冊中隨機抽選該案所需、一定數量之陪審員候選人，至於應抽選多少人數的陪審員候選人，則授權各法院視所需之陪審員及候補陪審員數量、預測陪審員候選人之出席率而定，陪審員候選人被抽選出來後，除了有法定之失格事由（如受禁治產宣告人、假釋中受刑人）、除外事由（擔任法官、檢察官、律師、議員、軍人等）、除斥事由（被害人、被告或其親屬等）、免除事由（如年滿 70 歲以上、曾擔任過陪審員等）且為法院得知者外，法院即應通知各陪審員候選人應到法院接受選任之期日，若法院於通知後發現有上述事由，亦得取消先前通知，但受通知之陪審員候選人並無告知法院上述事由的義務。

　　雖然韓國國民參與審判法規定陪審員候選人有依通知準時出庭接受選任的義務，若無正當理由不到庭則會有罰鍰處罰，但由於法院難以判斷不出庭之陪審員候選人是否有正當理由不到庭，故實際罰鍰之案例幾乎是零。

　　從制度開始的 2008 年 1 月 1 日起至 2011 年 12 月 31 日止，陪審員候選人之出席率為 28.2%，扣除無法順利送達通知及事後取消通知之人數後，實際的出席率則為 58.5%，對此韓國大法院雖然表示滿意，但出席率仍然偏低，出席率如果緩步下降或無法有效提升，也代表一般國民對於此一制度的認同度與關心度低落，如何維持一定程度的出席率，以維繫一般國民對此制度之關心，厥為韓國司法機關日後的重要課題之一。[231]

　　3. 陪審員之選任：

　　依通知出席之陪審員候選人，則由法院以不公開法庭進一步選任出陪審員及候補陪審員，檢察官及辯護人於該選任期日均有到庭之義務，被告則需經法院同意始得到庭。選任程序為，法院先以抽籤方式隨機選

---

[231] 今井輝幸，同註 206，頁 44。

出相當於所需陪審員及候補陪審員人數的陪審員候選人，再由法官、檢察官、辯護人對這些陪審員候選人進行訊問，以確認有無上述失格事由、除外事由、除斥事由或免除事由（以下簡稱剔除事由），以及該等陪審員候選人有無為不公正審判之虞，若有上述剔除事由，或有為不公正審判之虞，則由法院依職權或聲請為拒卻該陪審員候選人之裁定。

另外值得注意的是，檢察官及辯護人除了於訊問陪審員候選人後，可以附理由聲請法院拒卻特定陪審員候選人（challenge for cause）外，韓國國民參與審判法另仿造美國陪審員制之「專斷拒卻」（peremptory challenge）制度，允許檢察官及辯護人在一定人數限制範圍內，不付理由聲請拒卻特定陪審員候選人，一旦提出上述聲請，法院不得拒絕，9人制之陪審團，檢察官及辯護人各得不付理由聲請拒卻 5 名陪審員候選人，7 人制之陪審團，各得不付理由聲請拒卻 4 名陪審員候選人，5 人制之陪審團，則各得不付理由拒卻 3 名陪審員候選人。法院依職權或聲請拒卻陪審員候選人，而致抽籤選出之陪審員候選人人數低於所需陪審員及候補陪審員人數時，則重複上開抽籤、訊問及拒卻程序（但不付理由拒卻之人數應整體計算），直至所需人數之陪審員及候補陪審員順利產生為止。

從制度開始的 2008 年 1 月 1 日起至 2011 年 12 月 31 日止，平均一件案件不付理由拒卻的陪審員候選人為 4.9 人，其中否認犯罪案件，比自白犯罪案件拒卻人數多 1.2 人，性犯罪案件不付理由拒卻人數最多，達到平均 6.0 人，但檢、辯雙方均將得不付理由拒絕之「額度」全部用完的案件，在全部審理完畢之 574 件中，則僅有 60 件（占 10.5%）。

從比較法的觀點來看，日本裁判員制度，地方法院於收受地方選委會製作之裁判員預定候選人名冊後，必須事先剔除部分具備剔除事由之裁判員預定候選人，再逐年製成裁判員候選人名冊，通知各裁判員候選人未來一年可能被選任為裁判員，於通知時即檢附「調查票」，要求裁判員候選人回覆有無不能擔任裁判員之正當事由，其後，在個案抽選出裁判員候選人後，也於通知時再檢附「質問票」，再次確認有無不能

擔任裁判員之正當事由，然後才是進行正式的選任程序期日，此舉顯然較能避免根本不可能獲選任為裁判員的候選人，還要浪費時間到法院去進行無意義的選任程序，而且在選任程序時，是先對所有到庭的裁判員候選人進行訊問後，剔除不適格或辭任者，再以抽籤方式選出所需之裁判員及候補裁判員。相較於此，韓國在選任陪審員期日前，幾乎沒有相關的檢驗、剔除方法，在選任程序期日，則是先抽籤選出相當於所需陪審員及候補陪審員人數的陪審員候選人，經過訊問後，若有應剔除者，則需再行抽籤選出陪審員候選人，以達到所需人數，選任程序上顯然較無效率、易造成不必要的時間、金錢、勞力浪費。對此，有學者建議選任程序期日應改為先對所有出庭的陪審員候選人進行有無剔除事由的審查，如有應剔除者，即先行剔除，然後再抽籤選出相當於所需陪審員及候補陪審員人數的陪審員候選人，進行拒卻之審查，以使選定程序較有效率。[232]

（四）審理程序──一次庭期終結

　　韓國國民參與審判法雖然沒有明確規定審判期日應該進行多久時間，但既然是由一般國民擔任陪審員而參與審判，為了避免造成國民額外的沈重負擔，如何減縮審判所需時間、以免造成國民過重負擔、危害制度的續存，恐怕是任何國民參與刑事審判制度都不可避免的課題。況且引進國民參與刑事審判制度後，連續進行審判期日、有效減少審判所需時間，達成迅速審判的目的，實現韓國刑事訴訟法第267條之2「連日連續集中審理」之要求，也是引進此等制度時被期待的「正面副作用」。

　　為了實現集中審理的要求，韓國國民參與刑事審判法也要求法院必須指定1名合議庭之法官先進行「公判準備程序」（國民參與刑事審判法第36條第1項），以從事當事人主張及證據之整理、策定審理計畫，

232　李銀模，同註214，頁69。

並賦予檢察官、被告、辯護人協力義務（國民參與刑事審判法第 36 條第 4 項）。與日本裁判員制度不同者，乃在於此種準備程序是否公開？日本裁判員法所適用的公判前準備程序不公開，[233] 但韓國國民參與刑事審判法所規定之公判準備程序原則上則應公開（國民參與刑事審判法第 37 條第 2 項）。在陪審員尚未選任產生前進行公判準備程序者，陪審員當然無從參與，但若於陪審員選任產生後，使例外進行公判準備程序者，韓國國民參與刑事審判法亦明文禁止陪審員參與（國民參與刑事審判法第 37 條第 4 項）。

韓國國民參與審判程序運作後，實際減少的正式審判時間，卻頗出立法者之預料，原本立法者預期實施國民參與審判程序之案件，大概需要 1 至 3 日之審判天數，但依據統計資料，從制度開始的 2008 年 1 月 1 日起至 2011 年 12 月 31 日止，審理完畢之 574 件案件中，有高達 528 件（91.8%）為 1 日終結，另外 47 件（8.2%）則為 2 日終結，至於歷經 3 日以上審判者，則為 0 件。[234] 且此所謂終結，包含選任陪審員及候補陪審員、評議、宣示判決等所需程序時間在內，[235] 一般而言，法院是從上午 9 點 30 分或 10 點開始進行選任陪審員程序，如何能在選任陪審員後一天之內完成所有審理程序，甚至當天完成評議及宣示判決程序，殊難想像。事實上，許多陪審員寧可開庭到深夜，也不願意第二天繼續開庭，甚至有案件從當天上午 10 時開始審理程序後，一直開到翌日上午 11 時（長達 25 小時）才結束，考所以出現這樣的運作方式，當然與陪審員想要儘速從審判工作中「解脫」有密切的關係，根據一項統計，208 位曾經擔任陪審員或候補陪審員的國民中，有高達 46.0% 對長期

---

233 白取祐司，刑事訴訟法，6 版，2010 年 10 月，頁 261。
234 有認為只要是需要三日以上審理時間之案件，法院即會以不適宜進行國民參與審判程序為由，裁定（排除裁定）不進行國民參與審判程序，參見山內雅哉，同註 223，頁 35。
235 韓國國民參與審判制度下，於宣示判決後始進行判決書之製作與送達。

擔任審判工作表示不滿，為所有陪審員表示不滿事項的第一名，[236] 而法官、檢察官、辯護人乃至於被告、證人考量到陪審員的心態，願意配合完成一日終結的審理，也是重要因素。

　　國民參與審判案件於一日內審理完畢，固然可以有效維繫陪審員對於案件之熟悉感、且能避免陪審員受到外界不當干擾的危險，但在如此短促的時間內審理完畢一個案件，陪審員是否能充分掌握審理的對象、仔細思索證人證言的內容、理解事實與法律之爭點、並於評議時充分反映一般國民代表的社會健全常識？恐怕均會成為問題，論者即批評此種審理方式，達成的恐怕不是「妥速審判」，而是一種「拙速審判」。[237]

（五）違憲爭議的迴避（之二）——無拘束力的陪審團評決

　　美國的陪審制，陪審團於審理程序結束後，必須進行評議（deliberation），評議之前先由承審法官針對本案適用之法令（包括實體法與證據法），對陪審團進行「說示」（instruction），但說示過程中不得摻雜法官對於該案之證據評價，評議後，通常要求必須陪審團全票一致，少數法制容許特別多數決（如 12 名陪審員中 10 票多數決），始能為有罪、無罪之結論，此一結論稱為「評決」（verdict），且結論無須付理由。一般而言，陪審團會進行有罪、無罪的評決，此稱為一般評決（general verdict），例外則僅針對個別事實之有無進行評決，此稱為特別評決（special verdict），此外，若無法達到全票一致或特別多數決者，即無法為評決，此時被稱為「評決不能」（hung jury），陪審團審理歸於無效（mistrail），通常要組成新的陪審團再次進行審判；相對於此，凡屬有效之評決，法官原則上必須受評決之拘束，在評決結果為有罪時，由法官單獨進行量刑訊問（sentencing hearing）並為刑之宣告，陪審團對於量刑則無介入之餘地。

236　今井輝幸，同註 206，頁 42。
237　趙炳宣，同註 212，頁 107。

　　韓國的國民參與刑事審判制度雖然也常被視為一種陪審制，但評決的方式及拘束力與一般陪審制有極大的不同，簡單來說，韓國的陪審團評決有下列4個特色：1. 職業法官有機會於陪審團評議時表示對於證據力的個人意見；2. 陪審團之評決有可能僅以過半數多數決之方式形成；3. 陪審團之評決對於法官不具拘束力，僅有勸告的效力，換言之，法官可以不理會陪審團的評決，逕自認定事實、適用法律而為判決；4. 個別陪審員也可以針對量刑陳述其意見。

　　詳細的制度內容為：辯論終結後，審判長應於法庭上針對起訴事實的要旨、適用法條、被告與辯護人的主張要旨、證據能力及其他應注意的事項對陪審員進行說明（類似上述「說示」），陪審團於聽取上開說明後，原則上應在法官不得干預的情形下，獨立進行就起訴事實被告有無犯罪的評議，若能得到全員一致的結論，即以此為評決，截至此階段，韓國制度與一般的陪審制並無不同。但值得注意的是，法官僅係「原則上」不得干預陪審團評議過程，但若有過半數陪審員提出要求，參與審判之法官即得於陪審團評議時表示意見（任意性聽取意見），法官在對陪審員發表意見時，雖然不能直接陳述被告有無犯罪之意見（國民刑事審判參與規則第41條第5項參照），但仍得發表其對於爭點整理及證據價值判斷的意見，[238] 法官陳述意見後，仍由陪審團獨立進行評議，法官不得參與票決。但若陪審團嗣後就被告有無犯罪無法達成一致結論時，韓國國民參與審判法另規定，陪審團必須聽取參與該案審判法官之意見（強制性聽取意見），法官陳述意見之規範與上述任意性聽取意見之情形相同，惟法官陳述意見後，陪審團獨立進行評議時，則不再要求應達成全員一致之結論，只要有過半數之多數，即得以此為評決，上述讓法官得以對陪審員表露心證的作法，當然可以一定程度地避免陪審團作出與職業法官心證相反的評決，但此種立法方式，實與傳統的陪審制，存

238　李銀模，同註214，頁71。

有很大的差異。

　　但不論陪審團之評決是以全員一致或是過半數多數決之方式產生，陪審團之評決均不拘束法官，亦即陪審團之評決對於法官而言，僅有勸告的效力，法官固然可以採取與陪審團評決相同之結論，但亦可以全部或一部採取陪審團評決不同之結論，然若法官經合議後採取與陪審員評決不同之結論時，必須於宣告判決 239 時對被告說明其理由，亦必須於判決書中敘明其理由。當評決為有罪時，陪審員應與法官共同進行量刑之討論並陳述其意見，但並非以陪審團共同結論（評決）之方式表達量刑意見，而僅是由陪審員個別陳述對於量刑之意見，當然，此種陪審員對於量刑之個別意見，亦不拘束法官，且法官在量刑宣告與陪審員個別意見不同時，依規定之反面解釋，亦無須於宣示判決時或撰寫判決書時說明其理由。

　　考韓國國民參與刑事審判制度所以採取「無拘束力的陪審團評決制」，其主要理由與前述「被告聲請制」相同，是為了迴避違憲的爭議，蓋法官既然不受陪審團評決之拘束，而能獨立進行判斷，自無違反韓國憲法第 27 條第 1 項規定：「所有國民，均擁有接受憲法及法律所定法官依法律審判之權利。」之虞。但不能諱言的是，此一制度設計，當然也隱含了「法官見解較為優越」的傳統觀念，這從另外有陪審團在評議時任意或強制的「聽取法官意見」的規定，更可獲得驗證；而要求法官需於結論與陪審團評決不同時說明其理由，雖然是對於陪審團評決的尊重，但「尊重」畢竟與「遵守」有相當程度的差距，此種「無拘束力的陪審團評決制」是否能讓判決充分反映一般國民之健全社會常識、引發國民對於司法參與之興趣與熱誠、進而提升國民對於司法之信賴？實不無思考的空間，故論者認為在試行階段結束後，應該使評決具有拘束法院的效力，若仍有疑慮，則應進一步增加陪審員之人數，在陪審團達

---

239 依韓國刑事訴訟法規定，辯論終結、評議後，當日即應宣示判決。

於全員一致或是絕對多數意見時，即具有拘束法院之效力，若法官無論如何無法接受陪審團之評決時，必須充分說明其理由後，始能拒絕遵守陪審團之評決。[240]

　　受到「無拘束力的陪審團評決制」之影響，對於陪審團無法達成全員一致之評決時之制度設計，立法時雖有仿造其他國家陪審制度，重新進行審理或改採特別多數決之建議，但考量到陪審團評決既然沒有拘束力，如果重新進行審理，將造成時間、經濟上重大損失，且陪審團評決既然沒有拘束力，採行特別多數決亦無特別意義，故最後決定，若陪審團無法達成全員一致之評決時，得僅以過半數多數決為評決標準。[241]

　　依據統計資料，從 2008 年 1 月 1 日起至 2011 年 12 月 31 日止，審理完畢之 574 件案件中，有 520 件（90.6%）陪審團評決與最後判決結論一致，但另有 54 件（9.4%）陪審團評決結論與最後判決結論不一致，其中 4 件是陪審團主張有罪、但法院判決無罪，另有 31 件為陪審團主張無罪、但法院判決有罪，其餘 19 件則為數罪併罰案件，陪審團評決與判決一部分出現歧異。[242]

　　另外值得觀察的是實行國民參與刑事審判案件的無罪率。依據統計資料顯示，從 2008 年 1 月 1 日起至 2011 年 12 月 31 日止，審理完畢之 574 件案件中，有 48 件為無罪判決（含一部無罪的 16 件、無罪率為8.4%），比起同時期各級法院刑事合議案件之第一審無罪率 3.3%，實施國民參與刑事審判制度案件之無罪率明顯高於平均值，輔以前述陪審團為無罪評決比例較高之統計資料來看，似可謂陪審團之評決雖無法定之拘束力，但仍一定程度地影響了法院判決結果。

　　韓國國民參與刑事審判制度設計了一個容許過半數多數決為評決、

240　韓寅燮，同註 208，頁 39。
241　趙炳宣，同註 212，頁 98。
242　韓國大法院司法支援室，2008 年～ 2011 年國民參與審判之成果分析，2012 年 2 月。

且無拘束力的陪審制，本文認為另有三個值得觀察的面向。其一，評決有兩種可能的方式，一為全體一致，另一為過半數多數決，對於法官而言，當然比較容易傾向於尊重全體一致之評決，而輕忽過半數多數決產生之評決；其二，法官若不接受陪審團之評決，即需於於宣示判決時或撰寫判決書時說明其理由，對於法官而言，在判決中說明不贊成陪審團評決之理由，實係多出來的煩瑣工作，從審判心理上來看，是否會導致法官傾向於盡可能接受陪審團之評決，以規避說明理由的麻煩，進而使陪審團評決具有一定程度的事實上拘束力？[243] 亦值得觀察，至少前述無罪率較高的統計資料，一定程度地證明了這種傾向；其三，在評決與判決不一致時，評決雖然不具拘束力，但判決又必須說明不依循評決的理由，不論判決是否能充分說明理由，此部分歧異往往即成為「現成的」上訴理由，此觀諸後述韓國國民參與審判程序判決之第二審上訴率高於一般案件之平均數，即可驗證，且依統計資料顯示，在上述評決與判決不一致之 54 件案件中，有 2 件上訴審即撤銷原判決，改採陪審團評決之結論。

（六）上訴審——維持既有「續審制」構造

韓國的刑事第二審上訴，基本上採取「續審制」的訴訟構造，亦即第二審法院原則上以第一審法院已經調查之證據為判斷之基礎，但亦得進行新證據的調查，且不論是本於舊有證據或新證據，只要第二審法院之心證與第一審法院不符時，均得撤銷第一審判決自為判決。此與我國現行刑事第二審上訴採取「覆審制」的訴訟構造相似，蓋我國第二審法院除了原則上應該重新調查所有第一審法院已經調查過之證據外，當然亦得進行新證據的調查，只要第二審法院之心證與第一審法院不符時，均得撤銷第一審判決自為判決。

---

243 亦有基此即認為陪審團評決對於法院有事實上拘束力者，參見申東雲，同註
219，頁 192。

　　韓國引進國民參與刑事審判制度後，針對第二審上訴之訴訟構造是否仍應維持現有「續審制」，曾有熱烈之討論，蓋從重視陪審員所代表之健全社會常識、尊重第一審行國民參與審判程序所為之判斷的角度來看，若第二審仍採「續審制」，由職業法官進行補充性證據調查後，即得輕易撤銷第一審判決，似乎有違反國民參與刑事審判制度精神，忽視國民參與刑事審判制度的意義之虞，故有主張應該重新建構適於國民參與刑事審判制度之上訴審構造，縱使因為顧慮到誤判救濟的需要，不能如美國陪審制度一般嚴格限制上訴（尤其是檢察官的上訴），亦應參照日本刑事訴訟法，改採「事後審制」之訴訟構造，亦即第二審不再進行新證據之調查，僅能審查第一審判決有無法律規定應撤銷之情形，若應撤銷，第二審亦不得自為判決，僅能發回第一審法院重新審理。[244]

　　但韓國最後並未針對國民參與刑事審判制度進行第二審訴訟構造的改革，仍然維持既有「續審制」的訴訟構造，本文認為原因有二：一方面，若僅針對國民參與刑事審判制度適用新的第二審訴訟構造（如前述「事後審制」），將與其他案件仍然適用舊有「續審制」之訴訟構造產生矛盾扦格之處，在其他案件之第二審訴訟構造沒有配合修正的前提下，被告若因此擔心適用國民參與審判程序並受有罪判決後，恐怕無法順利獲得救濟，可能會更不願意適用國民參與審判程序；另一方面，由於韓國的國民參與刑事審判制度中陪審團之評決並無拘束該案第一審法官的效力，故不問第一審判決是否與陪審團評決相同，第一審判決均可視為職業法官的判決，與一般不適用國民參與審判程序之案件並無不同，故第二審仍不妨由職業法官以前述「續審制」的方式進行審理。

　　從統計資料來看，2008 年 1 月 1 日起至 2011 年 12 月 31 日止，適用國民參與審判程序審理完畢之 574 件案件中，上訴率達 85.5%，其中檢察官之上訴率達 50.2%，相較於此，一般刑事案件上訴率為 68.0%，

---

244 李銀模，同註 214，頁 75。

檢察官之上訴率則為 23.3%，兩者相較，國民參審審判程序案件之上訴
率高於其他非國民參與審判之案件，其中尤以檢察官之上訴率提升程度
最為明顯，分析韓國國民參與審判案件上訴率偏高，有認為是因為適用
國民參與審判程序的案件本來就是重大案件，且有部分案件判決之量刑
明顯輕於檢察官求刑之故，[245] 亦有認為此係因為國民參與審判案件之無
罪率過高所致。[246] 但不論原因為何，檢察官上訴率偏高，代表檢察官對
於經由國民參與審判、評決的第一審判決缺乏尊重，長此以往，對於韓
國國民參與刑事審判制度的成長，恐有不良的影響。

　　所幸韓國的第二審法院多能尊重第一審適用國民參與審判程序所為
之判決，不會輕易撤銷，依統計資料，適用國民參與審判程序之案件經
上訴第二審者，其中 76.0% 駁回上訴，僅 23.1% 撤銷原判決，而同時
期高等法院之撤銷率為 40.6%。又高等法院撤銷第一審適用國民參與審
判程序之判決後，變更原有量刑之比例為 36.2%，亦低於同時期高等法
院之量刑變更率 56.6%。

　　茲以圖表整理日、韓二國國民參與刑事審判制度內容之異同如下：

245　今井輝幸，同註 206，頁 35。
246　李仁碩，同註 217，頁 34。

圖表 6　日、韓二國國民參與刑事審判制度內容異同比較表

	國別	日本	韓國
法律	制度名稱	關於裁判員參加之刑事審判之法律（裁判員制度）	關於國民之參與刑事審判之法律（國民參與刑事審判制度）
	定性	確定制度（但施行 3 年後要進行檢討）	試行制度（施行 5 年後決定最終型態）
	立法通過日	2004.5.28	2007.6.1
	施行日	2009.5.21	2008.1.1
	參與審判國民的名稱	裁判員	陪審員
法院組成	參與審判國民的來源	一般國民	一般國民
	參與法官、國民人數	法官 3 人＋裁判員 6 人 法官 1 人＋裁判員 4 人	法官 3 人＋陪審員 9 人 法官 3 人＋陪審員 7 人 法官 3 人＋陪審員 5 人
	備位參與者	不超過裁判員之人數	5 人以內（評議前不公開）
	國民參與審判的時間久暫	僅負責單一個案，依該個案而定	僅負責單一個案，依該個案而定
	參與審判國民在法庭的席位	與法官坐在一起，坐在法官左右兩側	獨立一區，坐在法官席右下方
	選任程序	3 階段	1 階段
	選任程序是否公開	不公開	不公開
適用對象	適用案件	重大案件（最重本刑為死刑、無期徒刑，以及故意犯罪使被害人死亡之法定合議案件）	法定合議案件（2012.7.1 起）
	被告認罪是否排除適用	否	否
	被告可否選擇	不可以（不論被告個人意願）	可以（被告主動聲請，聲請後可以撤回）
	法院可否排除適用	可以（範圍較窄）	可以（範圍較寬）

國別	日本	韓國
是否一定要進行準備程序	是	是
準備程序是否公開	不公開	公開
參與審判國民的職權	與法官一起進行事實認定、適用法律與量刑	就事實認定、適用法律陳述意見並形成多數意見，由法官另行評議以決定是否採納（量刑部分僅得單純陳述其個人意見）

審理程序

國別	日本	韓國
參與審判之國民可否事先接觸偵查中卷證資料	不可以	不可以
參與審判之國民可否參與證據能力之判斷	審判中進行者，經審判長同意時，得陳述意見	不可以
法官與參與審判國民有無私下相互交換意見、討論之機會	有（如審前說明、中間評議、終局評議）	原則上沒有（僅於評議時因陪審員過半數聲請，或無法評決時始可聽取法官之陳述意見）
參與審判的國民可否直接訊問被告或證人	可以（經審判長許可）	不可以（僅能由審判長代為訊問）
合議庭評議表決方式	1. 法官與參審員一起評議表決 2. 普通多數決，但有罪評決中至少需有 1 名法官之贊成意見	1. 陪審員單獨評議表決（原則上一致決，例外普通多數決） 2. 法官單獨評議表決（普通多數決） 3. 陪審團評議結論對於法官並無法律上拘束力，但法官如不贊成，應於判決理由中說明 4. 量刑部分陪審員僅能陳述個人意見
上訴制度	事後審兼續審制	續審制

伍、結語──日本國民參與刑事審判制度給我們的啟發

　　日本、韓國在 21 世紀伊始，均不約而同地引進國民參與刑事審判制度，而我國自從 20 世紀末葉，相關的討論乃至於立法嘗試，亦未曾停歇。相較於此，歐美國家引進國民參與刑事審判制度，乃是距今至少百年以前的事情了；更何況，日、韓兩國不論是地理位置、歷史文化、法律制度、社會結構等各方面，均與我國更為接近、類似，「他山之石可以攻錯」，日、韓兩國近幾年將國民參與刑事審判制度立法化的經驗，比起歐美國家，實值得我國引進此制度之際參考。

　　再者，日本在制度引進過程中引發的討論，又較韓國更為廣泛、深入且完整，甚至可以說，韓國在制度設計時的許多考量，也是參考日本經驗而來；加上日本在 1928 年至 1943 年間，已經有了一段短期的實施經驗，故日本的國民參與刑事審判制度引進過程與實施經驗，顯然更值得我國借鏡。

　　綜觀日本國民參與刑事審判制度的發展過程，實可以給予我們下列啟發：

（一）違憲爭議無從迴避，必須認真面對與解決

　　觀察日、韓兩國引進國民參與刑事審判制度的過程中，「難道沒有違憲嗎？」此一疑問均不斷縈繞在論者心中，即使是支持引進國民參與刑事審判制度者，亦有不少人擔心此舉會違反憲法，更遑論反對支持引進國民參與刑事審判制度者，即以「違憲」作為最堂而皇之反對的理由。在我國嘗試引進國民參與審判制度的過程中，相關違憲的質疑，也不斷地被提出來。[247]

---

[247] 參見司法院 77 年司法會議紀錄（第 2 次大會）中與會者之發言，司法院參審試行條例研究資料彙編（一），1992 年 6 月，頁 52 以下；司法院研擬參審試行條例第一次會議記錄，司法院參審試行條例研究資料彙編（一），1992 年 6 月，頁 71 以下；全國司法改革會議分組會議議題及紀錄（第一組），全國司法改革會議實錄

　　相對於歐美國家引進國民參與審判制度以來，鮮少聽聞有產生違憲爭議者，東亞各國引進國民參與審判制度之時，卻引發強烈的違憲爭議，此中緣由實耐人尋味，淺略地來說，至少有以下兩個理由，是東亞這一波制度引進浪潮，與歐美不同之處：

　　（1）東亞國家是憲政實施多年以後才開始引進國民參與刑事審判制度：

　　相較於歐美國家的國民參與刑事審判制度發展的歷史，均早於該國現行憲法的實施；東亞國家乃是憲政實施多年後，才開始嘗試引進國民參與刑事審判制度，不僅立憲者並未以「預留國民參與審判制度存在空間」的角度設計憲法，憲政實施後的相關憲政運作、解釋、論述，也是在「純由職業法官審判」的前提下進行，時日一久，自然產生「國民參與刑事審判制度可能違憲」的疑問。

　　（2）東亞國家仍有強烈的菁英統治情結：

　　東亞國家長期以來受到中央集權統治，司法審判原本就是中央權力的延伸，並由具備豐富學識、獲得授權、享有一定社會地位的統治菁英來執行，此一情勢，並未因為政體的更迭而出現明顯變化，甚至與「維護良好治安」、「忠實執行法律」等等社會正面價值緊密結合。即使對於司法審判的現狀不滿，論者亦多是尋求如何求其精進，而非改弦更張、以一般國民取而代之。故一旦引進國民參與刑事審判制度，不僅統治菁英（如法官、檢察官）將因為既有權力被剝奪而惶恐不安，甚至一般國民都擔心此一制度將破壞既有法制所建立的各種正面價值，在無法尋找出支持引進國民參與刑事審判制度堅強的憲政上理由之下，相關的違憲爭議，也就會不斷地被提出。

　　對於東亞國家而言，既然違憲爭議無從迴避，如何正面面對、嘗試解決，並尋求憲法對於「司法權建制的憲政原理」（司法院釋字第 436

　　（下），初版，1999 年 11 月，頁 957 以下；國民參審試行條例初稿、第 2 稿歷次公聽會紀錄，司法院內部資料，未出版。

號解釋用語）所劃定的底線？甚至尋求國民參與審判的正面價值，即成為必須審慎處理的問題。

（二）國民參與刑事審判制度基本理念的多樣化

相較於百年以前歐美國家引進國民參與刑事審判制度時，其基本理念乃是作為「民主政治、自由主義在司法審判的實現」，百年以後東亞國家引進國民參與刑事審判制度時，其基本理念則非單純的「司法民主化」所能概括，甚至這一波制度引進浪潮真正的立法宗旨已經不是「司法民主化」，而是「增進國民對於司法的信賴（強化司法的正當性）」、「促進刑事訴訟程序的再改革」等等。

如果說「司法的民主化」是賦予國民參與刑事審判制度的「政治性目的」，則「增進國民對於司法的信賴（強化司法的正當性）」、「促進刑事訴訟程序的再改革」毋寧是回歸司法本身，具有其「司法性目的」。考所以會對國民參與刑事審判制度之立法宗旨有如此不同的界定，除了時至今日「司法民主化」此一理念是否正當？有再作檢討之必要外，更是由於司法運作本身有了難以為繼的問題產生，國民參與刑事審判制度，毋寧即被視為解決這些問題的「創新方案」，而有引進的必要性。

（三）國民參與刑事審判制度的具體內容，乃是調和各方利益的「量身訂作」

觀諸日本大正陪審制與裁判員制度之異同，以及日本裁判員制度與韓國國民參與刑事審判制度的異同，吾人不難發現，國民參與刑事審判制度的具體內容，會因各國國情、需求而有歧異，甚至在同一個國家，也會因應時代變遷而出現歧異。事實上，從現代國民參與刑事審判制度的歷史演進，亦即從英國到美國、法國、德國，乃至於全世界各國的演進過程，即可窺知此種歧異，乃屬必然。

國民參與刑事審判制度的內容歧異，更與制度引進時所抱持的基本理念、立法目的不同有關，例如重視「司法民主化」者，當然會盡可能維持一般國民參與審判的實質影響力、決定力、排除法官的干預；相反

地，基於「增進國民對於司法的信賴（強化司法的正當性）」、「促進刑事訴訟程序的再改革」等基本理念者，則往往會盡可能以「強化現行審判的正當性」來進行制度設計。同樣地，期望國民參與刑事審判制度可以於審判中「引進多元意見」者，會盡可能增加參與審判國民的人數，以達到「多元」的目的；而僅期望此制度「反映健全社會常識與正當法律感情」者，則較無國民人數上的期待或要求。

　　但是，不論詳細內容如何歧異的國民參與刑事審判制度，均可以大致歸類為「陪審制」與「參審制」，雖然時至今日，有許多國家的國民參與刑事審判制度乃是兼含有此兩種制度的色彩，但亦必然有所側重，故在進行制度設計之前，仍必須先決定制度的走向究竟是要偏向陪審制？還是要偏向參審制？始能進行進一步的規劃。

　　再者，設計國民參與刑事審判制度時，其具體內容既然並無標準答案，則立法者勢必要以調和各方利益的思維進行設計。例如，「如何確保審判品質？」與「如何減少參與審判一般國民的負擔？」的調和，以及「如何實現國民參與審判的意義？」與「如何維繫法官審判的功能？」的調和，均為制度設計者不能迴避的問題，唯有充分斟酌各方利益、「量身訂作」的制度，才能符合各該國家的時代需求。

（四）國民參與刑事審判制度對於現行刑事訴訟程序的影響，必須審慎評估

　　最後，由於日本與我國均是先仿造、引進歐美的刑事訴訟程序，然後才考慮引進國民參與刑事審判制度，而與歐美等國在 18、19 世紀、刑事訴訟相關規定尚未完備之際，即有國民參與刑事審判制度的情形不同，故兩者間的調和即有探究之必要，申言之，國民參與刑事審判制度對於現行刑事訴訟程序將會產生何等影響？現行刑事訴訟程序（如第一審審判程序、第二審審理構造等）有無配合國民參與刑事審判制度進行改革之必要？亦有配合檢討之必要，此亦為日本法制經驗對於我國引進國民參與刑事審判制度的啟發。

第四章
國民參與刑事審判制度的基本理念

壹、前言

任何制度的出現，必有其實際上的需要，而任何制度要能夠順利運作下去，亦必須擁有存續之理由，國民參與刑事審判制度——不論是陪審、參審、裁判員制度、或是人民觀審制度，亦無例外。

國民參與刑事審判制度，包含陪審制、參審制、日本裁判員制、韓國國民參與裁判制度，乃至於我國正在推動立法的人民觀審制度，均是讓未受過法律專業訓練的一般國民，參與刑事審判的過程，甚至擁有決定判決全部或部分內容的全部或部分權力。對於我國此種長期習於由國家委派、受過法律專業訓練、具備獨立性及身分保障的職業法官負責審判的國家而言，要建立打破舊有慣習的國民參與刑事審判制度，即必須先界定其基本理念（必要性）為何，然後始能本於其基本理念進行細部的制度設計，倘未能掌握其基本理念，即率爾進行制度設計，則不僅制度本身可能出現相互矛盾、說理混亂之虞，甚至會造成制度內容危害立法目的的局面，而不利於制度的扎根、存續。

從歷史溯源的角度來看，現代的國民參與刑事審判制度，可以溯自 11 世紀英格蘭建立的陪審制度。當時陪審制度的基本理念，乃是因應神判等宗教性、自然力量的審判方式被迫廢止後，英格蘭國王考量到地方分治的現實，無力強勢介入地方紛爭，卻又希望可以在審判過程牟取裁判費用、沒收財產等利益，所構思出來的一種與地方勢力妥協的審判方式，亦即當時的陪審制度，具有「尊重地方分權」的意味存在；此

一制度雖經過長時間演變，在抑制中央權力方面仍然具有相當重要的意義，而與現代司法的使命──保障少數人的合法自由權利不謀而合。此一制度其後不但為英國的前殖民地──美國所繼受，並於 18 世紀的法國大革命之後經由法國引入歐陸，當時美、法兩國引進陪審制度的基本理念，仍然著重於該制度保障少數人的合法自由權利的「自由主義」精神。

到了 1830 年代，美國出現「傑克遜式民主（Jacksonian democracy）」的政治思潮，將陪審制度理解為一種政治制度，乃「民主主義」的具體實現，其時訪問美國的法國政治家托克維爾（Alexis de Tocqueville，1805-1859）對此見解大表折服，並著書引介到全世界，一時之間，陪審制度從單純的司法制度「升格」而為政治制度，成為世界各國所有仰慕美式民主政治的立法者所亟欲引進的制度，此時引進國民參與審判制度的基本理念，厥為「實現國民主權」與「司法民主化」。

但隨著民主政治日益健全發展、三權分立的體制逐漸確立，國民主權有諸多立法、行政的管道可以實現、伸張，而司法權的內涵、使命與獨立性亦告完備，此時再以「實現國民主權、司法民主化」來界定國民參與審判制度，即顯得與司法的固有使命格格不入，即使回頭以「保障少數人的自由權利」來界定此制度，亦不無疊床架屋、徒勞費事之感。故不僅德國、法國先後廢除陪審制改行參審制，連英、美等國的陪審制也逐漸縮小其適用範圍或簡化其程序，更遑論英國的遠東殖民地──新加坡、馬來西亞均先後廢除陪審制度，248 而參審制的運作成效也深受批評，國民參與刑事審判制度似有日薄西山、氣息奄奄之感，

但從 20 世紀末葉開始，遠在東亞的日本、韓國及我國，又開始積極地討論是否要引進國民參與刑事審判制度，其中日本更是經歷過戰前

248　新加坡於 1969 年廢除陪審制度、馬來西亞則於 1995 年廢除陪審制度。

陪審制（1928-1943）的失敗後，不畏前車之鑑，急著要重作馮婦，此中的緣由，亦即引進國民參與刑事審判制度的基本理念為何？即有探尋之必要。有論者找回美國「傑克遜式民主」時代的理由，視之為「實現國民主權、司法民主化」，也有論者更向古遠處尋覓，定義為「自由主義精神的實現」，更有論者以「提升國民對於司法的理解與信賴」來為此一制度定位，或是逕自視為「促進刑事訴訟程序再改革」的一帖靈藥。

　　日本、韓國及我國相關法案對於引進國民參與審判制度的基本理念為何，更是各有論述、見解紛陳。例如日本裁判員法第 1 條規定：「本法，有鑑於自國民中選任之裁判員與法官共同參與刑事訴訟程序有助於<u>增進國民對於司法之理解、提高國民之信賴</u>，就裁判員參與之刑事審判，規定裁判所法及刑事訴訟之特則及其他必要之事項。」韓國國民參與刑事審判法第 1 條則規定：「本法之目的為，為了<u>提高司法的民主正當性與信賴</u>而施行國民之參與刑事審判制度之際，規定審判程序之特則及其他必要之事項，以明確國民參與所伴隨之權限與責任。」我國國民參審試行條例草案（第 2 稿、2007 年 8 月）第 1 條規定：「為使國民參與刑事訴訟程序，<u>增進司法之民主化</u>，特制定本條例。」[249] 我國人民觀審試行條例草案（定稿、2012 年 6 月）第 1 條規定：「為<u>提升司法之透明度，反映人民正當法律感情，增進人民對於司法之瞭解及信賴</u>，特制定本條例。」

　　本文嘗試將論者曾經提出、有關國民參與刑事審判制度的基本理念，區分為「國民主權、司法民主化」、「強化司法之民主正當性」、「民主教育」、「提升國民對於司法的理解與信賴、強化司法的正當性基

---

[249] 我國刑事參審試行條例草案（1994 年 3 月）第 1 條僅規定：「為試行國民參與刑事審判，特制定本條例。」並無立法宗旨之說明；又專家參審試行條例草案（2003 年 12 月）第 1 條雖規定：「為增進法院於裁判上認事用法之適當性，保護訴訟當事人之利益，提升國民對司法之信賴，特制定本條例。」然此為專家參審，而非國民參與審判，立論點不同，故不予引用。

礎」、「促進刑事訴訟程序的再改革」等幾個段落，分別剖析觀照，期能正確界定國民參與刑事審判制度的基本理念，以利後續制度檢討的開展與聚焦。

貳、國民主權、司法民主化的迷思

一、「國民主權、司法民主化」與司法固有使命的衝突

如前所述，將國民參與刑事審判制度，尤其是將陪審制度理解為民主政治之一環，甚至凌駕、取代其原本所具有自由主義、地方分權等價值的，乃是源於美國 1830 年代以降的「傑克遜式民主」，並為法國政治家托克維爾（Alexis de Tocqueville）引介到全世界，影響了許多人對國民參與刑事審判制度的理解與期待，而談到引進國民參與刑事審判制度的基本理念為何？最常被提起的，無寧即為此一論點——「司法民主化」。

所謂司法的民主化，簡言之，係指以一般國民之多數意志、不問直接或間接、一定程度地影響或決定司法體系之構成或運作。廣義而言，人民選出代表組成國會以制定法律要求法院遵行、法官由人民選舉產生等等，從民主主義的觀點，均可以視為「司法的民主化」。此外，國民參與審判，也被論者認為是司法民主化的直接實現。

蓋民主國家，政府的所有權力均來自於全體國民之授權、託付（即所謂「國民主權」），政府只是全體國民的「代理人」、主權的「受雇人」，代替國民行使治權，故國民不僅有權要求政府行事應該尊重民意，甚至可以「取而代之」「拿回權力」，由國民直接行使治權，刑事司法的情形亦無不同。[250] 此外，持「司法民主化」論點者，幾乎都會傾向

---

[250] 相同論點，見尤伯祥，論國民參與審判——以歷史與比較法的考察為基礎，檢察新論，11 期，2012 年 1 月，頁 271。

於採行陪審制。蓋既然是以「實現國民主權」「司法民主化」的觀點來看待國民參與刑事審判制度，即應由一般國民親自運作司法權，即使為了「遵守法律」，而必須讓職業法官有一定程度的參與，但職業法官的角色僅近似於法庭上的「顧問」或「司儀」，只是為了讓法律能夠盡可能地被正確地解釋與適用，以及使訴訟程序運作順暢，因而進行必要的法律說明與訴訟指揮而已。案件真正的判斷者則是參與審判的國民，從而職業法官在合議庭中，不僅人數應該愈少愈好，其決定權也應該愈小愈好，以此觀之，讓陪審團全權決定事實認定的「陪審制」，才是符合「實現國民主權」「司法民主化」的最佳選擇。至於讓職業法官與一般國民共同進行審判、擁有相等表決權力，甚至讓職業法官擁有主導權及許多專屬權力的「參審制」，則非「實現國民主權」的正確選擇。

「司法民主化」、「實現國民主權」這樣的觀點，在民主被視為國家最高價值的前提下，不能不說的確簡潔有力、打動人心。但是，這樣的思維卻有許多方面的盲點。

首先，既然是所謂司法民主化，當然必須在司法審判中體現多數國民的意志，然而，參與審判的國民無論如何選任，事實上均不可能成為全體國民的代表。[251] 之所以再怎麼標榜「司法民主化、國民主權」的國家，都不可能引進「全民公審」、「國會審判」，其實也就是對於司法是否適於用民主的方式來實現存有疑慮。因此，參與刑事審判的國民所做出的判決，並不能說是國民總體意志展現的「民主判決」，所以如果說讓國民參與刑事審判就等於達成了司法的民主化、實現了國民主權，從此一角度來看，就不免顯得過份牽強。

251　長尾一紘，裁判員制度と日本国憲法，現代刑事法，32号，特集「裁判員制度導入の諸問題」，2001年12月，頁34；何賴傑，司法的民主化與平民化——論德國刑事參審，司法改革雜誌，83期，2011年4月，頁38；陳運財，國民參與刑事審判之研究——兼評日本裁判員制度，月旦法學雜誌，第180期，2010年5月，頁134；林俊益、林信旭，人民參與審判初探——以人民觀審試行條例草案初稿為中心，全國律師，16卷4期，2012年4月，頁8。

　　其次，對於司法民主化論者更具致命性的質疑，則是「司法是否適於用民主的方式來實現？」對此，日本學者兼子一教授（1906-1973），曾有如下擲地有聲的論述：「在民主法治國家，司法的使命，乃是作為避免少數人之自由被多數意思之壓力壓迫而窒息的安全瓣，以及避免國政極端偏離方向的調節器，以此觀之，如果法院的組織與立法或行政部門相同，亦以多數意見決之，即有危險之感。民主主義之下，立法或行政之政黨化或階級化，固屬自然，但司法亦如此的話，對於其上開使命，即有致命的危害。即使面對政爭或階級鬥爭，司法亦必須擔任在憲法劃定的界限內，監視有無公平比賽的公正裁判一職。雖然看來矛盾，但可說『司法的非民主化』才是『民主主義的合理運用』。此即民主司法所必須面對的『雙刀論法』。」[252]

　　析論之，在民主國家，國民成為國家之統治主體，統治者與被統治者之對立狀態消滅，擁有直接民意之國會，遂成為三權中獨大者。然在國民之政治意識尚不健全之情形下，卻又易於出現國家政策過度搖擺偏激行事之危險，且政黨對立或階級鬥爭激烈時，往往出現多數壓制少數之情形，此際，司法權若完全為國民多數意志所操控，將演成露骨之黨派司法或階級司法，民主主義過度擴張之結果，反成為獨裁制度或集體主義。

　　為避免上述事態之發生，凡民主國家，必須先制定非可輕易變更之憲法，使立法權受到憲法之制約，再由國會制定抽象、適用於多數個案的法律，由司法權忠實地遵行、適用，同時使司法權更加獨立化，不受多數意見之左右，在不告不理原則下，職司審理關於個人人權遭受侵害之紛爭事件，以保障少數人的自由不為多數人的民主所侵害，此即為司法的固有使命。[253]

　　為達成司法固有使命，審判者必須以事前存在、抽象而客觀之「法

252　兼子一、竹下守夫，裁判法，4 版，1999 年 10 月，頁 24。

253　兼子一、竹下守夫，同註 252，頁 15 以下。

律」為判斷解決紛爭之唯一標準，此即為司法「正當性（legitimacy）」之來源。隨著時代演進，實體法律愈趨完備、愈重視正當法律程序之要求而進行訴訟程序之改良（如言詞審理、公開法庭）、法官亦愈具備解釋適用法律所需之專業知識及對於法律之遵從感，上述改進則更強化了司法「正當性」。於此一觀點下，司法權之行使應該被排除在民主主義的原則之外，亦即司法具有非民主性的意味，[254] 亦可說係藉由抑制一定程度之民主化的要求，來取得司法權乃至於審判的實質價值。[255]

　　當然，司法具有非民主性之意味，並非表示司法具有恣意性或秘密性而不受外界監督批評，諸如法官應服膺於由國會以多數決方式制定之法律，審判時原則上應以公開法庭為之、俾利隨時受到一般國民的監督[256]（刑事訴訟法第 379 條第 4 款），並接受輿論及一般國民對於判決之批評等，均屬適例，但此與在司法審判過程中實現國民主權之「司法民主化」終究有異，上開監督無寧是為了確保法院行使司法權之公正性，強化司法之正當性，而非欲藉此實現司法之民主化。[257]

　　綜上，本文認為在現代民主國家，所謂民主化，在司法之領域，所表彰者乃是抽象、通案的「法律」，而不是具體、個案的「司法審判」。亦即在現代民主國家中，應由一般國民中選舉產生的民意代表制定抽象、適用於通案的法律，以期讓國家與人民，人民與人民之間的行為規

254　市川正人，於「裁判員制度の可能性と課題座談会」中之發言，載：法律時報，77 卷 4 号，特集「裁判員制度の總合的研究」，2005 年 4 月，頁 13。

255　戶松秀典，於「裁判員制度と日本国憲法」座談會中發言，載：判例タイムズ，1146 号，2004 年 6 月 1 日，頁 9。

256　兼子一、竹下守夫，同註 252，頁 17。

257　但在民主主義高漲之浪潮下，仍不乏司法民主化之其他例證，諸如司法院大法官由總統提名，經立法院同意任命之（憲法增修條文第 5 條第 1 項），日本由國會兩院議員組成針對法官彈劾與罷免之彈劾裁判所與訴追委員會（日本憲法第 64 條、國會法第 125 條至第 129 條）、最高裁判所法官之任命後審查及定期審查由國民行之（日本憲法第 79 條第 2 項至第 4 項）、乃至日本參眾兩院的國政調查權（日本憲法第 62 條）及我國之立法院調查權（釋字第 585 號解釋）等，但終究不能干涉司法之審判內容。

範，有恆定、齊一的標準，當國家與人民，人民與人民之間產生紛爭時，亦能有解決的適當機制，亦即在法律制定方面，必須符合民主化的標準；但就司法審判領域，則應該著重於正確認定事實、以及在具體個案中正確適用國會通過的抽象法律，作出正確妥適的判決，以此解決紛爭，亦即在司法審判中，講究獨立、專業、具備足以解決紛爭的正當性與權威性。以此觀之，法官只需就個案忠實地解釋、適用由國民代表組成之議會所制訂的法律，就已經實現了民主主義之下司法的使命，如果除了遵守法律之外，還要讓一般國民「一時的多數意志」貫徹到具體個案的判決上，則反而會妨礙司法忠實執行民主立法的使命，反而造成民主化的顛覆。[258] 從而司法民主化、實現國民主權的論點，實無法作為國民參與刑事審判制度的基本理念。

固然，引進國民參與刑事審判制度，也可能促進實體刑罰法律的改革。例如對於長期遭受家庭暴力因而憤而反擊、殺死施暴丈夫的不幸婦女，參與審判的國民可能希望低於法定刑下限來從輕量刑、甚至為免刑的判決，此時現有的刑罰法律（如正當防衛、期待可能性、殺人罪之法定刑等）可能即不敷使用，而有進行刑罰法律修正之必要，但國民參與刑事審判在實體刑罰法律之修正上，僅扮演「提醒者、促請注意者」的

258　棟居快行，陪審制の憲法問題：司法権の独立を中心として，成城法学，61 号，2000 年 3 月，頁 59；土井真一，同註 149，頁 272；蘇永欽，於人民觀審制之理論與實踐學術研討會之發言，載：臺灣法學雜誌，193 期，2012 年 2 月，頁 114。事實上，在某些允許下級法院法官進行違憲審查的國家（例如日本），若謂參與審判的國民為國民的代表，似即應賦予渠等與職業法官相當之違憲審查權，但事實上，相較於由國民全體選舉產生之國會議員所通過的立法，參與審判的一般國民實不具備足以抗衡的民意基礎，故給予參與審判的一般國民違憲審查權，賦予其否決國會通過法律的權限，實非允當。以此觀之，更足以確認，讓國民參與審判，實不宜單純以「司法的民主化」視之，參見竹下守夫，於司法制度改革審議會第 51 回（2001 年 3 月 13 日）會議之發言，轉引自裁判員制度・刑事檢討會第 6 回會議資料 2 ──裁判員制度に関する当面の憲法上の論点【資料編】，頁 5，網址：http://www.kantei.go.jp/jp/singi/sihou/kentoukai/saibanin/dai6/6siryou2.pdf，最後拜訪日：2011 年 5 月 26 日。

角色，真正能夠完成法律修正的，還是藉由民主選舉產生的立法者，而非參與審判的一般國民，故以國民參與刑事審判可能促進實體刑罰法律的改革，認為乃係司法民主化的實現，仍有跳躍推論的問題。

　　在日本裁判員制度立法過程中，雖然一開始也有將裁判員制度視為「實現國民、司法民主化」的主張，但竹下守夫教授於日本司法制度改革審議會第 32 次會議（2000 年 9 月 26 日）中主張：「日本國憲法並未主張唯有國民直接行使司法權、或是直接參與司法，才能在國民主權的前提下，賦予司法民主正統性的基礎……。憲法一方面，以議會內閣制為前提，在此議會內閣制之下由內閣任命（下級裁判所法官），或以此為前提（由天皇）任命最高裁判所法官，故所謂司法，應該解為要尋求不同於立法、行政的統治作用民主正統性。……所謂司法，考量到司法功能的特殊性，不外是與國民一時的意思或當時的輿論無關，在高度獨立性的保障之下，對於立法機關、司法機關的行為，依據法律進行審查，並保護國民的法律權利。從而，從國民主權直接推論與立法、行政相同，當然應該讓國民參與司法權的行使此一論點，乃是有論理上的跳躍。」其後，擔任日本裁判員制度・刑事檢討會座長（主席）之井上正仁教授，於該會第 15 次、第 24 次會議（2003 年 4 月 8 日、同年 9 月 11 日）中也明確指出：「導入裁判員制度的旨趣，未必可以直接從國民主權中直接推導出來。」「審議會意見書中，並未採取國民主權即等於國民因自律而得自行審判此種直線性的寫法，當然，由於司法權也是來自於國民，故在此意義下，可以將國民主權視為前提，但並不能因此直接導出應該容許國民參與司法。」[259] 均採相同的看法，可資參考。至此，有關以「實現國民主權、司法民主化」為裁判員制度基本理念的論

---

259 裁判員制度・刑事檢討会（第 15 回、第 24 回）議事録，網址：http://www.kantei.go.jp/jp/singi/sihou/kentoukai/saibanin/dai15/15gijiroku.html，http://www.kantei.go.jp/jp/singi/sihou/kentoukai/saibanin/dai24/24gijiroku.html，最後拜訪日期：2011 年 7 月 20 日。

述，在日本也逐漸銷聲匿跡。[260]

二、修正方案——強化司法的民主正當性

既然身為民主國家，所有國家機關的權力正當化依據都是來自於國民的授與，故民主乃是國家以及統治形式正當化的表徵，國家權力之建立與行使必須總能不間斷地由國民之意志所推導得出，或是能被追溯自國民意志之展現。[261] 在引進國民參與刑事審判制度時，倘若完全將「民主」、「國民主權」等概念置而不論，說服力似嫌薄弱，而難令識者認同。因此，一個修正「司法民主化」的論點順應提出，即「國民參與刑事審判制度可以『強化司法的民主正當性』」。

與主張「國民主權、司法民主化」論者不同之處在於，持「強化司法的民主正當性」論者認為審判者只需就個案忠實地解釋、適用由國民代表組成之議會所制訂的法律，就已經實現了民主主義之下司法的使命，並不認為一定要在具體個案中體現多數決民主、實現國民主權。

但主張「強化司法的民主正當性」的論者，對於職業法官是否能夠忠實地解釋、適用議會制訂的法律，則仍存有懷疑。蓋司法審判的過程中，並非機械性地解釋、適用法律，而是具有高度裁量空間與解釋餘地。一個經由民主過程制訂出來的法律，如果交由一個因為長期科層化（hierarchical）、官僚體系化、而喪失民主性格的職業法官來解釋、適用，結論往往適得其反，即使有所謂追尋立法者真意的「歷史解釋」，亦未必受到職業法官的重視，況且，對於立法已久之法律而言，「歷史解釋」更未必符合現今社會的需要，因此司法權的行使往往逸脫於民主國會所制定之法律本旨。讓一般國民參與審判，多少能夠讓審判者在解

---

260 柳瀨昇，裁判員制度の憲法理論，特集「裁判員裁判の実施に向けて」，法律時報，81 卷 1 号，2009 年 1 月，頁 64。

261 呂秉翰，審判制度之民主化——「國民參審試行條例草案」評析，刑事法雜誌，54 卷 1 期，2010 年 2 月，頁 66。

釋、適用法律時，將國民的意識與常識列入考慮，[262] 而更符合由國民代表組成之議會所制訂法律之本旨，緩和司法審判的法律專業傷害民主多數的感情，藉此即可「強化司法的民主正當性」。[263]

「強化司法的民主正當性」與「司法的民主化」不同之處，乃在於司法民主化的論理之下，凡是民主國家，為了彰顯國民主權，幾乎沒有不引進國民參與刑事審判制度的迴旋空間，而且幾乎只能接受陪審制度，而不能引進參審制度。但在強化司法民主正當性的論理之下，是否一定要引進國民參與刑事審判制度？即有討論的可能，如果認為司法的正當性僅能來自於民主與否，則仍然不能不引進國民參與刑事審判制度；反之，如果認為司法的正當性乃是多元的，民主與否只是其中一個來源，則縱使不引進國民參與刑事審判制度，只要可以以其他方式取得其他方面的正當性（例如增進判決的正確性、提升案件關係人對於判決的接受度等），亦非當然不可；又縱使決定引進國民參與審判制度，亦不侷限於陪審制度，也可引進參審制度，且只要有國民的參與、使法律解釋符合多數國民之本意，均可以用「民主正當性」來說明其基本理念。

上述「強化司法的民主正當性」論點，雖然並未如「實現國民主權、司法民主化」論者激進，但也多少表現出論者對於職業法官審判之司法現狀的不滿。相較於此，另有論者從「肯定現狀」的角度出發，賦予「強化司法的民主正當性」不同的詮釋。例如竹下守夫教授於日本司法制度改革審議會第 32 次會議（2000 年 9 月 26 日）中主張：「（前略）以此即認為『國民參與司法』即與司法的民主正統性毫無關係，本人亦不如此主張。在審判的過程中，如果藉由更向國民開放，以取得更

262　市川正人，国民参加と裁判員制度，法律時報，76 卷 10 号，2004 年 9 月，頁 42。

263　棟居快行，同註 258，頁 60；李念祖，人民參與審判之憲法爭議，司法院研議人民觀審制度系列專題演講，2011 年 5 月，頁 6。

廣泛而深入的國民的支持，將可以使司法取得更強固的民主正統性基
礎……。亦即並不是如果不允許國民參與，司法在國民主權之下即缺乏
正統性，或即否定其正當性，而是讓正當性在最小限度下獲得保障，期
望能夠取得更強固的國民主權基礎，或在正統性的基礎上建立司法，因
而讓國民參與司法。這樣來思考的話，問題乃在於可否讓國民更容易理
解審判的過程，以獲得更廣泛的支持，使司法的民主正統性在更強固的
基礎建立起來……。」[264] 亦即將司法的民主正當性，解為司法獲得國民
的理解與支持。嚴格而言，此論點並不要求司法因應國民參與審判，而
產生任何本質上的變化，只是希望藉由開放、向外展示的方式，讓原本
即已運作良好的司法可以獲得主權擁有者──國民的支持。

　　「強化司法的民主正當性」究竟應該解釋為國民參與審判，可以讓
法律解釋、適用更符合立法本旨？抑或應該解釋為國民參與審判，可以
讓司法獲得國民的理解與支持？乃涉及論者對於國民參與審判制度的主
觀期待不同，前者乃著重於「防止司法濫（誤）用其權力」，後者則側
重於「展現司法既有良好成效」。[265] 本文認為，讓國民參與刑事審判，
在部分案件中，確實可以讓法律解釋、適用經由國民的參與而更符合立
法本旨，而使司法獲得國民的信賴；但在大多數的案件中，職業法官就
法律的解釋、適用並無不當，故此時的著眼點乃在於法院向國民開放、
拉近一般國民與司法的距離，使刑事司法能夠獲得一般國民的理解與支
持。

　　再者，讓國民參與審判之基本理念，究竟應該稱為強化「司法的正
當性」？或稱為強化「司法的『民主』正當性」？本文認為此不過是觀
察角度不同所致。從司法本身的角度來觀察，讓國民參與審判，一如正

264　第 32 回司法制度改革審議會議事錄，網址：http://www.kantei.go.jp/jp/sihouseido/
　　dai32/32gijiroku.html，最後拜訪日期：2012 年 9 月 14 日。
265　田口守一，參審制度の憲法論，特集「刑事裁判への国民の参加」，現代刑事法，
　　27 号，2001 年 7 月，頁 33。

當法律程序的強調、法律條文的精緻化，均有助於強化司法的正當性，而無特別強調「民主」的必要性，否則似有忽略其他正當性來源之意味，更何況讓國民參與審判，其有助於強化司法正當性的，也並不侷限於「民主」一節而已（詳見本文後述）；但從民主主義的角度來觀察，讓國民參與審判，不僅是提高了司法的正當性，更重要的是提升了司法在「民主方面」的正當性，當然要特別加以強調。

不可諱言，「強化司法的『民主』正當性」乃是東亞民主國家引進國民參與審判制度，並拒絕「實現國民主權、司法民主化」此一論點之後，難以再揚棄不用的論述方式。故韓國國民參與刑事審判法第 1 條規定：「本法之目的為，為了提高司法的民主正當性（下略）」，日本司法制度改革審議會於 2000 年 11 月 20 日公布的「中間報告」謂：「從過度依存國家的體質中脫離，增強對於公共事務的積極態度的國民，使之參與審判的過程，於審判內容中反應國民的健全社會常識，藉此深化國民對於司法的理解、支持，<u>因此可以使司法確立更為強固的國民性基礎（民主的正統性）。在此意義下，訴訟程序中之國民參與實與國民主權的原理有其相關。</u>」[266] 乃至日本最高裁判所 2011 年 11 月 16 日平成 22 年（あ）第 1196 號大法廷判決認為裁判員制度乃是「藉由國民參與刑事審判以謀求強化民主性基礎」「本制度可以解釋為乃是顯示基於國民主權的理念，謀求強化司法的國民性基礎」，均可視為此種心態的展現。

---

[266] 司法制度改革審議會，中間報告，ジュリスト，1198 号，2001 年 4 月 10 日，頁 204。但其後的司法制度改革審議會意見書，則僅提及：「一般國民，參與審判的過程，於審判內容中反應國民的健全社會常識，藉此深化國民對於司法的理解、支持，因此可以使司法確立更為強固的國民性基礎。」前述「民主的正統性」、「訴訟程序中之國民參與實與國民主權的原理有其相關」均遭刪除。

參、另一種民主化——民主教育功能

使國民參與刑事審判，乃是國民參與各種公共事務之中，最具高權性質的事務，故從民主教育的立場來看，讓國民參與刑事審判，亦可教育、喚起一般國民對於公共事務之關心與奉獻，培養國民之公共意識。托克維爾（Alexis de Tocqueville）即認為「陪審制度不僅是確立人民的統治最有效的方法，也是教導人民應該如何統治最有效的方法。」「陪審制度可使所有人感覺到渠等對於社會負有義務，且共有社會的統治。陪審制度藉由使各人對於私事以外之人亦付出關心，與如同社會之霉的利己主義作戰。陪審制度使每一位陪審員學習其權利，如同是免費、且公開的學校。陪審制度是可行於社會之市民教育中最具效果之手段之一。」「美國人具有現實上睿智與政治上明智的主要理由，就是因為有長期參與民事陪審的經驗。」[267] 亦即藉由國民參與審判制度滲透進入一般國民的日常生活，實際教導人民何謂公正，以及教導人民對於自身行動要具備責任感的重要性，蓋沒有責任感，就沒有政治道德可言。[268]

其後，英國哲學家約翰・彌爾（John Stuart Mill，1806-1873）本於托克維爾所言，進一步闡釋陪審制度作為政治制度之意義，亦即在於「對於人民進行政治教育之功能」、「喚起人民對於公共事務之關心、給予人民參與公共事務之訓練機會」、「藉此經驗教育人民公共事務應該如何進行」、「在許多情形下，也許普通人民無法如政府官吏一般對於特定事務為精巧之處理，儘管如此，仍期待陪審制度可作為給予普通人民精神教育之手段，此係強化渠等之主體性能力、訓練渠等之判斷力、精通委託渠等處理之課題所需知識之方法。」、「各個市民所關心之利益或

---

267 常本照樹，國民の司法参加と憲法，ジュリスト，1198 号，臨時増刊「司法改革と国民参加」，2001 年 4 月，頁 161；Tocqueville, op. cit., p.40. 轉引自伊志嶺惠徹，司法への国民参加，樋口陽一、高橋和之編，現代立憲主義の展開（下），初版，頁 41；Tocqueville, op. cit., p.286. 轉引自三谷太一郎，同註 52，頁 10。

268 三谷太一郎，同註 52，頁 34。

義務，專門集中於其個人或家族，不僅公共之道德衰退，同時私的道德亦受到損害，積極對抗此種傾向之方法，即藉由使一般市民參與公共事務而獲得教育的效果，以此理由觀之，陪審制度係一種公共精神的學校（school of public spirit）。」[269]

相似看法，在日本裁判員法立法之際，亦屢見於相關文獻中，例如 2000 年 11 月 20 日「司法改革審議委員會中間報告」謂：「21 世紀的我國社會，國民應從目前伴隨統治客體意識，對於國家過度依賴的體質中脫離，在自我中培養公共意識，對於公共事務增強其主動之姿態，基於國民主權擔任統治構造的一翼之司法領域，亦應使承擔公共事務之國民得以秉持自律性與責任感，廣泛地參與司法運作之整體、以多樣型態參加之司法參加即有擴充之必要。」此一論點，[270] 並為其後 2001 年 6 月 12 日提出的「司法改革審議會意見書」所承繼。[271]

讓一般國民參與刑事審判，對於參與之國民而言，實具有「法治、民主教育」之功能。析言之，參與審判之國民倘能本於責任感，為了能夠在評議時提出有意義之見解，而努力參與、理解審判過程與內容，則該國民將能更理解刑事司法程序、增強其法治觀念、守法意識、責任感與公共意識，而隨著參與審判的國民結束審判工作後返回既有工作崗位、繼續日常生活，亦會將法律如何實現於個案、社會秩序維持的重要性、犯罪者心態的理解、犯罪被害的嚴重程度、正當法律程序與人性尊嚴的重要性等等觀念向外擴散傳播，藉此將法律觀念融入全體國民心中，亦使一般國民產生「公民」之自覺。[272]

此一法治、民主教育功能，對於欠缺完善公民社會基礎的我國尤

---

269 John S. Mill, "M. de Tocqueville on Democracy in America," Edinburgh Review, Oct. 1840, in Disserttations and Discussions: Philosophphical, and Historical, Vol. II, p. 25. 轉引自三谷太一郎，同註 11，頁 28。

270 司法制度改革審議会，同註 175，頁 204。

271 司法制度改革審議会，同註 176，頁 230。

272 田口守一，同註 165，頁 43。

其重要。蓋我國是從專制政體，透過革命一變而為民主政體，但對於絕大多數民眾乃至於政客而言，革命之後，「人民才是國家主人」這件事，則缺乏充足之認知，加上後續的領導人藉由穩定社會、安內攘外等理由，一再架空民主法制，不願實現真正的公民社會，而政府長期以來大量著力於振興經濟，媒體也只對聳動而淺略的單一事件有興趣，更造成公共議題乏人問津，公民社會在我國難以建立充足的基礎。但時至今日，政府對於社會的控制力逐漸減弱、人民對於自己既屬名義上主人、實際上卻又無力決定任何事務之處境漸感不滿、憤慨，於是一旦出現公共議題，不見理性討論分析，僅見情緒性之批評、以訛傳訛的傳述、含有政治等不純目的之攻訐，對於問題之深入理解與達成共識毫無助益。對此情形，如果能讓一般國民參與審判，即可以讓一般國民受到「公民」應有的「民主法治教育」，讓公眾議題有更理性討論的空間，而有助於形塑公民社會。

　　然而必須注意的是，讓一般國民參與審判，雖可以發揮民主教育的功能，但司法仍有其自身的使命必須達成，亦即讓參與審判的國民依循客觀的基準達成適切的審判。至於民主教育的功能，僅能視為因為制度運作妥當所生之「附隨效果」，並不宜作為國民參與審判的基本理念而一味倡議，否則實有將國民參與之刑事審判視為「國民教室」或「增廣國民見聞之機會」，產生捨本逐末之危機。[273]

273　高木俊夫，於「裁判員制度と日本国憲法」座談會中發言，載於判例タイムズ，1146 号，2004 年 6 月 1 日，頁 10；長谷部恭男，司法権の概念と裁判のあり方，ジュリスト，1222 号，2002 年 5 月，頁 146。

肆、提升國民對於司法的理解與信賴、強化司法的正當性基礎

一、我國的司法信賴危機

　　實施了數千年的君主專制之後，我國於 1911 年透過 1 次性的革命，一變而為所謂的民主政體。在革命之前，一般人民沒有參政權可言，更談不上參與法律之制定，所謂法官，也不過是君主為了維護其政權穩定性而派駐於各地的統治代理人，至於被告或告訴人，都只是統治之客體，只能仰求代表君主之法官能夠賜予有利於己之判決；加上法律規定與審判程序都具有高度的專業性，要使一般人民理解，更屬困難，遑論國家也並不打算讓人民理解，故被告或告訴人，對於司法判決，不是採取被迫順從接受的態度，就是採取批評質疑的立場，而其他人民，在人云亦云、以訛傳訛之下，對於司法審判，更充滿了恐懼、懷疑的複雜情緒。

　　即使我國改為民主政體已經 100 年，但一般國民對於司法的看法並沒有出現全面性的改善。首先，針對一般國民對於我國司法制度的理解程度，司法院於 2010 年 8 月 31 日至 9 月 19 日向臺灣地區 5,262 位年滿 20 歲民眾進行之「99 年一般民眾對司法認知調查」之電話訪問，以及同院於 2011 年 7 月 25 日至 8 月 10 日向臺灣地區 5,223 位年滿 20 歲民眾進行之「100 年一般民眾對司法認知調查」之電話訪問，[274] 回答「不了解臺灣司法制度（包括完全不了解、不太了解）」的民眾，從 2008 年的 67.9%、2009 年的 74.0%、2010 年的 74.6%，到 2011 年的 74.9%，不但不了解的比例始終居高不下，甚至出現逐年上升的趨勢。

　　再者，針對一般國民對於法官之信任程度，上開統計將「法官」

---

[274] 司法院統計處編，中華民國 100 年臺灣地區一般民眾對司法認知調查報告，2011 年 12 月，頁 16。司法院網站，網址：http://www.judicial.gov.tw/juds/4_u99.pdf，最後拜訪日期：2012 年 8 月 28 日。

與學校、宗教團體、檢察官、警察、行政部門（部會、縣市政府）、律師、民意代表、媒體等社會各機構或人士進行綜合比較，在 2009 年進行調查時，信任法官的比例還有 53.5%（不信任者為 41.8%），僅次於學校、宗教團體及檢察官，但 2010 年進行調查時，信任法官比例驟降至 36.2%（減少 17.3%），不信任法官比例急升至 59.8%（增加 18.0%），僅優於民意代表及媒體（2011 年已無此一調查項目）。

上開統計資料中，「曾經到過法院洽公的民眾」對於法官審判公信力的評價，也顯示出同樣的趨勢。[275] 該調查係自 2002 年開始進行，截至 2006 年為止，對法官審判公信力為正面評價的比例始終都在低檔（35% 以下）盤旋，且從未超過負面評價者，到了 2008 年的調查，對法官審判公信力為正面評價的民眾（47.7%），始首次超過為負面評價者（40.4%，相差 7.3%）。但於 2009 年，雙方差距拉近至 1.7%（正面 48.5%、負面 46.8%）。到了 2010 年，負面評價（56.1%）更翻轉領先正面評價（39.2%）達 16.9%，2011 年，負面評價（52.2%）仍然領先正面評價（42.1%）達 10.1%。[276]

2010 年下半年發生的司法官風紀案件（三名高院法官集體收賄案），以及性侵害案件的判決不符合國民期待（白玫瑰運動），當然是自 2010 年起，司法信賴度向下探底、迄今仍未復原的最主要原因。但除去此等突發事件，仍可謂我國民眾對於司法理解程度與信賴程度，乃是相當低落。

也許有人主張司法審判本來就是非贏即輸、非勝即敗的零和遊戲，所以信任度最多本來也就只有 5 成，即使不信任度超過 5 成，也不是多嚴重的事情。但此一論述，乃是僅看判決結果、不看審判過程的片面觀

275　司法院統計處編，中華民國 100 年臺灣地區一般民眾對司法認知調查報告，2011 年 12 月，頁 48。

276　此外，另一個值得注意的現象，則是回答「普通」或「無意見、不知道」的不表態比例逐年減少，從 2002 年的高達 42.6%，到了 2011 年僅剩下 5.7%，本文認為這應該與初期民主的建立，使一般國民更勇於陳述意見有關。

點，蓋審判過程中，如果能夠讓當事人盡全力攻擊防禦，法官亦能針對其主張為清楚的心證說明，即使判決結果不利於某造當事人，該造當事人亦不至於會產生不信任法官的看法，此即歐陽修（1007-1072）於〈瀧岡阡表〉中所謂「求其生而不得，則死者與我皆無恨也，矧求而有得邪！」之意。更何況上述調查中，曾經到過法院洽公的民眾並未超過4成，該等民眾中，實際參與訴訟而成為當事人者，亦未超過一半，等於僅有不到2成的民眾是以訴訟當事人的身分前往法院，換言之，有高達8成以上的民眾是以「印象分數」來回答，但整體司法信任度仍然如此低落，即為最大的警訊。

為了佐證我國司法信賴危機的嚴重程度，不妨來看看鄰國日本的情形。依據日本社團法人中央調查社於2004年5月、2007年7月、2008年8月、2009年12月所進行4次「議員、官僚、大企業、警察等之信賴感調查」，[277] 法官的歷年信賴度雖然只有35%、27%、30.7%、43.8%，但歷年的不信賴度更低，只有13%、19%、17.8%、10.9%（有許多民眾是回答「普通」，歷年比例為43%、39%、39.6%、34.3%），在醫療機關、自衛隊（軍隊）、銀行、警察、教師、大企業、媒體、國會議員與官僚等機關團體中，法官始終是名列前茅、最受日本民眾信任的機關之一。我國的情形與日本相較，不僅令人汗顏，更是讓人膽戰心驚的局面。

司法在逐漸走向專業化、獨立化等同時，往往產生了官僚化、遲鈍化、與現實社會生活疏離等問題。蓋現代之司法，法官被要求對於法律之解釋適用具備高度專業能力、故必需經過一定考試或選拔，為能通過考試選拔，多數人日夜焚膏繼晷，無暇關心或參與社會之其他活動、理解社會上之現實狀態，通過考試選拔之人又往往將法官視為一種長期甚至終身之事業，加以人口增多、社會日趨多樣化，紛爭之數量與種類均

---

277 社團法人中央調查社，網址：http://www.crs.or.jp/data/，最後拜訪日期：2012年8月28日。

增加，以致法官人數相應增多，逐漸形成一種龐大、獨立於其他政府機關、但自成一體之官僚體系。更因為審級、司法行政制度之存在，法官之上下關係日益嚴峻，經常出現下級審法官一味盲從最高法院判例等上級法院見解、行政規則而致思考僵化、視野狹隘、封閉保守之情形，導致判決見解與一般國民間產生知識、經驗與價值觀的落差；或因極度要求專業化，無關宏旨之法律解釋適用成為主要爭點，以致對於重大複雜案件之審理速度過於緩慢，判決後案件仍在二審三審間來回牽延多年，甚而過於在意案件遭上訴後之維持率，使用僅有上級審法院法官在內之法律專家可以理解之文字撰寫判決書，逐漸形成一種「司法的自我滿足」，[278] 但卻造成被告與一般國民與司法之間的距離日漸遙遠，對於司法之疑問、不滿甚至不信賴日益升高。

　　Philippe Nonet 與 Philip Selznick 合著之 *Law & Society in Transition: Toward Responsive Law* 一書（2001）中，以「壓抑的法（Repressive Law）」、「自主的法（Autonomous Law）」、「回應的法（Responsive Law）」來區分法律進化的時期。在「壓抑的法」時期，法律乃是被動地因應社會、政治環境的改變，而進行機會主義式的配合；在「自主的法」時期，則一反「壓抑的法」時期無條件開放的態度，而是重視法律制度本身的完潔（integrity），但推至極致，反而使得法律把自己隔離起來、窄化自己的責任範圍，過度重視制度本身的完美廉潔，其代價即是演變為盲目的形式主義（a blind formalism）。[279] 對照此一見解，我國現在司法信賴的困境，實不妨以「自主的法」的「不良副作用時期」視之。

278　在此借用日本學界對於該國司法之觀察，參見桃井恒和，刑事裁判へいの国民参加の意義，現代刑事法，27 号，特集「刑事裁判への国民の参加」，2001 年 7 月，頁 21；片山智彥，裁判員制度における裁判所の構成の合憲性，元山健等編，平和・生命・宗教と立憲主義，2005 年 5 月，頁 73 以下。

279　Philippe Nonet & Philip Selznick, Law & Society in Transition: Toward Responsive Law, 76(2001).

作為「自主的法」之修正態樣，而出現的「回應的法」時期，並非回復到「壓抑的法」時期，法律一味地對外開放、順應外界壓力，而是在維持既有完潔的同時，選擇性地回應、進行必要的改良因應，以平衡「完潔性」與「開放性」的衝突。換言之，不僅要在各種壓力中繼續維持法律的權威與法律秩序的完潔性，更要藉由對外開放，以積極主義（activism）、開放性（opennness）、認知能力（cognitive competence）引進促進改革的力量，設計出更具能力、得以維持法律權威與完潔性的法律制度。[280] 本文認為，引進國民參與刑事審判制度，實具有「回應、開放」之意味，而可以成為我國從「自主的法」邁向「回應的法」的重要推進力量。

二、國民參與刑事審判制度對於提升司法信賴度的成效評估

對於受判決的當事人乃至社會大眾而言，國家的刑事司法制度有無公信力？原因雖然相當多歧，[281] 但最重要的因素，毋寧仍然來自無數「個案審判」的累積。而個別案件的刑事審判，係透過訴訟程序（證據調查程序、辯論程序等）的進行，使審判者產生確信心證，進而為被告有罪、無罪的判決，如果為有罪判決時並進而量刑，以此確認國家應否、以及如何對特定被告發動刑罰權。至於一個刑事審判是否值得信賴，不僅繫於其結果（判決）是否合理正確，也繫於過程（審判程序）是否正當適切，兩者均為司法信賴的對象，不可偏廢。[282]

但傳統的職業法官審判，係由具備法律專業及審判經驗的職業法官

---

280 Philippe Nonet & Philip Selznick, *supra* note 279, at 74-78.

281 有關我國司法信賴危機的成因進一步分析，可參見張永宏，研擬引進刑事國民參審制度之芻議——以日本裁判員制度為借鏡，臺灣法學雜誌，172 期，2011 年 3 月，頁 20 以下。

282 松尾浩也，刑事裁判と国民参加：裁判員法導入の必然性について，法曹時報，60 卷 9 号，2008 年 8 月，頁 2675。

擔任上述「審判者」的角色，外界評價個案審判是否信賴的對象，往往偏重於該個案的結果（判決）是否合理正確，而忽略了程序是否正當適切？也與司法公信力有關，且判決是否合理正確，又缺乏客觀的評價標準。於是訴訟程序日益繁瑣耗時、判決內容更趨龐大複雜，但國民對於刑事司法的公信力仍舊無法有效提升。

相較於此，國民參與刑事審判制度，是讓職業法官與一般國民一起擔任「審判者」，更特別的是，參與審判的國民也同時兼具「評價者」的角色，其評價的對象，不僅限於參與的結果（判決），更兼及其參與的過程（審判程序），且一般國民乃「相對中立」的評價者，蓋其與參與審理的具體案件並無利害關係，又是站在與法官相同的中立立場審理，不致僅因為判決結果與其利益或立場相違，即率爾質疑審判的公信力。

以下即區分「參與過程」與「參與結論」兩個面向，分析評估國民參與刑事審判制度對於提升國民對於司法理解與信賴的成效。

（一）參與過程的成效評估

（1）使一般國民服膺於刑事訴訟程序的基本價值：

現代刑事訴訟程序中，「刑事被告的權利保障」、「正當法律程序」乃相當重要的原則，但究竟為什麼要透過各種程序去保護「壞人」──被告？對於一般國民而言，即往往難以理解與接受，甚至因此質疑司法的公正。

讓一般國民參與審判的意義，並不在於屈從一般國民的感受或主張，因而否定忽視上述刑事訴訟程序的基本價值；相反地，具備法律專業的職業法官反而應該透過與一般國民一同審判的過程，使渠等能夠理解、接受、服膺於上述基本價值，[283] 且此種理解、接受與服膺，即為其

---

283 酒卷匡，裁判員制度導入の意義と課題，法律のひろば，57 卷 9 号，2004 年 9 月，頁 52。

等參與審判之前提。[284] 當一般國民能夠理解、接受上述基本價值時，也能對於刑事審判有更高的信賴。此亦可視為藉由參與刑事審判，進行最具實效的法治教育。

（2）使刑事訴訟程序的進行更易於為一般國民所理解：

在傳統的職業法官審判中，進行刑事訴訟程序的目的，只是為了使職業法官能夠獲得正確的心證，所以只需用職業法官能夠理解的方式來進行即可。再者，程序參與者中的檢察官、辯護人，也都是具備法律專業之人士，習於用法律專業術語來說明。故刑事訴訟程序，實係法律專業對話的場域，對於一般國民、甚至是受審判的刑事被告而言，此一程序即相當難以理解，也因此產生各種誤解、臆測。

但國民參與刑事審判制度，為了要讓不具備法律專業的一般國民也能理解刑事訴訟程序的進行，而得以實質參與審判，故必須考量到一般國民的理解程度與現實需求，採取讓一般國民更易於理解的訴訟程序，[285] 同時，被告因而也更能理解其所面對的各項程序之意義。一般國民乃至於刑事被告愈能理解刑事訴訟程序的進行，無謂的誤解、臆測即會逐漸消失，進而亦可以提高司法之公信力。[286]

在國民參與刑事審判制度的訴訟程序，因應一般國民之需要而進行改造的同質，也能反過來促進法律解釋的進步。蓋原本只有法律專業人士（法官、檢察官、辯護人）參與的法庭，彼此即使立場不同，但對於法律論理的熟稔程度均一致，對於「法理」往往已經形成「默契」，沒有再多作解釋、論爭的必要。但誠如英諺所云：「魔鬼藏在細節裡（The

---

284 酒卷匡，同註172，頁11。

285 後藤昭，刑事司法における裁判員制度の機能：裁判員は刑事裁判に何をもたらすか，東アジアにおける市民の刑事司法参加，初版，2011年2月，頁98；石山宏樹，裁判員制度の導入と刑事司法，法律のひろば，57巻9号，2004年9月，頁26。

286 佐藤幸治等，司法制度改革，於「国民的基盤の確立」部分竹下守夫之發言，2002年10月20日，初版，頁335。

devil is in the details）」，法律專業人士習以為常的「法理」未必即為真理，藉由國民參與審判，包括法官、檢察官、辯護人等法律專業人士，必須重新對「法律門外漢」的國民說明法律規定之內容、及為何如此規定之理由，原本「想當然爾」的法理，經過上開說明，則未必均能找到充分的理論依據，[287] 這樣一來，反而可以促使這些法律專家重新思考過去法律解釋的合理性，從而法律解釋、甚至是法律制定上的進步，亦可透過國民參與審判而告達成。

（3）刑事訴訟程序過度簡化、世俗化的危機：

為了使一般國民能夠樂於參與審判，使國民參與刑事審判制度順利扎根落實，當然應該盡可能減輕觀審員的時間、心理上的負擔，達成審理的迅速化與集中化，但一味只重視減輕觀審員的負擔，恐怕又會使刑事訴訟程序過度簡化、世俗化，使情節複雜、或是需要專業知能輔助的案件，卻僅能以簡略、通俗、戲劇化的方式審理，造成審理的拙速化、勉強結案，不利於被告之防禦權行使，[288] 此舉反而可能造成司法公信力的下降。故參與審判一般國民的時間、心理負擔雖然應該重視，但不能「捨本逐末」，反而侵害了刑事審判程序應有的慎重性、完整性。

（二）參與結論的成效評估

（1）於判決中反映國民健全社會常識、正當法律感情：

愈多人參與審判，愈可能得到良好的審判，此為當事人主義優於糾問主義、合議制優於獨任制之處，亦為採行審級制度之緣由，[289] 亞里斯多德（Aristotle）之「政治學（Politica）」即認為：由具備多樣知識、

---

287 佐藤幸治等，司法制度改革，「國民的基盤の確立」部分井上正仁之發言，2002年10月20日，初版，頁336。
288 安原浩，裁判員制度導入の意義について考える，宮本康昭先生古稀記念論文集：市民の司法をめざして，1版，2006年12月，頁455。
289 椎橋隆幸，於「裁判員制度と日本国憲法」座談會中發言，判例タイムズ，1146号，2004年6月，頁11。

經驗之多數人貢獻各式各樣的討論的會議體，較諸會議體中最優秀的成員所能達到的結論還要優秀，即使是優秀的人，一個人收集、處理情報的能力仍然有限，相對於此，多數人構成的會議體，可以成為多數人之多數知識、經驗共通之園地，因此會議體所能到達之結論，將較其中最優秀的成員所能達到之結論更為優秀，[290] 故此一論點亦可作為國民參與審判對於「判決結論」產生正面貢獻的立論依據。

　　進一步言之，刑事判決，乃是基於證據以合理認定犯罪事實，並進行量刑。故一般國民參與判決時所表示的意見，絕對不能僅僅是片斷、一時的「感情、印象、感覺」而已，而是必須要確實地根據現有證據，輔以一般國民個人的生活經驗、人生歷練，所形成的「健全社會常識」、「正當法律感情」。正因為一般國民參與審判後，被期待能夠表達出「健全社會常識」、「正當法律感情」，故可以藉此導正過去傳統法律解釋、適用均委諸法學專家，渠等又因專業知識、生活經驗的高度同質性、規律性，造成事實認定、法律適用及量刑的僵化、窄化，使法律解釋適用與社會現實生活出現乖離的情形。從而，觀審員提供的健全社會常識、正當法律感情，對於職業法官審判而言，實具有「價值填充」的重要功能，使法官不會過度拘泥於法律文義，出現脫離現現實、背離社會正常法律感情的判決。一個能夠在重視正確事實認定與法律適用的同時，又能適切反映國民健全社會常識、正當法律感情的判決，當然會是比較能夠跳脫冰冷僵硬的邏輯推論，而更具符合時代精神與法律本旨、比較良善的判決，也比較容易獲得國民的信賴。[291]

　　（2）使法官心證形成過程透明化、可檢證化：

　　判決書乃法官心證的客觀證明，但在傳統職業法官審判的情形下，判決心證形成之「過程」，則並非透明可資檢證，即使法官在判決書中已經仔細交代其得心證的理由，但心證形成之過程既不透明，仍難杜有

290　長谷部恭男，同註 273，頁 145。
291　高窪貞人，刑事陪審の功罪，比較法雜誌，29 卷 1 号，1995 年 6 月，頁 249。

心人士之質疑或誹謗。

　　使一般國民立於與法官相同的角度，全程參與審判程序，且接觸法官獲取心證所憑藉的所有證據，則觀審員應當能夠體認到法官必需於兩造劇烈爭執中辛苦裁斷是非及依據證據來認定事實的艱難之處；且法官心證形成的過程，即有一個公正中立的旁觀者。在法官確實依據證據、本於法律形成適當心證時，觀審員即為最有力的證人，可以向外證明法院判決的公正妥適，縱使判決內容與輿論評判出現落差，亦不致即成為社會批判的對象。

　　反之，當法官因為外部壓力而無法維持其獨立性，甚至因為收賄、受關說、司法行政、同儕、官僚體系之壓力而有枉法裁判之虞時，讓一般國民參與審判，也有助於對內監督不肖法官，或協助法官排拒外部壓力的功效。[292]

　　但必須附帶一提的是，本制度雖然可以藉由參與審判國民對於判決結論的參與、支持，產生為法官抵擋外界監督批判之「防波堤」「緩衝地帶」功能，[293] 但此一功能，乃是建立在參與審判的一般國民對於判決結論的「實質」參與、「充分」支持之基礎上。蓋如果不在乎參與審判的國民是否充分徹底地參與刑事審判，僅期望經過其等「背書」的判決結論，可以抵擋外界質疑，其結果，職業法官恐將仍然繼續延續其固有觀念，拒絕採納參與審判國民提出之見解，反而強勢主導判決結論及理由之形成，要求國民被動地附和聽從即可，此舉將導致參加審判之國民認為自己僅係法院之「橡皮圖章」、「裝飾品」而無心積極參與，使制度徒具形式，完全喪失引進之意義，在國民參與審判後心生不滿而對外批判時，更將導致國民對於司法之不信賴更形升高，反將致使此一制度破

---

292 蘇永欽，參審是毒藥還是補藥？——從憲法及司法政策角度看參審及其試行，司法政策的再改革，1 版，1998 年 10 月，頁 86。

293 常本照樹，於「裁判員制度の可能性と課題」座談会中之發言，載：特集「裁判員制度の綜合的研究」，法律時報，77 卷 4 號，2005 年 4 月，頁 14；高窪貞人，同註 291，頁 253。

產。

　（3）於判決時更徹底遵行無罪推定原則、舉證責任等刑事審判基
　　　　本原則：

　在判斷被告有無犯罪時，應該遵行無罪推定原則、檢察官負舉證
責任等原則，乃當然之理。但對於一般國民而言，一個「感覺上明明
就是他」的被告竟然因為證據不足而必須「眼睜睜地」看著他「逍遙法
外」，往往非常難以接受。

　但讓人民參與審判，並非意味著法院必須否定無罪推定原則、舉
證責任的意義，相反地，是要透過人民參與審判的機會，讓一般國民體
認到無罪推定原則、檢察官負舉證責任等基本原則的存在價值、真正意
義，並於個案判斷中體現上述基本原則。

　反過來看，一般國民在參與審判時受到法官、檢察官、辯護人不
斷教導的無罪推定原則、檢察官負舉證責任等原則，也能夠「反饋」給
職業法官，讓職業法官把原本僅掛在口頭上、教條化、形式化的各種原
則，具體落實在實際審判中，以上兩方面的運作，使判決能夠徹底遵行
無罪推定原則、舉證責任等刑事審判基本原則，「為所當為」，當然有助
司法公信力的提升。

　（4）屈從民粹主義、從眾主義而為判決的危機：

　讓一般國民參與審判，甚至參與判決的形成，當然也會引發危機。
不可諱言，觀審員可能因為無能力、或無意願而無法妥適陳述意見，甚
至盲從輿論、潮流，職業法官如果不能在審判過程中阻止、減少此種情
形出現，還鄉愿地依從參與審判一般國民的不當意見，均可能造成刑事
司法的危機，尤其在事後證明法院的判決存有明顯可見的錯誤（如忽視
重要證據、曲解法律等），此時讓一般國民參與審判，非但無助於提升
司法公信力，甚至還會進而損耗司法的威信。[294]

---

294 平良木登規男，同註84，頁81。

　　綜上所述，讓一般國民參與刑事審判，在大多數的情形下，的確可以提升國民對於司法的理解與信賴，但不可諱言的是，讓一般國民參與審判，打破了職業法官全權審判的現狀，當然也可能引發上述司法信賴的危機。然而，仔細分析之後就可以發現，上述危機毋寧是具體制度內容設計不良，或是實務運作失當的結果，尚不能歸咎於制度宗旨本身，故只要制度內容設計良好、實務妥適運用，國民參與刑事審判制度，應不失為有效提升國民對於司法理解與信賴、強化司法正當性的良策。

伍、促進刑事訴訟程序的再改革

一、刑事訴訟的改革方向與現況

　　日本、韓國及我國等東亞民主國家，從戰後到 20 世紀末，都先後經歷了刑事訴訟的重大改革，此一重大改革，也就是逐漸褪去職權主義的色彩，朝向當事人主義邁進。亦即從偏重「發現實體真實」、「犯罪控制（政策實現 Policy-Implementing）」的傳統職權主義思維，逐步轉向「遵守正當程序」、「紛爭解決（Conflict-Solving）」的思維。[295] 這樣的轉變，也與尊重個人與重視人權的世界趨勢相符。

　　在此思維轉變之下，（1）傳聞法則、交互詰問等規定先後被引進，其目的即在達成「第一審公判中心主義」的目標，亦即讓當事人的攻擊、防禦都在審判期日（公判庭）中徹底進行，法官則完全依賴在審判

---

[295] 有關職權主義與當事人主義的區別，Mirjan R. Damaška 從司法體系權力結構的角度切入，區分為偏向於職權主義的「科層式（hierarchical、官僚體系化）」與偏向於當事人主義的「合作式（Coordinate）」，並以此區分國家的角色為「主動型（Activist）」與「回應型（Reactive）」，以及將司法的目的區分為「政策實現型司法（The Policy-Implementing Type of Proceeding）」以及「紛爭解決型司法（The Conflict-Solving Type of Proceeding）」，在此即借用其定義來說明職權主義與當事人主義之不同，參見 Mirjan R. Damaška, The face of jusitice and state authority—A comparative approach to the legal process, at 16-96(1986).

期日的證據調查、當事人的主張與言詞辯論直接形成心證，並且要讓第一審的審判期日成為整個刑事程序的中心，[296] 而為了確保法官心證的新鮮性，也有必要進行連日密集的審理方式；（2）為了更嚴格地遵守正當程序的要求，包括自白法則、證據排除法則、訊問被告的時期限制等規定也紛紛被引進；（3）再者，既然基本思維已經從「發現實體真實」逐漸轉為「紛爭解決」，法院的角色也被要求要更客觀、公正，故法院職權調查的功能，也被當事人主導證據調查所取代；（4）此外，「起訴狀一本主義」此一檢察官提起公訴方式的變革，也被日本、韓國引進，此一制度除了可以確保法官以更客觀公正的態度臨訟之外，更可以確保法官的心證是在審判期日藉由直接參與證據調查、聽取當事人主張而形成（公判中心主義），以及讓法官因為事先未能接觸偵查卷證、因而必須節制其主動調查之職權發動。

然而，「發現實體真實」仍然是東亞各國刑事訴訟程序的運作者（包括法官、檢察官、辯護人在內）最重視的目標，[297] 職權主義也好、當事人主義也罷，一個訴訟制度有無價值？乃是主要取決於是否有助於實體真實之發現。以此角度來觀察，當事人主義的優點，乃是「法院可以利用當事人間的相互攻擊防禦、找到更多發現真實的線索」，[298] 亦即將當事人主義從理論的祭壇「降格」為發現真實的手段，既然是為了發現真實而服務，當然也可以配合退讓，並無一定要遵從當事人主義的必要。換言之，當事人主義無助於、甚至有害於發現實體真實時，當事人主義就失去了繼續存在的價值與正當性。

此種傳統思維影響所及，（1）「事實真偽不明」的狀態必須想盡辦法避免，所以檢察官負舉證責任的原則，往往為法院依職權調查所取

---

296 松尾浩也，同註 169，頁 61。

297 松尾浩也，同註 282，頁 2677。

298 田口守一，実体的真実主義の相対性，載：田宮裕博士追悼論集（下卷），第 1 版，2003 年 2 月，頁 103。

代，法官為了能夠有效率地進行證人、被告訊問，除非另以法律限制之（如引進起訴狀一本主義），否則法官當然會在事前詳細閱覽卷證；[299]（2）法官為了完成「發現實體真實」的使命，會傾向於掌握事實的所有細節、過程、原委，因此所有有助於發現真實的證據、不分鉅細，法官均不會輕言捨棄，即使有傳聞法則、證據排除法則、自白法則等等「證據適格性（某項證據是否得作為認定事實所用？）」的限制，其實只不過是增加法官的工作困擾而已，如何不要讓這些證據適格性的限制造成發現實體真實的困擾？乃是職業法官審判時重要的課題之一；（3）審判期日所進行的證據調查與言詞辯論，不足以支持法官就事實（包括所有細節）形成確信心證，[300] 反而是事前預習或事後複習卷證資料才是心證形成的最主要來源。表面上的原因，乃是因為審判期日的證據調查，尤其是證人的證述可能不夠詳盡，所以有必要另外找資料（如警詢、偵訊筆錄）來發現真實，[301] 深層的理由，則是因為法官還有機會藉由其他資料來發現真實，也就沒有必要太重視審判期日的交互詰問等證據調查程序，故這些調查證據程序，對於法官而言，就變成行禮如儀、浪費時間的儀式性工作。在引進起訴狀一本主義的國家，法官由於無法於審判期日前接觸卷證，所以只好依賴審判期日起直到判決宣判期日前，可以接觸卷證的時間加緊閱卷來「補齊」心證的缺口，反之，在不引進起訴狀一本主義的國家（如我國），法官更可以從案件繫屬之日起至判決宣判期日止，藉口「訴訟指揮需要」，不斷地預習、複習卷證資料來形成心證。又既然法官於審判庭以外詳細閱覽卷證才是形成心證的

---

299 平野龍一教授對於日本戰前就刑事訴訟法時代法官職權調查的描述可以參考。參見平野龍一，參審制の採用による「核心司法」を，ジュリスト，1148 号，1999 年 1 月，頁 5。

300 後藤昭，刑事司法の到達点と展望，特集・姿を見せた刑事司法改革，法律時報，76 巻 10 号，2004 年 9 月，頁 27。

301 出田孝一，裁判員裁判における裁判官の役割，原田國男判事退官記念論文集：新しい時代の刑事裁判，2010 年 4 月，第 1 版，頁 26。

主要來源，也是最耗費法官工作時間的部分，則密集迅速地進行審判期日就顯得沒有意義，更何況對於同時兼辦多個案件的法官、檢察官、辯護人而言，讓所有案件同時、分配地進行，不要密集處理某一案件而忽略其他案件，毋寧才是合乎情理與現實需要的作法。

　　刑事訴訟的當事人主義化，雖然是東亞國家刑事訴訟改革的方向，並且朝此方向進行了程度不一的改革，已如前述。但很顯然地，現在的刑事訴訟運作實務，多少顯露出此一改革方向難以為繼、無法克盡全功、效果不彰、制度疲勞的結構性窘境，且此一窘境，似乎不是法官、檢察官、辯護人自覺性的改變可以解決，[302] 甚至不是法律進一步的修正所能解決的。蓋在刑事法學的領域，價值觀對立的情形遠比民事領域嚴重，論者對於刑事訴訟運作的實況評價與未來展望出現了嚴重分歧，[303]故不止是過去的改革，乃是各方意見妥協後的產物，使得某些改革仍然摻雜了職權主義的影子；實際運作時，隨著程序運作者不同，運用方式也經常出現歧異；甚至未來能否更進一步邁向當事人主義？還是要走回職權主義的路線？同樣是徘徊踟躕、猶豫不前。平野龍一教授於 1985年的〈現行刑事訴訟之診斷〉一文中以「我國（日本）刑事審判乃是相當絕望的」作為該文之結語，[304] 即為最沈痛的總結評價。

二、國民參與刑事審判制度對於刑事訴訟改革的助益

　　是否要引進國民參與刑事審判制度？一般而言，乃是單純的立法政策問題，亦即國民參與審判制度本身適當與否的問題而已。以此觀點立論，所謂刑事訴訟的改革，則只是實現國民參與審判制度的「手段」而

---

302 安原浩，同註 288，頁 450。

303 日本亦有相同之觀察，參見三井誠，司法制度改革と刑事司法，ジュリスト，1170 号，2000 年 1 月，頁 43。

304 平野龍一，現行刑事訴訟の診斷，団藤重光博士古稀祝賀論文集，第四卷，初版，1985 年 9 月，頁 423。

非「目的」，從而，實施國民參與刑事審判制度後，如果會引發刑事訴訟的改革，也只是其「附隨結果」，而非引進國民參與刑事審判制度的「正當化依據」。[305]

但從支持當事人主義化刑事訴訟改革的角度來看，引進國民參與審判制度，更被視為是解決現行刑事訴訟程序各種問題的觸媒、契機，[306]甚至可以帶來「促進刑事訴訟進一步改革」此一「附帶利益」。[307]學者遂稱此為「間接的公判改革論」。[308]

蓋引進國民參與刑事審判制度之後，為了讓此一制度能夠獲得支持、順利開展，勢必要充分顧慮到參與審判一般國民的特質與需求，詳言之，就是充分體認到一般國民「沒有法律專業與審判經驗、只能支出有限時間、存有業餘心態而不願耗費大量心力來理解困難問題」「不習慣長期間閱覽資料、傾聽陳述，並藉此掌握重點、分析歸納、發表意見，遑論是涉及高度法律專業的議題」的現實，以盡可能減少其等參與審判時的困難度、增加其等參與審判的意願的角度來進行制度設計，讓審理變得簡明易懂、程序的進行能夠迅速完成。而這樣的制度設計，當然也就牽涉到現行刑事訴訟程序的檢討，具體言之，例如：1. 嚴格篩選必要且適格的證據進入法庭、捨棄重複或追究細節的證據，2. 使用更易於讓一般國民理解方式進行證據調查與言詞辯論，3. 進行密集連續的審理以節省審理時間，4. 讓參與審判的國民可以只藉由參與、聽聞審判期日的證據調查與言詞辯論即可順利形成心證等等，均屬之。

而上述配合國民參與審判制度所進行的刑事訴訟改革，正好可以

---

305 田口守一，同註 165，頁 45。
306 酒卷匡，同註 283，頁 51；中谷雄二郎，刑事裁判の連続性と非連続性：裁判員制度が刑事裁判に与える影響について，原田國男判事退官記念論文集：新しい時代の刑事裁判，2010 年 4 月，1 版，頁 14；出田孝一，同註 301，頁 27；谷直之，同註 27，頁 67。
307 平野龍一，同註 299，頁 4。
308 田口守一，同註 165，頁 44。

實現「第一審公判中心主義（包括直接審理、言詞審理）」、「集中迅速審理」、「遵守正當法律程序（包括證據排除法則、自白法則）」等當事人主義的要求；法官也不太可能再無視當事人的主張、舉證，一味地獨力進行職權調查以求發現真實，而必須有節制地進行補充調查，故亦可實現更公正、客觀的法院。[309] 此外，國民參與刑事審判制度甚至可以將「發現實體真實」導向比較「兼顧正當法律程序、可能達到、並且合理」的正常道路上，而非不顧一切、只求發現所有細節的真實（即所謂從「精密司法」變成「核心司法」）。在刑事訴訟程序所追求的真實，已經轉向「重點化、爭點化」的真實之後，判決書也應該會隨之簡化。同樣地，基於尊重國民參與審判下級審判決的立場，上級審的審查方式也必須配合改革，此即國民參與刑事審判可以使刑事訴訟既有改革被落實，並促進下一波刑事訴訟改革的理論依據。[310]

　　事實上，從前述現代國民參與刑事審判制度的歷史溯源可以發現，現代國民參與刑事審判制度，本來就是早於當事人主義存在、甚至是促成當事人主義誕生的制度；即使如同德國一般，先有職權主義，然後才嘗試引進國民參與刑事審判制度的國家，也是將引進國民參與刑事審判制度視為刑事訴訟程序「部分當事人主義化（實現直接審理、言詞審理、嚴謹證據法則）」的方略；故對於東亞民主國家而言，藉由引進國民參與刑事審判制度以促成刑事訴訟程序的改革，雖然不無「本末倒置」、「以目的（國民參與刑事審判）為工具」的嫌疑，但並不是難以理解的。

---

309 中谷雄二郎，同註 306，頁 18。

310 日本學者亦認為裁判員制度可以讓過去因為種種反對理由而無法順利立法的各種制度，如公判前準備程序、證據開示制度、偵查的可檢證化、集中審理、連日開庭等等付諸實現，見羽渕清司、井筒径子，裁判員制度と我が国の刑事司法の展望，載：小林充、佐藤文哉先生古稀祝賀刑事裁判論集（下卷），2006 年 3 月，頁 479。

三、促進刑事訴訟改革的侷限性

不可諱言地，無論如何良善的刑事訴訟程序，均無法確保一定能形成正確妥適的判決，同樣地，刑事訴訟進行當事人主義化的改革，也無法確保刑事判決就完全不會出錯，至多只能讓訴訟程序的運作方式更客觀、公正、公平而已。所以如果站在「哪一種制度更能夠發現實體真實？」的「結果論」角度來檢證刑事訴訟程序的當事人主義化改革，當事人主義未必能夠比職權主義更讓人滿意，[311] 但如果以此即謂引進國民參與刑事審判制度無助於刑事訴訟程序的完善，則屬過度跳躍的推論，必須先予說明。

但即使以刑事訴訟改革本身來觀察，引進國民參與刑事審判制度，也未必能有效促成刑事訴訟程序的大幅、全面性改革，亦即國民參與刑事審判制度對於促進刑事訴訟程序之改革仍有其侷限性，此可以由以下兩個角度來觀察：

其一，國民參與刑事審判制度畢竟是刑事訴訟程序的特別規定，而非迥別於現行刑事訴訟程序的另一套獨立制度，但這樣的「特別規定」要多特別？即取決於立法者的目標設定。以日本為例，乃係採取非常節制的態度，亦即除了裁判員參與審判所必要、最小限度的修法之外，基本上並沒有大幅改變現行刑事訴訟程序的面貌，甚至將必要的修法放在基本法——刑事訴訟法中，給予其他非適用國民參與刑事審判之案件亦有適用的機會，[312] 但諸如審判程序、證據法則、上訴審的審理構造等等最重要的範疇，則均沒有藉機進行任何修正。這樣的修法態度，一方

---

311 Joseph Hoffmann，真実と日本の刑事訴訟法，ジュリスト，1148 号，1999 年 1 月，頁 183。但也有從重新定義「真實發現」的角度，對於職權主義下的「真實」定義提出質疑，請參見，田口守一，同註 298，頁 102 以下；出田孝一，同註 301，頁 29 以下。

312 例如日本刑事訴訟法第 316 條之 2 以下增訂公判前整理程序，以取代既有的準備程序，除了適用裁判員制度之案件一定要強制適用之外，其他案件法院也可以裁量適用。

面似乎意味立法者認為現行刑事訴訟法的相關規定基本上沒有什麼大問題，只是實際運作時稍微脫離了立法宗旨，讓一般國民擔任裁判員來參與刑事審判，就足以讓刑事訴訟的實際運作符合理想要求；但另一方面，這也意味著刑事訴訟程序進一步大幅度改革的困難性，所以只能先追求過去的改革能夠落實、符合立法宗旨，無力、也無野心追求進一步的修法改革。

再者，國民參與刑事審判制度，不論是陪審或參審，從世界各國的實證經驗來看，都只適用於小部分刑事案件，蓋讓國民參與刑事審判，絕對比傳統的職業法官審判花費多出許多，基於國家財政能力的考量，自然不可能大幅地運用國民參與刑事審判制度到大部分刑事案件中。但如此一來，少數適用國民參與刑事審判制度的案件，即使徹底地實現了「第一審公判中心主義」、「集中迅速審理」、「遵守正當法律程序」、「當事人舉證」、「核心司法」、「判決書簡化」、「上級審節制地審查」等等目標，但此等效果是否會「擴散」到其他本來也應該遵奉上述原則的非適用案件之中？即不無疑問；更令人擔心的，則是國民參與審判的案件排擠到其他非適用案件的資源分配，讓其他非適用案件必須以更草率、簡易、職權進行的方式來審理，亦即法官僅能全心應付國民參與刑事審判，而無暇他顧其他非適用案件，所謂「第一審公判中心主義」、「集中迅速審理」、「遵守正當法律程序」、「當事人舉證」、「核心司法」、「判決書簡化」、「上級審節制地審查」等程序改革，因而僅具有「櫥窗」功能，乃是少部分案件的特有現象，而非所有刑事審判的普遍精神，[313] 此為刑事改革侷限性的第二個、也更具實證性的理由。

---

313 大野洋，裁判員裁判の現状と刑事裁判全体との関係，載：植村立郎判事退官記念論文集：現代刑事法の諸問題（第 3 卷第 3 編公判前整理手続及び裁判員裁判編），2011 年 7 月，頁 41、50。

陸、結語

　　「國民主權、司法民主化」、「強化司法之民主正當性」、「民主教育」、「提升國民對於司法的理解與信賴、強化司法的正當性基礎」、「促進刑事訴訟程序的再改革」等幾個角度，均為論者嘗試為國民參與刑事審判制度建立的基本理念。本文認為，國民參與刑事審判制度的基本理念之爭，大致可以區分為兩派，一派著重於前四個字——「國民參與」，認為此制度可以實現國民主權、達成司法民主化、強化司法的民主正當性、以及進行民主教育；另一派則著重於後四個字——「刑事審判」，認為此制度之基本理念還是在求取刑事審判的良善、正當性，「國民參與」僅是求取刑事審判良善、具備正當性的「手段」，故讓國民參與刑事審判，旨在提升國民對於司法的理解與信賴、強化司法的正當性基礎、以及促進刑事訴訟程序的再改革。論者有將國民參與刑事審判制度之基本理念區分為兩種觀點，即：一、自由觀點（純粹政治的觀點），認為讓一般國民參與審判，可以制約國家權力之行使、避免國家權利獨擅而侵犯公民權利；二、司法利益觀點（刑法的觀點），國家處罰被告之權力，必須建立在國民對於司法之信賴及對判決之信服上，國民對於法官獨立性及程序公開透明，須有所信賴，且透過參與審判，對於法律規範及法庭實踐，能因理解而生信賴，且透過參與審判，讓司法不會背離社會通念與庶民生活觀，因為國民需將其健全的對人性與社會之理解帶進判決內，以增進國民對於司法之信服，[314] 亦採取相近的理解與區辨，可資參考。

　　進一步剖析，「國民主權、司法民主化」的論點，在民主政治萌芽階段，當然有其重要性。但時值今日，過度強調民主、國民主權，往往忽略了現代民主國家中，司法有其固有使命，甚至必須以反多數意志

---

314 何賴傑，同註77，頁 1192、1198。

（民主）的方式來實現其使命，故此一論點並非可採。其次，「強化司法的民主正當性」的論點，比起「國民主權、司法民主化」，雖然較值得採納，但此說過度強調「民主」，似有輕視司法尚有其他正當性來源的意味，且讓國民參與審判對於強化司法正當性的功能，也非僅有「民主」一節。再者，「民主教育」的論理雖然可採，但民主教育僅是國民參與刑事審判制度運作妥當之後產生的附隨效果，若過度強調，反而會使司法淪為國民教室，危害司法固有使命的實現。但不可諱言，「國民主權、司法民主化」的訴求，在民主國家、或是標榜民主的政權之中，有其「政治正確」的價值，而國民參與刑事審判制度所帶來一種「近似於民主的感覺」，[315] 也比較容易令人暈暈然、陶陶然，故可以預見的是，國民主權、司法民主化作為國民參與刑事審判制度的基本理念，無論有何不妥之處，但以此作為主要訴求的論點，仍然會占有一席之地。

相較於此，「提升國民對於司法的理解與信賴、強化司法的正當性基礎」乃是從司法自身的角度觀察，在維護司法固有使命的前提下，觀察國民參與刑事審判對於刑事司法制度的貢獻，顯然較值得贊成；[316]「促進刑事訴訟程序的再改革」的論點與「提升國民對於司法的理解與信賴、強化司法的正當性基礎」大致相同，亦值得贊成。從此初步結論來觀察，亦可理解為何東亞民主國家（日本、韓國、臺灣）所引進的國民參與審判制度，均以「刑事領域」為限，而不及於「民事或行政領域」，蓋刑事案件涉及之「公益性」更高，更受到一般國民的重視與關

---

315 黃榮堅教授在〈評「參審制度之研究」〉一文中提到：「例如用民主作為理由來主張參審，是不是一個好的理由呢？除非我們要的就是一個民主的感覺，否則民主也有民主的技術。如果我們認為，專業審判是最有效率的，那麼在政策上的決定上，我們就把它交給專業法官去做，這也是一種民主。」所論值得吾人省思，參見黃榮堅，評「參審制度之研究」，刑事法系列研討會（一）如何建立一套適合我國國情的刑事訴訟制度，1版，2000年4月，頁94-95。

316 事實上，法國於2012年1月開始試行於部分輕罪上訴法院的市民參審員制度，其立法目的亦在使審判的結果可以更符合國民法律感情，強化人民對於司法審判的信賴度，而未見司法民主化等的論述。

注,故在刑事案件中實行國民參與審判、以提升國民對於司法理解與信賴之「需求」,即較其他領域為高,更遑論引進國民參與刑事審判制度後,還可以促進刑事訴訟程序的再改革。

　　然而,必須再予說明的是,司法之所以要達成其固有使命,究其根源,乃是因為司法權源於國民的授權,故必須回應國民主權對於司法的合理期望與要求。所以國民參與刑事審判制度的基本理念雖應該界定為:「提升國民對於刑事司法的理解與信賴、以此強化司法的正當性,並藉由國民參與刑事審判的現實需要,促進刑事訴訟程序朝向當事人主義、符合正當法律程序要求的再改革。」但更深層的理由,則是要達成符合民主國家全體國民所期待、要求的司法,亦即國民主權雖然不能直接推導出一定要實施國民參與刑事審判制度,但國民主權可以推論出司法權,為了回應國民主權的付託,司法權必須更妥適地運作,為了讓司法權更妥適地運作,故引進國民參與刑事審判制度。以此來看,國民主權與國民參與刑事審判制度,雖不能直接劃上等號,但仍具有間接的關連性存在。

　　再者,本文所認為國民參與刑事審判制度的基本理念──「提升國民對於刑事司法的理解與信賴、以此強化司法的正當性,並藉由國民參與刑事審判的現實需要,促進刑事訴訟程序朝向當事人主義、符合正當法律程序要求的再改革」,乃是從「正當性」、「規範面」對於刑事司法產生助益,亦即對於刑事司法而言,乃具有「強化」「健全化」的手段性功能,但上述功能要能順利達成,仍繫於刑事司法本身運作是否良好,唯有本質上良好的刑事司法,才能透過國民參與刑事審判制度的引進,進一步強化其正當性基礎及健全其訴訟程序。反之,如果刑事司法本質不佳,或是因為過度強調國民參與刑事審判制度的順暢運作,反而造成刑事審判的草率、粗糙、從眾,則藉由國民參與刑事審判制度來提升刑事司法的信賴度與正當性,或藉由刑事訴訟程序的改良來促成刑事司法的正向發展,無異緣木求魚。茲以「發現真實」為例,刑事訴訟的使命,當然包括發現真實在內,引進國民參與刑事審判制度,固然可能

使「發現真實」朝向正確運用刑罰權所需的方向發展，捨棄過去對於細節的極端講究，但如果刑事訴訟完全捨棄了發現真實的使命、忽視審判品質，則國民參與刑事審判制度亦無助於提升國民對於司法的理解與信賴，所促成的刑事訴訟程序改革，也將淪為空談。

　　茲以圖表整理本文就現代民主國家中司法審判的使命、以及國民參與刑事審判制度基本理念之論點如下：

圖表 7　現代民主國家中司法審判的使命

現代民主國家中司法審判的使命		
法律	民主政體 →由民意代表組成國會 →制定法律 →讓國家與人民、人民與人民間的行為規範，有恆定、齊一的標準	民主化
司法審判	正確認定事實＋在具體個案中正確適用國會通過的抽象法律 →作出正確妥適的判決 →解決紛爭	獨立、專業、具備足以解決紛爭的正當性與權威性

圖表 8　國民參與刑事審判制度的基本理念評析

可能的基本理念	本文見解
國民主權、司法民主化	1. 參與審判的國民並非多數民意的代表，根本無法達成民主化。 2. 民主司法的雙刀論法：「司法的非民主化」才是「民主主義的合理運用」。
強化司法的民主正當性	其實等同於後述「提升國民對於司法的理解與信賴、強化司法的正當性基礎」，且有過度強調「民主」，忽視「正當性」之疑問。
民主、法制教育	有將刑事審判視為「國民教室」或「增廣國民見聞之機會」、捨本逐末之危險。
提升國民對於司法的理解與信賴、強化司法的正當性基礎	如果運作妥當，可以「**使一般國民服膺於刑事訴訟程序的基本價值、刑事訴訟程序的進行更易於為一般國民所理解、於判決中反映國民健全社會常識、正當法律感情、使法官心證形成過程透明化、可檢證化、於判決時更徹底遵行無罪推定原則、舉證責任等刑事審判基本原則**」。
促進刑事訴訟程序的再改革	因應一般國民參與刑事審判的需要而必須進行刑事訴訟程序的改革，藉此達成刑事訴訟程序的改革目標。

第五章
國民參與刑事審判制度的合憲性爭議與憲法界線

壹、前言

　　不論在刑事審判中採取何種形式的國民參與審判制度（陪審、參審或其他），亦不論參與審判之國民以何種方式選任、產生（隨機抽選或擇優遴任），不可諱言的是，參與審判之國民不是職業法官。蓋他們既非以法官為常業，亦非通過一定的考試或訓練，甚至完全不具備法律專業知識，對於我國此種長久以來習於由職業法官從事刑事審判的法體系，如果要讓這些非職業法官的國民參與審判，即難免產生齟齬之感，這樣的感覺，恐怕不能單純以「不習慣」、「瞧不起人民」或「職業法官本位主義作祟」來解釋，其中一個可能的原因，即為「國民參與審判制度的合憲性爭議」。亦即國民參與審判制度是否有違憲之虞？當然，合憲性爭議有時候只是反對此制度論者表面上的理由，真正深層的理由（例如擔心一般國民參與審判會造成審判品質低落、憂慮國家財政負擔沈重等）未必如此理性或集中，但不可諱言的是，合憲性爭議往往卻是最有「殺傷力」的理由，此觀我國過去多次研議參審制度均告功敗垂成的原因，即可窺知一二，故仍有必要認真面對與釐清。

　　相較於職業法官，參與審判之一般國民有以下特點，而這些特點即為國民參與審判制度引發合憲性爭議的原因：

　　一、參與審判之一般國民不具備終身職等相關身分保障。

　　二、參與審判之一般國民不具備法律專業知識、審判經驗。

　　三、參與審判之一般國民之獨立性要求、保障之程度不及職業法

官。

四、參與審判之一般國民並非法院編制內之人員。

五、參與審判之一般國民往往僅負責審理特定案件或少部分案件。

國民參與審判制度的合憲性爭議，涉及憲法的解釋，包括立憲者對於國民參與審判制度的態度、國民參與審判制度與審判獨立的關係、國民參與審判制度與人民基本權利的關係等，而其根源，尚牽涉到憲法上「法官」、「法院」意義的解讀。蓋我國憲法第 8 條第 1 項中段規定：「（人民）非由法院依法定程序，不得審問處罰。」第 16 條規定：「人民有請願、訴願及訴訟之權。」第 82 條規定：「司法院及各級法院之組織，以法律定之。」第 80 條規定：「法官須超出黨派以外，依據法律獨立審判，不受任何干涉。」第 81 條規定：「法官為終身職，非受刑事或懲戒處分，或禁治產之宣告，不得免職。非依法律，不得停職、轉任或減俸。」亦即我國憲法除了明文規定刑事審判僅能由「法院」進行之外，對於刑事法院之組成中「法官」為何義？是否除了法官之外，還容許其他非法官之人加入審判？是否容許排除法官，純由非法官之人組成法院？等等，則均無明文規定。故我國憲法究竟是否容許引進國民參與刑事審判制度？會因為論者對上開條文意涵，以及條文間相互關係的解釋不同，而出現不同的結論。

相似的條文結構，正好也出現在日本憲法。日本戰前憲法（明治憲法、1890）第 24 條規定：「臣民受依法律所定『法官』審判之權利不得被剝奪。」明文將「受法官審判」列為國民的司法權利。而在討論到國民參與刑事審判制度的合憲性時，該條所謂之「法官」，是否包含參與審判的一般國民？如果一般國民不是「法官」，則讓一般國民參與審判，會不會影響被告（臣民）受「法官審判」之權利？[317] 均曾產生激

---

317 韓國現行憲法就「國民的司法權利」之規定，與日本戰前明治憲法之規定相當類似，蓋韓國現行憲法第 27 條第 1 項規定：「所有國民擁有接受由依憲法、法律所定之『法官』，依據法律審判之權利。」亦將國民的司法權利侷限於「受法官審

烈爭論。但日本戰後的現行憲法，就國民的司法權利之條文用語，已與戰前憲法不同，其中最明顯者，厥為日本現行憲法第 32 條及第 37 條第 1 項規定，其中第 32 條規定：「任何人，在法院受審判的權利不得被剝奪。」第 37 條第 1 項規定：「所有刑事案件，被告擁有受公平法院迅速公開審判的權利。」亦即在描述國民乃至於刑事被告的司法權利時，捨過去「法官審判」之用語，而改採「法院審判」之用語，此與我國憲法第 8 條第 1 項中段「（人民）非由『法院』依法定程序，不得審問處罰。」的規範形式比較類似；其次，日本現行憲法中針對下級裁判所之組織授權由法律定之（第 76 條第 1 項），明定法官應依據良心獨立行使其職權、僅受憲法及法律之拘束（第 76 條第 3 項），法官除因受審判、身心故障致無法執行其職務而受裁定之情形外，非經公的彈劾不得罷免，法官之懲戒處分，不得由行政機關為之（第 78 條），與我國憲法前述第 82 條、第 80 條、第 81 條之規定亦若合符節。

再者，日本在歷史上，曾經有兩次引進國民參與刑事審判的立法史，一次是戰前的陪審法（1918-1923 立法、1928-1943 施行），一次是邁入 21 世紀之際的裁判員法（1999-2004 立法、2009- 施行）。在漫長的歷史流程中，日本由國民參與刑事審判的歷史迄今不過短短十餘年，其他絕大多數的時間，仍然是由職業法官全權擔負起審判的職責，或許是因為專由職業法官審判已成常態，故在上述兩個法案的立法過程中，制度的合憲性爭議始終是最重要的爭執重點，相較於歐美各國引進陪審制度或參審制度時殊少引發違憲爭議，日本的情形即相當值得觀察。而我國的情形與日本相較，更是有過之而無不及，蓋我國近代司法史上，從來沒有國民參與刑事審判的先例，過去司法院先後提出的刑事參審試行條例草案（1994）、專家參審試行條例草案（2006）、國民參審試行條例草案（2007），也都因為違憲爭議而宣告胎死腹中，故日本裁判員制

判」，故純以條文文義來看，韓國引進國民參與刑事審判制度產生違憲爭議的可能性，即高於臺、日兩國。

度引進過程的合憲性爭議，對於我國再次引進國民參與刑事審判制度而言，不只有理論上的觀察樂趣，更有現實上的參考價值。

此外，有關日本裁判員制度的合憲性爭議，日本學界近十年來所進行的討論、爭辯早已汗牛充棟，甚至該國最高裁判所也已經在 2011 年底作成合憲判決，對於國民參與刑事審判制度相關的合憲性爭議雖不絕於耳、卻尚未及日本般徹底探究的我國而言，實有借用日本學界、實務界之觀察角度與智慧，深入剖析引進國民參與刑事審判制度之合憲性爭議的必要。基於上述理由，本文在引用文獻時，日本學者就該國裁判員制度合憲性的相關見解，倘可適用於說明我國之情形時，本文即逕自引用，而不再贅述解釋為何於此引用日本學者之見解，併此敘明。

本章將先嘗試由文義、制憲史，乃至立憲精神等面向，探討立憲者對於國民參與審判制度的基本態度；接著會進一步逐一檢討憲法個別條文，如憲法第 81 條（法官身分保障）、第 80 條（法官獨立性保障）、第 8 條（正當法律程序）、第 16 條（人民訴訟權保障）之中，對於刑事司法的要求，並旁及法定法官原則、對於參與審判國民之負擔等領域，以確認正當法律程序在刑事司法中的具體要求——「司法權建制之憲政原理」（司法院釋字第 436 號解釋用語）為何？引進國民參與刑事審判制度後，如何才能符合「司法權建制之憲政原理」？

貳、憲法沈默的真意探尋——
我國憲法是否拒絕國民參與刑事審判制度的出現

一、憲法沈默的幾個可能

長期存在國民參與審判制度的法體系，例如美國、英國或德國，鮮少出現國民參與審判制度的合憲性爭議。當然，其中有些國家已經在憲法中明文保障國民參與審判制度，例如美國於其聯邦憲法第 3 條第 2 項

第 3 款前段、憲法修正案第 6 條[318]即明文規定：刑事審判程序中，應保障被告受陪審審判之權利；奧地利聯邦基本法第 91 條第 1 項則規定「審判必須讓國民參與。」[319]故對於此等國家而言，實施國民參與審判制度自不致產生違憲爭議，[320]甚至若不實施還會造成違憲的懈怠，或人民憲法上訴訟權利之抵觸。[321]

此外，長期存在國民參與審判制度、卻未在憲法中規定國民參與審判制度的國家，亦很少產生合憲性爭議。其中一個可能的解釋，就是因為國民參與審判制度出現的時間早於憲法，憲法制定者縱使不打算將既存的國民參與審判制度明文規定在憲法內，亦無意透過憲法來排斥國民參與審判制度的存在，此時憲法即使保持沈默，亦為一種「默認的沈默」。例如現行德國基本法與法國第五共和憲法，雖均未於憲法條文中明文規定參審制度，但德、法兩國的參審制度卻是早於上開憲法而

---

318 美國憲法第 3 條第 2 項第 3 款前段規定：「除彈劾事件外，所有犯罪之審判，均應以陪審行之。」憲法第 6 條修正案規定：「於所有之刑事追訴，被告擁有於犯罪發生地之州及依法律事先規定之地區，受公正之陪審進行迅速公開審判，並受告知其被訴案件之性質與原因之權利。」以上為刑事審理陪審（小陪審）之憲法條文，並藉由憲法第 14 條修正案正當法律程序之規範，將陪審之權利保障擴及於州法院（Duncan v. Louisiana, 391 U.S.145 [1968]）；又憲法第 5 條修正案前段規定：「非經大陪審團提起公訴，人民不應受判處死罪或會因不名譽之罪而被剝奪部分公權之審判。」則為起訴陪審（大陪審）之憲法條文；另憲法第 7 條修正案規定：「在引用習慣法的訴訟中，其爭訟訴訟標的超過二十美元者，當事人有權要求陪審團審判；任何經陪審團審判之事實，除依照習慣法之規定外，不得在合眾國任何法院中重審。」則為民事陪審之憲法條文。

319 奧地利聯邦基本法第 91 條第 2 項、第 3 項規定：「應依法律規定科處重罰之犯罪，及所有政治犯罪及輕罪情形，應由陪審員就被告之犯罪下判決。其他可罰行為之刑事訴訟程序，應科處之刑罰逾越法律所定限度者，應由參審法官（即參審員）參與審判。」

320 但亦有主張美國憲法僅主張陪審入憲，而不及於其他國民參與的形式，故如果引進治安法官（magistrate）即屬違憲，對此聯邦最高法院在 North v. Russel 案（North v. Russel, 427 U.S. 328 [1976]）主張，如果更審程序（a de novo trail）有具備法律專業的法官主審，則治安法官制度即不違憲，參見蘇永欽，從憲法及司法政策角度看參與及其試行，憲政時代，20 卷 3 期，1995 年 1 月，頁 29。

321 蘇永欽，同註 292，頁 74。

存在，故可以視為憲法上的默認。[322] 例如德國 1849 年之法蘭克福憲法（1849 年 3 月 29 日制定）第 179 條第 2 項業已規定重罪案件由陪審法院審判，1850 年之普魯士憲法（1850 年 1 月 31 日制定）亦於第 94 條規定重罪、政治犯罪、關於出版之犯罪由陪審審判，1919 年之威瑪憲法（1919 年 8 月 11 日制定）雖未再於憲法中明定何種犯罪應行陪審，但於第 104 條規定商事法官（一種專家參審制）、參審員及陪審員不受身分保障。故現行德國基本法雖已無參審制之相關條文，但證諸憲法的發展史，應解為係有意將參審制度委諸立法。[323] 易言之，該等國家的憲法制定者認為，是否允許國民參與審判，乃立法政策的問題，應授權法律來決定，而非憲法中一定要規範的事項。[324]

但對於憲法制定之前並無國民參與審判制度（或國民參與審判制度雖曾實施，但於制憲之際已告停止廢除）的國家而言，除了憲法制定者打算未來要引進國民參與審判制度，並將之提高至憲法層次，而於憲法中明文規定之外，一般而言，若未於憲法中明文規定國民參與審判制度，即不能比照前述「默認的沈默」來看待，而應該歸類為「忽略的沈默」，甚至是「拒絕的沈默」。如果解為「拒絕的沈默」，表示立憲者不希望司法制度中出現國民參與審判制度，亦即憲法「預定」「**僅**」得由具備「職業法官身分」之人從事刑事審判工作，換言之，憲法將審判庭的組成列為「憲法保留事項」，此時若引進國民參與審判制度，即與立憲者的原意違背，若不進行修憲，則有違憲之可能。

又如果解為「忽略的沈默」，則有兩種可能性。一是立憲者於立憲時並未將國民參與審判制度列入考慮，故憲法上關於司法之相關規定，即欠缺了國民參與審判制度的「預留空間」，亦即「無意的忽略」；另

---

322 採行參審制之德國、法國、奧地利、丹麥、挪威、瑞典等國，除奧地利之外，均未於憲法中對於參審制或陪審制設有任何規定。

323 平良木登規男，国民の司法参加，法律のひろば，53 巻 8 号，2001 年 8 月，頁 37。

324 土井真一，同註 149，頁 258。

一是立憲者於立憲時雖然有考慮到國民參與審判制度，但基於種種考量（諸如經費、國情等），認為如果將國民參與審判制度入憲，恐怕會造成不必要的困擾，但日後若時機成熟，立憲者亦無排斥國民參與審判制度之意，不妨稱為「有意的忽略」，但不論是何種情形的「忽略」，立憲者均不致排斥由立法機關制定容許非職業法官之人參與刑事審判之法律，亦即與前述「默認的沈默」相同，係將刑事審判庭的組成視為「法律保留事項」或「立法政策問題」[325]，而非如前述「拒絕的沈默」，拒絕司法制度中出現國民參與審判制度。

二、憲法法條文義上的觀察

憲法制定之時並無國民參與刑事審判制度，又未於憲法中明文規定國民參與審判制度時，此種憲法的沈默，解釋上既然包括「拒絕的沈默」與「忽略的沈默」兩種可能，而兩種態度又會對國民參與刑事審判制度產生截然不同的結論（前者違憲、後者合憲），故如何正確解讀立憲者真意，即會成為問題。

回頭看我國的情形，我國憲法中關於司法制度的條文，除了規定於第 7 章者（第 77 條至第 82 條）外，另還包括憲法第 8、9、16、23 等條文在內，上述條文中，無一明確提到國民參與審判制度，故我國憲法對於國民參與審判制度採取「沈默的態度」，厥為不爭的事實。

但一般而言，憲法的沈默，通常不能逕自解釋為「拒絕的沈默」，蓋憲法原本即不太可能會對一個制憲當時不存在的制度，特別加以明文規範；[326] 更何況，憲法作為基本大法，關於個別制度之立法事項，往往

---

325 相同見解，參見笹田栄司，裁判員制度と日本国憲法，法律時報，77 卷 4 号，特集「裁判員制度の総合的研究」，2005 年 4 月，頁 25；平良木登規男，於「座談会・裁判員制度導入の是非をめぐって」中之發言，載於現代刑事法，32 号，特集「裁判員制度導入の諸問題」，2001 年 12 月，頁 11。

326 平良木登規男，同註 323，頁 38。

即採取沈默之態度,除非此一制度之立法理由明顯即欲抵觸憲法,否則尚難謂未經憲法明文規範之制度,一經立法即已違憲。換言之,不得徒以憲法對於某一制度之「沈默」,遽認憲法對此制度即已預設否定立場。[327] 從而,立法者所為之各種審判體系及訴訟制度的設計,原則上屬於政策裁量權之範圍,釋憲者對此率多以最高度之尊重。[328]

　　茲以審級制度為例。我國憲法就審級制度僅謂「司法院為國家『最高』司法機關,掌理民事、刑事、行政訴訟之審判,及公務員之懲戒。」(第 77 條)及「司法院及『各級』法院之組織,以法律定之。」(第 82 條)以上規定,至多僅可認為憲法要求需有複數審級之法院存在,但無從推論出審級制度應有如何內容(亦即是否採取三級三審制度)之要求。對此,司法院大法官釋字第 512 號解釋,針對肅清煙毒條例僅提供二審二級(高等法院為終審法院)之審級救濟、而禁止上訴最高法院一案即謂:「憲法第 16 條保障人民有訴訟之權,旨在確保人民有依法定程序提起訴訟及受公平審判之權利,至訴訟救濟應循之審級、程序及相關要件,應由立法機關衡量訴訟案件之種類、性質、訴訟政策目的,以及訴訟制度之功能等因素,以法律為正當合理之規定。」明確表示審級制度中應有多少審級、如何進行等事項,僅係「法律事項」、「立法政策問題」,而非憲法問題,之後的釋字第 574 號解釋,司法院大法官也再度重申同樣的立場。

　　本諸上述觀察,先來檢視我國憲法法條「文義上」是否容許國民參與審判,以此窺探憲法對於法院(審判庭)組成的基本態度。本文認為重點應在於憲法第 82 條,該條規定:「司法院及各級法院之組織,以法律定之。」業已明示憲法就各級法院應如何構成,係採取法律保留而非憲法保留,授權立法機關自由決定法院(包括狹義的、審判意義上的法院、法院組織法第 3 條參照)之組成,以此觀之,縱立法者決定以立法

327　笹田栄司,同註 325,頁 25。
328　陳新民,憲法學釋論,修訂 7 版,2011 年 9 月,頁 392。

方式引進國民參與刑事審判制度，使一般國民成為法院的一員，因有憲法第 82 條之授權，純從文義上來看，亦無違憲之虞，以此觀之，對照前述審級制度之探討，可以得出憲法文義對於國民參與審判制度是採取「忽略的沈默」之態度。但純由文義解釋來檢驗，僅能取得形式上的妥當性，為求完備，本文還將進行其他角度的探尋、檢討。

三、制憲史的觀察

回顧我國近代制定憲法的過程，從 1908 年（清光緒 34 年）的「欽定憲法大綱」、1911 年（清宣統 3 年）的「憲法十九信條」、1911 年的「中華民國臨時政府組織大綱」、1912 年的「臨時約法」、1913 年的「天壇憲法草案」、1923 年的「曹錕憲法」、1925 年及 1928 年的「國民政府組織法」、1931 年的「訓政時期約法」、1936 年的「五五憲草」及其先前多個初稿版本、[329]1940 年的「國民參政會憲政期成會五五憲草修正案」、1946 年的「政協憲草」，乃至 1946 年經國民大會制定之現行憲法，均無國民參與審判制度之相關規定，[330] 甚至於現行憲法制定過程中，亦未見國民參與刑事審判制度應否入憲的相關討論。[331]

但清季以來的立憲運動中，卻曾有陪審制度入憲的草案，茲舉二例說明之：

---

[329] 計有 1933 年 6 月「中華民國憲法草案初稿試擬稿」、1933 年 11 月「中華民國憲法草案初稿草案」、1934 年 2 月「中華民國憲法草案初稿」、1934 年 6 月「中華民國憲法草案初稿審查修正案」、1934 年 10 月「中華民國憲法草案」、1935 年 10 月「中華民國憲法草案修正案」等。

[330] 繆全吉編，中國制憲史資料彙編——憲法編，1990 年 6 月；張耀曾、岑德彰編，中華民國憲法史料，1981 年 5 月。

[331] 國民大會秘書處編，（制憲）國民大會實錄，1946 年 12 月，頁 387 以下；仲崇親，中國憲法的變遷與成長，初版，1995 年 12 月，頁 193；荊知仁，中國立憲史，初版，1984 年 11 月，頁 459；喬寶泰，中華民國憲法與五五憲草之比較研究（上），1978 年 1 月，頁 73 以下。

（一）康有為的「中華民國憲法草案」（1913）

1913 年，康有為所擬之「中華民國憲法草案」中，於第 73 條規定：「地方民刑事審訊，設陪審員，以法律定之。」其說明謂：「按禮（周禮）王制疑獄，泛與眾共之。孔子世家稱孔子聽訟，與眾共之，蓋設陪審也。以一人之明察，不如合眾之大公，且明目達聰，更資眾助，是吾國古制也。近世英先行陪審制，而各國從之，雖間有富人之獄，陪審員眾皆收賄，致殺人不死者，然比較一吏之貪愎偏斷，亦勝之矣，吾國必當行之。應與徵兵及強迫教育，同定於憲法中。」這是中華民國成立後最早的幾個憲法草案中，唯一出現陪審制度入憲的草案。

（二）省憲聯治運動期間的「浙江省憲法草案」、「四川省憲法草案」（1921-1923）

1920 年，中國陷於南北對峙的情勢，且北洋政府之中，馮玉祥與段祺瑞相互鬥爭，廣州國民政府則為唐繼堯、陸榮廷等軍閥挾制，夾在兩大勢力之間的各省，眼見統一無望，憲法難成，遂思由各省自行制定該省憲法，期望進而能達成制定聯省憲法、完成聯邦制統一的積極目標，退而亦能實現各省自治，避免捲入南北對峙的漩渦，史稱「省憲聯治運動」。[332]

省憲聯治運動最早起於湖南，於 1921 年 4 月 20 日完成了「湖南省憲法草案」，並於同年 11 月經全省公民總投票通過，於翌（1922）年 1 月 1 日正式公布，共計實施了 4 年餘，此為省憲聯治運動中，唯一完成立憲並公布實施的省憲。隨之而起的省分，雖然包括四川、貴州、廣西、浙江、廣東、雲南、陝西、江蘇、江西、湖北、福建等省，但僅有浙江、四川、廣東三省完成了憲法草案的擬定，[333] 且均未公布施行。

緊接在湖南之後完成憲法草案的浙江省，於 1921 年 9 月 9 日公布

---

332 荊知仁，同註 331，頁 318。
333 仲崇親，同註 331，頁 93。

該省憲法草案，史稱「九九憲法」，該案雖經過該省憲法會議議決，但省議會以未經全民投票總決為由，要求重新提案，「九九憲法」降格成為草案之一，經整理後，再派生為三個草案，為了使省民總投票時有所依循，遂以紅、黃、白三色分別代表三案，史稱「三色憲法草案」，原本預定於 1922 年 8 月 1 日進行總投票，卻因故未能舉行，故九九憲法、三色憲法草案，實際上均未公布施行；此外，其他投入省憲聯治之各省所完成的憲法草案，尚有 1921 年 2 月間通過省議會審查之廣東省憲法草案、1922 年 3 月起草完成之四川省憲法草案，惟均未完成立憲。[334]

　　值得注意的是，上述浙江省的九九憲法及三色憲法草案中，均有陪審制度之明文規定。九九憲法第 77 條規定：「法院應設陪審會議，其組織另以法律定之。」紅色草案的第 78 條、黃色草案的第 72 條、白色草案的第 73 條亦有完全相同之規定；其後的四川省憲法草案（1923 年 3 月 10 日），亦有陪審制度的明文規定，甚至將陪審制度之適用案件類型及評議方式，均於省憲中明文定之，該草案第 112 條規定：「法院關於左列訴訟，會同陪審員審理之：一、關於行政訴訟之重要事件。二、關於政治犯之罪情較重者。三、因著作犯罪非污衊個人者。四、擬處死刑、無期徒刑、一等有期徒刑之犯罪，參與陪審之陪審員，不得加入評議。陪審員之資格及陪審會之組織，以省法律定之。」

　　由上述法制史的回顧可以發現，包括陪審制度在內的國民參與審判制度，曾經在部分憲法草案中入憲，這種想法，不可能沒有為現行憲法的立憲者列入考慮。再深入觀察，我國現行憲法，是以 1936 年的「五五憲草」為藍本，經過 1940 年「國民參政會憲政期成會」提出修正案，及 1943 年「憲政實施協進會」提出修正意見，由政治協商會議於 1946 年擬定修改憲草 12 項原則及「政協憲草」後，同年由國民大會

334　荊知仁，同註 331，頁 321。

完成制憲。而前述「國民參政會憲政期成會」的 25 名委員中，即包括草擬前述「浙江省憲法草案」的褚輔成（1873-1948）在內，[335] 而「憲政實施協進會」之 49 名會員中，亦見褚輔成之名在內。

又前述「五五憲草」、「國民參政會憲政期成會五五憲草修正案」、「政治協商會議憲草修改原則」、「政協憲草」中雖均無國民參與審判制度之相關規定，但 1944 年 5 月提出之「國民參政會憲政實施協進會對五五憲法草案之意見」共計 32 點中，第 14 點即述及「陪審制度應否採行，不必列入憲法。」[336] 顯見在現行憲法的制定過程中，「陪審制度」應否入憲，確實曾經成為討論的對象，[337] 而所謂「陪審制度應否採行，『不必』列入憲法」，從文義來看，顯非立憲者不希望司法制度中出現陪審制度，而是立憲者於立憲時雖然有考量到陪審制度，但基於種種考量（諸如經費、國情等），不願將此等制度拉高到憲法層次「入憲」，更足證明我國憲法對於國民參與審判制度係採取「有意的忽略」之態度。

至於我國立憲之前，所提及之國民參與審判制度雖幾乎均侷限於「陪審制度」，但此應與陪審制度較為論者所知悉、且與民主政治有較強烈的關連性有關，並非意謂同為國民參與審判制度的參審制，即不在立憲者「有意的忽略」之範圍內，併此敘明。

為了增強本文對於我國憲法就國民參與審判制度立場解讀為「有意的忽略」之說服力，本文擬進一步比較日本憲法的情形，蓋日本現行憲法（昭和憲法）的規定，與上述我國的憲法沈默有非常多相似之處，已如前述。日本現行憲法與我國憲法相同，固然均無國民參與審判的相

---

335 雷震原著，薛化元主編，中華民國制憲史——制憲的歷史軌跡（1912-1945），初版，2009 年 9 月，頁 78、116。

336 國民大會秘書處編，同註 331，頁 275。

337 例如 1943 年 11 月 12 日，憲政實施協進會第 1 次全體會議中，擔任該會委員的王雲五（1888-1979）提出「請提前實行陪審制度」案，並經決議送請政府注意。參見香港大公報「百年歷史頭條及社評」，網址：www.takungpao.com.hk/history/history_news.asp?news_id=138262，最後拜訪日期：2012 年 8 月 5 日。

關規定，但在日本現行憲法制定當時，陪審制度應否入憲？卻曾經過熱烈的討論。1946 年 2 月的 GHQ 憲法草案第 2 次試案中曾經明定：「陪審審理，所有被起訴得科處死刑之罪者，以及受重罪（felony）起訴者有聲請時，均應給予之。」但聯合國占領軍總司令部（GHQ）草案於同年 2 月 10 日完成（即史稱「麥克阿瑟草案」）時，上述法定陪審及請求陪審之規定均告刪除，日本政府依據上述麥克阿瑟草案，於 1946 年 4 月 17 日完成的憲法改正草案中，亦無國民參與審判的相關規定。然而，究竟憲法應否容許一般國民參與司法，在當時日本的司法省、樞密院、第 90 回帝國議會（包含眾議院、貴族院，自 1946 年 6 月 20 日開幕至 10 月 11 日閉幕）中均引起熱烈討論，雖然最後以陪審制度是否符合日本國民性？戰後無足夠經費支付陪審審判所需廳舍建築經費等理由，暫緩了應否即刻實施陪審制度、甚至將陪審制度入憲的討論，[338]但並未因此否決陪審制度等國民參與審判制度的合憲性。例如當時的司法大臣木村篤太郎（1886-1982）在回答樞密院帝國憲法改正委員會三浦虎之助委員詢問時表示：「基於民主政治進行審判之運用時，個人認為陪審制度是適當的。」「（憲法改正）草案中絕對沒有否定陪審制度之意。」[339]另在回答貴族院帝國憲法改正案特別委員會野村嘉六委員質詢時，也以：「就理念而言，應該要思考無論如何要讓陪審制度重新復活。」而當時的國務大臣金森德次郎（1886-1959）在回答眾議院安部俊吾議員質詢時，更明確表示：「關於陪審的問題這一點，憲法對此雖然沒有特別規定，但依據民主政治的宗旨，只要必要的規定能以法律定之，完善現有的制度（按指停止中的大正陪審法），即非憲法所拒絕的制度。」[340]甚至在 1946 年「裁判所法」的立法過程中，日方更因應 GHQ 的要求，增列第 3 條第 3 項條文，即「本法之規定，並不妨礙就

338　利谷信義，同註 128，頁 110-119。
339　佐伯千仞，同註 107，頁 900。
340　利谷信義，同註 128，頁 115。

刑事審判，以其他法律設置陪審的制度。」更臻明確。綜上所述，日本現行憲法於制憲當時，對於國民參與審判制度採取與我國相同的「有意的忽略」的態度，厥為不爭的事實。

對於如此類似的制憲史所產生的「憲法沈默」，日本最高裁判所2011年11月16日平成22年（あ）第1196號大法廷判決即謂：「（日本）憲法並未有承認國民參與司法意旨的規定，已如上訴意旨所指摘，但未有明文規定，並非可以直接導出憲法禁止國民參加的意義。」「一般而言，憲法是允許國民參與司法的。」日本東京高等裁判所2010年4月22日平成22年（う）第42號判決亦謂：「憲法就下級法院之構成並未更有直接規定（憲法76條1項規定為「依法律規定」），故並未禁止法官以外之人亦成為下級法院之構成員。另外從與憲法同時制定的裁判所法第3條第3項亦規定不妨就刑事設陪審制度，且相對於舊憲法（大日本帝國憲法）24條保障受『法官審判』之權利，現行憲法32條則保障受『法院審判』之權利，故憲法制定當時立憲者的意圖，明顯地允許國民參加審判，或至少未加以排除。」

誠然，我國雖然並無日本一般，於戰前即有國民參與刑事審判之法制歷史；且國民參與刑事審判制度應否入憲之討論，亦不如日本戰後制訂新憲時激烈；更遑論我國並無日本裁判所法第3條第3項一般，存有保留陪審制度一線生機的相關規定。但從憲法法條文義、以及制憲史來觀察，我國仍與日本有高度之相似性，故上述日本實務對於「憲法沈默」之解讀，本文認為於我國憲法，仍可得出相同的結論，此即前述日本最高裁判所判示之：「憲法並未有承認國民參與司法意旨的規定，但未有明文規定，並非可以直接導出憲法禁止國民參加的意義。」

四、國民主權原理可否逕自作為國民參與刑事審判制度的合憲性依據？

我國憲法第 2 條規定：「中華民國的主權屬於國民全體。」此即主權在民、國民主權之原理，而與我國乃民有、民治、民享之民主共和國（憲法第 1 條）的基本理念，相互呼應。[341] 在界定憲法對於國民參與刑事審判制度採取何種態度時，同為民主國家、於憲法中明確昭示國民主權的日本，即有論者以此種「國民主權」的角度出發，認為刑事司法應以貫徹國民主權原理為最重要的目標。但現行的刑事司法，乃由職業法官、檢察官代替國民行使司法權，故僅能認為是代議式民主或間接民主。當代議式民主或間接民主無法充分履行國民主權的要求時，即應以「直接民主」行之，刑事司法的情形亦無不同，故國民參與刑事審判制度應理解為「國民主權的貫徹」[342]。執此說的論者，在面對國民參與刑事審判制度與憲法的關係時，大致上有以下兩種不同程度的主張：

（一）基於國民主權，國家有義務一定要引進國民參與審判制度，否則即屬違憲：

持此說之論者認為唯有引進國民參與刑事審判，才能算是符合國民主權的要求，故凡屬民主國家，為了彰顯國民主權，當然有義務要引進國民參與刑事審判制度，甚至不僅是刑事審判，所有司法權的行使，包括民事訴訟、行政訴訟，都有義務要讓國民參與，才符合民主國家的要求。此即托克維爾（Alexis de Tocqueville）所指：「（陪審制）應該看成是國民主權的一種型態，當人民的主權被放棄時，陪審制也就應該完全被排斥。」[343]

---

341 陳新民，同註 328，頁 74。

342 鯰越溢弘，刑事司法と市民参加，載：刑事司法改革と刑事訴訟法（上卷），1 版，2007 年 5 月，頁 98。

343 Alexis de Tocqueville, De la Démockratie en Amérique (2 vols; Paris: editions Galimard, 1961), I, p. 285. 轉引自三谷太一郎，同註 52，頁 34。

　　然而，此一見解將國民主權的「實現方式」做了過度狹隘的界定，使得其說服力連帶受到考驗。首先，即使是以「國民主權的實現」來理解國民參與刑事審判制度，基於現實（經費、訴訟經濟）的考量，實際上亦不可能讓所有刑事審判均進行國民參與刑事審判，面對此種現實，論者若謂國民參與刑事審判只要象徵性的出現在部分刑事案件中即可，無寧等於是說國民主權只要象徵性地在部分治權中實現即可，與此說原本的大義凜然、不可妥協即形成強烈對比；其次，民主國家中所有國家權力雖然都來自國民的授權，但並非所有國家權力的行使，都必須要有國民的「直接」參與才能合憲，「間接」影響的情形亦所在多有，此種情形在立法、行政領域中均不乏其例。故即使是從「國民主權」的角度來界定國民參與刑事審判制度，也不當然等於該制度就是憲法上必須一定要採行的制度，仍然是「憲法政策判斷」後可以自行決定要不要採行的制度。[344] 換言之，在民主國家中，基於國民主權原理，刑事司法雖然一定要獲得國民的支持、授權才能存續，但刑事司法並不是一定要有國民的直接參與才能成立。[345]

（二）國民參與刑事審判制度既然是基於國民主權而來，乃當然合憲：

　　此說論者雖然並未主張「凡民主國家一定要引進國民參與刑事審判制度」，但民主國家一旦引進國民參與刑事審判制度後，由於此乃國民主權在刑事司法中的具體實現，亦即國民係基於國民主權原理而參與審判，而為最民主的司法制度。故在合憲性的問題上，對於民主國家而言，乃當然合憲，而無任何違憲之虞。[346]

---

344 土井真一，同註 149，頁 273。

345 羽渕清司、井筒径子，同註 310，頁 460。

346 木村龜二，新憲法と人身の自由，1948 年，頁 53，轉引自大石和彥，同註 37，頁 136；日本弁護士連合会「国民の司法参加」に関する意見，2000 年 9 月 12 日，司法制度改革審議会第 30 回配付資料，別紙 3，網址：http://www.kantei.go.jp/jp/sihouseido/dai30/30bessi5.html，最後拜訪日：2012 年 10 月 2 日；謝凱傑，我國採行人民參與審判制度之探討──以國民參審試行條例草案為中心，國立成

依此說論點，既然基於國民主權原理而讓國民參與司法即屬當然合憲，自無再逐一檢討憲法上相關條文（如憲法第 8 條、第 16 條、第 80 條、第 81 條）及具體制度內容，確認國民參與刑事審判制度合憲性的必要。但合憲性的問題真的有這麼簡單嗎？「基於國民主權原理而讓國民參與司法」有無條件上的限制？是否任何形式之國民參與刑事審判制度均包含在內？全民公審、輿論審判、國會審判似乎也可以說是「基於國民主權原理而讓國民參與司法」，則引進全民公審、輿論審判、國會審判是否均屬合憲，而無違憲之虞？主張此說的論者，顯然亦不可能對此等問題一概給予肯定的答案。

實則本於國民主權之原理、概念所生的制度，其範圍極為廣泛、種類亦極為多樣，但任何制度、縱使宣稱是本於國民主權原理而生，如果要通過「合憲與否」的檢驗，絕不是只要高喊「國民主權」即可輕易過關的，蓋「國民主權」雖然是民主國家權力來源的正當性基礎，卻不是民主國家中所有制度的正當化依據，一個制度是否合憲，除了應該先界定憲法對於此制度的基本態度或要求，接下來還應該要將制度內容逐一與憲法中的要求進行比對，以確認是否合憲，而「國民主權」在這些檢驗中是使不上力的。347 簡單地說，「國民主權」只是國家權力的本源，接下來國家的權力就會進行分化、精緻化，亦即「國民主權」之後，還有「權力分立」；以司法而言，司法有其固有使命，憲法的功能在於使這些固有使命能夠被達成，而國民參與刑事審判制度是否合憲，即在於能否與司法固有的使命調和而不生矛盾、衝突，一味高喊國民主權、忽視制度對於司法固有使命的傷害，這樣的國民參與刑事審判制度，一樣無法通過合憲性的檢驗。

功大學法律學系研究所碩士論文，2008 年 8 月，頁 109；尤伯祥，同註 250，頁 271、277。
347 大石和彥，同註 37，頁 137。

五、小結

　　從憲法條文中明確規定法院之組成授權予法律制定，以及上述制憲史的觀察，固然可以得出憲法對於國民參與審判制度採取「有意忽略」的態度，亦即縱使不採行任何國民參與審判制度，亦不致違反憲法上的要求，但也可以得出憲法亦不排斥具體訴訟程序中出現國民參與審判制度的結論。

　　然而，若謂任何形式的國民參與刑事審判制度，只要是由法律制定，就沒有違憲之虞，或基於國民主權原理，認為任何形式的國民參與刑事審判制度都當然合憲，則似嫌過度樂觀，蓋萬一立法者以法律「創造」出一個完全由業餘人士參與、排斥職業法官加入的法院，甚至是以「委外經營」的方式，由司法權的行使者──司法院再委託（轉包）外部機關、法人經營法院，是否仍為符合憲政原意的制度？即非無疑問。故至多僅能謂憲法對於司法制度的基本態度，是授權法律決定，但仍有一些重要的憲政原理，是國民參與審判刑事制度所不能違背的。

　　申言之，憲法縱使未排斥由非職業法官之一般國民參與刑事審判，惟現行憲法本於「司法權建制之憲政原理」及「正當法律程序」，就司法制度的內涵，仍有其一定之要求，其中包含保障法官之獨立性（憲法第 80 條）、保障人民之訴訟權利（憲法第 8 條、第 16 條）、獨立公正的審判機關與程序等在內（司法院釋字第 436 號解釋文參照），故並非任何內容、形式之審判制度，均無違反司法權建制憲政原理或正當法律程序之虞。亦即「憲法之沈默」雖可給予國民參與審判制度存在之空間，但仍不能得出憲法對於審判制度「空白委任」，由法律「恣意」定之的結論，[348] 倘審判制度之具體內容業已侵犯法官之獨立性、正當法律程序、刑事被告之訴訟權利時，則仍有違憲之可能。

　　故即令就「憲法的沈默是否代表憲法的拒絕」此一問題，在解釋我

348　田口守一，同註 265，頁 31。

國憲法後，可以先採取否定之態度，亦即可以容許立法機關進行國民參與審判制度的立法行為，然仍應進一步詳細探究憲法對於司法權作用之要求、亦即立法時必須遵守的底線為何。前述日本最高裁判所 2011 年 11 月 16 日平成 22 年（あ）第 1196 號大法廷判決謂：「憲法上，於刑事審判時，是否容許國民參與司法此一與刑事司法的基礎有關的問題，應該要綜合憲法所採行的統治基本原理、刑事審判的各項原則、包含憲法制定當時的歷史狀況在內的憲法制定經緯，以及憲法相關規定之文理進行檢討以資判斷。」「讓國民參與刑事審判以求強化民主性基礎，與實現憲法規定的人權保障、基於證據發見真實、確保個人權利與社會秩序等等刑事審判的使命之達成間，絕非矛盾不相容，關於此點，參照曾經有陪審制或參審制實施經驗的歐美諸國，即可得到基本的理解。因此，若國民參與司法，與為了實現適正的刑事審判的各項原則間能夠充分調和，憲法在解釋上，即無禁止國民參與司法之理，故國民參與司法的合憲性，應取決於具體設計的制度，與為了實現適正的刑事審判的各項原則間有無抵觸。換言之，一般而言，憲法允許國民參與司法，若採行國民參與審判制度，唯有上述各項原則獲得確保，包含陪審制或參審制在內，始可解為其內容可委諸立法政策決定。」即同斯旨。

關於國民參與審判制度的具體制度內容設計，本文擬於另章討論之。但在此之前，理應先充分掌握憲法中所定刑事審判各項基本原則之具體內涵。故以下擬就憲法上所定法官身分保障、法官獨立性保障、法定法官原則、人民訴訟權保障等憲法揭櫫之刑事司法基本原則進行探討。

參、法官身分保障與國民刑事參與審判制度的關係

一、身分保障規定的射程範圍

我國憲法第 81 條規定：「法官為終身職，非受刑事或懲戒處分，或

禁治產之宣告,不得免職。非依法律,不得停職,轉任或減俸。」上開
條文中關於法官之任期、薪俸與身分保障之規定,對於暫時性參與審判
之一般國民而言,本質上並無適用之可能。以此觀察,制憲者既然明文
規定法官之任期、薪俸與身分保障,彷彿隱含了要「完全」由具備身分
保障的法官進行審判之意,是以讓欠缺上述保障之一般國民參與審判,
似乎即不符合制憲者原本的設計。故有認為既然憲法僅規定「法官」,
而對於國民參與刑事審判制度未為任何規定,亦即有將審判排他地、完
全僅交由法官處理,而不容許國民參審制度存在之意。[349]

　　惟按憲法上有關法官任期、薪資與身分保障之規定,實係僅針對職
業法官而設計,亦即以法官作為長期性、固定性工作之人而設計。考所
以需有上開保障,誠如美國開國元勳漢彌爾頓(Alexander Hamilton,
1757-1804)在 The Federalist Papers(1788)中所言,支配某人生活之
糧者,即可支配該人之意志,[350]若有外力得以輕易危及法官作為生活憑
藉之職業或薪俸,恐將影響其裁判之內容,因此,必須保障職業法官之
身分與報酬,以維繫其公正性;固然,即使未設有上開保障,法官亦理
應秉持良心、公正地執行審判工作,但所謂值得信賴的裁判,不僅係指
其裁判實質內容之客觀公正,亦兼含其「外觀」,誠如英國法諺說的:
「公正不僅是應該被達成,還應該被看到其達成。(Justice must not be
done; it must be seen to be done.)」換言之,於憲法中明文給予職業法官
上開保障,亦具有對外公開宣示:「職業法官不致屈服於對於其身分或
薪資可能行使權限或影響力之政治部門或司法行政部門之壓力」的意
義,亦即從「外觀」塑造其獨立性、公正性。

　　相對於此,本屬於一般國民,非以法官為其職業,僅因個別案件之

---

349 陳新民,同註 328,頁 711;另日本學者解釋該國憲法亦得出相同結論,參見西野
　　喜一,同註 190,頁 5。
350 長谷部恭男,於「裁判員制度と日本国憲法」座談會中發言,判例タイムズ,
　　1146 号,2004 年 6 月 1 日,頁 11。

需要，被隨機抽選出參與審判，於案件審理結束或短暫之任期結束後，即回歸為一般國民身分者，固非能完全排除其參與審判期間遭受外界壓力或意思支配之可能，但既非以法官為業、又無薪俸，究與職業法官之前提條件不同，[351] 故給予參與審判之一般國民身分或薪資保障，顯無必要。進而言之，上開針對職業法官所設之身分、薪資保障之憲法條文，既係為彰顯「職業」法官之獨立性、公正性而設，自不能以此作為憲法排斥一般國民參與審判的論證依據。[352]

　　以下再舉我國法制現狀以佐證上述理論，並先以大法官的身分保障為例。司法院大法官依憲法第 78 條、第 79 條第 2 項規定，掌理「解釋憲法，及統一解釋法律及命令」，性質上自亦為憲法第 80 條規定之法官（釋字第 601 號解釋參照），惟依司法院組織法第 4 條規定，大法官除了得由資深職業法官（曾任最高裁判所法官 10 年以上而成績卓著者）出任外，亦容許其他原來不具職業法官身分之人（如曾任立法委員、大學主要法律科目教授等）出任；且雖然大法官在任期中應受憲法第 81 條關於法官「非受刑事或懲戒處分，或禁治產之宣告，不得免職。非依法律，不得停職、轉任或減俸。」等規定之保障（釋字第 601 號解釋參照），但大法官為任期制（憲法增修條文第 5 條第 2 項、司法院組織法第 5 條）而非終身職，除法官轉任者外，無例外地於任期屆滿後即喪失法官身分，此與憲法第 81 條開宗明義規定「法官為終身職」仍有明顯

---

351 長谷部恭男，於「裁判員制度と日本国憲法」座談會中發言，判例タイムズ，1146 号，2004 年 6 月 1 日，頁 11。

352 平良木登規男，於「座談会・裁判員制度導入の是非をめぐって」中之發言，現代刑事法，32 号，特集「裁判員制度導入の諸問題」，2001 年 12 月，頁 9；蘇永欽，參審制度有無違憲之研究，律師通訊，第 113 期，1989 年 2 月，頁 22；土井真一，同註 149，頁 262。以此觀之，雖然司法院釋字第 162 號解釋、第 539 號解釋均將憲法第 80 條之獨立性要求與第 81 條之身分保障合併觀察，強調第 81 條對於第 80 條之功能性意義，惟該二解釋之對象均為職業法官（行政法院評事、公務員懲戒委員會委員、免兼庭長之法官等），自不能執此謂憲法第 81 條之身分保障乃擔任審判工作者之前提要件。

歧異，但終究不能執此否定大法官亦為憲法上的法官。以此觀之，憲法第 80 條（法官獨立性）與第 81 條（法官身分保障）間，並無想像中緊密的連結關係存在。

　　同樣的情形也出現在最基層的候補、試署法官身上，蓋憲法第 81 條雖規定：「法官為終身職。」然而，依法官法第 9 條第 6 項規定：「對於候補法官、試署法官，應考核其服務成績；候補、試署期滿時，應陳報司法院送請司法院人事審議委員會審查。審查及格者，予以試署、實授；不及格者，應於二年內再予考核，報請審查，仍不及格時，停止其候補、試署並予以解職。」另司法人員人事條例第 10 條第 4 項規定：「前三項候補、試署期滿時，應分別陳報司法院或法務部審查其品德操守、敬業精神及裁判或相關書類。候補審查及格者，予以試署，不及格者，延長其候補期間一年；試署審查及格者，予以實授，不及格者，延長其試署期間六個月；候補、試署因不及格而延長者，經再予審查，仍不及格者，停止其候補、試署，並予解職。」（已經廢止的候補試署法官辦理事務及服務成績考查辦法第 20 條有相似規定）故候補、試署法官必須經過成績考察始能取得實任法官資格，且可能因為候補、試署成績不及格而遭解職（免職），亦與憲法第 81 條「法官為終身職，非受刑事或懲戒處分，或禁治產之宣告，不得免職。」的規定明顯有間，但即令如此，事實上目前候補、試署法官所從事的工作，與實任法官並無不同，亦不能謂候補、試署法官即非憲法意義上的法官。

　　為求說理的強化，本文乃再從另一個角度──律師之懲戒來觀察。依律師法第 41 條、43 條規定，律師懲戒機關共有 2 個階層的組織，第一層為「律師懲戒委員會」，對於律該師懲戒委員會之決議不服者，得向第二層之「律師懲戒覆審委員會」請求覆審，其中「律師懲戒委員會」係由高等法院法官 3 人、高等法院檢察署檢察官 1 人、律師 5 人，共 9 人組成，而「律師懲戒覆審委員會」則係由最高法院法官 4 人、最高法院檢察署檢察官 2 人、律師 5 人、學者 2 人共 13 人組成，前述 2 個委員會中的律師、學者均非受有身分保障之人（檢察官雖享有身分保

障，但非審判意義上的法官），若謂唯有純由具備身分保障之職業法官構成者始能稱為法院，則上述「律師懲戒委員會」或「律師懲戒覆審委員會」，似均不能稱為法院。對此，司法院釋字第 378 號解釋即表示：「依律師法第 41 條及第 43 條所設之律師懲戒委員會及律師懲戒覆審委員會，性質上相當於設在高等法院及最高法院之初審與終審職業懲戒法庭，與會計師懲戒委員會等其他專門職業人員懲戒組織係隸屬於行政機關者不同。律師懲戒覆審委員會之決議即屬法院之終審裁判，並非行政處分或訴願決定，自不得再行提起行政爭訟。」亦即縱令完全沒有身分保障之人，亦非不得擔任審判職務。該號解釋理由書中更明指：「所謂法院，固係指由法官所組成之審判機關而言，惟若因事件性質在司法機關之中設置由法官與專業人員共同參與審理之法庭或類似組織，而其成員均屬獨立行使職權不受任何干涉，且審理程序所適用之法則，亦與法院訴訟程序所適用者類同，則應認其與法院相當。人民依法律之規定就其爭議事項，接受此等法庭或類似組織之審理，即難謂憲法上之訴訟權遭受侵害。」明確認為法官與「專業人員」共同參與審理，且符合一定條件者，仍屬憲法上的法院。雖然本號解釋似乎是僅為專家參審、職業懲戒法庭等專業法庭「解套」而為上述解釋，但實可基此解為，凡基於「事件性質」需要，亦可容許職業法官與非職業法官在符合獨立性制度保障與正當法律程序等要求下，組成合議庭共同審判，而所謂非職業法官，自應認為包含一般國民在內。

　　類似的立法，也可見之於海上捕獲法庭審判條例。該條例第 5 條第1、2 項規定：「初級海上捕獲法庭庭長，以所在地高等法院院長或高等法院分院院長兼充（中略）。審判官由行政院於左列人員中呈請總統任命兼充：一、高等法院或其分院推事四人至五人。二、海軍中校以上軍官三人至四人，其中一人至二人為海軍軍法官。三、外交部高級薦任部員一人至二人。」又同條例第 6 條第 1、2 項則規定：「高級海上捕獲法庭庭長，以最高法院院長兼充（中略）。審判官以最高法院推事六人，海軍上校級以上軍官二人，海軍上校級以上高級軍法官一人，外交部簡

任部員二人兼充，均由總統任命之。」其中除了職業法官之外，亦包含中、高階軍官及外交部中、高級官僚，但此等擔任審判官之人亦均不具有身分保障，惟所組成的仍是憲法意義上的法院，益見職業法官與非職業法官共同審理，並非法制上的偶然。

　　同樣地，大法官在釋字第 436 號解釋也表示與上述律師法、海上捕獲法庭審判條例類似的態度。我國軍事審判法自 1956 年施行至 1999 年修正為止，均採行「軍官參審制」，修正前軍事審判法第 13 條第 3 項規定：「本法稱審判官者，謂軍事審判官及**軍官參與審判者**。」亦即雖無軍事審判法所定軍法官身分、且任職於軍事審判機關擔任軍事審判官職務者，但只要具備軍官身分，即得參與軍事審判之初審審判（覆判庭只有在提審或菸審時，始採軍官參審，修正前同法第 37 條參照），又修正前同法第 34 條規定：「合議審判庭審理現役軍人犯陸海空軍刑法或其特別法之罪者，其審判官以軍事審判官及軍官充任之，除審判長外，軍官之人數不得超過二分之一。前項規定參與審判之軍官，對於被告犯罪事實涉及專門技術之案件，應具有該項技術之專長。」第 32 條第 1 項規定：「合議審判之軍事法庭，以階高、資深者為審判長。由軍官充任之審判長，其階級不得低於被告。」換言之，若審判長由參審軍官而非軍法官任之時，參審軍官之人數可能超過合議審判庭的二分之一，而審判案件若無涉專門技術時，參審軍官之資格即無任何限制。

　　此一制度，係立於軍事審判權係統帥權的具體運用，而非司法權之一部分來立論，其後司法院釋字第 436 號解釋，改採國家刑罰權之概念以詮釋軍事審判權，要求行使軍事審判權時應符合正當法律程序、司法權建制之憲政原理及比例原則，並基此宣告軍事審判法之相關上訴救濟制度違憲，但針對前述軍官參審制有無違憲的問題，該號解釋僅表示：「為貫徹審判獨立原則，關於軍事審判之審檢分立、參與審判軍官之選任標準及軍法官之身分保障等事項，亦應一併檢討改進，併此指明。」亦即雖然要求落實軍法官之身分保障，但對於同樣參與審判，甚至人數可能多於軍法官、膺任審判長之參審軍官，則未一併要求需有「身分保

障」，其後行政院因應本號解釋而提出之軍事審判法修正草案，草案中有關軍官參審制的修正條文，雖然因立法院反對而致軍官參審制整個宣告消失，但上述釋字第436號解釋的內容，仍然明確地告訴我們，即使讓不具身分保障的人參與刑事審判，仍不會當然造成違憲的效果。

由上討論可知，憲法所以賦予職業法官高度的身分保障，乃為了確保職業法官的獨立性與公正性，但身分保障的強度，並非不能視實際的需要（如前述大法官、候補、試署法官）而予以調整；甚至對於暫時性擔任審判工作之人，亦可完全不給予任何身分保障，而仍使其參與審判、構成法院，均足以印證身分保障僅係針對職業法官而設，而非任何擔任審判工作之人均需具備的前提要件。

二、公務人員任用資格規定的射程範圍

前述憲法第81條職業法官身分保障之規定，被違憲論者用來質疑國民參與審判制度之合憲性，類似的爭議，也發生在憲法第85條。蓋憲法第85條規定：「公務人員之選拔，應實行公開競爭之考試制度，並應按省區分別規定名額，分區舉行考試。非經考試及格者，不得任用。」故論者有認為一般國民參與審判時，其職權既與職業法官完全相同，自亦屬從事公務之人員，而上揭憲法第85條既已明文規定「公務員非經考試及格不得任用」，故在憲法未修改前，無法官任用資格之平民，能否參與審判，實不無可疑。[353]

何謂「公務人員」？司法院釋字第555號解釋已有明確定義，係指「依法考選銓定取得任用資格，並在法定機關擔任有職稱及官等之人員。」亦即限於以公務為業、常任於法定機關之人，即所謂「身分公務員」，至於一時性擔任公務之人，例如依法令從事於公共事務而具有法

---

[353] 浦德生，於1988年11月16日司法院77年司法會議（第二次大會）中之發言，司法院參審試行條例研究資料彙編（一），1992年6月，頁56。

定職務權限者（即所謂「授權公務員」），或受機關委託而從事與委託機關權限有關之公共事務者（即所謂「委託公務員」），雖亦為廣義的公務員（依法令從事於公務之人員），但並非憲法第 85 條所指之「公務人員」,[354] 自不以經考試及格取得任用資格為必要。

　　再者，憲法第 85 條雖然規定「公務人員非經考試及格不得任用」，但即使是前述之「身分公務員」，亦非均以「考試及格」為限始取得任用資格，依憲法第 85 條、第 86 條而立法之「公務人員任用法」，第 9 條所定公務人員任用資格中，除了「依法考試及格」外，尚包括「依法銓敘合格」及「依法升等合格」，故考試及格僅為取得公務員資格的方法之一，此外，同法第 11 條、第 36 條、第 37 條、第 38 條更將「政務人員、機關辦理機要人員、派用及聘用人員、雇員」等排除於公務人員之範疇外，至於隸屬於地方自治團體之公務人員、各級公職選舉之候選人，通說亦均認非需經考試合格為前提，[355] 故亦非任何公務人員，均以經考試及格取得任用資格為必要。

　　附帶一提，憲法第 85 條的上述爭議，可能派生出來另一個問題，亦即縱使依據法令從事於公務之人員並不以經考試及格取得任用資格為必要，但是否仍應以「自願性」的從事公務為限？誠然，絕大多數的廣義公務員（包含前述「身分公務員」、「授權公務員」、「委託公務員」在內）均係自願性的從事於公務，殊少非自願性從事於公務者，惟自願與否仍非公務員之前提要件，一個比較明顯的例子就是「替代役」。所謂替代役，依替代役實施條例第 3 條規定，係指「役齡男子於需用機關擔任輔助性工作，履行政府公共事務或其他社會服務，或於經主管機關認可之政府機關、公立研究機關（構）、大學校院、行政法人或財團法人研究機構及民間產業機構從事科技或產業研究發展工作」，其中擔任

354　最高法院 98 年度台上 2828 號判決意旨參照。
355　陳新民，同註 328，頁 765；法治斌、董保城，憲法新論，4 版，2010 年 9 月，頁 430。

「警察役」之替代役男，即屬廣義公務員之一種，而服替代役並非自願性從事於公務，而是基於法律賦予之義務而為，亦為不爭的事實。對此，或有認為可依憲法第 20 條規定：「人民有依法律服兵役之義務。」例外地取得替代役非自願性擔任公務員之理論依據，並以此主張除憲法有明文規定者外，其他公務員仍以自願性從事公務為必要。然依兵役法第 24 第 1 項、25 條第 2 項規定：「在國防軍事無妨礙時，以不影響兵員補充、不降低兵員素質、不違背兵役公平前提下，得實施替代役。」「服替代役期間連同軍事基礎訓練，不得少於常備兵現役役期，其期間無現役軍人身分。」故替代役實非兵役，而是兵役的替代品，憲法第 20 條所謂「人民有依法律服兵役之義務」，自不能逕自解為「人民亦有依法律服替代役之義務」。以此觀之，縱使絕大多數之公務員均係自願性的從事於公務，但自願性從事於公務並非公務員的前提要件，上述論點自難成立。

　　基上所述，上述問題的癥結，恐非在於參與審判的國民是否符合公務員或公務人員的要件，反而是：國家若以法律強制（即非志願性）一般國民擔任審判工作時，是否會逾越憲法第 23 條所揭示的比例原則？關於此點，核與身分保障較無關連，擬於後面再行討論。

三、身分保障規定所隱含的憲政原理

　　即使身分保障是為了維繫職業法官的獨立性、公正性而設，不能以此推論憲法完全排斥非職業法官之一般國民參與審判，惟憲法特別規定「職業法官」之「身分保障」，除了確保實際從事審判工作的職業法官之獨立性與公正性（重點在「身分保障」）外，本文認為另有其他憲政原理存在（此時重點在於「職業法官」）。而此一原理，亦不妨從前述大法官解釋或相關法律規定中探索。詳言之，即使上述律師法、海上捕獲法庭審判條例、修正前軍事審判法均允許不具身分保障的非職業法官參與審判，但仍然「同步」維持了職業法官的參與，姑且不論職業法

官身分保障的強度是否需要與憲法第 81 條等量齊觀（如前述大法官、候補、試署法官之身分保障強度即低於憲法要求），但至少在此建制之下，具備身分保障之職業法官即為司法院以下各級法院（審判意義上的、狹義的法院）當然的構成員，[356] 換言之，縱使憲法不排斥讓一般國民參與審判，但如果讓非職業法官全權職司審判工作，徹底排斥職業法官的參與，亦即國家全然不設職業法官，法官均以招募兼職者充任，恐怕仍有違反司法權建制的憲政原理之虞。[357]

為何司法權建制之憲政原理中要求職業法官為法院的當然構成員呢？本文認為，此涉及了審判過程中對於「專業」的要求。為了理解其中的涵義，必須試著將觀點拉回審判制度的起點。

在古代，當紛爭發生，且無高於紛爭雙方當事人之第三權力存在時，紛爭往往係藉由實力鬥爭之方式（例如決鬥、復仇）解決，待雙方當事人察覺其中愚昧之處，始委諸第三者仲裁以解決紛爭。此時之第三者尚非國家所委派之人，而僅係一般非專業人士或多數民眾；及至社會的中心權力確立、國家出現，為維護社會秩序及統治安定，則逐漸由國家專權負責裁斷紛爭，然此時國家僅將司法視為其統治行為之一部分，未必有法律可資依循，而所謂法官，亦往往僅是地方行政首長（如縣令、郡守）兼充，而非專職、專業之人。

但隨著國民之勢力日益增強，國民的基本權利是否獲得保障，愈來愈關係到統治之安定性（即所謂「官逼民反」或「弔民伐罪」），國民雖仍被視為統治之客體，但國家之統治行為已不再能恣意侵害國民之權

---

356 在此借用日本學界及實務之見解，參見東京高裁平成 22 年（2010 年）4 月 22 日平 22（う）42 號判決；市川正人，同註 262，頁 42；佐藤幸治等，司法制度改革，於「国民的基盤の確立」部分井上正仁之發言，2002 年 10 月 20 日，初版，頁 340。

357 李念祖，實施參審制度在我國憲法上的幾個基本問題，「參審制之研究」學術研討會，載於憲政時代，第 20 卷第 3 期，1995 年 1 月，頁 19；日本學者針對該國憲法有得出相同結論者，參見土井真一，同註 149，頁 259。

利，為了明確劃定國家統治行為之範圍、齊一裁判內容，遂有法律之出現，且國民對於「法院」此一屬於國家機關、受到統治者指揮監督、卻負責裁判可能屬於國家與國民間紛爭的機關，是否具備公正性，亦感到不安，為了提升審判權威，司法之專業性與獨立性日漸獲得重視；及至民主國家，國民成為國家之統治主體，統治者與被統治者之對立狀態消滅，擁有直接民意之國會遂成為三權中獨大者，甚而具有監督司法之權力（藉由國政調查權、預算審查權以行使），然在國民之健全政治意識不發達之情形下，易於出現國家政策過度搖擺偏激行事之危險，且政黨對立或階級鬥爭激烈時，往往出現多數壓制少數之情形，司法權若完全為立法權所操控，將演成露骨之黨派司法或階級司法，民主主義過度擴張之結果，反成為獨裁制度或集體主義，完全壓抑同源於個人主義的自由主義之發展，為避免此種事態發生，首先制定國會非可輕易變更之憲法，使立法權受到憲法之制約，同時使司法權更加專業化與獨立化，不受多數意見之左右。[358]

　　為達成上開使命，審判者必需以事前存在、抽象而客觀之「法律」為判斷解決紛爭之唯一標準，隨著時代演進，實體法律愈趨完備、亦愈重視正當法律程序之要求而進行訴訟程序之改良（如言詞審理、公開法庭）、法官愈具備解釋適用法律所需之專業知識及對於法律之遵從感等等，以此等方式形塑司法之「正統性」。固然，司法的正統性並非僅有上述方式（實體法律、訴訟程序、法官的法律專業等的完備）可以塑造，或許其他方式（例如宣傳法院政績、塑造司法英雄、重懲達官顯貴等）可能會更有效，但以上述方式塑造司法的正統性，乃是人類歷經千百年「試行錯誤」之經驗累積的結果，且最符合理性、安定的需求。

　　相較於一般國民，職業法官往往具備一個重要特質，即具備「審判所需的專業」，固然，職業法官未必當然等同於專業法官，專業法官

---

[358] 以上司法權之演進過程，參見兼子一、竹下守夫，同註252，頁15-22。

也未必即需以審判為唯一職業，但既然給予職業法官如此豐厚的身分保
障，除了確保公正性之外，當然也會蘊含有專業性之要求存在，故吾人
仍能謂職業法官往往即為具備審判所需專業之人，至少在與從一般國民
中隨機抽選的陪審員或參審員相較時，絕大多數情形下，職業法官在解
釋、適用法律方面的專業能力，一定較一般國民來得優良。而此等審判
所需之專業，即為適正且安定地運作審判制度時，不可或缺的因素。[359]

　　綜上所述，即使有關法官之身分保障僅係為了確保職業法官之公正
性而設，不適用於暫時性擔任審判職務之一般國民，從而不能以憲法上
法官身分保障之條文，據為憲法否定國民參與審判制度之依據。但反面
觀之，從憲法所以特別給予職業法官身分保障的規定來思考，也可推論
出：由於憲法重視職業法官對於法律的專業，始給予身分保障，而給予
渠等身分保障，即是為了讓渠等從事審判，故職業法官解釋、適用法律
的專業，係現代司法制度所不可或缺的要素，[360]基此，職業法官為法院
必須具備的基本構成員，在容許國民參與刑事審判制度時，也必須在審
判時保有職業法官的參與，不能一味引進國民參與審判，而將職業法官
完全排斥於審判庭之外。但在職業法官成為法院之基本且必要之構成要
素的前提下，則不妨讓一般國民亦偕同參與刑事審判。[361]

359　土井真一，同註 149，頁 260。

360　當然，讓具備法律專業的人士暫時性擔任審判工作而不給予身分保障，似乎也可
　　以滿足「專業」的要求，但在刑事訴訟案件數量龐大的現代，是否能有充足而品
　　質達於一定水準的「法律專業人士」可以擔負此種暫時性審判工作，將成為嚴重
　　的考驗，故考選一批具備「專業」的職業法官、並給予完整的身分保障，毋寧是
　　較為經濟、務實的選擇。

361　佐藤幸治等，司法制度改革，「國民的基盤の確立」部分井上正仁之發言，2002
　　年 10 月 20 日，初版，頁 339。德國學者 Christian Hillgruber 亦認為：「獨立性是
　　身為法官的法律效果，而非其前提要件，同樣地，中立性與法院程序原則的遵守
　　並非法官地位的要件，毋寧是行使司法權之法官應遵守的要件，從權力分立的
　　角度來看，得以行使審判權之法官的要素主要是：相較於其他權力部門具有組織
　　法上的獨立性；最後，具備法律專業知能（Rechtsgelehrtheit）雖然不是所有『法
　　官』都必須具備的要件，因為作為德國法院組織法制的傳統制度，基本法實際上

　　從司法院釋字第 295 號解釋（1992 年 3 月 27 日），亦可窺知類似的思維。會計師法於 2007 年 12 月 26 日修正前，關於會計師懲戒委員會及會計師懲戒覆審委員會之組成，僅於修正前第 45 條規定：「會計師懲戒委員會及會計師懲戒覆審委員會之組織及程序，由中央主管機關擬訂，報請行政院核定之。」而依當時有效之「會計師懲戒委員會與懲戒覆審委員會組織及審議規則」第 2 條規定：「會計師懲戒委員會（以下簡稱懲戒委員會）設委員 9 人，由財政部部長指派 5 人，函請行政院主計處指派主計官 1 人，審計部指派審計 1 人，法務部指派參事 1 人及經濟部指派商業司司長為委員，並於部派委員中指定一人為主任委員。」第 19 條規定：「覆審委員會置委員 7 人，由財政部部長指派 3 人，<u>函請最高法院指派庭長或推事一人</u>、最高法院檢察署指派檢察官 1 人，行政院主計處指派副主計長及審計部指派副審計長為委員，由財政部次長為主任委員。」亦即除了覆審委員會中有 1 名職業法官外，上述委員會全體委員及覆審委員會其他委員中，並無其他職業法官之參與。職此，釋字第 295 號解釋即謂：「財政部依會計師法規定，設置會計師懲戒委員會及懲戒覆審委員會。會計師懲戒委員會因財政部交付懲戒而對會計師所為懲戒決議，係行政處分，被懲戒之會計師有所不服，對之聲請覆審，實質上與訴願相當。會計師懲戒覆審委員會所為覆審決議，相當於最終之訴願決定，無須再對之提起訴願、再訴願。依上開說明，被懲戒人如因該項決議違法，認為損害其權利者，應許其逕行提起行政訴訟，以符憲法第十六條保障人民訴訟權之意旨。」亦即明認會計師懲戒委員

默認參審法官（Laienrichter）的存在，然而，司法權的行使原則上仍應遵循法學方法，將立法者制定的一般抽象法規範適用於特定具體的個案上，此種方法的操作以具備一定的法律專業知能為前提，因此，參審法官通常只是具有法律專業知能之專職法官（Berufsrichter）的陪席（Beisitzer），而非自為決定」，見 Maunz/Dürig (Hg.), Grundgesetz-Kommentar, Dezember 2007, Lfg. 51, Art 92 Rn. 66-69. 轉引自陳愛娥，人民參與審判之憲法爭議，司法院研議人民觀審制度系列專題演講，2011 年 5 月 27 日，頁 5。

會及會計師懲戒覆審委員會並非憲法意義上之法院，相較於前述釋字第 378 號解釋認為律師懲戒覆審委員會之決議即屬法院之終審裁判，大法官的態度顯有明顯之歧異，本文認為其緣由，並非僅止於律師懲戒覆審委員會與會計師懲戒覆審委員會之「隸屬機關」或「適用程序」不同而已，362 最主要的原因，乃是在於是否有法院必須具備的基本構成員——職業法官之實質參與，363 亦即若缺少職業法官之實質參與，即不能稱為憲法意義的法院。

綜上所述，為了符合憲政原理，也為了兼顧追求「國民參與審判的利益」與「職業法官之法律專業要求」，若欲採行國民參與審判制度，勢必需採取職業法官與參與審判的國民「併存」的體制，亦即不能純由一般國民組成法院，而排除職業法官的參與。現今世界中採行國民參與審判制度的國家，其詳細制度設計容有歧異，但上述基本特色則無不同。至於職業法官在法院中扮演的角色或比重，則視各國對於「職業法官所能發揮功能之期待」之不同而有歧異。

日本最高裁判所 2011 年 11 月 16 日平成 22 年（あ）第 1196 號大法廷判決中，針對上述職業法官乃法院必備的基本構成員一節，小明確表示：「裁判員之權限，乃與法官一同參與公判庭之審理，於評議時就事實認定、法令適用及有罪之情形就刑之量定陳述意見，並進行評決。此等裁判員參與之判斷，雖均為司法作用之內容，但未必可謂係屬必須事先具備法律方面知識、經驗始能為之的事項。（中略）另一方面，憲法所定刑事審判各項原則之確保，則委之於法官之判斷。如果考

---

362 依釋字第 378 號解釋意旨，是否設於司法機關之中？審理程序所適用之法則，是否與法院訴訟程序所適用者類同？亦為會計師懲戒委員會與律師懲戒委員會定性不同之依據。

363 本文認為所以不能承認會計師懲戒委員會與懲戒覆審委員會係憲法意義上之法院，還有一個原因，即當時有效之會計師懲戒委員會與懲戒覆審委員會組織及審議規則僅為行政命令，卻得以規範該二委員會之委員組成，亦不無可能違反法定法官原則，併此敘明。

量上述裁判員制度的規範體系，除了在制度上已經能夠充分保障『公平法院』基於法律及證據進行適正的審判，同時肯認法官乃刑事審判的基本支柱，故憲法所定刑事審判的各項原則之確保方面，並無任何障礙困難。」亦即職業法官乃是刑事審判不可或缺的基本要素，除了就事實認定、法律適用、量刑等司法作用的重要工作，是與裁判員一同行使外，職業法官另外還負有確保憲法所定刑事審判各項原則，能在實際審判時被實現之重要任務。

不可諱言的是，在職業法官與參與審判的國民「併存」的體制下，我們不妨將其等視為一個大團體（審判意義上之法院）中的兩個小團體（法官、國民群體），上述兩種利益及其代言者（國民與職業法官）在審判過程中，有時可以「共存共榮」，截長補短地形塑出兼顧兩種利益的完美結果，惟有時則會出現「互斥對抗」的情形，此時，另一個重要的憲法概念——「法官獨立性」，即成為「互斥對抗」之際經常被提出來的話題。

肆、法官獨立性保障與國民刑事參審制度之關係

一、法官獨立性的定義

我國憲法第 80 條規定：「法官須超出黨派之外，依據法律獨立審判，不受任何干涉。」此即為憲法上所規定之法官獨立性原則。司法院釋字第 530 號解釋亦謂：「憲法第 80 條規定法官須超出黨派以外，依據法律獨立審判，不受任何干涉，明文揭示法官從事審判僅受法律之拘束，不受其他任何形式之干涉；法官之身分或職位不因審判之結果而受影響；法官唯本良知，依據法律獨立行使審判職權。審判獨立乃自由民主憲政秩序權力分立與制衡之重要原則。」

近代（18 世紀）以來司法權的重要原則之一，即為司法權之獨立，亦即審判不受政治上壓力等外部壓力之干涉，必需徹底地基於法

律、嚴正且公平地進行。蓋國家所行之審判，對於受審判國民之權利產生重大影響，若因外部壓力而產生不公正之審判，將對於國民之合法權利產生顯著侵害，進而使國民對司法權的正當性產生質疑，故司法權之獨立，與司法之高度專業化相同，均有助於確保公正而妥適的審判，維護人民的訴訟權利，並形塑司法之正當性。本此以觀，法官獨立性之保障不妨視為確保公正而妥適的審判、保障人民訴訟權利的手段，而前述法官之身分保障，則更僅為保障職業法官獨立性的手段，故法官獨立性保障並非終局的價值，而有其手段規範上的意義，[364] 簡言之，法官獨立性保障僅為審判之手段，而非審判的目的。

又所謂司法權之獨立，具有二個層次的意義，亦即實際擔任審判職務之法官職權上之獨立（即我國憲法第 80 條所規範者），及法院組織獨立於其他國家機關以外之獨立（亦即所謂司法機關之獨立，又稱為廣義的司法權獨立，即釋字第 530 號解釋所指：「為實現審判獨立，司法機關應有其自主性」）。

所謂司法機關之獨立（廣義的司法權獨立），即將「司法行政權」委諸法院行之。蓋若將法官之人事行政、法院之內部規則等司法權運作必要之行政事務，交由法院以外之國家機關行使，該機關即有可能藉此對於審判施加壓力、進行干涉，[365] 故司法機關之獨立，其目的仍是在於保障審判之獨立，亦即法官職權上之獨立，故法官職權上之獨立，顯係司法權獨立之核心。

而所謂法官職權上之獨立，則係要求法官不受法律以外因素之拘束、干涉，依循法律進行審判之意。當法官個人之宗教上、倫理上、政治上意見或信念（即法官個人主觀之良心）與作為法官時應具備之「良心」（即作為法官客觀之良心）衝突時，基於法官職權上之獨立性，亦

---

364 蘇永欽，同註 292，頁 80。
365 浦部法穗、大久保史郎等著，現代憲法講義 I（講義編），2 版 1 刷，1997 年 5 月 3 日，頁 246。

應將個人之宗教上、倫理上、政治上意見或信念斷然拋棄。蓋法律之解釋並非僅止於本質性的理論認知，更有實踐性的價值判斷，換言之，法律固然無法為絕對客觀的解釋，而僅係比較性、相對性的客觀，但正因仍有其客觀性存在，故法官面對法律解釋時，若率以其個人之宗教上、倫理上、政治上之意見或信念對於法律進行解釋，置「作為法官客觀之良心」於不顧，則已屬於悖離法律之解釋。

例如，法官基於個人宗教信仰之信念反對死刑，因此凡下級審所為之死刑判決，不問情節均一律撤銷，或法官基於個人倫理上之信念反對離婚，故凡訴請離婚者一律駁回，甚或法官認同一夫多妻制，因此重婚行為人均宣判無罪等，此均為不能容許存在之法律解釋，故法官於解釋法律之際，必需努力掙脫個人之主觀上信念或意見，以求對於法律之客觀上意義為公正之理解。[366]

綜上所述，法官所以受獨立判斷之保障，即係為了能夠在審判的場合忠實地「重現」憲法與法律之規範內容，在此情形下，包含法官自身在內、任何人之個人意願均不能介入其中，亦即以依法審判之「法治主義」作為依歸，排除「人的支配」，[367]換言之，法官之獨立，不可解釋為「獨立自主」，而係受到規範強烈拘束之一體兩面。[368]

經過上述討論，不妨將「法律（抽象規範之存在與完備）」、「解釋、適用法律所需之專業」、「法官職權上之獨立」、「職業法官之身分保障」、「司法機關之獨立」的相互關係理解為一個同心圓，彼此的關係如下圖所示：

---

366 宮澤俊義、芦部信喜，全訂・日本国憲法，2版3刷，1979年11月10日，頁605。
367 大石和彥，同註37，頁139。
368 棟居快行，同註258，頁53。

圖表 9　憲法中法律、法律專業、法官獨立、身分保障之關係

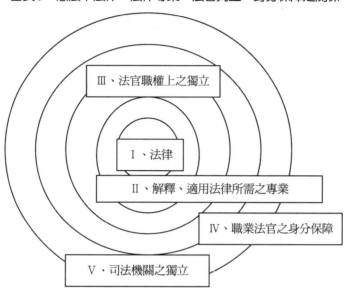

　　這樣的圖形，同時也可說是傳統上對於職業法官審判的最美好想像，亦即在「法律」＋「專業」＋「獨立」三者加總後，公平、公正的審判於焉出現。但也因為上述三者均往往有所不足、或是過度擴張致生反效果之情形，以致未必能達成公平法院的目標，此時，是否應該引進國民參與審判制度的討論，亦因而應運產生。

二、法官獨立性的界限

（一）參與審判之國民是否為憲法意義上的法官

　　司法院釋字第 392 號解釋文謂：「憲法第 8 條第 1 項、第 2 項所規定之『審問』，係指法院審理之訊問，其無審判權者既不得為之，則此兩項所稱之『法院』，當指有審判權之法官所構成之獨任或合議之法院之謂。」又釋字第 639 號解釋文謂：「憲法第 8 條所定之法院，包括依法獨立行使審判權之法官。」上二段文字，不僅可以解為「具備獨立性

保障、有審判權之法官」乃法院之當然構成員，也可以反過來說，所有法官，均應獨立行使其審判權，惟不論如何理解，均必須對何謂「法官」有明確的定義。蓋如果讓一般國民參與審判，並且將參與審判的一般國民也視為憲法意義上的法官，亦即其地位與合議制法庭中之職業法官相同，自無侵犯法官獨立性之虞，但如果一般國民不能視為憲法意義上的法官，卻要求法官（職業法官）受其意見之拘束、干涉，即可能產生侵犯法官獨立性的問題。

以立法例來看，德國參審制之下的參審員被稱為名譽職法官（榮譽法官、Ehrenamtliche Richter）、義大利參審制之下的參審員則被稱為市民法官（giudice popolare），故直接將參與審判的國民亦稱為法官，似乎即可解決問題。亦即若將參與審判的一般國民亦定位成憲法意義上的法官時，合議庭的所有法官（包括職業法官與被視為「業餘（素人）法官」的一般國民）各自獨立行使職權，與一般由職業法官組成的合議庭並無不同，當然也就不會產生侵害法官獨立的違憲問題。[369] 但問題真的有這麼簡單嗎？換言之，參與審判的一般國民真的可以直接視為「憲法上的法官」嗎？

對此，日本憲法大家美濃部達吉於其所著「改訂第五版憲法撮要（1932）」一書中稱：戰前日本憲法第 24 條（內容為日本臣民享有之受依法律所定「法官」審判之權利不受剝奪）中所指「法官」並不以官吏為限，故陪審團之結論即使會拘束法官，亦不致違反憲法。[370] 以此觀之，似乎可以將參與審判的國民視為實質意義上的法官。[371]

---

369 常本照樹，同註 40，頁 75；同氏著，同註 267，頁 163。

370 轉引自長谷部恭男，於「裁判員制度と日本国憲法」座談會中發言，判例タイムズ，1146 号，2004 年 6 月 1 日，頁 6。日本戰前曾實行陪審制，但當時之陪審法第 95 條規定「法院認為陪審之答申為不當時，不問訴訟進行至何程度，得以裁定將該案件更付其他陪審評議。」完全否定陪審團答申（評議結論）對於法官之拘束力。

371 奧村文男，裁判員制度の批判的考察，憲法論叢，11 号，2004 年 12 月，頁 7。

　　從我國現行憲法的規定來觀察，我國現行憲法提到「法官」兩字的條文，僅有憲法第 80 條及憲法第 81 條，而這兩條雖然是針對「法官」的保障或誡命而規定，然而似乎亦可作為反推「憲法意義上法官定義」的根據。然而，這兩條所推導出來的法官定義卻並不相同，由憲法第 80 條來看，凡是「超出黨派之外、依據法律獨立審判、不受任何干涉」的人，就是憲法定義上的法官；但從憲法第 81 條來看，則必須是「受有終身職、職務、薪俸保障」的人，才符合憲法定義上的法官。至於司法院釋字第 13 號解釋雖謂：「憲法第 81 條所稱之法官，係指同法第 80 條之法官而言（下略）。」似將 2 條文中之法官作同一的理解，但此號解釋的主體乃是法官身分保障（憲法第 81 條）之適用範圍，故解釋文以憲法第 80 條（法官獨立性保障）作為憲法第 81 條的前提要件，以此觀之，釋字第 13 號解釋，亦無助於解決法官定義不同的問題。

　　既然憲法第 80、81 條就憲法意義上法官的定義不同，則似乎一定要決定何者合理可採。對此，有學者主張憲法第 81 條是僅針對職業法官的規定，憲法第 80 條才是憲法定義上法官的依據，換言之，參與審判的國民，既係以審判為任務，只要能夠超出黨派之外、依據法律獨立審判而不受任何干涉，就可以認為是憲法上意義的法官。[372]

　　誠然，憲法第 81 條所指的法官，乃是以組織法上的法官（職業法官）為限，已經本文析論如前，故憲法第 81 條本身並不適於作為憲法意義上法官之標準，換言之，所謂憲法意義上的法官，並不以曾否接受特別之考試或訓練、具有任官資格、受到身分保障等組織法上的標準為據。[373] 但反過來看，如果執此觀點，逕謂「任何人均能成為憲法意義上

---

[372] 蘇永欽，同註 352，頁 22。相同見解，見林紀東，中華民國憲法逐條釋義（第三冊），修訂初版，1982 年 1 月，頁 111，但林氏對於憲法第 81 條之「法官」定義，亦界定為「負審判之責之法官」，見氏著同書，頁 125。

[373] 日本學者就該國憲法有採相同見解者，參見香城敏麿，裁判員制度の合憲性，現代刑事法，61 号，特集「裁判員制度のゆくえ」，2004 年 5 月，頁 26（同文亦載於氏著「憲法解釈の法理」一書，2004 年 12 月，1 版 1 刷，頁 525 以下）。

的法官」，則似嫌推論過度，反而有一種「以實然為應然」（誰審判誰就是法官、誰被稱呼為法官誰就是法官）的感覺。同理，如果任何人只要能夠「超出黨派之外、獨立審判而不受任何干涉」，即可以成為憲法上意義的「法官」，似乎也過度樂觀看待憲法對於法官的要求，故本文認為，憲法第 80 條、第 81 條的文義，都有所偏，都不適合作為憲法上意義法官的定義，而應該要更深入地探尋其實質內涵，才能正確地掌握憲法上意義的法官為何。

雖然憲法第 80 條法官獨立性保障的最主要意旨，乃是在權力分立之原則下，昭示司法權的作用、以及法官的職責（司法院釋字第 371 號解釋參照），但本文認為，此一規定亦可作為界定憲法上意義法官的根據。而此條文既已明文規定法官應「依據法律審判」，參酌「依據法律審判」原本即係法官的本質性功能，足見在憲法所建構之司法權作用中，抽象法律在具體個案中之正確解釋與適用，乃是最核心之目標。[374] 蓋僅有「超出黨派之外、獨立審判而不受任何干涉」的權力分立「外觀」，卻無「依據法律審判」的權力分立「實質」，司法將無法獲得為何必須獨立的正當性基礎，法官亦失去何以能被稱為法官之正當性基礎。故以下即以此立論為核心，探索憲法上意義法官的定義。

在紛爭解決之構造中，法律並非先驗的存在，但藉由具有普遍一致性之法律的存在，負責裁斷紛爭之人所做出之判斷將更具有客觀性、可預測性及公正性，也正由於法律具有抽象性質，為能於具體個案中妥適解釋適用法律（包含實體法與程序法），法官勢必需具備相當之專業性，基於司法上揭使命之達成，憲法意義上之法官固非以「職業」法官為限，然仍以「專業」法官為必要，[375] 換言之，在憲法解釋上，作為法

---

[374] 學者亦有採與本文相同立場，主張憲法第 80 條之重點在於「依據法律審判」，而謂：「依憲法第 80 條，法官既須依據法律審判，審判權也必須交給有相當法學訓練而有適用法律能力的實質法官行使。」參見蘇永欽，同註 320，頁 31。

[375] 在現代高度分工的社會，專業往往等於專職，故實際上專業法官往往即為職業法官。但「專業」乃理想上的要求，「職業」乃現實上的配合。

律專家、具有專門知識之法官乃是法院的構成要素，[376] 亦為憲法意義上法官之要件，這樣的結論，其實在本文先前解讀身分保障規定所隱含的憲政原理時，即已得出。反觀從一般國民中隨機抽選而擔任審判之人，實可謂多未具備足以正確解釋法律之專業。

　　經由上述討論，顯見憲法對於憲法意義上之法官仍有一定之要求，參與審判之一般國民與此要求未合，故顯非屬於憲法意義上之法官，[377] 前述釋字第 378 號解釋理由書，將構成律師懲戒委員會及律師懲戒覆審委員會之成員，區分為「法官」與「專業人員」（最高法院檢察署檢察官、律師、學者），另釋字第 436 號解釋將軍事審判機關之成員區分為「軍法官」與「參與審判軍官」，均可視為此種見解的具體展現。以此觀之，參與審判之一般國民，當然不是憲法意義上的法官。

　　然而，必須要特別指出來的是，不論是釋字第 392 號解釋文所謂：「『法院』當指有審判權之法官『所構成』之獨任或合議之法院之謂。」或釋字第 639 號解釋文所謂：「憲法第八條所定之法院，『包括』依法獨立行使審判權之法官。」均僅指法官必須要是法院的「構成人員」而已。並不能夠擴大解釋為「除了法官之外，不容許其他非法官之人參與審判工作」，這不僅可以從該 2 號大法官解釋的用語中推導出來，更可以從前述釋字第 378 號解釋（律師懲戒）、第 436 號解釋（軍法審判）中得到印證。

　　但即令如此，既然參與審判的一般國民，並非憲法意義上的法官，讓非憲法意義上的法官，與憲法意義上的法官（職業法官）立於相同地位參與審判，是否會侵害該憲法意義上法官的獨立性，或是危害到法官獨立性保障背後潛在的憲法上法理，即成為爭論所在。

376　長谷部恭男，於「裁判員制度と日本国憲法」座談會中發言，載於判例タイムズ，1146 号，2004 年 6 月 1 日，頁 17；香城敏麿，同註 373，頁 26。

377　東京高裁平成 22 年（2010 年）4 月 22 日平 22（う）42 號判決認為：「憲法（中略）並未禁止『法官以外之人』亦成為下級法院之構成員。」亦採此一見解。

（二）個別法官職權獨立之內部界限

　　審判工作，包含事實認定、法律解釋、法律適用、刑之量定等。就其中之「事實認定」而言，由於我國不採取法定證據主義，而係採取與之相對的「自由心證主義」，故除了法律規定欠缺證據能力而應排除之證據，必須仰賴法律之專業訓練始能正確為之外，其餘證據之證據力、乃至於事實之認定，均由法院依據經驗法則與論理法則，本於確信自由判斷（最高法院 92 年度台上字第 2282 號判決意旨：「刑事訴訟法就證據之證明力，採自由心證主義，由法院本於確信自由判斷，惟法院之自由判斷，亦非漫無限制，仍不得違背經驗法則及論理法則。」另刑事訴訟法第 155 條第 1 項亦規定：「證據之證明力，由法院本於確信自由判斷。但不得違背經驗法則及論理法則。」）。故在「事實認定」的領域，可謂除了應該遵守證據能力相關規定、依循嚴格證明法則及確信（超越合理懷疑）心證之要求外，尚無忠實地「重現」憲法與法律規範內容之需要存在，反而是更需要判斷者個人本於論理法則與經驗法則來進行事實認定，基此，純就事實認定部分以觀，前述為了在審判的場合忠實地「重現」憲法與法律之規範內容，而必需加以保障之法官職權獨立性，在事實認定部分，似無如此強烈之要求。

　　況就事實認定所應使用之論理法則而言，長期接受法學邏輯訓練之法官，通常比一般國民為優秀，但另一個事實認定的重要基準——「經驗法則」則未必如此，蓋長期從事審判業務之人，對於事實認定所累積之經驗法則，與其說是「一般社會通念」，不如說是「職業通念」，反之，參與審判之一般國民，本即為社會上之一般人，所謂社會通念，即係社會上一般人之行動或看法，也許法官亦可藉由努力瞭解來掌握社會通念的內涵，但就參與審判的國民而言，只需捫心自問遇此情形如何看待處理，即唾手可得。[378] 故經常困擾實務界之「社會一般通念」，諸如

378　棟居快行，同註 258，頁 56。

刑法第 273 條義憤殺人罪之「義憤」（最高法院〔下同〕92 年度台上字第 7000 號判決）、不能抗拒之程度（87 年度台上字第 1197 號、82 年度台上字第 3669 號、81 年度台上字第 867 號判決）、中止未遂與障礙未遂之區別（84 年度台上字第 4428 號判決）、公司實際負責人（78 年度台上字第 89 號判決）等，一般國民的見解當可符合一般社會通念、達到更合於經驗法則之結論，正如學者所言，職業法官可能因為自己是專家之故，往往容易陷於錯誤，而一般國民倘基於健全的社會常識，反而可能提出較正確的判斷。[379]

論者或有認為：若僅讓一般國民參與事實之認定，即無違憲之虞，唯有讓一般國民參與法律之判斷，始可能違憲，並據此主張：僅讓陪審團進行事實認定之陪審制，並無侵害法官獨立性之虞，而讓參審員就事實認定與法律適用均作判斷的參審制，才有違憲之虞。[380] 然而，刑事審判中之事實認定，實無法完全脫離法律解釋之範疇，此不僅在職業法官審判時如此，在參審制之國民參與刑事審判制度下如此，即令在陪審制之下習見的「一般評決（general verdict）」，亦為如此。換言之，僅有法律經「解釋」後被視為犯罪構成要件者，與之相關之事實始有加以「認定」之必要（例如侵入住宅竊盜案件中，被告是否為夜間侵入住宅事關是否構成加重竊盜，而所謂「夜間」經解釋係指日出前、日落後，故被告侵入住宅之時間是否為日出前、日沒後始有認定之需要）；再者，刑事審判中之法律適用，則係將事實認定與法律解釋結合之作用，亦即將抽象的法規範具體地適用於個別案件中，亦與法律解釋有密切之關係。以此觀之，倘將事實認定、法律適用徹底切離於法律解釋之外、將事實認定、法律適用全部交由法官以外之一般國民專權審理，即使仍讓職業法官保留法律解釋的職權，但法律解釋仍可能會遭架空，此際保障法官

379　田口守一，同註 265，頁 31。
380　李東洽，大韓民國之國民參與審判制，法務部司法官訓練所 2012 司法民主化及社會化人民參與審判制度之觀摩比較國際研討會，2012 年 11 月，頁 72。

獨立性之原始目的（維繫「依據法律審判」），即有遭受侵害之危險，進而可能造成被告受憲法保障之訴訟權利受到不當侵害。故在承認「解釋法律」為法官之專權事項[381]後，仍不能將事實認定及法律適用完全交由非職業法官之人恣意為之。是以主張陪審制僅讓陪審團進行事實認定，而謂當然無違憲之虞，顯係誤解陪審制之運作方式，允非可採。

（三）個別法官職權獨立之外部界限

法官之職權上獨立，除了在內部界限上，限於確保法律的正確解釋與適用之外，在外部界限方面，亦非意謂只要法官自己認為此為「正確解釋與適用法律」，即可以「全然不理會他人意見、聽憑個人判斷」之意。蓋法官於審判過程中，仍須廣泛聽取證言及檢察官、被告、辯護人、告訴人、被害人之意見，始能做出判斷，有時甚至需受到渠等主張之拘束；再者，法官職權上之獨立，亦非賦予個別法官「唯一且終局的決定權限」之意，基於法律規定，法院行使司法權本即伴隨有相當之制約。[382]綜合言之，法官獨立並非形式上之絕對獨立，[383]例如為了維持合議制運作、審級制度或法律之安定性，[384]即使是純由職業法官組成之合議庭，少數意見法官仍需遵守合議庭之多數意見（法院組織法第105條）（此時即令負責撰寫判決書之法官係持少數意見之法官，亦需依多數意見撰寫判決書，並忠實地反映評決的結論），又如受管轄錯誤移送之法院，需受管轄錯誤確定判決之拘束，再如下級審法院需受上級審撤銷發回判決意旨之拘束，均係於具體個案中使個別法官對於法律之見解受到拘束，但亦無違反法官獨立之虞，[385]甚且法官在持不同意見時仍遵

---

381 香城敏麿，同註 373，頁 28。

382 笹田栄司，同註 325，頁 26；柳瀬昇，同註 260，頁 64。

383 常本照樹，於「裁判員制度の可能性と課題」座談會中之發言，特集「裁判員制度の總合的研究」，法律時報，77 卷 4 号，2005 年 4 月，頁 14。

384 西野喜一，日本国憲法と裁判員制度（下），判例時報，1874 号，2005 年 1 月 21日，頁 6。

385 兼子一、竹下守夫，同註 252，頁 117。

循上開限制，亦被視為其作為法官之良心。[386] 綜上所述，如果為了確保司法的功能，而以法律對於法官獨立等司法權之行使進行一定程度的制約，並非不被容許。[387]

與專由職業法官組成之合議庭中，少數意見之法官仍需遵守合議庭多數意見之情形相似，國民參與刑事審判之合議庭中，參與審判之國民既然亦為合議庭之一員，以合議庭整體觀之，持少數意見之法官，自亦應受到包含參與審判國民之意見在內的多數意見拘束，此為採行合議制所必然之結果，尚不能認為侵害法官職權之獨立性。[388]

進一步分析，法官獨立乃是為了達成「公正審判」的各種「手段」之一，在與「達成公正審判」的其他手段（如審級制度、多數決）發生衝突時，法官獨立並沒有「當然優於」其他手段的道理，而是應該與其他手段取得「調和」，此即法官獨立所以存有外部界限的理由。而讓一般國民參與審判，也是有助於達成「公正審判」的手段之一，即使在一般國民參與審判之後，法官的個別意見無法成為案件的最後結論，在法官獨立本即設有外部界限的前提下，亦不能謂已侵害法官獨立。

對於上述外部限制，也有認為所以上述少數意見法官需遵守合議庭之多數意見、下級審法院需受上級審撤銷發回判決意旨之拘束，乃因為拘束之來源亦為職業法官，故不認為有侵害法官獨立之虞。相反地，在國民參與審判制度之下，職業法官所形成之多數意見若因未達整個合議庭之多數而無法成為判決的結論時（例如在日本裁判員制度下，由法官3人與裁判員6人組成合議庭，其中1.法官2人主張無罪，但另一名法官及4名以上裁判員主張有罪時，應為有罪判決；2.法官3人均主張有

---

386 笹田栄司，同註325，頁26，蓋日本憲法第76條之法官獨立條款規定：「法官依循其『良心』行使職權，僅受本憲法及法律之拘束。」
387 中村睦男，日本における司法制度改革の最近の動向，司法院2011年3月9日演講，頁6。
388 佐藤幸治等，司法制度改革，2002年10月20日，初版一刷，井上正仁之發言，頁345；常本照樹，同註267，頁163；片山智彦，同註278，頁77。

罪，但 5 名以上裁判員主張無罪時，應為無罪判決；3. 法官 2 人主張有罪，但 1 名法官及 4 名以上裁判員主張無罪時，應為無罪判決），即有侵害法官獨立之虞。[389]

上述見解，實係誤解了法官職權上獨立的意義，而將「職業法官團體的獨立」與「個別法官的獨立」劃上等號，亦即其認為如果是來自於職業法官團體對於個別法官的制約，即無侵害法官獨立性之危險。但何以來自於職業法官團體之制約即無侵害法官職權獨立的違憲問題？則欠缺更進一步的說明。況若「職業法官團體」背後尚有司法行政指揮監督權等壓力存在時，來自「職業法官團體」之制約往往即成為侵害個別法官職權上獨立的元兇。

綜上所述，法官之獨立性保障不僅在內部界限方面，限於法律之解釋與適用；在外部界限上，亦非不能為了其他立法者認為更重要的利益而進行限縮，例如立法者認為這些限制有助於達成更公正而妥適的審判，[390] 或有助於形塑司法的正統性時，一如前述為了維持合議制運作、審級制度或法律之安定性等緣由一般，即無不允許此等制約存在之理。

但對於法官之獨立性進行外部制約時，亦非全然無任何限制，其限制之底線，與前述法官獨立性之內部界限──「確保抽象法律在具體個案中被正確解釋、適用」息息相關。申言之，引進國民參與審判制度後，為了確保國民參與審判之價值（達成更公正而妥適的審判、形塑司法的正統性等），而對於法官獨立性進行必要的制約，使法官的意見無法逕自成為判決的結論，尚非當然不許，但如果「法律的正確解釋、適用」此一「法官獨立性保障」之「核心功能」受到結構性的破壞，則仍有侵害法官獨立性保障之虞，甚至使法官獨立的規定因而形同具文。

日本最高裁判所 2011 年 11 月 13 日大法廷判決針對該國裁判員制度有無侵害憲法保障之法官獨立（日本憲法第 76 條第 3 項：「所有法

389　西野喜一，同註 384，頁 10。
390　土井真一，同註 149，頁 268。

官均依循其良心獨立行使其職權，僅受本憲法及法律之拘束。」）時表示：「本來，憲法第 76 條第 3 項乃藉由保障法官職權行使之獨立性，保障法官不受外界之干涉或壓力，能夠基於法律公正中立地進行審判，在裁判員制度之下，關於法令解釋有關之判斷或訴訟程序有關之判斷均屬法官之職權，即係藉由讓法官作為審判的基本支柱，以求能實現基於法律公平中立的審判，以此觀之，裁判員制度尚不能謂已違反本項規定之旨趣。主張違反憲法第 76 條第 3 項之見解，係認為讓人數是法官 2 倍（譯按：裁判員法廷由法官 3 人及裁判員 6 人組成）」的一般國民參與而構成審判體，在以多數決形成結論之制度下，將可能出現審判被一般國民的情感性判斷所支配，與僅有法官進行審判之情形產生不同結論的情形，法院本來應該達成的保障被告人權之功能即無法達成，故此種審判體之構成乃憲法上所不容許的。但是，如果在讓國民參與審判的情形下，仍然要求法官的多數意見即為判決結論的話，則肯認國民參與司法的意義中非常重要的部分就可能會被抹殺消弭，既然憲法已經容許國民參與司法，則不應該解釋為審判體部分構成員之法官多數意見即為判決結論。如前所述，評決的對象既然已經受到限制（譯按：裁判員不參與法令解釋），且裁判員法已經規定審判長必需於評議之際進行充分地說明，且評決亦非採行單純多數決，而是要求在多數意見中至少要有一名法官之意見加入，故可謂已經從被告權利保障的觀點進行充分的考慮，即使與僅有法官審判的情形結論上或有不同，但此一審判體構成，尚不能謂係憲法上所不容許者。」即同斯旨，值得參考。

三、國民刑事參審制度對於維護職業法官獨立性之正面意義

　　在司法機關獨立、而法官又屬於司法行政官僚體系中一員的情形下，司法機關固然被視為替法官抵抗、阻擋行政、立法部門之壓力與干涉、維護法官職權獨立之守護者，但有時侵害法官職權上獨立者，反而是司法行政。

　　茲以日本憲政史上關於法官職權獨立之「大津事件（又稱湖南事件）」與「吹田默禱事件」為例，說明司法行政此種既保護又干涉法官職權上獨立之微妙角色。

　　西元 1891 年 5 月，訪問日本的帝俄皇太子（即後來的尼古拉二世，1868-1918）於滋賀縣大津市遭負責沿途警備之巡查津田三藏（1855-1891）行刺負傷，當時日本政府唯恐造成與帝俄關係惡化，遭受帝俄報復，認為應適用當時刑法第 116 條皇室罪（對天皇、三后、皇太子加害或圖謀加害者處死刑）論處津田罪責，並應由皇室罪特別管轄之大審院特別裁判部法官負責審理，當時任職大審院長之兒島惟謙（1837-1908）認為皇室罪中之「皇太子」係指日本之皇太子而非外國之皇太子，不應適用皇室罪，挺身向政府主張：法官之職務獨立，即使是大審院長亦不得干涉，政府自不得對於司法進行不法之干涉。甚至在政府說服承審法官成功後，再度親自說服承審法官接受其見解，雖最後仍由大審院特別裁判部審理，卻未適用皇室罪，而依普通殺人未遂罪判處津田無期懲役判決，此即「大津事件」。在一片盛讚兒島為「護法之神」「護法偉人」聲中，兒島身為大審院長，卻藉由強力運作干涉欲決定審判之方向，亦係事實，故兒島之行為亦已侵害了法官職權之獨立。[391]

　　「吹田默禱事件」為 1953 年大阪地方法院審理「吹田騷擾事件（即韓戰中以在日韓僑及學生為主，為阻止美軍攻擊北韓軍隊，而暴力滋擾在日美軍設施基地之事件）」時，佐々木哲藏審判長對於被告在法庭上為慶祝韓戰停戰而拍手、為戰死者默禱等行為未加制止，事後國會之法官訴追委員會以審判長之訴訟指揮怪異為由，著手進行調查，對此日本最高裁判所認為業已侵害司法權獨立為由抗議上開調查，但當此事件告一段落後，最高裁判所卻向全國法官發表「關於法庭之威信」為

391　浦部法穗，新版・憲法学教室Ⅱ，1996 年 10 月 20 日，新版，頁 25。

題之通告，表示對於佐佐木審判長上開訴訟指揮行為深感遺憾，雖然該通告斷然宣稱「本通告當然不會對於吹田事件之審判產生任何影響」云云，然學者認為立於司法行政頂點之最高裁判所發出具規制性意義之通告，實具有重大之影響力，將侵害法官職權上之獨立，最高裁判所對於「法院獨立於其他國家機關」此一意義下之司法權獨立，雖然展現了敏銳的反應，但對於更重要之「法官職權上獨立」卻甚而遲鈍。[392]

　　以上例證，除了說明司法機關的獨立只是法官職權獨立的手段，司法機關的獨立不等於法官職權獨立之外，也顯示出司法機關即使獨立，獨立的司法機關仍可能侵害法官之職權獨立。在司法行政可能成為侵害法官職權上獨立之干涉或壓力時，讓一般國民參與刑事司法審判過程，將可使法院之判斷過程透明化，故行使司法行政權欲控制法官之職權獨立性將變得更為困難，因此國民參審制度於此意義下，反可強化法官職權之獨立性。[393]

四、參與審判一般國民之獨立性

　　參與審判的國民實際審判的時間甚短，並非以從事審判為其固定職業，故「暴露」於外界壓力而侵害其獨立審判的時間，亦較職業法官為短暫，但即令如此，國民於參與審判之際仍應保持其獨立性。從而在制度設計上，亦盡可能地維護其獨立性，一般而言，約有以下幾種可能的方案：

（一）課予參與審判之國民維護獨立審判的義務：

　　例如日本裁判員法第 8 條規定：「裁判員應獨立行使其職權。」第

---

392 浦部法穗，同註391，頁 32。

393 常本照樹，同註40，頁 75。同氏，於「裁判員制度の可能性と課題座談会」中之發言，載於法律時報，77 卷 4 号，特集「裁判員制度の総合的研究」，2005 年 4 月，頁 14；長尾一紘，同註251，頁 32。

9 條規定：「裁判員應依循法律公平誠實地行使其職務。裁判員不得洩漏第 70 條第 1 項所規定之評議秘密及其他職務上得悉之秘密。裁判員不得為有損害對於審判公正性信賴之虞的行為。裁判員不得為有害其品位之行為。」韓國國民參與刑事審判法第 12 條第 2、3 項亦規定：「陪審員應遵守法令，獨立且誠實地遂行其職務。陪審員不得洩漏職務上知悉的秘密，或為有害於審判公正之行為。」參與審判的國民倘進而受賄，更有相應的刑罰規定（韓國國民參與刑事審判法第 59 條）。亦即一方面要求參與審判的國民必須獨立行使其職權，另一方面透過「保守評議秘密」的要求，維護法庭中其他審判者（法官及參與審判國民）的獨立性，且對於違反上述義務者，施予刑罰處罰。

此外，對於基於特定政治立場、職業立場或利害關係而可能無法獨立審判的國民，除了在選任程序中以法定事由加以排除（日本裁判員法第 17、18 條、韓國國民參與刑事審判法第 19、20 條）外，亦可依當事人之聲請（附理由或不附理由均可）加以拒卻，以此方式事前加以防範，甚至於該人獲選任為陪審員或參審員之後，仍可以有「無法獨立審判之疑慮」為由，事後予以解任（日本裁判員法第 41 條第 1 項第 7 款、韓國國民參與刑事審判法第 32 條第 1 項第 4 款）。

（二）避免外界干涉參與審判國民之獨立審判：

除了要求參與審判的國民「潔身自愛」之外，阻斷外界對於個案的干預更形重要，一般而言，約有以下二種對策：

（1）對於參與審判國民的個人資料進行保密，避免為外界得知：例如日本裁判員法第 101 條第 1 項規定：「任何人不得將裁判員、候補裁判員、預定選任裁判員或裁判員候補者或其預定者之姓名、住所及其他足資特定人別之資訊加以公布。曾任上述職務之人之姓名、住所或其他足資特定人別之資訊，除本人同意公布者外，亦同。」韓國國民參與刑事審判法第 52 條亦有類似規定：「除法令所定情形外，任何人均不得公開陪審員、候補陪審員或陪審員候選人之姓名、住所或其他個人資

訊。就擔任陪審員、候補陪審員或陪審員候選人等職務完成者之個人資訊，於本人同意之情形下，得公開之。」對於違反者，並有相應的處罰規定。

（2）禁止基於不當目的而與參與審判的國民進行接觸，或為行賄、威脅等影響審判獨立之行為：例如禁止刑事被告接觸參與審判的國民，或以窺探評議秘密之目的接觸參與審判的國民（日本裁判員法第102 條、韓國國民參與刑事審判法第 51 條），對於刑事被告為行賄、威脅等行為者，亦以刑罰處罰之（日本裁判員法第 106、107 條，韓國國民參與刑事審判法第 56、57 條）

（三）其他有益於參與審判國民獨立審判之規定：

例如：1. 事先將某些參與審判之國民較易遭受影響而無法獨立審判之案件，例如集團暴力、政治敏感事件予以排除，2. 於評議時，先給予參審員充分發表其意見的機會，然後才由職業法官表示意見，3. 避免職業法官因事先閱覽卷宗等資訊優勢，而取得較優於參審員之發言地位等等。

伍、法定法官原則

德國基本法第 101 條第 1 項第 2 句規定：「任何人受法定法官審判之權利不得剝奪。（Niemand darf seinem gesetzlichen Richter entzogen werden.）」德國之法院組織法第 16 條後段亦有相同之規定，此於學理上即被稱為「法定法官原則」。

「法定法官原則」乃德國基本法第 20 條「法治國原則」及第 101 條第 1 項第 1 句「法治國法院程序」之基本要求，旨在維護法官獨立性及確保公正裁判，使當事人及公眾對於法官公正性及客觀性之信賴能夠獲得確保，且避免司法機關受到其他非專業影響的危險，特別是

個案因法官選任結果不同而致判決結論受影響的危險，[394] 故承審法官不可視個案個別決定，而應事先即以一般規範作為決定準則，且非可因個案改變。[395] 雖然所謂規範，並不以法律為限，法院之事務分配規則（Geschäftsverteilungpläne de Gerichte）亦可作為補充性規範，以因應具體的需要，但在規範的要求上，仍應以事先一般抽象之規範明定案件之分配，亦即該規範，故不得恣意操控由特定法官承辦，以干預審判（司法院釋字第 665 號解釋理由書參照）。本於法定法官原則之要求，故法律應該事先以抽象標準、盡可能地明確規定，何種法官於個別案件中適於作為審判主體來進行審判。[396]

上述法定法官原則之規定，最早出現於 1791 年的法國憲法（雅克賓憲法），乃基於自由主義與啟蒙主義、反對專制審判的產物，受到上述法國憲法的影響，在德國，最早為 1819 年的符騰堡憲法，其後的 1849 年的法蘭克福憲法、1851 年的普魯士憲法、1919 年的威瑪憲法，均有法定法官原則之相關規定。並為現行德國基本法所繼受。而 1890 年（明治 23 年）開始施行之明治憲法（大日本帝國憲法），制定時深受普魯士憲法的影響，故亦於第 24 條定有「法定法官原則」之條文，即「日本臣民接受依法律所定法官審判之權利不得剝奪。」[397]

---

394 故有論者主張法定法官原則可以納為「正當法律程序」之一環，參見許玉秀，論正當法律程序原則（四），軍法專刊，55 卷第 6 期，2009 年 12 月，頁 3；亦有認為法定法官原則可以從訴訟權保障推導出來，參見宋健弘，訴訟權之研究——以行政救濟制度為中心，國立政治大學法律學研究所碩士論文，1999 年 1 月，頁 78。而大法官釋字第 665 號解釋則認為法定法官原則可以從訴訟權保障及法官依法獨立審判中推導出來。

395 姜世明，法定法官原則之基本概念，法官協會雜誌，11 卷，2009 年 11 月，頁 33。

396 齋藤哲，同註 76，頁 125。但學者有認為法定法官原則早期之主要功能在於彰顯人民之訴訟權及法官保留原則，至於法律保留及明確性原則乃是 1949 年以後才添附「後樑」於法定法官原則之上，參見陳新民，評議法定法官原則的探源與重罪羈押合憲性的爭議，軍法專刊，56 卷 1 期，2010 年 2 月，頁 11 以下。

397 陳運財，恣意裁判之禁止與法定法官原則，法官協會雜誌，第 11 卷，2009 年 11

　　法定法官原則既然要求法律應該「事先」以「抽象標準」盡可能地明確規定何種法官於個別案件中適於作為審判主體來進行審判，故至少必須符合「法律保留（Vorbehalt des Gesetzes）」及「明確性原則（Bestimmtheitsgrundsatz）」兩個標準，問題是除了上述兩個標準之外，是否還需要符合其他標準，例如法官必須有適用法律之能力？即成為爭論所在。

　　上述問題之緣起，係因德國除了由職業法官職司審判外，包括刑事參審制度在內，尚容許「名譽法官（Ehrenamtliche Richter，指陪審員及參審員）」參與審判（德國法官法第 1 條、第 45 條之 1），故所謂「法官」是否包含「名譽法官」？即成為問題，如果以法定法官原則中的「法官」必須要有適用法律的能力作為標準，而將上述名譽法官排除於法定「法官」之外，容許名譽法官參與審判之制度即有違憲之虞。

　　通說認為，德國基本法第 101 條第 1 項第 2 句規定所指「法定法官」，並未以具備法律專業的職業法官為限，德國法官法第 44 條既然已有名譽法官之選任規定，故應認榮譽職法官之產生等已有統一、通案性的規定，名譽法官自屬「法定」──依據法律規定參與審判之「法官」，而無違反基本法上述法定法官原則之虞。簡言之，只要法律有明文、通案性規定某種法官得參與審判，不論該種法官是否具備適用法律之專業，均已符合法定法官之要求，故名譽法官既有法律明文規定其產生，使其參與審判自無違憲之虞。

　　但少數說認為，德國基本法另外有「判決應受法律拘束（基本法第 20 條）[398]」及「法官為獨立、僅依循法律（基本法第 97 條第 1 項）[399]」之規定，故法律之適用即為重點，支持參審制者固然認為國民的法律感

──────

月，頁 53。

398　德國基本法第 20 條第 3 項第 2 句規定：「判決應受法律與法的拘束（die Rechtsprechung sind an Gesetz und Recht gebunden.）。」

399　德國基本法第 97 條第 1 項規定：「法官為獨立，僅依循法律（Die Richter sind unabhängig und nur dem Gesetze unterworfen.）。」

情（Rechtsgefühl）幾乎都能與職業法官審判的結論相同，故即使不具備法律專業，仍可謂有適用法律之能力，但法律感情乃根植於個人的生活、經驗、教育、環境等，未必可以一概而論，自不能單憑法律感情作為適用法律之唯一基礎；況且法律中往往有立法者加上其價值判斷的規定，法官則有於審判中將此種價值觀正確引述出來的義務，此一義務，唯有對於法律及法律之適用原則有正確知識的職業法官才能順利完成。況且，確定事實的工作常常耗費許多時間，並非以審判為業的一般市民，是否有遂行此種在肉體上與精神上均與自己原有職業不同之工作的能力，殊值懷疑。故負責審判工作之法定法官，必須是具備適用法律能力、學識之法學家，若讓其他非專業人士參與，法定法官即已不受法律之拘束。故參審員參與審判，即有侵害憲法上明文保障之被告程序權利之虞。[400]

　　本文認為，上述爭議可以分成兩個層次來理解。第一個層次是純粹就法定法官原則的定義來觀察，亦即既然法定法官原則的重點在於讓個案承審法官的產生符合事先、抽象的「法律保留」及「明確性原則」，避免司法行政機關因應個案而選任法官，以致產生不公正的審判，故只要符合「法律保留」「明確性原則」之要求，即合致法定法官原則的要求，至於解釋、適用法律的專業能力，並非法定法官原則本身所能推導出來的要求，當然不能以擔任法官之人不具備解釋、適用法律的專業能力，即謂違反法定法官原則；但從第二個層次來看，亦即將「法定法官原則」與前述「職業法官之身分保障」「法官職權上獨立」作有意義的連結，將三者均視為達成「法官依據法律獨立審判」的手段而不能切離，並將各個概念下之「法官」作統一的解釋，則「法定法官原則」所指之法官，當然也僅限於具備解釋、適用法律專業能力的職業法官，日本戰前基於大日本帝國憲法第 24 條規定，多數說認為僅有具備解釋、

---

[400] F. Bauer, Laienricht-Heute? In:Tübinger Festschrift für E.duard Kern, 1968, S, 60 ff. 轉引自齋藤哲，同註 76，頁 126。

適用法律專業能力的職業法官始能從事審判工作，其立論基礎即本源於此。

　　然而，即令法定法官原則的目的與前述「職業法官之身分保障」「法官職權上獨立」等概念有所重疊，亦不代表即需對於「法官」之定義作與前述「職業法官之身分保障」「法官職權上獨立」等完全相同的解釋，仍宜回歸到法定法官原則的本質──「維繫承審法官選任的公平性」來觀察，故即使讓不具備解釋、適用法律的專業能力來審判，只要選任之標準合於「法律保留」及「明確性原則」，即不能謂與法定法官原則相悖；況且，即令本於「職業法官之身分保障」「法官職權上獨立」等概念，認為具備解釋、適用法律專業能力的職業法官乃法院的基本構成員，亦不致導出完全拒絕其他不具備解釋、適用法律專業能力的一般國民參與審判的可能性，已如前述，若將「法定法官原則」所指之法官限於具備解釋、適用法律專業能力的職業法官，則反而會推導出完全拒絕一般國民參與審判的結論，更足見過度擴張法定法官原則的要件，可能會導出逾越制度目的的不正確結論。

　　故「法定法官原則」即使與前述「職業法官之身分保障」「法官職權上獨立」等概念在目的上相同，但就其中法官的定義，仍不宜混同交融而不加區別。申言之，「法定法官原則」中之法官，與前述「職業法官之身分保障」「法官職權上獨立」等概念中之法官，在定義上應有所不同，亦即「法定法官原則」中之法官，係指有審判權、獨立審判之人，包括職業法官與參與審判的國民在內，「職業法官之身分保障」所指之法官，僅指職業法官，「法官職權上獨立」所指之法官，則限於具備解釋、適用法律專業能力之人，均不包含參與審判的一般國民在內，是以德國法官法第 1 條規定：「審判權由職業法官及名譽法官（即陪審員及參審員）行使（Die rechtsprechende Gewalt wird durch Berufsrichter und durch ehrenamtliche Richter ausgeubt.）。德國基本法第 101 條第 1 項第 2 句規定：「任何人受法定法官審判之權利不得剝奪。」中所指法官，均係法定法官原則概念下的廣義法官，包含職業法官及參審員在

內。至於我國，由於並無類似德國基本法第 101 條第 1 項第 2 句之規定
存在，故我國憲法意義上之法官，當僅限於狹義的、具備解釋、適用法
律專業能力的法官，尚不及於法定法官原則概念下的廣義法官，[401] 惟未
來若採行國民參與刑事審判制度，有關適用此制度之案件範圍、參與審
判一般國民的選任擇定、乃至就任者之解任，則仍應符合「法律保留」
及「明確性原則」，始能合於法定法官原則之要求，如果就適用國民參
與審判與否、是否選任某一國民參與審判、是否解任某一參審員，給予
法院過大的個案裁量權，則仍有違反法定法官原則之虞，併此敘明。

陸、人民訴訟權保障與正當法律程序

一、憲法上訴訟權保障與正當法律程序的相對關係

　　自從國家擁有對於犯罪的刑罰權後，恣意、專斷之審判，往往對於
人民自由造成莫大之損害，進而動搖統治的正當性，故即使是君主立憲
之政體，亦均著力於避免恣意、專斷之審判出現，嗣後基於國民主權的
憲法，當更著眼於此。舉凡保障刑事被告受依法律預先訂定權限（管轄
權）之法院、法官審判，司法權之獨立，禁止行政機關或特別法院審判
等等，均係為了達成公正審判之程序保障。而為了達成公正審判，法院
之組成、訴訟程序等，亦有一定之要求，諸如當事人進行主義、言詞辯

401　司法院釋字第 665 號解釋謂：「世界主要法治國家中，德意志聯邦共和國基本法
　　第 101 條第 1 項雖明文規定，非常法院不得設置；任何人受法律所定法官審理之
　　權利，不得剝奪──此即為學理所稱之法定法官原則，其內容包括應以事先一般
　　抽象之規範明定案件分配，不得恣意操控由特定法官承辦，以干預審判；惟該原
　　則並不排除以命令或依法組成（含院長及法官代表）之法官會議（Prasidium）訂
　　定規範為案件分配之規定（德國法院組織法第 21 條之 5 第 1 項參照）。其他如英
　　國、美國、法國、荷蘭、丹麥等國，不論為成文或不成文憲法，均無法定法官原
　　則之規定。惟法院案件之分配不容恣意操控，應為法治國家所依循之憲法原則。
　　我國憲法基於訴訟權保障及法官依法獨立審判，亦有相同之意旨。」即有不引進
　　法定法官原則之概念，而以解釋憲法第 16 條、第 80 條規定達到同樣目的之意。

論主義、公開審理主義均屬之。[402]

　　誠然，判決內容之正確性與否，與審理程序之正當與否，未必當然能劃上等號，但不可否認的是，審理程序愈能遵循獨立客觀的基準，愈可能接近正確之判決結論，固然，吾人亦無法想像會有一個永遠都能產生客觀、正確判決的訴訟程序存在，但基於正當程序所為之判決，仍較不循正當程序所為之判決，有更高的蓋然性能夠獲得正確結論；同時，也因為正當的程序在客觀上而言，具有妥適紛爭解決的蓋然性，當事人自身固然可以認為判決內容不當，但基於正當程序之踐行，司法解決紛爭之正統性因而獲得確保，故當事人仍需依循判決之結果。[403] 此即為公正的審理程序之重要性。

　　憲法第 8 條第一項中段規定：「非由法院依『法定程序』，不得審問處罰。」而經由釋字第 271 號解釋以降的多號大法官解釋，條文中的「法定程序」，已與美國聯邦憲法第 5、第 14 修正案之「正當法律程序」條款（Due Process Clause）劃上等號，而「正當法律程序」的內涵，更從原本由憲法第 8 條的人身自由受拘束時之程序要求（司法院釋字第 639 號、第 588 號、第 567 號、第 523 號、第 436 號、第 392 號、第 384 號解釋），擴及一般刑事審判或相類爭訟程序之實質正當化要求（如保障被告、被付懲戒人、受處分人之提出證據權、詰問證人權、對質權、閱卷權、採行證據法則、言詞辯論、直接審理、對審及辯護制度等，司法院釋字第 636 號、第 582 號、第 418 號、第 396 號解釋參照），故前述的「正當審理程序」，實得為憲法第 8 條之「正當法律程序」所涵括。

　　由於大法官逐步將「正當法律程序保障」擴及「司法程序」，故與憲法第 16 條「訴訟權」之範疇亦逐漸出現重疊。蓋我國憲法第 16 條規

402　浦部法穗，同註 391，頁 3 以下。依大法官釋字第 384 號解釋，則包括罪刑法定主義、自白法則、證據裁判主義、一事不再理、公開審判原則及審級救濟在內。

403　長谷部恭男，同註 273，頁 143。

定：「人民有請願、訴願及訴訟之權。」其中「人民有訴訟之權」，即為憲法明文保障人民訴訟權利之規定，而所謂「訴訟權」，不僅止於受益權，亦有防禦功能，[404] 蓋憲法保障訴訟權的終局目標，也許是為了要實現「實體的正義」，但實體的正義仍必須以合乎「程序正義」的方式來實現。[405] 故訴訟權之意涵，除了提起訴訟請求救濟之權利，亦包括刑事被告行使其訴訟上防禦之權利（司法院釋字第 636 號、第 654 號、第 582 號解釋），以及受法院公平審判之權利（司法院釋字第 591 號、第 530 號、第 512 號、第 442 號、第 418 號解釋）在內，論者即列舉：接受裁判請求權、權力分立原則、法定法官原則、兩造聽審原則、訴訟武器平等原則、自由心證主義、訴訟程序之嚴格形式、訴訟公開原則、審級救濟等，作為訴訟權之內涵，[406] 對照前述正當法律程序之內涵，不難發現兩者高度的重疊性。因此，不論從正當法律程序的角度出發，或是從訴訟權的角度出發，兩者的交錯、結合，乃屬必然。

　　大法官自第 396 號解釋於解釋文中首次使用「正當法律程序」一詞起，即將「正當法律程序」與「訴訟權」合併觀察，而謂：「懲戒處分影響憲法上人民服公職之權利，懲戒機關之成員既屬憲法上之法官，依憲法第八十二條及本院釋字第一六二號解釋意旨，則其機關應採法院之體制，且懲戒案件之審議，亦應本正當法律程序之原則，對被付懲戒人予以充分之程序保障，例如採取直接審理、言詞辯論、對審及辯護制度，並予以被付懲戒人最後陳述之機會等，以貫徹憲法第十六條保障人民訴訟權之本旨。」其後的釋字第 418 號解釋、第 446 號解釋亦承繼同樣的論理，故「正當法律程序」即成為訴訟權之重要內涵，訴訟權之保障，當然應包括程序的正當在內。司法院釋字第 653 號解釋理由書謂：

404　宋健弘，同註 394，頁 113。
405　許玉秀，論正當法律程序原則（一），軍法專刊，55 卷 3 期，2009 年 6 月，頁 13。
406　宋健弘，同註 394，頁 113。

「憲法第 16 條保障人民訴訟權，係指人民於其權利遭受侵害時，有請求法院救濟之權利。基於有權利即有救濟之原則，人民權利遭受侵害時，必須給予向法院提起訴訟，請求依正當法律程序公平審判，以獲及時有效救濟之機會，此乃訴訟權保障之核心內容。」乃大法官對彼此關係更明確的表現（司法院釋字第 663 號、第 574 號解釋意旨亦同）。

相對於此，日本憲法雖然沒有類似我國憲法第 8 條「法定程序」及第 16 條「訴訟權」之條文，但該國憲法第 32 條亦明定：「任何人受法院審判之權利均不受剝奪。」而該國憲法學者亦謂：「所謂受審判之權利，係指所有人均有要求平等、獨立於政治部門的公平法院審判之權利，以及僅能由上述法院科處刑罰之意。」[407] 實與我國對於訴訟權及正當法律程序的解釋殊途同歸。益證審判程序之進行必須符合正當法律程序，乃現代法治國家的普遍要求，申言之，所謂「審判」，並非凡是由「法院」所進行者均可，而必須是依「適於公正解決紛爭之程序」所為之審判，[408] 始能謂已完足訴訟權之保障。

二、正當法律程序與司法權建制的憲政原理

然而，正當法律程序中之「正當」，乃極富價值判斷、相對的、社會的、進化的不確定法律概念，故正當法律程序的意涵，往往隨著解釋者的不同而出現人言人殊的情形，[409] 誠如美國聯邦最高法院大法官法蘭

---

407 樋口陽一、佐藤幸治等著（浦部法穗執筆），憲法 II（注解法律学全集），1997 年 8 月，頁 283。

408 浦部法穗，同註 391，頁 4；長尾一紘，同註 251，頁 33。常本照樹，於「裁判員制度の可能性と課題座談会」中之發言，載於法律時報，77 卷 4 号，特集「裁判員制度の綜合的研究」，2005 年 4 月，頁 13。

409 湯德宗，論憲法上的正當程序保障，憲政時代，25 卷 4 期，2000 年 4 月，頁 25。論者因此有提出「剛性之正當法律程序」與「柔性之正當法律程序」之區別者，認為前者乃憲法直接明文保障之正當法律程序，不容許立法機關再以法律限制、剝奪，而後者則應參照現行法律、社會背景、犯罪實態以及實務現況之運作，具體決定之，並由釋憲者予以充實，參見陳運財，憲法正當法律程序之保障

佛特（Frankfuter）所言：「正當程序，不同於某些法則，要非具有固定內涵，而無關乎時間、地點及情況之技術性概念……。正當程序並非機械工具，亦非碼尺，而是最精細的調整過程，其間無可避免地將涉入憲法授權開發此一過程之人（按指法官）之判斷。」[410] 故何種具體制度屬於憲法要求的正當法律程序，往往難以定論。但即令如此，正當法律程序仍應有其核心概念及射程範圍存在，在刑事司法中，諸如罪刑法定原則、罪責原則、無罪推定原則、不自證己罪原則、一事不再理原則、法官保留原則、令狀原則、比例原則等均屬之。[411] 但回到本文關注的重點——刑事法院究竟應該如何組成，才符合正當法律程序的要求呢？詳言之，讓非職業法官的一般國民立於與職業法官相同或平等的地位而參與審判、甚至由一般國民來獨力決定判決的結論，是否會違反正當法律程序？恐怕還是難以回答的問題。

為了讓上述問題有更明確的方向可以依循，本文打算另闢蹊徑來確認正當法律程序對於「刑事法院組成」的要求。相較於正當法律程序之概念，是大法官自釋字第 271 號解釋（1990.12.20）以來，藉由憲法第 8 條、第 16 條推導出來的（或可說是借用第 8 條、第 16 條規定以引進正當法律程序的概念），且大法官著有多號解釋以闡述之；另一個概念——「司法權建制的憲政原理」，則是司法院大法官藉由憲法第 77 條、第 80 條推論出來，釋字第 436 號解釋謂：「軍事審判之建制，憲法未設明文規定，雖得以法律定之，惟軍事審判機關所行使者，亦屬國家刑罰權之一種，其發動與運作，必須符合正當法律程序之最低要求，包括獨

與刑事訴訟，載：氏著「刑事訴訟與正當之法律程序」一書，1998 年 9 月，頁 51。

[410] Joint Anti-Fascist Refugee Committee v. McGrath, 341 U.S. 123(1951)(Justice Felix Frankfuter). 轉引自湯德宗，同註 409，頁 25。

[411] 許玉秀，論正當法律程序原則（十三），軍法專刊，57 卷第 3 期，2011 年 6 月，頁 2 以下；同氏著，論正當法律程序原則（十四），軍法專刊，57 卷第 4 期，2011 年 8 月，頁 14 以下。

立、公正之審判機關與程序，<u>並不得違背憲法第 77 條、第 80 條等有關司法權建制之憲政原理</u>」，即為其代表性見解。雖然相較於正當法律程序，大法官對「司法權建制的憲政原理」著墨不多（僅有釋字第 436 號解釋文及釋字第 624 號解釋理由書曾經具體引用，且均僅限於軍事審判程序），但大法官已經藉由上述解釋，明確告訴我們，透過憲法第 77 條、第 80 條等規定，還可以推導出「司法權建制」的「憲政原理」，此一原理雖然未明載於憲法有關司法權的條文中，但只要違反了此一憲政原理，仍然可能構成違憲。故不許軍事審判被告直接向普通法院以判決違背法令為理由請求救濟的軍事審判法規定，被認為違反了司法權建制的憲政原理而屬違憲（釋字第 436 號解釋文），不許依軍事審判法令受理案件遭受冤獄之受害人依冤獄賠償法行使賠償請求權，亦被認為違反了司法權建制的憲政原理而屬違憲（釋字第 624 號解釋理由書）。

　　「正當法律程序」與「司法權建制之憲政原理」的相互關係為何？大法官並沒有進一步告訴我們，但從大法官多次認為：是否賦予受不利益處分之人有依法向法院提起訴訟尋求救濟之機會，乃判斷是否侵害憲法上訴訟權、違反「正當法律程序」的重要基準（釋字第 418 號解釋、681 號解釋參照），核與「司法權建制之憲政原理」前述的解釋對象（釋字第 436 號解釋）相當，故本文認為不妨將「司法權建制之憲政原理」視為「正當法律程序」的下位概念，亦即可以用「司法權建制之憲政原理」來確認「正當法律程序」對於司法的要求，以本文想要釐清的問題——「刑事法院究竟應該如何組成，才符合正當法律程序的要求」而言，即可以從「司法權建制的憲政原理」來進行檢視。而「司法權建制的憲政原理」此一概念所憑藉的憲法第 77 條、第 80 條，尤其是憲法第 80 條，更是確認正當法律程序對於刑事法院組成之要求的重要工具，從而本文前述對於憲法第 80 條意涵的檢討，當然也可以用以確認正當法律程序對於刑事法院組成的要求。

三、國民參與刑事審判制度與正當法律程序

　　反對國民參與刑事審判制度者，認為憲法保障被告受公正審判之權利，而憲法或其他法律所規範之法官養成、任命、身分保障、規制等，均係為了營造憲法所要求、得以行公正審判之法院，相較於此，國民參與審判制度僅以「於審判內容中反映國民常識」為理由，讓以隨機抽籤方式抽出、既非代表國民大多數意見之國民代表、僅係幾名「業餘者」之一般國民直接擁有與法官相同之權限，與法官共同進行審判，實難避免欠缺「公正審判」之要件。[412]

　　本文認為，從司法權建制的憲政原理，尤其是憲法第 80 條的角度觀察，無論刑事法院如何組成，「法律的正確解釋、適用」此一「法官獨立性保障」之「核心功能」均必須被維持，亦即具備解釋、適用法律專業的職業法官，乃是構成法院所不可或缺的基本要素。換言之，所謂符合正當法律程序之法院，在憲法上係以具有解釋、適用法律專業素養、在職權上具有獨立性之法官進行審判，且能發揮其實質意義，以確保抽象的法律能夠在具體個案中被正確地適用，為其基本要求。[413]

　　此外，本文認為還可再借用正當法律程序概念下位的「法官保留原則」概念來進一步闡釋此一基本要求。蓋從踐行權力分立的面向上來看，法官保留原則乃是用來保障司法權與實踐司法權，亦即在憲法上，行使司法權的權力機關，就是法官；而從保障基本權的面向來看，法官保留原則乃用以保障人民的基本權。[414] 觀諸司法院大法官歷來的解釋，

---

412 大久保太郎，裁判員制度案批判（続）（上），判例時報，1772 號，2002 年 3 月，頁 3；裁判員制度に反対する会，裁判員制度に反対する会の意見書，判例時報，1844 号，2004 年 3 月，頁 3。

413 甲斐行夫，於「座談会・裁判員制度導入の是非をめぐって」中之發言，現代刑事法，32 号，特集「裁判員制度導入の諸問題」，2001 年 12 月，頁 10；香城敏麿，同註 373，頁 26。

414 許玉秀，論正當法律程序原則（十四），軍法專刊，57 卷第 4 期，2011 年 8 月，頁 14。

舉凡羈押（釋字第 392 號解釋）、管收（釋字第 588 號解釋）、通訊監察（釋字第 631 號解釋）等侵害人身自由的強制處分，均需經由法官審問，亦即踐行法官保留原則後始得為之，則侵害人身自由之時間、強度，均遠勝於上述強制處分的刑罰權（剝奪生命、自由等），其審查程序——刑事審判，當然更應該符合法官保留的原則。且刑事審判所以應該符合「法官保留原則」的要求。此不僅是因為法官符合「中立、公正第三者」（釋字第 588 號解釋）、「客觀、獨立行使職權」（釋字第 631 號解釋）的要求，[415] 更在於法官具備「解釋、適用法律，讓抽象的法律可以在具體個案中實現」的專業，履踐法官保留原則的實質性保障（a substantive guarantee）。

在確立了司法權建制的憲政原理、以及正當法律程序之中，「職業法官為法院不可或缺的構成要素」後，接下來即必須面對兩個問題。其一，是否可以認為司法權建制的憲政原理中，還會進一步主張法院應一概由職業法官來組成，而不容許任何例外？其二，如果容許職業法官以外的人加入法院，則職業法官與其他非職業法官之人間的相互關係為何？是否需保障職業法官具有一定程度的優越性？

關於第一個問題，如同本文先前討論的，之所以謂職業法官作為法院不可或缺的基本要素，乃旨在實現「依據法律審判」的基本要求，在滿足此一基本要求的前提下，讓其他非職業法官的一般國民參與審判，則非憲法有意排斥的制度設計，亦即並非任何形式的國民參與審判制度均屬違憲，大法官釋字第 378 號、第 436 號解釋就律師懲戒委員會、律師懲戒覆審委員會，以及軍官參審制度的態度，即可認為係支持此種見解。

相反地，適度地讓國民參與審判，可以使審判更為公開透明，且藉

---

415 學者即有本此立場，認為在憲法保留的規範意義下，如將刑事審判權交由不具審判獨立及身分保障之法官為之，均屬違背憲法對此之誡命，見楊雲驊，協商程序與法官保留原則，月旦法學，119 期，2005 年 4 月，頁 28。

由國民提供多角化觀點，可以修補過度強調法律專業所引發的缺點，避免審判的僵化，更可增進個別法官的獨立性，故可將國民參與刑事審判制度視為更符合「公平法院」、「正當法律程序」的一種制度，且同時為了促使國民參與刑事審判制度落實、扎根，考量參審員之時間與專業能力，自需更落實「集中審理主義」、「言詞審理主義」等正當法律程序中已有之規範，以此觀之，實難逕謂國民參與刑事審判制度即有破壞正當法律程序、侵害被告憲法上權利之危險。

然而，在設計具體制度內容時，仍必須以正當法律程序、司法權建制原理為前提進行設計，例如參與審判國民的消極資格、選任方式、解任事由、義務與處罰、上訴救濟管道等均屬之，期望能夠確保參審的國民得以獨立、中立地行使職權，且受審判的國民能否獲得廣泛、即時且有實效的權利救濟。[416] 就此部分，本文擬於之後的章節再進行詳細討論。

就第二個問題，則涉及到對於「職業法官解釋、適用法律的專業」以及「國民參與審判帶來的益處」兩種利益的調和、平衡，蓋愈重視「職業法官解釋、適用法律的專業」者，愈易於傾向增強職業法官的優越性，反之，愈重視「國民參與審判促進審判帶來的益處」者，為了能夠在審判中獲取更多國民參與審判的益處，則勢必傾向於減少職業法官對於審判的控制程度，何者較為妥當？實無法一概而論，如何取捨，厥為立法政策上價值判斷的問題。

但除去立法政策上之價值判斷之後，不可諱言的是，讓具備解釋、適用法律專業的職業法官參與審判，雖然不是憲法對於刑事審判要求的充分條件，但卻是必要之條件；相反地，讓一般國民參與審判，在我國憲法中，則既非刑事審判的充分條件、亦非必要條件，換言之，即使於刑事審判中不採行任何國民參與審判制度，亦不致違反憲法的要求，但

---

416 陳愛娥，同註 361，頁 5。陳運財，日本裁判員制度的觀察報告——兼評人民觀審試行條例草案，第 67 屆司法節學術研討會會議實錄，2012 年 1 月，頁 37。

刑事審判中完全排斥職業法官，則會違反憲法的要求。故制度設計之際的重點往往在於如何讓「職業法官解釋、適用法律的專業」不致受到結構性的折損、忽略，讓法學素養的因素（rechtsgelehrtes Element）在司法過程中占有決定性角色，[417] 換言之，如何避免因為國民參與審判，而使得在審判庭中「職業法官不存在，或雖然存在、但不具有任何實質上的意義」，即為制度設計時必須關注的重點。

為了符合上述憲法上的要求，在回到制度設計層面時，可以有各式各樣的選擇，一般而言，約有以下幾種可能的控制方案：

（一）不給予參與審判的國民直接決定判決結論的權力

這可說是效力最強的控制方案，參與審判的國民雖然可以就案件表示意見，但沒有評決的表決權，即使是參與審判國民間已經形成類似於陪審團評決的多數意見，仍不拘束職業法官，故參與審判國民的意見，對於職業法官而言，僅具有「勸告」「建議」的效力，日本大正陪審制、韓國國民參與審判制度、我國的人民觀審試行條例草案，[418] 以及日本最高裁判所於裁判員制度立法過程中提出之建議案，均採取此種控制方案；甚至美國陪審制之下，極少被運用的「逕為無罪判決（judgment of acquittal）[419]」、「自行做出即決判決（summary judgment）」、「法官排

---

417 蘇永欽，同註 320，頁 31。

418 司法院於 2012 年 1 月 11 日完成人民觀審試行條例草案，略經修改後，於同年 5 月 10 日經司法院院會通過，並送行政院會銜。草案第 59 條第 1 項規定：「法官就事實之認定、法律之適用及量刑之評議，以過半數之意見決定之，不受觀審員陳述意見之拘束。」第 59 條第 2 項規定：「審判長於前項評議後，應即向觀審員說明之。如法官之評議與觀審員之多數意見不一致者，並應簡要說明其理由。」草案第 64 條規定：「法官之評議，與觀審員終局評議之多數意見不一致者，應於判決內記載不採納之理由。」

419 judgment of acquittal 包含指示評決（directed verdict）在內，係法官於開始審理前或調查證據完畢後，依職權或被告之聲請，逕為無罪之判決、或指示陪審團應為無罪之評決，絕大多數之情形，係法官認為檢察官舉證被告有罪之證據極不充分，不足以為被告有罪判決，參見 LaFave, Wayne R. Criminal procedure 887(1985)。

除陪審團既有評決而直接做出相反判決（judgment notwithstanding the verdict, J.N.O.V）、「解散舊陪審團，重新組成陪審團再行審理（order a new trial）」[420] 也可視為屬於此種控制方案。惟即使通案性地不給予參與審判的國民決定判決結論的權力（如日本大正陪審制、韓國國民參與審判制度、我國的人民觀審試行條例草案初稿等），仍與單純的法院旁聽、街談巷議不同，蓋職業法官若不採納參與審判國民的意見，則必須解任既有之參與審判國民，重新選任一組新的國民來參與審判（日本大正陪審制），或是必須在判決時說明不採納參與審判國民意見之理由（韓國國民參與審判制度、我國人民觀審試行條例草案初稿、日本最高裁判所於裁判員制度立法過程中提出之建議案），在因此需額外付出更多時間勞力的心理壓力下，仍可讓參與審判國民的意見對於職業法官具有一定程度的「實質拘束力」。

（二）給予被告選擇是否適用國民參與審判制度的權利

此一制度設計，在根本不認為國民參與審判制度違憲、且進一步承認接受陪審審判為被告權利的國家，是基於「權利可以拋棄」的觀點，認為接受國民參與之審判是用以保護被告，故可以容許被告本於個人利害考量而放棄之（Waiver of Jury Trial）；[421] 但在國民參與審判制度存有違憲疑義的國家，則有完全不同的考量，姑且撇開經濟上的考量不談，事實上，此種制度設計不啻是在「默認」國民參與審判制度有可能會侵害被告的訴訟權，故讓被告以「主動聲請」進行國民參與審判之方式，「印證」被告並不認為國民參與審判制度會侵害其憲法上的訴訟權，[422]

---

420 黃國昌，美國陪審制度之規範與實證，月旦法學雜誌，194 期，2011 年 7 月，頁 78。但僅限於陪審團於評議之過程中有不公正之事實，或其評決明顯地對於證據之評價錯誤，始得評決與證據顯現之事實出現明顯歧異時，始能解散舊陪審團，重新組成陪審團再行審理，參見土井真一，同註 149，頁 264。

421 Patton v. United States, 281 U.S. 276(1930).

422 認為由國民審判是被告憲法上權利，或是認為由國民參與審判可能會侵害被告憲法上權利，此兩種思維的判別標準，除了「被告放棄而不適用國民參與審判制度

例如日本大正陪審制之請求陪審、韓國國民參與審判制度均使用此種制度設計。

（三）要求參與審判國民的素質

此種制度設計，大體上包括「選任前之篩選」與「選任後之訓練」兩種，惟均係從提升參與審判國民的素質出發，希望能夠讓參與審判之國民盡可能具有與職業法官相近的「解釋、適用法律之專業能力」，或至少不至於成為職業法官的「負擔」，以此符合「依據法律審判」之要求。

（四）針對部分審判內容，不給予參與審判國民決定的權力

例如美國陪審制之下，將「法律的解釋」專責交予職業法官來行使，再以「說示」讓陪審團遵循職業法官的解釋以適用法律於所認定的事實中；或是日本裁判員制度之下，將「法律解釋」由職業法官進行，再讓裁判員與職業法官一起依職業法官預先決定的法律解釋進行事實認定、法律適用與量刑，均屬適例。

（五）讓職業法官一定程度地具有決定或影響評議結論的控制力

與前述「不給予參與審判的國民決定判決結論的權力」相較，此種制度設計雖然讓參與審判的國民的意見有可能成為判決的結論，但在某些情形下，仍然讓職業法官保有最後的控制力，此種制度設計，一般而言，還可細分為以下幾種控制模式：

（1）讓職業法官在合議庭中占有人數上的優勢。

（2）提高評決標準、或要求有罪的評決中需要有職業法官的贊成

（認為由國民審判是被告憲法上權利）」以及「被告主動聲請始適用國民參與審判制度（認為由國民參與審判可能會侵害被告憲法上權利）」的差別之外，也可以從「所有類型之案件均可適用國民參與審判制度（認為由國民審判是被告憲法上權利）」以及「僅有法律規定之特定類型案件始可適用國民參與審判制度（不認為由國民審判是被告憲法上權利）」來輔助判斷。

意見：例如德國的參審制之下，採取 3 分之 2 的評決標準，以地方法院
（邦法院，Landgericht）之大刑事庭（Große Strafkammer）及陪審法
院（Schwurgericht）為例，3 名職業法官與 2 名參審員組成的 5 人合議
庭，若要達成評決，至少需有 4 名的贊成意見，故亦即 3 名職業法官中
至少需有 2 名贊成；又例如日本裁判員制度下，雖然採取過半數多數
決，但若要為有罪之評決，則至少需有 1 名職業法官的贊成意見（亦即
縱使 5-6 名裁判員主張有罪，但因缺少至少 1 名職業法官的贊成意見，
仍僅能為無罪判決），以此作為萬一參審員的事實認定跳脫法律規範時
的安全裝置，以確保審判的公正性；[423] 甚至在日本裁判員制度的立法
階段，更有主張必須要有職業法官多數之贊同意見（3 名職業法官中 2
名以上）始能為有罪判決之主張，[424] 均屬適例。但如此一來，等於「有
罪」的評決標準也因而被拉高，[425] 甚至在有罪判決的情形時，與「職業
法官進行審判」並無二致。[426] 惟基於憲法保障被告「受法院公正審判之
權利」，主要係指被告需「受法院公正審判始能『科處刑罰』」，故提高
有罪評決標準、讓有罪判決中必須有職業法官的贊成意見，保障被告不
至僅因合議庭之多數意見即受到不利益判決，在憲法上亦可取得其合理
依據。[427]

　　（3）給予職業法官說服參與審判國民的機會：在參審制之下，職

423　市川正人，同註 262，頁 43。

424　竹下守夫，於司法制度改革審議會第 45 回（2001 年 1 月 30 日）會議之發言，
　　轉引自裁判員制度・刑事檢討會第 6 回會議資料 2 ——裁判員制度に関する当
　　面の憲法上の論点【資料編】，頁 6，網址：http://www.kantei.go.jp/jp/singi/sihou/
　　kentoukai/saibanin/dai6/6siryou2.pdf，最後拜訪日：2011 年 6 月 7 日。

425　以日本裁判員制度 3 名法官加上 6 名裁判員的合議庭為例，共計 28 種評決可能情
　　形中，包含本文所述因欠缺至少 1 名職業法官的贊成意見致不能為有罪判決的情
　　形在內，共有 16 種評議可能情形為無罪，占全部評議可能情形的 57%。

426　佐藤幸治等，司法制度改革，於「国民的基盤の確立」部分井上正仁之發言，
　　2002 年 10 月 20 日，初版，頁 344。

427　佐藤幸治等，司法制度改革，於「国民的基盤の確立」部分竹下守夫之發言，
　　2002 年 10 月 20 日，初版，頁 343。

業法官與參審員共同協力審判，故職業法官有許多機會可以不斷透過
「說明」、「解釋」證據來影響參與審判國民的心證，從而發揮實質上的
「控制力」；[428] 相較於此，在陪審制之下，法官雖然可以藉由「說示」
（instruction）對陪審團說明本案應適用的法律（包括無罪推定原則、
證據法則、被訴罪名之定義、被告之抗辯、以及評議的規則等），甚至
可以對陪審團評論證據（comment on the evidence），但僅係協助陪審
團做出適當的評議，而非影響陪審團之心證，故運用上受有相當之限
制；[429] 惟韓國陪審制之下，則容許陪審團聲請職業法官對於證據價值發
表意見，甚至在陪審團無法達成一致評決時，陪審團更有義務需聽取職
業法官對於證據價值的意見，較傳統的陪審制賦予職業法官更多說服參
與審判國民的機會。

（六）在上訴審保留職業法官審查的機會 [430]

　　大多數實行國民參與審判制度的國家，都傾向於尊重國民參與審
判的判決，故在上訴審設計上，不是再設一個也有國民參與審判的審
級，就是盡可能減少上訴審之職業法官撤銷原審判決的機會，例如將上
訴審定位為事後審，甚至取消二審法院、僅能向法律審的第三審法院
上訴，均屬適例；但亦有將上訴審視為避免違憲爭議的控制方案之一的
看法，[431] 例如前大法官吳庚於釋字第 368 號解釋之協同意見書中即謂：
「憲法第 16 條訴訟權之保障範圍，實涵蓋下列四項構成事實：（中略）

428　故有基此主張即使依參審員之多數意見逕自為有罪之決定，而未有職業法官之贊
　　　成意見，因職業法官已經有實質上的參與，亦應視為合議庭的多數決定而應予尊
　　　重，參見長尾一紘，同註 251，頁 33。
429　Quercia v. United States, 289 U.S. 466(1933).
430　李東洽，同註 380，頁 73。
431　高橋和之、竹下守夫，於「座談会・司法制度改革審議会中間報告をめぐって」
　　　之發言，ジュリスト，1198 号，2001 年 4 月 10 日，頁 62-63；常本照樹，於「裁
　　　判員制度の可能性と課題」座談會中之發言，特集「裁判員制度の總合的研究」，
　　　法律時報，77 卷 4 号，2005 年 4 月，頁 16。

（二）訴訟救濟途徑係由各級法院構成之審級制度，雖不排除其他先行程序（訴願程序即行政訴訟之前置程序），但至少其最後之審級應屬法院，而所謂法院必須由憲法第八十一條之法官所組成，始足相當。此在若干國家之憲法，稱之為接受法律上之法官審判之權利。」固然，所謂「法院必須由憲法第 81 條之法官所組成」之見解，似嫌偏狹，惟若能將憲法第 81 條規定之身分保障，視為職業法官通常需具備的制度性保障，而職業法官又往往具備適用法院的專業來看，不妨將此一協同意見書解為「至少在審級救濟時，必須由具備解釋適用法律專業的法官來進行最後的審查。」亦即將職業法官之審查，視為訴訟救濟上的必備方案。

然而，將第一審的問題「拖延」到第二審來解決，不無將正當程序的保障取決於「當事人可否合法上訴」之嫌疑，以此觀之，這實在並非一個負責任的方案。蓋當事人可能因為上訴不合法、無資力聘請律師上訴、無時間精力應付訟累而無法接受上級審的救濟，即使勉強提起上訴，也可能因為指摘之處不符合法定上訴事由而遭駁回，這在設有上訴門檻的情形下，將會更為嚴重。以此觀之，如果為了要讓第二審充分發揮「正當程序保障」的「守門員」的角色，則不限制上訴事由、不要求律師強制代理、上訴猶豫期間長、第二審法院審查範圍廣泛、甚至可以重複調查證據以獲取心證、資為審查原審判決是否允當的「覆審制」，才是此種情形下，最有效的控制方案。

但必須要特別注意的是，上述控制方案在維持「依據法律審判」的要求之同時，也將一定程度地侵害、減少了國民參與審判制度帶來的益處，故並非所有的控制方案均需採行始能維持「依據法律審判」的要求，仍係視立法者對於兩種利益的重視程度，而有不同之價值選擇。

柒、對於一般國民造成的負擔

國民參與審判除了會改變既有刑事司法審判制度，進而影響刑事被

告之訴訟權之外，由於必須由一般國民中選任出實際參與審判的國民，所以對於一般國民也可能會造成負擔，亦即一般國民可能會被抽選成為候選人，甚至進而被選為實際參與審判之人（如陪審員或參審員），為了使選任過程順利，這些國民均可能會被課予準時、全程出席的義務，甚至附隨有不履行之處罰（如罰鍰），亦即在上述義務期間內，這些國民均必須放下手邊既有的工作、事務、生活、休閒，暫時性的進行審判工作，故會造成這些國民時間、勞力上的負擔，亦即對於身體自由的妨礙。

　　其次，對於某些國民而言，審判他人、甚至給予刑罰（包含死刑在內），可能是一種違反其思想、信念的行為，[432] 故從事審判工作，對這些國民而言，即會造成其思想、良心等自由的妨礙。又為了確認這些國民是否真的有思想、信念上的理由以致不適宜擔任審判工作？還是只是逃避義務的藉口托詞？若因而進行的檢驗，則又可能會侵害這些國民不表現（沈默）的自由，[433] 或是對於思想、良心等自由的另一次侵害。

　　再者，為了使評議過程中所有參與者均能無所顧忌地暢所欲言，也為了保護案件關係人的隱私，故在制度設計上，也會課了參與審判的國民必需對於評議過程（包括其他參與審判者對於特定爭點之贊否意見及票數分配情形）及其他職務上知悉之秘密「保密」的義務，但此種義務，也可能會侵害國民言論（表現）的自由。

　　誠然，上述於制度設計之際加諸於國民的義務，確實會造成國民的

432　例如耶和華見證人（Jehovah's Witnesses）此一教派之信徒拒絕參與一切政治、軍事事務，亦拒絕輸血，故臺灣曾經發生過該派信徒拒絕服兵役而遭判刑，釋字第490 號解釋（1999.10）雖然認為兵役制度並不違憲，但相關爭議最後乃以特赦方式解決（2000.12），並促成了替代役制度的出現；在日本，則發生過該教派信徒拒絕修習劍道此一必修科目而遭學校退學之案件，經判決以退學處分不當而予撤銷（神戶高專事件），參見平成 8 年（1996 年）3 月 8 日最高裁第 2 小法庭判決，民集，50 卷 3 号，頁 469；而在美國也曾經發生過容許反對死刑論者免除擔任陪審員義務之案例，參見 Witherspoon v. Illinois, 393 U.S. 898(1968)。

433　市川正人，同註 262，頁 44。

自由受到一定程度的侵害或限制。在某些將接受陪審審判視為被告憲法
上權利的國家（例如美國），基於權利義務公平分擔[434]的觀點，自然可
以要求一般國民擔任陪審員；[435]但在並未將接受國民參與審判視為被告
憲法上權利的國家，則無法比照解釋，此時，即必須尋找賦予國民義務
之正當化基礎。

　　首先，司法原本即係基於國民之總意始能存在確立，亦即為國民自
身之物。既然是國民自身之物，故國民在受其利益之同時，亦應分擔其
責任，[436]換言之，應該讓身為國家主權實際擁有者之國民，本於其公民
責任，在憲法容許的限度內參與司法。[437]

　　再者，我國憲法中明定人民之義務，僅止於「納稅、服兵役、受國
民教育」三者而已（憲法第 19 條、20 條、21 條），參與審判自不包含
在內，對此，最簡單的合憲性解釋，係謂要求國民參與審判，一如要求
國民擔任證人出庭作證一般，自不會有何違憲之虞。[438]然到法庭作證，
僅需針對所知據實陳述即可，但從事審判工作，則需竭盡心力了解證
據、認定事實，並進行相當複雜的價值判斷，難易程度不同，實難類推
援引；更何況過度簡略的回答，未深入分析所以課予國民上述負擔之正
當性依據，往往無法正確思索負擔的合理範圍，而陷入集體主義下，國

---

434 在西方國家中，社會上經常存有「潛在被告」的心理，亦即多數人均擔憂自己或
　　親友有一天會成為刑事被告而遭受迫害，故亟思保障被告權益；反之，在漢文化
　　影響的東方國家，多數人非但不具有「潛在被告」的心理，反而具有強烈的「潛
　　在被害人」心理，亦即不相信自己有可能會成為被告，但卻擔心自己或親友有一
　　天會成為犯罪的被害人，故整個社會往往呈現敵視犯罪行為人的氛圍，非但對於
　　法律上保護被告的規定抱持著質疑的態度，甚至動輒主張「亂世用重典」。
435 長谷部恭男，於「裁判員制度と日本国憲法」座談會中之發言，載於判例タイム
　　ズ，1146 号，2004 年 6 月 1 日，頁 21。
436 佐藤幸治等著，司法制度改革，於「国民的基盤の確立」部分井上正仁之發言，
　　2002 年 10 月 20 日，初版，頁 332。
437 土井真一，同註 149，頁 273。
438 市川正人，同註 262，頁 44；林永謀，論國民參與司法暨參審制之採行，憲政時
　　代，20 卷 3 期，1995 年 1 月，頁 11。

家有權要求國民作無條件的付出、奉獻的錯誤邏輯。

我國憲法第 23 條已經明文規定：「以上各條列舉之自由權利，除為防止妨礙他人自由，避免緊急危難，維持社會秩序或增進公共利益所必要者外，不得以法律限制之。」換言之，只要在符合「比例原則」與「法律保留原則」之前提下，憲法所保障的上開自由亦非完全不能限制。換言之，上述國民作證義務之規定雖然不能直接比附援引作為國民參與審判義務的正當化理由，但至少明確地告訴我們，上述憲法之「納稅、服兵役、受國民教育」義務，僅係例示而非列舉。[439] 前大法官吳庚於釋字第 472 號解釋協同意見書所指：「憲法第 20 條至第 21 條所規定之三種義務，在性質上屬於人民之基本義務，係制憲者參酌各國憲政常軌及制憲當時之社會環境所作例示性規定，上述三個條文對人民之義務並無列舉窮盡（Numerus clausus）之意，若謂人民之義務僅止於上述三種，則社會秩序勢必無法維繫，甚至有面臨解構之危險。因為社會成員遵守行為規範乃社會存續之前提，在國家生活之中，法律為最重要之行為規範，人民均有遵守法律之義務，縱然納稅、服兵役及受國民教育三者，亦應由法律明確訂定，人民始有義務服從。是以遵守法律乃人民之政治義務（political obligation），無待憲法之規定，至於法律不得牴觸憲法，侵害人民之基本權利，自不待言。故法律對人民所課予之義務，合憲與否不在於義務本身是否出自憲法規定，而係該項法律是否依憲法所定之程序產生？義務內容是否合理？與憲法之意旨是否相符？」誠屬的論。但於決定是否及如何課予國民參與審判的負擔、限制其自由之際，本文認為，必須思考的問題包括：1. 課予國民負擔之必要性、正當性為何？ 2. 國民負擔義務的程度，以及違反義務之制裁強度？ 3. 有無

---

439 學者有將國民對於國家的義務區分為「基本義務」與「法定義務」，前者係指憲法明定之納稅、服兵役、受國民教育等義務，後者則包括遵守法律的義務（如遵守刑法誡命之義務、保證人義務、身分義務等），見陳新民，同註 328，頁 186。

設置適當的免除義務事由等。[440]

　　第一個問題「課予國民負擔之必要性、正當性為何？」事實上已經直指國民參與審判制度的立法目的、宗旨。基於前述關於國民參與審判制度的基本理念的介紹，可知國民參與刑事審判制度的基本理念在於「提升國民對於司法的理解與信賴，以強化司法的正當性基礎」，以此觀之，使身為國家主權所有者的國民負有義務參與審判，以實現上述目的，尚難認為有何不當之處。[441]

　　關於第二個問題「國民負擔義務的程度，以及違反義務之制裁強度？」則涉及到制度設計上的問題，最常被提出討論的，即為應否將國民參與審判制度的適用案件作數量上的限縮？以及若為限縮時，是否應該限於重大案件？或應限於較不易增加國民負擔的中間類型案件，甚至是輕微案件？誠然，重大案件往往審理費時，故較諸輕微案件會造成國民更大的時間、勞力上的負擔，且重大案件一旦判決被告有罪，亦往往即為死刑、無期徒刑等重刑，故會造成參與審判的國民思想、良心等自由的負擔，但較重的負擔不見得即為違憲，畢竟，選擇重大案件仍有其「推廣」制度、集中資源於最需要案件上的意義，在仍然鎖定於重大案件的前提下，如何有效地進行充實而迅速的審理，即為減輕國民負擔的重要關鍵，[442] 例如加強準備程序的精緻程度、偵查階段被告受辯護人輔助權（包括偵查中國選辯護人制度之建立）的強化、舉證內容與方式的改變等。

　　此外，採取個案制而非任期制，亦即讓參與審判的國民審理個別案件後任務即告結束，而非要求參與審判的國民必須於一定任期內參與複數案件的審理，亦可有助於減輕參與審判國民的負擔；另外，部分判決

440　相同見解，參見土井真一，同註149，頁272。
441　笹田栄司，裁判員制度と憲法的思考，ジュリスト，1363号，2008年9月，頁83；長谷部恭男，於「裁判員制度と日本国憲法」座談會中之發言，載於判例タイムズ，1146号，2004年6月1日，頁21。
442　池田修，解説裁判員法：立法の経緯と課題，2005年7月，頁10。

制度（將同時起訴之數罪區分由數個不同之「參與審判國民組」審理，先審理的「參與審判國民組」僅能決定有無犯罪及罪名，不能決定量刑，最後審理的「參與審判國民組」除決定承審案件之有罪與否外，尚應決定所有有罪部分之整體量刑）也被認為有助於減少複雜案件對於國民造成的負擔（日本裁判員法第 71 條至第 85 條參照）；[443] 再者，採行訴因制度，使法院審理的範圍受到訴因的限制，並減縮法院擴張審理範圍的權限，除了有助於實現更徹底的當事人主義外，也有助於減輕參與審判國民的負擔。

　　至於守密義務的範圍應如何劃定，則為另一個困難的問題。從守密義務的立法目的來看，自應包括職務上知悉之秘密以及評議秘密兩者，以評議秘密而言，本應包括合議庭內其他參與者（包括法官與參與審判國民）對於案件之個人看法以及最後評決的票數比；但現在參與審判中或曾經參與審判之國民，其本身就案件應為如何判決之意見，是否亦在禁止公開之列？例如日本裁判員法第 108 條第 5 項至第 7 項即明文禁止裁判員、候補裁判員對合議庭以外之人陳述案件認定事實、量刑之意見，亦禁止曾任裁判員、候補裁判員之人，對合議庭以外之人評論承審案件認定事實、量刑之當否，對此，有認為若容許現任或曾任裁判員或候補裁判員之人對外表達其個人對於案件之意見，不啻洩漏了部分

---

443 但也有學者認為「部分判決制度」讓未直接參與審理之裁判員卻可決定該案的量刑，與法官更易後之更新審判程序（刑事訴訟法第 292 條第 1 項）一樣，都是書面審理主義的餘毒，且若只有更換裁判員，但法官維持不變，亦會造成裁判員與法官間的資訊落差，使裁判員易於成為法官的附庸，見 Daniel Foote（ダニエル・フット）、笹田栄司於「日本国憲法研究第 1 回・裁判員制度」座談會之發言，載於ジュリスト，1363 号，2008 年 9 月，頁 89、101。本文認為既然僅是同時起訴之數罪，即使為了減輕參與審判國民之負擔而進行分割審理，仍宜由各自負責部分審理之國民與法官逕行決定該部分之量刑，再由最後審理之國民與法官定所有有罪部分之應執行刑即可，殊無一併由最後審理之國民與法官共同決定全部起訴案件量刑之必要，亦即本文認為可以採行「分割審理」，但無採行「部分判決」制度之必要。

評議的內容，故應予以禁止；[444] 但亦有認為適度地揭露評議過程，非但可以維護憲法上所保障的表現自由與新聞自由，更有助於外界檢證國民參與審判制度是否正當、適切地運作，法官有無過度誘導參與審判國民的情形，在評議過程公正且充分討論的前提下，揭露評議過程未必會導致「損害司法威信」的結果，相反地，對於評議過程諱莫如深的態度，才會損害其他國民對於司法的信賴。[445] 對此，本文認為，評議秘密的維護，旨在營造任何參與審判者均可安心表達其個人意見，不必擔心遭受報復或非理性批判的環境，以此塑造公平的法院；若參與審判的其中一部分國民，本於表現自由的主張而將其本身對於案件如何判決之意見對外發表，往往有「要求輿論公評」或「對特定一造交代」的意味存在，但此舉等於是將評議的過程一部分對外洩露，推至極致，若所有參與審判者均將自己的意見對外公布，則評議秘密的意義也將蕩然無存，更何況，萬一參與審判者事後所公布的，並非其於評議過程中的「原始意見」，而是迎合輿論環境與社會多數意見的「修正意見」，以此規避批判，則對於司法的威信，更將有嚴重不良的影響，故即使禁止參與審判的國民事前或事後公布對於案件的個人意見限制了表現自由與新聞自由，但因有更重要的利益需要維護，故仍應予以禁止。

　　附帶一言，為了實現上述立法目的，故對於違反義務者有必要施以制裁、處罰以確保義務在絕大多數的情形能夠被履行，但違反義務的制裁種類、程度、發動時機亦必須合於比例原則，例如應該先有充分的支援體系以協助國民到庭履行其參與審判職務，對於無正當理由不到庭履行參與審判職務的國民之處罰亦應以行政罰或剝奪其繼續參與審判之資格為限，而不應及於刑罰。

　　再者，對於實際到庭參與審判或參與選任程序的國民，亦應給予必

444　長沼範良，裁判員の選任・確保とその權限・義務，特集・裁判員制度の導入，ジュリスト，1268 号，2004 年 6 月，頁 72。
445　市川正人，同註 262，頁 45。

要的補償以抵銷其因參與審判或參與選任程序所生之經濟上或其他可以金錢彌補之損失。

第三個問題——「有無設置適當的免除義務事由？」此亦為困難的問題，蓋如果為了避免造成國民的負擔，大量允許無意願擔任審判工作的國民免除其義務，可能會造成選任出來的國民，並不具有代表多數國民通常法律感情的「抽樣上意義」，甚至會造成無人願意參與審判工作的局面，致使制度崩潰。

例如以違背其思想、良心為由，拒絕從事審判工作，是否可以允許？又應該以何種方式檢驗，始能避免空言宣稱擔任審判工作有害其思想、良心之自由而逃避參與審判義務？此種檢驗方式是否會侵害受檢驗者的沈默自由、甚至是思想、良心的自由？針對上述問題，本文認為應該區分兩種層次來觀察，第一個層次是擔任審判工作對於其思想、良心的傷害，第二個層次則是表明其思想、良心之內涵造成其沈默自由、思想、良心之傷害（例如表明不為社會多數人接受之思想等），縱認兩種情形均有可能侵害其自由，但第二個層次的傷害遠較第一個層次的傷害來得輕微，故若以違背其思想、良心為由拒絕從事審判工作，則本文認為仍應接受法院之檢驗，並於檢驗之際清楚表明其思想、良心與擔任審判工作間的衝突程度，以資法官檢驗確認，蓋即令主張思想良心的自由，亦不能推導出可以完全沈默、對於任何法律（例如檢驗的程序規定）均有權利不予服從的結論。[446]

針對上述爭執，日本裁判員法先於第 18 條將「有為不公平裁判之虞者」列為不適任裁判之法定事由；再者，日本裁判員法第 16 條第 8 款授權得以行政命令（政令）方式規定得辭免擔任裁判員之「不得已事由」，故內閣於 2008 年（平成 20 年）1 月 17 日以政令第 3 號——「規定裁判員參與刑事審判法第 16 條第 8 款所定不得已事由之政令」第 6

---

446 笹田栄司，同註 441，頁 85。

款規定「除前面各款所定情形外，執行裁判員之職務，或擔任裁判員候補者而依裁判員法第 27 條第 1 項規定於裁判員選任程序期日出庭，有相當理由足認將對其自己或第三人之身體、精神或經濟上造成重大不利益者」，亦得辭免擔任裁判員。使已經表明其思想、良心與擔任審判工作間的衝突程度，並經法官檢驗肯認不適於參與審判者，得依上述規定辭免其工作。

就國民參與審判制度有無不當限制國民權利此一爭點，東京高等裁判所於 2010 年 4 月 22 日做成之平 22（う）42 號判決花費了相當的篇幅予以檢討、評釋，甚具有參考價值，茲節錄如下：「上訴人主張，無論參與審判意願之有無，均強迫一般國民參與審判，並課予守密義務及財產上不利益等負擔之裁判員制度，侵害憲法所保障之國民基本人權（憲法 13 條、18 條、19 條、21 條、29 條）。（中略）裁判員制度乃有助於增進國民對於司法之理解、提升國民對於司法之信賴（裁判員法 1 條）等具有重要意義的制度，因此，為了擴大國民參與司法的範圍，同時讓國民的負擔公平化，故依裁判員制度受選任為裁判員者，若不承認有辭退之理由時，即均負有就任裁判員之義務，乃基於具有充分合理性之要求而來。況且，作為義務履行之擔保，亦未採取刑罰或直接性強制措施，而是僅課以秩序罰之罰鍰（同法 112 條），若有不得已之事由時亦允許辭退（同法 16 條。且平成 20 年 1 月 17 日政令第 3 號之 6 號更規定「有相當理由足認產生精神上重大之不利益」為辭退之事由。）且舉凡適用裁判員制度之案件即必須進行公判前整理程序以整理爭點及證據，以期能實現集中的、有計畫性的審理（同法 49 條），出庭之裁判員並應支給旅費、日費（同法 11 條）等，均為謀求減輕國民負擔的措施。體認到裁判員制度的意義之重要性，並考慮到以上各點，雖然使一般國民負有擔任裁判員的義務，但可以評價為此係為了順利實施裁判員制度所必要最小限度的限制，此等制度即不能謂抵觸憲法 13 條、18 條、19 條等規定。」

「其次，從守密義務來看，憲法 21 條所保障之表現自由亦非不得

為了公共之福祉而受到合理且必要而不得已之限制，對於裁判員、備位裁判員及曾任上述職務者課予守密義務乃適正地進行刑事審判所不可或缺，故裁判員法 108 條規定伴隨刑罰之守密義務，亦不能謂抵觸憲法 21 條。」

「再者，從對於裁判員等人所生之財產上負擔來看，財產權本身即有內在之制約，且依憲法 29 條 2 項立法機關為了謀求社會全體之利益，亦得對財產權加上適合於公共福祉之規制，況解釋上法院於立法機關之判斷踰越合理裁量之範圍時，亦得以違背憲法 29 條 2 項為由否定此等規制性立法之效力（最高裁判所大法廷昭和 62 年 4 月 22 日・民集 41 卷 3 號 408 頁參照），上述裁判員制度之目的顯然合致於公共利益，即使有上訴人指摘產生財產上不利益之可能性，但立法機關設置裁判員制度之判斷，尚不能謂踰越合理裁量之範圍。」

承繼東京高等裁判所上述論點，日本最高裁判所 2011 年 11 月 16 日平成 22（あ）1196 號大法廷判決亦認為：「擔任裁判員從事其職務，或擔任裁判員候補者於法院出席（以下併稱為「裁判員等職務」），不可諱言地將對國民造成一定之負擔。但裁判員法第 1 條就制度導入的宗旨，已經舉出讓國民之中選任出來的裁判員與法官一起參與刑事訴訟程序，以資增進國民對於司法的理解並提升其信賴，故可解為此制度乃依循國民主權的理念以求強化司法的國民性基礎。因此，裁判員等職務，乃從國民對於司法權的行使觀點賦予國民與參政權相同的權限，故稱之為『苦役』（譯按：日本憲法第 18 條後段規定：「除因犯罪受處罰之情形外，不得被迫服違反其意願之苦役。」）未必妥適。且裁判員法第 16 條從避免國民負擔過重的觀點，對於可以辭退擔任裁判員者進行類型性的規定，且於同條第 8 款及依該款頒布之政令，是個人的情形，擔任裁判員等職務倘有相當理由足認將造成其獲第三人身體上、精神上或經濟上重大之不利益時，可允許其辭退，而設計了柔軟的辭退相關制度。且亦設計出席的裁判員或裁判員候補者支給旅費、日費等以減輕其負擔等經濟上措施（11 條、29 條 2 項）。考量上述情事，裁判員等職務，顯然

並不該當憲法第 18 條後段所禁止之『苦役』，且亦不足認有侵害裁判員或裁判員候補者之其他基本人權之處。」

捌、結語

19 世紀以來，國民參與審判制度即被視為具有將原本受到專制君主操控的審判（尤其是刑事審判），回歸給一般國民行使的「民主主義」上的意義。而與此同時、同樣本於國民主權、民主主義思潮而制定的現代憲法，自難認為會與國民參與審判制度間產生齟齬衝突。因此，不僅是英美等實施陪審制度的國家，即便是法國、德國等引進參審制度的歐陸國家，亦殊少會認為國民參與刑事審判制度的引進會產生憲法上的爭議，至多僅會認為是憲法政策（應否入憲）或立法政策（應否立法）上的問題。[447]

惟對於欠缺民主主義的思辯、鬥爭歷程，純粹僅是基於富國強兵、抵禦列強的需求而毅然仿效外國典章制度（包括民主憲法）的東亞各國，不論其目的是否是為了增進民主主義，或僅僅是為了突破既有司法制度的侷限性、增加國民對於司法的信賴，一旦打算更進一步地引進國民參與審判制度，就往往會引起習於傳統「菁英司法」的反對者，以違反憲法為由提出質疑，但若對此種批判，逕以「不符民主思潮的過時看法」為由嗤之以鼻，則又忽略了現代憲法同時亦具有「自由主義」上的意義。

自由主義反映在審判上，即法院不應為多數國民一時性的意見或輿論的動向所左右，應該僅受恆定、理性的憲法及法律所拘束，蓋全體國民所託付於司法的，是期望司法能依循法律及良心，超然而公正地進行

---

447 平良木登規男，参審制度導入のいくつかの問題点（下），法曹時報，53 卷 2 号，2001 年 2 月，頁 264。

審判，[448] 而非順從一時的民意而審判。換言之，現代民主法治國家中司法的使命，乃是充作「避免多數意見之壓力使少數人之自由被窒息」的「安全瓣」，「避免國家走向偏差極端」的「調節器」，[449] 故與其說現代民主憲法中司法應該更加民主化，以符合民主主義的思維，不如說司法在符合一定程度的民主需求（例如大法官經總統提名後，仍須經國會同意始能正式任職，又例如法院必須忠實地執行國會通過的法律），以取得其執行職務的正當性之同時，更應擔負起民主多數意見中「自由的守護者」角色。

受過法律專業訓練、富有審判經驗，被認為能夠於個案中體現抽象法律規定，而避免恣意的職業法官，即被假設為最適合擔任起守護者的角色，故即使法官的判決與判決當時國民多數的意見相反，但以較長遠的眼光來看，仍係基於國民的付託，為了實現國民的最大利益而為。

從上述討論可知，我國憲法的相關規定，及因此衍生出的正當法律程序、司法權建制的憲政原理及法定法官原則等概念中，可以得出憲法並未反對讓一般國民參與審判的初步結論；但縱令如此，從上述規定及概念中亦可得知，讓具備獨立性保障、受到中立、公正性等制度性擔保、且具有解釋、適用法律專業能力的職業法官成為審判庭的一員，而非將審判工作逕自完全委諸一般國民，仍然是憲法對於審判制度的基本要求，且職業法官在國民參與審判的合議庭中，更必須有效發揮其被期待的功能──使抽象的法律能在具體個案中被正確地解釋、適用，而非僅止於聊備一格的裝飾角色。透過這樣的觀察，也可以讓吾人對於法官獨立、法官身分保障、訴訟權及正當法律程序等憲法要求，從原本「形式、程序（procedual）」性的理解，更向其背後的「實質（substantive）意涵」深入。

但究竟職業法官在國民參與審判的合議庭中應發揮到何種程度的功

448　平良木登規男，同註 447，頁 265。
449　兼子一、竹下守夫，同註 252，頁 24。

能，則涉及到各國在引進國民參與審判制度的同時，對於職業法官的角色定位，易言之，愈是重視職業法官的角色者，可能會採取愈保守的國民參與審判型態，反之，愈不重視職業法官角色者，愈可能會採取積極的國民參與審判型態。但不論如何，至少吾人可以說，上述憲法第81條職業法官的身分保障、第80條的法官獨立性、第16條的訴訟權、第8、16條推導出來的正當法律程序、乃至第77、80條引伸出來的司法權建制度的憲政原理、甚至法定法官原則等等，均不致於直接宣告「國民參與審判」本身即屬違憲，但國民參與審判之「具體制度」設計時，仍必須符合上述憲法法理要求。[450]

其次，如何讓職業法官在合議庭中發揮其被期待的功能？此有賴於具體的制度設計，舉凡參與審判國民的人數、權限劃定、合議庭評議方式、評決標準的規範等均屬之，但必須注意的是，過度強化（維持）職業法官的決定權，往往也會同步削弱參與審判的一般國民的參與權，若推至極致，則往往與純粹由職業法官審判之情形並無不同，參與審判的國民幾乎等同於法庭參觀旁聽、或成為百無聊賴的裝飾品，則又失去了引進國民參與審判制度的意義，質言之，若將職業法官視為「專業」的代表，則不妨將參與審判的國民視為「常識」的代表，如何在「專業」與「常識」間求取平衡，並讓二者產生完美的「化學變化」，以達成國民審判制度的目的，厥為進行具體制度設計時饒富興味、也必須注意的部分。

再者，讓一般國民參與審判，對於參與審判的國民而言，當然會形成負擔，雖然不能說任何造成國民負擔的義務性規定都是憲法所不允許的，但在賦予義務之際，仍應本於憲法第23條對於國民權利限制時必須遵循的比例原則，詳為擘畫。

綜上所述，即使國民參與審判制度並不當然違反職業法官的身分

---

[450] 陳愛娥，同註361，頁2。

保障、法官獨立性、人民訴訟權保障、正當法律程序、對於國民權利的
合理限制、司法權建制度的憲政原理、甚至法定法官原則，已如前述。
但在詳細制度規劃時，諸如：1. 如何確保參與審判國民的公正性、獨立
性，2. 證據調查等訴訟程序，應該如何以協助國民與法官正確形成心證
的角度重新設計、省思，3. 在國民參與刑事審判制度下，如何確保「法
律的正確解釋、適用」，4. 如何使法官及參與審判的國民均能充分表示
意見、使審判不致流於形式等等，均有賴後述具體制度設計時一併考
量。

　　有鑑於國民參與刑事審判制度的合憲性爭議與憲法界線、合憲的控
制方案之相關論點相當繁雜，為求易於理解、掌握起見，本文茲另以圖
表輔助說明如下：

圖表 10　國民參與刑事審判制度的合憲性爭議與憲法界線

現行憲法條文	合憲性爭議 （違憲論）	爭議的辨正 （合憲論）	憲法界線
憲法沈默	立憲者不希望出現國民參與刑事審判制度	從憲法文義及制憲史觀察，憲法並不當然排斥國民參與刑事審判制度	僅由國民主權原理亦無法使國民參與刑事審判制度當然合憲
憲法第81條 （法官身分保障）	只有具備身分保障之職業法官才能從事審判	身分保障僅針對職業法官而設，並非從事審判者的前提條件	**具備法律專業、受有獨立性保障的職業法官必須是法院的基本構成員，且要能發揮其實質意義，以確保法律之正確適用**
憲法第80條 （法官獨立性）	讓非憲法上意義法官的一般國民參與審判，危害法官獨立性	法官獨立僅係確保公正審判之手段，並非意指法官必須擁有唯一且終局的決定權限，本即可給予限制	
憲法第85條 （公務人員需經考用）	僅有經考試及格者始能參與審判	公務人員並不以考試及格為前提	無
法定法官原則	唯有具備適用法律能力者始能審判	法定法官原則僅要求事先、抽象標準決定審判者	無

現行憲法條文	合憲性爭議 （違憲論）	爭議的辨正 （合憲論）	憲法界線
憲法第8、16條（訴訟權保障與正當法律程序）	讓一般國民參與審判，違反正當法律程序，侵害被告之憲法上訴訟權	**只要具備法律專業、受有獨立性保障的職業法官是法院的基本構成員，且能發揮其實質意義，以確保法律之正確適用，即無違憲之虞**	
憲法第19、20、21條（國民義務）	憲法僅要求一般國民納稅、服兵役、受國民教育，不包括參與審判	國民對於國家之義務並非僅限於納稅、服兵役、受國民教育、只要符合憲法第23條比例原則、法律保留原則，即無違憲之虞	

圖表 11　合憲的控制方案——如何讓具備法律專業、受有獨立性保障的職業法官是法院的基本構成員，且能發揮其實質意義，以確保法律之正確適用

編號	控制方案		舉例
1	不給予參與審判國民直接決定判決結論的權力		無評決權的參審制（如人民觀審制）、韓國陪審制
2	給予被告選擇是否適用國民參與刑事審判制度的權利		韓國陪審制
3	要求參與審判國民的素質		
4	針對部分審判內容，不給予參與審判國民參與決定的權力		日本裁判員制度（法律解釋）、陪審制（量刑部分）
5	讓職業法官擁有決定或影響評議結論的控制力	讓職業法官在合議庭中占有人數優勢	德國地方法院大刑事庭（Große Strafkammer）
		提高評決標準、或要求有罪評決中需有職業法官的贊同意見	德國地方法院大刑事庭（Große Strafkammer）、日本裁判員制度
		給予職業法官說服參與審判國民的機會	參審制
6	在上訴審保留職業法官審查的機會		參審制

第六章

陪審？參審？適合於我國的國民參與刑事審判制度

壹、我國引進國民參與審判制度的歷史 [451]

一、清末沈家本的「大清刑事民事訴訟法草案」

　　清末將歐美陪審制度介紹進入中國的文獻，首推魏源（1794-1857）編纂的《海國圖志》。[452] 1838 年（清道光 18 年）美國基督教牧師布里基曼（Elijah Coleman Bridgeman，1801-1861）在新加坡刊行

---

[451] 除本節所介紹的「大清刑事民事訴訟法草案」、「反革命案件陪審暫行法」之外，尚有康有為草擬的「中華民國憲法草案」（1913 年）、省憲聯治運動期間褚輔成等人草擬的「浙江省憲法草案」、「四川省憲法草案」（1921-1923 年）、憲政實施協進會第 1 次全體會議王雲五提出之「請提前實行陪審制度」案（1943 年）。然此等乃「入憲與否」層次之討論，而非具體之法律案或法律，故本文不擬於本章討論，而另歸併於第六章「國民參與刑事審判制度的合憲性爭議」中介紹。

[452] 晚清學者孫詒讓（1848-1908）所著《周禮政要》（1886）第四卷第 26「獄訟」篇，亦曾在介紹周的「司刺」制度時，提到歐美的陪審制度，而謂：「今考西國刑官鞫獄，亦有是法，其情罪較重，或有疑不易決者，則由官為延聘名公正之十二人作為陪審官，或商或民，皆可充選，示期集訊。陪訊官與司刑官同鞫其獄辭，既退，則相與推勘證佐，斟酌情罪，以定其獄，陪訊官曰殺則殺之，曰宥亦即宥之，司刑者不敢違，被刑者亦不得再請讞，此例始於英，而今東西洋各國咸用之，即周三訊與群臣群吏萬民公定刑宥之意也。」孫氏並對陪審制度深表肯定，但提議引進的制度卻又不像是正統的陪審制，而謂：「至於訊鞫之法，中國內則刑部、外則按察使，與郡縣有司主之，他人不得與，是非曲直決於一人之口，故玩法受賄者，得以恣行其私，亦不如西例所設陪審官之公允。<u>似可於各議院及律學學堂中公舉議員或教習數人，令人陪訊，倘典獄有舛誤偏私，得以據律辯駁，以成信讞</u>，於明罰敕法之恉，倘有合乎。」

了介紹美國之書籍——《美理哥合省國志略》，時任兩廣總督之林則徐（1785-1850）命部下將之翻譯為中文，繼由魏源編入《海國圖志》，於 1842 年（清道光 24 年）出版，並於 1852 年（清咸豐 2 年）增補至一百卷，在《海國圖志・卷五十九》——「外大西洋・彌利堅總記・上」內，簡略地提到了美國的陪審制度：「人犯既齊，察院兼擇本地衿耆以助審，衿耆少則十二人，多則二十四人，除本犯之親友兄弟外，即先知有此事者，亦不能預，既審後，出而會議，遂定曲直，眾衿耆將情由寫明，送呈察院而退，察院觀其是非，照例定罪。」[453] 藉由魏源的《海國圖志》，陪審制度不僅為中國所知悉，就連近鄰日本也出現了譯本，與福澤諭吉（1835-1901）所著《西洋事情》（1866），同為日本仿效西洋典章制度的重要參考。

　　在清末法律近代化的過程中，時任修訂法律大臣的沈家本（1840-1913）也甚為讚賞歐美的陪審制度，認為其代表了人類文明進化的方向，在與伍廷芳等具名的「修訂法律大臣沈家本等奏進呈訴訟法擬請先行試辦折」奏摺中，沈家本更將陪審制度與律師制度並列，強烈建議光緒皇帝立即採行仿效。沈氏認為清朝應該引進陪審制度的原因有三：[454]

　　（一）陪審制與中國古法相近：《周禮・秋官》中「司刺」（協助司寇審理案件之官員）掌三刺之法（三種訊問審判之方法），其中第三種即為「訊萬民」，「以此三法者求民情、斷民中，而施上服下服之罪，

453　筆者試譯白話文如下：「被告到案後，法院另外選出本地的父老以協助審判，父老少則 12 人，多則 24 人，除了該案被告的親友兄弟之外，凡事先知悉該案內情之人，亦不能參與審判，審判完畢後，父老們出法庭後進行會議，做出有罪無罪之結論，並將結論書寫為文字，送交法院後退庭，法院則審酌該結論是否可採，並依法量刑。」

454　尤志安，清末刑事司法改革研究——以中國刑事訴訟制度近代化為視角，2004 年8 月，頁 87。

然後刑殺。」[455] 此與孟子「國人殺之」[456] 之旨相吻合，故陪審制實與中國古法相近。

（二）陪審制有助於查明案件真相：沈家本認為國家設置刑法，即在保護善良民眾、懲儆兇頑之徒，但社會事實複雜、乖張、虛幻，僅憑司法官一人，知識有限，不容易全部知悉瞭解，宜仰賴眾人為之聽聞查明，讓真偽易於明瞭。

（三）陪審制可以防止枉法裁判：若有不肖之司法人員受賄枉法、包庇寬縱、依情緒判斷或構詞誣陷，亦宜由陪審制度糾察其是非，以期使裁判均秉持公理，量刑之輕重均符合輿評，而無冤枉寬縱之虞。

1906 年（清光緒 32 年）沈家本起草完成「大清刑事民事訴訟法」（草案），在這個中國歷史上第一個近代化訴訟法典，[457] 全文 260 條中，沈家本於其中第 208 條至第 234 條，共用了 27 個條文、超過 10 分之 1 的比例規範陪審制度。

大清刑事民事訴訟法草案的陪審制度，同時適用於刑事訴訟與民事訴訟。該草案第 208 條即開宗明義地說明陪審制度的功能：「凡陪審員，有助公堂（法院）秉公行法，於刑事使無屈抑，於民事使審判公直之責任。」著重於陪審制度有助於事實認定正確性的意義，以下茲以條列方式簡略說明該草案之規定內容：[458]

455　原文為：「司刺掌三刺三宥三赦之法，以贊司寇聽獄訟，壹刺曰：訊群臣，再刺曰：訊群吏，三刺曰：訊萬民；壹宥曰：不識，再宥曰：過失，三宥曰：遺忘；壹赦曰：幼弱，再赦曰：老旄，三赦曰：惷愚。以此三法者求民情、斷民中，而施上服下服之罪，然後刑殺。」

456　語出《孟子‧梁惠王章句下》，原文為「左右皆曰可殺，勿聽；諸大夫皆曰可殺，勿聽；國人皆曰可殺，然後察之，見可殺焉，然後殺之。故曰國人殺之也。如此，然後可以為民父母。」

457　大清刑事民事訴訟法僅止於草案階段，並未施行，故以正式法律的角度來看，中國第一個近代化訴訟法，為 1909 年（清宣統元年）7 月公布施行的「各級審判廳試辦章程」，但該法並無國民參與審判之相關規定。

458　尤志安，同註 454，頁 84-87。

（一）陪審制度適用之案件：刑事部分，為監禁 6 個月以上，罰金 500 元以上，徒流以上等罪者；民事部分，為訴訟金額 300 元以上者。（第 209 條）

（二）經聲請後始適用陪審制度：上開案件之原告或被告，於審理前得聲請適用陪審制度，法院應依聲請適用陪審制度。（同上）

（三）陪審員資格：（1）積極資格：年齡在 21 歲以上 65 歲以下之男性退休官員、商人、教習學堂畢業者、地主及房主等人，得充任陪審員；（2）消極資格：領取薪俸之現任官員、法院人員、在該法院管轄區域內執業之律師、醫師、藥商、殘障人士、有監禁以上犯罪前科、聲名惡劣者，不得充任陪審員。（第 213 條 - 第 214 條）

（四）選任陪審員之方式：法院承審官與當地警察官一人或數人會同，自法院管轄區域內符合上述積極資格且無消極資格之人員中選任陪審員，並造具清冊，以張貼告示於公署前之方式公布，且每年正月應更正一次。（第 210 條 - 第 211 條）有案件應適用陪審制度時，自上開清冊中選出 40 名陪審員候選人，但民事案件金額在 1,000 元以下者，則自上開清冊中選出 30 名陪審員候選人，法院於審理庭期前 2 日通知上開陪審員候選人到庭，不到庭或未經許可擅自退庭者，得處以 100 元以下之罰金。

（五）陪審團之組成：書記官自上開陪審員候選人中，以抽籤方式抽出陪審員，原則上抽出 12 人，但民事訴訟標的 1,000 元以下案件僅抽出 6 人，若兩造對於上開抽選出之陪審員無異議，即組成陪審團（第 217 條 - 第 218 條）。不符合前述陪審員資格、與當事人有親屬關係、對案件或當事人已有成見者，均為當事人異議（拒卻）陪審員候選人之法定原因（第 219 條）。日後審理期間，陪審員有缺額者，則由旁聽審判之人中選擇合格者充任之，當事人對此不得異議（第 222 條）。

（六）**陪審審判之進行方式**：陪審員經宣誓[459]後，坐於承審官旁，並得隨時請承審官代為訊問證人（第 224 條）。兩造證詞及律師訴辯均已聽完後，承審法官應就該案所有證據向陪審員再度複述一遍，並加以評論，若有法律問題，承審法官更應逐一詳加解釋，期使陪審員其後之評決與法律相符（第 225 條）。

（七）**陪審團之評議**：審理完畢後，陪審團退庭至另室評議，做出有罪或無罪之決議，並由陪審團代表人宣布結果，若原告證據不足、被告所犯情節間有疑義，則須覆曰無罪。一般案件，不論民刑事，僅需多數決，但重大刑事案件死罪者，則需全體陪審員一致，若經時已久，陪審團確無法形成評決，承審官得解散陪審團，另外組成陪審團。陪審團評決結果若為有罪，即由承審法官依法判刑，若為無罪，則應當場釋放被告。（第 226 條至第 231 條）

（八）**陪審員之監管**：陪審員自到庭起至宣布評決結果止，除法院許可外，均不得與他人交談、傳遞訊息及物件；即令外出飲食或辦事，亦需由法院人員跟隨監察；若案件於一日內無法審結，即需令陪審員集中居住，並派員監視，不得與他人交談、傳遞訊息或談論本案（第 232 條至第 233 條）。

沈家本提出大清刑事民事訴訟法草案後，遭到各省督撫的抵制，終因阻力重重而未能施行，及至清朝覆亡，未再有實行陪審制度之議。

二、民國初年的「反革命案件陪審暫行法」──黨員陪審

1928 年國民政府完成北伐，全國完成形式上的統一，國民政府遂依據國父孫文的「建國大綱」，正式宣布進入訓政時期。依據孫文「建國大綱」的理想，「訓政」是正式進入「憲政」的過渡階段，基本上仍

---

459 誓詞為「一秉公正，並無偏倚畏累及徇私等情。」（大清刑事民事訴訟法草案第
223 條）

由執政的中國國民黨進行「以黨治國」，由國民政府派訓練有素的人員到各縣協助人民籌備自治，實現民選，興辦實業。

　　但必須留意的是，中國共產黨在形式上統一的中國，仍然盤據江西等部分地區，成為國民政府的心腹之患。1928 年 2 月 4 日，浙江省戒嚴司令向國民政府請示有關「背叛主義、陰謀不軌、擾亂治安」等「反革命案件」，應依何法判決？可否援用革命軍刑事條例第 4、5 條處置？國民政府為因應浙江省戒嚴司令之請示，遂於同年 3 月 2 日由司法院制訂「暫行反革命治罪法」，全文共 13 條，其中第 2 條至第 7 條規定反革命罪之種類，計有：

（一）意圖顛覆中國國民黨及國民政府或破壞三民主義而起暴動
　　　者。（第 2 條）

（二）意圖顛覆中國國民黨及國民政府或破壞三民主義而與外國締
　　　結損失國家主權利益或土地之協定者。（第 3 條）

（三）利用外資或外力勾結軍隊而圖破壞國民革命者。（第 4 條）

（四）凡以反革命為目的，而有破壞交通、刺探軍情、販賣軍品等
　　　行為者。（第 5 條）

（五）宣傳與三民主義不相容之主義及不利於國民革命之主張者。
　　　（第 6 條）

（六）凡以反革命為目的，組織團體或集會者。（第 7 條）

　　凡有上述行為者，不論行為階段為預備、陰謀或未遂犯均予處罰，且不論係在中華民國境內或境外犯反革命罪者，均應處罰。[460]

　　從上述條文所定義之反革命罪，顯見國民政府打算以法律手段反制其政敵——中國共產黨，但應如何進行反革命案件之審判呢？在此之前，中國共產黨已經於其勢力範圍內開始進行人民陪審，例如 1925

---

460 劉恆妏，革命／反革命——南京國民政府時期國民黨的法律論述，載於王鵬翔編，2008 法律思想與社會變遷‧中央研究院法律學研究所籌備處專書（7），2008 年 12 月，頁 272-273。

年，省港罷工委員會除了領導罷工工人組成「會審處」（初審機關，由承審員與陪審員組成合議庭），更選派三名陪審員參加上訴審級的「特別法庭」，以審判破壞罷工的工賊反革命案件；此外，在農民運動中建立的「省、縣審判土豪劣紳特別法庭」，亦均由農民協會、工會及其他群眾團體選派代表，共同組成「審判委員會」；1927 年 3 月上海工人三次武裝暴動中亦制定「上海特別市臨時市政府政綱草案」，規定法院應實行陪審制度，由各界派代表參加陪審；另軍事裁判所的陪審員亦由士兵選舉產生。[461]

中國共產黨在上述地方工農運動的特別法庭中實行人民陪審制度，將群眾路線運用到司法審判中，相當受到人民的擁護，或許是基於政黨競爭的因素，國民政府針對反革命案件之審理，也決定採行陪審制度。[462]

中國國民黨中央政治會議通過中央執行委員會委員王寵惠（1881-1958）等人審議交付的「審理共黨案件救濟辦法」，包含：（1）高級黨部聲明不服，檢察官接到聲請書後，當然提起上訴；（2）試行簡單陪審制度。關於「試行簡單陪審制度」部分，配合前述「暫行反革命治罪法」之施行，由王寵惠等人擬具「反革命案件陪審暫行法」草案 28 條，經立法院於 1929 年 7 月 27 日修正通過，並由國民政府於 1929 年 8 月 17 日公布，該法嗣於同年 12 月 31 日經國民政府修正公布，繼於 1931 年廢止，施行期間僅有 2 年。

「反革命案件陪審暫行法」規定之陪審制度，約有以下內容：

（一）適用之案件類型： 前述暫行反革命治罪法所規定之反革命罪；但限於案件由各地最高級黨部以事實問題聲請檢察官上訴第二審即

461　丁愛萍，人民陪審員制度的立法現狀及其存在的問題，參見人民網，http://www.people.com.cn/BIG5/14576/28320/32776/32778/2421362.html，最後拜訪日期：2010 年 1 月 5 日。

462　劉恆妏，同註 460，頁 268。

最高法院後,最高法院發回或發交原審,並經各地最高級黨部聲請者。但應為免訴、不受理或管轄錯誤者,不在此限。(第 1 條至第 3 條、第 25 條、另參照最高法院 20 年非字第 177 號判例 [463])

(二)陪審員之資格:積極資格為「居住各該高等法院或分院所在地之中國國民黨黨員,年齡在 25 歲以上者」,消極資格包括「現任政務官、現役陸海空軍人、該管法院職員、不識文義者。」另陪審員為「被害人、告發人、附帶民事訴訟當事人、曾為被告或告發人之入黨介紹人、被告之辯護人或代理人、現為被告或被害人之親屬或曾為親屬、未婚配偶、法定代理人、監護人、保佐人、曾為證人或鑑定人、曾行使審判檢察或司法警察職權者」,應行迴避。(第 5 條至第 6 條)

(三)陪審員之選任:各地最高級黨部應每年造具該地有陪審員資格者之姓名年籍資料表冊,並送交各該法院,由法院依此編製候選陪審員名冊,並以 24 人為 1 組,登報公告並供人閱覽。有應付陪審之案件,審判長即自候選陪審員名冊中於開庭時以抽籤方式抽出 1 組,再於該組中抽出 12 人,以前 6 人為陪審員,其餘依次為候補陪審員。陪審員應於法院指定期日到庭,若無正當理由不執行職務,得處 100 元以下罰鍰,或 3 日以下拘留。審判長於陪審員到庭後,應確認選出之陪審員有無迴避事由,若陪審員不到庭或經迴避者,由候補陪審員依次遞補。(第 7 條至第 13 條)

(四)陪審團之審判:陪審員 6 名應全程在庭,原則上候補陪審員無須在庭,但案件需開庭 2 日以上者,審判長得命 2 名候補陪審員在庭。陪審員於審判期間有不明瞭之事實得聲請審判長訊明。(第 15、17

---

463 最高法院 20 年非字第 177 號判例謂:「反革命案件得付陪審評議者,依反革命案件陪審暫行法第三條規定,以上訴理由基於事實問題,經上訴審發回或發交更審時,因黨部之聲請者為限。本案被告既非經上訴審發回或發交更審,亦未經黨部之聲請,按之上開法條,自無適用陪審制之餘地,乃原審法院遽付陪審評議,其訴訟程序自屬違法。」該判例已經最高法院 92 年度第 2 次刑事庭會議決議不再援用。

條）

（五）辯論終結後，審判長對於陪審團之提示：審判長應於辯論終結後向陪審團提示關於犯罪構成上之法律論點，以及有關係之事實及證據，但審判長不得就關於證據之可信與否、犯罪之有無表示意見。（第18條）

（六）陪審團之評議：評議後應就審判長「有無構成犯罪之事實」之詢問，由陪審員中之評議主席以書面當庭答覆，答覆限於「有罪、無罪、犯罪嫌疑不能證明」三種，以過半數以上之意見為評決，但有罪無罪意見各半時，則應為犯罪嫌疑不能證明之答覆。評議期間陪審員不得中途退出或與他人通訊，且事後亦不得洩漏評議之始末。（第16、18、19、21、22條）

（七）陪審團評決之拘束力：法院原則上應依陪審團之答覆而為判決，若因犯罪嫌疑不能證明之答覆而為無罪判決者，應命具保或命警察單位監視2年；例外於法院認為陪審團之答覆與公判庭中提出之證據顯不相符者，審判長得以裁定將案件移付其他陪審團，並更新審判程序，但不得逕為與陪審團答覆相左之判決。（第23條至第24條，另參照最高法院22年上字第3375號、21年上字第1991號判例）[464]

---

[464] 最高法院22年上字第3375號判例謂：「反革命案件陪審團之答覆，除有反革命案件陪審暫行法第十三條（應為「第二十三條」之漏載）情形外，法院應本其答覆，依通常程序而為判決，同法第二十四條前段規定極明，本件經原法院於更審時，付陪審團評議，據其答覆內稱，本陪審員等評議結果，認為犯罪嫌疑不能確實證明云云，是陪審團已為被告犯罪嫌疑不能證明之答覆，法院即應諭知無罪之判決，縱令認為答覆與提出公判庭之證據不符，亦祇能由審判長依法以裁定將原案移付他陪審團，更新審判程序，尚難遽為有罪之判決，乃原法院率予論罪科刑，於法顯有未合。」同院21年上字第1991號判例謂：「適用陪審制之案件，陪審團原有判斷事實之職權，故陪審團之答覆，除與提出公判庭之證據，顯不相符者，得移付他陪審團更新審判程序外，法院所為之判決，應本其答覆之結果，以為認定事實之基礎，此觀於反革命案件陪審暫行法第十三條及第十四條（應為「第二十三條及第二十四條」之漏載）之規定，自可了然。」以上2個判例均經最高法院92年度第2次刑事庭會議決議不再援用。

（八）**對於經陪審審判判決之上訴**：限於陪審團之組織不合法、應行迴避之陪審員參加陪審評議、審判長之提示違背法令等「法律問題」，始得提起上訴。（第26條）故依「反革命案件陪審暫行法」進行陪審審判之案件，原則上即不得以事實誤認或量刑不當為由提起上訴。

從上述規定內容可以看出，「反革命案件陪審暫行法」是針對反革命罪進行的陪審制度，且係由「中國國民黨黨員」擔任陪審員、由「各地最高級黨部」發動陪審審判，故應認屬於一種針對政治性犯罪的「黨員陪審」，其中固然不乏「介入司法審判以確保黨益」之法律外目的存在，但「反革命案件陪審暫行法」之其他規定，與英美陪審制度乃至日本大正陪審法之規定頗為相似，故仍然可以視為我國引進國民參與刑事審判制度的重要里程碑。

三、中華民國在台灣——一連串的立法嘗試

從 1931 年「反革命案件陪審暫行法」廢止之後，國民參與刑事審判制度的立法動作，乃至討論倡議，在中華民國幾乎銷聲匿跡，[465] 蓋從

---

[465] 反觀對岸的中華人民共和國（中國大陸），其於 1954 年制定之憲法第 75 條中明定：「人民法院審判案件依照法律實行人民陪審員制度。」並藉由同年頒布的「中華人民共和國人民法院組織法」、1956 年司法部頒布的「關於人民陪審員名額、任期、產生辦法之指示」、1963 年最高人民法院頒布的「關於結合基層普選選舉人民陪審員的通知」等規定，建立了「人民陪審員制度」（實為參審制），但此制度受到文化大革命等政治運動波及，成為一個名存實亡的制度，1975 年、1982 年中共兩次修憲，將有關人民陪審員之規定刪除，1983 年再修正「中華人民共和國人民法院組織法」，容許純由法官（審判員）組成合議或獨任制法院，更讓人民陪審員制度瀕臨消失，直到 2004 年，中共第 10 屆全國人民代表大會常務委員會通過「關於完善人民陪審員制度的決定」20 條，又重新開始積極運用人民陪審員制度，但制度本身仍有諸多不完備之處，且仍有存廢之爭，因非本文所欲探討的制度，故不予詳述，關於中共的人民陪審員制度，可參見周儀婷，參審制度之研究，國防大學管理學院法律學研究所碩士論文，2009 年 6 月，頁 79 以下；王天宇，陪審制度之研究——兼論我國軍事審判參審之立法及配套，國防大學管理學院法律學研究所碩士論文，2009 年 6 月，頁 60 以下；施鵬鵬，陪審制研究，1版，2008 年 7 月，頁 193 以下。

1931 年之後，中國先後經歷了對日抗戰、國共內戰，1949 年退守臺灣的國民政府，則以「動員戡亂」為由，拒絕不符合此一目的的改革或提議，故國民參與刑事審判制度也逐漸乏人問津。

（一）歷史上的偶然——軍官參審制（1956-1999）

在 1931 年以後，迄至解除戒嚴（1987）為止的 50 餘年期間，唯一值得一提的，乃是 1956 年至 1999 年間，曾經施行於我國軍事審判制度中的「軍官參審制」。

我國軍事審判法自 1956 年施行起至 1999 年修正為止，採行了「軍官參審制」，依據修正前軍事審判法第 13 條第 3 項規定：「本法稱審判官者，謂軍事審判官及軍官參與審判者。」亦即縱然無軍事審判法所定「軍法官」身分、且未任職於軍事審判機關擔任「軍事審判官」職務，但只要具備軍官身分，即得參與軍事審判之初審審判以及覆判庭之提審或蒞審（言詞審理）（修正前軍事審判法第 199 條第 1 項規定，覆審案件以書面審理為原則，覆判庭於書面審理時，以及非常審判庭，依修正前同法第 37 條本文規定，其審判官以軍事審判官任之）。關於有非軍法官參與的軍事審判法庭之組成，修正前同法第 34 條規定：「合議審判庭審理現役軍人犯陸海空軍刑法或其特別法之罪者，其審判官以軍事審判官及軍官充任之，除審判長外，軍官之人數不得超過二分之一。前項規定參與審判之軍官，對於被告犯罪事實涉及專門技術之案件，應具有該項技術之專長。」第 32 條第 1 項規定：「合議審判之軍事法庭，以階高、資深者為審判長。由軍官充任之審判長，其階級不得低於被告。」換言之，若審判長由參審軍官而非軍法官任之時，參審軍官之人數可能超過合議審判庭的二分之一，而審判案件若無涉專門技術時，參審軍官之資格即無任何限制。而關於有非軍法官參與的軍事審判法庭之評議方式，依修正前軍事審判法第 132 條規定，乃以「過半數之意見決定

之。」但「由軍官（非軍法官）先發言。」

　　考此一制度，係立於軍事審判權係統帥權的具體運用，[466] 而非司法權之一部分來立論，1997 年 10 月 3 日，司法院大法官作出釋字第 436號解釋，改採國家刑罰權之概念以詮釋軍事審判權，要求行使軍事審判權時應符合正當法律程序、司法權建制之憲政原理及比例原則，並基此宣告軍事審判法之相關上訴救濟制度違憲，該解釋並進而闡示：「為貫徹審判獨立原則，關於軍事審判之審檢分立、參與審判軍官之選任標準及軍法官之身分保障等事項，亦應一併檢討改進，併此指明。」明確要求一併檢討軍官參審制，但並未直指讓非軍法官之一般軍官參與審判為違憲。1999 年，行政院與司法院因應釋字第 436 號解釋之要求，會銜提出之軍事審判法修正草案中，仍保留軍官參審制，並修正為涉及軍事專業或技術者，得由具備該項專長之軍官參審，近似於一種專家參審制度，但因立法院反對並將相關草案規定刪除，終致我國的軍官參審制於施行 43 年後，於 1999 年正式廢止。

　　修正前軍事審判法採行之軍官參審制，雖然是立於軍事審判權為統帥權之具體運用而建構，而屬於一種「階級參審」，但從另一個角度來看，由於合議庭中有「非法官之人」參與，與法官一同評議、表決，故亦可視為「參審制度」之法制先驅。而大法官釋字第 436 號解釋對於軍官參審制的態度，更有助於吾人探討參審制度的合憲性問題，故軍官參審制，看似我國國民參與審判制度史上不純正的偶然，但仍有其重要的意義。

（二）刑事參審試行條例草案（1989-1998）

　　1987 年 3 月，司法院院長黃少谷（1901-1996）主持的司法院院會

---

466 陳健民、呂啟元，軍官參審制度之研究，財團法人國家政策研究基金會國政研究報告，2002 年 8 月 12 日，網址：http://old.npf.org.tw/PUBLICATION/CL/091/CL-R-091-038.htm，最後拜訪日期：2012 年 10 月 8 日。

首長會議中，曾經討論參審或陪審之問題，多數意見認為「囿於國情，不宜陪審」，但決議建議派員考察參審制度，並蒐集資料。本於上開決議，司法院遂派員至德國、丹麥、奧地利、瑞士、法國、英國、荷蘭等歐洲各國考察各該國家之參審、陪審制度。1988 年 11 月，新任司法院長林洋港（1927-）主持之司法院 77 年司法會議第 2 次大會，因赴歐考察的司法院官員對於採行參審制度採取審慎贊同之態度，學者亦多有樂見此制度之出現者，該大會遂議決：「審判制度之革新，除應採擷外國法制精神外，尚應配合國情及地理環境始能期其可行。參審制度在歐陸行之有年，該制之濫觴，有其歷史背景與地理環境，在我國尚不宜全面採行，似可採擷該制度之精神，斟酌我國現況，研擬參審制度試行條例，就某種訴訟種類先行試辦，並就其人選、權限等詳加規定，完成立法程序後予以試辦，庶期參審制之採行，有其利而無弊。」[467]

司法院本於上開決議，組成「司法院參審試行條例研究委員會」，進行法案草擬工作，並以翁岳生（1932-，時任大法官、後於 1999 年接任司法院長）為主席兼召集人，並任學者專家多人為委員，自 1989 年 1 月 13 日起至 1994 年 2 月 4 日止，5 年間歷經 26 次會議討論，於 1994 年 3 月間完成「刑事參審試行條例草案決議條文」共 50 條，制度精神近似於德國之參審制，其主要內容如下：[468]

（1）就重大刑事案件或涉及專業知識之刑事案件試行參審制度。

（2）需經被告聲請始進行參審審判。

（3）高等法院管轄之第一審或第二審案件，地方法院管轄之第一審案件均得受指定試行參審審判。

（4）參審員除應年滿 30 歲外，尚應具備高中以上學歷或經國家考試及格，且就少年重大案件及專業案件，更須具備相關專業知識、經驗或技能，經地方法院或高等法院設置之參審員遴

467　司法院編，司法院參審試行條例研究資料彙編（一），1992 年 6 月，頁 63。

468　司法院編，司法院參審試行條例研究資料彙編（二），1994 年 6 月，頁 401-415。

選委員會遴聘產生。

（5）原則上由參審員 3 名與職業法官 2 名組成合議庭，但少年重大案件由參審員 2 名與職業法官 1 名組成合議庭。

（6）參審員之任期為 3 年。

（7）參審員應於出庭審判前閱覽參審案件之相關卷證。

（8）參審員與職業法官與評議時有同等之權力，評議以過半數之意見決之。

（9）對於參審法庭之裁判，除有適用法令錯誤或訴訟程序違背法令致影響於判決之情形外，不得上訴。

（10）對於高等法院、地方法院管轄之第一審參審審判案件不服者，需向最高法院上訴，對於高等法院管轄之第二審參審審判案件不服者，需經最高法院許可上訴。

司法院繼於 1994 年 5 月 7 日，將「刑事參審試行條例草案」全文及說明共 50 條，以（83）院台廳刑一字第 08556 號函送行政院，請行政院表示意見。

行政院於 1994 年 9 月 24 日，以臺 83 法字第 36352 號函回覆司法院，對於刑事參審試行條例草案有許多不同意見，司法院刑事廳即於 1994 年 10 月 28 日研擬「參審制在我國施行可能產生之利弊分析報告」，於 1994 年 11 月 10 日於「司法院第二次主管會報會議」中進行討論，會中主席即司法院長施啟揚（1935-）裁示「刑事參審制度，請本院刑事參審試行條例研究委員會繼續研究」，其後該委員會雖於 1995 年 2 月 14 日、1996 年 1 月 12 日、1997 年 6 月 27 日、1998 年 6 月 30 日，以 1 年至 1 年半才開會 1 次的緩慢進度，召開第 27 次至第 30 次會議，惟因合憲性爭議仍無法達成共識，故 1998 年 6 月 30 日之第 30 次會議，即決議「參審制必須建立於合憲之基礎上，在合憲性爭議之前提未解決前，本草案先暫緩討論。」刑事參審試行條例草案之研擬，至此宣告完全終止。故行政院之上述回函，對於刑事參審試行條例草案實有致命性的殺傷力。

　　分析行政院回函中，就刑事參審試行條例草案之不同意見，主要乃對於參審制的合憲性、可行性有所質疑，約有以下幾點：

（1）違憲疑慮：參審員並非憲法上之法官，如全程參與審判及評議，將有違反憲法第80條：「法官須超出黨派以外，依據法律獨立審判，不受任何干涉。」規定之虞。又強制被遴選者有履行參審之義務，與憲法保障人民自由與權利之精神似非相符。

（2）無助於提升司法之公信力：參審員參與審判，其民主性較高，但未必更公正，司法公信力仍有賴司法本身之革新。

（3）耗費大量行政資源、人力：從參審員之推薦、造冊、遴選、編定名冊以至抽籤決定參審員，耗費行政資源、人力甚鉅。

（4）參審員之素質參差，未必能妥適認事用法：參審員僅需高中程度，又未經歷司法官之養成及培訓，未必能妥適認事用法。

（5）與國情不合：我國傳統文化重群體輕個體，人際關係之親疏可以影響事理的曲直，此於參審制之試行為一無形的不利因素，例如被告人際關係活絡，人脈充沛，則不免因其背景而影響於審判之結果，極易發生不公平現象。

（三）專家參審試行條例草案（1999-2006）

　　1999年7月6日至同年月8日召開之全國司法改革會議，對於我國訴訟程序的改革，實有劃時代的意義，而有關如何讓人民參與司法審判，達成「司法為民」之理念，也再度成為該次會議的焦點之一。於籌備委員會階段（1999年4月23日至同年6月28日），包括法務部及民間團體即以「為避免職業法官之審判可能拘泥於法條上之認知，對社會之法律情感體認不足，應就具有專業性、特殊性之案件類型，引進國民參審制度，以提升國民對司法之信賴」為由，提案研採建立人民參與司法審判之制度，具體方案則為針對少年案件、家事案件、勞工案件、智慧財產權案件、醫療糾紛案件及重大刑事案件引進國民參審制度，參審

員對於事實認定及量刑輕重皆與職業法官有平等之表決權，至於引進參審制度可能涉及違憲與否之爭議，如有必要修憲，即應進行修憲。[469]

上開提案經全國司法改革會議第一組第四次分組會議討論後，結論為：「為因應社會價值觀之多元化，增進職業法官法律外之專業知識，並提升國民對司法裁判之信服度，應規劃如何立法試行酌採專家參審制，處理特定類型案件（如少年案件、家事事件、勞工案件、智慧財產權案件、醫療糾紛案件、行政爭訟案件及重大刑事案件等類案件）。其中就家事事件部分，應儘速制訂家事審判法，並研究設立家事法院、勞工法院或促使此類法庭法院化。」並經全國司法改革會議 1999 年 7 月 8 日之第一次全體會議無異議通過，成為全國司法改革會議之決議。[470] 值得注意的是，原本籌備委員會提案的是適用於重大刑事案件的「國民參審制」，但全國司法改革會議決議的，卻轉向為「專家參審制」，這或許是因為該制度的基本理念究竟為何都還未釐清解明，就急著要推動制度，所因而產生的失誤吧。

司法院根據上開決議，先於 1999 年 5 月 2 日頒行「專家參與審判諮詢試行要點（後於 2003 年 7 月 7 日修正部分條文，並更名為「專家諮詢要點」）」，就地方法院或少年法院受理之醫療、營建工程、智慧財產及科技、環境保護及公害、證券金融、海事、勞工、家事、性侵害、交通、少年刑事等第一審案件，經當事人合意或依職權，行專家參與審判諮詢，亦即由參與審判諮詢之專家於審判時提出專業意見供法院參考，但不參與事實認定及法律判斷。

司法院嗣並派員至丹麥、德國考察該二國之海事、商事法院之專家參審制度，並組成「專家參審試行條例研究制定委員會」，由時任大法官之孫森焱、林永謀（林氏自 2003 年 11 月 6 日第 29 次會議起接任）

---

469 司法院編，全國司法改革會議實錄（上輯），1999 年 11 月，頁 484。
470 司法院編，全國司法改革會議實錄（下輯），1999 年 11 月，頁 949-965、1403-1404、1527、1652-1653。

先後擔任召集人，由學者專家多人擔任委員，自 2000 年 6 月 29 日至 2005 年 8 月 25 日止，5 年歷經 40 次會議討論，於 2006 年 7 月 24 日完成「專家參審試行條例草案」共 45 條，[471] 其精神近似於德國之專家參審制，專家參審試行條例草案主要內容如下：

（1）就特定需法律外專業知識、技能之民事、刑事、行政訴訟案件，試行專家參審制度。

（2）民事事件若第一審未行專家參審者，第二審得行專家參審審判，但刑事案件、行政訴訟案件均以第一審為限。

（3）需經民事事件、行政訴訟事件之當事人、刑事案件之被告聲請，始進行專家參審審判。

（4）參審官除應年滿 30 歲外，尚應具備相關領域之專門知識或技能，並於該特殊領域服務 3 年以上。經司法院設置之參審官遴選委員會遴聘產生。

（5）由參審員 2 名與職業法官 3 名組成合議庭。

（6）參審官之任期為 4 年，得連任。

（7）參審官應於參與審判前閱覽參審事件之卷證。

（8）參審員與職業法官與評議時有同等之權力。

（9）對於參審法庭之裁判，民事事件之當事人、刑事案件之被告（聲請人）均不得向第二審法院提起上訴或抗告，但民事事件之當事人得向最高法院提起上訴或抗告，刑事案件之被告，限於有適用法令錯誤或訴訟程序違背法令致影響於判決之情形者，得向最高法院提起上訴或抗告。行政訴訟案件之當事人得向最高行政法院上訴或抗告。

　　2006 年 8 月 21 日，司法院將甫完成的「專家參審試行條例草案」總說明及條文對照表，以院台廳民一字第 0950018850 號函送行政院，

---

471 司法院編，司法院專家參審試行條例研究資料彙編（二），2004 年 12 月，頁 839-879。

請行政院會銜送立法院審議。

惟行政院嗣於 2007 年 1 月 10，以院臺法字第 0960080213 號函函覆司法院，略以：「本案本院各相關機關仍有不同意見，為獲致最大共識，俾使專家參審制度更臻完備，爰彙整各機關意見，請貴院再行審酌研參。」而未同意逕自會銜。司法院收到此函之後，亦認為有繼續評估、消除爭議之必要性，全案遂未完成立法，相關立法作業至此宣告終止。故行政院之上述回函，對於專家參審試行條例草案，亦有致命性的殺傷力。

分析行政院就上述專家參審試行條例草案之不同意見，主要係對於此制度的合憲性、可行性有所質疑，約有以下幾點：

(1) 違憲疑慮：參審官並非職業法官，並無終身職之保障，試行參審官行使審判權之制度，在現行憲法下似有不妥。

(2) 參審官不受詰問，其專業意見於法庭內獨優，對其他專業意見並不公平：專業意見如以鑑定之方式呈現於法庭，日後仍可透過詰問，使不同的專業意見互相競爭、辯論，供法院判斷參考，參審官不受詰問，其專業意見於法庭內獨優，對其他專業意見並不公平且易導致專業人員不再願意接受鑑定工作。亦與智慧財產法院組織法中技術審查官之立法意旨衝突。

(3) 對參審官適用法律能力之質疑：參審官行使審判權時，與法官有相同權責，並非侷限於事實判斷而擴及法律適用，參審官若未先接受審判實務訓練之相關規定，人民恐對參審官之審判能力有所質疑。

（四）國民參審試行條例草案（2006-2007）

對於曾經主持刑事參審試行條例草案草擬工作的司法院長翁岳生而言，上述國民參與審判制度立法嘗試的失敗，並未改變其引進此等制度之決心，故又指示所屬之司法院刑事廳，重新參考前開刑事參審試行條例之精神，研擬國民參審試行條例草案。值得注意的是，此一草案與前

述刑事參審試行條例草案、專家參審試行條例草案不同，並未邀請學者
專家組成委員會（如參審試行條例研究委員會、專家參審試行條例草案
研究制定委員會），而是由幕僚單位自 2006 年 7 月 14 日起至同年 10 月
31 日止，以多次內部會議之方式研擬草案。

　　2006 年 11 月 20 日，「國民參審試行條例草案初稿」研擬完成，並
先於 2006 年 11 月 21 日，將該草案初稿張貼於司法院內網站——法官
論壇中，請瀏覽網頁之各級法院法官表示意見，同年 12 月 7 日，翁岳
生院長在「擴大主管會報第 74 次會議」中更指示：「國民參審現為國
際趨勢，我們不宜落於時代潮流之後，故先研擬草案，惟於推動國民參
審前，仍應先經過嚴謹的評估、考良民情，並於各方條件成熟時先行試
辦，不宜倉促上陣。」司法院本此指示，於 2006 年 12 月 8 日至同年
月 29 日舉辦北、中、南、東共 4 場公聽會，復於 2006 年 12 月間，派
員前往日本考察該國甫立法通過之裁判員制度，參酌上開公聽會意見及
考察心得，又於 2007 年 8 月 15 日研擬完成「國民參審試行條例草案第
二稿」，並於 2007 年 8 月 29 日至同年月 31 日舉辦 2 場公聽會聽取各方
意見，再據而於 2007 年 9 月 14 日完成「國民參審試行條例草案（定稿
版）」。國民參審試行條例草案（定稿版）之制度精神近似於日本裁判員
制度，但部分條文仍沿襲刑事參審試行條例規定，其主要內容如下：

（1）地方法院審理之重大刑事案件，被告為無罪答辯者，法院得
　　　依職權或當事人之聲請，裁定行國民參審。

（2）我國 25 歲以上 70 歲以下之國民，除因具備不適格事由或除
　　　斥事由者外，均有擔任參審員之義務。經法院自初選參審員
　　　名冊中以抽籤方式選出特定案件之參審員。

（3）由參審員 4 名與職業法官 3 名組成合議庭。

（4）參審員為逐案選任，該案宣示判決後職務即告終了。

（5）參審員不得於參與審判前閱覽卷證。

（6）參審員與職業法官與評議時有同等之權力。評議結果以過
　　　半數之意見決之。但應為實體判決之案件，其有罪判決之決

定，至少須有法官及參審員各 1 人之同意意見。

（7）第一審行國民參審者，第二審之訴訟構造改為事後審兼續審制，第三審之訴訟構造改為純粹法律審。

但法官論壇及歷次公聽會中，對於參審制度之採行有諸多不同意見，司法院面對諸多異論，亦認為有繼續評估、消除爭議之必要性，全案遂未繼續立法。

茲將針對國民參審試行條例草案之不同意見，彙整如下：

（1）憲法第 81 條之法官身分保障乃憲法第 80 條審判獨立的重要前提，參審員不受身分保障，自非法官，進行審判即有違反審判獨立之虞。

（2）對於一般人民能否正確適用證據法則以評價證據，並將社會事實涵攝為法律事實有所懷疑，尤其在複雜案件時，情形會更嚴重。

（3）參與審判的一般人民素質不一，有可能品行不佳，亦可能欠缺理性易受影響。且參與審判之一般人民欠缺與法官相當的身分保障，容易受到外界不當影響或威脅。

（4）我國社會政治意識對立嚴重，若政治性案件進行國民參審，將有審判不公正之虞。

（5）對於國民參審制度能否達成提高人民對司法的信賴有所懷疑，當法官與參審員意見相左時，或參審員在審判過程中有負面印象時，透過參審員的對外傳播，可能會更降低人民對於司法的信賴。

（6）如果要提高人民對司法的信賴，更應該進行的是其他刑事訴訟制度（如上訴制度）改革，並落實現有制度（如證據法則、交互詰問、法律扶助），以提高裁判品質。

（7）制度主要參考對象的日本裁判員制度，甫立法完成，尚未正式施行，應待日本正式施行後，觀察實施成果，再決定應否採行。

（8）法官對於國民參審案件仍須製作判決書，甚至需要為本身並不支持的多數結論於判決書中說明理由，加重製作判決書的負擔感到排斥。

（五）人民觀審試行條例草案（2011-）

2010 年 10 月，司法院新任院長賴浩敏、副院長蘇永欽就任之際，再度提出要引進國民參與刑事審判制度，並直接定名為「人民觀審制度」，復指示所屬司法院刑事廳進行法案研擬工作，司法院首先成立「人民觀審制度研議委員會」，由司法院副院長蘇永欽自任召集人，由學者專家、甚至包含 1 名非法律專業人士組成委員會，自 2011 年 1 月 17 日起至同年 7 月 14 日止，先後召開 10 次會議，獲致「人民觀審制度可行」之結論後，再另組成「人民觀審試行條例草案研究制定委員會」，除仍由司法院副院長蘇永欽自任召集人之外，保留部分「人民觀審制度研議委員會」之既有委員，另再新聘以實務界為主之委員，自 2011 年 8 月 11 日起至 2012 年 1 月 5 日止，先後召開 11 次會議，期間並派員至日、韓兩國考察，完成「人民觀審試行條例草案初稿」共 81 條，嗣並先後召開 8 場說明會、公聽會、協調會，及 3 場模擬審判，綜合各方意見後，完成「人民觀審試行條例草案（定稿）」。雖各界對此制度之方向、內容仍有諸多意見有待整合，但 2012 年 5 月 13 日司法院以院台廳刑一字第 1010013433 號函請行政院會銜此草案，行政院於同年 5 月 28 日以院臺法字第 101013277 號函同意會銜，並由兩院共同會銜，於同年 6 月 14 日將該草案送請立法院審議。這也是司法院 4 次研議相關法案之中，第 1 次取得行政院同意會銜、並進入國會審議的法案。

依人民觀審試行條例草案總說明所示，該條例約有以下重點：

（1）立法目的為提升司法之透明度，反映人民正當法律感情，增進人民對於司法之瞭解與信賴。

（2）觀審法庭由法官 3 人及觀審員 5 人組成。

（3）適用案件：除少年刑事案件及犯毒品危害防制條例之罪之案件，或符合例外規定經法院以裁定排除者外，被告所犯最輕本刑為七年以上有期徒刑之公訴案件，及故意犯罪因而致人於死之公訴案件，受指定試行觀審審判之地方法院第一審均應行觀審審判。

（4）指定部分法院試行，非全國一體施行。

（5）被告並無拒絕觀審審判之權利。

（6）觀審員之資格：年滿 23 歲、在試行地院區域內繼續居住四個月以上，高中職畢業以上學歷之國民，除另符合消極資格或辭退事由者外，均得擔任觀審員、備位觀審員。

（7）法院應行準備程序，於準備程序完成爭點及證據之整理，並以證據裁定事先排除無證據能力之證據進入審判期日。

（8）於第一次審判期日前，除法官有另為程序處理之需要者外，觀審法庭之全體成員均不得預先接觸起訴書以外之卷宗及證物。

（9）審判長負有對觀審員進行審前說明之義務、檢辯雙方對觀審法庭負有進行開審陳述之義務。

（10）為保持法官及觀審員之新鮮心證，辯論終結後應即時進行終局評議，由法官與觀審員共同討論，繼由觀審員形成多數意見，再由法官依觀審員之多數意見進行評議，如法官評議有罪，再依上述程序就量刑進行評議。

（11）觀審員無評決權。但法官除應參考觀審員於評議時陳述之多數意見進行評議外，若評議後不採觀審員之多數意見，更應於判決中記載不採納之理由。

（12）不變更既有上訴審採覆審制之審查架構，但要求上訴審應本諸人民觀審制度之宗旨，妥適行使審查權限。

（13）試行 3 年，試行期間應設置人民觀審制度評鑑委員會，按季評鑑，以試行之實證經驗為基礎，檢討決定未來人民參

與審判之型態。

對於司法院提出的人民觀審試行條例草案，不僅行政院對部分條文仍有不同意見（主要為前揭第7、8點），此種「無評決權的參審制」亦無法滿足所有關心此議題之論者，故立法委員嗣又另連署提出多個對案，內容從陪審制至有評決權的參審制，不一而足。此外，關於制度設計的具體內容，諸如憲法對此制度的態度、制度立法目的之設定、無評決權的參審制設計是否允當？應否賦予被告拒絕觀審審判的權利？指定部分法院試行是否妥當？刑事訴訟程序應否配合修正等等，均引發了正反意見的激烈對立。

由於立法時程尚早、未來制度走向實難預料，故本文並不擬對於人民觀審試行條例草案之具體條文逐一分析、檢討，但包括本文前述之「國民參與刑事審判制度的基本理念」，後續之「陪審？參審？適合於我國的國民參與刑事審判制度」、「國民參與刑事審判制度的合憲性爭議」、「設計我國國民參與刑事審判制度時應考量的各種因素」、「國民參與刑事審判制度對於我國刑事訴訟程序的影響評估」等討論，均與此等議題有關，似不妨提供作為人民觀審試行條例草案、以及其他各種相關法案的方向性參考。

為便於理解起見，以下即以圖表分析「刑事參審試行條例草案」、「專家參審試行條例草案」、「國民參審試行條例草案」以及最後提出的「人民觀審試行條例草案」之異同處：

圖表 12　司法院四次國民參與刑事審判制度草案比較表

法規名稱	刑事參審試行條例草案	專家參審試行條例草案	國民參審試行條例草案[472]	人民觀審試行條例草案
研議時期	1989-1998（1994 完成草案）	1999-2006	2006-2007	2011-
適用案件				
原則	1.刑事案件 2.重大案件、專門職業或科技性犯罪	1.民事、刑事、行政訴訟案件 2.需法律以外專業知識、技能	1.刑事案件 2.重大案件	1.刑事案件 2.重大案件
少年刑事案件是否排除適用？	否	否	是	是
被告認罪是否排除適用？	否	否	是	否
被告有無選擇權？	有（聲請制）	有（聲請制）	有（聲請制）或法院依職權	無（一體適用）
適用審級	地方法院、高等法院	第一審法院	第一審地方法院	第一審地方法院
得由特定法院試行？	是	是	是	是
試行期間	不詳	3 年（得由司法院延長 3 年）	3 年（得由司法院延長 3 年）	3 年（得由司法院會同行政院延長或縮短之）

472　以 2007 年 9 月 14 日擬定之第 3 稿（定稿版）為準。

法規名稱	刑事參審試行條例草案	專家參審試行條例草案	國民參審試行條例草案[472]	人民觀審試行條例草案
參與審判國民				
職稱	參審員	參審官	參審員	觀審員
積極資格	30-70 歲、有高中以上學歷者（少年或專門職業或科技性犯罪需有特別知識、經驗或技能）	年滿 30 歲、有相關領域之專門知識或技能，並在該特殊領域服務 3 年以上	25-70 歲、有高中以上學歷	23 歲以上、有高中以上學歷
選任程序	地方政府、學校團體推薦，由縣市政府造具參審員候選人名冊，再由參審員遴選委員會遴選後造具參審員名冊，由個案承審法院自名冊中隨機抽籤產生	由司法院徵詢職業公會、政府機關、學術單位意見後造具參審官遴選名冊，再由參審官遴選委員會遴選後造具參審官名冊，由個案承審法院自名冊中隨機抽籤產生	由參審員推選委員會自一般符合資格國民中推選初選參審員，再由個案承審法院隨機抽籤產生	地方政府將一般符合資格國民編入備選觀審員初選名冊，由備選觀審員審核小組審核後，再經個案承審法院通知到庭接受選任，除去不符合資格者後隨機抽籤產生
有無不附理由拒卻制度？	無	無	無	有
任期	3 年	4 年（得無限制連任）	個案	個案
法庭組成	3 名法官 +2 名參審員（少年案件：1 名法官 +2 名參審員）	甲案：2 名法官 +3 名參審官 乙案：3 名法官 +2 名參審官	3 名法官 +4 名參審員	3 名法官 +5 名觀審員

法規名稱	刑事參審試行條例草案	專家參審試行條例草案	國民參審試行條例草案[472]	人民觀審試行條例草案
參審員職權				
事先閱卷	是	是	否	否
參與準備程序	否	甲案：得由2名參審官參與 乙案：得由1名參審官參與	否	否
參與證據能力之決定	不詳	不詳	否	否
評議表決權	有	有	有	無
評議表決標準	過半數多數決	不詳	過半數多數決（但有罪判決至少需有法官及參審員各1人之同意意見）	法官參考觀審員之過半數多數決意見後，為法官之過半數多數決
判決	簡化有罪判決書或以宣示判決筆錄代之	依刑事訴訟法規定；個別法官、參審官得提出不同意見附記於判決書內	得以宣示判決筆錄代之，但當事人等得聲請交付判決書	依刑事訴訟法規定
上訴	限制上訴事由（限於適用法令錯誤或訴訟程序違背法令）	限制上訴事由（限於適用法令錯誤或訴訟程序違背法令）、且僅得向最高法院飛躍上訴	第二審改為事後審兼續審制（限於判決違背法令致影響判決，但應自為判決），第三審改為純粹法律審兼採許可上訴制	依刑事訴訟法現行規定（但要求上級審應妥適行使審查權限）

四、小結

　　從我國引進國民參與刑事審判制度的法制史探討可知，在富國強兵的熱切期盼下，本於「師夷之長技以制夷」（魏源，《海國圖志》）的信念，我國從來未曾放棄仿效歐美的陪審制度或參審制度。其中大致可以用政府遷臺（1949）為時期上的區分，大陸時期主要以仿效英、美的陪審制度為主，來台後則以仿效德、法的參審制度為主。

　　分析其原因，首先，在清朝、乃至於國民政府大陸時期（19世紀中葉至1949），我國對於國民參與刑事審判制度的認識，本來就只侷限於陪審制度。蓋近代參審制度，直至1877年才在德國出現，且德國於1877年以後仍然保留了陪審制度，亦即參審制度與陪審制度併行，直到1924年以後才徹底廢除（但仍保留「陪審法院（Schwurgericht）」的名稱），遑論法國更是直到1941年以後，才有參審制度（但仍然稱為陪審制度）。故對於沈家本、伍廷芳、康有為、阮毅成、褚輔成、王雲五、王寵惠等人而言，所謂國民參與刑事審判制度，當然就是指「陪審制度」。

　　其次，陪審制度透過1830年代之美國傑克遜式民主（Jacksonian democracy）、法國政治家托克維爾（Alexis de Tocqueville，1805-1859）的詮釋，成為民主主義的實踐方式之一，姑不論此一理解是否妥當，但此一詮釋使得陪審制度對於傾心仰慕民主政治的新興民主國家而言，成為非常具有吸引力的制度，相較於陪審制度，參審制度乃是在法官審判的前提下，讓一般國民「加入、參與」部分審判職權的行使而已，不但難以用「司法民主化」來說明，也顯得比較沒有吸引力、魅力。

　　然而，我國近代化的法制改革採行的是「大陸法系」的實體刑法與刑事訴訟程序，大陸法系的實體刑法與刑事訴訟程序雖然比較合於我國固有法制傳統，但與陪審制度之間卻有許多矛盾、衝突之處，大陸法系因此所建立極為複雜的法律解釋、適用體系，能否讓一般國民組成的陪審團正確地理解、運作？即不無疑問，這樣的擔憂，更可能與「維持社

會秩序」等國家使命定位連結，換言之，愈重視國家應該「摘奸發伏、維持社會秩序」者，愈可能傾向於不採取陪審制度；再加上陪審制度本身亦有一些制度性的缺陷，例如耗費過鉅、救濟管道的不足等等，故在國民政府遷台之後，尤其是近數十年來，參審制度逐漸取代陪審制度，成為我國引進國民參與刑事審判制度的主要參考對象。

但陪審制度在我國並未完全喪失其市場，除了其作為「民主政治在司法的實現」仍有相當魅力之外，對於某些已經對「職業法官審判」徹底失望的論者而言，陪審制度當然是取而代之的最佳方案。

要進一步討論適於我國的國民參與刑事審判制度、以及其具體內容之前，首先即必須確定適合於我國的國民參與刑事審判制度的基本型態為何？（陪審？或是參審？）故本章接下來，即進行此一部分的討論與分析。

貳、參審與陪審的差別

參審與陪審要如何區分？實為非常困難的問題，蓋世界上採行國民參與審判的法制中，各國往往會因應其國情、刑事司法的需要，而進行程度不一的調整，故要明確地劃定一個標準，將世界上所有國民參與審判制度都恰如其份地納入陪審或參審的領域中，則有相當的困難性。

可能的解決方法，恐怕不是強行劃分，而是臚列陪審與參審間有區別意義的特徵，以此嘗試歸納各種國民參與審判制度的屬性。而依學者見解，參審制與陪審制呈現於制度設計上的特色，約有以下幾點：

一、參審是由法官與一般民眾一起審判，陪審則是僅由一般民眾負責有無犯罪的審判，在陪審制之下，法官僅負責處理訴訟程序上的爭執，特別是決定證據能力之有無，並以「說示」（instruction）對陪審員說明應該適用的實體法。

二、傳統上認為在陪審制之下，關於審判工作的分配，是由陪審團負責認定事實，法官則負責適用法律。但事實上除了過去曾經出現於

歐陸（如德、法）與日本大正時期的陪審制度，確實嚴守上述分配方式之外，「正統的」陪審制度，例如英國與美國，在大多數的情形下，則是陪審團在聽取法官的「說示」之後，仍然獨力適用法律，做出「有罪、無罪」（Guilty or Not guilty）的評決（verdict），即所謂「一般評決（general verdict）」，只有在少數情形，才讓陪審團僅針對特定犯罪事實之有無做出評決，此被稱為「特別評決（special verdict）」，故絕大多數的情形，陪審團不僅負責認定事實，事實上還負責將認定之事實涵攝於法律的「適用法律」工作；[473] 更特別的例子，則是即使犯罪事實明確，但當陪審團認為法律規定過於嚴苛時，仍得拒絕適用原本被法官指示應該適用的刑罰法律，逕為被告無罪的評決，即「陪審團忽視法律（Jury nullification）」，此甚至被視為陪審團的重要功能之一；在陪審團可以適用法律、甚至忽視法律的同時，陪審制更極力保護陪審團認定事實的職權不受職業法官的影響，故法官不得主動依職權傳喚證人、亦不得訊問證人或被告，更不能對陪審團表示對於證據價值的意見，故可以說法官在「適用法律」方面的職權大部分「釋放」予陪審團行使，而陪審團在「認定事實」方面的職權，則純由陪審團獨力行使，非法官所能干涉與聞。相對於此，參審則是將審判最重要的兩個功能——事實認定與法律適用，均由法官與一般民眾共同負責，故事實認定、法律適用，均係由法官與參審員共同討論後決定。[474]

　　三、多數陪審制之下，陪審團僅能對於「有罪或無罪」做出評決，至於量刑則仍由職業法官來負責，從而認定事實之程序與量刑程序必須截然劃分。相對於此，參審制則讓「有罪或無罪」、「量刑」均交由法官與一般民眾共同決定，故認定事實之程序與量刑程序雖然並不是不能完全區隔，但必要性即不如陪審制來得高。

　　四、陪審制為了避免特定陪審員對於案件的關注重點，影響其他陪

473　LaFave, Wayne R. & Jerold H. Israel, Criminal Procedure 959-961 (2nd ed., 1992).
474　平野龍一，同註148，頁50。

審員的判斷，故亦禁止陪審員傳喚或訊問證人，從而陪審審判的證據調查，即由當事人全權主導、進行，所以陪審制往往即與當事人進行主義結合，甚至可謂當事人主義即係為了因應陪審審判而誕生的制度；相較於此，參審制則讓法官、參審員進行職權訊問或調查，故參審制度往往即與職權主義相結合（但亦有例外，如日本、丹麥等即為採行當事人主義但實施參審制的國家）。

五、陪審制之下，警詢、偵訊筆錄幾乎無法作為證據來使用，而僅能以公判庭上陪審團實際聽聞、調查之證據來形成心證，關於此點，固然有理念上的堅持，但亦存有現實上的考慮，蓋要讓陪審員閱覽冗長的筆錄並理解、掌握其內容，實有困難；甚至為了徹底讓陪審員之心證於公判庭中形成，公判庭上記載證據調查過程之筆錄，除有特別情形外，不允許帶回討論室再讓陪審員閱覽，亦不允許陪審員在法庭上作筆記；相較於此，參審制之下，參審員雖亦不被容許事先閱覽警詢、偵訊筆錄，或於評議時閱覽審判期日筆錄，但職業法官則可閱覽之，已經看過筆錄的職業法官，往往有意、無意地引導參審員的心證趨向，則為參審制最受批評的地方之一。

六、陪審團僅需做出有罪、無罪的評議，無須說明得出結論的理由，一方面固然是因為本來就不允許對陪審團所為之事實認定提起上訴，另一方面也是因為要求 12 名陪審員形成一致的理由有其困難性。相對於此，參審制之下，至少在為有罪判決及量刑時，就必須說明其理由。

七、陪審團就所為之評決，不允許以事實認定錯誤為由提起上訴，最多僅能以認定證據能力、證據力時之方法違誤（適用法律錯誤）為由、間接地提起上訴，蓋承認得以事實認定錯誤為由提起上訴，等於是無視國民代表（陪審團）的意見。相對於此，參審制之下，固然亦有不允許就參審所為之判決以事實認定錯誤為由提起上訴之立法例（例如德國地方法院〔Landgericht〕之大刑事庭〔Große Strafkammer〕及陪審法院〔Schwurgericht〕所為之第一審判決，僅能上訴於第三審〔法律審〕

之聯邦最高法院〔Bundesgerichtshof〕），其理由亦為參審員乃國民代表，不宜對其決定聲明不服，但若第二審（事實審）亦行參審審判，且其參審員之人數多於第一審之參審審判時，則允許以事實認定錯誤為由提起第二審上訴，以此觀之，「允許以事實認定錯誤為由提起第二審上訴」，在參審制之下，並未如同陪審制一般嚴重違背其理念。

　　綜上所述，陪審制與參審制的最主要區別，應該可以視為「分工」與「合作」的區別，亦即陪審制之下，陪審團與職業法官的工作是截然劃分的，彼此之間不相隸屬，更禁止彼此干涉、影響；而參審制之下，參審員與職業法官被視為一個共同工作（Mitwirkung）的群體，非但不禁止職業法官與參審員相互討論，甚至鼓勵職業法官與參審員盡量多進行討論。論者有從「職業法官審判乃是刑事審判本質」的角度來觀察，陪審不妨視為法官既有審判權的「分割」，而參審則可以視為法官既有審判權的「分享」，[475] 亦即陪審是將職業法官一部分的職權割離出去交給陪審團行使，而參審則是將職業法官一部分的職權改為由法官與參審員共同行使。

　　此種本質上的區別，主要根植於「事實認定」是否應該由一般國民獨占行使？此一價值觀的歧異。詳言之，陪審制基於對於職業法官及其所代表的國家權力的疑懼，所以將刑事審判的核心——事實認定完全交給一般國民組成的陪審團行使，故可以將陪審團視為一種獨立性的參與（independent participation）。相對於此，參審制對於職業法官進行事實認定的疑懼顯然不如陪審制嚴重，所以將事實認定權交給職業法官與參審員共同行使，實際的運作情形，甚至可謂職業法官在事實認定上擁有很高的決定力，[476] 以參審員的角度來觀察，參審員的參與，毋寧僅是

475　吳文華，人民參與審判——沿革、類型與合憲性，國立政治大學法律學系碩士班論文，2012 年 7 月，頁 14。

476　上野芳久，裁判員制度とフランス陪審制，刑事司法への市民參加：高窪貞人教授古稀祝賀記念論文集，1 版，2004 年 5 月，頁 201。

一種輔助性的參與（advisory participation），在陪審制之下，「程序指揮者」（職業法官）與「終局判斷者」（陪審團）是分離的，而在參審制之下，職業法官兼有「程序指揮者」與「終局判斷者」兩種角色。

上述「分工」（陪審制）與「合作」（參審制）的參與型態，體現在法庭配置上，亦即法官與參與審判的國民應否坐在一起？在採行陪審制的國家，為了彰顯職業法官與陪審團不相隸屬、不相干涉的特色，故職業法官與陪審團並不坐在一起，而參審制之下，為了體現職業法官與參審員的一體性，則往往會讓職業法官與參審員坐在一起，[477] 這也是純粹從形式上觀察，最容易區別陪審制與參審制之處。

茲再以圖表整理陪審制與參審制之異同如下：

圖表 13　陪審制與參審制比較表

制度類型	陪審	參審
基本精神	分工	合作
司法文化	同儕、平民審判的絕對信賴	職業法官審判
從審判權歸屬於職業法官來觀察	審判權的分割	審判權的分享
法官職權	法律解釋、程序問題處理、訴訟指揮、量刑	除程序問題處理、訴訟指揮專由法官處理外，其餘如事實認定、法律適用、量刑等均由法官與參與審判國民共同行使。
參與審判國民職權	事實認定、法律適用、死刑量刑	
有罪、無罪之評決標準	一致決（原則）	多數決（原則）
判決書理由	無	有（原則）
上訴	僅限於法律審、甚至或禁止檢察官上訴	1. 職業法官之事實審（日本） 2. 參審法庭之事實審（德國區法院、法國） 3. 職業法官之法律審（德國地方法院）

477　但法國刑事訴訟法第 303 條規定：當法庭空間不足以讓陪審員坐於法官旁時，得於法庭內另設處所供陪審員就座，乃考量客觀環境的例外規定。

參、陪審制的優點

同樣作為國民參與刑事審判制度，陪審制與參審制有其共同點，故也有其共通的優點，關於陪審制與參審制共通的優點，本文已在第四章進行說明，故此處所要介紹的，是相對於參審制，陪審制所獨有的優點。

如前所述，陪審制讓不具法律專業與審判經驗的一般國民參與審判，甚至全權主導判決的結論，職業法官僅被視為一位具備法律專業的協助者，故引進陪審制時，勢必要在制度設計時高度重視陪審員的特質與需求；相對於此，參審制在讓一般國民參與審判的同時，仍然保留了職業法官參與審判的可能性，甚至可說參審制讓職業法官大部分主導判決的結論，參審員只有建議者、監督者，甚至只是背書者的功能，所以參審員的特質或需求，未必會如同陪審員一般備受尊重或重視。

以下，即針對陪審制（相對於參審制）特有的優點，分述如下：

一、在司法制度中實現國民主權，符合民主主義與自由主義精神

在民主國家中，國家擁有的所有權力，都來自於人民的授與、委任，司法權當然也不例外，如果能夠讓一般國民直接參與司法，甚至獨力決定判決的結論，當然是國民主權在司法的實現，符合民主主義的精神。

再者，陪審制也被認為具有自由主義的精神，蓋陪審制之下，負責認定被告是否有罪的，不是職業法官，而是與被告來自類似社會階層、相近生活環境的陪審員，相較於職業法官代表的是統治階級，較可能忽視、甚至侵害被告的人權，與被告同樣出身於被統治階層的一般人民來擔負審判工作，則被認為較可能確保被告的人權。

二、能夠更徹底地實現無罪推定原則

陪審制之下，程序指揮者（職業法官）與實體判斷者（陪審團）是截然劃分的，換言之，擔任程序指揮者的職業法官無法參與實體判斷，因此被認為可以更公正地指揮訴訟。蓋在程序指揮者與實體判斷者重疊的體制，像是參審制或職業法官審判制，同時肩負程序指揮者與實體判斷者兩種角色的職業法官，為了能夠順利形成心證，往往不由自主地影響訴訟指揮的公正性；在職業法官還負有進行職權調查以發見真實的體系（如職權主義）下，同時身兼「訴訟指揮者」、「證據蒐集者」、「實體判斷者」三種角色的職業法官，情形將更為嚴重。例如職業法官為了能夠盡可能取得更多有助於事實認定的證據，會傾向於忽視傳聞法則等剝奪證據能力的相關規定，或是大量對證人、被告進行職權訊問；更重要的是，是否允許當事人聲請調查某項證據，往往會受到法官當時之初步心證影響，在心證未形成前，傾向於大量放寬證據調查以獲取判斷事實所需證據，心證已經形成後，則傾向於限制證據調查以節省時間、避免心證再受到動搖，但當職業法官已經存有被告有罪的初步心證時，即可能對於用以舉證被告無罪的證據調查聲請，採取消極、排斥的態度，致違反無罪推定原則。[478]

對於上述職業法官身兼多重角色將違反無罪推定原則之質疑，有論者雖以職業法官乃受過訓練的專家，即使身兼「訴訟指揮者」、「證據蒐集者」、「實體判斷者」等多重角色，亦不致於違反無罪推定原則為由而置辯。但主張陪審制者，原本就是立於「並非如此信賴職業法官」的角度而立論，蓋渠等認為職業法官也是平凡的人類，姑且不論其所受到的訓練是否充足，作為一個平凡的人類，其能力畢竟有其極限，故究竟職業法官能否在身兼多職後仍能信守無罪推定原則，在贊成陪審制與反對

---

478 四宮啓，陪審・參審・職業裁判官（一）：陪審制の立場から，特集・陪審・參審・職業裁判官，刑法雜誌，39 卷 1 号，1999 年 7 月，頁 20。

論者間，恐將成為各說各話的爭論。但不可諱言的是，在職業法官同時負有進行職權調查以發見真實的體系（如職權主義）下，至少在外觀上來看，法官的公正性勢必受到一定程度的質疑。[479]

　　相對於職業法官同時負責訴訟指揮與實體判斷的結構，可能引發無罪推定原則受到忽視的質疑，贊成陪審制者認為，在陪審制之下，職業法官僅需專心負責訴訟指揮，以期使陪審團進行公平的判斷，並無需另外擔負實體判斷、甚至是證據蒐集的工作，法官既然無須擔心是否能形成判決所需的確信心證，自然可以從「盡可能接觸證據的誘惑」中解放，而能擔任公正的「訴訟指揮者」，秉持公正、公平的態度讓雙方當事人徹底地舉證，當然不致出現上述違反無罪推定原則的處置方式。

　　此外，陪審團僅負責被告否認案件的審理，並不負責被告自白案件的審理，也有助於無罪推定原則的強化。固然，無罪推定原則是同時適用於否認案件與自白案件，但不可諱言的是，在被告自白案件中，被告與其辯護人在審理的最初階段就已經承認起訴事實，所以在檢察官舉證之前，無寧說無罪推定原則實際上已經被有罪推定所取代。同時處理自白案件與否認案件的職業法官或參審員，[480] 當然可能在審理被告否認案件時，受到先前審理被告自白案件時經驗的影響，將過去對於被告自白案件的處理模式「套用」在對於被告否認案件的處理態度，認為被告否認是在狡辯，而無法完全嚴守無罪推定原則。

　　相對於此，在陪審制之下，陪審團只負責被告否認案件的審理，而不及於自白案件，且僅負責單一案件的審理，而不處理複數案件，亦即讓陪審員處於一種「純化過」的審理環境中，對陪審員而言，此種「純

479　四宮啓，職業裁判官と陪審制・參審制：刑事裁判における陪審制の意義，松尾浩也、井上正仁編，ジュリスト増刊：刑事訴訟法の争点，3 版，2002 年 4 月，頁 42。

480　此一論理，係建基於參審員審理複數案件（如德國的參審制）的前提下立論，若採取個案審理的參審制，就參審員而言，自然不會有此問題，但由於職業法官一定是審理複數案件，仍然會有此問題存在。

化」的審理有助於無罪推定原則的落實，蓋陪審團在審理過程中，將不斷接收到來自於法官、檢察官、辯護人有關「無罪推定原則」、「檢察官應負證明義務」的訊息，又不致於將過去審理自白案件、或被告否認但被判有罪案件的經驗「轉化」在本件否認案件的審理中，自然可能較忠實地落實無罪推定原則。[481]

此外，比起職業法官，陪審員與擔負訴追職務的檢察官之間的距離更遙遠，心態上比較容易站在質疑檢察官的立場來進行審判，唯有檢察官的舉證讓陪審團相信確實如此，陪審團才可能為被告有罪判決，故被認為可以徹底實踐「罪疑應為被告有利認定」之無罪推定原則。[482]

最後，多數的陪審制，陪審團必須達到全員一致之程度才能為被告有罪之判決，而陪審員組成遠比職業法官來得廣泛多元，換言之，唯有經過各個不同角度、觀點的檢驗，都認為有罪的案件才會為被告有罪的判決，當然可以更徹底地實現無罪推定原則。[483] 當然，比起其他結構性因素，全員一致的評決標準設計，可能才是最具有實質影響力的因素。

三、能夠更徹底地實現直接審理主義、言詞審理主義及嚴謹證據法則

誠然，不論陪審制或參審制，為了讓參與審判的國民能夠實際參與審判並形成心證，刑事訴訟程序都必須配合進行修正，也就是要進行更符合直接審理主義、言詞審理主義、嚴謹證據法則與集中審理的刑事程

---

481 四宮啓，刑事裁判と陪審制：なぜ必要なのか，特集‧刑事裁判への国民参加，現代刑事法，27 号，2001 年 7 月，頁 25-26。

482 川島健治，刑事裁判への国民参加にともなう諸問題，載：刑事司法への市民参加：高窪貞人教授古稀祝賀記念論文集，1 版，2004 年 5 月，頁 95。

483 但從另一個角度來看，必須要 12 名陪審員都主張有罪才能判處被告有罪，也可能會演變為對訴追方（檢察官）的不當制約，例如英國於 1967 年起即改以特別多數決制（陪審團的組成不得少於 9 人，當陪審團為 11-12 人時，10 人之多數意見即可評決，當陪審團為 10 人時，9 人之多數意見即可評決）取代全員一致決制，參見高窪貞人，同註 291，頁 252。

序，關於此點，本文將於其後詳述。

但陪審制相對於參審制，被認為「更可能」達到直接審理、言詞審理的目標。蓋在參審制之下，如果要讓一般國民能夠實質參與審判，當然也有必要進行更直接、言詞的審理，但由於職業法官仍然身兼程序指揮者與實體判斷者的雙重角色，不無可能為了獲得更多足資實體判斷的證據資料，以及減少傳喚證人到庭作證所造成訴訟程序上的繁瑣，因而在程序指揮時，傾向於忽視證據能力的限制，大量使用書面證據、派生證據，進而造成直接審理主義與言詞審理主義的空洞化。但在陪審制之下，由於職業法官單純擔任程序指揮者，缺乏大量使用書面證據或派生證據以發現真實的誘因，只能完全尊重陪審員的需求，公正、嚴格地適用證據法則，將不利於陪審員進行判斷的傳聞證據摒棄在外，自然可能更徹底地實現直接審理主義與言詞審理主義的要求。

事實上，當事人主義及其所派生的證據法則等制度，即是在陪審制的背景下孕育產生的。[484] 而德國在 1930 年代決定完全揚棄陪審制度、僅實行參審制度時，即有論者擔心此舉將造成隨同陪審制度被引進德國的相關刑事訴訟改革——如直接審理主義、證據法則等，受到一定程度的架空忽視，其理由亦在此。[485]

肆、陪審制與我國現行刑事訴訟程序的相容性

一、不符合「以判決書敘明得心證理由」的要求

以判決書具體敘述審判者得心證的理由，使「審判者的自由心證能夠客觀化」，以接受包括上級審在內的外界各方對於該等判決是否符合經驗法則、論理法則的檢驗，避免自由心證流於恣意、擅斷，乃現代

---

484 高窪貞人，同註 291，頁 250。
485 平良木登規男，同註 81，頁 37。

審判制度中非常重要的一環，亦為檢證司法運作、強化司法正當性的重要基礎。而在參審制之下，亦要求法院必須以判決書詳細說明得心證之理由，以提供當事人未來上訴時，作為上訴審得以審查原審判決事實認定、法律適用有無違誤的依據。[486]

　　但在陪審制之下，[487]陪審團只需提出「有罪」或「無罪」的評決（結論），無須另外說明得到上述評決的具體理由、依據。從而，依陪審團評決進行判決、並進而逕為量刑的法官，也無須說明其據為判決或依職權自行量刑的理由。

　　考所以在陪審制之下，陪審團之評決無需提出理由，實有其制度現實上的困難。蓋陪審員均為不具備法律專業與審判經驗的一般國民，本即難命其提出經得起法律專家批判的判決理由，如果強要陪審員提出理由，反而會妨害渠等表示意見的自由；更何況陪審員的人數高達 12 人，即令該 12 名陪審員的評決是全員一致而形成的，但個別陪審員所持之理由亦可能各不相同，故要提出齊一的判決理由，亦有事實上的困難。[488] 基上，必須依照陪審團評決而為判決的法官，自亦不能期待能為陪審團的評決提出判決理由，縱使強迫法官必須為陪審團的評決提出理由，該理由是否即為陪審團評決時所持真正的理由，亦非無疑問。

　　但行陪審審判的判決不附理由，進而也會影響到上訴審審查的密度。蓋沒有了詳細交代得心證理由的判決書，缺乏「原審判決何以如此？」的重要線索，上訴審要進行審查就顯得困難許多，往往只能審查

---

486 John H. Langbein, Mixed Court and Jury Court, 1981 Am. B. Found. Res. J. 195, at 203 (1981).

487 採行參審制的國家，如法國（雖自稱為陪審制、但實為參審制）即規定行參審審判之案件亦無需製作判決，但所持理由與陪審制不同，參見前述第 3 章第 4 節第 3 項所述。

488 佐藤博史，陪審・參審・職業裁判官（二）：參審制の立場から，特集・陪審・參審・職業裁判官，刑法雜誌，39 卷 1 号，1999 年 7 月，頁 36；井上正仁於「国民的基盤の確立」討論時之發言，載：佐藤幸治等著，司法制度改革，2002 年 10 月 20 日，初版，頁 357。

判決的「結論」正確與否，或是審查訴訟程序之進行是否遵循相關規定（如法官對於陪審團的諭示是否正當、法官准駁證據調查聲請的裁定是否正當），而無法對於事實認定與法律適用等實體面進行比較深入的審查，從而即無法充分發揮上訴審誤判救濟、統一法律解釋的功能。事實上，許多採行陪審制的國家，都將上訴審審查的範圍侷限於法律審而不及於事實審，或是僅容許被告方提起上訴，而禁止檢察官提起上訴，除了表明尊重第一審行陪審審判所得判斷的意旨之外，第一審沒有判決書可供審查，或許也是現實方面的理由。[489]

對於上述批判，支持陪審制的論者認為，職業法官審判時，心證是由職業法官在腦中自行形成，所以有必要另以判決理由作為讓外界進行客觀檢驗的途徑；但陪審審判時，心證是由社會各階層的代表（即陪審員）藉由相互間無利害關係的客觀討論而形成，此一心證的形成方式已經可以確保心證的客觀性，自無需再以判決表明其心證；更何況如果無罪判決也必須提出得心證的判決理由，理論上即無法禁止檢察官對被告無罪之判決提起上訴，不利於「禁止無罪上訴原則」的繼續維持。[490]

但上述論理，毋寧是建基於對於陪審團評決的絕對信賴及不可質疑而來，對於缺乏如美國為多民族國家，將陪審制度視為民主政治的一環之客觀環境及歷史經驗（美國的陪審制度已有 200 餘年歷史）的國家而言，是否能賦予陪審制遠高於職業法官制的信賴？即非無疑。更何況，對於我國而言，審判者以判決書具體表明得心證的理由，乃社會對於司法的重要期待之一，而為一種法制傳統，如果對於國家是否行使刑罰權此一重大的公權力判斷，法院僅以陪審團之評決結果為「有罪」、「無罪」來交代，無法提出具體理由，實無從滿足上述期待，尤其是在陪審團評決為「有罪」而剝奪刑事被告之生命、自由、財產時，情形更為嚴重；更遑論現有刑事訴訟法之上訴制度亦必須因而全面改變，誤判救濟

489　川島健治，同註 482，頁 96。

490　四宮啓，同註 478，頁 27。

的功能將大幅受限。參酌上述因素，在我國現在司法與社會環境下，無寧應該本於「判決必須說明其理由」的基本要求，採行參審制，讓法官與參審員共同進行事實認定、法律適用之評議，並由法官本於共同評議之結論撰寫判決理由，讓包括上訴審在內的各方得以進行審查，才是較為符合我國現有制度與法律文化的制度選擇。

二、動搖既有刑罰法律解釋適用的理論蓄積

採行陪審制之後，不僅判決無理由可供外界檢驗及上級審審查，甚至大陸法系中針對刑罰法律發展出來的相關解釋理論也必須配合進行改變，過去的理論蓄積，即可能因此受到動搖減損。[491] 蓋陪審團要做出「有罪」或「無罪」評決之前，固然必須進行事實認定，且必須依循法官於諭示（Instruction）時的法律解釋來進行法律適用，但不可諱言的是，陪審團所進行的事實認定與法律適用，勢必不可能如同職業法官審判時精緻縝密，至少從陪審團的評決（Verdict）來看，只是在回應檢察官對於某項被告犯罪事實的指控是否有理，亦即在檢察官預先設定所主張犯罪事實之罪名前提下，選擇「是（有罪，guilty）」或「不是（無罪，not guilty）」，例如檢察官主張被告涉犯第一級殺人罪，陪審團即在檢察官設定的罪名下做出決定，至於陪審團是如何得出結論的？經過如何的推理論證過程？則無法被窺知，甚至也不是陪審制所在意的。法官在諭示之餘，亦無法控管陪審團是不是徹底地依循其對於法律解釋的說明來做出評決？有無充分考慮所有法官藉由諭示所希望陪審團思考的法律問題？例如，何謂「中止未遂」？何謂「責任能力」？何謂「因果關係」？何謂「阻卻違法事由」？何謂「禁止錯誤」？何謂「構成要件錯誤」？何謂「誤想正當防衛」？等等，均為極度困難的法律概念，甚至法律概念間還存有許多解釋上的灰色地帶，即使職業法官進行了諭示，

---

491 平野龍一，同註148，頁54。

亦未必能讓陪審團充分理解而做出正確判斷，[492] 更有甚者，陪審團還被容許可以無視於法官對於法律的諭示（Jury Nullification），逕為被告無罪的諭知，因此，陪審制的判決往往具有較高的恣意性，而與法治原則（Rule of Law）所強調的一貫性、法安定性發生衝突。[493]

在陪審制之下，法官、檢察官與律師固然仍可以追求刑罰法律解釋的精確縝密，但不可諱言，做出最終決定的，既然是僅需回答「是（有罪）」或「不是（無罪）」的陪審團，則過去為了追求刑罰法律於個案中被正確適用而發展的各種理論、概念，勢必受到相當程度的動搖或減損。對於陪審制而言，這樣的減損，或許會被視為必要的損耗或犧牲，但在大陸法系中，抽象法律概念是否能夠於每一個個案中獲得實現，則是被高度重視的問題，上述損耗，恐怕即無法輕易視之。

讓法官與參審員一起認定事實、適用法律的參審制，相較於陪審制，確實比較能確保大陸法系長期以來發展出的各種抽象法律概念能夠在個案中獲得實現，蓋法官不但可以與參審員一同參與事實認定與法律適用的決定，更可以透過評議乃至於審判過程中的討論、說明，使參審員的意見能夠盡量契合上述法律概念。[494] 雖然在參審制之下，非法律專家的參審員也未必能完全理解深奧的法律概念，但至少從實證研究的結果來看，職業法官與參審員經過評議時充分討論後，彼此間的意見分歧程度較不嚴重。根據 Gerhard Casper 與 Hans Zeisel 於 1970 年代針對德國巴登 - 符騰堡（Baden-Württemberg）、漢堡（Hamburg）、黑森（Hessen）三邦之區法院（Amtsgericht）所屬

492　岩田太，合衆国における刑事陪審の現代の役割（六・完）：死刑陪審の量刑裁量をめぐって，法学協会雑誌，120 巻 5 号，2003 年 5 月，頁 938。

493　サミュエル・ウォーカー（Samuel Walker）著，藤本哲也監訳，民衆司法：アメリカ刑事司法の歴史（*Popular Justice: A History of American Criminal Justice*），1999 年 9 月，初版，頁 122。

494　例如大阪地方法院裁判員審判審理的一件傷害致死案件，即以誤想正當防衛為由，於 2011 年 7 月 22 日將被告岡野正判處無罪，網址：http://sankei.jp.msn.com/affairs/news/110722/trl11072215220006-n1.htm，最後拜訪日期：2011 年 9 月 29 日。

參審法院（Schöffengericht）、地方法院（Landgericht）所屬大刑事庭
（Große Strafkammer）及陪審法院（Schwurgericht）[495] 審理之 1,252 件
案件進行的實證研究，關於被告有爭執之罪責問題，在法官與參審員間
的見解一致比例達到 89%，曾經出現意見不一致之比例為 11%，另針
對被告有罪評決後之量刑問題，法官與參審員間見解一致比例略低，約
為 80%，不一致比例則為 20%，[496] 而再透過法官、參審員平等地以多數
決（majority）評決，可以想見的是，上述意見不一致之情形對於判決
結論的影響將會更形降低。

　　相較於上述參審制之實證研究，Harry Kalven 與 Hans Zeisel 合著
之 *The American Jury*（1966）一書中，介紹了美國曾經進行之著名陪審
制度實證研究—— Chicago Project（芝加哥計畫），該研究於 1954 年至
1958 年間，就 555 名職業法官參與之 3,576 件陪審審判，詢及職業法官
是否認同陪審團之評決，有高達 30% 的案件（1,063 件），職業法官並
不贊成陪審團之評決結果（其中有 16.9% 是陪審團評決無罪、但法官認
為應該有罪，2.2% 是陪審團評決有罪、但法官認為應該無罪，5.5% 是
陪審團陷於評決不能、但法官主張應為有罪或無罪，4.7% 是陪審團評
決有罪、法官雖然贊成但認為應該論處較重之罪，0.7% 是陪審團評決
有罪、法官雖然贊成但認為應該論處較輕之罪）；進一步分析職業法官
所以不贊同陪審團評決的理由（僅針對 1,063 件中能提出不一致理由的
962 件進行分析），認為是陪審團之法律感情所致（包括陪審團認為某
些法律之處罰過重，但因陪審團無法參與量刑，故以評決無罪來救援被

---

495 德國於 1974 年法律修正前，陪審法院，係由 3 名職業法官及 6 名參審員組成之大
　　參審法院，若僅以此陪審法院為調查對象，則關於罪責問題，職業法官與參審員
　　之見解一致比例降至 70%，不一致的比例則升高為 30%，關於量刑問題，職業法
　　官與參審員之意見一致比例更僅有 47%，不一致的比例則高達 53%，依據 Casper/
　　Zeisel 的推測，這可能與參審員之人數較多，因此較具備持與職業法官不同意見
　　之勇氣有關，參見 Gerhard Casper & Hans Zeisel, Lay Judges in the German Criminal
　　Courts,1 J. Legal Stud.135, at 180(1972).
496 Casper & Zeisel, *supra* note 495, at 152-153.

告）者有 50%、認為是陪審團對於被告個人之好惡（如同情未成年人、56 歲以上老人、女性，但嫌惡黑人）所致者亦有 22%。[497] 故法官雖然不是不能透過訴訟指揮、諭示、證據法則等「法律武器」來避免陪審團出現逸脫法律的評決，但實際上仍有相當程度的陪審團評決，逸脫了職業法官認為應該遵循的法律，以此觀之，陪審制恐怕未必能符合前述「法官作為法院基本的構成員而進行審判，以確保抽象法律於個案中被徹底遵守」之憲法基本要求。[498]

伍、發見真實的能力

論者認為應該引進國民參與審判制度的諸多理由中，有一個很重要的論點，即認為讓國民參與審判可以更正確地認定事實、避免誤判，這樣的論點發展到極致，即認為一般國民擁有比職業法官更優良的認定事實能力，以此推論，純粹由一般國民組成的陪審團，自然最能發見真實，而謂：「就事實問題必須做出決定的場合，不存在一個足以與受冷靜且公平法官指揮的陪審匹敵的審判體（tribunal）存在。」[499] 至於國民發見真實的能力為何高於職業法官的例證，論者常以陪審制的無罪率往往高於職業法官審判的無罪率為例，認為讓一般國民完全擔負事實認定職責的陪審制，至少可以嚴守無罪推定原則，避免誤判有罪而生的冤

---

497 三井誠，アメリカにおける刑事陪審の実態調査：シカゴ・プロジェクトの紹介，川島武宜編，法社会学講座 5，紛争解決と法 1，1972 年 10 月，頁 162 以下。

498 佐藤幸治等，司法制度改革，於「国民的基盤の確立」部分井上正仁之發言，2002 年 10 月 20 日，初版，頁 342。

499 Lord du Parcq, Aspects of Law Adress to the Holdsworth Club, University of Birmingham, 1948, p.10. 轉引自鯰越溢弘，陪審制度の復活のために：陪審制度の正当化根拠と陪審の事実認定能力について，載：秋山賢三等編，庭山英雄先生古稀祝賀記念論文集：民衆司法と刑事法学，第 1 版，1999 年 6 月 20 日，頁 21。

獄。[500]

　　然而，無罪率的高低，涉及的因素非常複雜，與發見真實的能力高低未必能劃上等號，甚至無罪率高，有時反而可能是因為發見真實的能力太差，所以只能把實際上確有犯罪的被告宣判無罪。

　　但如果因此即認為讓一般國民參與審判會不利於發見真實，因而主張不應該讓一般國民參與審判，以免危害到刑事訴訟主要目的——發見真實，則又屬過快的推論，為了確認讓一般國民參與審判對於發見真實的影響程度，本文擬分別申論職業法官與一般國民發見真實的能力，並以此彰明讓職業法官與一般國民一起進行事實認定的參審制，才是最可能有助於真實發見的制度。

一、職業法官發見真實的能力

　　職業法官與一般國民何者具有較佳的發見真實能力？恐怕會是一個只有理論而無實證佐證、各說各話的論爭。過去許多學者嘗試以各種實證研究方式來解決此一問題，例如訪談法官、檢察官、辯護人，[501] 利用模擬審判（mock jury）或影子陪審團（shadow jury）來分析陪審團的評決，乃至於設計問卷讓陪審員回答其是否理解審判過程等等，但上述這些實證研究，仍然侷限於陪審團與其他人（如法官、影子陪審團等）的見解相互比較，[502] 或者是陪審團的自我評量。由於發見真實能力與正確適用法律之能力不同，法官未必具有評價陪審團事實認定能力的正當性，故上述實證研究並無法客觀地解決職業法官與一般國民何者發見真實能力較佳的疑問。從而上述問題，恐怕還是必須回歸理論的分析，亦

500　四宮啓，同註478，頁23。

501　例如1960年代後半的芝加哥計畫（Chicago Project），訪問了550名參與3,576件陪審案件審理的法官，並完成 *The American Jury*（1966）一書，參見三井誠，同註497，頁158以下。

502　鯰越溢弘，同註499，頁24。

即探尋「事實認定」的本質，然後分析職業法官與一般國民的特質，以及此等特質對於正確認定事實的助益及危害之處。

所謂事實認定，追根究底地來說，就是對於證據的評價。要做出適當的證據評價，就必須正確地運用經驗法則與論理法則，而且還必須擁有良好的直覺力。誠然，所謂事實認定，廣義而言，不僅在刑事審判中進行，在日常生活中也不斷地反覆進行，例如小孩下課回家後只看電視不寫作業，並對家長宣稱是老師沒有交代回家作業，家長要判斷小孩有無說謊？就必須要依賴經驗法則、論理法則與直覺力來進行事實認定，因此，一般國民當然也擁有認定事實的能力。

但刑事審判所需認定事實的能力，與日常生活所需認定事實的能力，仍有程度上的差異，蓋在日常生活中認定事實，即使出現錯誤也不會產生重大的影響（例如相信小孩不用寫功課的謊言，最多就是讓小孩賺到一天任意看電視的休閒時間而已），所以，不必進行如何嚴謹的認定（沒有必要打電話給各科老師確認有無交代回家作業），且認定事實所憑藉的資料亦無任何限制（也可以打電話給小孩的同學詢問），因此，日常生活中認定事實所需的經驗法則、論理法則，其實是比較日常性、粗略的經驗法則、論理法則。

但在刑事審判中進行事實認定所需的經驗法則、論理法則，相較於日常生活，就顯得特殊、嚴謹許多。例如，在一般人的日常生活中，往往很難理解被告犯罪時的心理狀態，更遑論刑事審判中認定事實所憑的證據資料有一定的限制（例如無證據能力的證據不能作為認定犯罪事實的依據），有罪心證更被要求必須要達到毫無合理可疑的證明程度。其次，刑事審判中存在著利害相反、針鋒相對的兩造當事人——檢察官與被告，要在兩者的主張中決定何者為是、何者為非，就更形困難。有論者即認為，所謂事實認定，並非單純直觀的認識，而是經過不斷地比較、反思之後產生的認識，受過專業訓練、累積許多審判經驗的法官，

顯然比起一般國民容易達成此一要求。[503]

　　再者，刑事審判中要進行事實認定，幾乎不可能脫離法律規範的評價而單獨存在，例如，要認定有無構成共同正犯或有無責任能力，就不能不先正確理解共同正犯及責任能力的意義，如果純粹以常識來判斷有無構成共同正犯或有無責任能力，幾乎不可能正確認定犯罪事實。因此，一般國民在日常生活養成的認定事實能力，顯然亦無法應付複雜困難或需要專門知識技能的案件。

　　相較於此，職業法官就上述一般國民無法順利克服的困難，顯然會有較優越的表現，蓋職業法官具備解釋、適用法律的專業，且藉由審理多數案件所累積的經驗，也能更準確地理解犯罪者的行為與心理狀態，掌握偵查與辯護的實態，自然有利於進行事實認定；其次，職業法官在合議審判時，其所主張的論點必須接受合議庭其他法官的挑戰，且職業法官還能藉由大量相近事實的裁判先例學習相類似犯罪事實認定的各項法則；再者，職業法官也可能學習其他有助於事實認定的相關專門知識（例如：心理學），而職業法官必須在判決書中記載事實認定理由的要求，更有助於訓練職業法官就證據評價提出即使不是無懈可擊，但仍必須有相當說服力之論證；最後，法官在判決書中撰寫的理由還可能因當事人提起上訴而受到上級審的審查，一旦上級審認為原審判決有誤，必然毫不留情地撤銷之，即使第二審維持，仍然可能受到第三審的審查。職業法官藉由審判經驗累積而得認定事實能力，學者稱為「事實認定之專門性」，[504]尤其在論理法則方面，有其明顯的優越性。以此觀之，如果在刑事審判程序中完全將事實認定交由一般國民負責，而排除職業法官的參與，實非明智的選擇。

503　吉弘光男、本間一也，同註 79，頁 49。

504　石井一正，刑事裁判における事実認定について（続）：事実認定の専門性と日常性，判例タイムズ，1097 号，2002 年 10 月，頁 5。

二、一般國民發見真實的能力

如上所述，職業法官因為具備法律專業與審判經驗，而可能具備較佳的事實認定能力；但不具備法律專業與審判經驗的一般國民，並不能謂對於事實認定即完全沒有貢獻，甚至有害。相反地，一般國民的特質也可能有助於事實認定的正確性，以下即分別論述如下：

（一）社會通念的正確反映

在進行事實認定時，許多概念其實隱含了價值判斷在內，若要做出正確的價值判斷，勢必要以「社會通念」來判斷，[505] 例如商業糾紛中，被告所採行的手法究竟是該當於詐欺的欺罔行為？或僅是正常的銷售策略？即需社會通念來輔助判斷，又例如是否該當於「猥褻物品」？汽車駕駛人的注意義務應及於何種程度始為正當？均有賴於一般國民藉由日常生活所累積、具備的社會經驗、常識來加以判斷，故讓一般國民參與審判，在社會通念的正確解讀上，顯然比純由職業法官單獨判斷來得精準。

（二）能夠以更多元的角度體現經驗法則

職業法官因為必須具備高度法律專業，且通過國家考試等等檢驗以取得資格，故一般而言，職業法官的出身社會階層、學歷、生活經驗等等背景，即往往趨向於單一狹窄而缺乏多元性，縱使各個職業法官的背景容有差異，但整體而言仍然具有高度的近似性，而這樣的高度近似性，也會使得他們在操作經驗法則時，會呈現出相當近似的結論，這樣過度狹隘的運用經驗法則，往往使得職業法官所進行的事實認定與社會認知出現差距；相反地，一般國民因為其職業、所屬社會階層、生活經

---

505 例如最高法院判決在「何謂署押？」、「想像競合犯與數罪併罰的區別」、「集合犯與數罪併罰的區別」、「貪污犯罪是否情節輕微」、「羈押所需『相當理由』足認有逃亡滅證之虞的基準」、「障礙未遂與中止未遂的區別」、「緊急避難與挑唆避難的區別」等問題上，均曾引用「社會通念」作為判斷的基準。

驗等等，均呈現出高度的多元性，故在評價證據、認定犯罪成立與否、被告是否有為本件犯罪事實等各方面爭點，均可以從不同角度提出疑問，使得所謂「無合理懷疑」，事實上乃是經由各種不同角度的檢驗後才得到確認，以此認定被告有罪，將更為嚴謹。

（三）能夠本於無罪推定的基本立場進行事實認定

職業法官長期參與大量刑事審判，雖然可以熟習於犯罪事實認定的各項法則，以此對相類似案件進行更有效率的審判，但不可諱言的是，由於職業法官接觸的類似案件中，有許多都是判處被告有罪的情形，亦即被告否認其為本件犯罪犯人的案件中，大多數只不過是被告的卸責之詞。故長期以來，職業法官的經驗法則中，自然包含不信任此類案件的被告辯解在內，亦即會朝向有罪的角度來運用其經驗法則。例如，被告否認竊盜，辯稱持有的贓物是其友人阿虎送給伊的，但阿虎究竟真實姓名為何？年籍住所為何？均無法提出說明，此種所謂「海盜抗辯」，法官在審理大量類似抗辯的竊盜案件後，往往即會以被告說謊的出發點，確信被告有竊盜犯行，不會認為被告所辯解使得本案尚有合理可疑，而要求檢察官增強其舉證。或許，多數情形下，被告的辯解確實不可採信，但職業法官一旦過度相信其朝向有罪的角度來運用經驗法則，則可能使得表面上看來不合理、但事實上確實真實的辯解被輕易忽視，造成冤獄，但要職業法官完全脫離其藉由大量案件審判經驗所習得的上述經驗法則，又非容易之事。

相對於此，一般國民並不具備上述負面的經驗法則，也許有時容易被被告巧妙的辯解所騙，而輕易判處被告無罪，但相反地，一般國民正因為沒有不相信被告辯解的傾向，比職業法官更容易傾聽被告辯解，尋求其中表面上看來不合理、但事實上確實真實的辯解，故相較於職業法官，讓一般國民參與審判，比較能夠避免造成被告冤獄的犯罪事實認定。

三、小結

從上述分析可以看出，單純讓職業法官負責事實認定（職業法官審判制），或是單純讓一般國民負責事實認定（陪審制），事實上都有所偏，當然，在維持職業法官審判或是維持陪審制的前提下，當然可以採取其他方法來矯正這些缺失，但比較徹底的作法，無寧是讓職業法官與一般國民一起參與事實認定，讓職業法官與一般國民分別在事實認定中展現其優點，並使得其缺點可以藉由互補而受到有效的抑制，例如職業法官與一般國民分別陳述其對於事實認定的意見，一般國民可以接受職業法官藉由其審判經驗所累積的論理法則來進行事實認定，而職業法官也會受到一般國民所陳述的經驗法則所啟發而得以進行更正確的事實認定，以此觀之，參審制在事實認定方面，實優於陪審制。[506]

再者，複雜案件對於不具備法律專業與經驗累積的陪審員而言，實為沈重的負擔，不能排除陪審員因無法深入分析證據資料，以致事實認定流於恣意、欠缺證據佐證之可能，相較於此，在參審制之下，法官得於評議時針對複雜案件之事實、法律，對於參審員進行有體系的分析、說明，參審員在聽取法官之分析、說明後，比較可能對判決結論進行實質的判斷，[507] 故參審制顯然較陪審制更易於因應複雜案件大量出現的現代社會。

陸、陪審團不參與量刑決定的利弊得失

「陪審團負責事實、法官負責法律」此一法諺，以最簡單地方式點出陪審團與職業法官雖然同時出現在法庭上，但卻分別負責不同的工

506　石井一正，同註 504，頁 8。
507　井上正仁，於「鼎談・意見書の論点③：国民の司法参加・刑事司法」三方會談中的發言，載於「特集・司法制度改革審議会意見書をめぐって」，ジュリスト，1208 号，2001 年 9 月 15 日，頁 145。

作。所以陪審制毋寧可以看做是一種「分工」的審理模式，相對於陪審制，參審制則不妨看做是一種「合作」的審理模式。但陪審制實際運作時，陪審團亦非完全不介入法律範疇。首先，陪審團是在確定犯罪事實的有無，而非單純確定社會事實的有無，所以職業法官雖然可以藉由諭示（Instruction）來解釋法律（law declaration），甚至限定陪審團所能適用的法律，但陪審團仍然是藉由法官的諭示來理解法律，然後將該法律適用於所認定的事實上，所以陪審團雖不負責法律的解釋，卻從事法律的適用（legal application）；[508] 其次，陪審團更可以無視於法官對於法律的解釋（Jury Nullification），在證據明確的情形下，拒絕適用刑罰法律，逕為被告無罪的判決，故上述「陪審團負責事實、法官負責法律」此一法諺，並不能完全作為陪審制之中，陪審團與職業法官分工的界線。

　　但「陪審團負責事實、法官負責法律」此一法諺，在「陪審團可否參與量刑？」此一問題上，仍然有非常重要的意義。陪審制度於 13 世紀初期出現時，當時的陪審，是召集犯罪發生地的居民，使其立於類似於證人的角色，基於其對於犯罪事實的既有認知、或進行積極的證據蒐集以「提供事實」，即所謂「事實提供者（as submitters of evidence）」。蓋當時尚無專門職司犯罪偵查的機關，故必須仰賴犯罪發生地的居民組成陪審團以協助法院進行判斷；到了 16 世紀中葉，隨著社區規模擴大，一般國民已經無法作為事實的有效提供者，而中央集權體制的建立，專制君主也不願再坐視陪審團曲解事實以協助被告規避刑罰，故有檢察官制度的建立，以有效地提供判斷所需的證據、資訊，陪審團則僅消極地負責依照檢察官所交付的證據去認定事實，即所謂「事實認定者」（fact-finder）。但從 13 世紀以來，「陪審團負責事實」的角色，不因

508　Henry P. Monaghan, Constitutional Fact Review, 85 COLUM. L. REV, 229, 234-237(1985). 轉引自岩田太，合衆国における刑事陪審の現代の役割（二），法学協会雑誌，118 巻 10 号，2001 年 10 月，頁 1502。

其為積極的事實提供者，或是消極的事實認定者而有不同，而「量刑」此一工作，顯然處在「事實認定」的射程範圍之外，故傳統上當然即認為量刑是法院的專權事項，陪審團不能與聞，[509] 更何況，陪審案件的審理，區分為「罪責認定」與「量刑」兩個階段，既然量刑可以與事實認定切割，放在不同的階段處理，當然更增強了量刑並非陪審負責事項的論據。[510]

美國在殖民地時期及獨立建國初期，基於：1. 對於英國殖民政府派任法官的抵抗；2. 反聯邦派人士對於聯邦政府委派法官的不信賴；3. 當時法官的資質不見得明顯優於一般人民；以及 4. 職業法官可能因為要爭取續任而必須曲從於輿論或可能收賄，而陪審團則無此危險等因素，曾經短暫地實行讓陪審團參與量刑決定的制度。但由於：1. 陪審團僅負責單一案件之審理，並未綜合複數案件的犯罪情形而進行量刑，故量刑往往出現歧輕歧重的不公平現象；2. 讓陪審團參與量刑可能會使陪審團於進行事實認定時，將量刑的考量混雜其中，例如陪審團的心證雖然尚未達於超越合理可疑的程度，卻以有罪但從輕量刑來草草解決爭議，又例如陪審員將彼此量刑意見的對立，提前到事實認定的討論階段，使得本無爭議的事實認定反而無法達於一致；3. 陪審團之量刑往往過於重視應報而忽略預防思想，且可能憑藉粗淺的感覺而非詳細的資料來進行量刑，不符合現代量刑思想；[511] 4. 除了應否量處死刑之外，量刑乃是具有相當幅度裁量權的工作，與有罪與否的認定乃二者擇一，顯然不同，各個陪審員的意見可能甚為分歧，故量刑不可能以全員一致的方式呈現，

---

509 岩田太，同註 42，頁 1015 以下。

510 岩田太，同註 492，頁 950。

511 岩田太，同註 508，頁 1489 以下。但 1970 年代以後，美國的刑罰思想又逐漸向「應報」擺盪，認為刑罰應該重在公平、嚴格、正當、使犯罪失能（incapacitation），而非一味強調犯罪者的更生而已，故讓陪審團參與量刑的呼聲又有增大的趨勢，參見岩田太，同註 492，頁 953。

此與陪審全員一致的精神不符。[512] 故後來各州又逐漸廢止讓陪審團參與量刑的制度，現在仍保有死刑制度的州之中，雖然大多數仍然讓陪審團參與死刑的量刑決定，但死刑以外的量刑，則僅有少部分州容許陪審團參與，對此，美國聯邦憲法法院更一再透過判決明確宣告：聯邦憲法第6修正案所保障的受陪審審判權利，僅指陪審可以判斷犯罪的構成要件（element of the offense）而已，量刑並不屬於犯罪構成要件，自不屬於憲法保障受陪審審判權利的範圍，故不論州法僅給予陪審建議量刑的權利也好、完全交給職業法官決定量刑而不讓陪審置喙也罷，均無違反聯邦憲法第6修正案之虞。[513] 雖然多數州迄今仍然保留陪審參與死刑量刑的規定，但亦僅屬於立法政策的問題，而非憲法問題；[514] 至於絕大多數的非死刑案件，從各州規定上來看，陪審團並無法參與量刑，[515] 而聯邦最高法院主張此一立法方向並不違憲，厥為不爭的事實。

　　如果採行陪審制，除非另做不同的制度設計，一般而言，即無讓陪審團決定量刑之餘地，當然，這並不代表立法者在採行陪審制之際，即完全不能讓陪審團決定量刑。但回溯前述陪審團參與量刑決定的歷史，吾人不難發現，歷史演進到最後，陪審團所以仍然無法決定量刑，乃因

512　清水真，陪審の量刑手続関与に関する一考察：アメリカ法の素描，刑事司法への市民参加：高窪貞人教授古稀祝賀記念論文集，1版，2004年5月，頁179。

513　Proffitt v. Florida, 428 U.S. 242, 96 S. Ct. 2960(1976); Spaziano v. Florida, 468 U.S. 447, 104 S. Ct. 3154(1984); McMillan v. Pennsylvania, 477 U.S. 79, 106 S. Ct. 2411(1986); Hildwin v. Florida, 490 U.S. 638, 109 S. Ct. 2055(1989); Clemons v. Mississippi, 494 U.S. 738, 110 S. Ct. 1441(1990); Walton v. Arizona, 497 U.S. 639, 110 S. Ct. 3047(1990); Harris v. Alabama, 115 S. Ct. 1031(1995).

514　清水真，同註512，頁183。現在保留死刑制度的各州中，完全不讓陪審團參與量刑的州僅有亞利桑納、科羅拉多、愛德荷、蒙大拿、內布拉斯加等5州。而所以多數州讓陪審團參與量處死刑與否的決定，無非是因為量處死刑或終身刑乃二者擇一的情形，又比較無需整體考量各項量刑因子，故被認為比較適合陪審的特質，參見清水真，同註512，頁180。

515　現在仍然保留讓陪審團參與死刑以外案件量刑決定的州，主要均為政治立場反聯邦派的南方各州，如阿肯色州、肯塔基州、密蘇里州、奧克拉荷馬州、德州、維吉尼亞州等。

制度設計者對於陪審團量刑的公正性仍有不信賴所致，除非上述引發不信賴的因素能夠消失，否則即不太可能讓陪審團單獨決定量刑。

　　但就我國此種長期由職業法官專權職司刑事審判的國家而言，社會對於司法的質疑，有時未必僅限於職業法官認定事實、適用法律的正確性，更及於量刑的適當與否，然而，多數法官在量刑之際，為了禁得起被告的質疑與上級審的審查，往往會選擇較輕的刑罰，[516] 但此種量刑，與社會常識一旦呈現高度落差，即成為司法遭受批評攻訐之處。蓋一般國民往往想要知道，究竟量刑是斟酌哪些因素來決定的？為何法院的量刑，通常低於檢察官的具體求刑？況且，法律另外明文規定了許多刑罰的加重事由（如累犯）、減輕事由（如自首），而媒體往往只針對量刑的最後結論來報導，卻未能對於上述法律規定之加重、減輕事由進行詳細說明，更加深了一般國民對於法院量刑妥適性的疑問，若能讓作為一般人民之參審員參與量刑的評議，將可有效澄清上述人民的疑問。[517]

　　故讓一般國民參與審判，實亦包含讓法院量刑時體現一般國民的正當法律感情的期待在內。但若讓參與審判的一般國民單獨決定量刑，則前述陪審制歷史上所擔心的情形恐又將出現，故比較好的作法，毋寧是讓職業法官與參與審判的一般國民一起決定量刑，亦即參審式的量刑決

---

516 對職業法官而言，判處被告有罪，其實就代表了贊成檢察官的主張，此時如果在量刑時能夠儘量從輕，則可讓受有罪判決的被告不致反彈過於強烈，或許雙方當事人都會因而選擇不上訴，縱使上訴，上級審法院也比較易於認為下級審法官已經充分考量到各方利益而作出一份理性的判決，在沒有其他明顯違失時，會傾向於支持該判決，此種量刑時儘量從輕的思維，即為一種「但求無事主義」的體現。

517 日本學者亦有採相同見解者，請參閱宮島里史，裁判員制と対象事件，特集・裁判員制度導入の諸問題，現代刑事法，32 号，2001 年 12 月，頁 44。但依據 Casper 與 Zeisel 的實證研究，職業法官與參審員就量刑間產生之意見紛歧，遠較有罪與否的爭執來得多，且這種意見紛歧，往往遲至宣判前均無法獲致共識，故最後的量刑常常是妥協的產物，甚至有些法官預期到可能與參審員就量刑產生意見紛歧，為了避免爭執的出現，事先即提出較重於其原本想法的量刑意見，但這樣的心態轉折，亦凸顯了職業法官在量刑方面專業性的不足。

定模式，[518]而非完全不讓國民參與量刑（職業法官審判或現今陪審制）或是讓國民單獨決定量刑（過去陪審制曾經出現過的情形），以此觀之，傳統的陪審制，顯然亦不符合上述需求。

柒、結語

在專制政治橫行的時代，陪審制的確具有節制專制暴政過度侵害一般人民權利的功能，蓋陪審制之下，是由與被告相同階級的人民來決定被告有罪或無罪，而非由專制君主的代理人──職業法官來決定，專制君主的意志無法完全掌控審判結果，當然可以節制專制暴政的行使，確保一般人民的自由。是以英國法學家 William Blackstone（1723-1780）在其名著《英格蘭法釋義（*Commentaries on the Laws of England*）》一書中即主張：「陪審審判係由公平選出、十二名與被告相同階層的鄰人以超越所有疑惑的全員一致評決而進行審判」「只要此一守護神仍然神聖而不可侵犯，英格蘭人的自由即可繼續受到保障。」其後的英國法學家 Patrick Devlin（1905-1992）在 *Trial by Jury* 一書中亦主張：「只要臣民的自由仍然掌握在他的十二名同胞的手中，無論何種獨裁者，均無法將之剝奪，故陪審審判業已超越單純的司法制度，而是憲法的重要支柱，亦即，陪審審判乃照亮自由社會的明燈。」[519]均為此等看法的忠實呈現。陪審團除了可以決定被告有罪或無罪之外，還可以無視於法官對於法律的諭示（陪審團無視法律，Jury Nullification），更是陪審團抵禦君主專制暴政的徹底展現。陪審制傳到了獨立前的美國，也被視為殖民地人民抵抗母國──英國不當統治政策的重要手段而備受重視；即使美國獨立之後，對於美國這種多民族、多語言、多宗教、社會階層對立情

518　川島健治，同註 482，頁 99。

519　Sir William Blackstone, Commentaries on the Laws do England, IV, p.349; Lord Devlin, Trial by Jury, 1956, p.164. 轉引自鯰越溢弘，同註 499，頁 20。

形嚴重的國家而言，讓與自己相同社會階層的人來審判自己，仍然有賦予判決正當性的重要意義存在。

在民主主義的思潮出現後，陪審制又被形塑為徹底實現國民主權的必要政治制度而廣受政治學家的支持、推獎。影響所及，西歐從法國開始，凡是標榜民主的國家，不論既有審判制度或法律文化可否配合，都紛紛採行陪審制，引發了一波陪審制度的仿效熱潮，即使是位處遠東的日本，也此種思潮亦間接促成了大正陪審制的實現。例如法國政治學家托克維爾即主張：「如果把陪審制度單純看待為司法制度，則其思考甚為狹隘。蓋陪審制度不僅對於訴訟的命運有極大的影響，對於社會本身的命運亦有極大的影響。因此陪審制度更應當被視為一種政治制度（une institution politique）。應當經常以此觀點來判斷陪審制度。」[520]「陪審是一種非常政治性的制度，應該被視為藉由人民進行統治的一種型態。」[521] 即本斯旨。

然而，時至今日，陪審制度原本受到標榜的實現自由主義、民主主義等價值，已經隨著專制政權、殖民統治的結束而逐漸受到質疑，蓋以今日的我國而言，既沒有明顯的階級或社會階層對立，法官亦非隸屬於專制君主或均出身於某一特權階級，任何人只要國家考試及格、完成訓練，即可擔任法官，故法官之出身並無明顯不同於一般國民之處，從而陪審制原本追求的——「同儕（peer）審判」，亦即「由自己所屬社會階層的人來審判自己，總比讓與自己不同階層的職業法官來審判來得好」的觀念，亦逐漸受到質疑；加上保障人權思潮的成熟，刑事實體法、訴訟程序均已更趨完備，透過罪刑法定主義及正當法律程序，實已可大幅防止國家機關對於人民自由人權不當的干預或迫害，昔日陪審團

---

[520] Alexis de Tocqueville, De la Démokratie en Amérique, 1835(2 vols., Editions Gallimard, 1961), I, 283. 轉引自鯰越溢弘，同註499，頁19。

[521] サミュエル・ウォーカー（Samuel Walker），同註493，頁122。

作為對抗專制、保障人民自由權益的功能或角色已日漸式微，[522] 有主張陪審制已經是一種過時的制度，乃立法與司法不完備之時代的產物，故時至今日，其適用範圍不斷減縮、實際適用的案件數也逐漸減少、相關程序更日漸簡化。[523]

　　固然，陪審制是由 12 名素人組成的陪審團全權負責事實認定與法律適用，具有來自民間、業餘、僅負責單一案件、不處理程序問題、評決標準需為一致決等特質，而有助於更徹底地實現無罪推定原則、直接審理主義、言詞審理主義及嚴謹證據法則，甚至可以直接回應國民主權的要求。[524] 但陪審團的事實認定可能相當粗糙、不見得能夠正確發見真實、甚至也不能完全遵守刑罰法律規範意旨而為判決，且由於陪審團之評決具有「不可質疑性」，依陪審團評決而為之判決無需附理由、亦幾乎無法受到上級審審查。對於我國刑事被告而言，如果一定要在陪審制與參審制當中作出選擇，應該會認為與其接受一個「可能有利、但一旦不利亦無法救濟」的陪審制，還不如接受一個「可能有利（雖然有利的程度不如陪審制來得明顯）、且一旦不利還可以救濟」的參審制吧！故在我國現今的社會氛圍下，貿然實施陪審制，雖然可以立刻在「國民主權」、「司法民主化」、「取法官而代之」等議題上受到矚目甚至歡迎，但後續所引發、與既有刑事法律規範、訴訟制度、裁判品質、乃至於社會文化的衝突，恐怕不能小覷。綜上所述，本文認為參審制度較陪審制度更適於作為我國未來引進國民參與審判制度之形式。至於在參審制之下，如何確保國民的實質參與，維持國民參與刑事審判的制度意義，則有賴於制度設計之際的注意與用心。

522　陳運財，同註 251，頁 133。

523　佐藤博史，同註 64，頁 823；常本照樹，同註 267，頁 161。

524　相較於陪審制，參審制由於仍然保留了法官參與決定的機制，以民主主義的角度而言，即被批評為「官僚裁判官制度的民主化偽裝」，參見平野龍一，同註 299，頁 4。

第七章
設計我國國民參與刑事審判制度時應考慮的各種因素──以參審為原型

壹、前言

　　引進國民參與刑事審判制度的主要功能之一，乃在於反映社會正當法律感情，已見前述，但相較於刑事案件，在民事事件、行政訴訟案件的領域，往往更重視判決結論是否符合「社會常識」，故從這一點來看，民事案件、行政訴訟案件似乎較刑事案件更應讓一般國民參與。但事實上，絕大多數實施國民參與審判制度的國家，均係以刑事案件為主要的適用對象，分析其原因，厥在於刑事案件涉及之「公益性」遠較民事事件為高，亦更受到一般國民的重視與關注，故在刑事案件中實行國民參與審判之「需求」即較民事事件為高，525 藉此，亦可窺知國民參與審判制度之目的，不僅在於反映社會正當法律感情，以提升審判品質，更在於增進國民對於刑事司法之信賴、擴大刑事司法之正當性基礎。

　　但刑事訴訟畢竟是確認國家刑罰權應否及如何行使的程序，與民事事件、行政訴訟事件相較，更可能不當侵害被告的生命權、自由權、財產權，而且侵害程度亦較民事事件、行政訴訟事件為高，故刑事案件原本就比民事事件、行政訴訟事件更重視訴訟程序的嚴謹、正當，亦更重視結果的正確、妥適，這樣的要求，在引進國民參與審判制度之後，也不應有所改變、偏廢。且此等要求，往往與前述「合憲性之要求」互為

---

525 佐藤幸治等著，司法制度改革，「國民的基盤の確立」部分井上正仁之發言，2002 年 10 月 20 日，初版，頁 351。

表裡，換言之，在設計國民參與審判制度時，除了應該思考規範手段與立法目的的比例原則外，更必須時時將合憲性的要求放在心上。

　　再者，陪審制與參審制雖然都屬於國民參與審判制度，但基本理念有很大的歧異，詳言之，陪審制呈現出「分工」的型態，參審制則著重於「合作」的呈現。故在探討制度設計時，不太可能同時兼顧陪審制、參審制的基本思維，而勢必有所取捨，本文在第五章已經嘗試說明在我國現有法制之下，參審制較陪審制更為可採的理由，故以下之制度設計，乃是以參審制為原型進行探討。但所謂以參審制為原型進行探討，並非侷限於純粹的參審制，例如日本裁判員制度雖然被歸類為參審制，但卻引進了許多具有陪審制色彩的制度（例如裁判員之選任採取隨機普選制、個案選任裁判員、將法律解釋與證據能力爭議完全交由職業法官決定等），本文為求周延，在探討以參審制為原型之國民參與審判制度之制度設計時，當然也會旁及這些「不純粹的」設計方案。

　　以下即針對設計參審制為原型的國民參與審判制度時，各種制度設計可能會引發的討論及其優劣之處，逐一介紹如下。但必須特予敘明的是，本文所指之參審制，並不以特定國家之法制為限，而是泛指所有「讓職業法官與不具法律專業的人士，一起參與事實認定、法律適用、量刑等審判核心事項的作成決定（decision making）程序」之制度。

貳、適用案件

一、案件數量上的考慮

　　採行國民參與刑事審判制度的國家，不論所採的是陪審制或參審制，均不可能讓所有案件都進行陪審或參審審判，一般而言，進行陪審或參審審判的案件不可能超過全部刑事案件的 30%，[526] 剩下的案件仍必

---

[526] 佐藤博史，同註 64，頁 822。

須交給職業法官全權審判，從此一觀察角度來看，世界上固然有純粹的職業法官制（如荷蘭或我國），但並無純粹的參審制或陪審制存在。

　　究竟要讓多少案件適用參審審判？這雖然是立法政策上的問題，但在選擇之際，仍有兩個主要的考量因素，其一是成本上的考量，另一是制度實效上的考量。首先，參審審判比起職業法官審判，耗費更多的審判成本，不僅增加了國家的財政負擔，也增加了參審員等一般國民的負擔，讓愈多的案件適用參審審判，上述負擔也將愈發沈重；其次，如果要引進參審制度，則勢必要讓適用參審審判的案件數量維持一定的比例，如果實際適用的案件數量過少，恐將失去引進參審制度的意義，甚至會造成制度的失敗（如前述大正陪審制），這部分的考量，對於欠缺長期實施經驗、甫引進參審制度的國家更具意義，故有學者即認為，實際進行參審審判的案件，以日本為例，至少應該達到每年 1-2,000 件的水準，[527] 亦即約占日本第一審訴訟案件的 1-2%。

二、案件性質方面的考慮

　　過多的國民參與審判案件會造成國民、國庫乃至於法曹（法官、檢察官、律師）、司法機關的沈重負擔，對於欠缺國民參與審判傳統的國家，更可能引發龐大阻力，故只能挑選部分案件來進行國民參與審判。在選擇何種案件適宜進行國民參與審判時，大概會有兩種不同的基準，其一是依法定刑輕重的標準來選擇，亦即選取重大、中度、甚至是輕微之案件來適用，另一則是依犯罪類型的標準來區分，例如列舉何罪應行國民參與審判。

　　以上兩種不同標準中，依犯罪類型的標準來區分者，可以集中資源於立法者認為最適合進行國民參與審判的案件。例如立法者認為侵害生命法益、性自由法益之犯罪應該適用國民參與審判制度，即可特

527　松尾浩也，同註 121，頁 9。

別列明之，韓國國民參與刑事審判法修正前第 5 條第 1 項即採取此種立法模式，[528] 但此舉可能引發「標準不明」、「不平等」、「標準不齊一」的批評，比方說為何將性侵害案件列入？為何不將同等重要的公務員職務犯罪、暴力犯罪列入？有時即難有合理之說明；當列入案件之法定刑有的雖屬重罪案件、有的則屬較輕之罪之案件，而未被列入案件之法定刑有的卻介於其間（例如為何將妨害性自主列入，卻未將擄人勒贖列入）時，更難有妥適的說明，雖然究竟應該將何種案件列入適用國民參與審判的案件範圍？乃立法政策的問題，可由立法者裁量，已如前述，但如果無法有具備說服力的說明，還是可能引發違反憲法上平等原則之爭議。

相較於此，以「法定刑輕重」為標準，雖然也屬於立法裁量，但至少可以把區別標準明確化，且區別標準正當性係來自於立法者在制訂實體刑罰法律決定法定刑時的立法裁量，故比起前述以「犯罪類型」為標準者來得簡單、明確、且具說服力。[529] 但在決定以法定刑輕重為區分標準後，究竟應該以重大、中度，還是輕微案件為適用案件類型？則為必須面對的第二個問題。

採取重大案件為適用案件時，具有對於社會具重要性、以及易於吸引社會關注的特色，故有認為對於甫採行國民參與審判的國家而言，乃適當的適用案件類型。至少在回答「為何多出了一個參審制度，造成國家財政沈重負擔？」的問題時，「是為了要更妥適地處理『重大案件』。」會是比較有說服力、符合資源分配原理的答案。再者，由於國民參與審判的案件較一般案件更重視審判程序的訊問證人與辯論技巧，以利於參審員於審判過程中形成確信心證，故被告更需要辯護人的協

---

[528] 韓國於 2012 年 1 月 17 日修正該法，將以「犯罪類型」劃定適用案件之第 5 條第 1 項第 1 款規定修正為第一審合議案件均適用之。

[529] 長沼範良，於「鼎談・意見書の論点④：国民の司法参加・刑事司法」三方會談中的發言，載於「特集・司法制度改革審議会意見書をめぐって」，ジュリスト，1208 号，2001 年 9 月 15 日，頁 145。

助，而應該列為強制辯護案件，若將適用案件限於重大案件，亦不至於再擴大強制辯護案件的適用範圍。此外，從立法例來看，法國、日本等國的參審制，亦均以重大案件為限。

　　然而，重大案件在比較容易獲得一般國民注意、關心的同時，也可能較容易受到媒體的報導甚至評論，且部分報導、評論內容可能失之偏頗、煽情，有可能會造成參審員受到影響而無法公允地認定事實、適用法律，[530] 即令並非如此，重大案件亦有可能加重參審員在心理層面、社會層面的負擔。相對於此，中間類型的案件，與一般國民的生活較為密切，蓋殺人、強盜、妨害性自主等重大犯罪，對於一般國民而言，原本只能在電視上看到；但車禍、竊盜、詐欺等犯罪，則為一般國民日常見聞的案件，較易於表現出一般國民的社會常識。[531] 故有主張在引進參審制度的初期，應該先將適用案件的類型限於中間類型之案件，日後再視實施的具體情形檢討修正。[532] 再者，既然是重大案件，則法定刑往往即包括死刑、無期徒刑在內，或許一般國民在實際接觸卷證、瞭解檢察官主張之具體公訴事實及被告答辯後，固然可能會做出與媒體輿論、街談巷議截然不同、符合理性而正確妥當的判決，但當量刑之選擇出現「死刑、無期徒刑」此種「終極選擇」時，一般國民是否會基於實現個案正義的目的、甚至因為憤怒、同情、信念而忽視了應該做出符合理性的判斷？實不無疑問。[533]

　　惟不可諱言的，如果將適用案件限於中間類型的案件，則前揭將適用案件限於重大案件的優點亦將不復存在，換言之，為何要以中間類型案件為限，較之重大案件，顯然缺乏理論上的說服力；再者，即使將參

530　宮島里史，同註 517，頁 43。

531　甲斐行夫，於「裁判員制度導入の是非をめぐって」座談會中之發言，載於「特集・裁判員制度導入の諸問題」，現代刑事法，32 号，2001 年 12 月，頁 21。

532　松尾浩也，同註 121，頁 10；平良木登規男，同註 323，頁 38。

533　椎橋隆幸，裁判員制度が克服すべき問題点，田宮裕博士追悼論集（下卷），第 1 版，2003 年 2 月，頁 128。

審適用的案件類型限於重大案件，而媒體就該重大案件之報導評論內容固然可能導致參審員存有偏見，惟若能讓參審員實質地參與審判，透過實際接觸具體個案之證據後，一般而言，應該能清楚區別媒體報導與證據所呈現之事實間的差距，不致於再受到媒體報導的影響；534 關於參審員就重大案件（如死刑、無期徒刑案件）無法表現社會常識的顧慮，論者則認為此純屬對於一般國民能力之不信任，似不宜作為適用案件性質方面的考量重點；535 至於參審員之心理、社會層面之負擔因審理重大案件而更告加重的問題，則恐怕僅能視為制度上必要的犧牲。

　　分析上述論點，可知批評者與支持者各有立場，難有定論，故無寧說國家經費的合理運用才是決定適用案件類型時最重要的考量。畢竟引進國民參與審判制度絕對是耗費大量國家經費的政策，如果捨棄重大案件而僅適用於中間類型案件，就經費支出這一點，的確難以為令人滿意接受的說明，此觀世界各國的國民參與審判制度，雖然就適用案件之「下限」設有不同規定（如美國陪審制將下限設定為法定刑為有期徒刑1年之案件、日本裁判員制度則將下限設定為故意犯罪致人於死之法定合議案件），但並無捨棄重大案件，純粹擷取中間類型案件作為適用案件的立法存在，即本斯理。

　　在適用案件應以重大案件為宜的前提下，重大案件之中，應否另外排除複雜或專業案件？蓋複雜案件往往必須就數量龐大的證據、進行精細的歸納分析，如果讓此等重大且複雜的案件亦適用參審審判，恐怕會造成參與審判國民沈重的時間、精力負擔，且對於欠缺專業訓練與經驗累積的國民而言，是否能夠正確認定事實，並與職業法官間進行實質且

---

534 井上正仁，於「鼎談‧意見書の論点④：国民の司法参加‧刑事司法」三方會談中的發言，載於「特集‧司法制度改革審議会意見書をめぐって」，ジュリスト，1208 号，2001 年 9 月 15 日，頁 143。

535 但若以參審制度對於參審員的教育意義來看，中間類型、甚至是輕微案件讓參審員參與審判，讓參審員體認到輕微的過錯也可能造成嚴重的後果，則較重大案件，更具有教育的效果。

有意義的討論，還是會成為職業法官的附庸，或純粹憑印象而非證據認定事實，造成所謂「自由印象主義」，亦值得懷疑；[536] 而會計、證券交易、洗錢等高度專業之案件，往往摻雜大量專業知識，與一般國民被期待能在事實認定與量刑上表示較為「素朴」意見的制度本意不符，[537] 亦被認為應予排除。但如果將複雜、專業案件完全自重大案件中抽離、例外地不適用參審制度，則又恐將難有周延的說服力，蓋為何只有簡單的案件才能讓國民參與審判，複雜案件則需迴避，是否代表對於一般國民能力的歧視？進而危及國民參與審判制度的立法宗旨。例如日本司法制度改革審議會於 2001 年 6 月 12 日之「司法制度改革審議會意見書」中提及「被認為對於裁判員有危害或脅迫舉措之虞之組織性犯罪或恐怖主義事件，關於此等特殊案件，有設置特別架構以例外地從適用案件中除外之檢討餘地。」[538] 雖然認為應該將危害性案件排除，但並未將複雜案件排除，即屬適例。

　　惟若不將複雜案件排除於外，則必須在訴訟程序中，對於複雜案件之審理做特別的安排。除了兩造當事人及法官，應該盡可能將複雜的證據以及推論過程以簡明的方式對參審員進行說明之外，也可以考慮採行「分割審理」的模式。亦即將同時起訴之數名被告區隔為不同之國民參與審判法庭進行審理，以利減輕個別國民參與審判法庭之負擔，蓋多數被告之答辯可能各不相同，則事實之爭點也有所不同，其等對於傳聞證據是否同意例外作為證據之意見亦不相同，[539] 若能區別審理，當然可以讓審判過程相當程度地簡化。但此舉亦有風險，亦即刑事訴訟法原本將

536　山室惠，於「鼎談・意見書の論点④：国民の司法参加・刑事司法」三方會談中的發言，載於「特集・司法制度改革審議会意見書をめぐって」，ジュリスト，1208 号，2001 年 9 月 15 日，頁 140-141、149。

537　角田正紀，裁判員裁判の対象事件について，鈴木茂嗣先生古稀祝賀論文集（下卷），初版，2007 年 5 月，頁 702。

538　司法制度改革審議会，同註 176，頁 232。

539　角田正紀，同註 537，頁 700。

數個案件合併審判的優點亦將隨之消失，例如可能出現重複調查證據、量刑標準不一，甚至被告彼此推卸責任的情形。

此外，日本裁判員制度除了將重大案件（最重本刑為死刑或無期懲役或禁錮之罪）列為適用之案件類型外，另外將法定合議案件（依日本裁判所法第 26 條第 2 項第 2 款規定，係指最重本刑為死刑、無期或短期一年以上懲役或禁錮之罪）中「因故意犯罪行為致被害人死亡之罪」亦列為適用之案件類型（裁判員法第 2 條第 1 項），究其原因有二，其一為此種案件往往與前述重大案件間區別標準模糊，有可能因為犯罪故意之認定而致法條變更，例如原本以傷害致死起訴，經審理後認為係殺人，故事先列為對象案件，較不易產生因為起訴罪名與判決認定罪名不同，而致事後需轉換程序（由職業法官審理改為國民參審），其二則為此種案件對於被害人家屬而言甚為重大，為了顧慮被害人家屬之被害感情，故亦列為適用裁判員審判之案件類型，[540] 併此敘明。

三、被告是否認罪的考慮

被告承認犯罪與否，可否作為是否適用參審審判的基準？亦即若被告承認犯罪，是否即無國民參與審判制度的適用？在英美法系中，由於設有「罪狀認否程序（arraignment）」之存在，被告一旦於此程序中承認犯罪（plea of guilty），即適用另外一套截然不同的程序，故被告於前階段的罪狀認否程序中是否承認犯罪，將影響後續應適用之程序；相較於此，並未將被告是否承認犯罪作為判斷應適用何種程序、或縱使被告承認犯罪，適用之程序與否認犯罪時應適用之程序亦無明顯差別的法體系下，被告是否承認犯罪，則非簡單的「時間限定、非黑即白」的二分法，而是從全面承認到全面否認，存有程度不一的各種態樣，且被告對

---

540 新倉修，裁判員制度の可能性と課題，刑事司法への市民參加：高窪貞人教授古稀祝賀記念論文集，1 版，2004 年 5 月，頁 22。

於起訴事實的態度、辯護人的辯護策略，也可能隨著程序的進展而有所變化，可能一開始雖然否認，但逐漸趨向於承認，亦可能一開始雖然承認，但逐漸趨向於否認，更增加判斷被告認罪與否的困難性，故以被告承認犯罪與否，作為是否適用國民參與審判制度的區別標準，即有現實上的困難。[541]

其次，若將被告承認犯罪之案件排除於參審制度之外，可能會造成實際適用案件的減少，從前述「案件數量上的考慮」就可得知，案件數量過少，將使參審制度失去意義，甚至造成制度的失敗，這種考量，在被告絕大多數都願意承認犯罪之國家（如日本）會特別嚴重，而為初次引進此制度的國家不能不注意的地方。

再者，即使被告承認犯罪，而無須進行犯罪事實認定部分的證據調查，但量刑亦為刑事審判的重要一環，現今社會對於司法的批判，有時即在於職業法官的量刑與社會的期待有落差，故若能於量刑中反映一般國民的看法、反應健全的社會常識，亦能有助於國民參與審判制度目的的達成。[542] 日本司法制度改革審議會於 2001 年 6 月 12 日之「司法制度改革審議會意見書」中就「被告對於公訴事實承認與否，不應該有所區別」此一立法原則所為之說明即謂：「不只是有罪無罪之判定，關於刑之量定讓裁判員參與亦被承認其意義，故不應區別被告是否承認公訴事實而設區別」。[543]

為了使自白案件也能讓一般國民反映關於量刑的意見，故本文亦贊成不應區分被告認罪與否，而應該將被告自白的案件亦納入國民參與審判的適用範圍內。但必須附帶一提的是，如果參審員於一定時間內擔任

541　松尾浩也，同註 121，頁 9。
542　司法制度改革審議会，司法制度改革審議会意見書，ジュリスト，1208 号，2001 年 9 月 15 日，頁 232；長沼範良，於「鼎談・意見書の論点④：国民の司法参加・刑事司法」三方會談中的發言，載於「特集・司法制度改革審議会意見書をめぐって」，ジュリスト，1208 号，2001 年 9 月 15 日，頁 143。
543　司法制度改革審議会，同註 176，頁 232。

複數案件的審理（即所謂任期制，詳後述），為了避免參審員因為先後接觸相同類型、有的否認、有的承認之複數案件，造成參審員對於否認犯罪者產生不利偏見（別的被告碰到同樣情形都大方認罪了，只有你還飾詞狡辯），似乎應該將適用案件限於被告否認之案件；但若參審員僅擔任單一案件之審理（即所謂個案制），既無因為審理認罪被告的經驗而產生對於否認犯罪被告的偏見之虞，自無為此特意排除自白案件之必要，末此敘明。

四、是否賦予被告選擇權的考量

在確定參審制度應該適用之案件類型後，是否還應該另外給予具體案件的被告選擇是否適用參審審判的權利？亦即是否還必須由被告主動聲請，才會「例外地適用」參審審判？或是被告主動聲請，即得「例外地不適用」參審審判？關於此部分的制度選擇，乃與適用案件數量有關的重要問題，蓋如果讓被告可以選擇，等於被告的意願也可以決定具體案件是否適用參審審判。表面上來看，立法者是否給予被告選擇適用何種程序的權利，似乎只是單純的立法裁量，甚至讓被告有機會選擇不適用國民參與審判制度，還可以減少適用案件，減輕國家的財政負擔。[544]但本文認為此一問題實涉及三個層次的子問題，第一是有無將此視為規避違憲爭議的手段，第二是對於參審制度立法宗旨之界定，第三則是具體運用時的考量。

首先，在參審制度仍存有高度違憲爭議的國家，如上所述，這些違憲爭議最後往往會被歸結為「有無侵害被告接受符合正當法律程序之審判的憲法權利？」給予被告「拒絕」接受參審審判的權利，被視為可以迴避上述侵害被告訴訟權利的爭議，蓋被告一旦本於自我決定權「接受」參審審判，即可推論被告並不認為參審審判侵害其憲法上保障之訴

544　松尾浩也，同註121，頁11。

訟權利，被告這位「事主」既然都不認為參審審判侵害其權利而願意接受參審審判，「局外人」也就很難說些什麼。

但反觀刑事訴訟法現存的各種制度設計，均無逕自給予被告拒絕適用選擇權的情形存在（以合議制與獨任制為例，立法者為了平衡審判品質及訴訟資源的利益衝突，故設有合議制與獨任制法院之區別，但適用獨任制法院審判的被告，不能要求改用合議制法院審判，適用合議制法院審判的被告，也不能要求改用合議制法院審判；至於區分被告是否認罪而適用不同程序，重點仍在被告是否認罪，亦非被告單純選擇即可適用不同程序），其他程序既然均未賦予被告程序選擇權，故實不能將賦予被告程序選擇權與否，單純視為立法裁量而已。蓋立法者同意讓被告選擇是否適用國民參與審判，其在嘗試解決上述違憲爭議的同時，也隱含了立法者自己也承認「參審制度確實可能違憲」的意涵，此不僅代表立法者對於此制度是否違憲的信心不足，甚至可說是該制度的自我否定。問題是立法者怎麼可以先創造一個連自己都懷疑可能會違憲的制度，再由被告以選擇、同意來規避其瑕疵呢？

實則，如果真的把國民參與審判制度視為一種國家打算長久施行的司法制度，如同德國、法國、英國、美國一般根深蒂固地存在於刑事審判中，自然不會僅僅為了規避違憲爭議而採取讓被告有選擇權的方案。此觀德國、法國、日本的參審制不允許被告自由選擇是否適用，甚至英國、澳洲、丹麥等國的陪審制亦不允許被告自由選擇是否適用，其主要理由亦在此。[545] 至於美國雖然透過實務見解，給予被告選擇是否進行陪審審判的權利（Waiver of Jury Trial），但其前提並非認為陪審審判侵害被告權利，正好相反地，是認為接受陪審審判是被告的憲法權利，基於權利可以放棄的觀點，故容許被告本於個人利害考量而放棄之，美國憲法將陪審審判視為被告權利，而對於陪審作為司法制度的意義，則不是

---

545 平良木登規男，陪審・參審・職業裁判官（議論の狀況），特集・陪審・參審・職業裁判官，刑法雜誌，39 卷 1 號，1999 年 7 月，頁 61。

那麼被看重。[546]

　　除去美國陪審的特殊情形外，其他主張應該要給予被告選擇權的論點，其立論基礎亦未必都是直指國民參與審判制度違憲，例如有論者主張：讓國民參與審判雖然可以提升國民對於司法的理解與信賴，增進司法的正當性基礎等優點，然而現有職業法官審判基本上也沒有什麼不好，即使要引進國民參與審判制度，亦不應該剝奪刑事被告依現行制度由職業法官審判的權利或利益，故應該給予被告選擇接受職業法官審判或是國民參與審判之權利，若國民參與審判的確是比較好的制度，當然會有比較多的被告願意選擇。[547] 追根究底，這樣的主張其實還是隱含了對於國民參與審判可能造成審判品質下降的疑慮，例如國民參與審判的事實認定可能較現有職業法官審判來得粗略草率、量刑亦可能偏重等等，當然，這樣的擔心絕非杞人憂天，但是否因此即需給予被告選擇權？本文仍然採取否定的立場。詳言之，當這樣的憂慮既深且重，已經達到可能侵害被告憲法上保障之訴訟權利的程度時，立法者本來就不應該容許這樣的制度存在，或至少要將制度修正到不違憲的程度，而不是一方面引進這麼有問題的制度，另一方面再給予被告選擇權以資補救；而當這樣的憂慮雖然存在，但仍然在正當法律程序的容許範圍內時，例如事實認定雖然沒有職業法官審判時精確縝密，但仍足以正確適用法

546　Patton v. United States, 281 U.S. 276(1930). Patton 案之 12 名陪審員中，有 1 人因生病而未到庭執行陪審員工作，但剩下的 11 名陪審員仍然做出了被告 Patton 有罪的評決，Patton 遂主張其無須接受不完整的陪審團審理，而可以放棄陪審審判，因而爭執該陪審團評決的有效性，聯邦最高法院贊成 Patton 的主張，諭知「重罪被告得放棄其接受陪審審判的權利」，並進而明確揭示陪審團必須由 12 名陪審員組成，不得缺額，且評決需由該 12 名陪審員全員一致形成，乃聯邦憲法第 6 修正案所謂「受陪審審判權利」的要素，雖然 Patton 是因為不滿意陪審團之有罪評決而以陪審團的組織上瑕疵提出其主張，亦即從質疑陪審的角度，希望達到得以放棄陪審審判的結論，但聯邦最高法院則是從贊成陪審的角度，基於被告可以放棄其權利的觀點，得到被告可以放棄陪審審判的相同結論，參見丸田隆，同註29，頁169。

547　椎橋隆幸，同註533，頁 129-130。

律，量刑雖然可能有較大幅度的偏移，惟仍然在立法者授權的裁量範圍之內，此時要不要給予被告選擇權，則完全取決於立法者的裁量，一般而言，立法者在此種情形下，並不會容許被告選擇，以免破壞了立法者設計制度的原意。例如立法者雖然認為合議制法院更能有效發見真實、正確適用法律，但基於國家財政、人力的理由，也另外創設獨任制法院，當然，獨任制法院就事實認定、法律適用發生錯誤，甚至量刑出現偏差的機率，從理論上來說一定比合議制法院來得高，但仍然在正當法律程序之容許範圍內，而立法者不給予被告選擇獨任制法院或合議制法院的權利，亦無何不當之處。

次就參審制度立法宗旨的界定來看，如果主要將接受參審審判界定為被告訴訟上的權利，則被告自願放棄接受參審審判的權利，不論其考量為何，基於尊重被告自我決定權的觀點，在論理上均應准許，如前述美國陪審制即係此種情形；反之，如果主要是將參審制度界定為一種提升一般人民對於司法信賴、確立司法正統性的制度，基於公益性的考量，為了避免被告因各種理由選擇不適用參審審判，致參審制度無法充分發揮上述立法宗旨，則會傾向於不給予被告選擇是否適用參審審判的機會。日本裁判員制度立法時，即以「新的參加制度（按指裁判員制度）與其說是為了個別的被告，不如說是對於一般國民或審判制度具有重要的意義而被引進，故不應允許作為訴訟一造當事人的被告，拒絕有裁判員參與之審判體而選擇只有法官參與之審判。」[548] 明確指出該國立法者認為裁判員制度的意義重在公益性考量，而非定位為被告憲法上權利。

再者，就具體運用時的考量來看，由於參審審判比起職業法官審判的審理程序，耗費較多的時間、勞力，故對於法官、檢察官或辯護人而言，本來就比較容易傾向排斥適用，如果給予被告選擇是否適用參審審

---

[548] 司法制度改革審議会，同註176，頁232。

判的權利，是否會演變成法官、檢察官或辯護人以各種方式（例如量刑上的減輕等）競相勸誘被告不要選擇參審審判，造成如同前述日本大正陪審制一般，不利於參審制度生根茁壯的惡劣情況，則為甫引進參審制度的國家尤其必須考量的問題。此外，對於引進參審制度，也期待能夠同時發揮「促進刑事訴訟程序再改革」的國家而言，如果賦予被告選擇權，造成被告主動或被動地選擇不適用參審制度，也會影響到藉由參審制度之實施，達成刑事訴訟改革的目標，此亦為必須審慎考量的問題。

　　綜上所述，國民參與審判與職業法官審判，雖然都是刑事訴訟程序的一環，但對於具體個案的被告而言，何者較佳？則可能會有其個人主觀上的利害考量、甚至偏好存在，但就如同有些被告可能希望由女法官來審判，而有些被告則希望由男法官來審判一樣，通常情形下，國家並不會為被告這種主觀上的利害考量或偏好而大開「任意選擇」的方便之門，造成程序紊亂、複雜化，雖然說此時被告個人的主觀利益、利害也應該受到重視，但毋寧說公共利益在這樣的情形下更受到重視，而當國家認為某一制度另有其重要的立法目的需要達成時，不給予被告選擇權更有其正當性。例如國家認為國民參與審判制度可以提升國民對於司法的理解與信賴，或促進刑事訴訟程序的再改革，且必須要有相當數量之案件方能達成這樣的目的時，則國家不給予被告選擇是否適用參審審判的權利，以免參審制度乏人問津，並不能認為有何不妥；但如果國家將參審制度視為被告的權利，甚至是憲法上保障的訴訟權利時，即使引進參審制度仍有其公益性目的存在，但並不如被告權利的觀點來得重要，此時給予被告選擇權則是正當的。至於參審制度因為具體制度設計不良，已經達到足以侵害被告憲法上保障之訴訟權利的違憲程度，則根本不應該讓此制度存在，或至少應該修正制度內容、使其達到不違憲的程度，而不是讓被告選擇以規避違憲的批評。

　　附帶一言，本文雖然認為「為了規避違憲爭議而給予被告選擇權」並不適當，但如果為了要規避違憲爭議而一定要給予被告是否接受參審審判的選擇權，就應該讓被告「隨時」拒絕此制度，僅僅讓被告「限時

拒絕」或「聲請後限時撤回」，保障顯然不足，此與將此制度視為被告憲法上權利，被告放棄後當然無從回復之情形，自不能同日而語。但實際運作時，實難想像在被告隨時得拒絕適用之情形下，會造成多麼重大的程序轉換困難、複雜、時間勞費的浪擲，故立法者勢必會對被告行使拒絕權的時間為一定之限制（韓國國民參與刑事審判法第 8 條第 4 項參照），而此一因應實際需要所為的限制，卻又是造成違憲爭議無法完全被規避的原因。以此觀之，為了要規避違憲爭議而給予被告是否接受參審審判的選擇權的論點，即使在實際運作時，亦未必能完全達到其目的。

綜上所述，關於應否給予被告選擇權的考量，本文認為重點在於參審制度對於被告的意義為何，這部分的評價可能因為制度內容、法律文化而出現很大幅度的落差（如附圖的斜線），至於參審制度的公益性目的，其評價則相對地穩定持平（如附圖的平行直線）。當參審審判被視為被告權利之意義，已經遠高於其公益性目的時，則不妨給予被告選擇權，除此之外的情形，均無給予被告選擇權的必要與正當性。以下茲以圖示說明之：

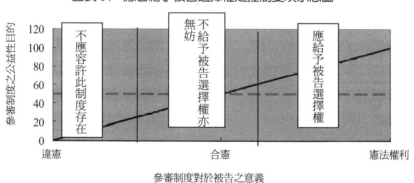

圖表 14　應否給予被告選擇權之控制變項示意圖

　　日本最高裁判所第二小法廷於 2012 年 1 月 13 日判決，針對被告之辯護人於上訴意旨主張：「裁判員制度並未給予被告「選擇」是否適用裁判員裁判的權利，故屬違憲」之主張，謂：「憲法於刑事審判中容許國民參與司法，應該解為只要能夠確保憲法所定、用以實現適正刑事審判的各種原則，其內容乃委諸立法政策，而裁判員制度對於在公平法院、基於法律及證據進行適正審判等，已經進行制度性保障，故上述各項原則亦已獲得確保。從而，不承認被告對於是否接受裁判員制度之審理裁判的選擇權，並不違反憲法第 32 條、第 37 條。」該最高裁判所小法廷之立論方式，即係先「檢驗」該國裁判員制度是否侵害被告憲法上保障之訴訟權，當確認裁判員審判並未侵害被告憲法上保障之訴訟權後，即得出不給予被告選擇權亦不違憲的結論，由於日本並未承認「受裁判員審判是刑事被告之憲法權利」，故上述結論洵屬正確。詳言之，在此情形下，參審制度有其公益性目的需達成，且雖非被告之憲法權利，但亦未侵害被告之憲法權利，故不給予被告選擇權，並無何不當之處。

參、合議庭的組成

一、參審員人數應該多於法官──一項實證研究的啟示

　　參審制不同於陪審制之點甚多，但其中一個非常關鍵的區別標準，即在於法官與參審員間呈現一種「合作」的工作型態，一起進行事實認定、法律適用及量刑的工作，這樣「合作」的工作型態將會從第一次審判期日開始，持續到評議完畢時為止。但不可諱言的是，即使是合作的工作型態，也可能出現法官、參審員間意見不同的情形，此時假設有一位、甚至多位參審員的意見與合議庭其他成員的意見出現歧異，該參審員的意見最後可能有以下幾種發展方向：（1）參審員被說服，放棄既有意見；（2）參審員的意見與其他合議庭成員（職業法官）的意見相互讓

步、達成妥協；（3）持不同意見的參審員中部分成員被說服，另部分意見因投票時居於少數而落敗；（4）參審員堅持己見，最後因居於多數而獲勝；（5）參審員堅持己見，最後因居於少數而落敗。

　　Gerhard Casper 與 Hans Zeisel 於 1970 年代針對德國巴登 - 符騰堡（Baden-Württemberg）、漢堡（Hamburg）、黑森（Hessen）三邦之「區法院（Amtsgericht）所屬參審法院（Schöffengericht）」、「地方法院（Landgericht）所屬大刑事庭（Große Strafkammer）及陪審法院（Schwurgericht）」進行之參審案件實證研究中，針對參審員與職業法官間意見不同時何者較占優勢？進行了實證研究，此一研究，正好可作為參審審判的合議庭應該如何組成的參考。蓋該研究的對象——德國參審法院（Schöffengericht）與大刑事庭（Große Strafkammer），雖然職業法官的人數不同（參審法院是 1 名法官、大刑事庭則是 3 名法官），但參審員正好都是 2 人，也就是正好出現「法官人數少於參審員（參審法院：1 名法官＋ 2 名參審員）」與「法官人數多於參審員（大刑事庭：3 名法官＋ 2 名參審員）」兩種對照組。

　　依據這份實證研究，當職業法官人數少於參審員（參審法院），且 2 名參審員意見一致時，參審員比較不會被職業法官說服而放棄既有意見（2 名參審員都被說服而在論罪爭議上放棄既有見解的比例是 20%，在量刑爭議上放棄既有見解的比例是 21%，1 名參審員在論罪爭議上被說服、另 1 名參審員被擊敗的比例是 5%，1 名參審員在量刑爭議上被說服、另 1 名參審員被擊敗的比例是 0%），但法官人數多於參審員時（大刑事庭），參審員比較容易被職業法官說服（2 名參審員都被說服而在論罪爭議上放棄既有見解的比例則為 27%，在量刑爭議上放棄既有見解的比例是 15%，1 名參審員在論罪爭議上被說服、另 1 名參審員被擊敗的比例為 13%，1 名參審員在量刑爭議上被說服、另 1 名參審員被擊敗的比例是 3%）。

　　再者，當 2 名或 1 名參審員始終堅持己見而必須以投票決定判決結論時，在法官人數少於參審員的參審法院，參審員的意見得以主導判決

結果的機率較高（在論罪出現爭議時，參審員的意見最後得以主導判決的比例，占所有意見不一致情形的 25%，在量刑出現爭議時，參審員的意見得以主導判決的比例，占所有意見不一致情形的 24%）；但在法官人數多於參審員的大刑事庭，參審員的意見比較不容易主導判決結果（於論罪出現爭議時，參審員的意見得以主導判決結果的比例僅為所有意見不一致案件的 7%，於量刑出現爭議時，參審員的意見得以主導判決結果的比例亦僅占所有意見不一致案件的 9%）。[549]

　　由以上實證研究結果可知，即使參審制之下講求法官與參審員持續充分溝通、相互合作以進行審判，希望能盡量避免嚴重意見分歧、需以投票決定判決結論的情形。但意見分歧的情形既不可能完全避免，當意見分歧時，法官人數多於參審員的合議庭，參審員的意見較難主導判決結論，厥為不爭的事實。如果引進參審制度的目的，還包括讓參審員代表的社會常識、健全法律感情能夠一定程度地影響判決，以達成更妥適允當的審判結果，則是否應該讓參審員的人數多於法官，即為在設計合議庭組成時必須重視的前提。

二、設計合議庭組成人數時的考量

　　日本裁判員制以重大案件為適用案件類型，已見前述。故在制度設計之際，係在維持重大案件既有的三名職業法官為合議庭構成員的前提下，考慮合議庭中職業法官與合議庭構成員的組成，此種想法，首見於日本裁判員制度・刑事檢討會第 28 次會議（2003 年 10 月 28 日）中，座長（主席）井上正仁教授提出之「裁判員制度概要」（又稱為「座長報告（座長ペーパー）」），即主張應以「3 名法官＋4 名裁判員」之方式構成合議庭；其後進行政黨協商，執政黨──自由民主黨（自民黨）承襲前述方案，主張合議庭之組成為「3 名法官＋4 名裁判員」，但友

549　Casper & Zeisel, *supra* note 495, at 187-188.

黨——公明黨則主張應由「2 名法官＋ 7 名裁判員」組成合議庭，故最後執政黨聯盟經過協調，採取「3 名法官＋ 6 名裁判員」之折衷案，並在被告承認起訴犯罪事實，且檢察官、被告、辯護人均無異議之前提下，另採取「1 名法官＋ 4 名裁判員」之例外體制，嗣後於 2004 年 7月 29 日召開之裁判員制度・刑事檢討會第 31 次會議，幕僚單位提出之「骨格案」即以上述折衷方案規劃合議庭之組成結構，並為嗣後的裁判員法所沿用。

　　從日本裁判員法上述立法過程中可以看出，在設計參審合議庭的組成時，除了應該秉持參審員人數應該多於法官之前提，以達成國民參與審判制度之實效外，還有兩個主要部分需要考量，其一是法官的人數，另一是參審員的人數，以下即析論之：

（一）法官的人數

　　如果將參審制度適用之案件限於重大案件，但其他不適用參審制度之重大案件均為由三名職業法官合議審理之案件時，則適用參審審判之合議庭，是否應比照其他重大案件，亦置 3 名職業法官呢？這個問題與「參審制度中法官的功能，與其他非參審案件中法官的功能，是否應等同看待？」有密切的關係，蓋如果仍然期待參審審判中職業法官能夠發揮與其他非參審審判中相等之功能，則參審審判的合議庭中職業法官人數就仍應該維持 3 人；若僅期待參審審判時之法官維持「最低限度」的功能（例如提供法律專業意見、指揮訴訟、主持評議、避免違憲爭議等等），原本賦予職業法官的其他功能，則希望能夠被參審員「取代」[550]時，合議庭中職業法官之人數可以減為 2 人、甚至 1 人，此時職業法官的角色將與陪審制時職業法官的角色相近，當然參審員的人數也可以比

---

[550] 佐藤博史、松澤伸，裁判員制度の人數構成：裁判官 2 人制の提言，現代刑事法，57 号，2004 年 1 月，頁 41。

照陪審員大幅增加。[551] 且職業法官一旦為 3 人時，容易另外形成「職業法官部分的多數意見」，更何況 3 名職業法官中往往有經驗年資上的差異，在司法官僚主義之下，容易產生「資淺法官附從資深法官意見」的現象，故為了避免職業法官以本身形成的多數意見凌駕於參審員的意見之上，將職業法官的人數減為 2 人或 1 人，似乎可以達到相當的效果。

　　然而，職業法官縱使降低為 2 人，但彼此意見一致時，仍可能形成職業法官以本身形成的多數意見凌駕於參審員的意見之上的情形；當彼此意見分歧時，固然可能各自表述其立論基礎以尋求參審員的支持，但由於職業法官仍存有資深、資淺、位高、位低之官僚階級差異，在職業法官為 2 人時，往往仍以較資深的審判長意見為準。即使職業法官減少至 1 人，在該名職業法官已有定見時，仍會有相同的問題，故與其說是職業法官人數的問題，不如說是參審制度本來在結構上的問題，亦即只要職業法官必須與參審員共同參與評議，而職業法官自覺與參審員不同，就可能產生職業法官以自己意見為尊的情形。故職業法官意識改革，遠比法官人數刪減來得重要。

　　更何況，若要將參審審判合議庭之職業法官減為 2 人甚至 1 人，則需考量到與其他非參審審判之重大案件甚或是中間類型案件，仍由 3 名職業法官合議審判的「平衡」問題。亦即從被告的角度來看，為何某些案件是由 3 名職業法官來審理，另外某些更重大的案件則是由少於 3 名的職業法官與一些不具法律專業的參審員來審理？此為難以說明的問題，對於傾向於信任職業法官的被告而言，更可能會產生相對剝奪感，甚至引發侵害憲法保障之訴訟權爭議，此一問題在不容許被告拒絕參審審判的前提下，可能會更為嚴重。

　　其次，如果將參審審理程序中之部分事項（例如訴訟程序的進行、法律的解釋、證據能力有無的判斷等）的決定權仍然「保留」給法官，

---

551 松本時夫，裁判員制度の予想できる具体的運用について，法の支配，133 号，頁 32。

則參審法庭的法官在決定這些「保留」事項時，其地位與其他非參審審判之合議庭法官並無不同，此際，為何參審審判合議庭中少於 3 名的職業法官，即可決定原本要由 3 名職業法官共同決定之事項，亦難有合理的說明。實際運作中，當合議庭中的職業法官為 2 人時，若 2 名職業法官就上述「保留」事項意見不同時，更可能無法藉由多數決產生結論。

　　針對上述批評，主張合議庭中僅配置 2 名法官的論者雖認為：1. 當應由職業法官負責決定之事項，係牽涉當事人是否已經盡其舉證責任（如證據能力有無之釋明），而 2 名職業法官意見分歧時，視為該待證事實並未盡其舉證責任；2. 其他應由職業法官負責決定之事項，遇有 2 名職業法官意見分歧時，則應由審判長決定。[552] 但為何意見分歧時，即應擬制為「未盡舉證責任」或「逕由審判長決定」？為何不回歸「3 名法官多數決」的方式以解決上述爭議？此說並無法為適當之說明。

　　再者，如果針對某些被告認罪的案件，且法院認為適當時，得採取 1 名職業法官加上數名參審員的合議庭配置（例如日本裁判員法第 2 條第 3 項之規定），亦會形成另外的問題。蓋即令此種案件本來就未必需要 3 名法官合議審判，且在犯罪事實認定方面，由於被告認罪，故職業法官與參審員之意見不致於出現歧異，不會有該 1 名法官可以逕自決定犯罪事實有無的問題，但在量刑的可決標準方面，職業法官與參審員間仍可能出現意見紛歧，如果為了規避違憲爭議而進一步採取「多數意見中至少需有 1 名職業法官之贊同意見或較重量刑意見（日本裁判員法第 67 條第 2 項）」的標準，等於賦予該名法官量刑獨大的否決權，亦即合議庭唯一的這位職業法官即可單獨決定量刑，亦會產生不合理的現象，蓋此違背了原本引進國民參與刑事審判制度，希望讓一般國民參與刑之量定，以解決一般國民與職業法官間對量刑日益擴大的差距的立法目

---

552 西村健、工藤美香，「裁判員制度」制度設計の経過と概要，自由と正義，55 巻 2 号，2004 年 2 月，頁 18。

的。[553]

　　綜上所述，合議庭中法官人數雖然不是不能減少至 2 人、甚至 1 人，但減為 2 人甚至 1 人後，將衍生許多新的問題，最主要的問題，乃在於與既有 3 名職業法官審判間的「平衡」問題，故本文仍然贊成由 3 名職業法官構成參審法庭的結論。

（二）參審員的人數

　　一個合議庭中，應該有多少名參審員？這固然是立法政策的問題，但參審制合議庭的組成，與該國期望參審制達成的功能間，有極強的關連性，愈是期待參與審判的國民（參審員）能夠影響法院判決結論者，愈會傾向於增加合議庭中參審員的人數；反之，因為擔心違憲爭議，或是僅期待參審員發揮前述「背書」「防波堤」功能者，則會傾向於減少合議庭中參審員的人數。

　　當然，如果將參審制度視為「國民主權」在刑事司法上的展現時，則亦可能希望增加參審員的人數，但除了在刑事司法中實現國民主權（民主化）是否適於作為引進參審制度的理由尚存有爭議之外；事實上參審員亦不能被視為是一種「國民代表」，蓋所謂國民代表，乃如同國會議員等民意代表，係經由普遍國民的意志而選出之人，參審員不論其選任方式為何，均不可能採取如同國會議員產生的方式、藉由選舉而產生，自非所謂「國民代表」，至多只能說是從國民當中選出、但仍然是以個人身分參與審判。[554]

　　再者，如果從希望能夠在判決中反映出多元價值觀的觀點出發，也可能希望參審員的人數愈多愈好。蓋參審員人數愈多，愈可能涵括社會

553　大澤裕，合議体の構成，特集・裁判員制度のゆくえ，現代刑事法，6 卷 5 号，2004 年 5 月，頁 17-18、21；新倉修，同註 540，頁 16。

554　竹下守夫，於司法制度改革審議會第 51 回（2001 年 3 月 13 日）會議之發言，轉引自安村勉，裁判員の構成：裁判員の權限・人數・選任方法・任期，特集・裁判員制度導入の諸問題，現代刑事法，32 号，2001 年 12 月，頁 36。

上多樣的階級、價值觀，這對於社會組成較為多元的國家（例如美國）
更有其意義。但參審制度之立法目的是否係在反映社會的多元價值觀，
還是反映社會上的一般常識即為已足，本即有不同的看法。縱使認為參
審制度之目的亦包括反映社會的多元價值觀在內，但社會上的價值觀究
竟應該分成哪幾類？又如何從一般國民中挑選出代表不同價值觀的參審
員？均為難以解決的問題，故即使參審員的人數大幅增加，亦未必能充
分反映各式各樣的多元價值觀。

　　其實以反映多元價值為由主張參審員人數應該愈多愈好的想法，
不無受到陪審制的影響。誠然，陪審團最早是由與被告相同階層的人
（peers）構成，其後逐漸演變為是由社會各階層的代表（cross section
of society）構成，美國聯邦最高法院在 Taylor v. Louisiana 案中即明確
指出「選出各階層、具代表性的陪審團，乃是聯邦憲法第 6 條修正案保
障被告受陪審審判權利的重要要素」。[555] 但即使如此，聯邦最高法院亦
不認為有必要在陪審團組成時，為了完全呈現出社會的縮圖，而應應依
比例分配陪審員。[556] 蓋如果強求一定要依比例分配來組成陪審團，則該
陪審團將會成為各階層代表組成的「代議式陪審」，陪審員恐怕將不會
依循法庭上提出的證據來認定事實，而是會產生本於要使與自己同階層
的被告無罪之「義務感」，來進行事實認定的危險。[557] 以上美國實務的
發展歷程，亦足證「社會多元價值觀的反映」，即使是某些論者對於國
民參與刑事審判制度的理想目標，但如果過度強調、甚至輔以制度設計
上的擔保，則反而有害於刑事審判。

　　即使基於上述「實現國民主權」、「反映社會多元價值觀」之目的，
而於合議庭中納入比較多的參審員，但增加參審員人數亦非毫無節制。

555　Taylor v. Louisiana, 419 U.S. 522(1975).

556　Cater v. Jury Commission of Green County, 396 U.S. 320(1790).

557　丸田隆，アメリカ陪審制度の理念と問題点，特集・陪審制をめぐる歴史・理
　　念的検討，法律時報，64 巻 5 号，1992 年 4 月，頁 35。

蓋參審員人數過多，將使個別參審員無法均與職業法官進行充分而徹底的討論，也會使評議時間變得冗長，對於參審制期待可以藉由參審員與職業法官的不斷地討論、意見交流以形成對於心證的共識的制度精神，將有不利的影響。且參審員的人數如果過多，亦可能會導致每一位參審員在評議時發言的機會減少，參與評議的專注力與責任感也會隨之下降，淪為單純的投票表決，無法將個別參審員的多樣價值觀充分反映於判決書上。[558] 再者，如果如同日本一般，為了要規避違憲爭議而採取「多數意見必須有一名以上職業法官贊成意見」才能為有效評決的制度（日本裁判員法第 67 條第 1 條規定：「於前條第一項裁判員參與之判斷行評議時，以包含構成法官與裁判員雙方意見在內之合議體人數過半數之意見決之，不受裁判所第七十七條規定之限制。」），則萬一出現全部的參審員（如日本為 6 人）均主張有罪，但全部的職業法官（如日本為 3 人）則均主張無罪時，依規定需判處無罪，等於合議庭中大多數意見（參審員的全部意見）卻遭到少數意見（職業法官的全部意見）否決，不啻宣示職業法官的 1 票價值高於參審員的 1 票，亦不利於參審制度理念的達成。

反面觀之，若參審員人數過少，固然可以確保每位參審員都能與職業法官進衝充分而徹底的討論，但也因為參審員人數過少，使職業法官只需說服少數參審員，即可獲取支持自己的評議結論，若將參審員視為一個整體，則參審員對於審判結論的影響力將遞減，對於參審制期待參審員與職業法官立於平等地位，以不同角度協助正確發現真實、適用法律的制度精神，亦將有不利之影響。當然，參審員的影響力，亦與評議的可決標準亦有重要關係，當採取 3 分之 2 多數決的評議可決標準時，縱令是僅由 3 名職業法官與 2 名參審員組成合議庭，由於評議時可決多數決中（5 人中需有 4 人贊成），即使全部職業法官均採相同見解，仍

---

558 大澤裕，同註 553，頁 19。

須有 1 名以上參審員的同意票，參審員仍可發揮其功效，但為追求評決的可決實效性，而採取 2 分之 1 多數決（過半數多數決）的評議可決標準時，2 名參審員在表決時恐怕完全無法發揮任何功效，此時即應思考適度地增加參審員人數，亦維繫參審員之影響力。此外，參審員的人數過少時，將導致個別參審員可以在審判上發揮相當大的影響力，萬一有部分參審員抱持偏見，將對於判決之妥適性產生不利之影響；反之，參審員人數達一定程度時，少數抱持偏見的參審員較不易發揮決定性的不良影響，[559] 故參審員人數達到一定程度，一如要求陪審團需有一定人數之陪審員一般，具有「稀釋」個人偏見之效果。

　　綜上所述，在追求「充分討論（評議的充實性）」與「平等表決（結論的代表性）」兩個利益之平衡下，如何配置合議庭中職業法官與參審員的人數，即成為制度設計上的困難問題。

　　最後，姑且不論法官與參審員的各別人數為何，在評議可決標準定為「全體過半數多數決」的前提下，合議庭的庭員總數，究竟應以「奇數」或「偶數」為當？一般而言，「奇數」的合議庭比較合於一般的多數決習慣，若合議庭之庭員總數為「偶數」（如法官 3 名、參審員 3 名，合計 6 名）時，則可能會出現有罪、無罪意見均達半數、但無一方意見可過半數之窘境（例如主張有罪者 3 人、主張無罪者亦為 3 人），此時固然可以徹底地本於「過半數」之評決標準，而規定僅能為無罪判決，但如此一來，比較容易造成合議庭內部的緊張狀態（例如參審員 3 人均主張有罪，但法官 3 人均主張無罪，最後需判處無罪）。且這樣的作法也會造成有罪評議可決標準的提升（例如後附圖示所示：在合議庭庭員總數為 6 人時，評議可決標準等於是 3 分之 2〔66.6%〕，其標準較合議庭庭員總數為 7 人或 5 人時均為高，合議庭庭員總數為 4 人時，評

559 日本裁判員制度・刑事檢討會 2003 年 9 月 11 日第 24 次會議，土屋美明委員之發言，網址：http://www.kantei.go.jp/jp/singi/sihou/kentoukai/saibanin/dai24/24gijiroku.html，最後拜訪日期：2011 年 6 月 27 日。

議可決標準更等於是 4 分之 3〔75%〕，其標準較合議庭庭員總數為 5 人
或 3 人時均為高，凡是法官與參審員總和人數是偶數時，評決標準都比
奇數時為高），此為設計制度時必須注意的問題，除非立法者本即有意
藉此提高有罪評決的可決標準，以達到「徹底落實無罪推定」、「慎罰」
的效果，否則還是應該讓合議庭的人數維持在「奇數」，比較能夠符合
單純多數決的原理。

圖表 15　單純多數決之下的評議可決標準

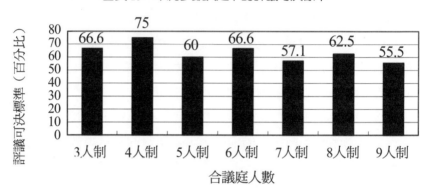

肆、參審員的產生

　　參審員的產生，大致上可以區別為「自一般國民中隨機抽選產生」
以及「透過一定的選拔標準自一般國民中選舉產生」二種。

　　採取「自一般國民中隨機抽選產生」之立法，其中一個制度設計方
式，即將公職選舉的「選舉人名冊」作為抽選所憑的「母本」，蓋如此
一來，具有將「擔任參審員的義務」與「投票選舉公職人員的義務」等
值看待的意義，亦即具有宣示國民主權及於司法體系的意味。560 例如日

560　長沼範良，於「鼎談‧意見書の論点④：国民の司法参加‧刑事司法」三方會
　　談中的發言，載於「特集‧司法制度改革審議会意見書をめぐって」，ジュリス
　　ト，1208 号，2001 年 9 月 15 日，頁 141。

本裁判員制度下，裁判員的產生，係自眾議員選舉人名冊中隨機抽選產生，這與先前即已存在之檢察審查會制度中，檢察審查會審查員也是採取同樣方式產生，亦有相當程度的關連性。

　　但是「自一般國民中隨機抽選產生」，往往也代表了法院無法事先篩選受選任為參審員之素質、能力。固然，參審制之下，有關事實認定、法律適用等工作，並非完全委諸於參審員行使，而是由職業法官與參審員一同行使，似乎不必過度擔心參審員之素質、能力。但正因為參審制是讓法官與參審員透過共同討論、協議來決定全部或大部分的審判事項，論者反而會擔憂欠缺相當能力、素質的參審員，可能成為職業法官的「附庸」，故「透過一定的選拔標準自一般國民中選舉產生」的方案，即有探討之必要。

　　為了維持參審員的素質，有幾個可能的方案，其一、在參審員的資格要件上進行一定程度的限制（例如一定學歷以上），其二、先從選舉人名冊中選出多數候選人後，再讓這些參審員候選人互選產生正式的參審員，[561] 其三、採行推薦制或召募制。其中推薦制或召募制同時可以確保參審員均有積極參與審判的意願，[562] 而不是只是為了履行義務的不情不願，參審員既具備一定的學養素質，又有積極參與審判的意願，自然可以達成與職業法官充分進行實質討論的目的。例如日本裁判員制度的研議階段，即有論者主張在隨機抽選出裁判員候補者後，應由法官、檢察官、律師及社會賢達一定人數組成之「選任委員會」負責選任出裁判員，以此確保實際擔任審判之裁判員能具備參與審判之素質（如智識程度）及能力（包括時間、心理素質）。[563]

---

561 平野龍一，同註148，頁56。

562 佐藤博史，於「座談会・裁判員制度導入の是非をめぐって」之發言，載於「特集・裁判員制度導入の諸問題」，現代刑事法，32号，2001年12月，頁19。

563 平良木登規男，裁判員選任の手続について，日本司法制度改革推進本部裁判員制度・刑事檢討會第15回（2003年4月8日）配布資料，網址：http://www.kantei.go.jp/jp/singi/sihou/kentoukai/saibanin/dai15/15siryou1.pdf，最後拜訪日期：

　　但另一方面，如果過度重視參審員的「素質」、「能力」，則可能造成擔任參審員的國民來源受到侷限，不僅無法充分體現「反映社會常識」「反映社會多元價值觀」等使一般國民參與審判的制度原意，亦有將原本普遍屬於一般國民的義務，僅讓部分國民負擔之平等問題，甚至因此而產生法院之組成是否過度偏向某一社會階層而不公平的疑慮。況且，要求具備一定資質、素養之人始能擔任參審員的思維繼續發展下去，即可能近似於「專家參審」的制度思維，但這樣一來，也與一般國民參與刑事審判制度的基本態度漸行漸遠。

　　折衷的作法，則是在維持「自一般國民中隨機抽選產生」的原則下，利用訊問程序、當事人拒卻權（包含不付理由的拒卻）等手段來避免出現不適任的參審員，但此種作法，充其量僅能「消極地避免」不適任的參審員，但不能「積極地挑選」適任的參審員。

　　此外，參審員候選人之辭退事由應如何規定，亦屬於制度設計階段的重要問題之一，蓋參審員必須參與審判，並行使評決權，進而決定判決的結論，故其任務不可謂不重大，對於擔憂承擔判決終局責任的一般國民而言，必然會產生排斥感，進而希望能辭退擔任參審員之工作，如果強迫這些不願意擔任參審員的一般國民一定要擔任參審員，則可能會導致渠等成為「消極的參審員」，不願實質地參與審判與評議，甚至會於審理完畢後對於刑事司法多所批評，此誠非引進參審制度所樂見；但如果為了避免上述情形，擴大參審員候選人辭退之事由，甚至容許參審員候選人以「重要事務需處理」等相對模糊的理由辭退其義務，固然可以避免一般國民的排斥感，且從擔任參審員既為一般國民的義務、亦為其權利，自應容許其任意放棄權利的觀點來看，亦可找到其正當化依據，[564] 但此舉可能造成參審員之來源受到限制，亦即只有部分對於公

2010 年 4 月 13 日。

564　田口守一，裁判員の要件：選任方法、辭退事由等を中心として，特集・裁判員制度のゆくえ，現代刑事法，61 号，2004 年，頁 9。

共事務熱心、有餘暇的人士，諸如退休人士或家庭主婦有機會擔任參審員，則是否會導致參審員之來源侷限於一定的社會階層，而無法充分反映社會的一般常識乃至多元的價值觀，則為另一個需要思考的問題。

綜上所述，基於擴大國民參與的立場，本文贊成「自一般國民中隨機抽選產生」的選任方案，但為避免明顯不適任（包括明顯地不具備素質、能力、或明顯地無意願參與）的參審員出現，危害公平法院的基礎，則應輔以有限度的除斥、辭任事由，並利用選任程序加以篩選、剔除。為了避免明顯不適任、不可能受選任之國民還需到法院參與選任程序所生的勞力、費用，於選任程序時不妨設計「書面自我申告、書面篩選」的機制。

伍、參審員的任期

參審員的任期，大致可以分為「個案制」及「期間制」二種，前者係僅負責單一個案的審判，任期隨著個案審理完畢而告終了，後者則有一定任期（通常為數年），在任期內，可能會參與數個案件的審判。就個別參審員而言，個案制之下的任期通常較短，較不易造成較重的負擔，而期間制之任期通常較長，易造成相對較重的負擔；反之，就制度整體而言，個案制需要選任較多的參審員以應付參審制的需要，會耗費較多支出，但比較容易迅速擴大參審制對於一般國民的影響範圍，任期制則相對僅需要較少的參審員來應付參審制的需要，耗費較少，但參審制的影響範圍也相對較有限。[565]

對欠缺法律專業素養的參審員而言，身處在一個充滿不瞭解的法律條文、專業術語的環境中，周遭又環繞著習熟法律的法官、檢察官、律師。參審員既不清楚卷證的詳細內容，又無法對於程序之處理提出任何

565　加藤克佳，国民（市民）の司法参加と裁判員制度，特集・動き出した刑事司法改革，法律時報，74 巻 7 号，2002 年 6 月，頁 49。

實質的建議，在此情形下，很容易傾向於放棄法律所賦予其影響程序進行之權利。[566] 即令如此，「個案制」與「期間制」對於參審員而言，仍有不同的意義，並進而對於參審制度的裁判品質亦可能產生影響。蓋在個案制之下，參審員往往更欠缺經驗的累積，故較易受到職業法官的影響、引導，法官也需要耗費更多的時間與精力去對參審員進行說明，然而正因為參審員不具有任何審判經驗，故可以用完全業餘的角度參與審判，而能提供審判一個相對嶄新的視野。反之，期間制之下，參審員可能具備多次參與審判的經驗，故參與審判對於參審員的教育效果較為明顯，參審員不需要職業法官再對法律用語、程序流程多作說明，即可迅速進入狀況，比較能夠站在與職業法官對等的立場進行討論，但也因為熟習於審判程序，甚至因為與特定職業法官長期配屬於同一庭，故比較容易受到職業法官的同化，或傾向於支持職業法官，所提出的看法通常不致於出職業法官意料之外，形成所謂「半專業化」「職業病」，將過去參與審判的經驗輕易地「套用」於本次審判中，恐無法充分發揮國民參與審判所期待、提供合議庭符合社會正常法律感情見解的功能。對於職業法官而言，當然比較願意接受期間制的參審員，但從制度必須擴大參與與運用的角度來看，採取個案制毋寧是比較好的選擇。斟酌上述利弊得失，有論者另外提出「短期任期制」之看法，亦即讓參審員於短期間內（如 6 個月）、參與複數案件之審理，[567] 一方面可以提升參審員與職業法官進行實質、對等討論的能力，另一方面又能避免「半專業化」的疑慮，甚至還能減輕費用的支出，但此仍然是一種任期制，故對於參審員而言，其負擔仍然較個案制為重。

　　本文認為，個案制與任期制各有其優劣，本難有定論，但對於一個甫採行國民參與審判制度的國家而言，如何擴大參與層面，又能減少

566　Markus Dirk Dubber, American Plea Bargains, German Lay Judges, and the Crisis of Criminal Procedure, 49 Stan L. Rev.547, 583(1997).

567　安村勉，同註 554，頁 36。

一般國民的負擔及排斥感，厥為考量重點，以此觀之，個案制顯然比較能顧及這些要求，故在制度施行初期，個案制應該是比較適合的設計方向。

陸、參審員的職權

一、閱卷權

　　參與審判的國民適不適合於審判前事先接觸偵查卷證？關於此問題，在採行起訴狀一本主義的國家（如美國、英國、日本、韓國等）並不成為問題，蓋起訴狀一本主義之下，即使職業法官亦不得預先接觸偵查卷證（正確來說，是職業法官也沒有預先接觸偵查卷證的機會），參與審判的國民當然更不可能預先接觸偵查卷證。[568] 但在採行卷證併送主義的國家（如德國、我國），則會形成問題，蓋職業法官本即有權於審判前預先接觸偵查卷證，問題是與職業法官一起參與審判、共同進行認定事實、適用法律及量刑的參審員，是否也可以預先接觸偵查卷證？

　　首先，為何會有卷證併送主義與起訴狀一本主義的區別？換言之，為何職業法官在不同法體系中，會有可以「預先接觸卷證」與「不得預先接觸卷證」的區別？簡單地說，其根源乃在於採行職權主義或當事人主義的差別所致，蓋採行職權主義之立法，法官為了能夠遂行職權調查以發見實體真實、不要受到當事人聲請調查證據的拘束，也為了能夠有效率地進行訴訟指揮，所以有必要事先詳細閱覽卷證以資準備；[569] 相反地，在當事人主義的法制下，證據調查係由當事人主導、發動，法官則被要求站在中立第三者的角色，純粹評價當事人的舉證活動，藉此作出

568　平良木登規男，參審制度について（続），法学研究（慶応義塾大学），69卷2号，1996年2月，頁268。

569　Ulrike Benz, Zur Rolle der Laienrichter im Strafprozeß(1982), S. 79. 轉引自平良木登規男，同註568，頁267。

結論，預先接觸卷證雖然有助於訴訟指揮，但也有使法官藉由審判外之
證據調查形成心證、或是取代當事人的舉證而主導證據調查的危險，所
以預先接觸卷證受到禁止，換言之，只有在後續的審判程序中踐行調查
證據程序後的證據，法官始能接觸、並藉此形成心證。

（一）德國關於參審員閱卷權的發展

　　姑且不論卷證併送主義及起訴狀一本主義孰優孰劣？亦不問我國既
然已經改採「改良式當事人進行主義」的立法方向，為何並未一併採行
起訴狀一本主義？至少在我國現行法制之下，法官是可以於審判期日前
預先接觸卷證的（刑事訴訟法第 264 條第 3 項規定：「起訴時，應將卷
宗及證物一併送交法院。」而法律並未禁止法官不能於審判期日前接觸
這些送交法院的卷宗及證物），若日後採行參審制度，且仍然維持既有
卷證併送主義的架構，則應如何處理參審員得否、應否事先閱覽卷證的
問題？就此，同樣採行卷證併送主義的德國，針對此一問題所引發的討
論，即有值得借鏡之處。

　　德國就參審員可否事先接觸偵查卷證，雖無明確的法律規範可資
依循，但從相關的規定中，卻可以得出完全相左的結論。其一，德國法
院組織法（GVG）第 30 條第 1 項規定「除本法另有規定外，參審員於
審判程序，地位與法官相同。」粗淺地來看，既然參審員與法官的地位
相同，法官可以事先接觸偵查卷證，參審員自亦不應受到限制；進一步
來看，參審員與職業法官相同，都可以訊問被告、證人、鑑定人（德國
刑事訴訟法〔StPO〕第 240 條第 2 項），為了讓參審員可以進行適切而
有意義的訊問（職權調查）以發見真實，亦有必要讓參審員事先接觸偵
查卷證；再者，沒有事先接觸偵查卷證的參審員，在評議時往往無法對
抗事先詳閱卷證的職業法官，而成為單純的「聽從者」，[570] 故而讓參審

570　平野龍一，參審制の採用による「核心司法」を，刑事法研究，最終卷，初版，
　　2005 年 7 月，頁 189。

員事先接觸偵查卷證，被視為可以打破職業法官與參審員間的資訊落差（Informationsdefizit），使職業法官與參審員受到平等對待，並使參審員能夠真正發揮其功能[571]（肯定說）。

　　相對於上述從解釋德國法院組織法第 30 條第 1 項規範意旨得出的結論，另一種截然不同的看法（否定說），則是從德國刑事訴訟法第 249 條第 1 項、第 250 條、第 261 條等規定構築而成的「言詞審理原則（Mündlichkeitsgrundsatz）」「直接審理原則（Unmittelbarkeitsgrundsatz）」來立論，此說認為參審員應該完全恪遵直接審理原則與直接審理原則，故僅能接觸審判程序（Hauptverhandlung）中受到直接調查的證據，而不應於審判前預先接觸偵查卷證。就「職業法官為何卻可以事先接觸偵查卷證？」的問題，此說認為職業法官有充分的審判實務經驗，能夠分辨「審判中調查之證據」與「單純偵查中取得之證據（即後續並未成為審判中受調查證據者）」之區別，並能僅以審判中調查之證據來形成心證，而排除單純在偵查中取得證據之影響；反之，參審員欠缺如同職業法官一般的訓練，故可能對於偵查卷證缺乏警覺心與批判的態度，亦無法明確區別「審判中調查之證據」與「單純偵查中取得之證據（即後續並未成為審判中受調查證據者）」，[572] 一旦受到偵查卷證的污染而產生預斷或偏見，亦非常不容易加以修復去除，考量到職業法官與參審員本質上的差別，故必須區別對待。而針對德國法院組織法第 30 條第 1 項「參審員於審判程序，地位與法官相同」的規定，此說認為所謂「地位相同」，依法文規定，僅限於「審判程序（Hauptverhandlung）」，但事先接觸偵查卷證，乃是於審判程序之前的準備階段為之，自無德國

---

[571] Werner Beulke, Strafprozessrecht, 7. Auflage(2004), S.220；平良木登規男，同註 568，頁 268。

[572] Arndt Sinn（辛恩）、Mark Zöller（策勒），德國參審法官對於刑事訴訟程序的參與，司法院「人民觀審制度借鑑──德國刑事訴訟參審的現狀及困境」專題演講，2010 年 3 月 21 日，頁 9。

法院組織法第 30 條第 1 項規定之適用。[573]

　　德國實務見解及通說，早先均採取「否定」參審員得事先閱覽偵查卷證的立場。德國聯邦最高法院（BGH）第二庭於 1958 年 11 月 17 日的判決（BGHSt. 13, 73.），即為否定說的代表見解。該案是波昂地方法院（Landgericht）大刑事庭（Große Strafkammer）在審理某件參審審判案件時，因為陪席法官上肢殘障，故坐在陪席法官旁邊的參審員就幫該名陪席法官翻閱起訴書，雖然參審員並不能事先閱覽起訴書，但該名參審員於協助陪席法官翻閱起訴書的同時，也藉機窺閱了起訴書，該名參審員對此表示：他仍然有仔細聆聽審判程序時的證據調查，其窺閱起訴書的行為，只不過是要確認被告與證人之陳述是否與起訴書記載的一致而已。但聯邦最高法院第二庭認為：參審員不應該以偵查機關就偵查結果之報告作為事實認定之資料，即使如本案參審員所述，其只是在確認偵查結果與審判程序時被告及證人之陳述是否一致而已，但這樣仍然會造成偵查結果影響判決的直接危險，違反了刑事訴訟法第 261 條所定自由心證主義及言詞審理主義，故將本案判決撤銷。[574]

　　原本否定說在學界是多數說，在實務界也是主流見解，但為了降低參審員與職業法官間的資訊落差，去除二者的不平等狀態，讓參審員與職業法官能夠真正地協力審判，故學說與實務立場，近年來有逐漸向肯定說修正的趨勢，[575] 例如容許參審員接觸起訴書中關於犯罪事實之描述，但不及於證據清單；[576] 此外，為了讓參審員可以事先掌握案件內

573　稻葉一生，ドイツにおける刑事司法への国民参加の実情と問題点（1），ジュリスト，973 号，1991 年 2 月，頁 77。

574　Thomas Weigend, "Lay Participation in German Criminal Justice," 平民審判權研討會發表論文，2012 年 3 月 9 日，頁 5；Dubber, *supra* note 566, at 581；平良木登規男，同註 568，頁 266。

575　何賴傑，同註 77，頁 91。

576　Thomas Weigend, "Lay Participation in German Criminal Justice," 平民審判權研討會發表論文，2012 年 3 月 9 日，頁 5；此外，德國刑事程序與罰鍰程序規則（RiStBV）第 126 條第 3 項亦容許在審理複雜繁重案件時，可以在檢察官陳述起

容，而將監聽譯文交付參審員，亦被聯邦最高法院第 3 庭於判決中認為並無違法，[577] 而歐洲人權法院針對此種法院事先將監聽譯文交付給參審員的行為，亦認為審判長事先既然業已告知參審員：「除非該譯文事後有在審判期日中經歷證據調查，否則參審員不應受拘束」，故並不違反歐洲人權公約第 6 條之規定。[578]

（二）應否賦予參審員閱卷權的檢討

　　讓參審員閱卷，除了可以在法官原本即有閱卷權的前提下，讓參審員與法官地位相同之外，更有助於節省讓參審員瞭解複雜案情所需的時間，對法官、檢察官以及辯護人而言，均不失為減輕負擔的手段。但賦予參審員閱卷權，是否確實「有百利而無一害」？本文並不認同，以下即分析說明之：

　　首先，一旦開放參審員閱卷的機會，除非完全不做任何限制，否則應該讓參審員在何種前提下、在什麼時期、什麼地點，以何種方式、在如何範圍內行使其閱卷權？這是參審員的權利還是義務？一旦就上述問題發生爭執，應該由誰來判斷？在實務執行上均會產生相當複雜的問題。[579]

　　其次，參審員均為不具法律專業與審判經驗的「素人」，比起職業法官，他們原本就不容易有效地閱覽卷證、並藉此歸納分析出案情重點；縱使參審員勉強閱覽了卷證，但如果因此產生偏見或預斷，其嚴重程度也絕對高於具備法律專業及審判經驗的職業法官；又如果參審員僅

　　訴意旨後，給予參審員起訴書之謄本，參見 Helmut Satzger 著，王士帆譯，德國刑事訴訟之參審員（The German Lay Judges of Criminal Procedure），法學叢刊，56 卷 4 期，2011 年 10 月，頁 140。

577　BGHSt 43, 36；加藤克佳，日本の裁判員制度について：ドイツの參審制度との比較を中心として，法経論集（愛知大学），170 号，2006 年 2 月，頁 36。

578　EctHR (European Court of Human Rights), Elezi v. Germany, Judgment of June 12, 2008, case no. 26771/03.

579　齋藤哲，同註 76，頁 293。

閱覽了部分卷證，或僅部分參審員有閱覽卷證，上述情形絕對更糟，如果法院未能有效澄清其誤解或偏見，反而會造成審判上更大的困擾，與先前給予參審員閱卷所節省的說明、說服時間相較，絕對有過之而無不及。故如果讓參審員閱卷，則各個參審員是否有時間閱畢所有法院給予其閱覽的卷證？是否有能力在沒有專業人士在旁說明的情形下、獨力理解卷證的全部內容？嗣後是否能夠將並未在審判期日調查的偵查卷證完全排除於心證形成之外？均會成為問題。更遑論國民刑事參與審判制度所期待於參審員的，根本也不是渠等詳細閱覽、分析卷證資料的能力。[580]

　　再者，德國的參審制度有可以閱卷的客觀環境配合，但我國則未必如此樂觀。蓋德國的參審員之選任是由地方政府等機關推薦產生，任期長達五年，換言之，被選任為參審員的人，基本上都是時間充裕、可以配合審判工作，並且有配合意願的人，所以德國即使讓參審員閱卷，基本上也不會造成參審員的過度負擔。但我國未來的參審制，如果就參審員的產生、任期，均採取隨機抽選的個案制，且於審理期日當天或前一天才選任參審員，一受選任就要開始進行審理，則參審員有無閱卷的時間、機會及意願，亦會成為問題，這樣的問題，甚至會演變成違憲的爭議，蓋參審員為了參與審判，已經必須要放下其手邊工作、家庭生活來配合，造成參審員不小的負擔，如果還進而要求觀審員要事先接觸卷證，對於不具備法律專業與審判經驗的這些素人而言，將會造成更沈重的負擔，在觀審員都是隨機選取而非志願擔任的情形下，甚至會有過份限制人民自由權利、違反憲法第 23 條規定的違憲之虞。

　　此外，直接審理原則、言詞審理原則乃現代刑事審判的重要原則，參審員既然職司審判，即應信守上開原則。此一原則並不因職司審判者是職業法官或參審員而有不同，故對於參審員於審判前預先接觸卷證的

580　相同見解，見何賴傑，同註 77，頁 1230。

憂慮，其實在職業法官身上也可能發生，任何審判者只要依賴非審判期日證據調查程序中調查之證據以形成心證，不論是故意為之，或是不經意地受影響，都是違反直接審理主義、言詞審理主義的行為。

綜上所述，與其因為職業法官可以在審判期日前接觸偵查卷證，所以要讓參審員也可以在審判期日前接觸偵查卷證，還不如思考如何讓職業法官在審判期日前接觸偵查卷證的範圍受到限制。換言之，即使職業法官因為行準備程序、或訴訟指揮之需要，而必須在審判期日前接觸偵查卷證，也必須限制其接觸的範圍，以避免職業法官藉此形成心證。既然職業法官只是因為準備程序或訴訟指揮之需要而「有限度地」接觸卷證，不負責準備程序與訴訟指揮的參審員，當然更沒有比照職業法官去接觸卷證的必要。至於所擔心的「參審員不事先閱卷可能無法有效掌握案情或證據內容」，在直接審理主義與言詞審理主義的大原則下，本來就應該在審判程序期日中，藉由簡明清晰易懂的陳述、舉證與說明、討論來解決，而非為了節省法官及當事人於審判程序期日陳述、舉證與說明的時間，而以讓參審員事先閱卷來填補替代。

二、評議時表達意見之範圍

（一）以「實體問題」與「程序問題」作為區別標準

參審員得對何種事項表示意見？最基本的思維，係將審判的對象區分為「事實問題」與「法律問題（如法律之解釋與適用、訴訟程序問題的處理、量刑等）」，前者讓參審員表示意見，後者則保留給職業法官來決定。這種想法，主要是源自於「法律問題牽涉法律專業，宜保留專由職業法官來判斷」的思維，至於事實問題，既然不以具備法律專業者進行判斷為必要，故可以讓參與審判之一般國民表示意見，這種思維發展到極致的代表，即為陪審制度中審判事項的全面分化，亦即由陪審員專職認定事實，而法官則專職處理法律問題。

但這樣的區分方式，實存有相當的困難性。蓋「法律問題」與「事

實問題」往往相互重疊而難以截然區分，[581] 從「三段論法」來看，「解釋法律」、「認定事實」、「（以認定之事實）適用法律」的涵攝過程中，「法律問題」與「事實問題」即呈現相互影響的情形（例如對於「未必故意」的解釋、認定與適用），故即使在陪審制度之下，最常見的「一般評決（general verdict）」，也是由陪審團聽取法官對於法律解釋的諭示（說示、instruction）後，自行認定事實並適用法律，逕自做出「有罪、無罪」之評決，[582] 只有在特別評決（special verdict）時，才會要求陪審團僅能認定特定事實之有無。在極度例外的情形，甚至容許陪審團得以無視法律與證據，逕自為被告無罪之評決（jury nullification），故即使在陪審制之下，通常情形亦係由陪審團負責決定「事實認定與法律適用」，法官則負責「法律解釋與量刑」，換言之，徹底區分「法律問題」與「事實問題」，而讓參與審判之一般國民僅就「事實問題」表示意見，縱使在理念上有可能，但現實上實有困難。

面對上述困難，縱使改為區分「法律解釋及其他法律問題」與「事實認定、法律適用」，將「法律解釋及其他法律問題（包括量刑）」之處理權專屬於法官，而僅讓參與審判之一般國民參與「事實認定、法律適用」之決定，仍舊會產生問題。首先，量刑雖為法律問題，但經常是與參審員最切身相關、也最容易有意見的部分，故讓參審員就量刑表示意見，反而是參審制度重要的功能之一，這在被告認罪且事證明確的案件中尤為顯然；[583] 其次，法律解釋縱使因為高度專業，而被認為是屬於法官的職權，但參審員對於法律解釋的意見，亦可能促成法律解釋的進

---

581 岩瀨徹，於「裁判員制度導入の是非をめぐって」座談會中之發言，載於「特集・裁判員制度導入の諸問題」，現代刑事法，32 号，2001 年 12 月，頁 13。

582 平野龍一，同註148，頁 50。

583 例如丹麥、挪威、奧地利等兼採陪審制與參審制的國家，即使在陪審制之下，亦讓陪審員與法官共同決定量刑，參見佐藤博史，於「座談会・裁判員制度導入の是非をめぐって」中之發言，載於「特集・裁判員制度導入の諸問題」，現代刑事法，32 号，2001 年 12 月，頁 12。

步；再者，既然參審員是與法官共同參與審判，若在審判過程中法官不斷地嘗試區分何者為法官專屬職權、何者為法官與參審員應該共同決定之事項，並不時對參審員表示「此為職業法官專責決定的部分，參審員不能參與」、「此為職業法官與參審員應該共同決定的部分，請參審員表示意見」，實際運作上亦有困難。故最可能的處理方式，是不區分「事實問題」與「法律問題」，而將所有審判程序中應由法院決定之事項，均由法官與參審員共同決定。

　　事實上，絕大多數的參審制國家，如德國、法國等，均賦予參審員與職業法官共同決定「事實問題」與「法律問題」的權利。但值得注意的是，日本裁判員制度則仍將「法律解釋及其他法律問題」與「事實認定、法律適用、量刑」進行區分，前者專屬於職業法官決定，後者則交予職業法官與裁判員共同決定，固然這可以解讀為「陪審派」與「職業法官派」妥協的結果，[584] 但本文認為，日本裁判員制度於設計上開制度內容時，將「法律解釋」專屬於法官決定固然有其缺點，已如前述，但亦非所有的法律問題都適宜交給參審員與法官共同決定，這裡牽涉了兩個層面的問題，其一是參審員的能力問題，另一是參審員的時間問題。

　　首先，要決定訴訟程序之進行（例如應否調查特定證據及如何調查、交互詰問時對於不當詰問之異議是否有理由及如何處置）、證據能力之有無等「程序問題」，仍必須具有相當程度之法律專業。如果要求參審員也要參與決定訴訟程序之進行、判斷證據能力之有無，勢必要對於參審員事先進行一定之教育或訓練，[585] 就此而言，參審員既然不具備此部分的專業能力，也沒有打算進行所謂職前訓練，參審員是否能夠就

---

584 主張日本應引進陪審制度的激進派，本來就不會主張應該將法律問題交給陪審團來決定，而希望儘可能捍衛職業法官既有職權的保守派，當然不希望進一步將法律問題也交給參審員一併決定，故被學者稱為兩派「同床異夢」的立法結果，參見佐藤博史、松澤伸，同註550，頁43。

585 宮島里史，同註517，頁44。

此部分發揮其效用，即堪置疑，[586] 相較於期間制，參審員之產生採取個案制者，參審員恐怕更缺乏參與決定上述程序問題的能力。

再者，如果要讓參審員參與訴訟程序之進行、證據能力之有無等程序問題的決定，由於多數程序問題是在準備程序中解決，故勢必要將參審員參與審判的時間向前延伸到準備程序，如果加計準備程序結束後到審理程序開始前的必須準備時間（通知證人、鑑定等），參審員實際參與審理的時間可能長達數個月之久，對於參審員將造成過重的負擔，進而引發參審員的排斥感，亦不利於參審制度的生根茁壯，此觀德國雖然讓參審員參與法律問題的處理，但仍然不讓參審員參與準備程序，即可得知。

基上所述，與其以「法律問題」、「事實問題」來區別參審員評議時表達意見之範圍，然後在「法律問題」上不斷地切割部分事項（甚至包括其中最重要的「法律適用」）出來讓參審員共同決定，實不如以「實體問題」與「程序問題」的標準劃定法官與參審員的權責範圍，亦即「實體問題」所牽涉之法律、事實問題，包括刑之量定均由法官與參審員共同決定，而「程序問題」部分，則由法官專責決定。固然，實體問題中，法官與參審員表達意見之能力可能因問題之性質（較需要法律專業、或較需要社會經驗）而有高下之別，但既然實體問題中法律與事實難以截然區分，且參審員仍有可能提供有助於判決正確性之意見，故仍以法官與參審員共同決定之方式為宜。

（二）證據能力之爭執

程序問題中，諸如進行交互詰問時對於詰問的異議處理、審理期日與證據調查順序的排定等，委由職業法官獨力處理，固然不成為問題。但對於證據能力之判斷、證據調查與否及其範圍如何的裁定，是否仍宜由職業法官逕行決定而不讓參審員與聞？則會成為問題。蓋對於某項證

586　大澤裕，同註553，頁18。

據得否於審判期日調查之決定（包括對於該證據之證據能力有無的判斷），與事實之認定有重大影響，故決定某項證據得否於審判期日進行調查之所謂「證據裁定」，實不能單純以程序問題來看待。

在陪審制之下，證據裁定是專由職業法官來處理，並且於第一次審判期日前即由職業法官處理完畢。詳言之，有關傳聞證據、自白任意性、違法蒐集證據等有爭議證據之證據能力有無，均由職業法官先行裁定，故審判期日呈現於陪審團面前之證據，均為職業法官認為具有證據能力之證據，縱然職業法官不參與證據之評價與事實之認定，但陪審團仍是以「經過挑選」的「乾淨」證據來進行事實認定。

上述的作法，事實上可以避免絕大多數「證據能力的程序判斷干擾實體判斷」的問題，故亦為日本裁判員制度所採行，所不同之處，僅係日本裁判員制度是先由職業法官「挑選」「乾淨的」證據，再由職業法官與裁判員「共同」資以認定犯罪事實。但上述設計，仍不能避免以下兩個問題：一是被拒絕調查的證據，可能會是足以影響心證的證據；二是被允許調查的證據，仍可能在審判程序中爭執其證據能力。

為了避免職業法官於準備程序中，將有證據能力、且足以影響心證的證據，裁定拒絕調查，似乎只能讓參審員參與決定應否調查特定證據之審前程序。但如此一來，將使參審員耗費更多的時間去參與準備程序；且此種「被拒絕調查的證據，可能是足以影響心證的證據」的情形畢竟是少數；況且，即使參審員與職業法官共同決定特定證據不應調查，亦未必能保證其判斷為正確無誤，故比較適當的作法，仍應該由職業法官決定應否調查特定證據，合議庭則依職業法官篩選過的證據來進行判斷。若認為職業法官之證據裁定不當，則應採由上訴審以撤銷原判決、發回更審之方式來處理。例如，日本東京高等裁判所於 2011 年 3 月 29 日針對東京地方法院審理之一起放火案件，一審將檢察官聲請調查之被告（岡本一義）前科資料，以可能造成裁判員之偏見為由，於公判前整理程序中裁定駁回檢察官之證據調查聲請，經裁判員參與審判後，並以缺乏積極證據為由判處被告無罪，但東京高等裁判所卻認為被

告之前科中有多次與本件相似的放火紀錄，故一審未裁定將前科資料作為證據進行調查，即有違法，而將一審判決撤銷，將該案發回東京地方法院重新組成合議庭，由新的裁判員參與、重新審判。[587]

　　再者，被允許調查的證據，若在審判程序中又爭執其證據能力時，又應如何處理？例如被告於準備程序中，就其於警詢時自白辯稱：「係遭受警方刑求始為上述自白」，經法官調查後，認為並無刑求情事而認為被告於警詢時之自白有證據能力，並同意將此部分自白作為審理時之證據，但被告於審理時，仍然爭執其於警詢時自白之證據能力，此時是否應讓參審員與法官「共同」「再次」決定被告警詢時自白證據能力之有無？[588] 固然，此時對參審員表示「此部分自白的證據能力問題，已經法官於準備程序中調查完畢，並認為有證據能力，故應該逕自作為證據來認定事實，不能再就證據能力之有無為相異的判斷」，似乎有不尊重參審員的疑慮，但若謂應該允許參審員得重新調查證據並決定該自白證據能力之有無，則不啻否認法官於準備程序中為「證據裁定」之實益，影響所及，亦將動搖法官在準備程序中「駁回證據調查聲請」之正當性，蓋既然法官於準備程序中「肯認」某一證據之證據能力，並允許該證據之調查聲請之裁定，均得為嗣後的合議庭所推翻，何以法官於準備程序中「否認」某一證據之證據能力，並駁回該證據之調查聲請之

587　2011 年 3 月 29 日日本朝日新聞，網址：http://www.asahi.com/national/update/0329/ TKY201103290323.html，最後拜訪日期：2011 年 4 月 13 日，由於被告不服該高等裁判所撤銷發回之判決，經上訴最高裁判所，最高裁判所第 2 小法廷於 2012 年 9 月 7 日判決，認為前科資料作為證據使用，僅限於前科之犯罪有顯著特徵，且與本案起訴犯罪事實有相當程度類似性者為限，但本案起訴的犯罪手段並無特殊性，不符合前開要件，故不得以被告放火前科資料作為證據來調查，撤銷第二審判決，再將案件發回。參見 2012 年 9 月 7 日日本產經新聞，網址：http://sankei. jp.msn.com/affairs/news/120907/trl12090722530004-n1.htm，最後拜訪日期：2012 年 11 月 9 日。

588　甲斐行夫，於「裁判員制度導入の是非をめぐって」座談會中之發言，載於「特集・裁判員制度導入の諸問題」，現代刑事法，32 号，2001 年 12 月，頁 15。

裁定，卻不能讓合議庭重新進行檢討？但如果法官於準備程序中以證據裁定之證據，均得在審判期日再次爭執其證據能力有無，並由職業法官與參審員重新認定，則原本希望透過準備程序以篩選證據，避免無益浪費審判時間，及造成證據蕪雜、心證紊亂之努力，即告徹底失敗。故比較適當的作法，還是應該禁止已經於準備程序中駁回證據調查聲請之證據，再度於審判程序中進行爭執以謀求「復活」，至於如此一來，若造成部分因欠缺證據能力而不應准許調查之證據，被錯誤放入審判程序中進行調查，進而影響合議庭認定事實之正確性，則應比照前述「法官於準備程序中駁回證據調查聲請之證據，事實上應該進行調查」之處理模式，亦即由上級審法院進行審查，若認應調查而未與調查，或不應調查而與調查，均以撤銷原判決、發回更審之方式來處理。

但上述作法，毋寧是將原本在第一審就應該得到合議庭共識的問題，「丟」到第二審去解決，縱使有其不得已之處，但畢竟不是正常的現象，故如何讓參審員能夠一定程度地與聞職業法官進行證據決定之過程與結論，並表示其意見，以避免發生參審員對於特定證據應否調查產生質疑，致影響合議庭的氣氛與協調性，甚至發生參審員拒絕評議等情形，則為重要的課題。例如日本裁判員法草案第 60 條即規定「法官認為適當時，得使裁判員於專門關於訴訟程序之判斷或關於法令解釋之審理時在場，並聽取其意見。」（但實際立法時，該條修正為：「法院，除為了讓裁判員參與判斷之審理以外之審理，亦得容許裁判員及備位裁判員在場。」），即為適例，惟即令如此，在尚未選任參審員前的準備程序中，若法官業已對於證據能力之有無、證據調查之必要做出決定，仍無從要求尚不存在之參審員參與。故似乎應該考慮讓法院在正式進入審理時，先將準備程序的過程與結論對參審員報告，並聽取參審員之意見，盡量讓參審員對於證據能力有無之判斷、證據之採擇，以及證據採擇對於事實認定之影響，取得充分的理解與認同，以利其等參與審判。

三、參審員可否參與評議表決

（一）日本裁判員制度研議階段的相關討論

　　日本司法制度改革審議會第 30 回會議（2000 年 9 月 12 日），最高裁判所提出「法院關於國民司法參加的意見」一文，表示「考量到後述憲法上的問題，參審員雖然可以表明意見，但不具有評決權的設計似乎較值得採納。」「雖然有認為沒有評決權的參審制，從嚴格的意義來看不能說是參審制。但能夠讓參審員與法官共同審理，並且於審判過程、特別是判決之中表明其意見，仍有重大的意義。法官在內的各個訴訟關係人，為了使參審員能夠理解案件的內容及渠等的主張，故勢必會留意要進行易於了解的訴訟活動，從而審理的方式將有重大的改變。且經由法官與參審員之意見交換，可以期待的好處，不僅是在個案中可以掌握國民的關心與問題意識，透過此一過程，更可以使法官與參審員共有國民的意識與感覺，並將之反映於審判中。」「為了不要產生關於參審制的憲法上疑義，故打算考慮『不具有評決權的參審制』此一獨創的制度。但即使是如此的參審制，考量到參審員與法官同樣參加審理，陳述關於法律問題、事實問題的意見，<u>對於此等意見，法官於判決中加以說明的話</u>，實際上與國民代表直接參與審判有同樣的效果，亦即可以實現易於了解、回答國民疑問、反映國民的意識與感覺的審判。」[589]

　　對此，2 週後召開的司法制度改革審議會第 32 回會議（2000 年 9 月 26 日），針對最高裁判所提案的「參審員無評決權的參審制」，委員有以下意見：[590]

　　（1）雖然有所謂給予參加的國民評決權即屬違憲的見解，但仍有

---

[589] 最高裁判所，国民の司法参加に関する裁判所の意見，司法制度改革審議会第 30 回配布資料，別紙 5，網址：http://www.kantei.go.jp/jp/sihouseido/dai30/30bessi5.html，最後拜訪日：2011 年 3 月 21 日。

[590] 司法制度改革審議会第 32 回議事概要，網址：http://www.kantei.go.jp/jp/sihouseido/dai32/32gaiyou.html，最後拜訪日：2011 年 3 月 23 日。

解釋為合憲的可能性，故不應該在「要或不要給予評決權」的「入口階段」就加以否決，而是應該從更實質的立場，進而討論制度的具體內容。

（2）讓國民具有主體性來參與審判是重要的。故應該讓國民具有獨立的權限以參與案件的決定，在此種情形反而不應該給予職業法官評決權（筆者按：此見解顯係立於支持陪審制的角度）。亦即法官是否應該僅參與到「諭示」等等程度，尚有討論的空間。

（3）關於事實認定，亦承認職業法官的評決權，（與參加的國民）一起判斷的方式不是比較好嗎？（筆者按：此見解顯係立於支持參審制的角度而對前一見解提出反論）

（4）如果是以反映國民的價值觀為目的的話，沒有評決權的參審制也有其意義。如果有違憲的疑慮的話，就此即應該加以考慮。（筆者按：此為支持最高裁判所提案的見解）

（5）考察德國參審制之際，產生在職權主義的運用之下「國民參加」僅是形式性的印象。但至少，「沒有評決權的參加」就不能被稱為「參加」。採行一個值得「國民參加」之名的制度，有其必要性。

（6）既然讓國民參與審判過程，就不應該只是半調子的制度，為了確保實質上的主體性，不應該只是讓國民表示意見，而應該讓其負起責任。

從上述意見可知，多數委員對於最高裁判所上述「參審員無評決權的參審制」，均採取消極不贊同的看法。[591]

其後，司法制度改革審議會第 36 回會議（2000 年 10 月 31 日）之「歸納關於『國民的司法參加』之審議結果」中亦謂：「關於訴訟程序

---

[591] 高橋和之，於「座談会・司法制度改革審議会中間報告をめぐって」之發言，ジュリスト，1198 号，2001 年 4 月 10 日，頁 62。

之國民參加的應有方向，經過意見交換的結果，大部分與會者對於以下的方向均意見一致。（中略）1. 關於訴訟程序的參加，陪審、參審制度均可見到，亦即讓廣大的一般國民，與法官一起分擔責任、協力工作，於審判程序中對於審判的內容為主體性、實質性的參與，讓司法能夠向一般國民更切身地加以敞開，從為了在審判內容中反映社會常識，確保對於司法的信賴等觀點來看，亦有其必要性。2. 今後，將參考歐美各國的陪審、參審制度，對於個別制度被指摘的各點均充分斟酌，不是採取特定國家的制度，而是將適用範圍主要以刑事訴訟案件中一定案件當作前提，檢討適於我國的應有參加型態。」其後才提到：「上述達到結論的討論過程中，關於廣大的一般國民對於審判內容之決定如何進行『主體性、實質性的參與』，有提出以下意見：（中略）不承認國民評決權的參審制度也有其意義，故值得被考慮。」[592] 而司法制度改革審議會於2000 年 11 月 20 日提出的「中間報告」，針對「國民的司法參加」，重申前揭第 36 回會議的歸納結論，但完全未再提及要考慮「參審員無評決權的參審制」。[593]

　　司法制度改革審議委員會第 45 回會議（2001 年 1 月 30 日）中，針對應否給予裁判員評決權，幾乎已經確定採取否定的態度。該次會議中提到：「從憲法僅規定作為法院構成員、具有身分保障的法官，另一方面，憲法又保障國民受審判的權利來看，似乎可謂，憲法就刑事訴訟，係保障被告若未受有身分保障的法官審判即不得為有罪之權利，關於這點，應該慎重地加以理解；但另一方面，與最高裁判所的情形不同，憲法並未直接規定下級審法院的構成，故不能說讓具有身分保障的職業法官以外的人成為法院的構成員均應加以排除。只要關於國民參與

592「国民の司法参加」に関する審議結果の取りまとめ，司法制度改革審議会第 36 回会議配布資料，網址：http://www.kantei.go.jp/jp/sihouseido/dai36/pdfs/36bessi3. pdf，最後拜訪日：2011 年 3 月 23 日。

593 司法制度改革審議会，同註 175，頁 204。

司法的制度不違反憲法的基本原則，且未損及受審判權利的保障，即有解釋為合憲的餘地。例如，即使承認裁判員的評決權，仍可能在審判體的構成、評決方法、上訴審的應有方向等方面，構築不抵觸受審判權利保障的制度。」[594]

其後的要旨案（「訴訟手続への新たな参加制度」骨子案，司法制度改革審議會第51回會議、2001年3月13日）、司法制度改革審議會意見書（2001年6月12日），均未將「裁判員無評決權」作為制度設計的基本架構、或對此有任何進一步的說明。作為迴避違憲爭議手段之一、由最高裁判所提出的「無評決權的參審制」，雖然曾經成為有力的看法之一，但終究未獲得委員會多數意見的支持。

（二）參審員參與評議表決的優劣

分析不應該讓參審員參與評議表決的主張，其主要的考量，乃是對於參審員是否能夠正確進行事實認定、適用法律及量刑的憂慮。而持上述「無評決權的參審制」之論者認為，這樣的憂慮並無法透過「職業法官也可以參與評議表決」的參審評議機制消除，蓋參審法庭中職業法官的人數如果居於少數，可能就無法由職業法官主導案件結論（例如3名職業法官與6名參審員組成參審法庭，3名職業法官即使意見一致，只要6名參審員中5名持反對意見，在過半數多數決的評決機制下，3名職業法官的一致意見就無法決定評議結論），即使參審法庭中職業法官的人數居於多數，但職業法官之間只要意見不一致，也可能發生職業法官間之多數意見無法主導案件結論的情形（例如3名職業法官與2名參審員組成參審法庭，該3名職業法官中，雖然有2名意見一致，但另1名職業法官持不同意見，此時只要2名參審員支持該1名職業法官的不同意見，在過半數多數決的評決機制下，2名職業法官的多數意見就無

---

594 司法制度改革審議会第45回議事概要，網址：http://www.kantei.go.jp/jp/sihouseido/dai45/45gaiyou.html，最後拜訪日：2011年3月23日。

法決定評議結論）。換言之，此種看法認為職業法官之間評議後的多數意見，就應當是判決內容，任何與職業法官多數意見相左的意見，除非職業法官受到說服（即所謂反映國民的意識與感覺），否則均不能取職業法官的多數意見而代之。當職業法官的多數意見無法成為判決的結論時，則視同未達到「職業法官成為法庭之構成要素並發揮其決定性影響力」的憲法上基本要求，將會產生違憲的問題。簡言之，上述主張乃建構在一個基本論理之上：合議庭中職業法官的多數意見（當合議庭中職業法官人數僅有 1 人時，指的是該名職業法官的意見）必須要是判決的結論，否則無法達到憲法的基本要求。[595]

　　問題是，所謂「憲法的基本要求」，真的是要求即使在國民參與審判的情形下，職業法官的多數意見仍必須要是判決的結論嗎？從上述國民參與審判制度的合憲性爭議之討論中，尚無法得出如此明確的結論，只能說這樣的看法（即「無評決權的參審制」）乃是在刑事審判中為了確保「職業法官解釋、適用法律的專業」，以符合「司法權建制之憲政原理」等憲法要求的數個「控制方案」之一，已見前述；而此一控制方案，恐怕是控制方案中最強力的方案。

　　蓋「無評決權的參審制」，從形式上來看，等於參審員完全沒有任何決定判決結論的權力，即使參審員在評議階段所表示的意見，成功地說服了原本持不同意見的法官，或是立法者設計特別的機制（例如要求職業法官必須在判決書中交代不採納參審員意見的理由、或是職業法官必須重審該案）讓職業法官不敢輕視參審員的意見、甚至還必須積極地說服參審員、接受參審員的意見或與其達成妥協，但最終形式上呈現的，還是職業法官的多數意見，且外界亦完全無法窺知其中有多少參審員的意見成分在內。持平而論，「無評決權的參審制」雖然不能說是毫無意義，[596]但其價值之高低，將會變得難以衡量，前述「沒有評決權的

595　中原精一，同註 156，頁 71。

596　在法官 3 人、參審員 6 人組成合議庭的前提下，假設法官 3 人對於事實認定、適

參審制，從嚴格的意義來看不能說是參審制」的批評，正可以體現這種直覺的觀察。

　　但反過來看，這樣的控制方案也因為其效力最強，幾乎達到可以完全規避違憲爭議的程度，所以立法者一旦採取「無評決權的參審制」之後，基本上已經不必再為規避違憲爭議，而採取其他的控制方案，對於是否引進國民參與審判制度仍有高度違憲爭議的國家而言，「無評決權的參審制」實不失為一個有效的「避雷針」。

　　然而，如果仔細分析「無評決權的參審制」最重視的、所謂「違憲爭議」就可以發現，解決違憲爭議，並不單單是為了確保職業法官多數意見的終局決定權，而是為了確保抽象法律在具體案件中被正確地解釋、適用，以實現公正、妥適的審判，並使刑事被告的訴訟權能夠在符合正當法律程序的情形下被保障，而其中最重要的，毋寧是刑事被告權利的保障。換言之，只有在職業法官的多數意見是主張被告無罪時，其等之意見才有被尊重的必要，反之，如果職業法官（小團體）的多數意見是主張被告有罪、但合議庭（大團體）的多數意見還是主張被告無罪時，被告原本即可以依據合議庭的多數意見獲得有利（無罪）判決，以此避免其訴訟權利受侵害，自無僅為了尊重法官的多數意見，反致被告受到不利（有罪）判決的道理，故有主張為了避免可能的違憲爭議，亦僅在為被告有罪判決的情形下，始需有職業法官多數意見之贊成，[597] 也

　　用法律及量刑的意見一致，如果讓參審員有評決權，則法官僅需說服其中 2 名參審員加入其意見，即可以 5：4 的多數決評決勝利，另外持不同意見的 4 名參審員雖然在參審員群體中是多數意見，但卻無法改變判決結論；反之，如果讓參審員沒有評決權，但法官必須要在判決書中交代不採納參審員多數意見的理由（例如我國人民觀審試行條例草案第 64 條規定：「法官之評議，與觀審員終局評議之多數意見不一致者，應於判決內記載不採納之理由。」），則法官就必須在判決書正面回應參審員的多數意見，並接受外界、乃至於上級審的檢驗審查，以此觀之，採取「無評決權的參審制」，參審員的多數意見似乎反而比較容易受到重視。

597 竹下守夫，於「座談会・司法制度改革審議会中間報告をめぐって」之發言，ジュリスト，1198 号，2001 年 4 月 10 日，頁 63。

就是只要「提高評議可決標準」即可順利解決違憲爭議，無需剝奪參審員的評決權。此說較「無評決權的參審制」實更具有論理上的合理性，但如此一來，等於有罪評決標準必須提高，[598] 是否因此不易獲致實質評決、[599] 縱放有罪被告、不利於社會治安的維持？甚至讓職業法官握有否決多數參審員意見的權力、形同輕視參審員代表的國民意見，而不利於參審制度的維持？則是必須面對的另外問題。

再者，縱使還是要採取「無評決權的參審制」，另一個必須思考的問題，就是這種「表面上看來參審員並無實權」的制度，會不會使制度的操作者（法官、檢察官、被告、辯護人、參審員等）在實際審判過程中過度輕視參審制度及參審員的重要性，而造成「視同參審制度、參審員不存在」的現象，進而使參審制度失敗瓦解？以下即區分法官、參審員、當事人（檢察官、被告、辯護人）的不同角度，分析「無評決權的參審制」與一般參審制度對於上述各方產生之不同影響。

首先，以法官對於參審員的態度來觀察，如果參審員必須參與表決、對於判決的結論有一定程度的決定力，則法官勢必會盡力與參審員進行討論，如果參審員對於案情有不能理解、誤解甚或是意見分歧時，職業法官即必須竭盡心力地說明案情，以消弭參審員的疑慮；反之，如果只是讓參審員可以表示意見，但不能參與評議的表決，法官既然不需受到參審員意見的拘束，則職業法官未必願意仔細聆聽、咀嚼參審員表示的意見，法官因此亦無法從參審員的意見中，獲得其判決時的重要參考，而職業法官對於參審員說明時，恐怕亦僅止於將其判決的理由，以

---

598 若將雖過半數、但未達此一標準之評決情形均視為無罪，則在 3 名法官加上 6 名參審員之組合下，28 種評議可能之情形中，僅有 9 種情形可以判被告有罪，有罪評決率僅達 32.1%。

599 當無法出現有效評決時，例如 3 名職業法官與 6 名參審員組成合議庭，雖然有 1 名職業法官與 6 名參審員主張有罪，但由於支持有罪的職業法官人數未達職業法官群體之多數，固然可以擬制為無罪判決，但此種情形，終究並非「實質評決」，而僅是「擬制的評決」。

較為簡明易懂的用語進行解釋而已，[600] 參審員是否能夠充分理解、甚至轉而同意判決的結論，則非職業法官所關心的。

再以一般國民的態度來觀察，讓一般國民純粹參與程序、表示意見，但無須擔負判決的責任，固然可以使原本因為擔心背負判決正確責任而不願參與的國民，得以消除其排斥感或憂慮；但反面來看，只是表示意見而無須參與評議表決，可能會讓參審員失去「仔細斟酌證據後再表示意見」的興趣或耐心，參審員的意見恐將流為空泛的街談巷議，而無法資為判決時的參考；且參審員的意見一旦不為職業法官所採納（或自覺未受職業法官尊重），不與法官共同擔負判決責任的參審員，恐怕會於判決結束後，立於批判的立場，對於判決多所批評質疑，亦無助於審判信賴度的提升。甚至一般國民會因自覺只能表示意見而無左右判決結論的權利，感到無力而大幅降地其參與審判的意願。

復以當事人（檢察官、被告、辯護人）的態度來觀察，對於既無法律專業素養、又只能表示意見而無參與評議表決權力的參審員，當事人勢必不願意耗費時間精力來進行說服，易言之，當事人還是會以職業法官為最主要的說服對象，參審員能否正確理解證據、形成心證，即非當事人關注的事情，甚至在庭期安排上，也未必會以參審員的配合程度為最主要的考量，如此一來，原本寄望國民參與審判制度可以進而達成審判的言詞化、簡明化、集中化等目的，恐亦將無法達成。

綜上所述，「無評決權的參審制」確有可能造成實際操作者對此制度的輕視、忽略，故如果違憲爭議不是非常高時，是否有必要使用「無評決權的參審制」？實不無斟酌餘地；就算違憲爭議非常高，是不是用「於有罪判決時，必須有職業法官的多數意見」的提高評決標準方案就可以解決？即使確實有必要使用「無評決權的參審制」來解決違憲爭

600　井上正仁，於「鼎談・意見書の論点④：国民の司法参加・刑事司法」三方會談中的發言，載於「特集・司法制度改革審議会意見書をめぐって」，ジュリスト，1208号，2001 年 9 月 15 日，頁 141。

議，為了讓實際操作者不致於輕視、忽略制度宗旨，除了必須有相關機制（例如要求職業法官必須在判決書中交代不採納參審員意見的理由、或是職業法官必須重審該案）配合之外，於刑事訴訟程序中，亦必須加強法官、檢察官、辯護人對於參審員進行「說明、說服」的義務，而不是像過去職業法官審判時，法庭只是專業社群以專業術語討論的場域。當然，更重要的是，當違憲爭議因為制度運作順利而隨著時間逐漸淡化時，「無評決權」的「避雷針」就應該即時卸下，回歸到參審制的本質——讓職業法官與參審員一起就事實認定、法律適用及量刑進行討論、獲致共識，當無法獲致共識時則進行平等的表決，以共同評決的結論，作為判決的內容。

柒、評議可決標準

採行陪審制的國家，就陪審團的評決標準，傳統上係採全員一致決，[601] 蓋採行陪審制的國家，多半亦站在質疑有權者的角度來看待司法，傾向於避免無辜被告受到刑罰，而全體一致決正好代表了「有罪標準——超越合理懷疑」及「無罪推定原則」的高度實現；[602] 但從另一面向來看，這種評議可決（下稱評決）標準，也是根植於對於陪審團認定犯罪事實能力的疑慮，蓋陪審團由一般國民組成，並無職業法官之參與，而缺乏法律專業訓練的國民，往往欠缺長期浸淫於審判而鍛鍊出的職業意識，故可能基於同情心、正義感，即傾向於對被告採取不利的認定，而全體一致決，被認為可以避免此種感情用事判決的出現，蓋 12 名陪審員中，總會有 1-2 人仍能保持其理性，但同時這樣的評決標

---

601 例如美國的部分法域、澳洲的部分法域、英國、愛爾蘭即改採特別多數決制度。
602 飯考行、工藤美香，市民の司法参加と社会・序説：世界の陪審・参審制度の素描と裁判員制度の位置づけ，日本弁護士連合会司法改革調査室編，司法改革調查室報，2 号，2003 年 8 月，頁 68。

準，也造成了陪審審判不易產生有罪評決的效果，[603]1957 年的美國電影《十二怒漢（*12 Angry Men*）》即係以陪審團全體一致決之評決標準為藍本所製作的電影。

相較於此，採行參審制的國家，評議的可決標準就相當浮動，有採行 3 分之 2 多數決者，亦有採行過半數多數決者，此涉及了「重視被告權益（無罪推定原則）」與「順利獲致評決（訴訟經濟、審判實效）」等利益的平衡追求，甚至涉及了「解決違憲爭議」、「尊重國民參與」、「滿足社會正義期待」等問題，故實係相當複雜的問題。茲以日本裁判員制度立法時，針對評議可決標準的討論經過，作為討論的起點與借鏡。

日本司法改革審議會第 51 次會議（2001 年 3 月 13 日），該會委員，後來並擔任「裁判員制度・刑事檢討會」主席（座長）的東京大學井上正仁教授提出之「『新的訴訟程序參加制度』要旨案（骨子案）補充說明」[604] 中表示，基於其他由職業法官合議審判之刑事案件，均維持過半數多數決（單純多數決）之評決標準，為了平衡起見，故裁判員制度之評決標準亦應以過半數多數決為原則。在此基礎上，首先為了確保裁判員能進行主體性、實質性的訴訟參與，故必須讓裁判員之意見有可能影響評決之結論，從而至少在裁判員全員均反對時，不能僅憑法官

---

603 主張應採多數決制的論者認為，陪審團中少數持不同意見的陪審員，往往即為抱持偏見者，甚至即為受被告或辯護人收買、恐嚇之人，法院雖然應該充分地保護或監督陪審員，但事實上往往不太容易周全，採取多數決，即可解決此一問題；相反地，主張應採全體一致決的論者認為：1. 持不一致意見者，未必即為抱持偏見或遭受收買、恐嚇之人，有時往往是陪審團成員中少數仍能抱持理性之人，2. 全體一致是陪審評決的權威來源，3. 如果採取多數決制，除了將使陪審評決喪失權威性，更難以保守評議秘密，4. 多數決制事實上已經侵害了「有罪心證應超越合理懷疑」的原則，參見高窪貞人，同註 291，頁 255；鯰越溢弘，同註 21，頁 31。

604 井上正仁，「訴訟手続への新たな参加制度」骨子（案）について（補足説明），司法制度改革審議会第 51 回会議配布資料，2001 年 3 月 13 日，網址：http://www.kantei.go.jp/jp/sihouseido/dai51/51bessi2.html，最後拜訪日期：2012 年 8 月 12 日。

多數之意見遂為被告不利之評決。

其次，在顧慮到前述憲法爭議下，亦必須確保職業法官成為法院基本且必要之構成要素，故法官之意見對於評決結果，自亦應該賦予實質之意義，而所謂賦予實質之意義，約有兩種解釋途徑，其一是為被告不利之評決時，至少必須要有一名職業法官之贊成意見，另一則是為被告不利之評決時，必須要有職業法官多數之贊成意見，並以此擬出三種不同之具體評決標準：

一、特別多數決制：要求評決之標準必須較過半數多數決略高，使法官或裁判員任何一方均無法僅憑其多數決遂自為被告不利之評決，日本裁判員法第 67 條第 1 項所定，評決應以「包含法官及裁判員雙方意見之合議庭過半數之意見」決之，即為此種思考方式的展現，但由於日本裁判員制原則上是由 3 名法官及 6 名裁判員構成合議庭，故實際上可能因為人數上優勢而達到過半數多數標準者，只有裁判員而不及於法官（例如有 5 至 6 名裁判員贊成為被告不利評決之情形），故這種制度設計，可以認為是為確保法官參與的實質上意義而設計。

二、變形多數決制：要求評決標準除應過半數之外，尚應有「至少一名裁判員」及「過半數之法官」贊成，始能為被告不利之評決。[605] 但如果在 3 名法官與 6 名參審員組成合議庭的情形下，由於合議庭過半數之多數意見中，一定會有參審員的贊成票，否則根本無法過半數，故此說亦可視為是要求評決標準除應過半數之外，尚須有「職業法官之多數意見」。

三、雙方多數決制：要求評決標準除應過半數之外，且應有分別獲得過半數之裁判員及過半數之法官贊成，始能為被告不利之評決。[606]

605　香城敏麿，同註 373，頁 27。

606　相同見解，見上野芳久，同註 476，頁 198；谷直之，裁判員制度に関する一考察：司法権の独立と評議の秘密の視点から，清和法学研究，10 卷 2 号，2003 年 12 月 1 日，頁 154。

為求便於理解計，茲以圖表說明以上 3 案的不同點：

圖表 16　過半數多數決為基礎之修正案要求重點區別示意圖

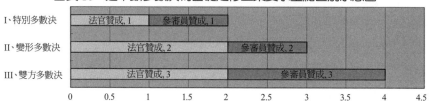

針對上述過半數多數決的 3 個修正版，通說雖然認為是為了要解決違憲爭議，但亦有少數說認為，此是為了要趨近於 3 分之 2 的特別多數決標準。蓋合議庭若由法官 3 人組成，評議達到可決，至少需有 2 名法官形成一致之多數意見，故實際上，3 名職業法官組成合議庭的評決標準，也可說是 3 分之 2 多數決。以此觀之，若採行參審制後，隨著參審合議庭人數的增多，合議庭評決標準將低於 3 分之 2，難免會產生參審後之評決標準，竟然低於一般評決標準的質疑，[607] 故有認為所以修正普通多數決（過半數多數決）之評決標準，而出現前述「特別多數決」、「變形多數決」、「雙方多數決」等方案，其目的並非用以迴避違憲爭議（或者說是解除「不相信參審員」的質疑），而是為了讓評決標準盡可能地回到趨近於 3 分之 2 的標準（即原本 3 名職業法官組成合議庭時的評決標準）。[608]

但上述「評決標準應該是 3 分之 2 多數決，而非過半數多數決」的論點，只是根植於制度上之偶然，而非制度上之應然。蓋我國法院組織法第 105 條第 1 項業已明文規定：「評議以過半數之意見決定之。」（日本裁判所法第 77 條第 1 項亦規定：「審判，除就最高裁判所之審判，最高裁判所有特別規定者外，以過半數之意見決之。」），均已明文規定

607　新倉修，同註 540，頁 21。
608　西村健、工藤美香，同註 552，頁 18。

「過半數」而非「3 分之 2」為評決標準，若立法者希望達到的是 3 分之 2 多數決，自應明文表示，而無僅規定過半數之理；其次，關於最高法院審判之案件，法院組織法第 3 條第 3 項亦明文規定，以法官 5 人合議決之，在無特別規定之情形下，該 5 名法官組成之最高法院合議庭之評決標準，仍然是過半數之 3 名以上法官意見決之，而非逾 3 分之 2 的 4 名以上法官決之，但亦不能說最高法院合議庭之評決標準即有違法；再者，3 名職業法官組成之合議庭中，究竟係採取 3 分之 2 多數決？抑或採取過半數多數決？實不能僅以人數來看，而應該由評決分布情形計算其機率，亦即在 3 人合議庭中，只有 4 種評議可能之意見分布情形，即：（1）3 人均主張有罪、（2）2 人主張有罪、1 人主張無罪、（3）1 人主張有罪、2 人主張無罪、（4）3 人均主張無罪，以此計算，則有罪無罪之比率各為 50%，與前述「特別多數決」、「變形多數決」、「雙方多數決」等普通多數決（過半數多數決）之修正評決標準的有罪評決率（42.9%、32.1%、21.4%，詳見後述）顯不相當，故上述論點，實非可採。

　　回過頭來進一步分析以上 3 案之差異時，有 2 個部分的重點必須分別觀察，其一是有罪評決標準的普遍提高，其二則是 3 案中對於法官群體中多數意見的處理方式不同。

　　首先，以上 3 案的評決標準雖然各有不同，但若將過半數、但未達上述標準之評決情形（非實質評決、擬制評決）均視為無罪，則在 3 名法官加上 6 名裁判員之組合下，28 種評議可能之情形中，特別多數決制（以日本裁判員法第 67 條第 1 項為準）、變形多數決制、雙方多數決制之有罪評決比例分別為 12/28（42.9%）、9/28（32.1%）、6/28（21.4%，此時裁判員之過半數應解為需有 4 名裁判員之贊同意見），且隨著參審員人數的增多，上述特別評決標準，會更降低有罪評決率。

　　特別多數決制、變形多數決制、雙方多數決制之有罪評決標準，呈現愈來愈嚴格的趨勢，換言之，要判被告有罪愈來愈難，這在將較高的評決標準當作具體實現「超越合理懷疑」的國家（例如前述美國陪審

制），固然有其正當性，但對於從未將評決標準與「超越合理懷疑」作連結，甚至高度重視有效懲罰犯罪的國家（如我國）而言，過嚴的評決標準恐怕將會成為刑事審判的難題。蓋即令合議庭中多數意見均認為被告有罪，但少數關鍵之意見即可扮演否決的角色（以 3 名職業法官與 6 名參審員組成合議庭，且評決標準採最嚴格的雙方多數決為例，即令 3 名法官與 3 名參審員均主張判被告有罪，但因另有 3 名參審員反對，故不能為被告有罪之判決），難以實質評決、不易判決被告有罪，因而不利於有效懲罰犯罪；更何況在其他刑事案件仍然採行過半數多數決之評決標準下，適用參審之案件（多半為重大案件）之有罪評決標準如此嚴格，亦難避免質疑。以此觀之，純以與現實妥協的角度來看，其中條件最寬鬆的特別多數決制當然最容易受到支持。

除了「有罪評決率的普遍提高」與現實間的衝突之外，上述 3 案中另一個值得觀察的重點，則為「法官群體中多數意見的處理方式」之不同。蓋第 1 案並未要求法官群體中多數意見需有決定權，僅要求為不利被告之評決時，至少需有 1 名職業法官之贊成意見；相對於此，上述第 2、3 案則進一步要求「為被告不利之評決時，必須要有職業法官多數之贊成意見」，2、3 案中不同者，則在於第 3 案不僅要求法官之多數見解必須要有決定權，更要求裁判員之多數見解亦必須有決定權。但真正重要的問題乃在於「對於法官群體中多數意見的處理方式不同」，亦即第 1 案與第 2、3 案間的差別。

首先，如果第 1 案「特別多數決制」即可解決憲法對於職業法官參與審判之基本要求，亦即符合「憲法第 81 條職業法官的身分保障、第 80 條的法官獨立性、第 16 條的訴訟權、第 8、16 條推導出來的正當法律程序、乃至第 77、80 條引伸出來的司法權建制度的憲政原理、甚至法定法官原則」的話，當然沒有特別尊重職業法官多數意見，以致過度提高評決標準的必要性。但從日本裁判員制度立法過程中，尚須將「尊重職業法官多數意見」為前提的「變形多數決」、「雙方多數決」列入考慮，即可窺知日本立法者在設計評決標準時，對於尊重職業法官意見

至何程度始能謂已解決違憲爭議？尚未形成定論；甚至到了法案草擬階段，即「裁判員制度・刑事檢討會」討論時，所謂「為被告不利評決時，必須要有至少 1 名裁判員及過半數法官之贊成意見」的主張，仍然成為提案之一，益臻明確。[609] 日本裁判員制度雖然最後決定採納第 1 案之「特別多數決制」，[610] 亦即如果憲法上的法官全數反對時，不能僅憑裁判員之多數意見即為被告不利之判斷，但是否能夠真正解決違憲爭議？仍非全無爭議。[611]

支持第 1 案之論者有認為，即使憲法上所保障之訴訟權係指被告「受法官依正當法律程序審判之權利」，亦即必須讓具備解釋、適用法律專業的法官成為法院的當然構成員，並能充分發揮其功效。但憲法所保障之「法官審判」，並未以「合議制法官」為限，換言之，所謂合議制或獨任制，乃法律裁量事項而非憲法保留事項，故只要有 1 名職業法官贊成合議庭中多數意見，即使其他 2 名職業法官並不贊成，仍然可認為係符合憲法之上述要求。[612]

誠然，從具備解釋、適用法律專業的法官必須成為法院的當然構成員、並發揮其應有功能的「形式意義」來看，只要在合議庭中確保有一名法官參與，且該法官贊成合議庭之多數意見，即已符合憲法的要求。此在合議庭中僅置有一名職業法官、其餘合議庭成員均為來自一般國民的參審員時，雖然不成問題，但在合議庭中置有數名法官時，倘若仍以一名職業法官贊成合議庭之多數意見為已足，則不啻忽視合議庭中其他職業法官之意見（在法官群體〔小團體〕中的多數意見）。固然，審判

609　裁判員制度・刑事檢討會，第 13 回会議配布資料——「裁判員制度について」，2003 年 3 月 11 日，網址：http://www.kantei.go.jp/jp/singi/sihou/kentoukai/saibanin/dai13/13siryou1.pdf，最後拜訪日期：2012 年 8 月 13 日。
610　司法制度改革審議會，同註 176，頁 232。
611　岩瀨徹，於「裁判員制度導入の是非をめぐって」座談會中之發言，載於「特集・裁判員制度導入の諸問題」，現代刑事法，32 号，2001 年 12 月，頁 16。
612　安村勉，同註 554，頁 62。

庭中法官人數多寡，乃立法裁量之事項，但既然立法者決定在某些類型之案件中需由多數法官進行審判，必然有其立法目的存在，多數情形也許是希望「事實認定」能夠藉由多數法官的審判經驗而更趨正確，但亦隱含有希望多數法官的參與，能夠讓「法律的解釋、適用」更形妥適。若一方面要求於合議庭中必須有多數法官，另一方面卻又忽視多數法官間所形成之多數意見可能有利於被告，則必須有更足以「取代」「尊重多數法官意見」的其他理由存在，始能為適當的說明，在合議庭中法官人數原則上為 3 人而非 1 人時，上述問題更不能等閒視之。

本文認為，要能正確解讀上述 3 案對於「對於法官群體中多數意見的處理方式不同」，無寧應該要清楚掌握以上 3 案就「憲法對於職業法官參與審判的基本要求」之解讀不同處。申言之，在合議庭中法官為數人時，「特別多數決」認為「憲法對於職業法官參與審判的基本要求」，僅及於「至少職業法官之中，並非完全無人可以接受合議庭多數意見」的程度，認為如此已經足以確保「抽象法律在具體個案中被正確解釋、適用」；而「變形多數決制」、「雙方多數決制」就何謂「憲法對於職業法官參與審判的基本要求」，則拉高到「職業法官多數亦能接受合議庭多數意見」的程度，認為非如此不足以確保「抽象法律在具體個案中被正確解釋、適用」。究竟何者才能完全體現憲法的基本要求？厥為人言人殊的困難問題。

如果就「憲法對於職業法官參與審判的基本要求」究竟應該如何解讀，仍然存有爭議，卻逕自採行有罪評決標準比較寬鬆的「特別多數決制」，亦即僅以 1 名職業法官的贊成，即得為被告不利的判決，則不能不說是沒有完全回應爭議的「妥協立法」。本文推測日本裁判員制度最後仍然採行此一立法方向，其最主要的理由，應該在於「尊重國民的參與」，亦即不能讓國民參與審判形同裝飾、陪襯，故即使必須在合議庭中由多數（3 名）法官參與審判，但在合議庭之多數意見與法官群之多數意見出現歧異時，仍應採納合議庭之多數意見而非法官群體之多數意見；而第二個採行此種制度設計的理由，則應為「降低評決標準」，蓋

如果要求為被告不利判決時，必須要有職業法官的多數意見贊成（第 2 案、變形多數決制），在 3 名法官、6 名參審員組成合議庭時，就會讓有罪評決率降低至 32.1%，如果為了平衡起見，同時又要讓參審員的多數意見亦有決定權（第 3 案、雙方多數決制），則有罪評決率將更進一步降低至 21.4%，有罪評決率過低，將難以出現實質評決，更使被告難以被判有罪，已如前述，對於日本及我國而言，恐怕難以為一般國民所接受，故「1 名職業法官的贊成，即得為被告不利的判決」的「特別多數決制」被接受，厥為必然的結論，但不可諱言，這樣的制度設計毋寧是與上述現實考量「妥協」的產物。

日本最高裁判所 2011 年 11 月 13 日大法廷判決針對該國裁判員制度之評議可決標準，謂：「如果在讓國民參與審判的情形下，仍然要求法官的多數意見即為判決結論的話，則肯認國民參與司法的意義中非常重要的部分就可能會被抹殺消弭，既然憲法已經容許國民參與司法，則不應該解釋為審判體部分構成員之法官多數意見即為判決結論。」即為上述思維的具體展現，從而「評決時依包含法官及裁判員雙方意見在內之合議庭成員過半數之意見決定之，刑之量定亦依同樣的原則來決定（裁判員法第 67 條）」，即被日本最高裁判所認為已可確保合憲。

捌、結語

本章嘗試從與國民參與審判有關的制度設計課題中，揀取本文認為重要的幾個部分——適用案件範圍、合議庭如何組成、參審員如何產生、任期多久、職權內容、評議可決標準等進行檢討。當然，國民參與審判涉及的制度設計內容絕對不止於上述各項，例如參審員保護、義務、處罰等，乃至於判決書的製作等，涉及的領域仍相當廣泛。舉例言之，保護參審員時應該如何規劃具體保護措施，才能在保護參審員的同時，又不致過分侵害參審員的自由？判決書應該如何製作，方足以充分反映國民參與審判的價值？但由於上述部分涉及的原則性問題較少，

比較沒有進行討論的原則上重要性，故不在本文檢討的範圍內。至於因應國民參與審判，第一審審判程序應該如何配合修正？第二審上訴審查構造有無檢討修改的必要？本文認為涉及的問題既多且雜，另列於第8章、第9章進行討論。

首先，就適用案件之範圍，本文認為宜優先適用於重大案件，至於其下限應如何劃定，則與國家財政負擔息息相關，但對於過去並無此種制度、初始施行的我國而言，即使擔憂國家財政負擔過重而必須限縮適用案件之範圍，但仍應有一定比例之刑事案件（如1%以上）適用國民參與刑事審判制度，以確保立法宗旨得以達成。至於被告認罪之案件、或被告主觀上不願接受國民參與審判之情形，本文檢討後認為均無當然應予排除適用之正當理由，基於制度立法宗旨之達成，當然仍應適用之。

其次，就合議庭之組成而言，由於參審制之基本原則即為法官與參審員「合作」進行事實認定、法律適用及量刑，故法官與參審員之間的互動，乃設計合議庭時之重點，為了避免不具法律專業與審判經驗的參審員淪為職業法官之附庸、橡皮圖章，在合議庭中，應使參審員人數多於職業法官，前述 Gerhard Casper 與 Hans Zeisel 的實證研究也證實了此一論點；在確認了上述原則之後，為了確保職業法官「正確解釋、適用法律之專業」不會受到任何減損，則合議庭中職業法官之人數仍宜與一般合議審判相同，亦即仍維持3名職業法官之規模，在維持現有「過半數多數決」之評決標準的前提下，則奇數的合議庭總人數，即參審員為4人（總數7人）、6人（總數9人）均屬可行，且以參審員6人之情形（參審員人數2倍於職業法官）更能確保法官與參審員之對等。至於比6人更多的參審員，則可能無法進行實質的討論，而淪為單純投票表決，則為本文所不採。

再者，為了確保制度立法宗旨之達成，參審員之產生應自全國符合資格者隨機抽選產生、其任期亦宜以「一個案一選任」為之，至於因此所生的國家經費負擔固然可能較重，但應視為制度所需之支出。而參

審員之職權，本文認為在合憲之前提下，仍宜給予參審員參與表決之權利，以確保制度宗旨之徹底實現，但有關參審員事前閱卷、就程序問題表達意見等，則不啻是將不適宜由參審員處理之事務強行加諸於其等肩上，反而有害於制度之順暢、生根，自應避免之。

最後，就評議可決標準的決定，本文認為為了維持與其他非適用案件（不僅是較輕微之案件，亦可能包括例外裁定排除適用之案件）評決標準之平等，就國民參與刑事審判制度之評議可決標準，仍宜採過半數多數決之原則，而為了尊重國民參與審判之精神，同時避免過度尊重法官多數意見反而造成評決標準過度提高，則日本裁判員法第 67 條之確保最低限度合憲性要求方案（亦即過半數多數意見中至少需有一名職業法官之贊成意見），似不失為平衡各方利益之可能解決方案。

從本文檢討上述具體制度設計的問題中可以發現，除了應該思考如何藉由具體制度設計以實現國民參與審判制度的立法宗旨外，更不能忽略憲法層次的考量，例如「是否賦予被告選擇權的考量」、「法官人數應否與其他案件相當」、「參審員可否參與評議表決」、「評議可決標準」等，均必須在設計制度時，時時以「憲法對於職業法官參與審判的基本要求」為念，即使不採取最保守的方案以徹底規避違憲爭議，在制度設計時，也必須以不明顯違反憲法基本要求的設計方案為宜。

除去上述理念上的檢討，設計國民參與審判制度時，還有一個絕對不能忽視的問題，就是經費上的考量。蓋國民參與審判是一個非常花錢的制度，舉凡法院設備的整備、參審員的選任、參審員的補償（日費、旅費）、參審員的保護、法曹三者（法官、檢察官、辯護人）的教育訓練、制度宣導推廣、一般國民抽出時間擔任參審員造成的勞動力損失等等，均會造成國家財政、甚至整體經濟的負擔，非但會牽動主政者推動此制度的決心，更可能引發反對聲浪，[613] 故在制度設計時，還必須考量

---

613 例如我國司法院前於 1994 年 3 月完成「刑事參審試行條例草案」，並於同年 5 月送行政院表示意見，行政院於同年 9 月之回函中，除了直指該草案有合憲性問題

到國家財政、整體經濟的耐受程度，併此敘明。

外，另以「觀諸草案內容，從參審員推薦、造冊、遴選、編定名冊以至抽籤決定
參審員，程序繁雜，耗費行政資源，人力甚鉅」作為質疑該草案可行性的理由之
一，針對行政院上開意見，司法院刑事廳於同年 10 月提出之「我國試行參審制之
利弊分析報告」中，亦坦認「實施參審，將耗費巨大之行政資源及人力」乃試行
參審制的「弊端」之一，終至促成了該草案於 1998 年 6 月 30 日正式宣告終止的
命運。

第八章
國民參與刑事審判制度對於我國刑事訴訟程序的影響評估（I）──採行參審審判的第一審程序

壹、前言

　　國民參與審判制度雖然可以定位為刑事訴訟程序的一種，但國民參與審判制度未必與「職權主義」、「當事人主義」等等刑事訴訟構造論爭有密切的關係。固然，採行陪審制度的國家，幾乎都是採行當事人主義的國家，甚至可說當事人主義以及所衍生的諸多制度，就是從陪審制度的土壤中誕生、配合陪審而創設的制度；[614] 但採行參審制度的國家，對於究竟應該採取「職權主義」或「當事人主義」之刑事訴訟構造，則顯現出多樣性的變異。蓋有些國家在職權主義的構造下採行參審制（如德國），但也有些國家在當事人主義的構造下採行參審制（如日本、瑞典、丹麥），[615] 以此觀之，如果說引進參審制度必然要採行當事人主義，或認為只要採行參審制度就可以促進當事人進行主義的進一步落實，則顯然是一種過於跳躍的推論。[616] 同理，當事人進行主義派生的起訴狀一本主義、當事人主導證據調查、交互詰問、傳聞法則、證據能力

614　例如當事人主義下的自白法則、傳聞法則、違法證據排除法則等證據法則，就是為了讓陪審員能夠正確認定事實而建構的制度，參見鯰越溢弘，同註499，頁22。此外，由於陪審制度乃是從部族制血緣共同體社會之「同儕審判」演化而來，故必須以言詞審理、公開審理等方式來取信與被告同族的公眾，參見勝田有恒、森征一、山內進編，同註12，頁160。

615　平野龍一，同註148，頁51。

616　出田孝一，同註301，頁28。

等等制度，亦未必會因參審制度的採行而必然被採行或深化。

此外，與當事人主義或職權主義之論爭無關，而為現代刑事訴訟一致奉為審判原則的公判中心主義（以審判期日之證據調查及言詞辯論為審判的核心，法官應由此形成心證）、直接審理主義、言詞審理主義、連續審理主義等等，亦未必與參審制度有必然的關係。換句話說，即使採行參審制度，仍然可以進行非直接的書面審理，讓偵查階段作成的書面紀錄（如偵訊、警詢筆錄）成為最重要的證據，甚至是法院形成心證的主要來源，或是採取每週甚至每月開庭一次的不連續審理方式。

即令採行參審制度，並不「必然」等於要採取如何的刑事訴訟程序，已如前述。但參審制度還是「可能」促成刑事訴訟的改革，其可能性之高低，則牽涉到參審的制度設計者對於參審員能力、時間的顧慮程度，也牽涉到制度對於參審員參與程度及意見的重視程度。換言之，愈是顧慮參審員之能力、時間，想要避免造成參審員過重負擔的制度設計者，或愈是重視參審員之實質參與程度及意見的制度設計者，愈可能同步配合進行刑事訴訟程序的改革；反之，參審員之能力愈強、可以配合參與審判的時間愈充足，或愈不重視參審員的負擔、參與程度或意見時，改革刑事訴訟程序以資配合的必要性或可能性也愈低。以此觀之，刑事訴訟程序的改革乃是實現參審制度的充分條件，但非必要條件，而刑事訴訟程序之改革，對於參審制度而言，具有「手段性」的意義。

反過來看，引進參審制度也可以被視為是改革刑事訴訟程序的「手段」。亦即以引進參審制度為名，在設計參審審判程序時，配合修正刑事訴訟程序或改進刑事訴訟程序的實際操作方式，避免造成參審員時間、能力上的過重負擔，並重視參審員的參與程度及意見，以此「間接」實現當事人主義、起訴狀一本主義、當事人主導證據調查、交互詰問、傳聞法則、證據能力、公判中心主義、直接審理主義、言詞審理主義、連續審理主義、甚至完成上訴審構造的改革。從法制史的角度來看，德、法等國於十七、十八世紀引進陪審制度時，均有藉此引進彈劾主義、直接審理主義、言詞審理主義、自由心證主義等改革的目的存

在。

　　從現代的觀點，這樣的功能，對於原來就已經引進上述當事人主義等制度、進行了第一波的刑事訴訟改革，卻因極度重視實體真實發現等等因素，而使改革未竟全功的國家，諸如日本或我國，也具有高度的說服力。例如平野龍一教授（1920-2004）在其於 1985 年發表、著名的〈現行刑事訴訟之診斷〉一文中，即認為恐怕唯有採行參審或陪審制度，才有可能將日本的刑事審判由「筆錄審判」[617] 的絕望境地中解救出來，[618] 即為適例。

　　綜上，施行國民參與刑事審判制度可以促進刑事訴訟程序的「再改革」，乃是一個非常吸引人的議題，在我國這種第一波的「改良式當事人進行主義」[619] 未竟全功的國家，更是如此。故本文打算先介紹我國現行刑事訴訟的現狀，以此彰明其病徵所在，再討論我國如果在決定引進國民參與刑事審判制度，並以參審制為制度設計的基本方向後，現行刑事訴訟程序中幾個重要的、已經進行或正在熱烈討論的刑事訴訟制度改革，將會受到如何影響？以此闡述本章主題──國民參與刑事審判制度對於第一審刑事訴訟運作方式的影響，至於國民參與審判制度對於上訴審審理構造的影響，乃因篇幅過大，擬於另章討論之。

　　另由於我國刑事訴訟程序改革的路徑，與日本戰後刑事訴訟改革的路徑呈現出高度相似性，且我國刑事訴訟法之條文，亦與日本刑事訴訟法有諸多相同之處，而日本在引進裁判員制度時，對於其既有刑事訴訟程序的影響，也為論者所高度關注、熱烈討論，此均值得我國借鏡、參考，故本章所引用之文獻中，有相當大的部分即引用日本學者之見解，

617　亦即重視筆錄之證據價值，輕忽公判庭上證人當庭陳述之價值，故法官之心證主要係藉由詳細閱覽筆錄而來，法庭上的詰問、證言，只被視為讓證人講出自己想講的話的儀式而已。

618　平野龍一，同註 304，頁 423。

619　2003 年 3 月修正刑事訴訟法時，即以「由『職權主義』調整為『改良式當事人進行主義』」作為這一波刑事訴訟改革的宗旨。

附此敘明。

貳、現行刑事訴訟之現狀

一、改革的足跡

1999 年 7 月 6 日至 8 日召開的「全國司法改革會議」，對於迄今 10 餘年來的刑事訴訟改革，實具有「起跑點」的重要意義。

在此之前，我國的刑事訴訟係採取徹底的職權主義。在兼採彈劾主義的大蠹下，檢察官名義上雖然負有舉證責任，但在職權主義更強烈的支配之下，法院被課予更重要的義務，亦即為發現實體真實，必須主動積極調查犯罪之「調查義務」（實體真實發現原則、調查原則），在法院調查義務高度運作之下，前述檢察官之舉證責任幾乎被稀釋殆盡，[620] 故有認為檢察官於職權主義之下，僅負有協力的證明義務，[621] 甚至我國實務還曾經借用「形式舉證責任」與「實質舉證責任」的觀念，[622] 將檢察官之舉證責任侷限於「形式舉證責任」。而謂：「檢察官就被告犯罪事實固負有舉證責任，但其舉證祇不過使法院得有合理之可疑近於確信之程度，即盡其形式上舉證之責任，法院為發見真實之必要，仍應依職權

---

[620] 黃朝義，刑事舉證責任與推定，載：氏著「刑事證據法研究」，初版，1999 年 5 月，頁 253。

[621] 林鈺雄，檢察官之「舉證責任」──兼論刑事訴訟之修法方向，載於氏著「嚴格證明與刑事證據」一書，1 版，2002 年 9 月，頁 204。

[622] 實質舉證責任係指「待證事實真偽不明時，其不利益應歸屬於哪一造當事人？」而形式舉證責任，則係指「當事人為避免受不利益之判決，所為提出證據之具體行為」，不論採行職權主義或當事人主義，「實質舉證責任」均恆定地歸於檢察官，「形式舉證責任」在當事人主義之下，則可能於檢察官與被告之間流動，例如檢察官舉證被告犯罪行為已達超越合理可疑之程度，則被告為免受有罪判決，則有提出證據證明其無罪之必要，故形式舉證責任僅係實質舉證責任之反射，但在職權主義之下，由於均由檢察官職權調查，則無形式舉證責任之存在意義，參見田宮裕，刑事訴訟法（新版），2004 年 2 月，頁 304；石井一正，刑事實務証拠法，第 3 版，2004 年 4 月，頁 453 以下。

調查證據，非調查之途徑已窮，而被告犯罪嫌疑仍屬不能證明，不得遽為無罪之判決。」[623] 從而唯有法院已踐行其調查義務，將案件應調查之證據均予調查完成，始能為無罪判決，至於檢察官於審判中是否履踐其協力之證明義務，則與實體判決之結果無必然關係，亦即因事實真偽不明所生的不利益，雖因無罪推定原則而必須由檢察官承擔，但上述不利益（責任）與檢察官是否盡力舉證（義務）之間，並無必然關係，質言之，檢察官在審判過程中，除了提起公訴及上訴外，僅係可有可無的存在。

在職權主義之前提下，法官得以任何手段調查證據以求發現真實，原始證據（如證人、物證）或衍生性證據（如筆錄）並無價值上的差別或使用上之限制，甚至違法取得之證據亦非當然不能作為證據，[624] 法官為了獲致心證，必須進行非常細緻縝密的職權調查，並大量引用筆錄內容作為判決中形成心證之理由，但引為判決理由之證據，卻未必是審判期日經過當事人充分辯論過的證據；案件經上訴後，上訴審基於發現真實的使命，凡是認為下級審的調查義務未充分履行者，就必須進行更細緻縝密的職權調查，或要求下級審再進行更細緻縝密的職權調查，並據此撤銷原審判決，於是第二審動輒撤銷原審判決並自為判決，且案件在第二審、第三審間反覆延不確定，即成為我國過去刑事司法的特色。

1999 年的全國司法改革會議，有感於法院、檢察官、被告之三方

---

623 最高法院 80 年度台上字第 1065 號判決。

624 最高法院 75 年台上字第 933 號判例謂：「刑事訴訟本於職權主義之效能，凡得為證據之資料，均具有論理之證據能力，是以法律上對於證據之種類，並未設有若何之限制。」（已經最高法院 92 年度第 5 次刑事庭會議決議不再援用），同院 84 年度台上字第 538 號判決謂：「刑事訴訟法係採自由心證及職權主義，凡得為證據資料者，均有論理上之證據能力，法律對證據之種類未設限制，檢察官因偵查犯罪訊問被告及證人之偵查筆錄，警察機關為協助檢察官蒐證，對被告及證人之警訊筆錄，雖均非在審判中之陳述，但法院以此等筆錄為書證，於審判期日踐行證據調查程序，即得作為論罪科刑之證據，上訴人謂係審判外之陳述，不得作為證據，顯有誤會。」

關係嚴重失衡，於是倡議以「增強當事人進行主義」作為刑事訴訟改革的基本方向，針對如何增強當事人主義，則有「研採起訴卷證不併送制度」、「採行訴因制度」、「確立當事人調查證據之主導權及法院依職權調查證據之補充性格」、「確立檢察官之實質舉證責任」、「強化辯護功能」、「引進證據保全與開示制度」、「推動刑事審判集中審理制」、「嚴謹證據法則」、「落實並強化交互詰問之要求」、「限制訊問被告及調查被告自白之時期」、「區分認定事實與量刑程序」、「第二審採行事後審，第三審採行嚴格法律審並採上訴許可制」等提案，雖然部分提案無法達成共識，但有關「確立當事人調查證據之主導權及法院依職權調查證據之補充性格」、「加強檢察官之舉證責任」、「強化辯護功能」、「推動刑事審判集中審理制」、「嚴謹證據法則」、「落實並強化交互詰問之要求」、「限制訊問被告及調查被告自白之時期」、「區分認定事實與量刑程序」等提案仍然獲致了一定程度的共識。[625]

　　其後，刑事訴訟法本於全國司法改革會議上開結論，進行了一連串的修正，大致可以分為 2002 年 2 月 8 日之修正及 2003 年 2 月 6 日之修正，茲列舉如下：

　　（一）2002 年 2 月 8 日，修正刑事訴訟法第 161 條，加強檢察官之舉證責任。

　　（二）2002 年 2 月 8 日，修正刑事訴訟法第 163 條，確立當事人調查證據之主導權及法院依職權調查證據之補充性格。

　　（三）2003 年 2 月 6 日，修正刑事訴訟法第 31 條，法院應為低收入戶之被告指定公設辯護人或被告為其辯護。

　　（四）2003 年 2 月 6 日，增訂刑事訴訟法第 158 條之 2 至第 158 條之 3 規定，引進違法證據排除法則。

　　（五）2003 年 2 月 6 日，修正並增訂刑事訴訟法第 159 條至第

---

[625] 參閱司法院編，全國司法改革會議實錄（下輯），1999 年 11 月，初版，頁 1666 以下。

159 條之 5 規定，引進傳聞法則及其例外。

（六）2003 年 2 月 6 日，增訂刑事訴訟法第 161 條之 3，限制調查被告自白之時期。

（七）2003 年 2 月 6 日，修正並增訂刑事訴訟法第 166 條至第 166 條之 7、第 167 條至第 167 條之 7 規定，引進交互詰問制度。

（八）2003 年 2 月 6 日，增訂刑事訴訟法第 288 條第 3 項，限制訊問被告之時期。

（九）2003 年 2 月 6 日，增訂刑事訴訟法第 288 條第 4 項、第 289 條第 3 項，區分認定事實與量刑程序。

上述這些改革中，有些部分確實改變了刑事訴訟程序的面貌，例如交互詰問制度讓法院更具有公正第三者的形象，同時也讓檢察官為了進行交互詰問而承擔了較多的舉證義務；違法證據排除法則改變了法院原來對偵查中取得之證據「照單全收」的積習，也對偵查中被告及證人的人權保障有其助益。當然，上述各項改革，同時也讓刑事訴訟程序更為複雜、耗時，加上刑事訴訟法第 284 條之 1 將第一審通常審判程序之案件均改為合議審判（2003 年 2 月 6 日增訂），造成第一審法官開庭、閱卷、撰寫判決之負擔更形沈重，論者有謂「法院刑庭法官叫苦連天、哀鴻遍野，莫不視刑事審判為畏途」，[626] 厥為上述改革所造成的副作用，值得注意。

二、改革所引發的新問題

雖然上述「改良式當事人主義」的改革取得了一些初步成果，但質言之，並未因而徹底改變既有刑事審判的問題。簡言之，現行刑事訴訟

---

626 林俊益，論準備程序有關證據能力爭議之調查，月旦法學雜誌，第 139 期，2006 年 12 月，頁 247。

至少仍然存有：1.證據法則空洞化、2.法院大量主導職權調查證據、3.言詞審理主義、直接審理主義的空洞化、4.上級審法院不願輕易維持下級審判決等4個問題。而這些問題，也顯露出刑事訴訟的當事人主義化，雖然是東亞國家刑事訴訟改革的方向，並且朝此方向進行了程度不一的改革，但很顯然地，現在的刑事訴訟運作實務，多少顯露出此一改革方向難以為繼、無法克盡全功、效果不彰、制度疲勞的結構性窘境。

（一）證據法則空洞化

此波改革，雖然引進了傳聞法則的相關規定，明定「被告以外之人於審判外之陳述」原則上無證據能力。但絕大多數此種審判外之陳述，尤其是警詢、偵訊筆錄，仍然藉由刑事訴訟法第159條之1第2項至第159條之4的「傳聞法則例外」順利地取得證據能力；同樣地，此波改革，雖然也引進了證據排除法則，明定違反取證規範所取得之證據，可能喪失證據能力，對於偵查中被告及證人的人權保障有其助益，但真正出現違法取得證據的情形時，除了少數明定當然喪失證據能力之情形外（如刑事訴訟法第158之2、158之3、100之2準用100之1 II等），大多數檢、警非法取得的證據，也還是能經由刑事訴訟法第158條之4的「權衡法則」取得證據能力，甚至讓「權衡法則」淪為「先有結論再找理由」的權衡。

又本次改革雖然明確昭示「嚴謹證據法則」，且刑事訴訟法第273條第2項業已明定：「於前項第四款之情形，法院依本法之規定認定無證據能力者，該證據不得於審判期日主張之。」第163條之2第1項亦明定：「當事人、代理人、辯護人或輔佐人聲請調查之證據，法院認為不必要者，得以裁定駁回之。」開啟了法院於審判期日調查證據前，先經由證據能力或調查必要性「篩選」證據、以徹底實現嚴謹證據法則的「可能性」，[627] 但上述規定並非義務性規定，詳言之，並未強制法院一定

627 亦即有證據能力及調查必要性之證據，才有於審判期日主張、調查及論斷其證據

要在審判期日前事先宣告證據能力及證據調查必要性的有無，故在審判實務上，有關證據能力的爭議，不論是基於傳聞法則、違法證據排除法則或自白任意性法則所生的爭議，絕大多數都不是在審判程序的前階段（如準備程序終結前）就獲得確認、解決，而是將所有證據，不論有無證據能力的爭議，都推延到判決時，與實體事實認定一併解決，而法院認為無調查必要的證據亦循此模式。換言之，在判決前，所有的證據，不論有無證據能力或調查必要性，都一起歷經調查、辯論等等程序，其結果非但造成爭執證據能力的當事人的徒勞感（蓋法院的心證仍有可能在審理過程中受到無證據能力之證據的污染）、程序繁瑣、法院及當事人的疲累，更重要的是，使當事人無從因應審理情勢的變化，適時進行補充性舉證或加強論述，萬一原本預期有證據能力的證據被法院在判決中宣告為無證據能力，或原本預期無證據能力的證據被法院宣告為有證據能力，對當事人而言，不啻為一種「突襲」。

（二）法院大量主導職權調查證據

　　2002 年的刑事訴訟改革，雖然表明「確立當事人調查證據之主導權及法院依職權調查證據之補充性格」，將當事人的「聲請調查證據」與法院的「依職權調查證據」的相互關係，由「法院因發見真實之必要，應依職權調查證據。當事人、辯護人、代理人或輔佐人得請求調查證據。」（修正前刑事訴訟法第 163 條）亦即「法院主導職權調查為主、當事人聲請調查證據為輔」的過去體制，修改為「當事人、代理人、辯護人或輔佐人得聲請調查證據。（中略）法院為發見真實，得依職權調查證據。但於公平正義之維護或對被告之利益有重大關係事項，法院應依職權調查之。」（現行刑事訴訟法第 163 條）即「當事人聲請調查證據為主、法院依職權調查證據為輔」的現行體制。然經過實務多年運作，法院的調查證據職權，究竟是如立法者所宣稱的，已經居於補

──────

價值之可能性。

充地位，抑或仍然是法院取得心證的最主要途徑，實不無研析的必要。
以下擬以剖析實務見解的方式，呈現法院大量主導職權調查證據的現
狀，以及理念與實際的衝突與調和。

　　（1）法院依職權調查義務的「發動」

　　1. 刑事訴訟法第 163 條第 2 項但書「應」依職權調查證據的要件

　　刑事訴訟法第 163 條第 2 項規定了兩種法院依職權調查證據的「發
動模式」，一種無寧可稱為「裁量式」，另一種則不妨稱為「義務式」，
從法條文義上來看，前者即為第 163 條第 2 項前段「法院為發見真實，
『得』依職權調查證據」，以「為發見真實」作為「裁量」依職權調查
證據的發動條件；後者則為第 163 條第 2 項但書之「但於公平正義之
維護或對被告之利益有重大關係事項，法院『應』依職權調查之」，以
「於公平正義之維護或對被告之利益有重大關係」作為「義務」依職權
證據的發動條件。

　　表面看來，上述規範區分明確、條理井然，似乎只有刑事訴訟法
第 163 條第 2 項但書之規定才是「『應』依職權調查證據」之要件，而
第 163 條第 2 項前段規定則只是「『得』依職權調查證據」的規定，
但仔細分析後卻會發現並非如此。有關第 163 條第 2 項前段規定的解
釋，本文會在後面另外的章節討論，在此先來觀察第 163 條第 2 項但書
「『應』依職權調查證據」的規定。

　　依刑事訴訟法第 163 條第 2 項但書規定，法院應依職權調查證據的
發動要件，乃是「公平正義之維護或對被告之利益有重大關係事項」等
不確定法律概念，尤其是「公平正義之維護」，更是曖昧不清，[628] 純由
法條文字來解釋，為了避免冤抑而對有利於被告之事項進行職權調查，

628　對此，最高法院 95 年度台上字第 3712 號判決雖謂：「所謂公平正義之維護之重大
　　事項，應參酌法律精神、立法目的，依據社會之情形及實際需要，予以具體化之
　　價值補充，以求實質之妥當。如案件攸關國家、社會或個人重大法益之保護，或
　　牽涉整體法律目的之實現及國民法律感情之維繫者，均屬之。」但標準仍然曖昧
　　不明。

可說是維護公平正義，但為了摘奸發伏而對不利於被告之事項進行職權調查，也不能說不是維護公平正義，質言之，不論有利或不利於被告，只要是發見真實，就是維護公平正義，[629] 故本文認為，法院應該竭盡一切心力，依職權調查證據以發見真實，藉此維護公平正義，其實就是刑事訴訟法第 163 條第 2 項但書隱含的真正用意。[630] 現仍有效的最高法院 91 年度第 4 次刑事庭會議決議第 3 點謂：「本法第 163 條第 2 項但書，雖將修正前同條第 1 項規定『法院應依職權調查證據』之範圍，原則上減縮至『於公平正義之維護或對被告之利益有重大關係事項』之特殊情形，用以淡化糾問主義色彩，但亦適足顯示：法院為發見真實，終究無以完全豁免其在必要時補充介入調查證據之職責。」即為此種看法的有力例證。

再者，刑事訴訟法第 379 條第 10 款明定「依本法應於審判期日調查之證據而未予調查者」構成「判決當然違背法令」之上訴第三審或非常上訴事由，而該款所謂「法院應於審判期日調查之證據」，依實務見解，係指「該證據具有與待證事實之關連性、調查之可能性，客觀上並確為法院認定事實適用法律之基礎，亦即具有通稱之有調查必要性者屬之」（最高法院 100 年度第 4 次刑事庭會議決議第 9 點），換言之，只要是有關連性、調查可能性、調查必要性的證據（即所謂有必要之證據），不論同法第 163 條第 2 項之「應依職權調查」的要件怎麼限縮，都屬於第 379 條第 10 款「應」於審判期日調查的證據，但這樣一來，等於第 163 條第 2 項但書規定的要件形同具文。

對此，最高法院 100 年度台上字第 6259 號判決嘗試將第 379 條第

---

629 有認為對比同時出現的「對被告之利益有重大關係事項」，故所謂「公平正義維護」，應限於對被告不利之事項者，參見吳冠霆，論公訴案件中事實審法院職權調查證據，軍法專刊，第 50 卷第 4 期，2004 年 4 月，頁 54。

630 原本立法委員張世良等人為司法院提出之修正版本中並無本項但書之規定，僅規定「法院為發見真實，得依職權調查證據。」經協商後始參酌立法委員高育仁等人提案，加上但書規定，參見立法院公報，97 卷 57 期，頁 275-276、279-280。

10 款規定與第 163 條第 2 項但書規定做有意義的結合，並進一步拉高法官應依職權調查證據義務之發動條件，此判決從無罪推定原則、檢察官舉證責任及刑事訴訟法 2002 年修法之目的出發，謂：「為避免牴觸無罪推定之憲法原則及違反檢察官實質舉證責任之規定，『公平正義之維護』依目的性限縮之解釋方法，自當以利益被告之事項為限。至本法第 2 條第 1 項對於被告有利及不利之情形，應一律注意，僅屬訓示規定，就證據層面而言，乃提示法院於證據取捨判斷時應注意之作用，於舉證責任之歸屬不生影響。檢察官如未於起訴時或審判中提出不利於被告之證據，以證明其起訴事實存在，或未指出調查之途徑，與待證事實之關聯及證據之證明力等事項，自不得以法院違背本法第 163 條第 2 項之規定，未依職權調查證據，有應於審判期日調查之證據未予調查之違法，執為提起第三審上訴之理由。」

此判決除了將刑事訴訟法第 163 條第 2 項但書之規定，引為同法第 379 條第 10 款「應於審判期日調查之證據」的前提要件外，針對刑事訴訟法第 163 條第 2 項但書「法院應依職權調查之」的發動，另藉由目的性限縮解釋，侷限於「有利於被告之事項」，而排除應依職權調查「不利於被告之事項」的可能性。

此一解釋，對於我國長久以來「職權調查義務」的論爭，嘗試從另一角度提出突破性的解決方式，將「應」依職權調查證據之範圍，限縮於「利益被告而攸關公平正義之事項」，藉此劃定「應」依職權調查證據與「得」依職權調查證據之界限，實值肯定，並旋為最高法院 101 年度第 2 次刑事庭會議決議所再次闡述。但不可諱言地，此一見解似乎已經悖離了立法者的原始目的，是否妥當？有待斟酌；其次，何謂「有利於被告之事項」？亦未必是發動調查之際即能明確判斷的事項。例如被告提出不在場抗辯，法院遂依職權傳訊在犯罪現場目擊的證人作證，但此舉究竟是有利於被告或不利於被告？實則未必明確，不能排除法院本意是調查有利於被告之事項，但最後卻形成不利於被告之心證，甚至讓法院藉此「掛著羊頭賣狗肉」大幅進行職權調查，以取得不利於被告之

證據資料的可能性。

再者，現仍有效、最高法院91年度第4次刑事庭會議決議第3點，針對刑事訴訟法第163條第2項但書有以下的詮釋：「本法第163條第2項但書，雖將修正前同條第1項規定『法院應依職權調查證據』之範圍，原則上減縮至『於公平正義之維護或對被告之利益有重大關係事項』之特殊情形，用以淡化糾問主義色彩，但亦適足顯示：法院為發見真實，終究無以完全豁免其在必要時補充介入調查證據之職責。」是以法院究竟是應該嚴守最高法院101年度第2次刑事庭會議決議，僅在「利益被告而攸關公平正義之事項」之範圍內才應依職權調查證據？還是依據最高法院91年度第4次刑事庭會議決議，仍然應該為了發見真實，於必要時即有補充介入調查證據之職責，甚至以此「填補」檢察官舉證不足之缺口？仍然曖昧不明。

上述理念與實際的衝突，更體現在最高法院101年度第2次刑事庭會議決議的另一段文字上，該決議在延續同院100年度台上字第6259號判決論點的同時，針對法院發見真實的義務，進一步謂「至案內存在形式上不利於被告之證據，檢察官未聲請調查，然如不調查顯有影響判決結果之虞，且有調查之可能者，法院得依刑事訴訟法第273條第1項第5款之規定，曉諭檢察官為證據調查之聲請，並藉由告訴人、被害人等之委任律師閱卷權、在場權、陳述意見權等各保障規定，強化檢察官之控訴功能。」此段文字顯係在追求減免法院依職權調查義務的同時，又想要平衡法院發見真實的義務（澄清義務），故以法院「曉諭檢察官為證據調查之聲請」作為妥協方案。然而，此一曉諭在最高法院上開決議中雖是以「得」的形式表現，然而，只要法院發見真實的義務仍然存在，則此一曉諭會不會經過實務運作後，改以「應」的義務形式出現？且當法院曉諭檢察官為證據調查之聲請，但檢察官仍然不願聲請時，法院會不會因為有發見真實的義務，又因此衍生有依職權調查之義務？實值得後續觀察。

2. 刑事訴訟法第163條第2項前段「得」依職權調查證據的要件：

本文接著將視角轉到刑事訴訟法第 163 條第 2 項前段「法院為發見真實，『得』依職權調查證據」的規定。表面上來看這是一個「裁量權」規定，但在該段要件──「發見真實」的大纛之下，幾乎可謂此裁量權已經萎縮至零。[631] 最高法院 91 年度第 4 次刑事庭會議決議第 3 點謂「法院為發見真實，終究無以完全豁免其在必要時補充介入調查證據之職責。」（此部分決議內容未經最高法院 100 年度第 4 次、第 101 條第 2 次刑事庭會議決議修正或刪除）表面上是用來說明第 163 條第 2 項但書，但也可以看做第 163 條第 2 項前段的寫照。

其次，同法第 379 條第 10 款明定「依本法應於審判期日調查之證據而未予調查者」規定，更進一步證實了第 163 條第 2 項前段規定之「裁量權萎縮至零」的說法，蓋只要「該證據具有與待證事實之關連性、調查之可能性，客觀上並確為法院認定事實適用法律之基礎，亦即具有通稱之有調查必要性者」（最高法院 100 年度第 4 次刑事庭會議決議第 9 點），都屬於第 379 條第 10 款「應」於審判期日調查的證據，非但第 163 條第 2 項但書規定的要件會因此形同具文，也讓第 163 條第 2 項前段的規定亦形同具文。稍後介紹的最高法院 100 年度第 4 次刑事庭會議決議，也間接證實了這種看法。

再者，在第 163 條第 2 項但書規定依然存在、且要件是曖昧不明的「於公平正義之維護或對被告之利益有重大關係」的情況下，第 163 條第 2 項前段的規定，其實並沒有想像中的重要，蓋在「發見真實＝維護公平正義」的前提下，第 163 條第 2 項但書的「義務規定」實可取同項前段的「裁量規定」而成為原則。

反過來說，即使最高法院 101 年第 2 次刑事庭會議決議將第 163 條第 2 項但書之「公平正義之維護」限縮至「利益被告而攸關公平正義之事項」，但只要法院仍有為發見真實而依職權調查之裁量權，且此裁量

---

631 何賴傑，新法之刑事法院職權調查證據，載於刑事證據法則之新發展──黃東熊教授七秩祝壽論文集，1 版，2003 年 6 月，頁 421。

權經常萎縮至零，縱使第 163 條第 2 項但書的義務規定被「綁住了」，仍然可以藉由第 163 條第 2 項前段命令法院依職權調查證據。簡言之，修正前刑事訴訟法第 163 條前段「法院因發見真實之必要，應依職權調查證據。」的規定，雖然形式上已經大幅地改頭換面，但仍然有效地支配著法院的運作。

最高法院 96 年度台上字第 1328 號判決謂：「法院為查明起訴之犯罪事實真相之目的，固有本於職權而調查證據之權限，但在考量公平正義或被告之利益，法院同時負有澄清之義務。是審理事實之法院，對於案內與認定事實、適用法律、罪名成立與否或於公平正義之維護或對被告之利益有重大關係之一切證據，除認為不必要者外，均應詳為調查，然後基於調查所得之心證以為判斷之基礎；苟與認定事實、適用法律有重要關係，或於公平正義之維護或對被告之利益有重大關係之事項，在客觀上認為應行調查之證據，又非不易調查或不能調查，而未依法加以調查，率予判決者，即有刑事訴訟法第 379 條第 10 款規定所稱應於審判期日調查之證據未予調查之違法。」[632] 即為現狀的忠實呈現。

姑且不論第 163 條第 2 項前段在「法院應依職權調查證據」中的地位如何，值得注意的是，過去的實務見解，不斷嘗試著要增加第 163 條第 2 項前段的發動條件，本文認為其原因，乃是因為第 163 條第 2 項前段有其重要性，所謂重要性，正是前述此一裁量權規定可能質變為義務性規定所致。而分析實務見解所用的解釋方式，乃是將第 163 條第 2 項前段之規定解釋為「補充性規定」，亦即將之與「當事人（尤其是檢察官）的舉證」做結合，其具體方法有二，一是將其發動的「時機」延遲到「當事人主導之證據調查完畢後」，另一則是將「檢察官已盡舉證責任」作為其發動的前提條件。

將法院依刑事訴訟法第 163 條第 2 項前段規定得依職權調查證據的

---

632 最高法院 96 年度台上字第 1728 號、99 年度台上字第 1793 號判決意旨。

時機延遲到「當事人主導之證據調查完畢後」，乃實務界沿襲已久的解釋方式。例如最高法院 91 年度台上字第 4091 號判決謂：「（前略）故法院於當事人主導之證據調查完畢後，認為事實未臻明白，而卷內復有其他足認為有助於發現真實又足以影響判決結果之證據存在，且有調查之可能者，固得依職權調查證據（下略）。」[633] 即明示法院職權調查證據之發動時點，應以當事人主導調查證據完畢「後」，始得為之。

　　問題是，當事人主導之證據調查，並不等於檢察官已盡其舉證責任，亦即當事人主導證據調查，未必就能讓法院找到案件的基本方向或初步心證。在當事人主導證據調查後，但事實仍然陷於真偽不明時，依上述最高法院見解，法院即得依職權調查證據，在此處的「得」依職權調查又往往因為「發見真實」而變為「應」時，既然法院職權調查證據以發見真實的義務難以辭免，可以想像的是，法官寧願先進行職權調查以加速案件審理之進度，也不願聽憑當事人主導證據調查結束後，才進行職權調查，使得（對法官而言）無益的證據調查造成訴訟程序的拖延遲滯，於此情形下，當事人的證據調查主導權，成為儀式性的「先行程序」，甚至被法官忽視，也就不太令人意外了。

　　其後，最高法院似乎也意識到「當事人主導證據調查後」此一前提要件過於形式化，改為以「檢察官已盡舉證責任」作為刑事訴訟法第 163 條第 2 項前段的發動前提條件。例如最高法院 100 年度第 4 次刑事庭會議決議第 9 點謂：「惟檢察官如未盡實質之舉證責任，不得以法院未依本法第 163 條第 2 項前段規定未主動調查某項證據，而指摘有本條款（按指第 379 條第 10 款）規定之違法。」以此取代同院 91 年度第 4 次刑事庭會議決議第 9 點所指：「本法第 163 條第 2 項前段所定法院為發見真實，『得』依職權調查之證據，原則上固不在（同法第 379 條第 10 款所指）『應』調查證據之範圍，惟如為發見真實之必要，經裁量認

---

[633] 最高法院 98 年度台上字第 4577 號、97 年度台上字第 2881 號、95 年度台上字第 3712 號判決亦採同一意旨。

應予調查之證據，仍屬之。」換言之，檢察官若已盡實質的舉證責任，則法院對於有關連性、調查可能性、調查必要性的證據，即可依刑事訴訟法第 163 條第 2 項前段的規定「裁量」依職權調查證據。

　　以檢察官是否已盡舉證責任作為法院依職權調查的前提要件，的確比起前述「當事人主導證據調查」來得實質且正當，惟反面觀之，此一見解似乎也亦意味著，如果檢察官已盡實質之舉證責任，但法院仍未依第 163 條第 2 項前段規定主動調查某項證據，即有第 379 條第 10 款規定之違法。問題是刑事訴訟法第 163 條第 2 項前段既然規定法院得依職權調查證據，就是賦予法院一定程度的裁量權，[634] 除非有裁量權萎縮至零的情形外，否則根本無所謂「依本法應於審判期日調查之證據而未予調查」的違法可言，最高法院此一見解，似乎隱含有第 163 條第 2 項前段所謂法院「得」依職權調查證據的規定，其實都是「應」依職權調查證據之意，但這樣的解釋，是否與立法者原意相符？實不無疑問。

　　從上述實務見解可以發現，法院有無依職權調查證據的義務？法院的態度一直是搖擺不定的。為了實現發見真實的使命，所以希望法院依職權調查證據，即使是「得」依職權調查證據，都會變成「應」依職權調查證據；但為了貫徹舉證責任及無罪推定原則，又對法院依職權調查證據進行「利益被告而攸關公平正義之事項」、「當事人主導證據調查後」、「檢察官已盡舉證責任後」等等限制；然後又擔心這些限制會過度阻礙真實發見，於是又想出「曉諭檢察官為證據調查之聲請」等方式來補救，理念與實際的擺盪，似乎尚未休止。

　　（2）法院依職權調查義務的「範圍」

　　法院發見真實的職責既然不可能被忽視，在實務運作上，於事實真偽不明之際，不論是檢察官未盡證明義務，或是因為案件本質造成的困難，在發見真實的使命下，法院都必須進行職權調查證據以盡可能地發

634　何賴傑，同 631，頁 420。

見真實,而非逕依舉證責任法理判決被告無罪。

但因此即謂法院必須如萬能全知的上帝般「上窮碧落下黃泉」地窮盡所有調查途徑、調查所有證據,亦未免強人所難。對此,最高法院早在刑事訴訟法前述 2002 年、2003 年的改革之前,就一再昭示:「法院固應依職權調查證據,但並無蒐集證據之義務。刑事訴訟法第三百七十九條第十款規定應於審判期日調查之證據而未予調查之違法,解釋上應不包括蒐集證據在內,其調查之範圍,以審判中案內所存在之一切證據為限,案內所不存在之證據,即不得責令法院為發現真實,應依職權從各方面詳加蒐集、調查。」[635] 此種見解仿造日本學理,依偵查階段及審判階段之不同,而將取得證據資料的行為分別定名為「蒐集證據」、「調查證據」[636] 之外,更以「證據於案內是否存在」作為法官是否依職權「調查」之標準,詳言之,若證據存在於案內,即屬「調查」,法院應依職權為之,若證據不存在於案內,則屬「蒐集」,對此,法官則無依職權為之的義務。2002 年修法後,最高法院基本上仍然秉持相同立場,認為法院職權調查證據之範圍,限於「藉由當事人聲請調查證據之過程或依案內已存在之訴訟資料,發現有足以影響判決結果之證據存在,且有調查之可能者」。[637]

姑且不論將調查與蒐集之區別標準,取決於「證據於案內是否存在」此一見解是否允當,亦不問「調查」與「蒐集」是否能夠完美地區隔、切割,[638] 如果最高法院能夠嚴守此種見解,至少可以讓法院職權調

---

635 最高法院 87 年度台非字第 1 號判決意旨參照,另同院 83 年度台非字第 117 號、85 年度台上字第 6246 號、88 年度台上字第 2004 號、91 年度台上字第 4091 號、91 年度台上字第 5846 號判決亦採相同見解。

636 日本學界就蒐集證據與調查證據之區別,田口守一,同註 199,頁 112、274。

637 最高法院 98 年度台上字第 4577 號、100 年度台上字第 626 號判決意旨參照。

638 例如日本刑事訴訟法第 223 條第 1 項規定:「檢察官、檢察事務官或司法警察,關於犯罪之偵查而有必要時,得要求犯罪嫌疑人以外之人到場,對其調查,或囑託對其鑑定、通譯或翻譯。」即將學理上認為偵查階段「證據蒐集」之行為明文定為「調查」,足見「調查」之多義性及與「蒐集」之難以區別;另請參照吳冠霆,

查證據的範圍受到相當程度的限制，亦即只限制在「案內」。又即使所謂「案內」的範圍可能大於當事人聲請調查證據的範圍，但在現在仍採卷證併送及證據全面開示之前提下，當事人對於「案內證據」均有所把握，亦不至於受到突襲，故此一見解，仍值肯定。

　　然而，依據迄今仍然有效的 72 年台上字第 7035 號判例，所謂刑事訴訟法第 379 條第 10 款所稱應調查之證據，係指「與待證事實有重要關係，在客觀上認為應行調查者而言。」顯然與前述最高法院判決所揭櫫之「證據於案內存在」此一職權調查證據範圍界定不相一致，況且所謂「藉由當事人聲請調查證據之過程或依案內已存在之訴訟資料，發現有足以影響判決結果之證據存在，且有調查之可能者。」究竟係指僅以卷內現存之訴訟資料 [639] 為限？抑應該擴及到基於當事人聲請調查證據之過程或卷內現存之訴訟資料，另外可以推測其存在之訴訟資料？[640] 亦有不明。舉例而言，依卷內現存訴訟資料顯示，性侵害案件之被害人處女膜有陳舊性裂傷，但處女膜的裂傷究竟經過多久時日始會轉成此種陳舊性裂傷？是否應該進行鑑定或請診療醫師到場說明？則並非卷內現存之訴訟資料，而是基於當事人聲請調查證據之過程或卷內現存之訴訟資料，另外可以推測其存在之訴訟資料。如果純粹以「該陳舊性裂傷之發生時間久暫」並非卷內現存之訴訟資料為理由，拒絕「蒐集」該證據而進行鑑定或請診療醫師到場說明，恐怕絕非擔負發見真實職責的法院所願為；但以「依卷內現存之訴訟資料可以推測其存在之訴訟資料」作為職權調查之範圍，則又顯然已經逾越「蒐集」與「調查」的區別標準，是以，「蒐集」與「調查」，乃至以此所派生的「卷內存在之訴訟資料」與「依卷內現存之訴訟資料可以推測其存在之訴訟資料」，並無法有效

同註 629，頁 53。

[639] 最高法院 95 年度台上字第 3712 號判決、92 年台上字第 128 號判例、91 年度台上字第 5846 號判決意旨似即採取此一看法。

[640] 最高法院 98 年度台上字第 4577 號判決、99 年度台上字第 1793 號判決意旨參照。

劃定法院職權調查證據的範圍，[641] 法院職權調查證據與否及其範圍，仍然是在「發見真實」的巨大陰影之下，取決於法院、尤其是上級審法院自由判斷的混亂場域。

（3）本文的看法

在當事人主義之下，檢察官理應擔負全部、至少是絕大多數犯罪事實的證明義務以發見真實，如果檢察官不能履行其證明義務，導致事實真偽不明，法院應本於無罪推定原則及舉證責任之分配，為被告無罪之判決；若根本就可認定被告沒有犯罪，當然更該為被告無罪之判決，在此前提下，法院依職權調查證據之發動即顯得無關宏旨，縱使發動，也只是補充細節性的調查。

但在職權主義之下，所謂檢察官的舉證責任（即事實真偽不明時應為被告有利判決）不僅與檢察官的證明義務之間沒有必然因果關係，甚至所謂「事實真偽不明」，也只有在法院已盡力職權調查證據而仍然如此時，才能為被告有利之判決，故法院的職權調查就顯得格外重要，蓋「發見真實」被認為是最重要的價值，當檢察官不能或不願舉證以發見真實時，法院即有取而代之的義務。學者認為「縱然當事人放棄實體真實之追求，法院仍應繼續發現真實，此等義務係法院之法定義務，並非裁量事項。」「若當事人未行使其證據調查聲請權，法院仍應盡其實體真實發現義務，惟此時亦可認為法官係代替當事人聲請調查該證據。」[642] 即為此一看法的展現。

擺盪在職權主義與當事人主義之間的我國刑事訴訟，一方面本於當事人主義的精神，希望當事人能主導證據調查，讓檢察官負說服義務

---

641 如果純以法院依職權調查證據的「範圍」來討論，學者提出的「事實審法官已知或可得而知，且在客觀上認應調查者」之標準，反而較為妥當，參見何賴傑，刑事法院依職權調查證據之範圍與限制，臺灣本土法學，第 2 期，1999 年 6 月，頁41。

642 何賴傑，法院依職權調查證據相關法條之對案，專題研討「刑事訴訟法證據章修正對案研討會」，臺灣本土法學，16 期，2000 年 11 月，頁 114-115。

與舉證責任；但碰到當事人不能充分主導證據調查、檢察官未能充分履踐其說服義務時，又會本於職權主義的精神，期望法院能夠職權調查證據以發見真實，且實際運作時，就是賦予法院依職權調查證據的義務，不但不會區分是往有利或不利於被告的方向調查，也不論規定的形式是「應」或「得」，但如此一來，反而使得當事人主導證據調查、檢察官負舉證責任的規定顯得無足輕重，與過去的職權主義下的法院職權調查，並無不同。

本文認為，即使在徹底當事人主義之下，法院職權調查證據之權限亦不能完全被剝奪，且所以賦予法院這樣的權限，並非僅僅是為了維護被告的利益，而是因為「發見真實」是無論何種訴訟構造之下，刑事訴訟都不能捨棄的重要目的，蓋只有正確發見真實，才能正確適用法律，也才能確認國家刑罰權應否行使，如果完全剝奪法院職權調查證據以協助發見真實的職權，不免即有過猶不及之疑慮。

但縱使保留法院職權調查以協助發見真實之職權，如果因此讓法院依職權調查證據直接取代當事人主導之證據調查，不只是違反現行刑事訴訟法採行當事人主義的精神，更可能因為法院的偏見與固執，使所謂「發見真實」只是法院單方面的美好想像，不僅當事人不能接受，上級審也不能認同，更無助於定分止爭、提升國民對於司法的信賴。

故即使法院應保有職權調查證據之職權，但本文認為其發動，仍應該徹底侷限於檢察官履行其證明義務之後，此處所指「檢察官履行其證明義務」，係指檢察官之舉證已經足使法院對被告有為檢察官主張之犯罪事實產生確信之謂，在檢察官未履行其證明義務時，法院根本無需進行職權調查，而應該依照舉證責任之法理，逕自為被告無罪之判決。唯有檢察官已履行其證明義務時，法院才能於認為必要時，針對尚不明瞭之部分（如案件之同一性、有無構成累犯、是否該當自首、罪數關係等）進行補充性的調查，但既然檢察官已盡證明義務，法院已經可以藉此做出有罪、無罪的基本判斷，法院究竟還要不要進行補充性的職權調查來釐清案件細節，使判決認定的事實更趨近於客觀真實，判決書的

認事用法更臻完備？仍然應該聽憑法院的判斷，故此時的職權調查，並非義務，而是裁量。因此，刑事訴訟法第 163 條第 2 項但書規定應予刪除，同理，一再成為法院職權調查證據義務論理基礎的刑事訴訟法第 379 條第 10 款，在法院已無職權調查義務的前提下，亦應加以刪除。

至於被告無辯護人協助、或辯護人不能充分協助被告之情形，或有認為法院即應介入為被告有利事項之調查，且此時應為法院之義務，而非單純的裁量。但本文認為此時的重點仍在於檢察官有無履行其證明義務。若檢察官已經履行其證明義務，使法院產生「確實如此」之確信時，當然無所謂調查被告有利事項之需要可言；反面言之，如果檢察官未履行其證明義務，使法院心證仍然渾沌不明時，則應逕為被告無罪之判決，亦無藉由調查有利被告之事項以增強法院無罪心證之必要。

但上述論理，說來簡單，實行起來卻未必容易。蓋即使經歷當事人調查證據程序，但法院的心證仍然渾沌不明時，依舉證責任之法理，法院固然應該為被告無罪之判決，然而「渾沌不明」往往是最難讓人接受的狀態，[643] 甚至法官會擔心被質疑為不敬業、未盡職責，更與「發見真實」之宗旨產生衝突，任何人擔任法官，心理上都會想辦法迴避此種情形的出現，因此即會傾向進行職權調查；擁有廣大資源、強大權力的職業法官，更無法避免進行職權調查以求澄清事實的傾向。故即使「法院依職權調查」的相關規定再經過多次修正，法院大量主導進行職權調查以求發見真實、使心證明確，並越俎代庖地凌駕於當事人調查證據之上的傾向，恐怕仍然不會改變，相關爭議也不會停息。

---

643 例如，法院對於檢察官主張之犯罪事實若存有「有合理懷疑」，即應本於無罪推定原則及舉證責任分配，為被告無罪之判決，固屬當然，但若法院對於檢察官主張之犯罪事實係認為「雖有可疑，但尚未達到合理懷疑的程度」，則此時法院恐怕仍須透過職權調查來澄清事實，參見石井一正，刑事裁判における事実認定について，判例タイムズ，1089 号，2002 年 7 月，頁 32。

（三）言詞審理主義、直接審理主義的空洞化

　　言詞審理主義、直接審理主義，不論採行當事人主義或職權主義，均為近代刑事訴訟的基本原則。所謂言詞審理主義，乃相對於書面審理主義之概念，亦即審理程序中之訴訟行為應以言詞方式為之，審判者僅能憑藉審判程序中經言詞提出之訴訟資料進行審判，在此觀念下，證據調查程序既屬訴訟程序之一環，證據資料又屬訴訟資料之一種，當然應以言詞方式為之。言詞審理主義之優點，在於使法官藉由證據調查，尤其是觀察證人證言時的舉止、態度，可以獲得鮮明強烈的心證，避免書面證據容易出現誤解、斷章取義及改編的危險，藉此更正確地認定事實；同時當事人也比較能掌握審理狀況，得以因應實際情形為適當地主張、聲請，避免無益且浪費時間的審理，[644] 故被認為優於間接書面的審理方式，且亦為我國所採行。

　　又所謂直接審理主義，係指審判者只能基於原始、經過法院直接調查之證據獲致心證。換言之，具備「代用品」性質的證據不能成為判斷的基礎，而法官以外「其他人」代為調查的證據，亦不能成為判斷的基礎。其目的亦係期待法院能夠直接獲致心證，更正確地認定事實，去除轉述、繕寫時誤解、斷章取義甚至改編的危險。言詞審理主義與直接審理主義，由於規範的對象經常重疊，故經常被相提並論。我國現行刑事訴訟法中，亦本於直接審理主義、言詞審理主義設有各種規定，例如書證之調查應以宣讀或告以要旨之方式為之（刑事訴訟法第 165 條第 2 項）、審判期日參與之法官有更易者應更新審判程序（刑事訴訟法第 292 條第 1 項）等是。

　　此外，在當事人主義之下，言詞審理主義、直接審理主義運作的結果，又往往恰與英美法制中，基於保障被告反對詰問權而發展的「傳聞證據法則」殊途同歸，例如，警詢、偵訊時的證人筆錄，係書面之證

---

644 請參見川出敏裕，刑事裁判への国民参加と直接主義・口頭主義，研修，649 号，2002 年 7 月，頁 4。

據資料，屬於口頭陳述之「代用品」，又係「其他人（檢察官、司法警察）」代為調查之證據，顯然違反了言詞審理主義、直接審理主義的精神，該筆錄原則上自不得作為法院判斷的依據，而從「傳聞法則」中，亦可找出排除該筆錄證據能力之依據。故言詞審理主義、直接審理主義與傳聞法則理論基礎不同，但時至今日，均為我國刑事訴訟程序的重要原則，可以用來相互說明、印證。甚至因為違反直接審理主義、言詞審理主義，現行法上並無因而導致證據能力缺損的相關明文規定，故傳聞證據法則的相關規定，實可謂填補了直接審理主義、言詞審理主義的實效性。但同理，前述證據法則空洞化的問題，事實上也可謂為直接審理主義、言詞審理主義空洞化的問題。

再者，言詞審理主義、直接審理主義交互運作的結果，其實就是要求法官應當藉由直接在公開法庭上以言詞方式調查、接觸原始證據（非衍生證據），以及聽取當事人的言詞主張或辯論來形成心證。換言之，非經充分調查、辯論的證據資料或主張，不能成為法院形成心證的基礎，且審判期日之訴訟程序應該成為整個刑事訴訟的核心，學者對此又另稱為「公判中心主義」。

言詞審理與直接審理乃是理想狀態，基於實務運作之方便性與必要性，法律上亦容許例外之出現，此與傳聞法則存有例外之情形若合符節。但即使容許例外情形之出現，亦不能使例外大量出現導致取代原則，造成言詞審理主義、直接審理主義與傳聞法則之立法精神減損、滅失。惟不可諱言的是，如果未能充分理解言詞審理主義、直接審理主義、傳聞法則、公判中心主義的精神所在，勢必會將上述證據能力的限制視為「莫名其妙的限制」，還不如將所有偵查、審理過程中出現過的證據都交給法官審酌，由法官詳盡閱覽、推敲後綜合得出心證，反而較為合理。[645]

---

[645]　日本平野龍一教授對於日本戰前實務之介紹，恰與我國之觀察情形相近，參見平野龍一，同註304，頁419。

令人遺憾的是，現在實務上的作法，就是大量將言詞審理主義、直接審理主義、傳聞法則、公判中心主義的「例外」當成「原則」，除了前述法院大量運用傳聞法則例外規定使傳聞證據取得證據能力，以及對於證據能力有爭議的證據資料延至判決時才解決、判定之外，法官更把「在審判前後詳細閱覽卷證資料」視為獲取心證的重要方式，其重要性絕不亞於審判期日之證據調查程序或是辯論程序，甚至大幅凌駕於上，而法官在審判前後詳細閱覽的卷證資料，最主要的還是偵查、審判中製作的被告、證人筆錄，故上述明顯違背言詞審理主義、直接審理主義、傳聞法則、公判中心主義的作法，論者即批評、揶揄為「筆錄審判」或「法官辦公室（而非法庭）證據調查主義」。[646]

（四）上級審法院不願輕易維持下級審判決

上訴制度之基本目的，在於誤判救濟、以及統一法令解釋與量刑，[647] 本於上述目的，若原審判決確有錯誤，似無不許上訴審法院撤銷自為判決或發回（發交）原審更為審理之理。但如果上級審法院僅因枝微末節的錯誤，就率行撤銷原審判決，其實恐怕並不是為了「救濟」誤判，而只是為了顯示上級審法院見解的優越性，甚至是為了取得重新認定事實、量刑的空間，乃至於只是意在使當事人認為上級審慎重行事而已，姑且不論此種背後心理因素的妥當性，這種上訴審查的態度，無寧即與上訴制度的目的有違。

然而在我國實務，上級審運作的方式，可謂即係經常以枝微末節的錯誤、爭議，發回更審或自為判決。但這樣做非但未必能發揮「救濟」誤判的功能（當事人未必在意此種枝微末節的錯誤，甚至可能因為反覆發回而受訟累），反而傷害了判決的公信力。以統計資料來看，2001 年

646　在此借用日本學界對於該國公判中心主義不徹底之批評用語，參見平野龍一，同　　　註304，頁420；後藤昭，同註285，頁96。

647　田宮裕，同註622，頁460。

至 2010 年，連續 10 年間高等法院受理的案件中，撤銷發回比率始終占據全體受理案件的 35%，甚至趨近於 50%，[648] 換言之，高等法院近 10 年終結的案件中，有近三分之一至二分之一的案件嗣後會做出與原審判決不同的判決，這樣的比例實在相當驚人。再以最高法院撤銷發回（發交）案件占所有裁判案件件數的百分比來看，從 2001 年開始至 2007 年止，始終穩定地占有四成以上比率（最高的是 2002 年的 43.86%、最低是 2003 年的 40.01%），直到 2008 年開始，比例才逐年下降，[649] 換句話說，地方法院判決後，如果被提起上訴，有三分之一至近一半的案件會被高等法院撤銷改判，高等法院判決後，一旦上訴至最高法院，又有四成的案件被發回高等法院，這種「高等法院不願輕易維持地方法院判決而動輒撤銷自判，最高法院不願輕易維持高等法院判決而動輒撤銷發回」的司法現況，實為我國刑事司法的一大特色。

上述統計資料中，值得進一步探究的，是最高法院撤銷發回原審判決的比例從 2008 年開始，出現逐年明顯下降的情形。從 2008 年開始，撤銷發回案件占當年度裁判案件的百分比，就從前一年的 43.22%，一路下降（2008 年：33.10%，2009 年：27.29%，2010：24.99%，2011：18.67%）。雖然「調查證據不詳或未予調查」的數字也同步下降，但對於此一比例大幅下降提供最大助力的，則是「判決理由矛盾」、「其他理由不備」、「事實認定錯誤不符或不明或記載不明」為由撤銷發回的件數大幅下降所致，亦即以「判決內容不夠精確、周延」為由撤銷發回的情形明顯少於以往。分析箇中原因，固然不能排除下級審法院判決品質「突然提高」到符合最高法院的要求，但更可能的理由，則是最高法院

648　2001 年為 46.92%、2002 年為 47.48%、2003 年為 45.28%、2004 年為 47.81%、2005 年為 47.62%、2006 年為 48.10%、2007 年為 46.91%、2008 年大幅降為 35.86%、2009 年為 35.81%、2010 年又略升為 38.09%，見司法院統計處，中華民國司法統計月報，2011 年 11 月，頁 56-57。

649　司法院統計處，中華民國一百年司法統計年報，2011 年 7 月，頁 3-69、6-32 以下。

「稍微降低」了維持下級審法院判決的「標準」，如果這代表了最高法院放棄了對於枝微末節的講究，實屬可喜的現象，但不可諱言的是，以法律審的標準而言，將近二成的撤銷比例仍屬過高；[650] 更何況這樣的下降曲線將來會如何延展？是穩定地維持二成以上？還是更趨下降？或是回復到原來的四成以上？亦難以預料，畢竟在法律或法理基礎未出現重大變化之際，目前為止這樣的下降趨勢是否可以穩定向前？實難預料。

（五）小結

　　之所以現行刑事訴訟仍然存有上述：（1）證據法則空洞化、（2）法院大量主導職權調查證據、（3）言詞審理主義、直接審理主義的空洞化、（4）上級審法院不願輕易維持下級審判決等 4 個問題，本文認為，乃是因為我國刑事訴訟法仍然將「發見真實」視為最重要的目的。而這裡所謂的「真實」，是指「實體的真實」、「絕對的真實」、「如實呈現的真實」、「不容妥協的真實」，而非「相對的真實」、「暫定的真實」、「法律上的真實」，為了發見這樣的真實，所以判決書必須忠實地重現犯罪案件發生時的所有細節，下級審判決無法達到此一要求時，上級審法院有義務取而代之自為判決、或發回原審要求再行詳查，從而上級審法院自然不可能輕易維持下級審判決；又為了發見這樣的真實，所有有助於發見真實的證據資料，不論是法院直接調查取得、抑或是先前偵查機關蒐集取得的筆錄，法院均應加以審閱、斟酌，證據能力有無當然不是關注的重點，經常被視為阻撓真實發見的證據法則，自然會被忽視，同理，言詞審理主義、直接審理主義也會被空洞化；此外，為了發見真實，法院不能坐視當事人主導證據調查將案件帶往曖昧不明的狀態，而應該適時積極介入職權調查證據，故法院大量主導職權調查證據，也就

---

650 以日本為例，日本最高裁判所 2009 年受理刑事案件撤銷發回的比例為 0.39%，2010 年更低，只有 0.09%，日本最高裁判所司法統計檢索系統──年報，網址：http://www.courts.go.jp/sihotokei/nenpo/pdf/B21DKEI73.pdf，http://www.courts.go.jp/sihotokei/nenpo/pdf/B22DKEI76.pdf，最後拜訪日期：2012 年 1 月 9 日。

顯得理所當然。

　　將「發見真實」放到職權主義與當事人主義的論爭中，也可以看出為何在引進當事人主義的浪潮中，實務上刑事訴訟的運作，還是深受職權主義的影響。蓋在職權主義之下，法官就是發見真實的最主要發動者，其他訴訟參與者，均應協助法院完成發見真實的使命；而當事人主義，則是植基於對於當事人自利意欲、能力的完全信任，以及對於法官角色、功能的最小期待，換言之，法官只需做好「判斷者」的角色，至於判斷所需的相關資料，則聽任當事人蒐集、提出，法院並不擔負取代當事人發見真實的使命。

　　若以休閒遊戲來比擬，職權主義就像是「拼圖」，所有參與刑事審理程序之人均應竭盡所能地提供拼圖所用紙片，並協助法院完成拼圖——發見真實，法院為了能明確地做出判斷，並能以判決書詳盡說明其認定之事實及得心證之理由，往往成為這場拼圖遊戲中最熱心的參與者，甚至取代了原本應該擔負舉證義務的檢察官；反之，在當事人主義之下，則像是場「撲克牌」遊戲，兩造當事人各自整理所持有之證據，並視對造提出的證據為何，選擇最有利之證據進行攻擊或反擊，法院則只是這場撲克牌遊戲中的裁判，旨在使遊戲在公平的狀態下進行，在兩造各自基於盤算而提出有限的證據之中，或許可藉此發現實體真實，或許只能發現趨近於實體真實的「相對真實」，甚至只能使案件陷於真偽不明之狀態，若案件陷於真偽不明之狀態，則法院應該基於舉證責任之法理，諭知被告無罪之判決。

　　以此觀之，職權主義比當事人主義更可能趨近於實體真實，當然比較符合「發見實體真實」的目的，對於極度重視「發見實體真實」的我國實務界而言，自然難以斷然拋棄、割捨，至於順應時勢所趨而引進的當事人主義，則顯得格格不入。蓋當事人主義除了被視為彰顯「保障被告人權」的程序外，在「真實發見」此一目的之下，則僅有其「技術層面」上的意義，亦即在當事人主義之下，固然有可能「利用當事人之間訴訟攻擊防禦的資源」以協助發見真實，但只要當事人主義無助於實體

真實發見時，法院仍然應該回歸職權主義，介入調查證據，故論者有謂「實體真實主義的最後據點就是職權調查證據」。[651]

問題是，「實體的真實」是否確能發見？為了發見實體的真實需要耗費多少訴訟資源？是否是現在的國家資力、財政、訴訟資源所能負荷？竭盡一切資源以求發見實體真實，是否就當然可以回復法和平性（Rechtsfrieden）、提升一般國民對於司法的信賴？以上問題的答案如果是「不」，則刑事訴訟現有「發見實體真實」的目的，勢必要進行調整。2004 年引進的認罪協商制度（刑事訴訟法第 455 條之 2 至之 11）雖然可視為「發見實體真實」原則的一大例外，但除此之外，一般刑事審判中，如何讓「發見真實」進行「合目的性限縮」，除了有賴實務逐漸的運作形成之外，藉由引進國民參與審判制度，讓代表「法和平性」、「國民信賴」的一般國民，透過審判來告訴職業法官，什麼才是他們重視的「真實」，或許是調整「發見真實」，使其符合現代思潮的可行方式之一。

綜上所述，本文並不反對刑事訴訟的目的仍在於「發見真實」，但時至今日，所謂「真實」，實不宜再拘泥於枝微末節均如實呈現的真實，而應該限制在有助於形成關鍵性決定——「有罪或無罪，罪名為何等等」的真實，國民參與審判制度，如上所述，或許能協助「發見真實」朝向此目標前進。

參、國民參與刑事審判制度的特殊性

參與審判的國民，不論在法律上其名稱為何（陪審員、參審員、名譽職法官、裁判員、觀審員），只要他（或她）不是以從事審判為業的職業法官，就具有與一般職業法官不同的特殊性，這樣的特殊性主要呈

---

651 田口守一，同註 298，頁 103。

現在三個方面：（1）法律專業與審判經驗；（2）時間；（3）心態，以下即分論之：

一、法律專業與審判經驗不足

世界各國引進國民參與審判的目的固然各有不同，但引進國民參與審判的目的，絕對不包括要讓一群比法官更具備法律專業、更有審判經驗的人們跟法官一起審判，所以參與審判的國民，必然不具備與職業法官相同的法律專業或審判經驗，亦即缺乏認定事實所需的資訊（證據）處理能力及適用法律所需的思辯能力，這種「本質上的差距」往往是反對論者質疑為何要讓國民參與審判的理由之一；即使不顧反對、採行國民參與審判制度，這樣的差距也必須想辦法彌平，蓋如果對這種差距坐視不理，將造成參與審判的國民只是法庭上的裝飾品、評議的橡皮圖章而已，除了造成參與審判國民的無力感、其他程序參與者（法官、檢察官、被告、辯護人）的累贅感，進而造成制度的崩潰瓦解之外，更重要的是，既然參與審判的國民無法理解高度專業的審判過程，無法實質參與，也就難以達成當初引進國民參與審判制度的立法目的。

為了彌平上述本質上的差距，可以思考的方法包括「降低」參與刑事審判所需的專業與經驗門檻，或是「提高」參與審判國民的法律專業與審判經驗（例如職前訓練），基於讓國民參與審判制度的本質，是在讓一般不具法律專業與審判經驗的國民參與審判，而不是讓一群略具專業、知識的國民來參與審判，故前者（「降低」參與刑事審判所需的專業與經驗門檻）的方式往往較易被採行。

二、時間有限

參與審判的國民並非以審判為職業，渠等原本從事各行各業，縱使無業，亦必須經營家庭生活或社交活動，對於這些國民而言，參與審判毋寧是一項多出來的工作，除非自願，否則實難要求國民耗費大量時間

在參與審判上，而自願應募又將造成參與審判的國民來源過於集中、限定，並非一般國民參與審判制度所樂見，故凡是採行非自願制者，都必須盡可能讓參與審判的國民在最短時間內完成參與審判的工作，而所謂最短時間，不僅是指總日數的盡可能減省，還包括參與審判期間的密接連續。

　　對於上述問題，其中一個解決方式，就是讓國民僅參與單一案件的審判，許多採行國民參與審判制度的國家，都僅要求特定國民參與單一案件之審判（如美國、英國、日本、韓國），即為例證，縱令採取任期制的國家（如德國參審員任期為 5 年），亦限制個別參審員每年實際參與審判之日數，[652] 均為顧慮參與審判國民時間不足的例證。但即使只讓國民參與單一案件的審判，然而單一案件的審判期間仍可能相當漫長，如何讓這單一案件的審判期間有效縮短、集中，即為重要的工作，亦即刑事審判程序如何因應一般國民參與審判時間不足的特性，進行必要的修正或微調，乃引進國民參與審判制度之際，必須思考的第二個問題。

三、業餘心態

　　相較於職業法官將審判當作長期賴以維生的工作，對於參與審判的國民而言，審判只是一時性、偶發性的事務，不論本來抱持的心態是積極熱切或消極排斥，不可諱言的是，有趣、精彩的片段固然可以激發、維繫他們的興趣，但出現枯燥、艱澀的審理過程時，就比較難以期待他們還能本於使命感、職業自覺堅持下去，這樣的特點，本文稱為「業餘心態」，但並無輕視一般國民之意，而只是意欲呈現出職業者與業餘者心態上的常見差別。存有業餘心態的國民，一旦無意願繼續參與審判，國民參與刑事審判制度的目的也就難以達成，故如何顧及參與審判國民的業餘心態，避免審判程序過度枯燥、艱澀，也就成為引進國民參與審

---

652 德國法院組織法第 43 條第 2 項規定，參審員每年執行職務之日數不得超過 12 天。

判制度之際必須思考的第三個問題。

　　針對上述問題，固有主張無需配合進行任何刑事訴訟程序的改革，只要能夠確實地運用現有刑事訴訟程序，並且讓參審員理解現行刑事訴訟程序的運作方式即可。易言之，上述問題可以完全仰賴職業法官的說明、解釋、說服來克服。例如參與審判的國民在審判期日無法理解龐大書證的內容，則由法官在下庭後詳細整理書證內容，讓參與審判的國民可以掌握重點，亦即主張國民參與審判的成敗，不在於參與審判的國民的能力如何，而繫於法官的能力好壞。[653] 但不可諱言的是，並非所有參與審判國民的本質上問題（例如時間不足、業餘心態），都能藉由法官的加倍努力而告克服，更何況如此一來，參與審判國民等於並非在法庭上接觸證據調查而形成心證，而是在法庭外藉由法官的「二手傳播」「單方說服」來形成心證，自不能說是主體性地、實質地參與判決內容的決定，而無寧比較像是職業法官的學生、學徒。參與審判的國民自覺無法理解審判的內容、又無法藉此形成心證，在進行評議時，更無法進行實質的參與討論，當自己的心證與法官心證不同的時候，因為缺乏足以與法官抗衡的強烈心證依據，又只能被迫接受法官的看法，此時的國民，難免產生自己不過是法庭上的裝飾品的感覺，進而影響渠等對於參與審判的意願以及對於判決結果的信賴，不利於國民參與審判制度的長久發展。[654]

　　故上述問題，除了應該在設計國民參與審判制度時盡可能地顧慮在內（例如將過於複雜、困難的案件排除於國民參與審判範圍外），更重要的是如何在刑事訴訟程序中回應一般國民的上述特性，進行必要的改變，而在回應上述特性的同時，適巧也能實現刑事訴訟的進一步改革。

653　田口守一，ドイツの裁判所における参審員と職業裁判官との関係，比較法学，42 巻 1 号，2008 年 4 月，頁 172。
654　佐藤文哉，裁判員裁判にふさわしい証拠調べと合議について，判例タイムス，1110 号，2003 年 3 月 15 日，頁 4-5、7；池田修，同註 172，頁 34。

當然，引進國民參與刑事審判制度，並不能解決所有現存於刑事訴訟中的所有問題，又即使改革了部分程序進行方式，也未必能確保審判品質一定會提升，這是進行後續探討前，必須先予說明的前提。

肆、國民參與刑事審判制度對於刑事訴訟可能帶來的影響

一、引進起訴狀一本主義與否的討論

（一）起訴狀一本主義的功能

所謂起訴狀一本主義，乃相對於我國現制之「卷證併送制度（刑事訴訟法第 264 條第 3 項）」，故也被稱為「卷證不併送制度」，亦即檢察官於提起公訴時，不能將偵查中蒐集取得之證據或其內容（即所謂「偵查卷證」、「卷證」）隨同一併送交法院，而必須在嗣後審判期日調查證據時，始能將相關證據提出於法院。且檢察官嗣後聲請法院調查偵查中蒐集取得之證據時，若被告對於所聲請證據之證據能力有爭執，則上開證據即有可能無法進入法院接受調查。

起訴狀一本主義之稱呼雖為日本所創，[655] 但卻是當事人主義所通用的運作方式，對於在當事人主義與職權主義的十字路口徘徊躑躅的我國，究竟應否採取起訴狀一本主義？一直以來均為爭議不休的問題。1999 年的全國司法改革會議，「研採起訴卷證不併送制度」成為刑事訴訟制度改革的提案之一，但並未獲得共識；最高法院則於 1998 年起，

655「一本」在日文中主要是用作細長物品的數量詞，例如 1 支鉛筆、1 瓶啤酒，均可用「一本」，但「一本」也有「只有」「單一」的意思，「起訴狀一本主義」中的「一本」應該作此理解。蓋戰前日本也是採行卷證併送制度，在戰後日本進行刑事訴訟改革時，美方提案起訴書不得添附相關卷證資料，迫於情勢的日方代表齋藤悠輔（1892-1981，之後擔任最高裁判所判事）感嘆地表示：「起訴狀一本では尋問もできない（只有起訴書〔法官〕沒辦法詰問）」，自此起訴時檢察官只向法院提出起訴書、卷證不併送的方式就被稱為「起訴狀一本主義」。參見松尾浩也，同註 169，頁 61。

以「最高法院學術研究會」的名義，進行起訴狀一本主義的法條化研究，並於 2001 年完成「建議修正刑事訴訟法部分條文對照表」，除於刑事訴訟法第 264 條第 3 項明定：「起訴時，不得將卷宗及證物一併送交法院」之外，並建議新增刑事訴訟法第 270 條之 6，以建構「證據開示制度」，賦予當事人於審理前事先閱覽對造所聲請調查證據之機會，[656] 但此一建議亦未完成立法；其後，立法院於 2007 年 3 月 5 日修正通過刑事訴訟法第 284 條之 1，於放寬第一審獨任審判的限制的同時，更另作成附帶決議：「就通常審判程序在地方法院原則上行獨任審判之部分，應於 6 年內刑事訴訟制度改採起訴狀一本主義施行之同時，修正回復全面合議」，變相要求司法院應於 6 年內採行起訴狀一本主義。但有關起訴狀一本主義的引進與否，現仍停留在各方意見紛陳、爭執不休的階段，距離完成立法，還有一段遙遠的距離。

　　有關起訴狀一本主義的優劣，已經有許多論著介紹、討論，本文並不擬耗費太多篇幅來介紹，僅打算略作整理。談到起訴狀一本主義的功能，許多論者一定會提到「預斷排除」，亦即透過偵查中卷證並未隨起訴書一併送交法院、法官無法在審理期日前預先閱覽偵查卷證，使法官能夠以「空白的心證」、「客觀的態度」來臨訟，而不會對於案件預先存有偏見、心證，達到「公平法院」的理想，也能夠使「無罪推定原則」獲得更徹底的落實。

　　相反地，許多對於起訴狀一本主義的批評，也就針對著「預斷排除」此一支持者大力主張的優點而來，反對起訴狀一本主義的論者，主要從以下三個角度來質疑起訴狀一本主義與預斷排除的關連性：1. 職業法官不會預斷：職業法官受有專業訓練、復具備審判經驗，即使審判期日前預先接觸偵查卷證，也不會產生偏見，仍然可以公正、客觀的審理；2. 職業法官縱有預斷，亦可以用其他方式來補救：即使擔心職業

656　最高法院學術研究會，「刑事訴訟起訴狀一本主義及配套制度」法條化研究報告（下），2001 年 10 月，頁 697、711。

法官因為審判期日前預先接觸偵查卷證而導致心證受到污染，只要讓職業法官可以同時接觸到被告、辯護人對於此等卷證不同角度的主張、解讀（如答辯狀、辯護意旨狀），就可以避免職業法官的預斷；3. 起訴狀一本主義並無助於預斷排除：起訴狀一本主義只不過是拖延檢察官提出偵查卷證的時間而已，等到案件進入審理程序之後，檢察官還是可以將所有偵查卷證全部交付給法官，法官接觸到這些卷證時，還是會產生預斷，故起訴狀一本主義其實只是浪費時間、拖延訴訟的無用之物。

　　法官會不會因為在審理程序前接觸偵查卷證資料，就因此形成預斷？起訴狀一本主義可不可以避免法官的預斷？支持者與批評者對此議題各有立場，實難定論。本文認為，起訴狀一本主義或許確實可以讓某些法官審判時的心態出現改變，而出現「預斷排除」的效果。但此種效果，實取決於法官之個人特質及個案之性質。詳言之，當承審法官的個人特質本來就傾向於相信檢察官等偵查機關時，審判期日前讓其接觸卷證，當然更會強化其偏向檢察官主張的傾向，而偵查過程較為完備、縝密的案件，讓法官於審判期日前接觸卷證，當然也會強化法官的預斷，此時改採起訴狀一本主義，對於「預斷排除」，可以發揮比較大的功效；反之，法官個人的特質比較不願輕易相信偵查機關，或是偵查階段的蒐證較為草率、粗糙的案件，限制法官審判期日前接觸卷證的實益就不是那麼大。

　　實則起訴狀一本主義的功能，並非僅有「預斷排除」而已，有關起訴狀一本主義的功能，本文認為尚有以下 3 點：

　　（1）確立法官職權調查證據的補充性：

　　起訴狀一本主義讓法官無法於審判期日前接觸偵查卷證，法官即「事實上不能夠」在審判期日時，本於接觸卷證所形成的初步心證，率先主導進行職權調查，而必須退而由當事人先進行證據調查，亦即證據調查的方式變為當事人向法院聲請調查證據為主，當事人主義之下「確立當事人調查證據之主導權及法院依職權調查證據之補充性格」之目

標，即可藉此順利完成。[657]

　　然而，一如前述反對者所擔憂的，如果法院不能大量主導進行職權調查，可能會有害於「真實發現」，反對者既然認為法院職權調查乃是達成發現真實使命最有力的保障，起訴狀一本主義卻會造成法院發動調查證據職權的「節制、退縮」，自然難以採納。再者，既然法官才是負責作決定、撰寫判決的人，由法官依職權進行證據調查，比起當事人猜測、揣度法官心證走向來進行證據調查，顯然更可以加速審理進度、節省時間，對於反對起訴狀一本主義的實務家而言，理論上的妥當，遠不如審理的迅速來得重要。在法官職權調查證據仍然占據非常重要的主導地位的現實情形下，無怪乎起訴狀一本主義會被認為是浪費時間、拖延訴訟的無用之物。

　　（2）公判中心主義的實現：

　　起訴狀一本主義另一個重要的功能，即為「公判中心主義」，蓋法官無法於審判期日前接觸偵查卷證，即無法藉由偵查卷證形成心證，而必須轉而依賴審判期日的證據調查來形成心證，「公判中心主義」主張當事人應該於審判期日（公判）中盡全力舉證、主張、辯論，法官應該以審判期日（公判）所親自聽聞的證據調查、當事人主張以形成心證等宗旨，即可藉由起訴狀一本主義來獲得實現。

　　但起訴狀一本主義至多僅能限制法官於審判期日前閱卷，卻未必能確保法官判斷案件所需的所有心證都能夠在審判期日中形成。之所以形成這樣的情形，約有兩種可能，一是法官對於形成心證所需資料的要求過高、不合理，例如法官本於實體的真實發現主義，希望獲致的心證，乃是鉅細靡遺、深入細節的心證，僅於審判期日接觸卷證，無法滿足其需求，另一則是審判期日的證據調查與言詞辯論過於簡略、形式化，無法提供讓法官獲取足以形成心證所需的資料，例如審理期日調查書面證

657　田口守一，同註199，頁197。

據（如筆錄）時，僅以「提示並告以要旨」的形式化方式進行。

　　不論法官無法於審判期日獲致心證的原因為何，在起訴狀一本主義之下，法官既然無法另外藉由審判期日前閱覽偵查卷證以獲得心證，即必須在審判期日之後，藉由庭期間空檔、辯論終結後撰寫判決書的時間，在辦公室或家中閱覽卷證來獲取心證。以學生上課為例，老師上課時所教授的東西，如果沒有辦法讓學生融會貫通，學生為了應付考試，當然只有「預習」、「複習」兩種方法可以補救，當「預習（審判期日前接觸偵查卷證）」被禁止之時，「複習（審判期日後接觸偵查卷證）」就是唯一的途徑了。以此觀之，起訴狀一本主義至多只能促進「公判中心主義」的實現，但並非僅憑起訴狀一本主義，就足以擔保「公判中心主義」的落實。

　　（3）嚴謹證據法則：

　　起訴狀一本主義還有一個重要的功能，即為「嚴謹證據法則」，蓋起訴狀一本主義不只是限制檢察官必須在嗣後審判期日調查證據時，始能將相關證據提出於法院，更重要的是，檢察官在審判期日調查證據時所提出的證據，必須是具有證據能力及調查證據必要性的證據。法官在判斷某項證據可否容許檢察官提出於法院時，因為有起訴狀一本主義的限制、法官無法事先接觸偵查卷證，所以應該會站在比較客觀、中立的角度來判斷，而不會因為某項證據具有高度證明力、是證明被告犯罪所不可或缺的資料，而想方設法容認其有證據能力，因此可以讓證據能力與證據調查必要性的規定發揮應有功能，達到嚴謹證據法則的功能。

　　但是，單以起訴狀一本主義，亦無法讓證據能力與證據調查必要性的規定貫徹，而必須配合證據裁定制度（詳見後述），亦即藉由證據裁定制度，要求法官必須先以裁定決定某項證據有無證據能力及證據調查必要性、可否進入法院，以此使證據能力及證據調查必要性的規定發揮應有功用。故起訴狀一本主義雖然有助於「嚴謹證據法則」，但仍須有相關的配套措施，始能克盡全功。

　　綜上所述，起訴狀一本主義雖然可以達成「排除預斷」、「確立法官

職權調查證據的補充性」、「實現公判中心主義」、「嚴謹證據法則」等功能，但其中的排除預斷的功能乃人言人殊，實現公判中心主義的功能能否達成，則攸關法官心證的標準，嚴謹證據法則的功能又另繫於證據裁定制度的健全與否，故起訴狀一本主義最客觀、單純的功能，應該主要在於「確立法官職權調查證據的補充性」。此觀日本自戰後改採起訴狀一本主義之後，雖然刑事訴訟法第 298 條僅規定：「法院認為必要時，得依職權調查證據。」但法院依職權調查證據的情形確實受到限制，其理亦在此。但除此之外，實現「公判中心主義」的努力在日本則是功敗垂成，[658] 亦可藉此窺見起訴狀一本主義的侷限性。

（二）國民參與刑事審判制度與起訴狀一本主義的關連性

引進國民參與刑事審判制度之後，是否即應配合採行起訴狀一本主義？此一問題的回答，乃與「是否容許、要求參與審判的國民閱卷」有關。蓋如果採行的是陪審制，且認為陪審員應該可以在審判期日前事先閱覽偵查卷證，在職業法官本無事實認定職權的情形下，自無特意限制職業法官於審理期日前接觸偵查卷證的必要，故並無採行起訴狀一本主義的空間。但事實上，陪審制均無容許陪審員在審判期日前事先閱覽偵查卷證之例，甚至職業法官亦不得於審判期日前接觸卷證。

即令採行的是參審制，如果認為參審員「應該」要在審判期日前事先閱覽偵查卷證，則亦無特意限制法官於審理期日前接觸偵查卷證的必要性，換言之，此時並無採行起訴狀一本主義的必要。但若是採行參審制，並認為參審員「不宜」在審判期日前事先閱覽偵查卷證，則是否應該讓法官事先閱覽偵查卷證？即會成為問題。

蓋在參審制之中，是由法官與參審員組成一個合議庭，彼此具有「合作」的關係，法官如果在審判期日之前即得接觸偵查卷證，卻又禁止參審員在審判期日前得以接觸偵查卷證，將會造成法官與參審員之間

658　松尾浩也，同註 169，頁 62。

的「資訊落差」，亦即存在於法官心中的，除了審判期日踐行調查的證據之外，還有檢察官提出、但未經審判期日調查的證據，且法官透過反覆閱覽、查核，對於個別證據都會相當熟稔；相較於此，參審員則只有接觸到審判期日經調查的證據，且僅有浮光掠影式的接觸而已，兩者相較，法官實不無可能利用其藉由閱覽偵查卷證所得的心證，引導參審員接受其想法，面對具備法律專業、官僚權威，又對於相關卷證瞭若指掌的職業法官，參審員恐怕只有乖乖聽從一途，[659] 但如此一來，希望參審員與法官各本所長、進行平等、有意義的充分討論，以獲致符合法律規定、社會常識的判決結論的立法目的，就會因此大打折扣。

　　再者，如果容許同為合議庭一員的職業法官事先接觸卷證，但禁止參審員事先接觸卷證，亦將造成檢察官、辯護人在審判期日進行舉證活動、言詞辯論時，可能會在「法官已經事先詳閱卷證」的「默契」下進行，盡可能地讓其主張簡略、抽象化（諸如使用「如卷內筆錄所載」、「如先前歷次書狀所言」等用語），而不會顧及參審員對於案情、卷證的掌握程度如何，此在參審員的表決權重不足、甚至沒有表決權的情形下，勢必更加嚴重，進而將造成參審員自覺不受尊重、聽不懂、無法參與、沒有發揮功能的挫折感，甚至造成國民參與刑事審判制度的失敗。

　　本文認為基於參審制的立法目的，以及考量到參審員的時間、能力、負擔，實不宜要求或允許參審員閱卷，詳細的分析已見前述。既然參審員不宜於審判期日前閱卷，且法官與參審員同為合議庭的一員，為了弭平法官與參審員間的資訊落差，自應等同限制法官於審判期日前接觸卷證，以此讓法官與參審員立於相同的基礎，純粹以審判期日所接觸的證據調查、言詞辯論來進行評議、評決，此際，基於弭平資訊落差的目的，起訴狀一本主義即有採行之必要。國民參與刑事審判制度在採行起訴狀一本主義之後，前述「排除預斷」、「確立法官職權調查證據的補

充性」、「實現公判中心主義」、「嚴謹證據法則」功能，尤其是「確立法官職權調查證據的補充性」的功能，雖非國民參與刑事審判制度引進起訴狀一本主義的「原始目的」，但也能因此獲得實現。

當然，除了採行起訴狀一本主義之外，亦有其他方式可以弭平法官與參審員間的資訊落差，此即「卷證併送、但限制法官審判期日前接觸偵查卷證」的制度設計，丹麥、挪威即採取此一制度，[660] 我國人民觀審試行條例草案第 45 條亦有類似的設計。此一制度設計，與起訴狀一本主義的功能並無不同，又可以規避採行起訴狀一本主義之後，必須配合引進「證據開示制度」、讓被告、辯護人得以事先接觸偵查卷證、以保障被告、辯護人防禦權所生的程序繁瑣，亦值得考量。但既然此種制度設計的前提是「卷證併送」，則卷證併送之後，法官是否會因此比較有「違規」接觸偵查卷證的機會？仍值得觀察、考量。

（三）法官於審判期日前不接觸卷證的例外——準備程序

如果從最嚴格的角度來看起訴狀一本主義，則承審特定案件的法官在審判期日前，無論如何均不得接觸偵查卷證。在大多數進行當事人主義的國家，上述要求也的確被徹底地執行。

然而，在案件繫屬於法院、到第一次審判期日前，仍有許多必須進行的事前準備工作，例如強制處分（被告之羈押、具保）、準備程序等等，由於我國刑事訴訟法第 273 條、第 279 條規定應由承審法官進行準備程序，且案件起訴繫屬於法院後，被告應否羈押，實務上亦以承審法官決定為原則，故對於習於我國刑事訴訟規定及實務的論者而言，承審法官不可能不處理這些審前事務。而承審法官一旦處理這些事務，不論是為羈押被告的裁定、命被告具保的裁定、進行爭點整理，乃至於依刑

660　即法官為了進行訴訟指揮，可以預先知悉證據的概要，但法官並不會因此而主動調查證據，參見佐藤博史，於「座談会・裁判員制度導入の是非をめぐって」中之發言，載於特集・裁判員制度導入の諸問題，現代刑事法，第 32 号，2001 年 12 月，頁 23；佐藤博史，同註 64，頁 817。

事訴訟法第 273 條第 2 項、第 163 條之 2 第 1 項為證據裁定等等，為了要做出妥適的判斷，自無法避免會在審判期日前接觸到偵查卷證。

　　但對於徹底遵奉起訴狀一本主義的國家而言，上述審判期日前承審法官即接觸偵查卷證的情形，並非無法避免。例如為了避免承審法官於第一次審判期日前接觸偵查卷證，第一次審判期日前所需作成的強制處分，可以委由非承審之其他法官專責處理；至於準備程序所欲完成的爭點、證據整理、排定審理進行順序等任務，則由檢察官、辯護人自行協調決定，法院完全不涉入。事實上，日本過去就是採取此種作法，例如有關第一次審判期日前的羈押相關處分，由受訴法院之非承審法官來處理（日本刑事訴訟法第 280 條第 1 項、刑事訴訟規則第 187 條第 1 項），而日本過去審判期日前爭點整理等審理計畫的策定，則以雙方當事人相互協議的方式進行，法院只是擔任傳話者的角色，而法院中實際進行聯繫、催促的人，乃法院書記官，亦非承審法官（日本刑事訴訟規則第 178 條之 2 至 178 條之 11）。[661]

　　然而，日本上述準備程序實行的經驗，並不令人滿意，由於缺乏認罪協商制度的配合，故當事人間就爭點與證據調查的歧異無法有效地消除、減少，因此亦無法有效地進行爭點與證據的整理，連帶造成審理的遲滯、無效率。有鑑於裁判員制度實施後，為了配合國民參與審判的需要，不可能再任令審理遲滯、無效率，上述準備程序之進行方式即必須配合更改，日本採取之方式，即係由法官積極介入、主導準備程序的進行，此即日本在 2004 年修正刑事訴訟法時引進的「公判前整理程序」（日本刑事訴訟法第 316 條之 2 至 316 條之 32）。

　　法官積極介入準備程序，自 2004 年日本修法增訂公判前整理程序開始，已經成為我國與日本的通例。法官為了要在準備程序進行爭點、證據的整理，審理計畫的策定，自不可能不於審理期日前接觸偵查卷

---

661 井上正仁，刑事裁判の充実・迅速に向けて：刑事司法制度改革の趣旨とその緯，司法研修所論集 2004-II，113 号，2005 年 3 月，頁 125。

證；此外，法院為了決定兩造聲請調查之證據應否容許進行調查，而為證據裁定（我國刑事訴訟法第 273 條第 2 項、第 163 條之 2 第 1 項，日本刑事訴訟法第 316 條之 5 第 7 款），以及法院於兩造當事人有爭議之情形下為證據開示之裁定（日本刑事訴訟法第 316 條之 26），[662] 均會使法院有機會於審判期日前接觸到偵查卷證。因此，法院介入準備程序會否違反起訴狀一本主義之精神？即成為新的問題；此外，相較於法官在準備程序接觸到了偵查卷證，因為顧慮到參與審判國民的負擔等因素，而不讓參審員參與準備程序，亦可能會造成法官與參審員的資訊落差，而有害於參審員的實質參與。[663]

對於上述問題，論者有主張應該讓非合議庭成員的其他法官來進行準備程序，以此規避上述違反起訴狀一本主義宗旨、以及合議庭法官與參審員之間產生資訊落差的問題。但準備程序的目的，就是要進行爭點整理與准駁證據調查的裁定，而這些行為，都會影響到未來審判的走向，如果讓非合議庭成員、不負判決責任的其他法官來進行準備程序，所進行之準備程序恐將不符合該合議庭之需要，且其結果倘又能拘束負判決責任的合議庭，將會產生權責不清的爭議，不利於準備程序目的的達成，故斟酌利害得失後，仍宜由合議庭成員之法官來進行準備程序。[664]

實則，為了要使法院有足夠資料得以判斷證據應否開示，以及為了要使法院有足夠資料得以判斷證據應否調查，藉以讓準備程序發揮其

662　起訴狀一本主義之下，由於檢察官起訴時卷證並未併同送至法院，故對造當事人（被告、辯護人）無從向法院聲請閱卷，當檢察官不願意將某些證據提供給被告、辯護人閱覽時，即產生該項證據應否「開示」之爭議，法院對此爭議所為裁定，即為證據開示之裁定。

663　渕野貴生，刑事司法制度改革の評価方法：裁判員制度を素材として，法政研究（静岡大学），6 巻 3・4 号，2002 年 3 月，頁 383。

664　井上正仁，於「鼎談・意見書の論点④：国民の司法参加・刑事司法」三方會談中的發言，載於「特集・司法制度改革審議会意見書をめぐって」，ジュリスト，1208 号，2001 年 9 月 15 日，頁 121。

功能，達成集中、迅速審理的目的，勢必要讓法院在正式審判期日之證據調查程序前接觸某些證據，此乃不得已之手段。[665] 至於此種讓法官於審判期日前接觸偵查卷證的規定，是否會造成違反起訴狀一本主義、使合議庭法官與參審員之間產生資訊落差的情形？則應視法官接觸證據之目的（主觀）與範圍（客觀）而定。當法官於審判期日前接觸偵查卷證之目的，僅在解決準備程序之相關爭議——某項證據有無證據能力及調查證據必要性、是否適於在審判期日提出？或是某項證據應否開示予對造當事人閱覽？此時法官接觸偵查卷證之目的，既不是藉此形成心證、形成預斷，或發動職權調查，自不致違反限制法官審理期日前閱卷之宗旨；[666] 再者，法官於審判期日前接觸卷證之範圍，若僅限定於解決上述問題所需，客觀上亦不致違反起訴狀一本主義之精神、或使合議庭法官與參審員之間產生資訊落差。綜上所述，以法院於準備程序接觸證據資料為由，逕自指摘違反起訴狀一本主義、使合議庭法官與參審員之間產生資訊落差，尚非可採，但法官於準備程序中接觸偵查卷證之目的及範圍均必須有所限制，僅能及於「必要之範圍」內，自不待言。

綜上所述，準備程序的精緻化，乃國民參與刑事審判制度為了達到審理的迅速化、集中化所不可或缺的制度設計，而準備程序要達成其目的，對於我國及日本此種當事人缺乏自我協調、自我控管訴訟程序意願的國家，又非承審法官之積極介入不能為功，而承審法官在積極介入準備程序時，為了解決準備程序中所生爭議，勢必於審判期日前接觸部分偵查卷證，表面上來看，似乎又與禁止法官於審判期日前接觸偵查卷證之制度目的相衝突。但若能將法官於準備程序時接觸偵查卷證之目的、範圍作適當的控制，使法官僅於必要之範圍內接觸偵查卷證，不要讓法

---

665 田宮裕，同註 622，頁 313。

666 堀江慎司，刑事裁判の充実・迅速化，ジュリスト，1370 号，2009 年 1 月，頁 127；大澤裕，「新たな準備手続」と証拠開示，刑法雑誌，43 巻 3 号，2004 年 3 月，頁 434；寺崎嘉博，公判前整理手続の意義と「やむを得ない事由」の解釈，刑事法ジャーナル，2 号，2006 年，頁 6。

官產生預斷、形成心證及藉此發動職權調查，則基於發揮準備程序功效之目的，而讓承審法官於準備程序中接觸部分偵查卷證，尚不能謂即違反起訴狀一本主義之精神、或使合議庭法官與參審員之間產生資訊落差，而應該視為國民參與刑事審判制度所欲追求的兩種利益──「法官與參審員資訊對等」、「審理集中迅速」之間相互調和後，禁止法官於審判期日前接觸卷證此一「原則」，所必須容許的「例外」情形。

二、更嚴謹地實踐證據法則──證據裁定制度

（一）證據裁定的意義

　　針對 2003 年進行的一連串證據法則的改革未盡全功，論者多集中於刑事訴訟法之中喪失證據能力及其例外規定（例如傳聞法則及其例外、違法蒐集證據排除之權衡法則等）內容是否合理來進行討論、批評。追究其所以如此的背後原因，當然與實務上過度寬認證據之證據能力，凡是具有證明力的證據，均盡可能承認其證據能力有關。但除此之外，本文認為所以實務運作時會傾向於寬認、曲解證據法則，還有一個重要的原因，即為證據能力與證明力判斷時期的「混同」，亦即在判決書中才同時解決證據能力與證據證明力的爭議，在某一證據具有高度證明力的時候，為了順利撰寫判決，審判者當然有可能傾向於盡可能承認該證據的證據能力。

　　刑事訴訟法 2003 年修正時，於第 273 條制定了較諸舊法更為嚴謹、縝密的準備程序規定，其中第 1 項第 4 款規定：法院得於第一次審判期日前行準備程序，並為「有關證據能力之意見」之處理，同條第 2 項更明定：「於前項第 4 款之情形，法院依本法之規定認定無證據能力者，該證據不得於審判期日主張之。」依立法理由所示，上開第 1 項規定係參考日本刑事訴訟規則第 194 條之 3 規定而來，並謂：「當事人對於卷內已經存在之證據或證物，其證據能力如有爭執，即可先予調查，倘法院依本法之規定，認定該證據無證據能力者，即不得於審判期日主

張之，是有第 4 款及第 2 項之規定，以節省勞費。」

　　前述日本刑事訴訟規則第 194 條之 3（已於 2005 年刪除）係規範準備程序的規定，值得注意的是，該條第 9 款規定，於準備程序時法院得為「調查證據之裁定或駁回證據調查聲請之裁定」；2005 年日本刑事訴訟法新增、用以取代上述刑事訴訟規則準備程序規定的「公判前整理程序」（刑事訴訟法第 316 條之 2 至第 316 條之 26、另請參考日本刑事訴訟規則第 217 條之 2 至第 217 條之 26），亦於第 316 條之 5 第 7 款設有相同的規定。

　　上開條文中所謂「為調查證據之裁定或駁回證據調查聲請之裁定」，追溯其源頭，係來自於日本刑事訴訟規則第 190 條規定。首先，日本刑事訴訟法第 298 條規定：「Ⅰ檢察官、被告或辯護人，得聲請調查證據。Ⅱ法院認為必要時，得依職權調查證據。」此與我國刑事訴訟法第 163 條之規範形式相當類似。但日本刑事訴訟規則第 190 條本於上開規定，更進一步規定：「Ⅰ證據調查或駁回證據調查之聲請，應以裁定為之。Ⅱ為前項裁定前，基於證據調查聲請而為者，應聽取對造或其辯護人之意見，基於職權而為者，應聽取檢察官、被告及辯護人之意見。Ⅲ被告未出席亦得進行證據調查之公判期日，被告及其辯護人未出庭者，雖有前項規定，亦得不聽取被告及其辯護人之意見，逕為第一項之裁定。」上開日本刑事訴訟規則第 190 條規定，即為學理上所稱「證據裁定」之主要規定。但我國刑事訴訟法第 273 條第 1 項第 4 款、第 2 項之規定，自亦應為相同的理解。

　　所謂證據裁定，係法院為了決定在審判期日時應否進行特定之證據調查所為的裁定，包括准許調查特定證據之裁定（採用裁定）及不准許調查特定證據之裁定（駁回裁定）在內。准許調查特定證據之裁定（採用裁定）包括法院同意調查當事人聲請調查之特定證據，以及法院依職權調查特定證據的裁定；不准許調查特定證據之裁定，則僅限於駁回當事人就特定證據調查聲請之裁定（蓋若屬法院本欲依職權調查者，逕自不行調查即可）。證據裁定的功能，除了確認證據調查之聲請是否合法

（例如無請求權者之證據調查聲請、於辯論終結後為證據調查之聲請、未說明舉證趣旨之證據調查聲請）之外，更重要的是在確認聲請或依職權調查證據之證據能力及證據調查之必要性。[667]

　　證據裁定制度的目的，乃是要求法院在調查證據進行前，必須先藉由證據裁定表明得於調查證據程序進行調查的證據，凡是未獲准調查的證據，均不得於證據調查程序進行調查，[668] 從而，若法院對於證據調查之聲請未為任何裁定即終結審理，或未先為證據裁定即進行證據調查，均屬訴訟程序之違法，[669] 至於此種訴訟程序之違法是否對於判決有影響，則端視該證據之重要性而定。[670] 此外，對於證據裁定，日本法規定當事人尚得以違法為由向法院聲明異議（日本刑事訴訟法第 309 條第 1項、刑事訴訟規則第 205 條第 1 項但書）。再者，行公判前整理程序的案件，[671] 為了在公判前整理程序時即能決定證據調查之順序及方式，更必須將證據裁定的時期從原本的審判期日調查證據之前，提前到第一次審判期日之前（日本刑事訴訟法第 316 條之 5 第 7 款）。

　　證據裁定，乃是建基於當事人主義之下的概念。詳言之，在當事人主義下，審判期日之證據調查，應由當事人主導進行，雖然法院於必要時亦得依職權調查證據，但此種依職權調查證據，毋寧只是補充性、輔佐性的調查，不能取代當事人的主導證據調查，自不待言。我國刑事訴

---

667 石井一正，同註 622，頁 87。
668 石井一正，同註 622，頁 291；但因更新審判程序（如我國刑事訴訟法第 292、293 條）等而調查證據者，則無需事先為證據裁定，參見田宮裕，同註 622，頁 313。
669 上口裕，刑事訴訟法，初版，2009 年 8 月，頁 265；石井一正，同註 622，頁 291。
670 最判昭 27.5.13，刑集 6 卷 5 號 744 頁。
671 日本並非所有案件均應先進行公判前整理程序，除了適用裁判員審判的案件一定要進行公判前整理程序（關於裁判員參加的刑事審判法〔下稱裁判員法〕第 49 條）外，其他案件則由法院裁量決定是否進行（日本刑事訴訟法第 316 條之 2 第 1 項）。

訟法第 163 條第 1 項規定「當事人、代理人、辯護人或輔佐人得聲請調查證據（下略）。」同條第 2 項規定：「法院為發見真實，得依職權調查證據。但於公平正義之維護或對被告之利益有重大關係事項，法院應依職權調查之。」依立法說明，即為當事人主義之下「確立當事人調查證據之主導權及法院依職權調查證據之補充性格」的體現。在當事人主導證據調查之前提下，為了表明法院對於當事人聲請調查證據的態度，亦即法院是否同意當事人聲請調查特定證據，故必須在調查證據程序之前做出裁定，將法院認為沒有證據能力、或沒有調查必要性的證據剔除，只讓有證據能力、且有調查必要性的證據進入證據調查程序；即使是法院依職權調查的證據，本於舉重明輕法理，也必須在聽取當事人的意見後（刑事訴訟法第 163 條第 3 項參照），剔除無證據能力及無調查必要性的證據。

以此觀之，前述我國刑事訴訟法第 273 條第 1 項第 4 款、第 2 項規定，容許法院於準備程序時剔除無證據能力的證據，無寧即可視為一種證據裁定的規定；同理，我國刑事訴訟法第 163 條之 2 第 1 項規定：「當事人、代理人、辯護人或輔佐人聲請調查之證據，法院認為不必要者，得以裁定駁回之。」也可視為另一個證據裁定的相關規定。但上述規定與日本證據裁定制度仍有差異，其不同之處有二，一是日本的證據裁定是「義務性」的，而我國上述規定則具有「高度裁量性質」，法院可以決定要不要裁定；二是日本的證據裁定對於要或不要調查都必須做出裁定，而我國法院只需針對不要調查的情形做出裁定。換句話說，在我國現行制度下，法院如果認為某項證據無證據能力或無調查必要性，當然可以藉由上述規定，在調查證據程序前、甚至是準備程序中就以裁定駁回，不讓這一證據進入調查證據程序，但反面解釋，法院也可以完全不作任何裁定，聽任證據能力或調查必要性有爭議的證據進入調查證據程序，而只要法院沒有先以裁定明確宣示某項證據無證據能力或無調查必要性，不論法院隱藏的心證為何，就沒有拒絕該證據進入證據調查程序的權利。

（二）我國的現狀與展望

　　我國刑事訴訟法的證據裁定規定所以會有與日本刑事訴訟規則第 190 條不盡相同的規定，究其實質原因，應該不是立法上的疏漏，而是因為我國刑事訴訟程序，過去仍然以法院職權調查證據為大宗，亦即冀望法院藉由職權調查證據，能夠發現法院撰寫判決書時所需的真實，對於證據能力的相關規定，本來就不至於太過講究；在發見真實的重大目標下，證據能力相關規定背後所標舉的「保障被告反對詰問權、實現直接審理主義、維護人權」等基本價值，均勢必有所退讓，即使是由當事人聲請調查的證據，也著重於該等證據的證明力，而傾向於忽視證據能力的相關爭議。所以，如果迫使法院必須要在準備程序的時候，就以「證據裁定」來「一次切除」無證據能力或無證據調查必要性的證據，反而會讓法官擔憂會不會導致有高度證據價值的證據也會隨之消失，影響判決書的撰寫，所以對法官而言，還不如讓這些證據能力或證據調查必要性有爭執的證據隨同其他沒有問題的證據一起歷經證據調查、辯論，以便讓法院在撰寫判決時有最後的決定權——沒有證據價值或證據價值重複的證據，不妨大方地否定證據能力，有高度證據價值的證據，則想方設法地維護其證據能力。[672]

　　其次，由於證據能力與證明力未必是等比的關係，換言之，沒有證據能力的證據，有時候往往是有高度證據證明力（證據價值）的證據，如果在準備程序中經由證據裁定排除某些具有高度證據證明力、但沒有證據能力的證據，例如被訴販賣毒品的案件，法官先以證據裁定宣告搜索毒品程序違法、且扣案毒品無證據能力，實際上等於顯露了法院的心證（傾向於判被告無罪），對於講究到審判的最後一刻都要莫測高深，以維護法院公平形象的法官而言，這樣的「公開心證」當然應該要盡可

---

672 當然，這樣的態度與現行的卷證併送主義也有關係，蓋卷證併送主義下，法院於當事人聲請調查證據之前就已經接觸所有卷證資料的詳細內容，對於其中有高度證據價值、足以協助心證形成的證據，當然會盡可能承認其證據能力。

能避免。

　　再者，證據調查程序（刑事訴訟法第 164 條至第 167 條之 7）與針對證據能力所進行之調查（日本刑事訴訟法第 43 條第 3 項、刑事訴訟規則第 33 條第 3 項參照[673]），本質上為截然不同的程序，前者的目的在於顯現證據的證明力，藉此讓法院形成實體上的確信心證；後者則在彰明證據能力之有無，目的並非要法院形成實體上的心證。[674] 但實際上，兩者調查的對象都是證據資料，調查的事項也可能重複，例如被告之自白是否「與事實相符」，既是自白之證據能力要件（刑事訴訟法第 156 條第 1 項），又是自白的證明力要件（同法第 156 條第 2 項），不僅往往造成兩者混同的誤解，[675] 強行將兩者區分，可能造成相同證據（如傳喚為被告製作警詢筆錄的警員作證）先後經過兩次不同程序訊問的情形，不利於訴訟經濟。

　　因此，雖然刑事訴訟法第 273 條第 1 項第 4 款、第 2 項已經給予法院於準備程序時即以裁定決定證據能力有無的機會，刑事訴訟法第 163 條之 2 也給予法院在調查證據程序前拒絕無調查必要證據的機會，但實務上絕大多數的案件仍然是聽任這些無證據能力或無調查必要性的證據完成證據調查及辯論程序，然後在判決書中才明確表明法院的立場，實有其實務運作的「苦衷」。

---

[673] 我國刑事訴訟法第 156 條第 3 項規定：「被告陳述其自白係出於不正之方法者，應先於其他事證而為調查，該自白如係經檢察官提出者，法院應命檢察官就自白之出於自由意志，指出證明之方法。」依立法理由，即為要求被告自白證據能力之調查應先於證據調查程序證據力調查之意，可視為我國亦有針對證據能力進行調查明文規定之證明，此外，司法院於 99 年 8 月提出之刑事訴訟法修正草案，於第 273 條第 2 項明定：「法院處理前項第一款至第五款之事項，對到庭之當事人、代理人、辯護人及輔佐人得為必要之訊問。」更係就證據能力進行調查的明文規定。

[674] 大阪弁護士会裁判員制度実施大阪本部編，コンメンタール公判前整理手続，第 1 版，2007 年 11 月，頁 49。

[675] 例如以準備程序不得進行證據調查（最高法院 93 年度台上字第 2033 號判例參照）為由，主張準備程序中亦不得進行證據能力之調查。

　　但這樣處理方法，除了會使傳聞法則、證據排除法則、自白法則等證據法則相關的嚴謹規定受到濫用、誤用之外，以訴訟程序的整體來看，也會造成爭執證據能力的當事人的徒勞感（蓋法院的心證仍有可能在審理過程中受到無證據能力之證據的污染）、程序更趨繁瑣、法院及當事人的疲累（原本這些證據根本不能經過調查證據程序或辯論程序），更重要的是，使當事人無從因應審理情勢的變化，適時進行補充性舉證或加強論述，萬一原本預期有證據能力的證據被法院在判決中宣告為無證據能力，或原本預期無證據能力的證據被法院宣告為有證據能力，對當事人而言，不啻為一種「突襲」，已如前述。

　　所以除去兩種立場都有的「訴訟經濟」考量後，究竟是代表職權主義精神的「保留證據取捨空間」、「維持法院心證隱密性」重要？還是代表當事人主義精神的「嚴謹證據法則」、「使當事人充分掌握訴訟進行情形」重要？即為現有證據裁定規定應該維持原狀？或是更進一步深化？的價值判斷標準。最高法院96年度台上字第3481號判決，即為當事人主義精神下，深化證據裁定功能的具體展現，該判決謂：「刑事訴訟法第279條、第273條第1項規定之準備程序，其功能在於過濾案件及篩選無證據能力之證據，避免無證據能力之證據進入『審判庭』，影響法院對事實認定之正確性。是以傳聞證據有無證據能力，應於準備程序經控、辯雙方、輔佐人陳述證據能力之意見後，由受命法官依同法第171條之規定先行調查各該要件之存否或有爭議之意見（刑事訴訟法第159條之2要件之調查除外），並留供由合議庭為評議判定（受命法官僅有調查權，並無判斷權）。且審判庭於踐行刑事訴訟法第164條至第166條以下規定之調查證據程序前，即應先就有爭議之證據是否有證據能力為評決，此觀同法第273條第2項規定：『法院（合議庭）依本法之規定認為無證據能力者，該證據不得於審判期日主張之。』甚明。關於證據能力有無之認定，審判實務上雖類皆於判決書內說明其認定之理由，但如於審判期日前，另以裁定為之，或審判期日於進行調查證據之前，即由審判長宣示其評議結果及認定之理由，記明於筆錄以代之，毋寧更

合乎法律現制規定之精神，俾使準備程序與審判程序之進行各司其職，避免目前備受詬病之準備程序空洞形式化，使無證據能力之證據進入審判庭，造成耗時不必要之冗長審判程序，且不違背刑事訴訟法第310條之程式規定，並可收簡化判決書製作之效。」在證據裁定妾身未明的現在，本件判決實有非常重大的參考價值。

（三）引進國民參與刑事審判制度後，證據裁定的新意義

對於職業法官而言，關於證據能力或是調查必要性的爭議，究竟應該在準備程序中或是證據調查程序前決定？還是在判決書中交代即可？或許沒有非常明顯的差異，對於卷證併送主義之下，事前已經充分接觸全部卷證資料的法官而言更是如此，蓋對於渠等而言，反正都已經知道這些證據內容是什麼，甚至藉此形成了初步心證，則早一點或晚一點決定有沒有證據能力或證據調查必要性，實在沒有什麼差別，只要在判決時，有一段言之成理的理由可以交代證據能力有無，以及說明為何未調查某些當事人聲請調查的證據（常見的理由不是沒有證據能力，而是沒有調查證據必要性），也就完成了使命。

但對於不具備法律專業素養及審判經驗的「素人」——參與審判的國民而言，是否要讓渠等接觸沒有證據能力或調查必要性的證據，就有非常重大的意義。蓋對於「素人」而言，要讓一個具備高度證據價值、但卻沒有證據能力的證據從心中完全抹去，不要影響心證形成，實在是非常困難的工作，即使法官、當事人三令五申、再三叮嚀，亦未必能排除無證據能力的證據對於渠等心證的影響；即使是不具備高度證據價值、且沒有證據能力的證據，對於「素人」而言，也會妨礙渠等參與審判工作的順利進行，蓋在證據調查程序或辯論程序中，此種證據摻入其中，會造成審理時間的遲滯，更可能干擾、妨礙、混淆參與審判的國民正確形成心證，所以如何避免參與審判的國民接觸無證據能力的證據，就變成比職業法官專責審判時更重要的問題。

同理，放任沒有調查必要性的證據進入證據調查程序及辯論程序，

也會造成審理時間的遲滯，使審判的方向偏移、歪斜，故在國民參與審判的情形下，也應該避免此種情形的發生。

因此，在國民參與審判制度下，關於證據能力及證據調查必要性的爭議，除了應該交給具備法律專業與審判經驗的職業法官全權處理之外，與一般刑事訴訟程序不同之處還包括：並不是在證據調查程序之前處理完畢即可，而是要盡可能在國民參與審判的審判期日之前就處理完畢，這樣的「處理時限提前」，當然是為了避免參與審判的國民有任何機會接觸存有證據能力及調查必要性爭議的證據，同時，也是為了避免法官在與國民共同審判的中途，還必須跳出來另外處理這些爭議，造成審理程序的中斷與遲滯。[676]

本諸上開精神，日本裁判員法第 6 條第 2 項第 2 款規定「關於訴訟程序之判斷」應該「專由職業法官合議判斷」，而證據能力有無與證據調查必要性，即屬前述「關於訴訟程序之判斷」的一種，故參與審判的國民——裁判員，不能參與這部分的判斷；再者，日本裁判員法第 49 條規定，凡適用裁判員審判之案件，均應於第一次審判期日前進行刑事訴訟法第 316 條之 2 至第 316 條之 26 的「公判前整理程序」，故此種案件中，有關證據能力與證據調查必要性的爭議，都應該由職業法官先在公判前整理程序中，依日本刑事訴訟法第 315 條之 5 第 7 款規定以證據裁定解決，即為上述想法的具體展現，值得參考。

（四）證據裁定各論——有無不適合先以證據裁定解決證據能力爭議的
　　　證據？

證據裁定的重要性與必要性已如前述，但是不是所有類型的證據都適合以證據裁定事先決定其證據能力有無？甚至在準備程序中就以證據裁定決定證據能力有無？論者有不同意見，以下即分論如下：

（1）刑事訴訟法第 159 條之 2、第 159 條之 3 的傳聞證據

676　大阪弁護士会裁判員制度実施大阪本部編，同註 674，頁 10。

　　相較於「被告以外之人於審判外向法官所為之陳述」、「被告以外之人於偵查中向檢察官所為之陳述」等傳聞證據，可以依刑事訴訟法第159 條之 1 逕自取得證據能力；「被告以外之人於檢察事務官、司法警察官或司法警察調查中所為之陳述」則沒有如此容易地取得證據能力，不是需要出現對照組（與審判中不符──同法第 159 條之 2），就是必須符合事實上不能進行對質詰問的特定情形（例如該被告以外之人死亡、身心障礙致記憶喪失等──同法第 159 條之 3），上述條件中「該被告以外之人死亡、身心障礙致記憶喪失或無法陳述、滯留國外或所在不明而無法傳喚或傳喚不到」（同法第 159 條之 3 第 1、2、3 款）固然有可能是準備程序中就發生的事實，但也有可能是審判期日才發生的事實；「該被告以外之人之陳述與審判中不符、或到庭後無正當理由拒絕陳述」（同法第 159 條之 2、第 159 條之 3 第 4 款）等情形，更是非待審判期日到來，其條件根本無法成就的規定，因此，如果強要法院必須在準備程序時就以證據裁定決定此種傳聞證據之證據能力有無，似乎顯得強人所難。[677]

　　但本文認為，刑事訴訟法第 159 條之 2、之 3 原本就是傳聞法則的例外規定，本於例外規定應該從嚴解釋的法理，不符合例外規定時，就應該回歸適用原則，所以上述傳聞法則例外規定的條件尚未成就時，當然就屬於「法律沒有特別規定」的情形，此時應該回歸刑事訴訟法第 159 條第 1 項的原則規定：「被告以外之人於審判外之言詞或書面陳述，除法律有規定者外，不得作為證據」，宣示上開傳聞證據不得作為證據，因此，即使在準備程序中就做出不准許調查該審判外陳述的裁定，亦無任何問題。當然，即使不得作為證據，但仍然可以用來彈劾該被告以外之人於審判中陳述之用，[678] 自不待言。

　　但如此解釋，可能會引發接下來的問題。亦即在刑事訴訟法第 159

---

[677] 大阪弁護士会裁判員制度実施大阪本部編，同註 674，頁 50。
[678] 林永謀，刑事訴訟法釋論（中），初版，2007 年 2 月，頁 135。

條之 2、之 3 所定條件尚未成就時，固然應該先為不准許調查該審判外陳述的裁定，但嗣後如果條件成就，法院又應該如何處理？本文認為，不准許調查特定證據的裁定，本質上是「判決前關於訴訟程序之裁定」（刑事訴訟法第 404 條參照），並無「拘束力」或「裁判之自縛性」等效力存在，[679] 故當證據裁定所憑之基礎事實改變時，並無不得另行裁定之理，日本實務上亦承認此種處置的必要性，稱為「證據裁定的取消」。[680] 例如檢察官於準備程序中主張證人 A 的警詢筆錄為證據、聲請在審判期日的證據調查程序中進行調查，被告及辯護人則以傳聞證據為由爭執該警詢筆錄的證據能力，證人 A 健在、身心狀況正常、記憶力良好、於國內有固定住所（即無刑事訴訟法第 159 條之 3 第 1、2、3 款情形），在準備程序時，證人 A 既然尚未於審判期日到庭，法院就應該先作出證人 A 的警詢筆錄沒有證據能力的裁定，等到證人 A 於審判期日到庭後，其陳述於警詢時之陳述不符，或是無正當理由拒絕陳述，再加上警詢時之陳述「具有（較）可信之特別情況，且為證明犯罪事實存否所必要者」，此時刑事訴訟法第 159 條之 2 或第 159 條之 3 第 4 款的條件成就，檢察官再次聲請調查證人 A 的警詢筆錄，法院即可裁定同意調查，並於調查證據程序中進行調查，作為獲取心證的依據。

同理，法院於準備程序中作成准許調查特定證據的裁定，事後也可以因應證據裁定所憑的基礎事實改變而另行裁定。例如證人 B 於準備程序時因為身心障礙致記憶喪失，檢察官聲請調查證人 B 的警詢筆錄，該警詢筆錄經證明具有可信之特別情況，且為證明犯罪事實之存否所必要，故法院先作成了准許調查證人 B 警詢筆錄的裁定，但在還未進行證人 B 警詢筆錄的證據調查程序前，證人 B 突然恢復記憶，亦即刑事訴訟法第 159 條之 3 第 2 款的條件「嗣後」消滅，此時法院就應該另為不准許調查證人 B 警詢筆錄的裁定；又例如證人 C、D 係受理被告

---

[679] 陳樸生，刑事訴訟法實務（重訂版），1993 年 10 月，頁 265。
[680] 東京高判昭 24.9.8，高刑集 2 卷 1 号 70 頁；石井一正，同註 622，頁 293。

被訴殺人案件的員警，被告原本欲傳訊證人 C、D 到庭作證，以證明被告有自首，檢察官爭執調查必要性，經法院作成准許調查證人 C、D 的裁定，但證人 C 到庭後，已經明確證述被告不符合自首之情形，事實已臻明確，則證人 D 已無到庭作證的必要，此時法院亦應另為不准許調查證人 D 的裁定，使證據調查程序及辯論程序中得以調查或主張的證據，藉此明確清晰。

　　此外，在刑事訴訟法第 159 條之 2、第 159 條之 3 的傳聞法則例外條件尚未成就前，法院先做出不准許調查該審判外陳述的裁定，還有一個優點，即可以避免現今實務上檢察官執意主張被告以外之人的警詢筆錄為證據，不願另外聲請傳喚該被告以外之人到庭作證，致使被告或辯護人必須聲請傳訊該「敵性證人」到庭行主詰問以維護其反對詰問權，或法院必須依職權傳訊該證人到庭行論替詰問（刑事訴訟法第 166 條之 6）以維護被告之反對詰問權，違背交互詰問制度及當事人舉證先行法理之現象。蓋依證據裁定之論理，只要刑事訴訟法第 159 條之 2、第 159 條之 3 所列條件未成就前，法院就應該先裁定不准許調查該警詢筆錄，檢察官縱使仍打算使用該警詢筆錄作為證據，亦只能先聲請傳訊該被告以外之人，藉此尋求滿足刑事訴訟法第 159 條之 2、第 159 條之 3 條件的可能。事實上，我國刑事訴訟法第 159 條之 2、之 3 規定所參考的外國立法例──日本刑事訴訟法第 321 條第 1 項，實務運作上即要求檢察官應該先傳訊證人，當證人在法庭上的陳述與其先前之陳述不符時，應該先將該審判外之陳述作為彈劾證據使用，當證人面對彈劾，仍然維持法庭上陳述的內容時，才可以聲請將該審判外陳述作為證據、進行調查，[681] 故證據裁定制度的運用，其實可以讓刑事訴訟法第 159 條之 2、之 3 更符合其制度的原始精神。且如此一來，現今最高法院再三宣示，法院遇上述情形，不應責令被告或辯護人聲請，而應該曉諭檢察官

681　佐藤文哉，同註 654，頁 8。

聲請傳喚該證人到庭作證，唯有檢察官客觀上不能聲請，或經曉諭後仍不為聲請時，法院始得依職權傳喚調查，以避免上述扭曲情形出現的深意，[682] 也可以獲得更徹底的實現。

綜上所述，就刑事訴訟法第 159 條之 2、第 159 條之 3 的傳聞證據，法院仍應於準備程序中做出證據裁定，為因應實際需要，當裁定所憑之基礎事實改變時，法院應於調查證據前重新裁定即可，並無藉此拖延、保留之必要。[683]

（2）爭執自白任意性與違法蒐集的證據

日本實務界多認為，為了判斷自白任意性而進行之被告詰問、司法警察（官）詰問、或是被告警詢、偵訊筆錄等書證之調查，雖然是判斷證據應否採納並進行調查的程序（即判斷證據能力有無所行的調查），但因為往往與犯罪事實之舉證所需調查之證據（即判斷證明力所行的調查）重複，且與有罪、無罪密切相關，故不應該在公判前整理程序時進行，而應該在審判期日之證據調查程序進行，[684] 同理，爭執證據係違法蒐集取得、或是爭執勘驗筆錄、鑑定書之真正性等情形，由於與證據之證明力亦有關係，故考量證據之重要性及訴訟經濟，也不宜於公判前整理程序中判斷，而應該在之後的審判期日，藉由證據調查程序判斷，方為適當。[685]

在適用裁判員制度之案件，日本實務界亦有相同的主張。固然，日本裁判員法第 49 條規定，凡適用裁判員審判之案件，均應於第一次審判期日前進行刑事訴訟法第 316 條之 2 至第 316 條之 26 的「公判前整理程序」，且日本裁判員法第 6 條第 2 項第 2 款業已明文規定「關於訴

682　最高法院 100 年度台上字第 4877、3952、992 號判決參照。
683　相同見解，請參閱陳運財，同註 416，頁 42。
684　山室惠編，刑事尋問技術，改訂版，2006 年 12 月，頁 117；田口守一，同註 199，頁 257。
685　石井一正，同註 622，頁 56；大阪弁護士会裁判員制度実施大阪本部編，同註 674，頁 50-52。

訟程序之判斷」是專由裁判員法庭中的「職業法官合議判斷」的事項，而證據能力有無與證據調查必要性的判斷，本來就屬於「關於訴訟程序之判斷」。從而，職業法官在裁判員並未參與的「公判前整理程序」，依日本刑事訴訟法第315條之5第7款規定，進行證據能力有無與證據調查必要性的判斷，並逕自為證據裁定，徹底排除裁判員的與聞，在法律上並無任何違法、不當之處，已如前述。

　　但實務上認為，凡是證據能力有無之判斷與證據力之判斷兩者關係密切，或是證據能力有無之判斷可能直接決定有罪、無罪的情形，均不宜由職業法官在公判前整理程序做出判斷，而應該將證據能力的爭議帶到審判期日，依裁判員法第60條規定讓裁判員在場旁聽，並依同法第68條第3項規定，由裁判員表示意見。例如被告自白任意性有爭執之情形，或是毒品案件中主張違法蒐集證據應排除證據能力之情形均屬之，亦即於此種情形，職業法官不宜直接在公判前整理程序（準備程序）時以證據裁定決定上述證據之證據能力有無，而應該延至審判期日，讓裁判員參與並表示意見。考實務上所以有如此主張，最主要的理由，當然還是訴訟經濟的考量，以及擔憂此種裁定對於判決結果造成的決定性影響。[686]

　　對日本實務界的上述見解，我國學者亦有採取類似的折衷立場，認為宜區別證據能力的類型或性質，異其處理方式，關於違法蒐集證據之排除，特別是供述證據，以及被告自白有無任意性的判斷，法院如認為有綜合其他證據一併審酌之必要者，在聽取當事人及辯護人的意見後，自可容許法院於審判期日再適時進行調查，並聽取參與審判國民的意見，由職業法官合議裁定之。[687]

---

[686] 四宮啓，証拠能力はいつ、だれが、どのように判断するのですか，載於後藤昭等編，実務家のための裁判員法入門，第1版，2008年6月，頁104-105；田口守一，同註199，頁257；西村健、工藤美香，同註552，頁17。

[687] 陳運財，同註416，頁42。

　　但本文認為，顧慮調查程序（針對證據能力所進行之調查、證據調查程序）重複，而主張不宜先於準備程序時以證據裁定決定證據能力之有無，其實是相當值得斟酌的主張。蓋此一見解，事實上是建立在針對證據能力進行調查後，必然會肯認該證據有證據能力的前提下立論，反面言之，若針對證據能力所進行調查後，否認某項證據的證據能力，該證據既然不能進入證據調查程序，當然無所謂「重複調查」造成訴訟不經濟可言，甚至提早將此種無證據能力的證據排除，還可以減少提示證據、辯論所需時間，促成另一個面向的訴訟經濟。

　　再者，以某項證據的證據價值過高，而主張不宜先在準備程序中以證據裁定決定其證據能力之見解，其實模糊了證據價值（證明力）與證據能力的分際，似乎意謂只要某項證據的證據價值高，不論其是否根本沒有證據能力，都應該讓它進入審判期日的證據調查程序、辯論程序，甚至成為法院獲取心證的依據。但如此一來，證據能力與證據力的區別即無存在的必要，彷彿回復到職權主義下任何證據均有論理上證據能力的時代。在國民參與審判制度下，若採取此種見解，情形更為嚴重，表面上來看，這種主張是為了尊重參與審判國民的想法，所以要讓參與審判的國民參與證據能力的決定，但實際上，真正能夠決定證據能力有無的，還是職業法官，參與審判的國民只不過是旁聽、表示無拘束力的意見而已，甚至要不要讓參與審判的國民旁聽？旁聽時可否表示意見？都取決於職業法官的裁量（日本裁判員法第 60 條讓裁判員在場旁聽，以及同法第 68 條第 3 項讓裁判員表示意見，都是規定法院「得」，而非「應」），故如果真的把所有爭執自白任意性、違法蒐集取得的證據都拉到審判期日，讓參與審判的國民知悉，在表面上「尊重」渠等意見的同時，也等於讓他們暴露在無證據能力、但有高度證據價值的非任意性自白或違法蒐集取得之證據污染風險下，反而令人擔憂這樣會不會誘使參與審判的國民無視證據能力的規範，執意依據這些證據主張被告有罪，違反國民參與審判制度希望實現更妥適良善審判的目的。對此，另有論者主張證據能力的問題，是入口處的問題，基於集中迅速審理，減輕裁

判員的負擔，以及避免裁判者受到被排除之不具證據能力之證據影響心證，任意性的問題或違法蒐集的證據，應在公判前整理程序即提早先行由職業法官處理，至於現今實務作法，在「避免讓裁判員接觸無證據能力之證據」原則下，顯有不足之處等語，[688] 實值贊成。

　　此外，讓爭執自白任意性、違法蒐集取得的證據在準備程序，或至少要在調查證據程序前，以證據裁定明確解決證據能力的爭議，還有一個重要的意義，即藉此改善違法蒐集證據權衡法則「先有結論再找理由」，以及自白法則「任意性與信用性難以區分」的問題。蓋愈早決定證據能力的爭議，愈可以有效避免證明力影響證據能力判斷的情形，反之，愈是傾向於將證據能力與證明力混同解決，愈會傾向於承認某項證據的證據能力，例如刑事訴訟法第 158 條之 4 權衡法則中「公共利益之維護」、及該條立法理由所揭示的「犯罪所生之危險或實害」等權衡因子，均是「有罪必罰」、「社會防衛」思維下的產物，在準備程序中判斷權衡時，多半只能進行形式上的粗略觀察、判斷，較不致獲得較高於其他權衡因子（如人權保障、違背法定程序之情節等）的評價，但在審判期日調查證據程序中才權衡判斷時，則可能併同所得初步心證，進行實質上的觀察、判斷，當違背法定程序取得的證據愈能協助法院形成有罪心證，協助實現「維護公共利益」、「弭平犯罪所生危害」等目的時，就愈不可能排除其證據能力。爭執自白任意性的情形也類似於此，故讓證據能力的爭議在準備程序、至少在調查證據程序前解決，即使在非國民參與審判的案件中，亦有助於嚴謹證據法則的實現。[689]

688　井上正仁受訪意見，見陳運財，同註 416，頁 35；後藤昭，同註 300，頁 28。

689　應附帶說明的是，學者雖然有主張自白任意性之證明應採嚴格證明法則者，但通說認為僅需自由證明即可，故並無於延至審判期日證據調查程序再行調查之必要，參見陳運財，刑事證據之舉證責任與推定，載於刑事證據法則之新發展──黃東熊教授七秩祝壽論文集，第一版，2003 年 6 月，頁 466；林鈺雄，刑事訴訟法（上），第 4 版，2006 年 9 月，頁 431；田口守一，同註 199，頁 329；最高法院 94 年度台上字第 275 號判決；日本最判昭 28.10.9 刑集 7 卷 10 号 1904 頁。以此觀之，就證據能力有無之調查既屬自由證明事項，縱使於合議制之下，亦無由

（3）於審判期日始聲請或擬依職權調查之證據

　　我國並沒有如同日本刑事訴訟法第316條之32規定一般，設有「失權效」——限制當事人於審判期日才聲請調查證據的制度，故當事人若於準備程序時為聲請調查某項證據，之後在審判期日再聲請調查，法院亦無拒絕不許之理，關於失權效制度應否引進，固然尚有議論檢討的空間。純以現制而言，既然容許在審判期日才聲請或擬依職權調查證據，勢必不可能在準備程序就以證據裁定決定此種證據之證據能力或調查必要性，但即便如此，為了明確區分證據能力與證明力判斷的時點，仍然應該在調查證據程序「前」以證據裁定決定其有無證據能力及調查必要性，沒有證據能力或調查必要性的證據就不能進入後續的證據調查程序及辯論程序，也不能作為心證形成的基礎，又即使是其他證據的調查證據程序已經結束，仍然應對該延滯聲請或擬依職權調查的證據進行證據裁定。例如檢察官原本主張傳喚證人A來證明某部分犯罪事實，但證人A到庭後無正當理由拒絕陳述，此時檢察官主張另外調查證人A在警察詢問時的筆錄，此時即應先作成證據裁定，決定該警詢筆錄有無證據能力及調查必要性。以此觀之，與前述檢察官打算先調查刑事訴訟法第159條之2、第159條之3第4款傳聞證據，但仍然應該先傳喚該被告以外之人到庭作證的情形，處理模式並無不同。

（五）小結

　　我國自2003年以來，進行了一連串證據法則的立法改革，但實務上關於證據法則的解釋適用，仍然常常處於莫衷一是、昨是今非的爭議場面，其中固然有些部分是法律規定不夠縝密，也有些部分是應該要留待實務透過判決、解釋逐漸形成共識，但本文認為其中有很大原因，是

　　合議庭全體法官進行調查之必要，而可以由一名受命法官進行，僅調查所得由合議庭評議裁定有無證據能力即可，前述最高法院96年度台上字第3481號判決亦採同一見解，併此敘明。

「發見真實」與證據法則所標舉的立法目的發生衝突所致。

　　因此，除了應該思考如何改進證據法則的相關規定外，本文認為日本行之有年的證據裁定制度，可以用來明確區分「調查、判斷證據能力」及「調查、判斷證明力」的時期，使證據能力與證明力能夠在各別的場域接受檢驗，不要混同而相互作用、彼此影響，「讓上帝的歸上帝、凱撒的歸凱撒」，希望能夠藉此從另一個面向達成立法者所冀望──嚴謹證據法則的目的。以此觀之，凡是證據能力或證據調查必要性有爭議的案件，均有進行準備程序以運用證據裁定的必要性。至少，在進行證據調查程序前，都應該由法院以證據裁定表明其對於證據能力有無或證據調查必要性的立場，法院認定沒有證據能力或沒有調查必要性的證據，根本不能進入後續的證據調查程序，也不能作為當事人主張、辯論或法院形成心證的基礎。當然，原審所為證據裁定的當否，在案件經上訴時，也會接受到上級審法院的檢驗，並無原審恣意擅斷不受檢驗的風險，併此敘明。

　　而國民參與刑事審判制度──不論是陪審制、參審制、裁判員制度、或是我國正在檢討引進的人民觀審制度，都是讓不具法律專業與審判經驗的一般國民進入法庭、參與審判，為了讓這些國民能夠透過有證據能力的證據，正確而迅速形成心證，節省審判時間、並達成更良善妥適的審判，如何避免渠等接觸到無證據能力的證據，即顯得更為重要，故本文認為引進國民參與審判制度之際，一定要配合採行證據裁定制度，藉由證據裁定制度，同時使嚴謹證據法則的目的能夠更徹底的被實現。此即所以引進國民參與審判制度，可能實現更嚴謹的證據法則之理由。

三、實現更徹底的直接審理主義、言詞審理主義、公判中心主義

（一）國民參與刑事審判時，調查證據型態的改變

　　我國刑事訴訟法第 165 條第 1 項規定：「卷宗內之筆錄及其他文書

可為證據者，審判長應向當事人、代理人、辯護人或輔佐人宣讀或告以要旨。」明定調查書面證據（如筆錄）應以宣讀或告以要旨的方式行之。但實務上，由於法官、檢察官及辯護人事前都已經詳細閱覽卷證資料，對於筆錄等書證之詳細內容事先都有所掌握，所以這樣的調查證據程序規定反而顯得多餘且浪費時間，所以實務運作時，往往並未逐一宣讀，而是以「包裹」方式，將數個書面證據（如證人 A 於歷次警詢、偵訊所作筆錄）一次提示或簡要告以要旨。最高法院原本認為此種提示證據方法違反刑事訴訟法規定，屬於依法應於審判期日調查之證據未予調查之違法，[690] 但後來亦不得不因應實務上之需要，更改既有見解，而謂：「證據資料有或歷經偵、審程序，多次提示調查，或經辯護人閱卷得悉，或已就該證據狀陳意見並辯論綦詳者，被告之訴訟防禦權實際已獲有充分保障。審判長於最後審判程序，將卷內訴訟資料，就供述證據與書證、證物或依其各類性質，予以分類、分批提示調查，命兩造辨認、表示意見及辯論，所踐行之訴訟程序，尚無違法可言。」[691]

　　職業法官、檢察官及辯護人於調查證據前，已經對於書面證據之詳細內容有所理解，調查證據程序乃是行禮如儀的程序而已，故法官傾向於簡化書證之調查證據程序，乃勢所必然；但對於參與審判的國民而言，既然不宜讓渠等於調查證據前即事先接觸卷證資料，致形成預斷、偏見，則書證的調查證據程序就顯得非常重要，不能像過去一樣形式上草草帶過，而應該以逐一宣讀或告以要旨的方式進行，甚至「告以要旨」都因為可能有斷章取義之嫌而必須盡可能避免。

　　但我們不妨想像一下，如果真的將所有警詢、偵訊筆錄都逐一全文宣讀，不但會造成參與審判的國民非常大的時間與精神負擔，使渠等厭煩於審判的枯燥、冗長，更重要的是，參與審判的國民面對冗長的書證調查程序，可能會「左耳進右耳出」「聽了後面忘了前面」，根本無法藉

690　最高法院 96 年度台上字第 1775 號判決、94 年度台上字第 6068 號判決。
691　最高法院 98 年度台上字第 7864 號判決。

此程序形成有效的確信心證；又縱使賦予參與審判的國民在調查證據程序後，於法庭外接觸已經調查之卷證資料的機會，但畢竟閱覽卷證不是參與審判國民的義務，無法期待時間不足、存有業餘心態的國民都會詳細閱覽所有卷證，國民參與刑事審判制度所期待的，當然也不是參與審判的國民具有詳細閱覽、分析卷證資料的能力，故根本無法期待參與審判的國民能夠藉此形成心證，所以引進國民參與審判制度時，勢必要盡可能減少書證的使用，而以證人到庭證述、物證等「重聽聞而輕閱覽」的證據取而代之，書證調查縱使無法完全避免，但考量到參與審判國民的特殊性，也必須盡可能地減少、限制其使用程度。[692]

證人到庭進行證述、物證等直接證據，除了具有「重聽聞而輕閱覽」的特色外，與筆錄等書面、衍生性證據相較，同時還具有「言詞性」、「非替代性」的特色，而此一特色，恰與言詞審理主義、直接審理主義的要求相合，亦與傳聞證據法則所標舉的「保障被告反對詰問權」的目的相合。

綜而言之，為了達成國民參與審判制度的立法目的，故必須重視參與審判國民的特性，從而必須在調查證據程序上做出必要的改革以資配合，即以證人到庭證述、物證等證據為主，減少筆錄等書面證據的使用，而這樣的改革，正好也符合言詞審理主義、直接審理主義，乃至傳聞法則的精神，而言詞審理主義、直接審理主義此等證據調查方式的落實，也可以使公判中心主義——法官應該以審判期日所聽聞之證據調查及言詞辯論以形成心證，可以獲得更徹底的落實。

---

[692] 平野龍一，同註299，頁5；後藤昭，同註300，頁27；西村健，於「裁判員制度の可能性と課題」座談會中之發言，特集「裁判員制度の總合的研究」，法律時報，77卷4号，2005年4月，頁6；守屋克彥，裁判員制度と官僚司法：刑事裁判は変わるのか，特集・姿を見せた刑事司法改革，法律時報，76卷10号，2004年9月，頁36以下。

（二）國民參與刑事審判、心證形成依據的改變

刑事訴訟法第 311 條規定：「宣示判決，應自辯論終結之日起十四日內為之。」此一規定，除了預留合議制審判於辯論終結後所需的評議時間外，更重要的，乃是要給予法官撰寫判決所需的時間。表面來看，這樣的規定並無任何不合理之處，但問題在於，法官撰寫判決時，為了使判決理由更嚴謹、充實、具說服力，經常必須藉由筆錄、書證之閱覽及引用以形成理由，如此一來，法官的心證，實際上往往是於審判期日以外，在辦公室、自宅中經由閱覽書面證據形成，而不是透過審判程序中接觸證言、供述、物證等直接、言詞證據而形成，換言之，審判程序，變成只是接收證據或是蒐集證據的場所而已，[693] 縱使在審判程序中經由接觸證言、供述、物證等直接、言詞證據，形成了初步的心證，但這樣的心證，也可能因為後續詳細閱覽筆錄、書證而被推翻、變更。言詞審理主義、直接審理主義、公判中心主義要求法官應該藉由審判程序之調查證據以形成心證，不過是學理上的美好想像而已。

但引進國民參與刑事審判制度後，如果還維持前述辯論終結後十四日宣示判決的既有規定，將導致參與審判的國民在辯論終結後，還必須「等待」十四天，才能完全卸下審判工作的負擔，除了造成參與審判國民過度的心理與勞力負擔之外，這十四天之間，不論是法官或是參與審判的國民企圖更改其原來的心證，甚至要求重新評議另行形成評決，都可能造成司法公正性的損傷。故唯一的解決方式，就是更改既有的宣示判決方式，重新建立「辯論終結後即行評議，評議後即行宣示判決」的新工作模式，減輕參與審判國民的負擔，並維護司法的公正性。換言之，由於一般國民能夠配合參與審判的時間有限，故審判程序的時間必須因應一般國民的此種特性，進行必要的調整，這樣的調整不僅限於證據調查及辯論程序的精緻化、簡短化，也包括辯論終結與宣示判決之間

---

693 平野龍一，同註 304，頁 418。

所需時間的大幅縮短。

　　對於原來就只能依賴審判程序中接觸證言、供述、物證等直接、言詞證據以形成心證的一般國民而言，上述「辯論終結後即行評議，評議後即行宣示判決」的修正本屬當然。但對於原本習慣於詳細閱覽筆錄、書證以形成心證的職業法官而言，這種新工作模式等於迫使他們不能再像過去一般大量仰賴書面證據，而必須從審判程序中調查證據時所得的記憶來形成心證、參與評議並宣示判決，[694] 縱使事後法官撰寫判決書時因為接觸筆錄、書證等書面證據而多少更改其心證，但也只能進行細節性的修正，而不致出現「有罪變為無罪」「無罪變為有罪」等翻天覆地的心證翻轉，故如此一來，藉由審判程序中調查證據以形成心證的「直接審理主義」、「公判中心主義」即能確立，過去「筆錄審判」此種「間接審理主義」的實務狀態，必將受到相當程度的修正。

四、達成更迅速、集中的審理

　　法諺有云：「遲來的正義不是正義」、「遲延的審判等於拒絕審判」，故迅速審判乃刑事審判之重要原則之一，細繹迅速審判之優點，大體而言，約有以下5點：1. 若為有罪判決，因為迅速審判，使被告得因其犯行迅速受處罰，可提高刑罰的成效，提升特別預防的效果，此外，被告以外的一般人民，也因此知悉一旦犯罪即會迅速受到處罰，進而提高一般預防的效果；2. 迅速審判，使證據能夠即刻接受法院之調查與判斷，不致因程序推延而使證據散逸、證人記憶減退，自易於發現真實，並有效保障被告之防禦權；3. 迅速審判可維護訴訟經濟，減輕訴訟關係人與國家因審理所需耗費之費用、勞力；4. 迅速審判可減輕被告因接受審判而需忍受之經濟上、精神上、社會上、甚至身體自由上（如被羈押後獲

694　平野龍一，同註304，頁421。

判無罪）之不利益；5. 迅速審判可以提高一般國民對於司法的信賴。[695]

　　迅速審判一向是我國刑事審判極力追求的目的，從行之多年的案件辦案期限制度，到甫施行未久的「刑事妥速審判法」，均為追求迅速審判之例證。事實上，刑事訴訟法本身即有迅速審判的相關規定，例如刑事訴訟法第 293 條規定：「審判非一次期日所能終結者，除有特別情形外，應於次日連續開庭；如下次開庭因事故間隔至十五日以上者，應更新審判程序。」即可視為藉由集中審理（繼續審理）達成迅速審判之規定，[696] 除此之外，集中審理還蘊含有要求法院應該依靠公判庭上的證據調查以形成心證的「公判中心主義」意味，蓋法官如果能夠藉由審判期日聽聞證據調查、言詞辯論以形成判決所需的心證，自無庭期之間相隔多日之必要。

　　但實務上運作時往往未遵守上述「連續開庭」之原則，而係數週、甚至數月進行一次審理，即所謂「牙科根管治療」（即一、兩個禮拜看一次牙醫，每次做 30 分鐘治療即結束）、「分期付款」、「梅雨」式的間歇式審理。[697] 考所以出現上述狀況，乃是因為：1. 法官需要時間整理、反芻前次審判的內容，方能決定下次審判的方向與內容（包括應該調查之證據）；2. 法官辦理案件負擔沈重，必須同時進行數個案件，方能運轉順暢；3. 當事人因應審理進度，也需要時間提出新的調查證據聲請，並確保證人於下次審判期日到庭；4. 辯護人基於收入考量，不可能僅專門負責單一刑事案件的辯護，如果集中審理，將排擠到辯護人承接其他案件的空間；5. 實務運作上證據調查以書證調查為中心，心證形成亦以嗣後詳細閱覽卷證資料為中心，並無連續集中審理以維繫心證新鮮度之必要性。[698]

695　三井誠，刑事訴訟法 II，2003 年 7 月 30 日，初版 1 刷，頁 284。
696　白取祐司，同註 233，頁 299。
697　酒卷匡，同註 172，頁 12。
698　田宮裕，同註 622，頁 241。

　　然而，引進國民參與刑事審判制度之後，為了因應參與審判國民的需求，上述「牙科根管治療」、「分期付款」、「梅雨」式的間歇式審理勢必有所改變。蓋如果參與審判之一般國民乃以隨機方式選任產生，自不可能要求偶然擔任審判工作的一般國民放下手邊工作長期間參與審判，亦不可能進行間歇性的審判，故法院勢必要以連續每日開庭之方式進行審理。

　　此外，由於調查書面證據（如筆錄）的方式是宣讀並告以要旨（刑事訴訟法第 164 條），所以調查書面證據對於參與審判的國民來說，往往是枯燥、漫長的審理過程，為了避免這種情形，原本預計以調查書面證據為主的審理方式即必須有所改變，亦即應以人證、物證來取代書證，已如前述。而這樣一來，也可以增進刑事訴訟集中、迅速審理的效果。蓋就書證而言，法官在辦公室詳細審閱的重要性，遠高於在法庭上宣讀或告以要旨，故進行集中審理，使法官無法空出時間事前事後仔細審閱書證，反而不利於傳統書證為主的調查證據方式，相反地，間歇式開庭才符合需要。但如果因為顧慮到參與審判國民的需求，改採人證、物證的調查方式，間歇式開庭的需求就相對較少，自然也比較容易採行集中審理。

　　再者，為了使參與審判之一般國民能夠清楚掌握審判對象，以利渠等實質地參與審判，而不是毫無章法、邏輯的隨意審理，故法院及當事人必須透過事前準備程序釐清爭點、精選證據，擬定有效率的審理計畫，並避免不重要的爭點、重複不必要的證據調查。在準備程序高度精緻化之下，過去數月進行一次，歷時長達數年之審理方式，以及未充分、徹底整理爭點、證據亦可進行審判之審理方式，自然會逐漸消失，而審判期日也會相應地縮短。[699]

　　日本司法制度改革審議會於 2001 年 6 月 12 日提出之「司法制度改

---

[699] 酒卷匡，同註 283，頁 54；石山宏樹，同註 285，頁 28。

革審議會意見書」，雖然另專以一個章節——「確立國民性基礎」來談國民參與審判制度，但此一制度並非完全獨立於刑事訴訟程序而存在。在第 2 部分討論刑事司法制度的改革時，即於「刑事審判的充實‧迅速化」一節中謂：「如果觀察刑事審判的實情，雖然通常的案件大致上都能迅速地被審理，但遇到國民注目的特異重大案件，僅只第一審的審理就需要耗費相當長期間的情形，所在多有，此等刑事審判的遲延乃是傷害國民對於刑事司法整體信賴的原因之一，故有必要檢討刑事審判充實‧迅速化的方案。特別是，與一部份刑事案件之訴訟程序導入新的國民參加制度有關，上述需求更為顯著，包括不適用國民參加的案件在內，相關各個制度的重新檢討即有其急迫性。」「如果依照刑事審判的本來目的，可說原則上公判應該盡可能連日、繼續地開庭。此等連日開庭，在訴訟程序中導入新的國民參加制度的情形，更是幾乎不可欠缺的前提。」[700]

五、矯正過度注重細節的真實發現　篩選證據

如果要讓國民參與刑事審判制度發揮其功能，自需讓參與審判的一般國民充分理解審理的內容，為了達成此一目標，除了有賴前述：1. 藉由證據裁定制度排除無證據能力或無證據調查必要性證據的干擾、2. 以一般人易於理解的人證、物證來取代較不易理解的筆錄、書證、3. 迅速、集中地審理、評議以維持參審員心證的新鮮性之外，還必須更進一步地在「證據的篩選」方面下功夫，此處所謂「篩選證據」，並不是指篩選、排除「無證據能力、無證據調查必要性」的證據之意，而是在眾多「有證據能力、亦非無證據調查必要性」的證據之中，再做進一步的篩選，只挑選其中最有證據價值的證據，而捨棄較無證據價值、或重複證明同一事項之證據。蓋對於參與審判的一般國民而言，數量過多、重

---

700 司法制度改革審議会，同註 176，頁 204。

複、紊亂的證據調查，將會使他們無法分辨哪些證據才是最重要的，而哪些證據只是聊備一格，進而不利於他們有效、迅速地形成心證。

　　故凡是國民參與刑事審判的案件，當事人均有必要「嚴選」形成心證確實需要的證據，而將其他非必要的證據斷然捨棄。[701] 例如被害人遭殺死，從送醫治療至不幸逝世為止，可能經歷了許多醫療過程，醫院也因此開立了許多診斷證明書，如果將這些診斷證明書全數提出於法院，將會造成參審員的混淆，與當事人解釋說明的勞費，故面對國民參與刑事審判制度的新局面，可行的作法，就是除非因果關係有疑義（如醫療過失導致被告攻擊行為與被害人死亡結果的因果關係中斷），否則僅需提出被害人死亡時的診斷證明書或解剖報告即可。在訊問證人時，前述「篩選證據」的觀念也一樣重要，蓋證人之陳述中，有部分可能與本件爭點有密切關連性，但亦有部分可能只是事件經過的鋪陳、與本件爭點無關、或為當事人所不爭執者，故訊問證人時，應該盡可能將問題集中於本件爭點有關的部分，而不是任由證人自由陳述。同理，在提示筆錄時，也應該將筆錄依內容與爭點的關連性做出區分，僅提示與爭點有關的部分，而捨棄與爭點無關的部分。

　　此外，為了正確判斷哪些證據是必要的，哪些證據是不必要的，首要的工作就是要做好爭點整理，好的爭點整理，不僅是要將所有當事人主張有歧異之處納入爭點，更需要「有體系性」地分類所有爭點。例如爭執殺人故意之案件，檢察官主張被告與被害人間有金錢糾紛、被告預先購置兇刀、持刀刺向被害人心臟部位等；被告及其辯護人則辯稱：被告並未因與被害人間的金錢糾紛而產生殺人故意、當日乃爭吵後一時氣憤所為，所用兇刀乃日常防身之用、並非特意購置為本件犯行，當日係因與被害人拉扯、始不慎刺向被害人心臟部位等，以上雖屬各自獨立的數個爭點，但其實均為「有無殺人犯意」此一上位爭點之派生爭點，在

701　中谷雄二郎，同註306，頁7；飯田英男，裁判員制度および今後の刑事司法のあり方，ジュリスト，1245号，2003年6月，頁132。

本案尚有其他爭點（如被告犯行時精神狀況、有無自首）時，體系性的爭點整理即可發揮提綱挈領的功效。在掌握爭點之後，所有證據調查分別用以澄清哪些爭點？哪幾個派生的爭點解決了之後，將可以解決哪一個上位的爭點？就會顯得清楚易懂，對於參審員而言，在複雜的證據之中理解案情、形成心證就會顯得較為容易、明確。

　　在審判期日所呈現的證據經過充分地篩選之後，法院形成心證的來源勢必受到限縮，過去藉由法官於法庭外詳細閱覽卷證資料以縝密地認定事實、即使最細微的細節也不放過的「真實發現」，顯難期待還能繼續存續。[702] 或有人對此憂心忡忡，視為刑事訴訟的墮落、沈淪，但本文對此一轉變抱持相對正面的態度，捨棄了細節的真實發現，反而更可能是當事人願意信賴的真實發現，蓋無益於整體方向正確與否的細節，往往是讓司法受到批評、挑剔的引子；至於判斷有罪無罪、罪名為何、如何量刑的重要證據，事關參審法庭的心證形成，並不會因當事人的「篩選」而遭刪除，故配合參與審判國民需要而進行的證據篩選，事實上亦可以矯正現行刑事訴訟過度注重細節的真實發現。

　　此外，國民參與刑事審判制度對於判決書的簡化也有其助益，蓋在爭點高度集中、證據高度簡化的運作情形下，過去鉅細靡遺地交代所有曾經出現爭點、與曾經提出證據，並進行鉅細靡遺的事實認定、理由鋪陳、法律適用的複雜判決書，顯然也將難以為繼，而可能僅以說明審理與評議的要點的方式取代之；即使不能如此簡化，但由於必須討論的證據變少、認定的事實簡化，判決書的記載內容，仍會因此得到相當程度地簡化。[703]

702　出田孝一，同註 301，頁 30。

703　佐藤幸治等著，司法制度改革，「國民的基盤の確立」部分井上正仁之發言，2002
　　年 10 月 20 日，初版，頁 361；出田孝一，同註 301，頁 30。

六、導正過度偏重被告自白之傾向

　　刑事訴訟法第 161 條之 3 規定：「法院對於得為證據之被告自白，除有特別規定外，非於有關犯罪事實之其他證據調查完畢後，不得調查。」又同法第 288 條第 3 項規定：「除簡式審判程序案件外，審判長就被告被訴事實為訊問者，應於調查證據程序之最後行之。」此二規定，均係 2003 年 2 月 6 日刑事訴訟法修正時所新增之規定，且係本於 1999 年全國司法改革會議結論而進行之改革。但刑事訴訟法第 161 條之 3 限制調查被告自白時期之規定，係置於該法總則編證據章之第一節通則內，而同法第 288 條第 3 項有關限制訊問被告自白時期之規定，則係置於該法第二編（第一審）公訴章審判節之內，上開條文中所謂「有關犯罪事實之其他證據調查完畢後（調查得為證據之被告自白）」、「於調查證據程序之最後（就被告被訴事實為訊問）」，固然均係表明應於調查證據之「最後」為之的意義，但二者間之先後順序不明，亦即在調查其他證據後，究竟應該先就得為證據之「被告自白」進行調查？還是應該先就被告被訴事實為進行「被告訊問」？

　　由於我國採行卷證併送主義，在一般的通常審判程序中，法官可以在審判程序開始前，無限制地接觸全部卷證資料，自然也可以事先接觸被告先前所為之所有陳述；加上我國刑事訴訟法中對於被告於審判外之陳述，並無如同被告以外之人於審判外之陳述一般，設有傳聞法則的原則性規定，除非該陳述有任意性或違背法定程序之問題外，原則上均得作為證據使用。對於法官而言，其早已於審判前充分接觸被告先前之所有陳述，也已經充分體認到該陳述未來非常有可能成為事實認定時的重要證據，甚至藉此形成心證，所以被告先前之自白，究竟應於調查證據之何一時期進行調查，實際上並無任何實益。法官對於此等自白的調查，縱然嚴守前揭刑事訴訟法第 161 條之 3 規定，但也不過是「形式上的最後進行」而已，以此觀之，「調查得為證據之被告自白」與「就被告被訴事實為訊問」究竟孰先孰後？當然不會成為問題。同此論理，全

國司法改革會議在採行「限制訊問被告及調查被告自白之時期」此一提案時，於結論中載明之「明文規定『除簡易審判程序外』，被告之訊問以及自白筆錄的調查，應置於證據調查程序的最後行之，以避免法官於調查證據之始即對被告形成先入為主的偏見，有助於導正偵審過度偏重自白之傾向，如此不僅理念上較能符合無罪推定原則，且實際上亦可促使偵查機關改變由人找物之傳統偵查方式」[704] 等宗旨，事實上亦難以達成。

　　但也因為法官在審判期日前，就已經接觸並高度重視被告於審判外陳述之證據價值，故於調查證據程序之最後「就被告被訴事實為訊問」，其目的往往僅在確認被告於調查證據最後階段之辯解為何？其陳述與其先前之陳述是一致或出現變化？並釐清某些日後判決書撰寫時必須交代清楚的問題。至於立法宗旨所期待的「避免形成偏見」、「導正過度偏重自白之傾向」等目的，亦無法藉由刑事訴訟法第 288 條第 3 項「於調查證據程序之最後就被告被訴事實為訊問」此一規定獲得任何實現，故將此一規定亦稱為「形式上的最後進行」，並不為過。

　　前揭刑事訴訟法第 161 條之 3、第 288 條第 3 項之規定，在純由職業法官負責審理之通常審判程序中，既不能達成「避免形成偏見」、「導正過度偏重自白之傾向」，其彼此間進行之先後順序也毫不重要，已如前述。但在國民參與審判之前提下，上述情形勢必產生改變。首先，參與審判的國民並未於審判期日前事先接觸被告於審判外之陳述，故舉凡被告否認犯罪之案件，該被告是否曾於審判外相異地為自白或其他不利於己之陳述，對於該等參與審判的國民而言，即為影響其心證形成的重要因素，不僅在證據調查程序中若早於其他證據（如人證、物證、書證、勘驗、鑑定）就此等自白進行調查，會使參與審判的國民產生先入為主的預斷，即使在其他證據調查完畢後再進行「被告自白」的調查，

704　參閱司法院司法行政廳編，全國司法改革會議實錄（下輯），1999 年 11 月，初版，頁 1545 以下。

只要早於「就被告被訴事實為訊問」之程序前調查，仍然會使參與審判的國民易於產生先入為主的偏見，進而質疑被告嗣後否認犯罪供述的可信性。故為了使參與審判的國民能夠正確地形成心證，而不致受到前述偏見、預斷的影響，刑事訴訟法第 288 條第 3 項之「就被告被訴事實為訊問」，自應優先於第 161 條之 3「調查得為證據之被告自白」來進行。

　　「就被告被訴事實為訊問」時，被告未必即為自白，但「調查得為證據之被告自白」時，所調查者，即必為被告之自白，故參照此等規定之立法宗旨──「避免形成偏見」、「導正過度偏重自白之傾向」，自應先進行被告被訴事實之訊問，然後才「調查得為證據之被告自白」，使被告最新、言詞之陳述，能夠優先於其先前、書面之陳述而受調查。採行國民參與刑事審判制度後，在顧慮到參與審判國民之需求，自應將刑事訴訟法第 288 條第 3 項之「就被告被訴事實為訊問」優先於同法第 161 條之 3「調查得為證據之被告自白」進行，如此一來，也能使過去長期受到忽視的刑事訴訟法第 161 條之 3、第 288 條第 3 項的立法宗旨──導正過度偏重被告自白之傾向，獲得更徹底的實現。

七、改善法院審理態度與判決平易程度

　　如前所述，我國現制下，由於法官擔負發現真實的使命，往往比檢察官還更積極地介入蒐集調查證據，造成被告或告訴人質疑法院的偏頗。但在引進國民參審制度後，由於法官會顧及參與審判之一般國民對於法院公正性之觀感，必須營造出公平、理性之法院形象，從而當不致再出現與檢察官合力攻擊、質問被告之情形。換言之，法院只能選擇將攻擊權全部交給檢察官，專心扮演好訴訟指揮與聽訟的角色，即使法院認為有必要訊問被告或證人，也應當會在客觀、公正、節制的範圍內進行；另一方面，由於法官不再獨占事實認定權，亦不再獨自擔負事實認定正確與否的責任，而必須與參與審判的國民一起評議以認定事實，法

院在審理的心態上、審理的射程範圍上都勢必有所改變，過去法院積極
發現實體真實、重視枝微末節，甚至擴及檢察官所未起訴主張事實的
「古典實體真實發現主義」，也當會有所不同。[705] 法院在重視公平法院
外觀、只能針對當事人聲請調查之證據進行調查、又不再需要追求枝微
末節的真實發現等情事變更下，審理案件的態度勢必出現改變，亦即從
「真相解明型的審理態度」，變為「當事人主張評價型的審理態度」，[706]
而能以更公正、理性、客觀與包容的態度臨訟，公平法院之角色當能進
一步確立，自能使刑事審判更獲得人民之信賴。

　　此外，引進國民參與刑事審判制度，也可以使判決更易於為一般人
所理解，蓋判決書乃是法院用以敘述審理結論、以及得心證理由的主要
工具，且其說明的對象，應該是司法權的授權者———一般國民，而不是
僅作為因應上級審審查的工具，故判決之內容本來就應該易於理解。但
傳統的法官審判，往往過度重視向上級審說明，而忽略了一般人能否理
解、接納該判決，造成一般人民對於法官的誤解或不信任，國民參與刑
事審判制度，可以使一般人民對於事實認定、法律適用乃至於量刑的疑
問「直接」呈現於職業法官面前，職業法官為了獲致合議庭的多數決，
勢必要積極地回應上述疑問，從而判決的結論與理由構成，當可以更為
一般人所理解、接納。[707]

八、過度重視減輕參與審判國民負擔所產生的危機

　　國民參與刑事審判制度雖可以達成上述促進刑事訴訟改革的目標，
但並非意味國民參與刑事審判對於刑事司法即屬百利而無一害。其最大
的危機，其實也與「減輕參與審判國民的負擔」此一思維息息相關。蓋

705　田口守一，同註 298，頁 104。
706　神山啓史 · 岡慎一，裁判員裁判と「当事者主義の重視」，判例タイムズ，1274
　　号，2008 年 10 月，頁 43。
707　田口守一，同註 653，頁 181。

刑事訴訟的主要目的，仍是要發現真實、保障被告的合法權利，且刑事判決的內容，也必須要禁得起被告、被害人或其家屬，乃至社會大眾的檢驗。即使此處所謂的發現「真實」，並不是過度講究細節的真實，但也必須是得以正確適用刑罰法律的事實，如果因為過度重視減輕參與審判國民的負擔，而：1. 要求當事人過度篩選證據、減縮爭點，例如辯護人原本打算爭執被告犯罪時的精神狀態，但因為顧慮參與審判國民的時間有限，如果耗費過多時間，恐會讓參與審判的國民加重被告量刑，所以捨棄此一爭點；或例如檢察官原本打算聲請傳喚共同正犯以證明被告是本件犯行的主導者，但因為顧慮參與審判國民的時間有限，所以捨棄傳喚；或例如對於證人詳細陳述目擊經過、且有證據能力的偵查筆錄，當事人為了避免參與審判的國民厭煩，故僅提示其要旨而未詳細呈現具體內容等等，均屬之。2. 不要求參與審判國民仔細分析各項證據以解決複雜的事實爭議、理解困難的法律問題，放任渠等依循其「感覺」、「直覺」來判斷案件。3. 法院擔心遭受外界批判而一味附從參與審判國民的意見、不願採取相異的見解等等，均會傷害刑事訴訟「發現真實」的功能，非但法院無法得出適當、正確的結論，更可能侵害被告受憲法保障的訴訟權與正當法律程序，且損害一般國民對於司法的信賴，[708]亦即從原本過度講究事實細節、忽視刑事訴訟程序本來目的的「精密司法」，矯枉過正，一變而為完全違背刑事司法使命的「粗糙司法（rough justice）」。[709]

　　減輕參與審判國民的負擔，注重參與審判國民的實質參與，以使國民參與刑事審判制度成功奠基、生根雖然重要，甚至可以因此促成刑事訴訟程序的改革，但為了達成正確判決所必須且充實的審理，對於參與審判的國民而言，仍屬「必要的負擔」，不能輕言免除或減輕。此時正

708　後藤昭，同註300，頁27；出田孝一，同註301，頁32；安原浩，同註288，頁455。

709　西野喜一，裁判員制度批判（上），判例時報，1904号，2005年11月，頁10。

確的作法，絕非因為擔心參與審判國民之厭煩、疲憊、有意放棄而極力
縮減審理時間，而是應該要求國民盡可能地配合、協助適正審判所必須
的繁瑣、困難。就此角度來看，所謂減輕參與審判國民負擔的要求，毋
寧是相對的，而非絕對的要求，[710] 亦即在刑事訴訟程序的制度設計上，
固然應該盡可能減輕參與審判國民的負擔，但在具體運作上，則不宜一
味追求減輕負擔，而忽略了刑事審判的固有使命。

伍、結語

　　法國啟蒙思想家孟德斯鳩（Charles de Secondat, Baron de Montesquieu，
1689-1755）於其所著《論法的精神》（*Del'esprit des lois*，1748）一書
中即主張，藉由業餘人士擔任法官，而實現彈劾、言詞、公開的審判，
乃是給予被告最好的保障。[711] 亦即早在近代國民參與審判制度引進歐陸
之際，論者即著重於國民參與審判能夠帶來刑事訴訟程序的改善，進而
保障被告人權。

　　我國刑事訴訟程序自 1999 年全國司法改革會議以來，經歷了一連
串「當事人主義化」的改革，但改革的成效似乎並不令人滿意。雖然不
滿意的理由人言人殊，但至少可以說並不符合立法者原本的期待與想
像，諸如「證據法則空洞化」、「法院大量主導職權調查證據」、「言詞審
理主義、直接審理主義的空洞化」、「上級審不願輕易維持下級審判決」
等均屬之，而其問題之癥結，即在於對於「實體真實的過分追求」，將
所有無關宏旨細節的講究，視為發現實體真實所不可或缺的部分，所有
程序規定（如證據法則、當事人主導證據調查、言詞審理主義、直接審
理主義、審級制度的金字塔化），不論其制度宗旨為何，只要無法滿足
「實體真實的過分追求」，就會被曲解、誤用。

710　中谷雄二郎，同註 306，頁 8。
711　白取祐司，フランスの刑事司法，第 1 版，2011 年 3 月，頁 155。

　　面對此種「實體真實」與「當事人主義訴訟程序」的衝突，論者往往因對於刑事訴訟程序功能的想像、期待不同，而出現不同的態度，有主張應該停止當事人主義化的改革者，亦有主張應該更加強當事人主義之改革力道與幅度者。此等意見分歧，適足以窺見何謂理想的刑事訴訟程序？刑事訴訟法學界的意見始終難以齊一，推動刑事訴訟的改革，也就陷於進退維谷的困境之中。

　　但引進國民參與刑事審判制度之後，為了讓參與審判的國民能夠實質參與，發揮制度宗旨，勢必要因應參與審判國民的特質，進行刑事訴訟程序的必要改革，例如：1. 考量到參審員不宜於審理期日前接觸偵查卷證的現實，亦限制承審法官於審理期日前接觸卷證。2. 考量到參審員可能會受到無證據能力、無證據調查必要性證據（瑕疵證據）的影響，所以要求法官必須在審理期日前以裁定篩選、排除無證據能力或無證據調查必要性證據。3. 考量到參審員比較容易藉由證人證言、物證形成心證，所以審判期日進行證據調查時，要以言詞性證據、直接證據來取代書面性證據、衍生證據。4. 考量到參審員能夠參與審判的時間有限，故必須要盡可能在密集、短時間內完成審理。5. 考量到參審員可能會因過多重複、紊亂的證據而受到混淆，不利形成心證，故必須進行調查證據的挑選、去蕪存菁。6. 為免參審員受到被告先前自白的影響，產生不利於被告的偏見、預斷，故「就被告被訴事實為訊問」，應先於「調查得為證據之被告自白」。7. 為免參審員質疑法院的公正性，故法院必須要以更客觀、公正的評價者來臨訟，且判決書必須要更以一般國民能夠理解的角度來撰寫。

　　上述為了配合參與審判國民需要而進行的刑事訴訟改革，正好可以：1. 打開引進起訴狀一本主義與否的僵局。2. 更嚴謹地實踐證據法則。3. 實現更徹底的直接審理主義、言詞審理主義、公判中心主義。4. 達成更迅速、集中的審理。5. 矯正過度注重細節的真實發現。6. 導正過度偏重被告自白之傾向。7. 改善法院審理態度與判決平易程度。亦即刑事訴訟改革迄今，許多立法者亟欲達成、卻無法順利實踐的改革目

標，即可透過國民參與刑事審判制度，獲得更徹底的實現。至於國民參
與刑事審判制度會對「上級審不願輕易維持下級審判決」此一現況帶來
如何的改變，本文擬於下一章進行探究，於茲不贅。

　　但不可諱言的是，上述改革方向未必即當然等於是正確的方向，
且上述改革方向要能夠達成，其前提即為國民參與刑事審判制度「運作
得宜」。換言之，如果國民參與刑事審判制度運作不佳，則可能造成：
1. 事實認定過度草率、隨便、2. 對於爭執激烈的案件，由於耗費過多審
理時間、造成參審員過重的負擔，反而會加量有罪被告之量刑等，[712] 此
等演變，反而更不利於被告。

　　故如果期待國民參與刑事審判制度能夠對於我國刑事訴訟第一審程
序帶來正面的影響，除了有賴立法的配合之外，更需要實際操作者妥適
地運作、操作，從而國民參與刑事審判制度的實際操作者——法官、檢
察官、辯護人均必須體認到國民參與刑事審判制度的宗旨，進行必要的
意識改革，[713] 始能有助於刑事訴訟第一審程序藉由國民參與刑事審判制
度的引進，朝向立法者的期待邁進。

　　最後，茲以圖表方式整理國民參與刑事審判制度對於第一審訴訟程
序之影響如下：

712　後藤昭，同註300，頁27。
713　酒卷匡，同註172，頁15。

圖表 17 國民參與刑事審判制度對於第一審訴訟程序之影響

參與審判國民的特性	參與審判時的具體表現	為了實現制度立法宗旨所應配合進行的改革
•欠缺法律專業與審判經驗 •時間有限 •業餘心態	•無法期待事先閱覽偵查卷證 •易於受到無證據能力、無調查必要性證據之影響 •更依賴言詞證據、直接證據來形成心證 •必須盡可能減少審理時間 •易受到重複、紊亂、重要性不一證據的干擾 •易受到被告先前自白之影響 •未必當然支持法院的所有作為與看法	•限制法官事先閱覽偵查卷證 •引進證據裁定制度、事先篩選證據 •進行更徹底的直接審理、言詞審理 •迅速、集中審理 •證據篩選、矯正過度重視細節的真實發現 •「就被告被訴事實為訊問」應優先於「調查得為證據之被告自由」 •審理態度要更客觀、公正，判決書要更淺顯易懂

第九章
國民參與刑事審判制度對於我國刑事訴訟程序的影響評估（Ⅱ）——第一審行參審審判的第二審審理構造

壹、前言

　　上訴制度之出現，原本係封建時期之領主為了避免由一般民眾主導之審判（如陪審審判）不受控制而設，亦即具有監視審判權行使、掌控審判最終決定權之意味，[714] 若以現代的角度來看，上述意義的上訴制度，自然不具有正當性。即使嗣後的歷史發展，上訴審法院已經完全脫離封建領主之掌控，但上訴制度的本質——「審查、甚至推翻原審判決」，與國民參與刑事審判制度之間，始終存在一種緊張關係。蓋既然採行國民參與刑事審判制度，並由一般國民參與審判權之行使，則其行使之結果，是否還適宜透過上訴制度交由上級審審查、甚至進而推翻？即不無疑問。在本文後述介紹中，禁止上級審對國民參與審判所為事實認定進行審查之觀點，即為最能凸顯此種緊張關係之想法。

　　在進入正題之前，本文要先概略介紹現今上訴制度的主要目的。刑事審判，乃依據法律所定程序、認定事實、適用法令、並於認定被告有罪時進行量刑之過程，不可諱言的是，無論如何精確之刑事審判制度，均無法避免於上開過程中產生錯誤，錯誤可能發生於未遵守訴訟程序之規定、事實認定錯誤、法令解釋適用錯誤、刑之量定偏差等任何一個環節，為了減輕上開錯誤所造成之傷害，除了加強審理程序本身之正確

---

714 後藤昭，刑事控訴立法史の研究，1 版，1987 年 5 月，頁 46。

性、妥當性外,當錯誤已經造成時,則需仰賴上訴制度給予補救,俾達成刑事訴訟之目的——發見真實與保障人權。故上訴制度第一個目的即為「誤判救濟」,藉由誤判之救濟,一方面用以確保實體真實之發見,另一方面則用以救濟無辜之被告,站在刑事訴訟應該特別重視被告利益之觀點,甚且有論者直接將「誤判救濟」視為「無辜被告之救濟」。[715]再者,為了預防未來可能產生侵害訴訟當事人權益之錯誤程序適用、違法判決、或歧輕歧重之量刑,從審判制度的整體利益觀之,亦有使上級法院藉由判決統一下級審法院對於法令之解釋適用與量刑之必要,此為上訴制度之第二個目的,[716]故現代的上訴制度,實具有誤判救濟及統一法令解釋與量刑之意義。

　　即令對於國民參與刑事審判的優點一概承認、不予質疑,然終究無法完全排除國民參與刑事審判也有產生誤判之可能,故仍必需仰賴上訴制度加以救濟,完全否定上訴制度之存在必要性,毋寧是侵害憲法上訴訟權保障的違憲立法[717];在承認上訴制度於國民參與刑事審判制度下,亦有存在必要之前提下,如何構築一個適於國民參與刑事審判制度的上訴制度?將成為接下來的難題。蓋上訴制度若一味重視誤判之救濟,率爾撤銷國民參與刑事審判之下級審判決,恐將使特意引進國民參與刑事審判制度之目的落空,反之,若一味尊重國民參與刑事審判之制度目的,則上訴制度被期待能發揮誤判救濟之功能勢必受到減損,故上訴制度應如何設計,始能確保救濟之功能,並維繫國民參與刑事審判制度之精神?進而言之,何種上訴制度較具備審查、推翻國民參與刑事審判所為判決事實認定之正當性?從各國立法史來看,「放棄上訴制度」、「節制上訴制度」、「比第一審加入更多國民參與刑事審判要素」的想法均曾

715 白取祐司,刑事訴訟法,2005 年 4 月 10 日,3 版,頁 404。

716 田宮裕,同註 622,頁 460;川口政明,上訴:裁判の立場から,載:三井誠等編,新刑事手続Ⅲ,2004 年 1 月 15 日,1 版,頁 389。

717 何賴傑,上訴審改革之理論與方向,載:林山田等編,如何建立一套適合我國國情的刑事訴訟制度,1 版,2000 年 4 月,頁 337。

出現，究竟如何設計始為最適於國民參與刑事審判之上訴制度？實為相當值得探討之問題。[718]

　　就我國而言，1999 年舉行之全國司法改革會議中，多數與會人員就上訴制度之改革，亦贊成「落實第一審為堅強之事實審」、「第二審研採事後審查制」、「第三審研採嚴格法律審」，雖其中「第二審採行事後審制，第三審採行嚴格法律審並採上訴許可制」並未達成共識而形成結論，[719] 但司法院本此原則，於 2004 年 1 月間提出改革第二、三審訴訟制度為核心的刑事訴訟法修正草案。但由於前次刑事訴訟法之修正（2002、2003 年）甫實施傳聞法則及交互詰問制度後未久，即進行如此大幅度之修正，深受持保守態度者質疑，且此次修正一併決定司法院與最高法院之定位存廢問題，亦受到反對司法院成為終審法院論者之反對，況第二審改採事後審制，恐將造成上訴案件大量減少，損害律師現有案源，論者亦有認為現階段第一審法院認定犯罪事實尚有很大缺失，上級審不能貿然放棄對此之救濟功能，故此一草案最終並未成功完成立法。[720] 但由此亦可察覺，即令不採取國民參與刑事審判制度，我國刑事上訴制度亦已出現必需改革之呼聲，此一修法緣起，多數係將重點放在第二審法院一方面需接受第一審判決之上訴，另一方面最高法院又不斷將第二審判決經上訴之案件撤銷發回第二審法院，造成案件遲遲無法確定，且第二審法院案件負荷繁重這個部分。但比較不受注意，卻更重

---

[718] 若第一審雖實行國民參與審判，但並未作出實體判斷時，由於國民實際上並未參與判斷、亦未進行直接審理、言詞審理，自不生是否應該尊重第一審判決的問題。

[719] 司法院編，全國司法改革會議實錄（下輯），初版，1999 年 11 月，頁 1701。

[720] 吳巡龍，從美國上訴制度檢討我國刑事訴訟上訴審修正草案，臺灣本土法學，67 期，2005 年 2 月，頁 122。又第一審是否已達「堅實的事實審」？這究竟是「認識論」的議題（即以實務操作成果然面來觀察），還是「價值論」的議題（即以第一審刑事訴訟程序之完備程度的應然面觀察）？本即人言人殊，以第一審尚未達於「堅實的事實審」的程度而認為改革上訴審之命題尚未成立，顯係誤解立法者的真意，參見何賴傑，從刑事妥速審判法之制定看上訴審之問題——政策面之檢討，檢察新論，9 期，2011 年 1 月，頁 7。

要的重點無寧在於，現行刑事訴訟法業已朝當事人主義、直接審理主義之方向修正，現有的刑事上訴制度是否與此一修正方向出現扞格矛盾，而有應配合修正之處？此亦為本章關注的重點所在。而本文認為對於國民參與刑事審判制度而言，最重要的，乃是第一審行參審審判時之第二審審理構造，故以此為後續探討的對象。至於第三審之審理構造，與第一審是否採行國民參與刑事審判制度較無關連性，故本文並不擬一併討論。

此外，對於上訴審之制度設計，有主張應限制檢察官對於無罪判決的上訴權，而僅容許被告提起上訴者，由於僅容許一方上訴，故稱為「不對稱上訴制度（asymmetrical appeal）」。不對稱上訴制度乃源自於禁止雙重危險（double jeopardy、一事不再理）、[721] 無罪推定、被告有受迅速審判權利等法理，認為上訴制度應以具體救濟被告為限，而非賦予檢察官再次追訴被告的機會，[722] 然而，究竟應否完全限制檢察官之上訴權，而讓上訴制度的功能侷限於提供受有罪判決之被告之救濟機會？誠屬茲事體大，且核與第一審引進國民參與刑事審判制度之間並無當然關連。換言之，縱使第一審引進國民刑事參與審判制度後，亦無第二審即應限制檢察官上訴權之理，故本文基於主題所限，並不擬探究不對稱上訴制度之妥當與否，而仍以檢察官、被告均得對於第一審判決提起上訴為前提，進行後續的檢討，併此敘明。

---

721 基於禁止雙重危險法理而主張限制檢察官上訴權者認為，一個審級為一個風險，被告一旦受無罪判決，程序上所存在之風險即行終止，如果檢察官再提起上訴，即構成雙重危險，而不認為判決確定前之整個審判程序乃屬持續的風險（continuing jeopardy），見陳運財，不對稱上訴制度之初探，檢察新論，9 期，2011 年 1 月，頁 71。

722 白取祐司，同註 233，頁 460。

貳、上訴審之審理構造

一、覆審制

上訴審之審理構造，向有覆審制、續審制、事後審制的區分，區分的標準，即為上訴審「審理的對象」為何。

所謂覆審制，審理對象為「案件本身」，而非僅有下級審的判決，為了完成其任務，上級審就第一審已經進行之證據調查，仍應重新進行審理。在事實認定上，不受原審已經調查證據（舊證據）及判決意旨之拘束，得重新命檢察官負舉證責任、聲請並提出證據供法院調查，且上訴人亦無須表明上訴理由為何，上級審經過舊證據之重新調查及新證據之調查後，將所獲得心證與原審心證進行比較，基於「上級審法院之心證優於下級審法院心證」的前提，凡與原審之心證有異時，不問係基於新證據之出現、或對於舊證據之證據力評價不同，上級審即得撤銷原判決，對於原審之量刑不當、適用實體法令錯誤或訴訟程序違反法令之情形，亦均在上級審審查甚至撤銷範圍內，除了顧慮當事人審級利益之少數例外情形外，上級審均應自為判決。故覆審制又被稱為「第二個第一審」。[723] 覆審制的優點在於比較能夠發現原審的錯誤，缺點則是容易造成心存僥倖者濫行上訴藉以拖延訴訟，並給予當事人偽造、變造證據及勾串共犯及證人之機會；且上訴審重複調查證據造成司法資源之浪費，亦無法獲得「迅速」達成司法正義之目的。[724]

二、續審制

續審制之審理對象與覆審制相同，亦為「案件本身」。但與覆審制不同者，乃係續審制下的第二審法院是從「第一審判決後之狀態」接

723　福井厚，刑事訴訟法講義，2003 年 4 月 20 日，2 版，頁 394。
724　吳巡龍，同註 720，頁 123。

著繼續進行審理，而非對第一審已經調查過的證據重新調查。但對於原審審理時未曾調查之新證據，上級審則可進行調查，並綜合原審、上級審各自證據調查之結果獲得心證，將此一心證與原審判決之心證進行比較，凡與原審心證有異時，上級審得撤銷原判決，舉凡原審之量刑不當、適用實體法令錯誤或訴訟程序違反法令之情形，均在上級審審查甚至撤銷範圍內，且除了顧慮當事人審級利益之少數例外情形外，上級審亦應自為判決，故可稱為「繼續的第一審」。[725] 此一制度之優點為符合訴訟經濟之目的，但因為部分心證所憑之證據並未進行調查，故缺點係違反直接審理原則。[726]

三、事後審制

　　事後審制的審理對象為「原審判決」，而非案件本身。上級審不逕自認定犯罪事實，換言之，在尊重原審對於事實審理之專權性前提下，上級審僅針對原審之法令（包含實體與程序法令）適用有無瑕疵進行審查，且受當事人主義之影響，上訴人提出之上訴理由書為上訴合法與否的要件，法院亦僅能就上訴理由書所指摘之部分進行原判決之審查。在事後審制之下，上級審的審查相當有節制，僅能審查原審有無法律所列之應撤銷事由。固然，由於事實誤認與違背法令甚難區分，且事實誤認往往亦可評價為違背法令，故事後審之上級審無從規避關於事實誤認之審查，亦即不太可能成為道地的、純粹的「法律審之事後審」，[727] 但即令容許上級審對原審事實認定之當否進行審查，基於事後審制對於原審

725　黃朝義，刑事第二審構造及其未來走向，月旦法學雜誌，143 期，2007 年 4 月，頁 35。

726　吳巡龍，同註 720，頁 124。

727　陳運財，我國刑事訴訟上訴審構造之檢討，載：刑事訴訟起訴狀一本主義及配套制度法條化研究報告（下），最高法院學術研究會叢書（七），2001 年 10 月，頁 502；黃朝義，同註 725，頁 39。

心證之尊重，亦僅能針對原審之事實認定進行有限度的審查，[728] 且事實究竟為何，上級審不自為認定，亦不得就原審已調查之證據重新調查，或為新證據之調查，僅得依原審已調查之證據審查原判決事實認定之當否，亦即從「側面」審查原判決之當否，遇有原判決應予撤銷之情形，原則上應發回原審重為審理，僅於例外情形得自為判決。事後審制的優點，是可以落實第一審為審理的中心，符合審級制度的根本宗旨，但缺點是上訴審法院無法充分貫徹其對於事實認定、法律適用的見解，且案件一旦發回更審，也會造成另一種訴訟資源的浪費。

四、續審式的事後審制──日本現行之刑事第二審

日本戰前 1922 年（大正 11 年）刑事訴訟法（舊刑事訴訟法），第二審（控訴審）與第三審（上告審）均採行覆審制，[729] 然戰後 1948 年修正刑事訴訟法後，將第二審與第三審均改為事後審制，日本現行刑事訴訟法中，第二審堪稱為事後審制之原因如下：

（一）上訴人必需以「上訴意旨書」之形式主張其上訴理由，且為上訴合法之要件（第 376 條、第 385 條第 1 項）。

（二）第二審法院原則上僅針對上訴意旨指摘之事項進行調查（第 392 條第 1 項），雖然第二審法院亦得依職權調查有無上訴意旨所未指摘、但構成撤銷原因之事由（第 392 條第 2 項、第 393 條第 1 項、第 2

728　例如第一審以現場燈光過於昏暗根本無法看清為由，不採信證人目擊證述而為被告無罪判決，第二審倘認為現場具有充足光源，任何人均得清楚看見時，固得以原判決違反論理法則撤銷原判決，但第二審若僅係懷疑現場之黑暗程度是否達於任何人均無法看清事發情形時，則不得撤銷原判決，參見中川孝博，裁判員制度のもとにおける控訴審のあり方，季刊刑事弁護，43 号，2005 年 9 月，頁 64。

729　上訴第三審之理由包含「可疑有重大之事實誤認」與「量刑不當」在內，上訴審於為事實審理開始之裁定後，可進行覆審制之事實審理。

項），惟第二審法院之職權調查僅立於補充之地位。[730]

（三）第二審法院原則上係以第一審辯論終結時所呈現之事實為判斷依據。[731] 依日本刑事訴訟法第 378 條至 382 條規定，第二審法院僅以原審訴訟記錄及已調查之證據所呈現之事實，作為判斷原判決是否妥當之依據。

（四）第二審原則上不進行直接調查審理以審查原判決之當否，縱需調查證據，原則上亦不得為了審查原判決事實認定之當否，而調查原審未及調查之新證據。日本刑事訴訟法第 394 條規定：「於第一審得為證據之證據，於第二審亦得以此為證據。」同法第 390 條本文規定：「於第二審，被告無須於公判程序到庭。」另同法第 392 條規定，原則上法院調查之範圍限於「依訴訟記錄及原審法院已調查之證據所呈現之事實」，均為此種原則之展現。

（五）第二審法院撤銷原判決時，應以發回原審或移送下級審為原則，自為判決為例外（第 400 條）。第 400 條規定：「除有前二條規定之事由（管轄錯誤、違法之管轄錯誤、公訴不受理判決）外，於撤銷原判決時，應以判決將案件發回原法院或移送於與原法院同等之其他法院。但第二審法院依訴訟記錄及於原法院、第二審法院調查之證據，認為可以逕為判決時，得更就被告案件為判決。」基於上開條文之結構配置（本文與但書），可認立法者係要求第二審法院於認為上訴有理由時，應以撤銷發回為原則，撤銷自為判決為例外。

考日本所以從戰前的覆審制改為戰後的事後審制，乃因戰後的刑事

---

730 田口守一，刑事訴訟法，2005 年 9 月 30 日，4 版，頁 458。基於此一法理，雖法律容許第二審得進行職權調查，然針對牽連犯、包括一罪、想像競合，法院均不得對未經上訴意旨指摘之無罪部分（為上訴效力所及）進行職權調查，此即日本學界所謂「攻防對象論」，參見最大決昭和 46 年 3 月 24 日刑集 25 卷 2 號 293 頁、最一小判昭和 47 年 3 月 9 日刑集 26 卷 2 號 102 頁。
731 平野龍一，控訴審の構造，載：氏著，裁判と上訴／刑事法研究第 5 卷，1982 年 9 月 10 日，初版第 1 刷，頁 147。

訴訟法修正，第一審已經強化直接審理主義、言詞審理主義，第一審訴訟程序既然已經改良，故可以放寬第二審的審查密度。然而，日本之第二審上訴制度之制度設計及實務運用上，並未完全嚴守事後審制精神，在誤判救濟──「實體真實發見」與「給予被告直接、充分的救濟機會」的要求下，較標準之事後審制給予第二審更多介入、推翻第一審判決之機會，以下亦條列說明之：

　　（一）上訴理由亦包含原判決之事實誤認 [732] 與量刑不當。日本現行刑事訴訟法制定時，最高裁判所之代表提案將第二審與第三審均改採事後審制，第二審除事實誤認已達有再審事由或「可疑有重大事實誤認之顯著事由」之程度，或量刑不當已有「可認刑之量定甚為不當之顯著事由」者外，第二審僅針對原審判決有無違反法令進行審查，上訴第三審之理由則僅限於違憲與違反判例，[733] 其目的在於減輕第二審及第三審之負擔。此一提案事後雖成為日本現行刑事訴訟法對於第二審上訴制度之設計基礎，然其中對於第二審上訴理由之嚴格限制，業已緊縮上訴人尋求救濟之範圍，隨即受到反對第二審變為法律審之其他刑事訴訟法改正協議會委員（如律師等）之反對，經妥協後，事實誤認（不以重大之事實誤認者為限、亦不以違反經驗法則論理法則者為限）、量刑不當（不以量刑甚為不當者為限）亦成為上訴第二審之理由（日本刑事訴訟法第381 條、第382 條），此種容許第二審亦進行廣泛事實認定審查之「事

----

[732] 日本刑事訴訟法中與事實誤認有關之第二審上訴理由，尚包括第 378 條第 4 款之「判決不附理由或理由矛盾」、第 379 條之「審理不盡」，但前者由於日本刑事訴訟法第 335 條僅要求第一審有罪判決列明證據標目即可，其他判決亦無判決書理由論列之具體要求，故不易形成爭論重點；後者則因在當事人主義之下，實難要求法院於審理時應盡如何義務，故亦不易形成爭論重點。

[733] 後藤昭，同註 714，頁 278。當時提案主張以事實問題或量刑問題為理由撤銷原判決時，其後應依與第一審相同之規定進行事實之審理與判決，或將案件發回或移送，此一提案中上訴理由與第二審之審理方式，均係仿造大正 11 年刑事訴訟法之第三審規定而來。

後審制」，實為全世界少見之制度，[734] 且具體實施後，實務上以量刑不當或事實誤認為理由提起上訴者，亦遠高於以其他理由上訴者。[735]

（二）容許第二審進行有限度的新證據調查。日本刑事訴訟法第378 條至 382 條固規定第二審法院僅以「原審之訴訟記錄及曾調查之證據所呈現之事實」作為判斷原判決是否妥當之依據，然同法第 393 條第 1 項但書又規定：「但有同法第 382 條之 2 之釋明，且係為證明刑之量定不當或足以影響判決之事實誤認所不可欠缺之情形為限，應予調查。」，所謂第 382 條之 2 之釋明，係指釋明：（1）因不得已之事由致不能於第一審辯論終結前請求調查之證據（例如第一審審理時滯留於海外之證人）所得證明之事實；（2）第一審辯論終結後判決前所生事實。故上開規定業已容許第二審法院對原審法院未及掛酌、但原應成為原審事實認定基礎之新證據進行證據調查。在實務上，日本最高裁判所判例[736] 更認為：「第二審法院，以關於第一審判決前存在之事實為限，就於第一審未為調查或未受請求調查之新證據，即令欠缺刑事訴訟法第 393 條第 1 項但書所規定之要件，於認為係判斷第一審判決之當否所必要時，基於同項本文規定，亦得依裁量調查之。」（即所謂「無限制說」），更形放寬第二審對於新證據之調查幅度，凡為證明第一審判決前（包含辯論終結前後）之事實，第二審得依聲請或依職權裁量，對於第一審未為調查（當事人未為聲請或當事人之聲請遭一審駁回者）或未及調查（第一審辯論終結後判決前所生事實）之證據依其裁量進行調

---

[734] 平野龍一，同註 731，頁 146。

[735] 以 2004 年之資料為例，第二審上訴理由中有 71.8% 主張量刑不當、25.7% 主張事實誤認、其他理由甚少（按上開統計中亦包含主張二個以上上訴理由者），資料見三井誠、酒卷匡，同註 203，頁 282。另依 2009 年資料所示，第二審上訴理由中有 71.7% 主張量刑不當，27.3% 主張事實誤認，2010 年資料所示，第二審上訴理由中有 73.1% 主張量刑不當，26.6% 主張事實誤認，其他理由亦甚少，資料見最高裁判所司法統計檢索系統 http://www.courts.go.jp/search/jtsp0010，最後拜訪日期：2012 年 4 月 17 日。

[736] 最一小決昭和 59 年 9 月 20 日刑集 38 卷 9 號 2810 頁。

查；[737] 故實際運作的情形是，第二審法院先進行書面審查，當認為原審判決有事實認定錯誤的可能時，即傾向於忽視前述法律上對於第二審調查證據的限制，依其裁量對其認為有必要的證據進行調查，藉此形成心證，並與原審的事實認定進行比較，以檢討原審事實認定是否正確。[738] 再者，同法第 393 條第 2 項復規定：「第二審法院認為有必要時，得依職權調查第一審判決後足以影響刑之量定之情狀。」故第二審就量刑不當之證據調查範圍更擴張至第一審判決後，依同法第 397 條第 2 項規定，凡為上開量刑調查後，認為原判決不予撤銷明顯違反正義時，得以判決撤銷原判決；另同法第 383 條第 1 款復規定有得請求再審之事由（與新證據有關者為刑事訴訟法第 435 條第 6 款「發現足認受有罪宣判者應為無罪或免訴之宣判，受刑之宣判者應為免除其刑宣判，或應較原判決所認定之罪為輕之罪之確實證據者」）存在時，亦得作為上訴理由。實務上，所有第二審上訴案件中，高達 70% 至 75% 均進行新證據之調查。[739]

（三）實務上運作結果，應撤銷之判決幾乎均由第二審法院自為判決，極少部分始發回或移送原審。依日本刑事訴訟法第 400 條之文義解釋及事後審制精神，凡第二審進行審查後認為第一審法院應撤銷原判決者，實應以撤銷發回原審為原則，自為判決為例外。然實務上遇有應撤

---

737 松本時夫、土本武司編，条解刑事訴訟法，3 版，2003 年 10 月 15 日，頁 877。對此，有學者基於上訴之最重要目的在於救濟無辜被告，且事後審制度下上訴審與原審並無承繼關係，於第二審進行新證據之調查可能使被告陷於雙重危險等理由，主張第二審僅可對有利於被告之新證據進行調查，即所謂「片面性構成説」，見平田元，控訴審の構造，載：松尾浩也、井上正仁編，刑事訴訟法の争点，第 3 版，2002 年 4 月，頁 210；白取祐司，同註 715，頁 412 以下；渥美東洋，刑事訴訟法，新版補訂，2005 年 5 月，頁 415 以下。

738 小川育央，裁判員制度のもとにおける控訴審の在り方（1）総論，判例タイムズ，1271 号，2008 年 8 月，頁 80。

739 三井誠、酒巻匡，同註 203，頁 274；水谷規男，裁判員裁判と上訴・再審制度の課題，法律時報，79 巻 12 号，2007 年 11 月，頁 74。

銷之一審判決者，第二審自為判決之比例均高達九成以上，[740] 以事實誤認為理由撤銷原判決者，自為判決之情形亦均在九成以上，[741] 分析此一與法條原意相悖之實務運用結果，其原因在於：（1）法律容許以事實誤認作為上訴理由，且容許第二審法院針對事實誤認之有無，進行新證據之調查，法官經由證據調查，本即難以排除因而產生足以自為判決之相當心證，第二審有了心證，自然傾向於自為判決；（2）日本刑事訴訟法並非以「可疑有重大之事實誤認」為控訴理由，而係以「事實誤認」為控訴理由（第 382 條），從而唯有明確指出事實真相為何，始可指摘原判決有事實誤認；（3）未將撤銷與自為判決（或發回）設定為不同階段之判決，而是撤銷之同時即自為判決（或發回），在第二審法官形成心證之情形下，撤銷原判決並自為判決，顯得順理成章；（4）第一審有罪判決僅需列出證據標目，未要求第一審判決說明事實認定之理由或過程（第 335 條第 1 項），故是否於判決書中就事實認定之理由進行詳盡說明，完全委諸第一審法院之裁量，若第一審法院未為事實認定理由之詳盡說明，接受事實誤認上訴主張之控訴審法院，於多數情形，尤其是並非爭執某一特定證據之證明力，而係爭執整體證據評價是否妥當時，除了先就關於事實之存否得出一定之心證結論後，再以此與原審之心證結論進行比較之方法外（即所謂「心證比較說」、「第二審心證優位說」），

---

740 以 2004 年為例，當年度第二審終結人數共 9,170 人，其中撤銷原判決者共 1,285 人，1,272 人係自為判決，占撤銷原判決總數之 98.99%，13 人係發回或移送，僅占撤銷原判決總數之 1.01%，資料見三井誠、酒卷匡，同註 203，頁 282；另以 2010 年為例，當年度第二審終結人數共 6,856 人，其中撤銷原判決者共 750 人，740 人係自為判決，占撤銷原判決總數之 98.67%，僅 10 人係發回或移送，僅占撤銷原判決總數之 1.33%，資料見最高裁判所司法統計檢索系統 http://www.courts.go.jp/search/jtsp0010，最後拜訪日期：2012 年 4 月 17 日。

741 2006 年為 92.1%、2007 年為 95.8%、2008 年為 91.9%、2009 年為 97.9%、2010 年為 96.5%，資料見最高裁判所司法統計檢索系統 http://www.courts.go.jp/search/jtsp0010，最後拜訪日期：2012 年 4 月 17 日。

無法判斷原審之事實存否之當否，[742] 故實務上運用時，多以自己形成心證後與原審進行「心證比較」之方式審查原判決之當否，但此不啻容許第二審法官可於調查新證據及閱讀第一審卷證資料後，自行形成心證，並以業已給予被告充分防禦為由，自為判決；[743] 實務上並認為在第二審法院已經預期將撤銷原審判決之前提下，為了得以自為判決，並得變更訴因。[744]

　　日本現行第二審上訴制度之實際運作結果，就第一審判決有事實誤認之處理，在允許新證據調查、原則上自為判決等方面，與續審制之結論實已相當接近，故日本現行第二審上訴制度實難單純以事後審制理解，學者遂稱此為「續審式的事後審」，[745] 筆者認為更可直接稱為「以第一審判決前存在事實為認定基礎之續審制」，除了不能將事實認定的時點延長到第二審判決時，其餘均與續審制相去不遠。

　　表面上來看，如果為了讓被告能夠直接透過第二審判決獲得救濟，則讓第二審可以進行補充性證據調查，甚至自為判決，雖然好像違反了直接審理主義、言詞審理主義（蓋對於事後審的第二審法院而言，心證所憑的大多數的證據都是書證、筆錄，而非親自調查、聽聞的證言、證物），但只要結果是好的（對被告有利）、快速的（不用發回第一審法院更為審理），似乎也沒有什麼為了理念而堅持事後審制精神的必要。但從統計資料來看，這樣的想法顯然過於樂觀。以 2010 年的統計資料來看，第二審撤銷原審判決共計 750 件，其中檢察官上訴而撤銷者為 93 件，被告上訴而撤銷者為 669 件（合計為 762 件，蓋其中有兩造均上訴者），但第二審受理之案件中，檢察官上訴僅有 142 件，被告上訴則高

---

742 福井厚，同註 723，頁 394。

743 後藤昭，同註 714，頁 310 以下；長沼範良、田中開、寺崎嘉博，刑事訴訟法，2版，2005 年 4 月 10 日，頁 345；平田元，同註 737，頁 210。

744 最一小判昭和 42 年 5 月 25 日刑集 21 卷 4 號 705 頁。

745 松尾浩也，刑事訴訟法（下），2004 年 12 月，新版補正 2 版，頁 213；田口守一，同註 730，頁 457 以下。

達 6,741 件，[746] 換言之，檢察官上訴後之撤銷率為 65.5%、被告上訴後之撤銷率則只有 9.9%，非但被告上訴後受到第二審認同的比例不高，更重要的是，檢察官上訴後受到第二審支持的比例則相對高出許多，推到極致，可以說大多數的案件乃是第一審判決被告無罪後經檢察官上訴，第二審支持檢察官之上訴而撤銷原審判決，自為被告有罪之判決。亦即「續審式的事後審」非但未能救濟被告，更可能使一審無罪的被告受到第二審自為判決改判有罪的「突襲」，被告此時僅有上訴第三審尋求救濟的機會，故對於被告而言，此種「續審式的事後審」實為「兩面之刃」，且往往是不利於被告的那一面發揮了更多的效用。[747]

　　既然「續審式的事後審」的主要功能並非「給予被告充分救濟機會」，則所以日本事後審制的規定會被實務運作為近似於續審制，真正的癥結點應該在於「實體真實發見之要求」。[748] 詳言之，第二審既然也是事實審，更被視為是「最後的事實審」，讓第二審法院進行補充的證據調查，顯然比較有助於其運作，也有助於滿足其發見真實的需求；當第二審法官已經藉由閱覽第一審之卷證、筆錄，並進行補充的證據調查而獲致一定心證後，為了使其心證結果能夠直接貫徹、反映出來（蓋若將案件發回下級審法院，將造成第二審的心證未必能反映於第一審判決書中），以增強對於確定判決的介入與控制，當然也會傾向於自為判決；再者，第一審原則上雖然是進行直接、言詞審理，但由於傳聞法則例外過多等理由，使得第一審的直接審理、言詞審理也並不是那麼徹底，而亦相當程度地依賴公判庭外閱覽卷證資料來形成心證，從而，要

---

746 最高裁判所司法統計檢索系統 http://www.courts.go.jp/search/jtsp0010，最後拜訪日期：2012 年 4 月 17 日。另依 2006 年的統計資料，檢察官上訴之撤銷率為 75.2%、被告上訴之撤銷率為 18.8%，比例亦甚懸殊，見水谷規男，同註 739，頁 78。

747 水谷規男，同註 739，頁 74。

748 水谷規男，同註 739，頁 74；大澤裕、田中康郎等，裁判員裁判における第一審の判決書及び控訴審の在り方，第 1 版，2009 年 5 月，頁 95。

求第二審必須徹底以事後審角度審查第一審判決，以尊重第一審行直接審理、言詞審理所為判決的必要性，也就沒有立法者原先設計的那麼高。[749]

　　然而，在第一審採行國民參與刑事審判制度，且進行更符合直接審理、言詞審理主義的審判後，上級審的心證是否仍有優越於下級審心證、而可以撤銷原審判決並自為判決的正當化依據？實不無疑問。

五、我國現行之第二審上訴構造

　　我國現行法就第二審上訴係採覆審制，並有以下特色：

（一）第二審法院不受上訴理由之限制，仍應本於職權主義，自行調查原判決有無違法之處：

　　刑事訴訟法第 350 條第 1 項規定：「提起上訴，應以上訴書狀提出於原審法院為之。」同法第 365 條亦規定：「審判長依第 94 條訊問被告後，應命上訴人陳述上訴之要旨。」2007 年 7 月修正之同法第 361 條第 2 項更規定：「上訴書狀應敘述具體理由。」而上訴書狀未敘述理由者，依 2007 年 7 月配合修正之同法第 367 條規定，為上訴不合法之事由，依條文來看，現行法似乎相當重視上訴時要具備上訴要旨與理由。

　　但由於刑事訴訟法就第二審之相關規定中並無類似第三審列舉應撤銷原判決事由（即上訴理由）之規定（第三審則有同法第 377 條至第 381 條之規範，可資參照），故此處所謂「具體理由」實嫌空泛；即令上訴人真的依前述刑事訴訟法第 361 條第 2 項規定，提出原判決如何違法不當之上訴「具體理由」，第二審法院亦不受此等具體理由之限制，仍應本於職權主義，自行調查原判決有無其他違法或不當之處，故刑事訴訟法第 369 條第 1 項即規定：「第二審法院認為上訴有理由，或上訴

749　小川育央，同註 738，頁 81。

雖無理由，而原判決不當或違法者，應將原審判決經上訴之部分撤銷
（下略）。」，此處所謂違法或不當，包含「判決違背法令」、「訴訟程序
違背法令」、「事實認定錯誤」、「量刑失當」等廣泛情形。最高法院30
年上字第2565號判例即認為：「刑事訴訟法對於第二審之上訴書狀，
並無應敘述上訴理由之明文，亦未規定第二審法院之調查應以上訴理
由所指摘之事項為限，凡第一審判決而已上訴之部分，無論曾否敘述上
訴理由，第二審均應調查裁判，原審對於已經上訴之部分，以上訴意旨
未加指摘，竟為不附理由之判決，顯屬違法。」同院88年度台上字第
7483號判決亦認為：「刑事訴訟法規定有關第二審之上訴，採覆審制，
就被告上訴之案件，為完全重複之審理，關於事實之認定、法律之適用
及刑罰之量定，與第一審同其職權，於此，被告於偵查或第一審中曾有
所主張或爭辯時，第二審仍有調查之職責，然後基於調查所得之心證，
以為判斷事實之基礎。」至同法第366條雖規定：「第二審法院，應就
原審判決經上訴之部分調查之。」然此僅係同法第348條「一部上訴」
與「上訴不可分」原則下，第二審法院不得對第一審判決中可分且未上
訴部分（即不受上訴不可分效力所及之部分）進行審理之行為規範而
已，[750] 至於已經為上訴效力所及之案件，則為第二審法院得進行調查之
範圍。在此範圍內，第二審法院當然可對上訴意旨未指摘之部分進行職
權調查。

（二）第二審非但可對於第一審已經調查之證據重新進行調查，亦可依
　　　聲請或依職權調查新證據：

　　最高法院30年上字第1380號判例謂：「第二審須就合法上訴之部
分，重新調查被告有利或不利之證據，而為事實上之審認，不得專就第
一審卷宗所具之資料，未經調查程序而為判決。」同院80年度台上字
第196號判決亦認為：「當事人聲請調查之證據，如與本案待證事實無

750　林鈺雄，刑事訴訟法（下冊）──各論編，4版，2006年9月，頁302。

關緊要者，事實審法院固可依法駁回，毋庸為無益之調查，若於證明事實，確有重要關係，而又非不易調查或不能調查者，則為明瞭案情起見，自應盡職權能事，踐行調查之程序，否則縱經原法院駁回其聲請，仍係審判期日應行調查之證據未予調查，其判決即難謂非違法。」

（三）第二審係基於重新審理後所得心證，決定是否應判決被告有罪，且在第二審之心證與第一審判決結論有異時，不論歧異大小，第二審均得撤銷第一審之判決：

最高法院 29 年上字第 337 號判例即認為：「第二審法院原有審理事實之職權，如就其審理之結果，本於自由心證，認定之事實與第一審判決有異，予以變更，除不得違反刑事訴訟法第 247 條（按即現行法第 267 條不告不理原則）之規定外，自非法所不許。」

（四）第二審得基於案件之單一性，依職權針對未經具體起訴但為起訴效力所及之事實（如想像競合犯或實質上一罪）併予審理，甚至進而為有罪判決：

最高法院 76 年度台上字第 4790 號判決即認：「按我國刑事訴訟採覆審制，第二審仍為事實審兼法律審，凡屬單一性案件，無論為實質上一罪或裁判上一罪，在審判不可分範圍內之事實，俱應依職權加以調查審判。」此外，就具備單一性關係之數個犯罪事實（如詐欺、行使偽造私文書，但法院認為彼此具有裁判上一罪關係），即令當事人僅就其中一犯罪事實上訴，上訴審法院仍得就未經具體提起上訴之部分進行審理。[751]

---

[751] 陳運財，同註 727，頁 506。

（五）第二審認為原判決應撤銷者，以自為判決為原則（同法第 369 條第 1 項前段、第 2 項），僅有原審諭知管轄錯誤、免訴、不受理係不當而撤銷者，始例外應發回更審（同法第 369 條第 2 項前段）：

依司法院內部統計資料，2005 年高等法院撤銷第一審判決中，與事實認定錯誤有直接相關者，包含「事實認定錯誤或認定不明」、「調查證據不詳或未予調查」，占全部撤銷原因之 39.3%，另部分與事實認定錯誤有關者，如「判決理由不備或矛盾」，占全部撤銷原因之 9.7%，雖因撤銷第一審判決之理由可能為複數，而致上開統計數值有重複之虞，然亦足見「事實誤認」係第二審極為重要之審查項目；另 2006 年、2007 年，高等法院撤銷原判決中，自為判決比例均高達 98.69%、98.67%，亦可窺見我國第二審充分發揮「第二個事實審」之功能。

此外，以上統計數字，另可以兩種截然不同的面向加以觀察：一是認為第一審法院之審理品質低落，[752] 另一是認為第一審法院之功能被空洞化、虛位化，[753] 首先，由於第二審之心證與第一審判決結論有異時，不論歧異大小，第二審均得撤銷第一審之判決，已如前述，換言之，無關宏旨之事實認定錯誤亦可成為撤銷之原因，更何況覆審制之第二審所為事實認定未必當然優於第一審（此詳見後述），故是否能以上開統計數字推論第一審之審理品質低落，尚有疑問；其次，雖有認為在第二審仍得調查新證據之前提下，當事人可能會將最有利之訴訟資料留待第二審再行提出，藉此完全架空第一審，此誠然為我國實務多年以來的問題，但在第一審改採當事人主義、交互詰問制度後，第二審態度上亦不再輕易接受調查新證據之聲請，上述情形確實漸有改變，然而，第二審可逕依其心證撤銷第一審之判決，這一點仍無不同，在此一權力毫無任何節制之情形下，第一審之功能確實遭到相當程度之架空，即令刑事訴

752　陳運財，同註 727，頁 504。
753　黃朝義，同註 725，頁 33。

訟法明文規定第二審原則上應自為判決（刑事訴訟法第 369 條參照），但此不過可以避免重複發回原審造成之訴訟不經濟，但仍無法改變第一審功能被架空之問題。

更值得注意的是，由於未能確切掌握直接審理原則的實質意義，即「證據替代品之禁止」，[754] 故第二審法院往往對於第一審法院以直接審理方式調查過之證據，逕以書面間接審理（例如閱覽、提示警詢、偵訊、第一審時之證人筆錄）的方式進行「形式上的重新調查」，加上現行法對於傳聞證據禁止法則設有過多例外規定（例如刑事訴訟法第 159 條之 1 第 1 項規定：「被告以外之人於審判外向法官所為之陳述，得為證據。」），使第二審法院對於符合傳聞法則例外的證據進行書面調查亦不違法。詳言之，除了新證人之傳訊詰問外，就第一審已經調查之人證，第二審可依當事人聲請，亦可「依職權裁量」是否對於第一審詰問過之證人重新傳訊詰問，但第二審法院亦可不於法庭上進行證人詰問，單純依賴形式性調查既有筆錄的方式形成心證。[755] 此亦為我國第二審之審理構造在實際運用上顯現出之特色，由於單純形式性的書面調查第一審已經直接調查之證據，效果幾乎等於續審制的不調查第一審已經調查之證據，發展至極致，其實亦可稱為「續審式的覆審制」。

---

754 林鈺雄，同註 750，頁 169。

755 參見最高法院 94 年度台上字第 5466 號判決意旨節錄：「嗣檢察官及上訴人等提起第二審上訴，原審法院受命法官於行準備程序，調查有關證據能力之意見時，曾訊問『對同案被告許○○、許○○、盧○○、張○○分別於警詢、檢察官偵查中、第一審羈押訊問、審理時所言筆錄，於證據能力，有何意見？（提示並告以要旨）』，許○○答『我另具狀說明』。而迄至言詞辯論終結前其陳述及所提出之聲請調查證據狀、答辯狀、原審辯護人提出之辯護書，均未就此部分之證據能力聲明異議，或再聲請將其他共同被告列為證人而為調查詰問；於最後審判期日調查證據完畢前，審判長訊問其尚有何證據請求調查，其仍答『沒有』，有聲請調查證據狀、答辯狀（二）、辯護書、準備程序筆錄、審判筆錄附在原審卷足憑。許○○於法律審之本院始再主張未將共同被告盧○○、許○○立於證人之地位調查，予以詰問機會，指摘原判決所踐行之程序不當，亦難謂係合法上訴第三審之理由。」

參、日本引進裁判員制度後，
第二審上訴制度是否相應修正之討論

　　日本於制定裁判員法時，對於是否應配合裁判員制度的實施，修正現行刑事訴訟法中上訴相關規定？曾產生以下討論。司法制度改革審議會於 2001 年 6 月 12 日公布之「司法制度改革審議會意見書」中，就進行裁判員審判之上訴制度改革方向，提及：「裁判員參與審判的情形，亦有誤判或關於刑之量定判斷錯誤之虞，此與僅由法官審判判決的情形並無不同，故就有罪、無罪的判定與量刑等，均應承認當事人可提起第二審上訴。但關於第二審審判體之構成、審理方式等，在考慮與第一審審判體構成等之關係下，有更行檢討之必要。」[756] 業已暗示在全面容許當事人對第一審行裁判員審判之判決提起第二審上訴（亦即不採行「許可上訴制」、「片面禁止檢察官上訴」，或「限制上訴理由」等制度）的前提下，引進裁判員制度後，第二審之訴訟構造有相應修正之必要。

　　依照上開傾向，「裁判員制度・刑事檢討會」於 2003 年 3 月 11 日第 13 次會議提出之「關於裁判員制度」參考資料（即「試擬案（たたき台案）」），就引進裁判員制度後之第二審上訴訴訟構造設計，共有五個提案，即

　　（一）沿用現行法規定（A 案）；
　　（二）第二審僅由職業法官負責審理與裁判，但除訴訟程序之違反法令、適用法令錯誤等情形第二審得自為判決外，對於量刑不當及事實誤認則不得自為判決（即需發回原審）（B 案）；
　　（三）第二審僅由職業法官負責審理與裁判，量刑不當第二審雖得自為判決，但事實誤認則不得自為判決（B' 案）；

756　司法制度改革審議会，同註 176，頁 233。

（四）第二審雖僅由職業法官負責審理與裁判，但加強關於事實
　　　認定與量刑不當之撤銷理由（亦即第二審必需有更堅強之
　　　理由始得以原審事實認定與量刑不當為由撤銷原判決）（C
　　　案）；

（五）第二審採覆審構造，亦由裁判員參與審理與裁判（D案）。[757]

以上意見可大別為「事後審制＝專由職業法官審理」（第1至4
案）與「覆審制＝由裁判員參與審理」（第5案）兩種傾向。該會事務
局並於同次會議提供之「『關於裁判員制度』之說明」參考資料中進一
步說明各案的利弊得失：「從提案順序的最後開始看，首先，D案是讓
第二審也由裁判員參與審理及判決，並讓第二審採行覆審構造，此說論
據為：僅由法官組成的第二審法院，是否可以撤銷裁判員參與的第一審
判決？實不無疑問，且（第二審）既然讓裁判員參與審判，則要繼續維
持以書面審理為中心的事後審亦有困難。此外，在檢討會先前討論時，
亦有可視為D案的修正案，即第二審法官認為應撤銷第一審判決時，
始需由裁判員參與第二審審判。相對於此，A案至C案，均為僅由法
官組成之第二審法院進行審理及判決。採此等見解的理由，乃在於若進
行（如D案此種第二審的）覆審，亦即重新審理，非但必須耗費大量
時間，且亦造成訴訟關係人及證人非常沈重的負擔，且與非進行裁判員
審判的案件之第二審之間產生不平等，故不宜採行，況依現在第二審的
審理實態，裁判員參與（第二審）審理乃不切實際。以上A案至C案
中，首先，B案乃是訴訟程序之違反法令、適用法令錯誤等情形第二審
始得自為判決，量刑不當或事實誤認則不得自為判決，蓋第一審既然
由裁判員參與有罪、無罪之決定及刑之量定，若僅由法官組成之第二
審，不僅撤銷裁判員參與審判的第一審判決，甚至進而自為判決，從裁

757　司法制度改革推進本部「裁判員制度・刑事檢討會」，2003年3月11日第13
　　次會議參考資料，網址：http://www.kantei.go.jp/jp/singi/sihou/kentoukai/saibanin/
　　dai13/13siryou1.pdf，最後拜訪日期：2012年4月16日。

判員制度的旨趣來看並不適當，故若撤銷原審判決，必須將案件發回第一審，由後述的新選任之裁判員進行審理判決。其次，B' 案與 B 案之理由相同，雖然就事實誤認仍不容許自為判決，但量刑不當則可自為判決。蓋事實認定與量刑在判斷上仍有質的差異，現實而言，以量刑不當為理由，僅變更若干刑度的情形，若也要發回更審，將違反訴訟經濟。C 案乃加強關於事實認定與量刑不當之撤銷理由，亦即限定自為判決之撤銷範圍，藉此尊重裁判員參與的判斷。最後，A 案之第二審則沿襲現行法規定。蓋所謂尊重裁判員參與之判斷的觀點，依個案運用情形有彈性地對應，毋寧較為適當，依本案，最能保有與非適用裁判員審判案件（即一般案件）的第二審間的整合性。例如，以事實誤認為理由撤銷裁判員參與之第一審判決的，從尊重裁判員判斷的觀點，運用時原則上應該發回更審的見解，也在 A 案中占有一席之地。」[758]

此外，日本辯護士連合會（日辯連）司法改革實現本部於 2002 年 7 月 31 日發表之「『裁判員制度』之具體制度設計要綱」（下稱「日辯連要綱」）中針對第一審行國民參與刑事審判制度之第二審上訴制度，除了禁止檢察官上訴外，將第二審分為（1）審查上訴理由之有無、（2）若有上訴理由後之事實審理二個階段，第一階段僅由職業法官進行審查，第二階段則加入裁判員參與事實審理，[759] 厥為以上兩種傾向之折衷類型（即前述 D 案之修正案）。

裁判員制度・刑事檢討會經討論後，於第二審採覆審構造、亦由裁判員參與審理與判決之第 5 案（D 案）最早被否決，並以維持現行制度之第 1 案（A 案）最受支持，故討論重點變為「應否承認僅由職業法官構成之第二審法院可審查加入裁判員之第一審法院判決之當否，甚

---

758 司法制度改革推進本部「裁判員制度・刑事檢討會」，2003 年 3 月 11 日第 13 次會議參考資料，網址：http://www.kantei.go.jp/jp/singi/sihou/kentoukai/saibanin/dai13/13siryou1-2.pdf，最後拜訪日期：2012 年 4 月 16 日。

759 後藤昭，裁判員制度に伴う上訴の構想，一橋法學，2 卷 1 号，2003 年 3 月，頁 14。

而撤銷該判決？其正當化依據為何？」經過激烈討論，最後還是決定沿用現行法有關第二審之規定（即 A 案），不為任何修正。司法制度改革推進本部「裁判員制度‧刑事檢討會」主席（座長）井上正仁教授於 2003 年 10 月 28 日第 28 次會議發表之「關於被考慮的裁判員制度之概要」（即「座長報告（座長ペーパー）」）中即整理結論如下：「『第二審』依現行法規定。（第二審，作為事後審審查原判決瑕疵之有無。）」[760] 並於「『關於被考慮的裁判員制度之概要』之說明」中進一步彰明：「第二審，並非進行全新的證據調查以形成獨自的心證，而是應該定位為徹底地以第一審法院之判決為前提，僅依據審理記錄事後檢視判決之內容有無錯誤的事後審查，故僅由法官構成之第二審法院來進行審查或撤銷並非無正當性，此為多數委員共認的前提。依此推論，在制度上，第二審採行現行法的架構與裁判員制度的關係基本上仍可以維持，從而，撤銷第一審判決的情形原則上應將案件發回第一審，第二審法院作為事後審，為了審查而進行書證、記錄的調查，但若以此已達於可直接為新判決的情形時，依現行法，亦可例外地自為判決。」[761] 亦即以「第二審法院不得重新調查證據以獨自形成心證，僅能徹底地以第一審法院判決為前提，依據卷證資料對判決是否有誤進行事後的檢查。」作為僅由法官構成之第二審法院得以審查甚至撤銷第一審法院判決之正當化依據。第二審撤銷第一審判決時，雖以發回為原則，但並未排斥第二審法院撤銷原判決並自為判決之可能，且不區分究為事實誤認、量刑不當或違反法令而為不同處理，凡第二審法院依據進行事後審之審查所為之卷證資料調查已可直接為新判決時，即可例外地撤銷原判決自為判決。僅

760 司法制度改革推進本部「裁判員制度‧刑事檢討會」，2003 年 10 月 28 日第 28 次會議參考資料，網址：http://www.kantei.go.jp/jp/singi/sihou/kentoukai/saibanin/dai28/28siryou1.pdf，最後拜訪日期：2012 年 4 月 16 日。

761 司法制度改革推進本部「裁判員制度‧刑事檢討會」，2003 年 10 月 28 日第 28 次會議參考資料，網址：http://www.kantei.go.jp/jp/singi/sihou/kentoukai/saibanin/dai28/28siryou3.pdf，最後拜訪日期：2012 年 4 月 16 日。

再三強調:「在徹底尊重第一審判決之前提下,希望能更徹底地實現事後審此一第二審制度本來的旨趣。」[762]

　　對於日本在引進國民參與刑事審判制度後,就第二審之審理,並未制定任何特定規定或排斥現行規定之情形下,是否意味日本刑事第二審現存之「續審式的事後審」構造,在第一審行裁判員審判之下仍可繼續維持運作?對此,擔任司法制度改革推進本部「裁判員制度・刑事檢討會」座長之井上正仁教授表示:「仍維持第二審僅由職業法官負責審理之現狀,但以『尊重第一審』作為基本架構,亦即在進行有無撤銷事由之審理後,認為應為之判決已明確時自不待言(按即得由第二審法院自為判決),但若更有調查證據之需要,則應發回原審,由加入裁判員之新合議體進行審理,事實上現在之日本刑事訴訟法即係採取此一原則,只是實踐上第二審變成續審制,與規範意旨大不相同,故回歸制度原則,即可與裁判員制度合致」[763] 亦即凡第二審需另外調查證據者,即應發回原審,但調查證據之目的既然在確認有無撤銷原審判決之事由,自應由第二審自行為之,此際卻又需發回原審,則第二審如何在既有規定下運作?實仍有不明之處。

　　更重要的問題是,如果維持日本現行刑事訴訟法之規範不變,是否就能期待實務運作後,在追求上訴制度功能的同時,又能避免第二審的審查不當侵害第一審行國民參與審判的宗旨與成果?還是應該重新建構適合於國民參與審判的第二審訴訟構造?基於此一問題意識,本文擬在第一審行國民參與審判之前提下,分別介紹各種第二審審理構造的利弊得失,並在贊成採行事後審制之前提上,進一步思考維持事後審制規範意旨應有之制度配合。

762　同前註。

763　井上正仁,於「裁判員制度をめぐって」座談会之發言,ジュリスト,1268 期,特集「裁判員制度の導入」,2004 年 6 月 1 日,頁 44。

肆、配合第一審行國民參與刑事審判制度，第二審應行之審理構造

一、第二審採行覆審制訴訟構造之利弊得失

（一）第二審採取書面、非直接審理之覆審制時

　　在第一審進行的審判程序（如證據調查）並未貫徹直接審理、言詞審理主義時，第二審縱令採取書面、非直接審理（即所謂「筆錄審判」）的覆審制，由於與第一審之審理方式，並無本質上迥然差異、且獲得心證之方式相近，更何況在官僚體系之下，第二審法官通常被認為較第一審法官具有更多之審判經驗與知識，也更精通於法律，[764] 故有實行覆審制的正當性；更何況第一審有時僅以獨任制法官審判，然第二審則一律為合議制，故第二審依據與第一審審判相同的卷證資料，得出與第一審不同之心證、並據而撤銷第一審判決，於正當性方面亦無可疑；且既然憑藉書面審查形成心證並無不當，則撤銷第一審判決後自為判決，乃屬當然之理，發回原審毋寧係屬例外。此外，第二審法院倘認為第一審法院之證據調查不充分，重為證據調查或進行新證據之調查，自亦無禁止之必要，更何況第二審會因此較諸第一審擁有更多之資料以供判斷，在第一審、第二審均採取書面、非直接審理模式下，擁有更多證據資料的第二審法院所為判斷，自然較第一審法院之判斷更具有正當性；甚至可說，在書面審理具有正當性之前提下，採取覆審制係當然之理。

　　然而，為使刑事審理中認定事實之判斷者能秉持更公正超然之立場、且更正確地形成心證、發見真實，包含我國在內，現代各國刑事訴訟法業以直接審理主義、言詞審理主義，乃至於傳聞證據禁止法則、證人交互詰問程序建構第一審證據調查之相關程序，故過去以訊問被告、

764　水谷規男，同註 739，頁 73。

閱讀證據書類為核心之第一審審理模式,現已改為以證人詰問為核心之審理。[765] 在第一審徹底遵守直接審理主義、言詞審理主義乃至於當事人主義進行審理之情形下,第二審之審理構造應如何設計?若第二審仍採取覆審制,是否亦應與第一審相同,遵循直接審理主義、言詞審理主義與當事人進行主義,而針對所有第一審法院已調查完畢之證據重新進行直接調查?或有認為在此情形,第二審雖仍採行覆審制,然未必需針對已經第一審調查之證據重新踐行調查程序,亦即可以第一審調查審理後所遺留之卷證資料為判斷依據,以間接審理、書面審理方式,重新形成心證、認定事實。

誠然,此種設計可以減輕重複應訊加諸於證人之負擔、且可避免法院重複審理所增加之時間、金錢花費,使案件早日解決確定,保障訴訟當事人受迅速審判之權利;然而,為何行間接審理、書面審理之第二審法院,就事實認定所形成之心證,得優越於行直接審理、言詞審理之第一審法院?[766] 單純以第二審法官審判經驗較豐富等,已不能再說是讓人滿意的答案。

更何況,在第一審採行國民參與刑事審判制度之下,第二審採行間接、書面之覆審審理,不適當的情形將更為嚴重。首先,雖然第二審也可以考慮採行國民參與刑事審判制度,但由於不具有審判經驗、非專職審判工作之一般國民,必須非常倚賴在審判庭上直接調查聽聞之證據以形成心證,[767] 在間接、書面審理之前提下,要求其等預先詳細閱讀第一審審判所留存卷證資料以進行覆審式審查,實有困難、也不切實際,故縱令於第二審讓國民參與審判,但在間接、書面的覆審制前提下,根本無法期待參與審判的國民可以為實質性、主體性意義之參與。

---

765 平野龍一,同註 731,頁 145。
766 佐藤博史,於「座談会・裁判員制度導入の是非をめぐって」中之發言,載於現代刑事法,32 号,特集「裁判員制度導入の諸問題」,2001 年 12 月,頁 25。
767 後藤昭,同註 759,頁 5。

　　若捨此不為，讓第二審純由職業法官擔任審判工作，然第一審既已採行國民參與刑事審判制度，並將行國民參與刑事審判之第一審視為直接審理主義、言詞審理主義之「更徹底實現」，較僅由法官負責審理之審判制度更能正確地發現真實，為何僅由人數少於第一審合議庭總數之職業法官，於第二審為書面、間接審理，即可任意推翻第一審判決、甚而自為判決之正當性質疑，無疑將更為強烈。[768]

　　對於上開批判，或有認為直接審理原則並不以各審級均進行直接審理為必要，只要整體程序中曾經充分進行直接審理，亦即曾經進行過「一次性的保障」，即令上訴審不為直接審理亦不違反直接審理原則。[769] 固然，在上訴審採行事後審制，不為事實終局認定時，上訴審並無採行直接審理之必要性，故上開論點尚值贊成。但若上訴審採行覆審制（或續審制），亦即上訴審可推翻下級審之事實認定，進而為相異之事實認定，並自為判決以取代原審判決時，由於下級審與上訴審係不同的事實認定者，下級審藉由直接審理所獲取之心證，事實上無法「當然移轉」給上訴審法官，故對於該上訴審法官而言，確實僅係經由間接審理獲取心證，進而以根基較為薄弱之心證推翻原審心證，當然已經違反了直接審理原則；或許會有以傳聞法則亦設有例外，來佐證直接審理原則亦非完全無例外，以此捍衛此說的正當性，但第二審行間接、書面審理的覆審，與傳聞法則例外的情形，實不能等量齊觀，蓋此時牽涉的是全面性地形成心證，亦即綜合全部證據來形成心證，當然不應該讓所有證據都是間接審理，此與「傳聞法則之例外」僅僅是在法律容許之情形下，對特定證據得以不經直接審理而作為認定事實依據的情形，顯然不同，自不能單純以立法政策上「可容許的直接審理原則例外」視之，而應認為第二審行間接、書面審理的覆審的情形下，直接審理原則已遭受

768　後藤昭，同註 759，頁 5。
769　參見吳巡龍、林鈺雄於「刑事訴訟上訴制度」學術研討會之發言，載於臺灣本土法學，第 67 期，2005 年 2 月，頁 144、150。

根本性之破壞與忽視。

（二）第二審採取言詞、直接審理之覆審制時──兼論第二審亦行國民參與審判之利弊得失

在採行覆審制的前提下，為了維持第二審得以推翻第一審判決並自為判決的「正當性」，勢必要求第二審與第一審進行完全相同之證據調查程序，換言之，第一審以直接審理、言詞審理方式調查過之證據，第二審必須全部重複為之，即令某一供述證據可藉由傳聞法則之例外（如依刑事訴訟法第 159 條之 1 第 1 項規定）取得證據能力者，亦不例外。例如第一審曾經訊問過之證人，第二審必須重新傳喚再予訊問；且由於第二審法院必須以相同調查方式調查第一審曾經調查之證據，即令當事人於第二審並未再聲請傳訊調查之證據，第二審亦須依職權傳訊調查，在此部分，第二審顯然較第一審具有更多職權主義之色彩。甚至為了維持第二審法院之公正性、避免審判者存有預斷，若第一審採行起訴狀一本主義，第二審亦必須勵行起訴狀一本主義，換言之，即必須將所有留存於一審之證據資料先發還各當事人，再命其於第二審的證據開示程序中提出。[770] 然如此非但造成證人重複應訊之負擔，亦造成案件審理延滯、影響被告受迅速審判之權利（日本憲法第 37 條第 1 項參照）、法院及訴訟當事人均必須承受更多訴訟不經濟之結果。

再者，當第一審行國民參與刑事審判時，第二審若僅由職業法官負責審理，即令第二審也進行徹底的言詞、直接、覆審審理，仍然無法解釋為何僅由職業法官審理之第二審，可以因為心證不同即任意撤銷原審由國民參與審判的判決。為了消弭上開正當化質疑，其中一個思考方向，即係改變第二審的法院組成，亦由一般國民參與審判，且第二審參與審判之一般國民人數需多於在第一審參與審判之一般國民人數（如法國 2000 年以後的重罪上訴），以取得事實認定之優越性，論者認為如此

770　平野龍一，同註 731，頁 145。

一來，非但當事人可以藉助第一審的經驗，更詳盡、縝密地進行舉證攻防，法院也能有重新審視、思考案件的機會。[771]

　　但在後的審判（即加入一般國民參與審判之第二審）並非先驗地較在前的審判（即加入一般國民參與審判之第一審）為正確，[772] 即使在第二審加入更多國民參與審判，亦未必能獲致更正確之結果，[773] 例如證人可能因為時間經過而記憶模糊、證物也可能滅失損毀。更何況不斷地加入更多國民參與審判以取得推翻前審判決之正當性，非但將使參審法庭的運作遲緩、討論無法深入，甚至將陷入參與審判之一般國民等於「民意代表」之民主化迷思，亦即愈多數民意愈能正確決定刑事審判結論，推至極致，恐將產生被告有罪與否應由「公民投票」決定的錯誤論證。質言之，若將國民參審視為與法官協力發現真實、保障人權，達成更良善審判的制度，則法官與國民間如何取得適當的配置比例，使雙方意見均能充分展現，毋寧始為最重要的課題。此外，在擔心國民參與刑事審判制度在第一審遭到誤用，以致危害審判的公正性、侵害被告合法權利

771　後藤昭，同註 759，頁 7。日本裁判員制度草創時期，裁判員制度・刑事檢討會第 6 次會議（2002 年 9 月 3 日）亦曾就第二審是否也應該進行裁判員審判此一議題有過熱烈討論，網址：http://www.kantei.go.jp/jp/singi/sihou/kentoukai/saibanin/dai6/6gijiroku.html，最後拜訪日期：2012 年 4 月 19 日。但值得注意的是，義大利參審制的上訴則呈現出更有趣的形式，即義大利參審制的第一審，是由 1 名上訴法院法官、1 名地方法院法官及 6 名參審員（需受過 8 年義務教育者）組成重罪法院；第二審則是由 1 名上訴法院庭長、1 名上訴法院法官及 6 名參審員（需高中畢業）組成重罪上訴法院，在一、二審之法官、參審員人數均相同的情形下，似乎是將第二審撤銷第一審判決並自為判決的正當性寄託於法官之資歷與參審員的學歷，是否妥適？非無疑問，例如 2007 年 11 月發生的美國籍女大學生 Amanda Knox 涉嫌殺害室友案，第一審判處 Amanda Knox 26 年有期徒刑，但第二審判處 Amanda Knox 無罪而喧騰一時。義大利之參審制介紹，可參見森下忠，イタリアの參審制度，判例時報，2083 号，2000 年 9 月，頁 41 以下。

772　井上正仁，於「国民の司法参加・刑事司法」三方會談中之發言，載於ジュリスト，1208 号，2001 年 9 月 15 日，頁 150。

773　井上正仁，於「裁判員制度の導入と刑事司法」公開講演会中之發言，載於ジュリスト，1279 号，2004 年 11 月 15 日，頁 108。

時，第二審由職業法官審判，亦含有把關、擔保審判正確性的功用。[774]
綜上所述，在第一審行直接審理之國民參與刑事審判制度時，第二審採
取直接審理之覆審制，恐將產生有礙訴訟經濟、且未必能獲致較第一審
判決更正確的判決結果之質疑，自不能謂為最適當之上訴審構造。

　　另有學者基於對一般國民能力之懷疑，認為國民參與刑事審判制
度對於實體真實主義之實現毫無助益甚至有害，甚且有違憲可能（侵害
司法權之本質），認為第二審應由職業法官以「覆審」方式重新審理作
為「補救」。[775] 然國民參與審判制度倘能確保職業法官在法律解釋上之
專權性，並無違憲之虞（此部分詳見前述），況國民參與刑事審判制度
下，由職業法官與一般國民共同認定事實，倘運作得宜，當可較現行制
度更充分發揮發現實體真實之功能，反之，第二審僅由職業法官進行覆
審，欠缺就事實認定錯誤推翻第一審判決自為判決之正當性，已如前
述，故上開反論顯非可採。

二、第二審採行續審制訴訟構造之利弊得失

　　續審制係以第一審之審理結果為前提，加上第二審調查之新證據，
進行整體性的判斷，在訴訟經濟、減輕證人負擔方面，顯然優於上述完
全奉行直接審理主義、言詞審理主義的覆審制。但正因為續審制必須接
受第一審之調查證據結果，而不對於第一審已經調查之證據再行調查，
故不論第一審是否採行國民參與刑事審判制度，亦不論第二審是否亦採
行國民參與刑事審判制度，甚至不論第二審是否進行新證據調查，由於
第二審心證形成中有部分（甚至是絕大部分）來自於第一審調查證據之
結果，就此部分，實亦無法避免違反直接審理主義與言詞審理主義之質

---

774 羽渕清司、井筒径子，同註 310，頁 470。
775 西野喜一，裁判員制度下の控訴審，判例タイムズ，1237 号，2007 年 6 月，頁
　　122 以下。

疑，因而亦欠缺撤銷第一審判決、自為判決的正當性；況且，僅進行部分的證據之直接調查，也有可能導致第二審的判斷者（尤其是極度依賴言詞、直接審理以形成心證之一般國民）傾向偏重部分經直接審理調查之證據，而產生錯誤結論的危險，[776] 更何況，倘第二審亦採行國民參與刑事審判制度，要求參與審判之一般國民對於第一審已經調查之證據，藉由詳細閱覽卷證資料之方式形成心證，亦屬強人所難，反之，若第二審僅由職業法官負責行續審審判，則難避免欠缺正當性之質疑，故第一審行國民參與刑事審判制度時，第二審顯難進行續審制之審判。

三、第二審採行事後審制訴訟構造之利弊得失

（一）第二審採行法律審之事後審制時

　　第一審行國民參與刑事審判制度時，針對第二審之審理構造，另有主張第二審應僅為法律審的事後審，不再對第一審事實認定之當否進行審查，且在第二審已經成為標準的法律審之下，亦無再設置另一個法律審——第三審之必要。亦即只有二個審級，第一審為事實審、第二審為法律審。此種主張之立論基礎大致如下：

　　（1）行國民參與刑事審判之第一審審理程序（尤其是證據調查程序）既已完備，理應賦予第一審就事實認定之最終決定權，第二審再為事實認定徒然耗費司法資源、造成當事人與證人之負擔。[777] 以三審制為原則、且刑事審判上一向習於三審反覆斟酌的事實認定之我國而言，此種主張似嫌躁進。但事實上，我國就內亂罪、外患罪、妨害國交罪、殘害人群治罪條例等性質重大之犯罪，亦由高等法院為第一審管轄法院（刑事訴訟法第4條、殘害人群治罪條例第6條參照）。與此相類似，日本

776　後藤昭，同註714，頁93。

777　宮城啓子，裁判員制度の導入と上訴，現代刑事法，32号，2001年12月，頁60。

就違反獨占禁止法案件，係由東京高等法院為第一審管轄法院，並組成五人合議庭審理之（獨占禁止法第 85 條、第 86 條、第 87 條參照），而內亂罪由高等法院為第一審管轄法院，亦組成五人合議庭審理之（裁判所法第 16 條第 4 款、第 18 條第 2 項但書參照），故就此等案件僅採二審制，最高法院雖為此等案件之第二審管轄法院，但原則上為法律審，而非第二個事實審，考其立法理由在於此等案件情節重大，故有「迅速處理」之必要，[778] 惟既係重大案件，本亦應為「慎重處理」，然上開法律仍僅提供一次事實審之二審制保障，可知即使是重大案件，本亦無提供包含兩個事實審在內三審制保障之必然要求，換言之，訴訟上的受益權，不能無限上綱要求國家永無止境之積極給付，[779] 司法院大法官會議第 396 號解釋（憲法第十六條規定人民有訴訟之權，惟保障訴訟權之審級制度，得由立法機關視各種訴訟案件之性質定之）、第 442 號解釋（憲法第十六條規定人民有訴訟之權，旨在確保人民得依法定程序提起訴訟及受公平之審判，至於訴訟救濟應循之審級制度及相關程序，立法機關自得衡量訴訟性質以法律為合理之規定）均同此旨（另請參考釋字第 512 號、第 574 號解釋），[780] 故重點應該放在案件之第一審係進行如何之審判，換言之，如果第一審已能提供充足完善之審理，即令取消現有第二審或將之改為單純之事後審制，亦無礙於國家刑罰權之適正行使，此觀諸德國就重大案件之參審（即第一審地方法院 Landgericht 經大刑事庭 Große Strafkammer 行參審審判之案件，僅能向聯邦最高法院 Bundesgerichtshof 上訴）僅提供法律審（Revision）之救濟，[781] 其理自

---

[778] 兼子一、竹下守夫，同註 252，頁 186。

[779] 黃朝義，同註 725，頁 34；陳運財，同註 727，頁 514。

[780] 但由於刑事審判有剝奪人民生命權、自由權之危險，若完全不給予上訴救濟機會，則可能構成違反正當法律程序、侵害人民訴訟權而屬違憲，參見何賴傑，同註 717，頁 338。

[781] 何賴傑，簡介德國刑事上訴制度，載：刑事訴訟起訴狀一本主義及配套制度法條化研究報告（下），最高法院學術研究會叢書（七），2001 年 10 月，頁 474。

明。

（2）即令採取第二個事實審，證據調查所得之證據價值亦較第一審為低，無從作為推翻第一審事實認定之依據。例如第一審已經詰問之證人，第二個事實審縱然再對該證人進行重複詰問，然該證人可能因死亡、失蹤、長期滯留國外不歸，致無法於再度到庭作證；縱使該證人到庭作證，第二個事實審較第一審時距離案件發生時間更為久遠，證人之記憶恐將更為減退；且證人於第一審已經到庭作證，當事人業已知悉該證人之存在及其證言之重要性，懷有惡意之當事人可能會趁該證人前往第二個事實審作證前，對該證人進行勸說或脅迫；又該證人可能已經知悉第一審之判決內容，或又聽聞其他證人之證述內容，導致該證人無意識地將上述內容與自己本來認知之情節混淆，而為與第一審時不同之證述；對於有意為虛偽陳述之證人，由於已有第一審證述之經驗，對於自己證言上之矛盾與弱點業已知之甚詳，以致第二個事實審難以彈劾其證言，凡此均將導致證人於第二審證述內容之價值低落，進而影響第二審證據調查之整體價值，[782] 故第二審改採法律審之事後審，亦無不妥。

此外，有基於為被告利益之觀點，認為上訴審與第一審之功能全然相異，兩者係分離而各自獨立之審級，第二個事實審會增加被告反受不利判決之風險（二重危險），[783] 或增加被告防禦負擔之風險；[784] 或基於民主主義之觀點，認為國民參與刑事審判制度係民主主義在司法權之實踐而不容許批判；[785] 或基於反對實體真實發現之觀點，認為刑事訴訟原即不可能進行實體之真實發現，[786] 而主張不如將事實認定之最終決定權交與一般國民，進行一次審判即可；甚或基於訴訟當事人選擇國民參與審

---

782 後藤昭，同註 714，頁 94。

783 渥美東洋，同註 737，頁 415 以下。

784 杉森研二，裁判員制度導入後の控訴審，載：鈴木茂嗣先生古稀祝賀論文集（下卷），初版，2007 年 5 月，頁 747。

785 平良木登規男，同註 447，頁 279。

786 五十嵐二葉，刑事司法改革はじめの一步，2002 年 4 月 30 日，1 版，頁 151。

判制度時之擬制合意，認為雙方當事人均已同意將事實認定之最終決定權完全交予國民參與刑事審判之合議體（如陪審團）。凡此見解，對於第一審行國民參與刑事審判制度所為之事實認定，均主張無再經由第二個事實審進行審理之必要與可能，即令例外容許上訴制度存在，亦僅得作為救濟被告之用。

　　固然，與其重視對於錯誤判決之事後補救，不如重視如何在事前預防錯誤判決之產生，但不可諱言的是，無論第一審審理程序如何完備，由於涉及操作此一程序的人（包含職業法官、參審員（或陪審員、裁判員）、檢察官、辯護人乃至於被告）之素質、敬業程度、經驗等，有時仍可能出現程序操作失當，以致產生事實誤認之情形，例如：（1）當事人誤認法官將對某一證據不予採用（無證據能力）而未對該證據之證明力進行爭執，一審法院卻誤而認可該證據之證明力；（2）被告或辯護人認為起訴之憑據薄弱，為節省勞力費用而未大量提出無罪主張之佐證，然一審法院卻突然為被告有罪判決；（3）嗣後出現足以證明阻卻或減輕刑罰事由之新證據；（4）法院於判決時始突然適用與起訴不同之處罰條文；（5）被告於一審未選任辯護人或選任之辯護人不適任，致被告無法充分行使防禦權[787]等，故遽自將行國民參與刑事審判之第一審作為最後的事實認定審，仍具有一定程度之風險，自不應輕易取消對於因此所生錯誤事實認定之救濟機會，以此觀點來看，第二審僅採行法律審之事後審，其保障程度似嫌不足。

　　更何況，即令以第二審為單純法律審之事後審，但實務運用時，往往仍從法律適用之審查中「借殼」進行事實認定之審查，其手段約有二種：（1）將第一審事實認定錯誤「歸咎」於程序法令之適用不當（例如誤將無證據能力之證據認為有證據能力而據此認定事實）、訴訟程序之不遵守（例如應調查之證據未予調查），而給予作為法律審之第二審審

787　後藤昭，同註714，頁100。

查救濟之機會；[788]（2）將事實認定違反「論理法則」與「經驗法則」視為適用法令之錯誤[789]均屬之。由此更可知，第二審採行法律審之事後審制，完全放棄對於第一審事實認定錯誤之救濟機會，實際上亦非可行。

（二）第二審採行法律審兼事實審之事後審制時

　　與上揭傳統意義之「事後審制」不同，另一種因應第一審行國民參與刑事審判制度之第二審審理構造設計，即係容許第二審對第一審之事實認定、法律適用及量刑均進行事後審查。其中審查第一審之「法律適用（包含程序與實體法律）」是否正確之部分，由於第二審可以輕易藉由判決書、審判筆錄之記載進行判斷，進行事後審之審查本無困難，且由於職業法官具有法律適用之專業能力與專權性，故此部分完全委由職業法官進行審查，亦係事理所必然，以法律適用錯誤推翻行國民參與刑事審判之第一審所為判決，甚至自為判決，也具有其正當性。更何況在第三審成為違憲審查審之目的下，第二審進行法律審查，復可減輕第三審法院之案件負擔。[790]

　　但值得注意的是，此一見解亦容許第二審對於第一審之「事實認定」進行事後審查。故對於誤判救濟之功能，較諸前述純為法律審的事後審制大，但既然是事後審查，原則上即不再進行證據調查，而是以詳細審閱第一審所留存之卷證資料、判決書為主。從而，此一工作實難委由一般國民為之，[791]換言之，事後審制之第二審勢必僅由職業法官進行書面審查之審理。一如前述各種第二審審理構造被質疑的，相對於由國民參與、進行直接審理、言詞審理之第一審，由職業法官進行書面審理之事後審制第二審何以能取得以事實認定錯誤為由撤銷第一審判決之正當性？若如現行日本實務之作法，第二審進行原審事實認定之審查後，

788　鯰越溢弘，同註 166，頁 80。
789　後藤昭，同註 759，頁 5。
790　田宮裕，同註 622，頁 484。
791　平良木登規男，同註 447，頁 279。

明確指摘第一審之事實認定有何錯誤並自為判決，不論第二審之立論基礎係基於證據評價之不同（例如對於某一證人所為被告不在場之證述之證明力與原審不同）、或第二審進行新證據（包含第二審認為第一審有應調查之證據未予調查之情形）調查後所得心證，既已明確否定原審之心證並敘述自己心證，即有以「職業法官所為書面審理」凌駕於「國民參與刑事審判所為直接審理」之疑慮，此時實難認為第二審具有撤銷第一審判決之正當性。

　　實則不對訟爭事件重新進行判斷，僅審查原判決之「當否」，係事後審制最基本共通的概念，故作為事實審之事後審的第二審法院，並非自己形成心證、認定事實後，將其結果與原審之判斷進行比較的審查方式，而是單純審查原判決之當否，[792] 甚且為了避免自己形成心證，故撤銷原判決之標準亦應放棄原判決究竟有無「事實『誤認』」的窮盡探究，而改採「高度蓋然性說」，亦即第二審放棄進行「事實終局認定」之優越感與使命感，僅審查第一審之事實認定有無「疑義」，而非本於自己的確信心證重新進行事實認定之「終局判斷」，即令為證據調查，亦僅以審查第一審之事實認定有無疑義為限，凡事實誤認之可能性甚高時，第二審法院即得撤銷原審判決並發回原審，[793] 再由新的國民參與刑事審判法庭進行新的審理。此種有限度之審查，既得發揮第二審誤判救濟之功能，又能規避第二審職業法官以「終局判斷」凌駕取代第一審國民參與審判所為判斷之質疑。由累積了相當審判經驗的資深職業法官進行此種審查，顯然較一般國民合適，故可於理論上取得撤銷第一審判決之正當性。[794] 綜上所述，第一審採國民參與刑事審判制度時，第二審既然無法避免需對原審之事實認定進行審查，則採行事實審兼法律審之事

792　後藤昭，同註 714，頁 306。

793　田宮裕，同註 622，頁 487。

794　井上正仁，於「裁判員制度の導入と刑事司法」公開講演会中之發言，載於ジュリスト，1279 号，2004 年 11 月 15 日，頁 108。

後審制，相較於上揭其他第二審審理構造，顯然較合於第一審行國民參與刑事審判之情況，故本文認為此一構造值得贊成。

　　在第二審採行法律審兼事實審之事後審審理構造之前提下，當第二審認為原審判決有誤時，即應將案件發回第一審組成國民參與審判法庭更為審理，已如前述，本文擬進一步討論發回後更審之訴訟構造。日本制定裁判員制度時，於「裁判員制度・刑事檢討會」中就發回後更審之審理構造有兩個提案，其一係續審制（A案），另一係覆審制（B案），但續審制獲得壓倒性的支持，故仍維持續審制，[795] 並準用裁判員法第 61 條公判程序更新之規定，從而決定立法方向之「關於被考慮的裁判員制度之概要」文件即明示：「『發回後第一審』選任新的裁判員進行審理與裁判，其他依現行法規定。」

　　但若發回後更審之審理構造採行續審制，由於更新審判程序往往流於形式，即令徹底履行更新審判程序，基於續審制之前提，為使後續審判得以順利有效進行，參與發回後更審審判之一般國民勢必需預先閱覽現存卷證資料，對於本質上不被期望能詳細閱覽卷證資料之一般國民而言，顯屬困難，即令捨此不為，由職業法官或雙方當事人負責向更審後參與審判之一般國民說明目前為止之審理內容（日本裁判員法第 61 條第 2 項：「前項之更新程序，必須使新加入之裁判員理解爭點及已經調查之證據，但不得使其負擔過重。」參照），亦難避免違背直接審理主義、言詞審理主義之質疑，[796] 故本文認為發回後更審之審理構造，仍應以維持覆審制為宜，即令基於訴訟經濟之不得已考量，而原則上採行續審制，亦應容許於必要時，發回後更審法院得依當事人聲請或依職權裁量，就發回前第一審已經詰問過之證人再行傳訊詰問，以利獲取正確心

795　池田修，同註 442，頁 124；辻裕教，司法制度改革概說 6 裁判員法／刑事訴訟法，初版，2005 年 7 月，頁 83。

796　中川孝博，同註 728，頁 64。

證。[797]

　　針對第二審採行法律審兼事後審的覆審制，而撤銷發回後的第一審則應行覆審制的制度設計，論者亦非全無質疑，綜合其意見，約有以下幾個重點：（1）原審判決只要有事實認定錯誤之高度可能性，第二審法院無需形成確信心證，即可撤銷原判決發回原審，勢必將原審事實認定有無錯誤之最終決定權交由發回後更審之第一審法院，而有「延長戰線」，讓案件爭議延後解決的意味，不利於迅速審判及訴訟經濟；[798]（2）第二審撤銷發回更審後之第一審，未必會做出比原來第一審更正確的判決；（3）第二審可能會專就無關宏旨、枝微末節之處撤銷原判決，造成案件在第一審與第二審反覆發回之困境。以下分別討論之。

　　針對第一個問題，即案件需俟發回更審後的第一審判決後始能產生定論，不利於迅速審判的質疑，本文之見解如下。誠然，第二審採行事後審制，案件經上訴第二審，第二審審查後撤銷原審判決並發回更審時，發回後之更審勢必需重新選任參審員再進行審判，並訊問證人、調查證據，較諸由第二審逕行採行覆審制之審理，確會耗費更多時間及花費。但本文認為實際情形並非如此悲觀，甚至發回後更審之第一審適用國民參審制度審判，較諸第二審逕自採取國民參審之覆審制之情形，更能達成迅速審判、節省訴訟勞費。

　　蓋案件經發回更審前，已經第二審法院進行篩選，第二審法院若能充分體認事後審制及國民參審制度之精神，尊重第一審之事實認定職權，不要僅因枝微末節、即以有事實認定錯誤之可能性為由撤銷原審判決，則發回更審之第一審案件數量勢必大幅減少，此與案件只要經合法上訴即應由第二審法院適用國民參審制度進行直接審理之情形，實不可同日而語，因此產生上述疑慮之情形亦將相應減少。[799] 更何況第二審採

797　杉森研二，同註784，頁756。

798　西野喜一，同註775，頁126。

799　大澤裕、田中康郎等，同註748，頁128。

行事後審制者，唯有需撤銷發回者，始有耗費更多時間之可能，在審查後認為原判決結論正確者，反較第二審採行不問事後審理結果原判決妥當與否，均需進行重覆審理之覆審制為迅速。

　　第二個質疑，即撤銷發回更審後之第一審，未必會做出比原來第一審更正確的判決。的確，第二審將案件撤銷發回第一審後，由第一審重新進行國民參與審判，一如讓第二審直接進行國民參與審判的情形相同，有時發回更審後第一審所形成的結論，未必會優於撤銷發回前之第一審。但第二審既然不再擔負終局事實認定者之角色，第一審法院勢必需放棄將有疑問之事實爭點留待下一個事實審再為調查審理之想法，[800] 從而第一審法院之事實認定正確性理應能獲得提升；再者，透過第二審法院之審查並撤銷發回，給予案件再次受檢驗之機會，歷經一審、二審判決之訴訟當事人，可藉此更加強其舉證與主張，更審法院藉由二審法院提出之質疑，重新審視一審判決，可以進行更深入的思考；[801] 況且，在此種制度設計下，第一審要重新進行國民參與審判前，已經經過第二審職業法官的事後審式審查，而與前述直接在第二審行國民參與審判進行覆審，只要合法上訴者即同時進行「審查」與「自為判決」的情形不同，申言之，在第二審採行法律審兼事實審之事後審制下，唯有第二審審查後認為原審判決確實有事實認定錯誤之疑慮者，第一審才有機會重為認定，而在發回前原審已經被判斷為可能錯誤的前提下，發回後更審的判斷當然比較可能是正確的。當然，縱令如此，若發回後更審之第一審判決仍有應撤銷發回之事由，則可由採行法律兼事實審之事後審制的第二審再行撤銷發回。

　　關於第三個質疑，即第二審採取書面、非直接審理之方式進行審查，為了彰顯其功能及存在意義，可能會產生專就無關宏旨、枝微末節之處撤銷原判決傾向，造成案件在第一審與第二審反覆發回之困境，一

800　何賴傑，同註717，頁341。
801　後藤昭，同註759，頁8。

如現在深受反覆發回問題困擾之第二審與第三審。[802] 但本文認為此主要係因上級審法院之心態所致，第二審採行法律審兼事實審之事後審制，未必均會產生反覆發回之問題，若因此主張第二審必需自為判決、不得發回，[803] 則屬因噎廢食，更將徹底摧毀前開事後審制之精神。茲以統計資料為例，從 2008 年開始，我國最高法院撤銷發回案件占當年度裁判案件的百分比，就從前一年的 43.22%，一路下降（2008 年：33.10%，2009 年：27.29%，2010：24.99%，2011：18.53%），[804] 且最高法院為了減少發回情形，甚至決議：「重大刑事案件之犯罪事實，因案發之初，蒐集證據欠完備，或證據之憑信力有疑問，或積極證據與消極證據紛亂，致影響真實之發見，事後歷經第一、二兩審法院審理，亦未能發見確鑿之證據，事實極欠明確，難為妥適之判決，此種案件設若已經第三審法院多次發回更審，即不宜再行撤銷發回，以免案件久懸多年不能定讞。」（最高法院 1988 年 8 月 9 日、77 年度第 11 次刑事庭會議決議，經同院 2006 年 9 月 5 日、95 年度第 17 次刑事庭會議修正）[805] 足見第二審若能如同最高法院一樣適度修正其心態，尊重第一審之事實認定職權，即令改採法律審兼事實審的審理構造，亦未必均將導致反覆發回之結果。

　　綜上所述，本文認為第一審判決有應撤銷之錯誤時，由第二審法院適用法律審兼事實審之事後審制撤銷發回，再由第一審法院重新適用國民參審制度進行直接審理，既可確保原審不當判決時之救濟途徑存在，又可避免強命第二審法院為終局事實認定以推翻原審判決所生上述矛盾

802　林鈺雄，於「刑事訴訟上訴制度」學術研討會之發言，載於臺灣本土法學，第 67 期，2005 年 2 月，頁 151。

803　吳巡龍，於「刑事訴訟上訴制度」學術研討會之發言，載於臺灣本土法學，第 67 期，2005 年 2 月，頁 144。

804　資料見司法院司法統計網站，http://www.judicial.gov.tw/juds/index1.htm，最後拜訪日期：2012 年 4 月 17 日。

805　從上開決議內容，可看出我國實務顯然極為重視上訴制度對於實體真實發現確保之功能，遠優於罪疑為被告利益原則之遵守。

枘鑿之處，故可認為係上述諸多第二審構造中，最適於第一審行國民參審制度之第二審構造。

（三）區分被告上訴或檢察官上訴而為不同之第二審審理構造的可行性

在第一審進行國民參與審判的情形下，第二審應該採行法律審兼事實審的事後審制，乃本文採取的基本態度，已如前述。作為此論的修正論，有從上訴制度應該著重「救濟無辜被告」的角度出發，認為應該區別被告上訴（有罪判決）與檢察官上訴（無罪判決）而為不同之處理，即所謂「片面尊重論」，乃不對稱上訴制度的修正論點。詳言之，在原審為有罪判決而經被告上訴時，站在為被告利益、救濟無辜被告之角度，為使被告能夠獲得儘速救濟以保障其權益，第二審法院不妨為覆審制、續審制之調查，且亦無需過份尊重第一審判決，而可自為無罪判決；但在原審為無罪判決經檢察官上訴的情形，第二審之審理構造應該採取事實審之事後審制，亦即除有第一審之事實認定違反經驗法則、論理法則之情形外，基於第二審之謙抑性，應尊重第一審判決，甚至檢察官不得單純以事實認定問題提起上訴，於第二審撤銷原審判決後，因為可能得出較不利於被告判斷之情形，故應將案件發回第一審，重新進行國民參與審判，而不得自為判決。[806]

此種區別式的處理基準，最原始的起源，乃在於片面限制檢察官之上訴權，[807] 而進一步的立論方式，則在於區別有罪判決的心證要求標準與無罪判決的心證要求標準不同，以及有罪或無罪判決對於被告權益影響之不同。詳細言之，原審為有罪判決的心證要求標準較高，必須達於

806　杉森研二，同註784，頁745；吉利用宣，裁判員制度の導入と檢察官上訴，法學研究（愛知學院大學），46卷1号，2004年12月，頁134；平良木登規男，同註447，頁280；平良木登規男，於「座談会・裁判員制度導入の是非をめぐって」中之發言，載於現代刑事法，32号，特集「裁判員制度導入の諸問題」，2001年12月，頁26。

807　有關限制檢察官上訴權的論述，可參見陳運財，同註721，頁65以下。

無合理懷疑的程度，故被告上訴後，第二審撤銷有罪判決改判無罪的門檻較低，只要尚有合理懷疑即可為之，沒有一定要由國民參與審判來判斷的必要性，讓第二審職業法官自為判決並無不妥，亦不致侵害被告權利；但原審為無罪判決的心證要求標準較低，只需達於尚有合理懷疑的程度即可，而檢察官上訴後，第二審撤銷無罪判決改判有罪的門檻則相對較高，必須要達於無合理懷疑的程度始能為之，故應發回由第一審的國民參與審判進行判斷，不能由第二審之職業法官自為判決，始能有效保護被告權利。

　　上述論理看似既可以保障被告權利，又不致造成司法制度過重的負擔，但仔細分析，仍有不妥之處。首先，就我國而言，上訴制度的存在目的顯然不僅僅是為了救濟無辜被告而已，同時也是為了要糾正第一審判決的錯誤，以此觀之，「片面尊重論」的出發點就有問題，尤其在第一審無罪判決的理由是因為合議庭評決不能（例如日本裁判員制度之第一審裁判員 6 名於評議時雖均主張有罪，但法官 3 名均主張無罪，即使多數主張有罪，仍應為無罪判決）時，更不宜輕言放寬審查基準。其次，既然第二審應該要尊重第一審行國民參與審判的結論，自不應該區分其結論究竟是「尚有合理懷疑（無罪）」或「已無合理懷疑（有罪）」而為不同處理。[808] 再者，第一審判決有錯誤，未必就當然會產生「有罪變為無罪、無罪變為有罪」的結果，更多的可能是「雖然仍然有罪，但認定事實、適用法律及量刑不同」，若依前述「片面尊重論」操作，則此種情形下，第二審是否仍然適宜自為判決？即非無疑。縱謂此種情形即應將案件發回更審，但對於第二審法官而言，在判斷一審有罪判決應撤銷後，究竟應該自為判決（仍然有罪，但略做修正）或是發回第一審（認為應該改判無罪），即難免要先形成確信心證，此時要再要求第二審法官不得自為判決，而必須將案件發回更審，即有事實上的困難。最

808　石井一正，刑事控訴審の理論と実務，1 版，2010 年 5 月，頁 429。

後，在第一審為有罪判決後，檢察官、被告均提起上訴的情形，第二審究竟應該如何審查？亦非無疑。故此論點實際運作的情形，恐怕會將所有第一審判決有罪的案件之第二審審理均「續審化」，違反第一審行國民參與審判制度後，第二審應採行法律審兼事實審之事後審制的基本立場。

伍、第二審採行法律審兼事實審之事後審制時，訴訟程序應有之修正

第一審採行國民參與刑事審判時，第二審採行法律審兼事實審之事後審制，既能兼顧誤判救濟之需要，又能顧及審查國民參與審判第一審判決之正當性依據，較為合宜，已見前述，而所謂事實審兼法律審之事後審制，係日本戰後制定刑事訴訟法所採用、不同於其他已有法律制度之「立法態度」，但並非指日本現行制度或實務「運作結果」即已遵守此一制度之精神。相反地，日本現在的第二審上訴制度，比較類似「以第一審判決前存在事實為認定基礎之續審制」，已如前述，故若謂第二審之訴訟構造應採行法律審兼事實審之事後審制，而逕自引用日本刑事訴訟法之現有規定，甚至將日本實務見解引為法條，無異「緣木求魚」。

採行法律審兼事實審之事後審制審理構造，除了應以第一審判決前所生事實作為審查第一審事實認定之基礎外，本文尚應進行若干程序之改正，茲分敘如下。

一、限制第二審對於新證據調查範圍與調查方式

如前所述，日本雖然於第二審採取事實審之事後審制，但卻於實際運用時大幅放寬第二審調查足以證明「原審判決前存在事實」之新證據（包含當事人未為聲請、當事人之聲請遭一審駁回之證據、證明第一審

辯論終結後判決前所生事實之證據等）之裁量權。然而，過度放寬讓第二審調查新證據的範圍，第二審恐將藉此對案件產生確信心證，第二審法官內心一旦已經產生確信心證，此時再要求其等僅能進行單純的事後審查而不得進而自為事實之認定、法律之適用及量刑，無異強人所難，即使法律明文規定第二審撤銷原審判決時，應以發回更審為原則、自為判決為例外，仍難杜絕第二審法院於實務運作上擴大例外範圍，大量自為判決之現象。故過度放寬第二審調查證據之範圍，將使事後審制變形為續審制，即令美其名為「續審式之事後審制」，仍難擺脫第二審欠缺自為判決正當性之質疑。

再者，2004 年日本修正刑事訴訟法時，業已新訂公判前整理程序，依裁判員法第 49 條規定，所有行裁判員制度之案件於第一次公判期日前均應行公判前整理程序，而行公判前整理程序之案件，均適用「失權效」之規定。日本刑事訴訟法第 316 條之 32 第 1 項規定：「行公判前整理程序或期日間整理程序之案件，檢察官、被告及辯護人，儘管有同法第 298 條第 1 項（按：檢察官、被告、辯護人得於第一審公判時請求調查證據）規定存在，除有不得已之事由，不能於公判前整理程序或期日間整理程序請求調查證據者外，不得於該公判前整理程序或期日間整理程序結束後，請求調查證據。」同條第 2 項規定：「前項規定，於法院認為有必要時，仍不妨依職權為證據之調查。」即明確規定行公判前整理程序之案件，當事人如無不得已之事由，而未於公判前整理程序聲請調查某一證據者，即喪失聲請調查該證據之權利（失權效）。考失權效之規定，旨在要求當事人及時舉證或防禦、避免當事人惡意拖延訴訟，為了貫徹此一條文立法意旨，避免依上述失權效規定而不得於第一審聲請調查之證據，嗣後卻能在第二審「復活」重新調查，自應該緊縮容許第二審調查新證據之標準，[809] 凡有可歸責於當事人之事由而未於

809　杉森研二，同註 784，頁 753。

第一審聲請調查之證據，基於尊重第一審係唯一事實認定審、第一審係行裁判員審判之審級、且防範當事人延遲提出證據之前提下，第二審法院自亦不得進行調查，從而上開職權調查（第 298 條第 2 項）之例外，亦應從嚴解釋。

　　然而，確有不得已事由而無法於第一審聲請調查之證據、或係證明原審辯論終結後判決前始出現事實之證據存在，經當事人釋明後，若亦不容許在第二審進行調查，可能將導致第二審缺乏足夠資料審查原審判決事實認定是否妥當之困境（例如於原審原聲請傳訊之證人因病喪失記憶而無法傳訊，嗣後恢復記憶，而此一證人之證言究竟對於原審事實認定具有何種影響，未由該證人陳述，終究無法得知），故此種情形仍應允許調查，然此種情形第二審法院縱可進行調查，惟第二審僅係審查第一審事實認定有無疑義而已，故僅需達於釋明之程度，亦即使第二審法院產生原判決有事實誤認之懷疑即可，調查之方式亦僅以自由證明為已足，故此時不妨以證人之書面陳述代替出庭作證，使第二審法院產生第一審之事實認定確有可能發生誤認之懷疑即可。[810] 此外，當事人聲請調

---

[810] 最高法院 80 年台上字第 4402 號判例：「刑事訴訟法第 172 條規定：『當事人或辯護人聲請調查之證據，法院認為不必要者，得以裁定駁回之』，其證據如屬客觀上為法院認定事實及適用法律之基礎者，事實審法院未予調查，其判決固有同法第 379 條第 10 款所稱『應於審判期日調查之證據，未予調查』之當然違背法令情形，如在客觀上非認定事實及適用法律基礎之證據，既無調查之必要，自得不予調查，此種未予調查之情形，本不屬於上開條款之範圍，事實審法院縱因未予調查，又未裁定駁回調查之聲請，致訴訟程序違背首開規定，但此種訴訟程序之違法，顯然於判決無影響，依同法第 380 條之規定，並不得執以為上訴第三審之理由。」；同院 90 年度台上字第 5024 號判決：「按當事人聲請調查之證據如事實審未予調查，又未認其無調查之必要，以裁定駁回之，或於判決理由予以說明者，其踐行之訴訟程序，雖屬違法，但此項訴訟程序之違法，必須所聲請調查之證據確與待證事實有重要之關係，就其案情確有調查之必要者，方與刑事訴訟法第 379 條第 10 款之『應於審判期日調查之證據』相當，而為當然違背法令，始得為上訴第三審之理由。因之，此項『調查之必要性』，上訴理由必須加以具體敘明，若其於上訴理由狀就此並未敘明，而依原判決所為之證據上論斷，復足認其證據調查之聲請，事實審法院縱曾予以調查，亦無從動搖原判決就犯罪事實之認

查之證據經第一審法院駁回或實際上未予調查者，由於是否准許調查某一證據，係由第一審職業法官於準備程序時決定，倘第一審駁回聲請之理由不當或不備，第二審自仍得依當事人之聲請或依職權，進行同前所述之調查，以確認應否撤銷原審判決，但與日本刑事訴訟法第 393 條第 1 項本文規定不同，基於尊重第一審判斷之前提，需以第一審駁回證據調查聲請之理由不當或不備者為限，並非完全取決於第二審法官之任意裁量。

　　另有學者基於為被告利益之觀點，認為事後審制下之第二審，檢察官僅能基於第一審之卷證資料請求法院判斷，但被告則可提出新證據，亦即在為被告利益之方向上承認續審制之要素，[811] 即前述「片面尊重論」論點的延續。但續審制本即存有正當性之質疑，已如前述，為被告利益而例外容許續審，倘續審結果反產生不利被告之心證（例如被告聲請傳訊之證人於詰問時反為被告不利之證述、或證人於詰問時之證言顯有虛偽、勾串之情），效果恐將適得其反，故此說無法贊同。

二、重新律定因事實問題撤銷原判決之標準

　　通說認為，容許上訴審以事實問題撤銷原判決之基準在於「事實誤認」，但何謂事實誤認？則有不同見解，有認為限於原審判決之事實認定違反經驗法則與論理法則；[812] 有認為係原審判決中判決理由對於事實認定之判斷過程有誤；另有認為係原判決就事實認定之結論與第二審法院所認知之真實有異。

　　定者，即於判決顯無影響，依刑事訴訟第 380 條之規定，自仍應認其上訴為不合法。」，上述「客觀」上為法院認定事實及適用法律之基礎、「調查之必要性」，若不進行任何調查，實難遽予論斷，故我國刑事訴訟法第 394 條第 1 項但書容許法院以自由證明程序進行調查。

811　小田中聰樹，ゼミナール刑事訴訟法（上）争点編，1987 年 12 月 25 日，第 1 版第 1 刷，頁 217。

812　川口政明，同註 716，頁 393。

首先，限於原審判決之事實認定違反經驗法則與論理法則的見解固非無據，但經驗法則與論理法則若從嚴解釋，即令第一審之判斷與第二審法官主觀上之心證產生一定程度之落差，亦應尊重事後審制第一審心證優越性原則，不得任意撤銷原判決，此將導致第二審對於事實認定錯誤所能發揮之救濟功能極為狹小，[813] 更何況嚴格之經驗法則、論理法則違反可以納入原判決「違反法令」之概念範圍內，此時將「事實誤認」作為上訴理由之本意即已消失；至於第二個主張，即審查原判決之判斷過程之看法，在必需容許第二審對於原判決未及斟酌之證據進行調查審酌之下，原判決判斷過程極可能已無足輕重；[814] 另第三個主張，即比較第一審判決結論與第二審法官所認知之真實的見解，勢必要求第二審法官對案件形成一定程度之心證，在第二審採行事後審之前提下，第二審本應避免形成心證而自為事實認定，即令內心已有一定心證，缺乏完整直接審理、言詞審理之第二審心證實難謂較第一審之心證優越，第二審竟可本於較無優越性之心證推翻第一審之判決結論，均難謂允當。

在第二審為事後審，不得對所調查證據形成明確心證以進行事實認定之前提下，實不宜亦不能決定原審之事實認定有無「錯誤」；反之，對事後審制之先天侷限性缺乏理解，一味要求第二審必須明確認定第一審之事實認定有何「錯誤」，勢必將第二審之審理推向實質的「續審制」、「書面審理之覆審制」，使事後審名存實亡。故事後審制之第二審以事實問題撤銷原判決之標準，必須由「事實誤認」轉為「有事實誤認之可疑」（事實誤認之高度蓋然性），亦即第二審不得亦不需對於所調查之證據或閱覽之卷證資料產生確信心證，僅以對於第一審所為事實認定存有疑義，即可撤銷原判決發回原審，給予第一審再次澄清事實之機會。唯有如此，第二審始可僅由職業法官進行部分甚至全面的書面審理

813　杉森研二，同註784，頁748。
814　後藤昭，同註714，頁307。

而仍取得撤銷原判決之正當性。[815]

此時，由於第二審僅係存有疑問而非產生一定判斷，故第二審之發回意旨，並無拘束發回後更審法院之拘束力（日本裁判所法第4條：「上級審法院於裁判所為之判斷，就該事件拘束下級審法院。」之規定參照；另我國77年8月9日最高法院77年度第11次刑事庭會議決議認：「第三審就發回更審所為法律上之判斷，固足以拘束原審法院，但所作發回意旨之指示，不影響原審法院真實發見主義之要求，更審中對於當事人聲請調查，不以第三審發回所指者為限。第二審法院經審理結果，自得本於所得之心證而為不同之判斷，據以重新為事實之認定。」亦請參照）。

但仍有爭議的，乃是若第一審以「存有無法超越之合理懷疑」為由而為被告無罪判決者，從反面觀察，往往等於承認被告有為起訴犯罪行為之相當可能性（例如檢察官以被告持有失竊贓車而以竊盜罪起訴被告，法院認為該車是否為被告所竊，尚有合理之懷疑存在而為被告無罪之判決，此時法院並非認為被告毫無竊取車輛之可能性），此時，若第二審法院據此認為第一審法院所為無罪判決之認定「尚有疑義」而撤銷第一審判決，恐將造成第一審之判斷反受第二審法院任意架空之疑慮，此亦為上開見解最受批評之處。[816]

對此，學者有基於「為被告利益」之觀點，認為所謂得撤銷第一審判決之「事實問題」，應視第一審之判決內容而為不同處理，原判決若為有罪，經分析、觀察原判決事實認定之過程，卻存有被告應為無罪之合理懷疑時，即可謂原審之有罪認定為不合理而撤銷原判決；但在原審為無罪判決時，唯有於證據上可為被告有罪認定而毫無合理懷疑之餘地時，始能認為原審之無罪認定為不合理而撤銷原判決，[817]此說實與前述

---

815 後藤昭，同註759，頁7以下。
816 後藤昭，同註714，頁308以下。
817 杉森研二，同註784，頁754。

區分被告上訴或檢察官上訴而為不同第二審審理構造之論點系出同源。

　　然此說不啻承認第一審為無罪判決時，第二審可以自行形成心證以支持原審之無罪認定，但若第二審法院形成被告無罪心證而不可得時，恐將無從避免第二審法院推翻第一審法院無罪判決而自為有罪判決之結果。故實際運作時，未必能產生有利於被告之結論，更有欠缺正當性之質疑。根本的解決之道，還是在於如何避免第二審法院產生「反面觀察」之心態，亦即第二審法院若能體認檢察官負有及時舉證之責任，認同「罪疑為被告有利認定」之原則高於「實體真實發現原則」，即令仍以「有事實誤認之可疑」作為第二審以事實問題為由撤銷第一審判決之標準，亦不致產生上揭情形，倘為慎重起見，第二審法院以事實問題撤銷第一審無罪判決之標準，亦可加重為「顯著地（或重大地）有事實誤認之可疑」。[818]

　　附帶一言，本屬於法律審之第三審，固然應以法律問題為其專責事項，但重視誤判救濟者，往往亦將重大之事實誤認作為第三審法院撤銷第二審判決之理由（日本刑事訴訟法第 411 條第 3 款參照），惟本於第三審亦為事後審之精神，此時重大事實誤認亦應解為「可疑有重大之事實誤認」，始為允當，日本最高法院見解（最二小判昭和 28 年 11 月 27 日刑集 7 卷 11 號 2303 頁、最大判昭和 34 年 8 月 10 日刑集 13 卷 9 號 1419 頁）認為凡有「足以懷疑事實誤認之顯著事由」即可撤銷原判決，與此一意旨相合，實值贊成，亦此敘明。

818　後藤昭，同註 759，頁 13。事實上，在日本討論裁判員制度之上訴構造時，有建議應對上訴理由加以限制，例如加上「顯著的」、「重大的」等言詞，以尊重裁判員所為之第一審判斷，但在討論過程中居於少數說而不被採用，參見井上正仁，於「裁判員制度の導入と刑事司法」公開講演会中之發言，ジュリスト，1279 号，2004 年 11 月，頁 109。

三、第一審判決書必須詳盡說明得心證之理由

　　判決書需附理由之原因有二，一是使訴訟關係人能接受判決結論、並擔保公開審理主義之意旨、防止法官之恣意，另一則係提供上訴審審查之線索。[819] 在實行國民參與刑事審判制度之國家，如美國、英國等由一般國民全權負責事實認定、而排除法官參與決定的陪審制者，即未要求第一審法院需製作判決書，反之，如德國係由職業法官與一般國民共同負責事實認定與法律適用者，第一審法院即需由負責審判之職業法官製作判決書，[820] 第一審應否製作判決書，與上開各國對於第二審訴訟構造之採擇固無必然之連結，但凡容許上訴制度存在之法制，除非先驗地認為第一審判決中某些判斷係不可或無法審查，進而採取無須製作判決書之立場，否則判決書無疑為上訴審審查原審判斷是否妥當之重要依據。尤其是對於不得自行形成心證的事後審制而言，原審判決書更係上訴審審查原判決當否之重要依據。

　　2001 年 6 月 12 日日本司法制度改革審議會意見書就判決書之應有內容部分表示：「為了使判決結論本身能表現其正當性，且向當事人與一般國民說明可取得其理解與信賴，並使上訴之救濟變得可能與容易，故判決書應顯示其實質之理由。」，就上述「使上訴之救濟變得可能與容易」，係因日本刑事訴訟法第 44 條第 1 項固規定：「裁判（包含判決與裁定）需附理由。」然依日本刑事訴訟法第 335 條第 1 項規定，第一審有罪判決書僅需明示成立犯罪之事實、證據之「標目」與法令之適用，並未強制要求需說明其犯罪事實認定之理由，換言之，判決書中無庸說明證據之取捨選擇、心證形成過程等，[821] 是否詳盡說明事實認定所

819　五十嵐二葉，「判決には理由を附す」ことは必要か，載：秋山賢治等編，庭山英雄先生古稀祝賀記念論文集／民眾司法と刑事法学，1 版，1999 年 6 月，頁 256。

820　齋藤哲，同註 76，頁 264。

821　相對於此，我國刑事訴訟法對於第一審有罪判決書之要求高於日本刑事訴訟法，除諭知六月以下有期徒刑或拘役得易科罰金、罰金或免刑者，其判決書得僅記載

憑據之理由，完全聽任第一審法官之裁量，考其立法理由，係避免法官在判決書製作上耗費不必要之勞力，期待法官能集中心力於在公判庭審理時取得心證，[822] 然在裁判員制度導入之後，為了避免第二審法院在無法獲悉原審得心證理由之情形下，必須以自行形成心證與原判決之判決結果進行比較之方式，審查原判決之事實認定，從而增加第二審法院自行為證據調查與撤銷自為判決之比例，嚴重影響裁判員制度設計下第二審應為徹底事後審制之目的達成，故有上開法律修正之芻議。亦即基於明確第一審事實認定過程及其結構之要求，實不可能放棄於判決書中詳盡說明事實認定理由之要求。[823]

　　然而，即使要求第一審必須於判決書中詳細說明得心證的理由，但由於時間與專業能力的不足，參與審判的國民幾乎不可能參與判決書的製作，故即使要求判決書應詳盡說明事實認定之判斷過程，亦可能產生僅係職業法官本於評決結論，事後於判決書中「編纂」事實認定理由之情形；即使如此，在職業法官的意見與評議結論相反時（例如日本裁判員制度下職業法官三名均主張有罪、但裁判員均主張無罪，依法即應為無罪判決），因為職業法官本身並不贊成評議結論，故判決理由恐怕還是會相當簡單（即僅能以「無法達於有罪確信、仍有無法超越之合理懷疑存在」等寥寥數語帶過），也無法充分達成詳細說明得心證理由的功能；故由職業法官依據評議結論撰寫判決理由，難謂已經充分反映參與

判決主文、犯罪事實、證據名稱、對於被告有利證據不採納之理由及應適用之法條（同法第 310 條之 1 第 1 項），簡易判決與協商判決得僅記載犯罪事實、證據名稱、應適用之法條（同法第 454 條第 1 項、第 455 條之 8）外，其他有罪判決書依同法第 310 條第 1 款、第 2 款規定，需載明「認定犯罪事實所憑之證據及其認定之理由。」「對於被告有利之證據不採納者，其理由。」同此，日本戰前舊刑事訴訟法（大正刑事訴訟法）第 360 條第 1 項規定：「為有罪宣告時，應依成立犯罪之事實及證據說明如此認定之理由，及示明法律之適用。」

822 田宮裕，同註 622，頁 427。
823 白取祐司，三審制の意義，載：松尾浩也、井上正仁編，刑事訴訟法の爭点第 3 版，2002 年 4 月，頁 209。

審判國民對於事實之意見。對此，可能解決的方案，就是進而要求參與審判的國民也必須提出事實認定之「理由」，並由職業法官將之明示於判決書中，亦即即使是由職業法官負責撰寫判決書，也應該在判決書中「正確反映全員評議之結果，且在此之前進行評議時，合議庭之多數成員亦必須對於推論出結論的實質理由取得共識」。[824] 雖然，對於參與審判之一般國民而言，其等往往重視事實認定之結論、甚於獲致結論的判斷過程，若強求裁判員還必須進一步參與判決理由的形成，其理由可能甚為簡單，以此種判決書記載之內容作為第二審法院審查原審事實認定之依據之功能，或許會較現行制度更小。[825] 但既然實行國民參與審判，還是應該要求所有參與審判合議庭成員，包括法官、參與審判的國民均提出獲致心證之詳盡理由，也許一般國民無法如職業法官一般思緒完整、立論縝密，然若能給予其等充分表達之機會，其中論點仍有可觀之處，此即為國民參審制度之真意所在，且若有不成熟、情緒性或明顯偏頗之看法，亦將在充分討論中獲得適當之抑制，故要求參與審判的國民說明得心證之理由，並於判決書中充分展現之，實有其必要。

四、第二審撤銷原審判決後，原則上均應發回原審，不得自為判決

以上之修正建議，係為了與第一審行國民參與刑事審判制度取得平衡，而使第二審之審理構造成為徹底之事後審制的制度設計，但最重要的「最後一哩」，則是第二審法院在認為第一審判決「有事實誤認之可疑」而撤銷原審判決時，不能自為判決，仍應該將該案件發回第一審，重新組成國民參與審判之合議庭以重新進行證據調查，並重新為事實之認定。蓋若此時容許第二審法院自為判決，無論係推翻原審之有罪

---

824 井上正仁，於「鼎談・意見書の論点④：国民の司法参加・刑事司法」三方會談中的發言，載於「特集・司法制度改革審議会意見書をめぐって」，ジュリスト，1208 号，2001 年 9 月 15 日，頁 149。

825 後藤昭，同註 759，頁 6。

判決而為無罪判決，或推翻原審之無罪判決而為有罪判決，均不啻承認第二審之心證較第一審之心證優越，使上開修正前功盡棄，回復為續審制或覆審制，[826] 故自為判決雖可徹底解決第二審、第一審間反覆發回的問題，但對於事後審之構造將產生致命性的破壞。即令在某些具體運用之情形下，第二審法官實際上已經產生心證，但基於尊重第一審係由國民參與審判、行直接審理所為之判斷，仍僅得發回原審，不得自為判決。[827]

有論者主張即使第二審採行法律審兼事實審之事後審制，且以事實誤認之可疑為由撤銷原審判決者，應該發回原審，但認為仍然應該讓部分撤銷事由可以由第二審自為判決，無需讓所有撤銷之案件均發回第一審重新審理。例如量刑不當的第一審判決，即可由第二審法院調查新的情狀資料後撤銷原審判決並自為判決（類同於前述日本裁判員制度・刑事檢討之 B' 案）；[828] 日本裁判員制度・刑事檢討會 2003 年 10 月 28 日第 28 次會議發表的「『關於被考慮的裁判員制度之概要』之說明」中所指：「依現行法規定第二審例外地可以自為判決的情形，亦難以找到一定要加以禁止的理由。」「第二審法院作為事後審，為了審查而進行書證、記錄的調查，但若以此已達於可直接為新判決的情形時，依現行法，亦可例外地自為判決。」[829] 之結論，亦可視為向「自為判決」之現實需要妥協的結論。但讓國民參與審判，不僅於事實認定、法律適用之層面有其意義，於量刑亦有其重要意義，既然決定讓國民參與量刑，最後卻又由第二審職業法官的量刑意見取而代之，顯然違反了讓國民參與審判的制度宗旨。

---

826 黃朝義，同註 725，頁 40。

827 杉森研二，同註 784，頁 755。

828 水谷規男，同註 739，頁 76。

829 司法制度改革推進本部「裁判員制度・刑事檢討會」，2003 年 10 月 28 日第 28 次會議參考資料，網址：http://www.kantei.go.jp/jp/singi/sihou/kentoukai/saibanin/dai28/28siryou3.pdf，最後拜訪日期：2012 年 5 月 1 日。

　　深入分析即可發現，如果撤銷發回後的第一審是由國民參與審判，並進行「覆審」式審理時，審查原審判決之第二審僅進行「續審式的事後審」審理，則第二審當然比較不具有撤銷自為判決的正當性；但若撤銷發回後的第一審雖然是由國民參與審判，但僅進行「續審」式的審理時，則第二審與撤銷發回後之第一審相較，只在是否有國民參與審判上有差別而已，當第二審法院除了認為應該撤銷原審判決，更已經達到可以自為判決的心證時（姑且不論第二審是有意的要獲致確信心證而進行審查及證據調查，還是在審查及證據調查過程中偶然形成心證），則自難避免第二審法院自為判決，而不將案件發回第一審更為審理。830 故只要發回後的第一審採取的是「續審」審理（前述裁判員制度‧刑事檢討會之結論）而非覆審審理，則第二審應該自行判斷是否自為判決的呼聲，就不會有終止的一天，但從國民參與審判制度的宗旨出發，發回更審後的第一審當然應該採行「覆審」制，而決定撤銷原審判決的第二審當然應該發回由第一審重新審理，而非自為判決。

　　但第二審以無涉事實認定之「法令適用錯誤」為由撤銷原判決時，則不妨容許第二審法院自為判決，蓋無涉事實認定之法令適用，於第一審行國民參與審判時，仍然是由第一審職業法官決定，既無應尊重國民參與審判制度的必要性，亦無應該尊重第一審直接審理、言詞審理的必要性，故此時當然可以由被認為較有適用法律專業的第二審職業法官於撤銷原審判決後逕行自為判決。831

830　小島正夫、細谷泰暢，控訴審の判決：裁判員制度のもとにおける控訴審の在り方（7），判例タームズ，1278 号，2008 年 11 月，頁 18-19。

831　吉利用宣，同註806，頁 137。

陸、結語──兼論不修法改革第二審審理構造而讓國民參與審判制度事實上改變第二審審查方式的可能性

本文雖認同第一審行國民參與審判制度、讓職業法官與一般國民共同參與事實認定與量刑，可使事實認定及量刑更具正當性與說服力，但畢竟制度施行的初期，必然有許多尚待觀察、磨合之處，若完全排斥上訴制度對於第一審事實誤認、量刑不當之救濟，恐有過於躁進、甚至違憲之虞，故第一審行國民參審制度，仍應設有上訴制度以避免事實誤認、量刑不當之發生，亦即由上訴制度對審判的良善與否，負「最後把關」的任務。[832] 又上訴制度非僅作為救濟無辜被告之用，亦有追求實體真實發見、糾正誤判之目的存在，故不僅應該容許被告藉由上訴制度尋求救濟，也應該容許檢察官藉由上訴救濟原審事實認定錯誤或量刑不當的機會，至少在制度施行的初期，尚不適宜片面限制檢察官之上訴權，或區分檢察官上訴或被告上訴，而適用不同之第二審審理構造。

但由於第一審係採行國民參與審判制度，在合議體構成上（由一般國民與職業法官共同審理）與審理方式上（更徹底地言詞審理、直接審理）均有其特殊之處，本諸對於此一制度之尊重，上訴審即令可以對於第一審之事實認定進行審查，亦僅能以事後審之審理構造為限。詳言之，純由職業法官構成之上級審法院，僅能以第一審判決前客觀存在之事實為基礎，判斷第一審所為事實認定、量刑是否有錯誤之可疑，若認為有事實誤認、量刑之懷疑，即應撤銷原判決發回原審，由新的國民參審法庭重新為證據調查與事實認定，立於事後審制的原則下，亦必須配合為訴訟程序的必要改革，始克有效、貫徹，已如前述。

然而，觀察日本、韓國這兩個甫採行國民參與審判制度未久的國家即可發現，上述國民參與審判制度引進後上訴制度應該配合修正的

---

832 羽渕清司、井筒径子，同註310，頁470。

討論，雖然在制度設計階段曾經受到高度注意、討論，但最終並未進行修正。姑且不論日、韓採行的國民參與審判制度內容有何不同（詳見前述），亦不論日、韓原本採行的第二審上訴審理構造為何（日本雖宣稱為事後審制，但實際運作為「續審式的事後審制」，而韓國則為續審制），但日、韓兩國，均未配合國民參與審判制度的引進，對既有上訴制度進行必要的立法修正，厥為不爭的事實。

上訴制度，尤其是第二審上訴之審理構造，應該配合第一審實行國民參與審判制度進行修法改造，乃本文的主張。但認為在施行初期，尚不宜遽行修法改革上訴制度的主張，亦非全無道理。對於上訴制度並未配合第一審行國民參與審判制度進行必要的立法改革，論者固有抱持悲觀、批判的態度，認為此種「半調子」的立法，將會導致國民參與審判制度的失敗，但實際情形是否如此，終難逆料。適巧日、韓兩國的終審法院（日本為最高裁判所、韓國為大法院）不久前分別針對該國第一審行國民參與審判之案件經上訴第二審後，第二審法院之審查方式，做出了重要的判決，似可以作為分析「不修法改革第二審審理構造，而讓國民參與審判制度事實上改變第二審法院審查原審判決方式」可能性的重要參考資料。

首先，日本最高裁判所第一小法廷於 2012 年 2 月 13 日針對第一審行裁判員審判後為被告無罪判決，但第二審撤銷第一審無罪判決並自為有罪判決之上訴第三審案件，主張：「刑事訴訟法將第二審上訴之訴訟構造原則上定位為事後審，故所謂第二審，並非立於與第一審相同的立場進行審理，而是針對以當事人之訴訟活動為基礎而形成之第一審判決，進行事後的審查。考量到第一審原則上採行直接審理主義、言詞審理主義，關於爭點直接調查證人，依循當時之證言態度等來判斷供述證據之信用性，並綜合各項證據以進行事實認定，故第二審就原審判決有無事實認定錯誤之審查，應以第一審所進行之證據信用性評價或證據綜合判斷，有無依照論理法則、經驗法則而言可謂不合理的觀點來進行，而刑事訴訟法第 382 條之『事實認定錯誤』應解為第一審判決之事實認

定對照論理法則、經驗法則有不合理之處始為相當。從而，第二審若認
第一審判決有事實認定錯誤，必須具體指出第一審判決之事實認定對照
論理法則、經驗法則有何不合理之處。關於此點，因引進裁判員制度之
契機，第一審進行了更為徹底的直接主義、言詞主義的情形下，更具有
其妥當性。」因而撤銷了第二審判決，並自為「第二審上訴駁回」之判
決，該案遂告無罪確定。[833]

最高裁判所白木勇法官針對裁判員制度下第二審審查方式的變化，
並進一步提出補充意見：「1. 目前為止，實務上就刑事第二審之審查，
雖然意識到第二審係採行事後審制，但基於卷證資料，就事實認定或量
刑，仍然是先形成自己的心證，然後將之與第一審判決之事實認定、量
刑進行比較（著者按：即所謂「心證比較說」、「心證代替說」），若兩者
有差異，多有依循自己的心證，變更第一審判決之認定、量刑。此與原
來採行之事後審查制雖有相當的差異，但與提起上訴、要求第二審重新
審視第一審判決的當事人意向相符，因而逐漸形成實務上的慣行。」

「然而，此種作法，容易演變成第二審只重視自己的心證，造成優
先進行『單點突破式』的事實認定、量刑審查的傾向。固然，也並不是
沒有雖然採取上述審查方式，但即使第一審判決之事實認定、量刑與自
己的心證出現歧異，惟一定程度的差異被視為是容許範圍內，而進行比
較寬鬆的審查，但此種作法並不能謂為通常的作法。從原審的判決書內
容來看，應解為係以上述方式進行本件的審查。」

「2. 但裁判員制度施行後，上述審查方式即有必要進行修正。例如
裁判員參與審判的法院進行量刑時，如果沒有一定程度的容許範圍，而
要求其進行判斷，原本即為強人所難之事。就事實認定方面亦如此，蓋
裁判員制度原本就預定要讓裁判員反映各式各樣的觀點或感覺並進行判
斷。因此，在裁判員審判的場合，本即應該容許可在一定程度範圍內進

833　最一小判平成 24 年 2 月 13 日，平成 23 年（あ）757 号判決。

行事實認定、量刑，如果對此沒有瞭解，裁判員制度即無由成立。在裁判員制度之下，第二審所以應該盡可能尊重裁判員參與審判的第一審之判斷，其理由亦在此。」

「本判決基於重視第二審的事後審性格，故第二審就第一審認定事實有無錯誤之審查，應該以第一審判決所進行之證據信用性評價或證據之綜合評價，有無對照論理法則、經驗法則可謂為不合理之觀點進行審查，本法官亦贊成之，但本席尚要指出，第一審之判斷只要對照論理法則、經驗法則沒有不合理之情形，第二審即應視為是在容許範圍內之判斷，此種態度乃屬重要的。」

上述最高裁判所判決及白木勇法官之補充意見，正面指出實然面（現行實務運作）與應然面（事後審制立法精神）矛盾衝突之處，並以「第一審所進行之證據信用性評價或證據綜合判斷，有無依照論理法則、經驗法則而言可謂不合理的觀點」（即所謂「法則違反說」）作為裁判員制度下，第二審審查第一審判決事實認定有無錯誤之審查標準。亦即以相對具體、嚴格的「經驗法則、論理法則之違反」取代空泛且標準不一的「心證比較」，以平衡追求「尊重第一審行國民參與審判之結論」與「誤判救濟」兩種利益，實值肯定。

但何謂違反「經驗法則、論理法則」，也還是一個略嫌空泛且標準不一的審查基準。同樣的一批證據，第一審判無罪，第二審判有罪，第二審可以說是第一審違反了經驗法則、論理法則，但在事實認定上的枝微末節處（如被告究竟是爬牆進入屋內殺人？還是開鎖進入屋內殺人？），第二審與第一審認定出現不同時，第二審也可以說第一審判決是違反經驗法則、論理法則，亦即「違反經驗法則、論理法則」此一審查標準，在運作失當的情形下，其實與傳統的「心證比較說」並無二致。[834]

834　石井一正，同註 808，頁 359；後藤昭，裁判員裁判の事実認定を争う上訴の運用，司法院国民参与刑事審判制度学術研討会，2012 年 5 月 4 日，頁 6。

　　撇開「是否違反經驗法則、論理法則」此一審查標準的侷限性不談，最高裁判所判決至多僅回應了第二審「審查密度」的問題，卻沒有解決「自為判決或撤銷發回」的問題。換言之，第二審如果徹底遵循最高裁判所上述判決，克制其撤銷原審判決之動機、提高撤銷原審判決的標準，只有在原審判決明顯違反經驗法則與論理法則時才撤銷之，但撤銷原審判決後，第二審似非不能自為判決。而第二審法院為了確認「有無明顯違反經驗法則與論理法則」，以及日後「自為判決」之需要，勢必要自行形成確信心證，但第二審形成之心證一旦與原審判決有明顯歧異時（例如原審判決無罪，但第二審之確信心證則為有罪），幾乎可以假設第二審法院就會認為第一審法院之事實認定違反了經驗法則或論理法則，簡單地說，只要第二審之心證與原審判決有明顯歧異，第二審法院即取得撤銷原審判決並自為判決的機會。但第二審法院僅僅透過事後、書面審查，於此種情形下即可自為判決，改變第一審行國民參與審判、言詞直接審理之結果，明顯欠缺其正當性，已經本文多次申論如前，故最高裁判所上述判決，最多只能說是維持既有續審制式運作的前提下，輔以「提高撤銷標準」的手段，以避免枝微末節的撤銷並自為判決而已，似乎並不能完全掌握住第一審行國民參與審判制度時，第二審應有之審查與處理方式，實屬遺憾。

　　日本裁判員制度開始施行後，截至 2012 年 4 月止，第一審行裁判員審判之案件，經第二審撤銷者共有 10 件，第一審判決無罪、有罪各 5 件，而第二審就該 5 件第一審無罪判決撤銷後，自為有罪科刑判決有 3 件，撤銷發回者有 2 件，另第二審撤銷第一審有罪判決後，自為無罪判決有 2 件，自為有罪判決有 1 件，發回原審有 1 件，可知上訴審於撤銷第一審行國民參與審判之判決後，究竟應該撤銷發回原審？還是自為判決？迄今仍然莫衷一是，即使在最高裁判所上述判決出現（2012 年 2 月 13 日）後，東京高等裁判所於同年 4 月 4 日仍然撤銷了千葉地方裁判所之意圖營利輸入安非他命案第一審無罪判決，並自為有罪判決，即可印證本文上述看法。

再來觀察韓國的情形。韓國 2010 年 3 月 25 日大法院 2009　14065 判決謂：「一方面，國民參與裁判制度是為了提高司法的民主正當性及信賴而被導入的，依據該制度之形式而進行之刑事公判程序，係經過嚴格的選任程序，使具備良識的市民構成陪審員，就事實之認定向法官表示集團的意見。渠等意見在實質的直接審理主義及公判中心主義之下，對於證據之取捨與事實之認定擁有全權之事實審法官，具有協助其判斷的勸告性效力，是陪審員參與證人詰問等事實審理的全部過程後，關於證人陳述之信用性、證據取捨及事實認定等，經由全員一致而為無罪評決，且與法官的心證符合而受採認者，經由此一程序而為證據之取捨及事實之認定的第一審判斷，參照前述實質的直接審理主義及公判中心主義之旨趣及精神，第二審藉由新的證據調查，除非足認第一審判決有明顯違反上開旨趣及精神，並有充分且值得接受的明顯情事產生，否則有必要更加尊重之。」[835]

　　首先必須說明的是，韓國現在的第二審審理構造仍然是採取續審制，換言之，第二審於撤銷行國民參與審判之原審判決後，並無發回原審的可能性，均必須自為判決，這一點與日本採行事後審制，即有很大不同；其次，韓國大法院此一判決所提出的撤銷標準，其出發點與日本最高裁判所前開判決雖無不同，亦即要求第二審應該要放寬審查密度、提高撤銷門檻，且所謂「有無違反直接審理主義與公判中心主義之旨趣與精神的明顯情事」，依然是相當抽象的標準，但如果純以判決文來看，似乎又意味第一審有無踐行「公判中心的直接審理」乃是撤銷與否的標準，換言之，所有程序正當的案件、不論實體結論有無問題，均應尊重且維持，如此一來，撤銷標準將變得非常嚴格、不合理；最後，韓國大法院界定之上述撤銷標準有一個前提，即「陪審團全員一致而為無罪評決，且與法官的心證符合而受採認為無罪判決」，似乎又隱含有前

---

[835] 轉引自申東雲，韓国における国民参与裁判の新たな展開，国民の司法参加に関する日韓シンポジウム，2011 年 12 月 3 日，頁 9。

述「片面尊重論」的色彩，亦即區分無罪判決上訴與有罪判決上訴而為不同之處理，但此判決並未明示第一審為有罪判決時第二審之審查基準為何？[836] 亦未說明為何應該區別有罪、無罪而採取不同之處理標準，故韓國大法院此一判決，亦未完全解決問題。

綜上所述，日本最高裁判所第一小法廷判決與韓國大法院判決，雖然都嘗試在該國既有的法制構造下，對於第一審行國民參與審判後的第二審審查基準，樹立新的標竿，但並未完全解決所有問題，甚至因而產生新的問題。究其原因，乃是因為既有法制的缺漏，實無法僅以實務運作來補救，故歸根究底、正本清源之道，還是必須重新在法制上尋求改革、配合，始能真正面對第一審行國民參與審判後，第二審的角色與功能之調整。

---

836 依據統計資料，自 2008 年 1 月 1 日起至 2010 年 12 月 31 日止，韓國國民參與審判案件共判決 321 件，無罪為 28 件（另部分無罪為 9 件），無罪率僅 8.7%。

第十章
結論

　　本文係以「如果我國引進國民參與刑事審判制度，所需面對的問題及其解決方案為何？」為出發點，並以甫引進裁判員制度的日本作為主要的參考對象，進行本文的討論，為了能夠體系性地探討所欲討論的問題，本文乃從英、美、法、德等國陪審制、參審制的發展歷史出發，並以此為基礎，進一步介紹日本國民參與刑事審判制度的歷史與發展現況，進而探討國民參與刑事審判制度的基本理念、陪審制與參審制的選擇、國民參與刑事審判制度的合憲性爭議。於釐清基本法理問題後，更進而探討國民參與刑事審判制度的具體設計，以及對於刑事訴訟程序（包括第一審訴訟制度、及第二審審查構造）的影響評估。經過上述討論，爰於結論中條列式整理本文之研究發現及研究心得如下：

壹、適於我國的國民參與刑事審判制度基本理念——提升一般國民對於司法的理解與信賴、促進刑事訴訟程序的改革

　　國民參與刑事審判制度，不論是陪審抑或是參審，在歐美國家均有百年以上、甚至千年以上的歷史，但對於東亞國家而言，除了日本、英國殖民地等少部分國家曾經有實施的經驗外，對於多數國家而言，此一制度毋寧是陌生而遙遠的。

　　以歐美國家來說，國民參與刑事審判制度的引進歷程，可以用「由內（內塑）而外（外爍）」來概括。對於比較早出現此一制度的英國及其海外殖民地（如美國）而言，國民參與刑事審判制度乃是「內塑」而

成，且以陪審制的起源地──英國尤為明顯。蓋中古的英國（英格蘭）基於社會與政治上的現實考量，必須與地方勢力共同行使司法權，國王無法完全掌控司法，從證人制度逐漸演化產生的陪審制度，即成為英國法制的傳統，並向外散布到英國的海外殖民地。但值得注意的是，隨著啟蒙運動及民主政治的發展，陪審制度從原本單純的司法制度（司法性目的），逐漸被賦予政治上的意義（政治性目的），從最早被稱為「自由堡壘」、到之後的「司法民主化」，均為著例。

戴著「自由、民主」冠冕的陪審制度，對於英國以外的歐陸國家而言，即成為倡言自由民主人士亟欲引進的制度。此一風潮由 18 世紀末葉的法國開啟，進而影響德國等歐陸各國；甚至遠在遠東的日本，都受到影響而引進了「大正陪審制」，此一風潮吹拂近 150 年。但對於這些國家而言，國民參與刑事審判制度的引進，毋寧是「外爍」而非內塑而成，也因此，在陪審制度引進不久之後，即與該國的法制傳統產生衝突、矛盾，尤以具有繁複制定法規定與學識法曹傳統、重視治安維持的大陸法系為烈，於是陪審制度漸被放棄，改以參審制度代之，甚至如日本，又回復為職業法官審判。

此外，陪審制度、參審制度到了 20 世紀中期，都面臨了危機。以陪審制度而言，隨著民主政治的普遍落實、司法獨立性的健全強化，陪審制度逐漸失去了其實踐自由、民主的價值，反而是陪審制度認定事實、適用法律的正確性，大量耗費訴訟資源的必要性，均受到論者所質疑、批評，所顯現出的效應，就是陪審制度的適用範圍不斷被削減，程序亦日漸簡化，雖然英美等國仍不敢輕言全面廢除，但陪審制度的象徵意義，已經大於實質意義。而參審制度則被批評者視為找老百姓背書、浪費司法資源的裝飾品，也沒有獲得什麼好評。

在國民參與刑事審判制度似乎日暮途窮、氣息奄奄之際，東亞等國（如日、韓、我國）在 20 世紀末葉一連串引進國民參與刑事審判制度的嘗試，又重新引發了國民參與刑事審判制度的相關討論。或有論者將東亞國家這一波引進國民參與刑事審判制度的浪潮，與後冷戰時期東

歐等地的民主浪潮等同視之。但東亞等國早已於第二次世界大戰戰後開始，即達到相當程度的民主化，引進國民參與刑事審判制度，顯非為了彰顯民主自由，而是有司法「內部」的需求，亦即希望藉由國民參與刑事審判制度的引進，提升國民對於司法的理解與信賴，並促成刑事訴訟程序的改革，亦即係因刑事司法本身的需求，而引進國民參與刑事審判制度。國民參與刑事審判制度的發展歷史走到此際，可以說是「由內（內塑）而外（外爍），又回到內（內部需求）」，也就是從「司法性目的」變為「政治性目的」之後，再回到刑事司法本身的「司法性目的」。

　　但必須留意的是，為了「提升國民對於司法的理解與信賴，並促成刑事訴訟程序的改革」，固然有引進國民參與刑事審判制度的必要性。但並非意味國民參與刑事審判制度一定能夠達成上述目標，如果制度運用不當，導致刑事司法的草率、粗糙、從眾，違背刑事司法的固有使命、侵害刑事被告的合法權利，則反而會造成刑事司法的災難。換言之，國民參與刑事審判制度要能發揮「提升國民對於司法的理解與信賴，並促成刑事訴訟程序的改革」等功能，仍繫於刑事司法本身運作是否良好，唯有本質上良好的刑事司法，才能透過國民參與刑事審判制度的引進，進一步強化其正當性基礎及健全其訴訟程序，成為「強化、健全刑事司法」的助力。

貳、依據我國之憲法界線，並非任何形式的國民參與刑事審判均當然違憲，但也非任何形式的國民參與刑事審判均當然合憲

　　對於東亞國家（日、韓及我國）而言，引進國民參與刑事審判制度所必須面臨的最重要問題，即為合憲性爭議，蓋東亞國家的憲法規定雖各有不同，但憲法對於國民參與刑事審判制度均採取「沈默」的態度，兼又缺乏國民參與審判的法制傳統，厥為不爭的事實，此與歐美國家鮮少有國民參與刑事審判制度違憲的爭議，迥不相同。

　　然而，輔以文義解釋與制憲史的觀察後可以發現，我國憲法並非全然拒絕國民參與刑事審判制度的引進，但僅以憲法中的「國民主權原理」，則亦無法直接推導出國民參與刑事審判制度當然合憲的結論。

　　逐一檢視我國憲法有關司法權及人權保障的相關規定可知，憲法中有關法官身分保障、法官獨立的規定，雖然並不表示憲法全然禁止非職業法官之一般國民參與審判，但仔細剖析法官身分保障、法官獨立等之制度宗旨，則可發現憲法對於司法權運作的基本態度──「具備解釋、適用法律專業能力的職業法官才是憲法意義上的法官，且法官不僅必須是法院的基本構成員，在國民參與刑事審判的法庭中，法官更應有效發揮其被期待的功能──使抽象的法律能在具體個案中被正確地解釋、適用，而非僅止於聊備一格的裝飾角色」。此一基本態度，其目的即在回應人民訴訟權保障與正當法律程序的要求，而為司法權建制的憲政原理。唯有符合上述「司法權建制的憲政原理」的國民參與刑事審判制度，始屬合憲。為了符合憲法的要求，在具體制度設計時，應隨時注意，並視憲法論理的發展，採取必要的控制方案。

　　此外，讓一般國民參與審判，對於參與審判的國民而言，當然會形成負擔，雖然不能說任何造成國民負擔的義務性規定，都是憲法所不允許的，但在賦予義務之際，仍應遵守憲法第 23 條比例原則之規定。

參、參審制較陪審制更適於我國

　　陪審制與參審制均為國民參與刑事審判制度，也都具有提升國民對於司法的理解與信賴、強化司法的正當性基礎、促進刑事訴訟程序的改革、對國民進行民主法制教育等功能，已如前述。但不可諱言的是，陪審制是比參審制更徹底的國民參與刑事審判制度，講求的是陪審團與法官的「分工」，而參審制乃是陪審制與職業法官審判制度「妥協」的修正版國民參與刑事審判制度，著重的是參審員與法官的「合作」。陪審制由於具有「程序指揮者（法官）」與「實體判斷者（陪審團）」分

離、僅審理單一被告否認案件、不易偏向檢察官、必須一致決始能為有罪判決的特質，被認為更能夠實踐無罪推定原則；且陪審團更仰賴直接證據、言詞性證據以形成心證的特質，也被認為能夠更落實直接審理主義、言詞審理主義及嚴謹證據法則；遑論陪審制還能符合司法民主化的訴求。無怪乎傾慕陪審制度的論者會以「陪審制是太陽，參審制只是反射太陽光線的月亮」[837]來彰顯陪審制優於參審制之處，我國早年引進國民參與刑事審判制度的浪潮，亦以陪審制為主。

但陪審制也並非全無問題，否則不至於出現德、法等大陸法系國家「棄陪審而就參審」的歷史。陪審制的主要問題，就在於陪審制必須要在社會普遍信賴陪審、不輕易質疑陪審團判斷的環境中，才能順利存活。蓋陪審團所為的判決，不論是有罪或無罪，均無判決理由可資說明、檢證，亦無法對之爭執事實認定錯誤而提起上訴，甚至無法確保陪審團能夠在具體個案中忠實地實現抽象法律、因此不利於大陸法系之下刑罰法律解釋適用的理論蓄積。此外，陪審團就事實認定方面，也許有其長處（如經驗法則、社會通念、無罪推定原則的遵守），但亦有其不足之處（論理法則、審判經驗、認定事實的嚴謹性），陪審團不參與量刑的傳統，對於量刑妥適與否也是司法信賴重要指標的我國而言，更有所缺憾，我國既然欠缺完全信賴、不質疑陪審團評決的社會傳統，上述陪審團的特質，於我國而言，即為顯而易見的缺點。

相較於陪審制，參審制讓職業法官與參審員共同審判、共同討論的制度設計，可以汲取雙方所長，確保抽象法律能夠在具體個案中被正確解釋、適用，以更完整的論理法則、經驗法則來認定事實，達成認事、用法、量刑的妥適，保障審判品質；所為之判決也會附具理由以供檢證，並提供廣泛上訴救濟的機會，均較合於我國之法制文化與社會環境，故陪審制與參審制相較，毋寧說參審制更適於我國。

---

837 鯰越溢弘，同註166，頁6。

肆、適於我國的參審制之制度設計

在以參審制為我國國民參與刑事審判制度的基本型態之後，接下來要面對的，就是應該如何設計國民參與刑事審判制度的具體內容？如前所述，世界各國的國民參與刑事審判制度，其具體內容均各有不同，幾乎無法找到完全一模一樣的版本，蓋國民參與刑事審判制度不只是一種刑事訴訟程序，更有「國民」參與其內，故此制度不能單純僅以刑事審判制度視之，而是與各國的社會文化、政治環境息息相關的制度。

本文列舉了幾個與參審制制度設計有關的重要問題──適用案件範圍、合議庭如何組成、參審員如何產生、任期多久、職權內容、評議可決標準等，並逐一加以評析、檢討，提出筆者的主張。分析上述問題時可以發現，對於過去欠缺國民參與刑事審判制度之傳統、嘗試引進此一新制度的國家（如我國、日本）而言，在制度設計時，會受到以下幾個因素的影響，本文並以此為出發點，整理個別制度設計的看法：

一、合憲性憂慮：

諸如應否給予被告選擇適用國民參與審判的權利？應否讓參審員參與評議表決？應否設計特殊的評決標準來確保法官可以控管判決結論？等均屬之。對於上述問題，本文認為：1. 給予被告選擇適用國民參與審判的權利，並非解決違憲爭議的適當方法；2. 不讓參審員參與評議表決雖能完全規避違憲爭議，但可能會損害到國民參與審判的立法宗旨；3. 設計特殊的評決標準來確保法官可以控管判決結論，則會觸及合憲性要求、國民參與審判立法宗旨，以及國家運用刑罰權以維護社會秩序等利益的交互衝突，雖然仍宜有一定的法官控管機制來確保合憲性，但仍應適度節制、以與其他重要利益相互調和。

二、制度的扎根與落實：

我國欠缺國民參與刑事審判制度之傳統，是以引進此一制度時，當然希望能夠迅速、順利的扎根落實，成為一個穩定成長的制度，以達成其立法宗旨，而非乏人問津、聊備一格的裝飾品。從此角度出發，當然希望適用案件之數量能夠達到一定的水準，有擔任參審員、參與審判經驗的國民愈多愈好，因此，給予被告選擇是否適用國民參與審判的權利、以自願、推薦方式產生參審員（非普選制），並讓其任職相當長期間的規劃（任期制），均不利於制度的扎根落實，應予避免。

三、制度立法宗旨的實現：

國民參與刑事審判制度的立法宗旨（基本理念），乃在提升一般國民對於司法的理解與信賴、促進刑事訴訟程序的改革，而所謂提升一般國民對於司法的理解與信賴，除了消極面的讓一般國民「見證」刑事司法的健全與良善之外，亦寓有讓一般國民得以實質參與審判，於判決中反映一般國民的健全社會常識與正當法律感情之積極面意涵。故如何確保「一般國民得以實質參與審判」？「反映一般國民的健全社會常識與正當法律感情」？即為制度設計時必須思考的問題，本文認為：1. 被告縱使認罪，亦應適用國民參與刑事審判，以使參審員有機會參與量刑；2. 合議庭的組成方面，參審員的人數必須多於法官、但參審員人數仍不宜過多；3. 應該讓參與審判的國民可以參與評議表決等，均為實現制度立法宗旨，所必須注意的制度設計。

四、維持既有審判品質：

雖然國民參與刑事審判制度可以強化司法的正當性基礎，但刑事司法本身仍必須保持一定的審判品質，如果為了配合國民參與刑事審判制度的實施，而一味降低審判品質，自屬捨本逐末之舉。故本文認為：

1. 合議庭中法官人數不宜縮減；2. 有關程序問題（如訴訟程序之進行、證據能力之有無）仍宜由職業法官決定，而應排除參審員的參與；3. 設計特殊的評決標準來確保法官可以控管判決結論等等，均為維持既有審判品質的可行方案。至於賦予被告選擇適用國民參與審判的權利，則僅是讓被告規避國民參與審判致審判品質低落的現實性危險，而非讓國民參與審判仍能維持既有審判品質，自非可採。

五、避免造成國民過重負擔：

讓一般國民參與審判，對於參與審判的國民而言，當然會形成負擔，故在賦予義務之際，仍應遵守憲法第 23 條比例原則之規定，始不致違憲，已如前述；況如果讓參與審判的國民負擔過重，也會影響到制度的扎根與落實、以及制度立法宗旨的實現。為了避免造成國民過重的負擔，故在制度設計時，本文認為：1. 參與審判的國民應以參與單一個案審判為宜；2. 不宜賦予參與審判國民於審判期日外閱覽卷證的權利或義務，始能避免造成國民過重之負擔。

六、國家財政負擔與訴訟經濟：

國民參與刑事審判制度本來就比純由職業法官審判來得花錢，也會造成法官、檢察官、辯護人更沈重的工作負擔，雖然這些花費與負擔是不可避免的，但仍可透過案件數量的控管、以及限制適用於重大案件，來求取國家財政與訴訟經濟的最大效益。

茲依本文於第七章之討論，逐一整理本文在以參審為原型之前提下，認為適合於我國之國民參與刑事審判制度之具體制度設計方向如下：

圖表 18 適於我國的參審制之制度設計要素（建議案）

適用案件	
案件數量	需至少達全部刑事案件之 1% 以上
案件性質	以重大案件為主
被告認罪是否排除適用？	不排除、仍須適用
被告可否選擇不適用之？	被告不得選擇
合議庭組成	
基本原則	參審員人數必須多於法官、合議庭人數需為奇數
法官人數	維持現行合議庭 3 名法官
參審員人數	6 人為宜
參審員之產生	除具消極資格（如基本學歷限制、職業、個人因素、或有不公正審判之虞）者外，應自一般成年國民中隨機選任產生
參審員之任期	逐一個案選任
參審員之職權	
閱卷權利或義務	不應賦予
評議時表達意見之範圍	限於實體問題、不及於程序問題
可否參與評議表決？	可以
評議可決標準	過半數多數決，但應確保評決意見中有職業法官之贊成意見

伍、國民參與刑事審判制度將對第一審刑事訴訟程序產生影響

　　我國從 1999 年全國司法改革會議以來，歷經了一連串的刑事訴訟改革，基本上改革的方向是從職權主義朝向當事人主義邁進，但或因制度設計時未能貫徹當事人主義的精神，或因實際運作的法官、檢察官、辯護人未能認同、體察制度改革的宗旨，故上述改革並未完全達成立法者預期的目標，而後續的改革方向將何去何從？也因論者的立場不同，而有不同的主張。

　　讓一般國民參與刑事審判之後，由於一般國民具有法律專業與審判經驗不足、時間不足、存有業餘心態等特質，除非完全不在乎這些特質，也不打算減輕參審員的負擔、以使其等能夠實質參與審判，否則勢

必要因應一般國民的上述特質，對第一審刑事訴訟程序進行必要的改革，舉凡：

一、考量到參審員不宜於審理期日前接觸偵查卷證的現實，為使參審員得以實質參與審判，故亦應限制承審法官於審理期日前接觸卷證，因此有引進起訴狀一本主義的需求，藉此並可以達成讓當事人主導證據調查的目標。

二、考量到參審員可能會受到無證據能力、無證據調查必要性證據（瑕疵證據）的影響，所以有必要要求法官在審理期日前以裁定篩選、排除無證據能力或無證據調查必要性證據，故必須要建立更完備的證據裁定制度，以此讓證據法則的運用更為嚴謹。

三、考量到參審員比較容易藉由證人證言、物證形成心證，所以審判期日進行證據調查時，要以言詞性證據、直接證據來取代書面性證據、衍生證據，因而可以實現更徹底的直接審理、言詞審理。

四、考量到參審員能夠參與審判的時間有限，故必須要盡可能在密集、短時間內完成審理，故可以達成更迅速、集中的審理。

五、考量到參審員可能會因過多重複、紊亂、重要性不一的證據而受到混淆，不利形成心證，故必須進行調查證據的挑選、去蕪存菁，並可藉此矯正過度重視細節的真實發現。

六、為免參審員受到被告先前自白的影響，產生不利於被告的偏見、預斷，故「就被告被訴事實為訊問」，應先於「調查得為證據之被告自白」，因此可以導正過度偏重被告自白的實務傳統傾向。

七、為免參審員質疑法院的公正性，故法院必須要以更客觀、公正的評價者來臨訟，且判決書必須要更以一般國民能夠理解的角度來撰寫，因此法院的審理態度會獲得改善、判決書的內容也會更淺顯易懂。

以上功效，或為部分論者亟思推動的改革，或為現行刑事訴訟早已明定追求、卻難以達成的目標，本文認為在引進國民參與刑事審判制度後，均可獲得解決的機會。但必須留意的是，刑事審判的品質，仍須

達到足以正確適用法律的標準，不能因為一味謀求減輕參與審判國民的負擔、使國民參與刑事審判制度順利扎根、落實，而讓刑事審判品質崩潰，「皮之不存、毛將焉附」，國民參與刑事審判制度雖然可以促成第一審刑事訴訟程序的改革，但仍需有一定水準的「良善審判品質」作為核心，如此的改革才有實質意義。

陸、配合第一審行參審審判，第二審的審理構造也必須改為「法律審兼事實審的事後審制」

我國現行的第二審係採行「覆審制」，亦即第二審法院與第一審法院同為事實審，且第二審係較第一審更為優越的事實審，第二審不但可以調查第一審所未及調查的「新」證據，也必須調查第一審已經調查過的「舊」證據，綜合所有新舊證據所得心證，與第一審判決進行比較，只要其間有所歧異，不論程度大小，均應撤銷原審判決並自為判決。此種覆審制的第二審審理構造，雖然可以充分滿足「誤判救濟」的需求，但過於嚴峻的審查密度、重複的證據調查，也使得第一審的功能被忽視、架空。為使審判的重心回到第一審，論者遂主張第二審之審理構造應該改為「事後審制」，亦即僅觀察第一審審理過程（包括證據調查、適用法令），藉此判斷原審判決是否正確無疑，而非第二審另外形成其確信心證；第二審若對第一審判決之正確性有所懷疑，即需將案件發回第一審重新審理，以此確立第一審為刑事審判的中心。但對此改革提議，論者意見不一，擔憂第二審之審查密度因此過於寬鬆，無法充分發揮誤判救濟功能的觀點，迄今仍甚為有力，故第二審改為事後審之改革迄今無法落實，連帶也影響到第三審改為法律審之改革。

實則，第一審近幾年進行了一連串刑事訴訟程序改革，更重視直接審理、言詞審理，相較於此，第二審縱令採行「覆審制」，但實際運作時，第二審就第一審已經調查過的證據，其直接審理、言詞審理之程度均不及第一審，是否仍有撤銷原審判決之正當性？即非無疑；而在第

一審改採國民參與刑事審判制度後，基於維護國民參與刑事審判制度的立法宗旨，更需尊重第一審的判決，此時僅由職業法官組成的第二審法院，是否仍具有以「不徹底的覆審審理」撤銷原審判決並自為判決的正當性？更非無疑，故第一審行參審審判之第二審審理構造應如何改革，乃成為國民參與刑事審判制度成敗的重要關鍵。

本文以第一審行國民參與刑事審判制度為前提，探討第二審應有的審理構造，並就覆審制、續審制、事後審制等逐一討論。其中續審制僅調查部分新證據，即可將原審判決撤銷並自為判決，乃最不符合直接審理主義精神，最欠缺正當性的審理構造，首先應加以揚棄；而覆審制中第二審亦由國民參與審判、且進行直接審理、將所有證據重新調查之設計，則將陷入第一審之國民參與審判與第二審之國民參與審判何者更具正當性的質疑，用人數較多、智識程度較高，來形塑第二審國民參與審判擁有撤銷第一審國民參與審判的正當性，亦難謂妥當，至於覆審制之第二審仍由職業法官組成合議庭，在撤銷原審判決並自為判決的正當性方面，將更有疑問。故本文認為，第二審應該採行職業法官的事後審查制，且審查之範圍包括法律及事實兩方面，但職業法官僅能審查原審判決有無錯誤「之虞」，如有，即應將案件撤銷發回原審，由原審重新組成國民參與之法庭、進行覆審之審理，而不能由第二審形成心證、自為判決，以此使誤判救濟與尊重第一審行國民參與審判等利益，獲得調和。

為了徹底實踐第二審採行法律審兼事實審之審理構造，是除了第一審之判決書仍須詳盡交代得心證之理由，以提供第二審審查之憑據外，更應限制第二審對於新證據之調查、重新律定因事實誤認撤銷原審判決之標準為「有事實誤認之虞」、且第二審撤銷原審判決後，除單純法律適用錯誤外，均應發回原審，而不能自為判決。綜上所述，我國若引進國民參與刑事審判制度，則第二審之審理構造實有配合修正改革之必要，而不能以不修正法律、僅由實務運作的方式來解決上述問題。

參考文獻

一、中文

（一）中文書籍（含教科書、專書、學位論文）

尤志安，清末刑事司法改革研究——以中國刑事訴訟制度近代化為視角，2004 年 8 月。

王天宇，陪審制度之研究——兼論我國軍事審判參審之立法及配套，國防大學管理學院法律學研究所碩士論文，2009 年 6 月。

仲崇親，中國憲法的變遷與成長，初版，1995 年 12 月。

吳文華，人民參與審判——沿革、類型與合憲性，國立政治大學法律學系碩士班論文，2012 年 7 月。

宋健弘，訴訟權之研究——以行政救濟制度為中心，國立政治大學法律學研究所碩士論文，1999 年 1 月。

周儀婷，參審制度之研究，國防大學管理學院法律學研究所碩士論文，2009 年 6 月。

易延友，陪審團審判與對抗式訴訟，初版，2004 年 11 月。

林永謀，刑事訴訟法釋論（中），初版，2007 年 2 月。

林紀東，中華民國憲法逐條釋義（第三冊），修訂初版，1982 年 1 月。

林鈺雄，嚴格證明與刑事證據，1 版，2002 年 9 月。

林鈺雄，刑事訴訟法（下冊）——各論編，4 版，2006 年 9 月。

施鵬鵬，陪審制研究，1 版，2008 年 7 月。

荊知仁，中國立憲史，初版，1984 年 11 月。

國民大會秘書處編，（制憲）國民大會實錄，1946 年 12 月。

張耀曾、岑德彰編，中華民國憲法史料，1981 年 5 月。

陳樸生，刑事訴訟法實務（重訂版），1993 年 10 月。

陳新民，憲法學釋論，修訂 7 版，2011 年 9 月。

雷震原著，薛化元主編，中華民國制憲史——制憲的歷史軌跡（1912-1945），初版，2009 年 9 月。

繆全吉，中國制憲史資料彙編——憲法編，1990 年 6 月。

謝凱傑，我國採行人民參與審判制度之探討——以國民參審試行條例草案為中心，國立成功大學法律學系研究所碩士論文，2008 年 8 月。

蘇永欽，司法改革的再改革，初版，1998 年 10 月。

（二）中文期刊

何賴傑，法院依職權調查證據相關法條之對案，專題研討「刑事訴訟法證據章修正對案研討會」，臺灣本土法學，16 期，頁 114 以下，2000 年 11 月。

何賴傑，從德國參審制談司法院人民觀審制，臺大法學論叢，41 卷特刊，頁 1189 以下，2012 年 11 月。

吳巡龍，從美國上訴制度檢討我國刑事訴訟上訴審修正草案，臺灣本土法學，67 期，頁 121 以

　　下，2005 年 2 月。

呂秉翰，審判制度之民主化——「國民參審試行條例草案」評析，刑事法雜誌，54 卷 1 期，頁 57 以下，2010 年 2 月。

李念祖，實施參審制度在我國憲法上的幾個基本問題，憲政時代，20 卷 3 期，頁 16 以下，1995 年 1 月。

林永謀，論國民參與司法暨參審制之採行，憲政時代，20 卷 3 期，頁 3 以下，1995 年 1 月。

林永謀，德國陪審、參審採行之理念上觀察，法令月刊，46 卷 1 期，頁 46-3 以下，1995 年 1 月。

林俊益，論準備程序有關證據能力爭議之調查，月旦法學雜誌，139 期，頁 247 以下，2006 年 12 月。

林俊益、林信旭，人民參與審判初探——以人民觀審試行條例草案初稿為中心，全國律師，16 卷 4 期，頁 8 以下，2012 年 4 月。

姜世明，法定法官原則之基本概念，法官協會雜誌，11 卷，頁 33 以下，2009 年 11 月。

許玉秀，論正當法律程序原則（一）～（十五終篇），軍法專刊，55 卷 3 期、4 期、5 期、6 期、56 卷 1 期、2 期、3 期、4 期、5 期、6 期、57 卷 1 期、2 期、3 期、4 期、5 期，2009 年 6 月～ 2011 年 10 月。

陳新民，評議法定法官原則的探源與重罪羈押合憲性的爭議，軍法專刊，56 卷 1 期，頁 7 以下，2010 年 2 月。

陳運財，不對稱上訴制度之初探，檢察新論，9 期，頁 65 以下，2011 年 1 月。

陳運財，恣意裁判之禁止與法定法官原則，法官協會雜誌，第 11 卷，頁 52 以下，2009 年 11 月。

陳運財，國民參與刑事審判之研究——兼評日本裁判員制度，月旦法學雜誌，180 期，頁 131 以下，2010 年 5 月。

黃國昌，美國陪審制度之規範與實證，月旦法學雜誌，194 期，頁 68 以下，2011 年 7 月。

黃朝義，刑事第二審構造及其未來走向，月旦法學雜誌，143 期，頁 31 以下，2007 年 4 月。

蘇永欽，參審制度有無違憲之研究，律師通訊，第 113 期，頁 22-23，1989 年 2 月。

蘇永欽，從憲法及司法政策角度看參與及其試行，憲政時代，20 卷 3 期，頁 25 以下，1995 年 1 月。

（三）中文論文集

何賴傑，新法之刑事法院職權調查證據，載於刑事證據法則之新發展——黃東熊教授七秩祝壽論文集，第一版，頁 415 以下，2003 年 6 月。

何賴傑，上訴審改革之理論與方向，林山田等編，如何建立一套適合我國國情的刑事訴訟制度，頁 333 以下，2000 年 4 月。

何賴傑，簡介德國刑事上訴制度，刑事訴訟起訴狀一本主義及配套制度法條化研究報告（下），最高法院學術研究會叢書（七），頁 471 以下，2001 年 10 月。

陳運財，我國刑事訴訟上訴審構造之檢討，刑事訴訟起訴狀一本主義及配套制度法條化研究報告（下），最高法院學術研究會叢書（七），頁 495 以下，2001 年 10 月。

黃榮堅，評「參審制度之研究」，刑事法系列研討會（一）如何建立一套適合我國國情的刑事訴訟制度，1 版，頁 94 以下，2000 年 4 月。

劉恆妏，革命／反革命——南京國民政府時期國民黨的法律論述，王鵬翔編，2008 法律思想與社會變遷・中央研究院法律學研究所籌備處專書（7），頁 55 以下，2008 年 12 月。

（四）中文研討會、座談會、演講記錄、演講講義

「刑事訴訟上訴制度」學術研討會，臺灣本土法學，第 67 期，頁 151 以下，2005 年 2 月。

Jean-Marie Pontier，張惠東譯，法國國民參與刑事審判制度（La participation des citoyens à la justice pènales en France），司法院專題演講，2011 年 12 月 6 日。

何賴傑，論德國參審制度，司法院「人民觀審制度借鑑──德國刑事訴訟參審的現狀及困境」專題演講，2011 年 3 月 18 日。

李念祖，人民參與審判之憲法爭議，司法院研議人民觀審制度系列專題演講，2011 年 5 月 27 日。

李東洽，大韓民國之國民參與審判制，法務部司法官訓練所 2012 司法民主化及社會化人民參與審判制度之觀摩比較國際研討會，2012 年 11 月。

陳愛娥，人民參與審判之憲法爭議，司法院研議人民觀審制度系列專題演講，2011 年 5 月 27 日。

陳運財，人民參與審判法制面面觀──兼評人民觀審試行條例草案，第 67 屆司法節學術研討會論文，2012 年 1 月。

二、日文（依姓氏五十音順）

（一）日文書籍（含教科書、專書）

ローク・M・リード（Roark M. Reed）、井上正仁、山室恵，アメリカの刑事手続，初版，1989 年 2 月。

サミュエル・ウォーカー（Samuel Walker）著，藤本哲也監訳，民衆司法：アメリカ刑事司法の歴史（Popular Justice: A History of American Criminal Justice），初版，1999 年 9 月。

渥美東洋，刑事訴訟法，新版補訂，2005 年 5 月。

芦部信喜著，高橋和之補訂，憲法，3 版，2003 年 6 月。

浦部法穂，新版・憲法学教室 II，新版，1996 年 10 月。

浦部法穂、大久保史郎、森英樹，現代憲法講義 I（講義編），2 版，1997 年 5 月。

大阪弁護士会裁判員制度実施大阪本部編，コンメンタール公判前整理手続，1 版，2007 年 11 月。

丸田隆，アメリカ陪審制度研究：ジュリー・ナリフィケーションを中心に，1997 年 5 月。

丸田隆，陪審裁判を考える：法廷にみる日米文化比較，1990 年 5 月。

宮澤俊義、芦部信喜，全訂・日本国憲法，2 版，1979 年 11 月。

兼子一、竹下守夫，裁判法，4 版，1999 年。

五十嵐二葉，刑事司法改革はじめの一歩，1 版，2002 年 4 月。

五十嵐二葉，説示なしでは裁判員制度は成功しない，1 版，2007 年 4 月。

後藤昭，刑事控訴立法史の研究，1 版，1987 年 5 月。

後藤昭等編，実務家のための裁判員法入門，1 版，2008 年 6 月。

佐藤幸治、竹下守夫、井上正仁，司法制度改革，初版，2002 年 10 月。

三井誠、酒巻匡，入門刑事手続法，4 版，2007 年 1 月。

三谷太一郎，政治制度としての陪審制：近代日本の司法権と政治，初版，2001 年 9 月。

山室恵編，刑事尋問技術，改訂版，2006 年 12 月。

酒巻匡，刑事証拠開示の研究，初版，1988 年 7 月。

小田中聰樹，ゼミナール刑事訴訟法（上）争点編，1 版，1987 年 12 月。

松代剛枝，刑事証拠開示の分析，1 版，2004 年 2 月。

松尾浩也，刑事訴訟法（下），新版補正第二版，2004 年 12 月 15 日。

松尾浩也，刑事訴訟法（上），新版，2005 年 6 月。

松本時夫、土本武司編，条解刑事訴訟法，3 版，2003 年 10 月。

石井一正，刑事控訴審の理論と実務，1 版，2010 年 5 月。

大澤裕、田中康郎等，裁判員裁判における第一審の判決書及び控訴審の在り方，1 版，2009 年 5 月。

池田修，解説裁判員法：立法の経緯と課題，初版，2005 年 7 月。

池田修，解説裁判員法：立法の経緯と課題，2 版，2009 年 5 月。

池田修、前田雅英，刑事訴訟法講義，初版，2004 年 6 月。

長沼範良、田中開、寺崎嘉博，刑事訴訟法，2 版，2005 年 4 月。

辻裕教，司法制度改革概説 6 裁判員法／刑事訴訟法，初版，2005 年 7 月。

田宮裕，刑事訴訟法（新版），新版，2004 年 2 月。

田口守一，刑事訴訟法，4 版，2005 年 9 月。

田口守一，刑事訴訟法，5 版，2009 年 3 月。

藤田政博，司法への市民参加の可能性：日本の陪審制度・裁判員制度の実証的研究，2008 年 1 月。

白取祐司，刑事訴訟法，3 版，2005 年 4 月。

白取祐司，刑事訴訟法，6 版，2010 年 10 月。

樋口陽一、佐藤幸治、中村睦男、浦部法穂，注釈・日本国憲法（下巻），初版，1988 年 9 月。

福井厚，刑事訴訟法講義，2 版，2003 年 4 月。

利谷信義、小田中聰樹，裁判と国民の権利，1987 年 4 月。

齋藤哲，市民裁判官の研究，1 版，2001 年 2 月。

最高裁判所事務総局，裁判員裁判実施状況の検証報告書，2012 年 12 月。

鯰越溢弘，裁判員制度と国民の司法参加，1 版，2004 年 10 月。

（二）日文期刊

カール・F・グッドマン，合衆国における司法手続への司法参加，国民の司法参加と司法改革，頁 124 以下，1997 年 3 月。

芦高源、飯畑正一郎、中田幹人，裁判員制度の下における控訴審の在り方（4）控訴手続の審査，判例タイムズ，1274 号，頁 72 以下，2008 年 10 月。

芦沢政治，フランスの刑事参審制度について，ジュリスト，1195 号，頁 88 以下，2001 年 3 月。

安村勉，国民の司法参加，特集・刑事訴訟法五〇年，ジュリスト，1148 号，頁 260 以下，1999 年 1 月。

安村勉，裁判員制の構成：裁判員の権限・人数・選任方法・任期，特集・裁判員制度導入の諸問題，現代刑事法，32 号，頁 35 以下，2001 年 12 月。

伊藤雅人、高橋康明，刑事訴訟規則の一部を改正する規則の解説，法曹時報，57 巻 9 号，頁 41 以下，2005 年 9 月。

稲葉一生，ドイツにおける刑事司法への国民参加の実情と問題点（1），ジュリスト，973 号，頁 74 以下，1991 年 2 月。

宇藤崇，裁判員制度下における事実認定の諸問題，特集・刑事事実認定の現代的課題，刑事法ジャーナル，4 号，頁 10 以下，2006 年。

遠藤和正、富田敦史，裁判員制度の下における控訴審の在り方（6）事実認定の審査，判例タイムズ，1276 号，頁 43 以下，2008 年 11 月。

奥村文男，裁判員制度の批判的考察，憲法論叢，11 号，頁 1 以下，2004 年 12 月。

岡慎一，裁判員制度の導入と弁護活動：公判前整理手続を中心に，法律のひろば，57 巻 9 号，頁 39 以下，2004 年 9 月。

岡慎一，公判前整理手続の課題と証拠開示規定の趣旨・目的，特集・公判前整理手続と公判手続，刑事法ジャーナル，2 号，頁 35 以下，2006 年。

岡慎一，裁判員裁判における証拠調べのあり方と弁護活動の課題，自由と正義，57 巻 3 号，頁 87 以下，2006 年 3 月。

岡慎一，証拠開示規定の解釈・運用，自由と正義，57 巻 9 号，頁 71 以下，2006 年 9 月。

岡田悦典，刑事訴訟における準備手続の役割と構造（1）：当事者主義訴訟における公判前準備手続に関する比較研究，南山法学 30 巻 3・4 号，頁 105 以下，2007 年 3 月。

岡田悦典，刑事訴訟における準備手続の役割と構造（2）：当事者主義訴訟における公判前準備手続に関する比較研究，南山法学 31 巻 1・2 号，頁 241 以下，2007 年 9 月。

岡田悦典，刑事訴訟における準備手続の役割と構造（3）：当事者主義訴訟における公判前準備手続に関する比較研究，南山法学 31 巻 3 号，頁 99 以下，2007 年 12 月。

加藤克佳，日本の裁判員制度について：ドイツの参審制度との比較を中心として，愛知大学法学部法経論集，170 号，頁 23 以下，2006 年 2 月。

加藤克佳，国民（市民）の司法参加と裁判員制度，特集・動き出した刑事司法改革，法律時報，74 巻 7 号，頁 49 以下，2002 年 6 月。

河津博史，裁判員制度と事実認定，特集・変革期の刑事裁判と事実認定，法律時報，77 巻 11 号，頁 49 以下，2005 年 10 月。

花崎政之，ドイツにおける参審制度の運用の実情，法律のひろば，57 巻 5 号，頁 62 以下，2004 年 5 月。

丸田隆，アメリカ陪審制度の理念と問題点，特集・陪審制をめぐる歴史・理念的検討，法律時報，64 巻 5 号，頁 34 以下，1992 年 4 月。

丸田隆，日本人の国民性と参審制度：参審制は日本人に向いているか？，法と政治，51 巻 1 号，頁 163 以下，2000 年 4 月。

丸田隆，裁判官の事実認定と市民の事実認定：職業裁判官制度・陪審制度および裁判員制，法学セミナー，562 号，頁 76 以下，2001 年 10 月。

岩田太，合衆国における刑事陪審の現代の役割（一）：死刑陪審の量刑裁量をめぐって，法学協会雑誌，118 巻 7 号，頁 1011 以下，2001 年 6 月。

岩田太，合衆国における刑事陪審の現代の役割（二）：死刑陪審の量刑裁量をめぐって，法学協会雑誌，118 巻 10 号，頁 1479 以下，2001 年 11 月。

岩田太，合衆国における刑事陪審の現代の役割（三）：死刑陪審の量刑裁量をめぐって，法学協会雑誌，119 巻 1 号，頁 1 以下，2002 年 2 月。

岩田太，合衆国における刑事陪審の現代の役割（四）：死刑陪審の量刑裁量をめぐって，法学協会雑誌，119 巻 3 号，頁 451 以下，2002 年 4 月。

岩田太，合衆国における刑事陪審の現代の役割（五）：死刑陪審の量刑裁量をめぐって，法学協会雑誌，119 巻 11 号，頁 2169 以下，2002 年 12 月。

岩田太，合衆国における刑事陪審の現代の役割（六・完）：死刑陪審の量刑裁量をめぐって，法学協会雑誌，120 巻 5 号，頁 921 以下，2003 年 6 月。

菊地博，陪審制度の歴史と今後，朝日法学論集，24 号，頁 1 以下，2000 年 2 月。

吉丸真，裁判員制度の下における公判手続の在り方に関する若干の問題，判例時報，1807 号，頁 3 以下，2003 年 3 月。

吉丸真，争点中心の証拠調べの充実を図るための諸方策（上），判例時報，1838 号，頁 3 以下，2004 年 1 月。

吉丸真，争点中心の証拠調べの充実を図るための諸方策（下），判例時報，1839 号，頁 3 以下，2004 年 1 月。

吉弘光男、本間一也，一九世紀ドイツにおける陪審裁判所および参審裁判所導入の過程，特集・陪審制をめぐる歴史・理念の検討，法律時報，64 巻 5 号，頁 46 以下，1992 年 4 月。

吉田智宏，裁判員の参加する刑事裁判に関する規則の概要，判例タイムズ，1244 号，頁 4 以下，2007 年 9 月。

吉利用宣，裁判員制度の導入と検察官上訴，愛知学院大学法学研究，46 巻 1 号，頁 107 以下，2004 年 12 月。

宮城啓子，裁判員制度の導入と上訴，現代刑事法，32 号，頁 57 以下，2001 年 12 月。

宮島里史，裁判員制と対象事件，特集・裁判員制度導入の諸問題，現代刑事法，32 号，頁 42 以下，2001 年 12 月。

原田國男，裁判員制度における量刑判断，特集・裁判員制度のゆくえ，現代刑事法，61 号，頁 47 以下，2004 年。

原田國男，裁判員制度における事実認定：木谷・石井論争を素材として，特集・変革期の刑事裁判と事実認定，法律時報，77 巻 11 号，頁 36 以下，2005 年 10 月。

原田國男，量刑をめぐる諸問題：裁判員制度の実施を迎えて，判例タイムズ，1242 号，頁 72 以下，2007 年 8 月。

五十嵐二葉，開示制度が司法改革の性格を決める，特集・全面証拠開示を求めて：冤罪・誤判をなくすために，法と民主主義，379 号，頁 3 以下，2003 年 6 月。

後藤昭，裁判員制度に伴う上訴の構想，一橋法学，2 巻 1 号，頁 3 以下，2003 年 3 月。

後藤昭，刑事司法改革の到達点と展望，特集・姿を見せた刑事司法改革，法律時報，76 巻 10 号，頁 25 以下，2004 年 9 月。

後藤昭，公判前整理手続をめぐる二つの検討課題，自由と正義，57 巻 9 号，頁 91 以下，2006 年 9 月。

後藤貞人，裁判員裁判と公判前整理手続，自由と正義，57 巻 9 号，頁 83 以下，2006 年 9 月。

荒木伸怡，市民と刑事裁判との距離を縮めるために，立教法学，49 号，頁 18 以下，1998 年 3 月。

荒木友雄，裁判員制における事実認定と量刑，特集・裁判員制度導入の諸問題，現代刑事法，32 期，頁 49 以下，2001 年 12 月。

香城敏麿，裁判員制度の合憲性，特集・裁判員制度のゆくえ，現代刑事法，61 号，頁 24 以下，2004 年。

高窪貞人，刑事陪審の功罪，比較法雑誌，29 巻 1 号，頁 245 以下，1995 年 6 月。

高内寿夫，事実認定の構造論からみる陪審制と職業裁判官制，白鴎法学，6 号，頁 111 以下，1996 年 10 月。

今崎幸彦，「裁判員制度導入と刑事裁判」の概要，判例タイムズ，1188 号，頁 4 以下，2005 年 11 月。

今崎幸彦，裁判員裁判における複雑困難事件の審理：司法研修所における裁判官共同研究の概要，判例タイムズ，1221 号，頁 4 以下，2006 年 12 月。

佐藤博史，陪審・参審・職業裁判官（二）: 参審制と立場から，特集・陪審・参審・職業裁

判官，刑法雑誌，39 巻 1 号，頁 30 以下，1999 年 7 月。

佐藤博史，「裁判員制度と事実認定」の課題，特集・刑事事実認定の現代的課題，刑事法ジャーナル，4 号，頁 31 以下，2006 年。

佐藤博史、松澤伸，裁判員制度の人数構成：裁判官 2 人制の提言，現代刑事法，57 号，頁 40 以下，2004 年 1 月。

佐藤文哉，裁判員制度にふさわしい証拠調べと合議について，判例タイムズ，1110 号，頁 4 以下，2003 年 3 月。

佐伯千仞，陪審裁判の復活はどのように阻止されてきたか，立命館法学，255 号，頁 889 以下，1998 年 2 月。

最高検察庁裁判員制度等実施準備検討会，新たな証拠開示のル：ルについて，研修，688 号，頁 27 以下，2005 年 10 月。

裁判員制度に反対する会，裁判員制度に反対する会の意見書，判例時報，1844 号，頁 3 以下，2004 年 3 月。

笹田栄司，裁判員制度と日本国憲法，法律時報，77 巻 4 号，頁 24 以下，2005 年 4 月。

笹田栄司，裁判員制度と憲法的思考，ジュリスト，1363 号，頁 79 以下，2008 年 9 月。

三井誠，司法制度改革と刑事司法，ジュリスト，1170 号，頁 42 以下，2000 年 1 月。

三谷太一郎，裁判員制度の政治史的意義，自由と正義，55 巻 2 号，頁 26 以下，2004 年 2 月。

三谷太一郎，裁判員制度と日本の民主主義，法律時報，77 巻 4 号，頁 52 以下，2005 年 4 月。

山田直子，刑事司法改革を読み解く：証拠開示は進展したか・改善されたのか，法学セミナー，630 号，頁 31 以下，2007 年 6 月。

山名京子，ドイツにおける参審員選任手続の問題点，研究叢書（関西大学法学部），8 冊，頁 101 以下，1993 年 12 月。

四宮啓，陪審・参審・職業裁判官（一）：陪審制と立場から，特集・陪審・参審・職業裁判官，刑法雑誌，39 巻 1 号，頁 18 以下，1999 年 7 月。

四宮啓，刑事裁判と陪審制：なぜ必要なのか，特集・刑事裁判への国民参加，現代刑事法，27 号，頁 25 以下，2001 年 7 月。

市原靖久，1923 年陪審法の構造的欠陥とその克服：同法施行期および戦後改革期を中心として，関西大学法学研究所編「研究叢書第 8 冊」，頁 59 以下，1993 年 12 月。

市川正人，国民参加と裁判員制度，特集・姿を見せた刑事司法改革，法律時報，76 巻 10 号，頁 41 以下，2004 年 9 月。

指宿信，証拠開示は世界的にどうなっているか，特集・全面証拠開示を求めて：冤罪・誤判をなくすために，法と民主主義，379 号，頁 8 以下，2003 年 6 月。

寺崎嘉博，公判前整理手続の意義と「やむを得ない事由」の解釈，特集・公判前整理手続と公判手続，刑事法ジャーナル，2 号，頁 2 以下，2006 年。

守屋克彦，裁判員制度と官僚司法：刑事裁判は変わるのか，特集・姿を見せた刑事司法改革，法律時報，76 巻 10 号，頁 36 以下，2004 年 9 月。

酒井邦彦，公判前整理手続の実施状況：施行 1 年を振り返って，判例タイムズ，1229 号，頁 33 以下，2007 年 3 月。

酒巻匡，裁判員制度導入の意義と課題，特集・刑事裁判における裁判員制度の導入，法律のひろば，57 巻 9 号，頁 49 以下，2004 年 9 月。

酒巻匡，裁判員制度の意義と課題，法学教室，308 号，頁 10 以下，2006 年 5 月。

酒巻匡，裁判員制度と公判手続，特集・刑事訴訟法 60 年・裁判員法元年，ジュリスト，1370 号，頁 149 以下，2009 年 1 月。

小山雅亀，イギリスの証拠開示，法学セミナー，584 号，頁 52 以下，2003 年 8 月。

小川育央，裁判員制度のもとにおける控訴審の在り方（1）総論，判例タイムズ，1271 号，頁 77 以下，2008 年 8 月。

小島吉晴，裁判員制度と事実認定の課題，特集・刑事事実認定の現代的課題，刑事法ジャーナル，4 号，頁 24 以下，2006 年。

小島正夫、細谷泰暢，裁判員制度のもとにおける控訴審の在り方（7），判例タイムズ，1278 号，頁 16 以下，2008 年 11 月。

松井茂記，裁判員制度と取材・報道の自由，特集・裁判員制度の総合的研究，法律時報，77 巻 4 号，頁 45 以下，2005 年 4 月。

松尾浩也，刑事訴訟における国民参加，特集・刑事裁判への国民参加，現代刑事法，27 号，頁 11 以下，2001 年 7 月。

松尾浩也，刑事裁判と国民参加：裁判員法施行 1 年の日に，判例タイムズ，1329 号，頁 59 以下，2010 年 10 月 15 日。

松本英俊，イギリスにおける初期の陪審の発展とその影響，九大法学，72 号，頁 145 以下，1996 年 9 月。

松本時夫，裁判員制度と事実認定・量刑判断のあり方について，法曹時報，55 巻 4 号，頁 1 以下，2003 年 4 月。

松本時夫，裁判員制度の予想できる具体的運用について，法の支配，133 号，頁 31 以下，2004 年 4 月。

松本芳希，裁判員裁判と保釈の運用について，ジュリスト，1312 号，頁 1258 以下，2006 年 6 月。

松澤伸，北欧四カ国の陪審制・参審制，特集・刑事裁判への国民の参加，現代刑事法，27 号，頁 37 以下，2001 年 7 月。

上田信太郎，司法改革における証拠開示の議論，法学セミナー，584 号，頁 60 以下，2003 年 8 月。

常本照樹，司法権：権利性と国民参加，公法研究，57 号，頁 66 以下，1995 年 10 月。

植村立郎，裁判員制度への国民の理解と協力，特集・裁判員制度のゆくえ，現代刑事法，61 期，頁 30 以下，2004 年。

植村立郎，裁判員制度と量刑，特集・刑事訴訟法 60 年・裁判員法元年，ジュリスト，1370 号，頁 157 以下，2009 年 1 月。

植野聡、今泉裕登、出口博章，裁判員制度の下における控訴審の在り方（2）控訴審の訴訟手続（1），判例タイムズ，1272 号，頁 50 以下，2008 年 9 月。

新屋達之，日本の証拠開示・その歴史と現状，法学セミナー，584 号，頁 48 以下，2003 年 8 月。

新屋達之，刑事司法改革を読み解く：裁判員制度導入の意義と現段階での課題，法学セミナー，630 号，頁 17 以下，2007 年 6 月。

新倉修，序論・陪審裁判の歴史と理念，特集・陪審制をめぐる歴史・理念的検討，法律時報，64 巻 5 号，頁 22 以下，1992 年 4 月。

森井暲，ドイツの参審制について，研究叢書（関西大学），第 8 冊，頁 19 以下，1993 年 12 月。

森下忠，フランスの参審制度（中），判例時報 2089 号，頁 26 以下，2010 年 11 月。

森下忠，フランスの参審制度（下），判例時報 2092 号，頁 47 以下，2010 年 12 月。

神山啓史、岡慎一，裁判員制度と「当事者主義の重視」，判例タイムズ，1274 号，頁 43 以下，2008 年 10 月。

水谷規男，裁判員裁判と上訴・再審制度の課題，法律時報，79 巻 12 号，頁 74 以下，2007 年 11 月。

杉田宗久，公判前整理手続における「争点」の明確化について：被告人側の主張明示義務と争点関連証拠開示の運用をめぐって，判例タイムズ，1176 号，頁 4 以下，2005 年 6 月。

西村健、宮村啓太，公判前整理手続の現状と課題，自由と正義，57 巻 9 号，頁 62 以下，2006 年 9 月。

西村健、工藤美香，「裁判員制度」制度設計の経過と概要，自由と正義，55 巻 2 号，頁 14 以下，2004 年 2 月。

西田時弘，裁判員制度の下における控訴審の在り方（3）控訴審の訴訟手続（2），判例タイムズ，1273 号，頁 105 以下，2008 年 9 月。

西野喜一，日本国憲法と裁判員制度（上），判例時報，1874 号，頁 3 以下，2005 年 1 月。

西野喜一，日本国憲法と裁判員制度（下），判例時報，1875 号，頁 3 以下，2005 年 1 月。

西野喜一，裁判員制度批判（上），判例時報，1904 号，頁 3 以下，2005 年 11 月。

西野喜一，裁判員制度批判（下），判例時報，1905 号，頁 14 以下，2005 年 11 月。

西野喜一，裁判員制度下の控訴審，判例タイムズ，1237 号，頁 122 以下，2007 年 6 月。

石井一正，刑事裁判における事実認定について（続）：事実認定の専門性と日常性，判例タイムズ，1097 号，頁 3 以下，2002 年 10 月。

石井一正，証拠開示の在り方，特集・公判前整理手続と公判手続，刑事法ジャーナル，2 号，頁 14 以下，2006 年。

石山宏樹，裁判員制度の導入と刑事司法，特集・刑事裁判における裁判員制度の導入，法律のひろば，57 巻 9 号，頁 24 以下，2004 年 9 月。

石田由希子，アメリカにおける陪審制度に関する実証的研究について：陪審員は裁判官の説示（jury instruction）を理解しているのか，判例タイムズ，1230 号，頁 83 以下，2007 年 4 月。

川出敏裕，刑事裁判への国民参加と直接主義・口頭主義，研修，649 号，頁 3 以下，2002 年 7 月。

村瀬均，公判前整理手続と公判手続の運用：裁判員制度を念頭に置いて，特集・公判前整理手続と公判手続，刑事法ジャーナル，2 号，頁 21 以下，2006 年。

大久保太郎，司法制度改革審議会の中間報告を読んで，判例時報，1735 号，頁 37 以下，2001 年 3 月。

大久保太郎，裁判員制度案批判，判例時報，1750 号，頁 25 以下，2001 年 8 月。

大久保太郎，裁判員制度案批判（続）（上），判例時報，1772 号，頁 3 以下，2002 年 3 月。

大久保太郎，裁判員制度案批判（続）（下），判例時報，1774 号，頁 3 以下，2002 年 4 月。

大久保太郎，裁判員制度案批判補説，判例時報，1810 号，頁 3 以下，2003 年 4 月。

大久保太郎，裁判員制度立法化への根本的の疑問（上），判例時報，1825 号，頁 24 以下，2003 年 9 月。

大久保太郎，裁判員制度法案に見える刑事訴訟法の堕落：裁判制度の根底に関わるこのような違憲規定は許されない，判例時報，1848 号，頁 3 以下，2004 年 4 月。

大久保太郎，「違憲のデパート」裁判員制度実施の不可能性（上），判例時報，1883 号，頁 3

以下，2005 年 4 月。

大久保太郎，「違憲のデパート」裁判員制度実施の不可能性（下），判例時報，1884 号，頁 3
　　以下，2005 年 4 月。

大石和彦，「国民の司法参加」をめぐる憲法問題：司法制度改革審議会最終意見書を受け
　　て，白鴎法学，18 号，頁 123 以下，2001 年 11 月。

大島隆明，公判前整理手続に関する冊子の作成・配付について，判例タイムズ，1192 号，
　　頁 4 以下，2006 年 1 月。

大澤裕，「新たな準備手続」と証拠開示，刑法雑誌，43 巻 3 号，頁 426 以下，2004 年 3 月。

大澤裕，合議体の構成，特集・裁判員制度のゆくえ，現代刑事法，6 巻 5 号，頁 15 以下，
　　2004 年 5 月。

谷直之，国民の司法参加としての陪審制に関する一考察：英米の議論を素材にして，同志社
　　法学，51 巻 1 号，頁 32 以下，1999 年 5 月。

谷直之，裁判員制度に関する一考察：司法権の独立と評議の秘密の視点から，清和法学研
　　究，10 巻 2 号，頁 149 以下，2003 年 12 月。

池田修，裁判員制度への期待と今後の課題，法律のひろば，57 巻 9 号，頁 32 以下，2004 年
　　9 月。

中桐圭一，裁判員制度の下における控訴審の在り方（5）量刑の審査，判例タイムズ，1275
　　号，頁 66 以下，2008 年 10 月。

中原精一，陪審制度と憲法論の輪郭，法律時報，61 巻 2 号，頁 70 以下，1989 年 2 月。

中山博之，調書裁判から公判中心主義へ，特集・刑事司法改革，自由と正義，54 巻 10 号，
　　頁 89 以下，2003 年 10 月。

中川孝博，裁判員制度と刑事司法改革の課題：未決拘禁システム・適正な事実認定，特集・
　　裁判員制度の総合的研究，法律時報，77 巻 4 号，頁 30 以下，2005 年 4 月。

中川孝博，裁判員制度のもとにおける控訴審のあり方，季刊刑事弁護，43 号，頁 60 以下，
　　2005 年 9 月。

中村義孝，フランス司法権の特徴と重罪陪審裁判，立命館法学，300・301 号，頁 387 以
　　下，2005 年。

中谷雄二郎，合田悦三，裁判員制度における事実認定，特集・裁判員制度のゆくえ，現代刑
　　事法，61 期，頁 39 以下，2004 年。

長谷川充弘，裁判員裁判の下における捜査・公判遂行の在り方に関する検察試案について，
　　ジュリスト，1310 号，頁 110 以下，2006 年 4 月。

長谷部恭男，司法権の概念と裁判のあり方，特集・日本国憲法と新世紀の航路，ジュリス
　　ト，1222 号，頁 140 以下，2002 年 5 月。

長谷部恭男，陪審制の合憲性，法学教室，283 号，頁 24 以下，2004 年 4 月。

長尾一紘，裁判員制度と日本国憲法，特集・裁判員制度導入の諸問題，現代刑事法，32 号，
　　頁 29 以下，2001 年 12 月。

田口守一，刑事司法への市民参加と訴訟理論，刑法雑誌，39 巻 1 号，頁 42 以下，1999 年 7
　　月。

田口守一，参審制度の憲法論，特集・刑事裁判への国民の参加，現代刑事法，27 号，頁 29
　　以下，2001 年 7 月。

田口守一，裁判員の要件：選任方法・辞退事由等を中心として，特集・裁判員制度のゆく
　　え，現代刑事法，61 号，頁 5 以下，2004 年 5 月。

田口守一，事実認定の多元性，特集・刑事事実認定の現代的課題，刑事法ジャーナル，4

号，頁 2 以下，2006 年。

田淵浩二，予断排除の原則・再考，静岡大学法政研究，8 巻 1 号，頁 1 以下，2003 年 10 月。

田淵浩二，刑事司法改革を読み解く：裁判の迅速が公判の形骸化にならないために，法学セミナー，630 号，頁 27 以下，2007 年 6 月。

渡辺直行，裁判員制度の理念的位置付けと・憲法との関係及び今後の検討課題についての一考察，修道法学，28 巻 1 号，頁 576 以下，2005 年 9 月。

東京地方裁判所公判審理手続検討委員会、同裁判員模擬裁判企画委員会，裁判員が関与する公判審理の在り方，判例タイムズ，1278 号，頁 5 以下，2008 年 11 月。

棟居快行，陪審制の憲法問題：司法権の独立を中心として，成城法学，61 号，頁 51 以下，2000 年 3 月。

棟居快行，「裁判員」制度の憲法問題，特集・司法参加の到達点と残された課題，月刊司法改革，20 号，頁 30 以下，2001 年 5 月。

藤田昇三，公判前整理手続と公判手続の運用：裁判員制度を念頭に置いて，特集・公判前整理手続と公判手続，刑事法ジャーナル，2 号，頁 28 以下，2006 年。

梅田豊，自由心証主義と陪審制度：フランス大革命におけるその誕生の意義を中心に，刑法雑誌，36 巻 3 号，頁 375 以下，1997 年 4 月。

白取祐司，フランスの陪審制はいま何が問題か，特集・陪審制をめぐる歴史・理念的検討，法律時報，64 巻 5 号，頁 40 以下，1992 年 4 月。

白取祐司，フランスの陪審制度，東京三弁護士会陪審制度委員会編，フランスの陪審制とドイツの参審制：市民が参加する刑事裁判，頁 59 以下，1996 年 7 月。

白取祐司，フランス刑事訴訟法の改正について（3），現代刑事法，37 号，頁 68 以下，2002 年 5 月。

飯考行，裁判員制度の生成経過：司法制度改革論議の動態分析に向けて，法研論集，99 号，頁 1 以下，2001 年 9 月。

飯考行、工藤美香，市民の司法参加と社会・序説：世界の陪審・参審制度の素描と裁判員制度の位置づけ，日本弁護士連合会司法改革調査室編，司法改革調査室報，2 号，頁 52 以下，2003 年 8 月。

飯田英男，裁判員制度および今後の刑事司法のあり方，ジュリスト，1245 号，頁 130 以下，2003 年 6 月。

平野龍一，参審制の採用による「核心司法」を：刑事司法改革の動きと方向，特集・刑事訴訟法五〇年，ジュリスト，1148 号，頁 2 以下，1999 年 1 月。

平野龍一，参審制度採用の提唱，ジュリスト，1189 号，頁 50 以下，2000 年 11 月。

平良木登規男，参審制度について：その成立と発展の経緯，法学研究（慶応義塾大学），67 巻 7 号，頁 1 以下，1994 年 7 月。

平良木登規男，参審制度について（続），法学研究（慶応義塾大学），69 巻 2 号，頁 255 以下，1996 年 2 月。

平良木登規男，ドイツの刑事裁判制度について：参審制度理解のために，東京三弁護士会陪審制度委員会編，フランスの陪審制とドイツの参審制：市民が参加する刑事裁判，頁 207 以下，1996 年 7 月。

平良木登規男，参審制度導入のいくつかの問題点（上），法曹時報，53 巻 1 号，頁 1 以下，2001 年 1 月。

平良木登規男，参審制度導入のいくつかの問題点（下），法曹時報，53 巻 2 号，頁 1 以下，

2001 年 2 月。

平良木登規男，国民の司法参加，特集・司法制度改革への期待，法律のひろば，53 期 8 号，頁 36 以下，2001 年 8 月。

米山正明，公判前整理手続の運用と今後の課題：大阪地裁における 1 年間の実施状況を参考にして，判例タイムズ，1228 号，頁 32 以下，2007 年 3 月。

本庄武，裁判員の量刑参加，一橋論叢，129 巻 1 号，頁 22 以下，2003 年 1 月。

柳瀬昇，裁判員法の立法過程（一），信州大学法学論集，8 号，頁 99 以下，2007 年 3 月。

緑大輔，裁判員制度における出頭義務・就任義務と「苦役」：憲法 18 条との関係，一橋法学，2 巻 1 号，頁 305 以下，2003 年 3 月。

緑大輔，裁判員の負担・義務の正当性と民主主義，特集・裁判員制度の総合的研究，法律時報，77 巻 4 号，頁 40 以下，2005 年 4 月。

渕野貴生，刑事司法制度改革の評価方法：裁判員制度を素材として，静岡大学法政研究，6 巻 3・4 号，頁 371 以下，2002 年 3 月。

渕野貴生，裁判員制度と刑事手続改革，特集・姿を見せた刑事司法改革，法律時報，76 巻 10 号，頁 30 以下，2004 年 9 月。

趙炳宣，韓国における国民参与裁判制度の「最終モデル」に関する論争およびその展望，岡山大学法学会雑誌，61 巻 1 号，頁 158 以下，2001 年 8 月。

鯰越溢弘，イギリス陪審の歴史と現状，特集・陪審制をめぐる歴史・理念的検討，法律時報，64 巻 5 号，頁 26 以下，1992 年 4 月。

鯰越溢弘，裁判員制度と公判前整理手続：争点整理・証拠開示を中心として，特集・裁判員制度の総合的研究，法律時報，77 巻 4 号，頁 35 以下，2005 年 4 月。

齊藤啓昭，裁判員制度と事実認定の課題，特集・刑事事実認定の現代的課題，刑事法ジャーナル・4 号，頁 17 以下，2006 年。

（三）日文論文集

安井久治，裁判員制度における評議について，小林充先生・佐藤文哉先生古稀祝賀刑事裁判論集下巻，1 版，頁 523 以下，2006 年 6 月。

安原浩，裁判員制度導入の意義について考える，宮本康昭先生古稀記念論文集：市民の司法をめざして，1 版，頁 445 以下，2006 年 12 月。

安廣文夫，刑事訴訟法の実質化に向けての若干の覚書：裁判員制度の「円」滑な運用のために，小林充先生・佐藤文哉先生古稀祝賀刑事裁判論集下巻，1 版，頁 564 以下，2006 年 6 月。

伊志嶺恵徹，司法への国民参加，樋口陽一、高橋和之編，現代立憲主義の展開（下），初版，頁 37 以下，1993 年 9 月 20 日。

羽渕清司、井筒径子，裁判員制度と我が国の刑事司法の展望，小林充先生・佐藤文哉先生古稀祝賀刑事裁判論集（下巻），1 版，頁 456 以下，2006 年 3 月。

河上和雄，裁判員法の課題，小林充先生・佐藤文哉先生古稀祝賀刑事裁判論集下巻，1 版，頁 446 以下，2006 年 6 月。

角田正紀，裁判員裁判の対象事件について，鈴木茂嗣先生古稀祝賀論文集（下巻），初版，頁 695 以下，2007 年 5 月 12 日。

笠井治，証拠開示管見：証拠開示の体験に寄せて，田宮裕博士追悼論集下巻，頁 371 以下，2003 年 2 月。

丸田隆，裁判員制度における裁判官の「説示」について，宮本康昭先生古稀記念論文集：市民の司法をめざして，頁 363 以下，2006 年 12 月。

虎井寧夫，証人尋問及び被告人質問の現状と運用改善の方策：裁判員制度施行を控えて，一
　　実務家の感想的提言，小林充先生・佐藤文哉先生古稀祝賀刑事裁判論集下巻，1版，頁
　　586以下，2006年6月。

五十嵐二葉，「判決には理由を附す」ことは必要か，秋山賢治等編，庭山英雄先生古稀祝賀
　　記念論文集：民衆司法と刑事法学，頁255以下，1999年6月20日。

後藤昭，刑事司法における裁判員制度の機能：裁判員は刑事裁判に何をもたらすか，氏編，
　　東アジアにおける市民の刑事司法参加，初版，頁95以下，2011年2月。

広瀬清吾，司法参加と国民主権，宮本康昭先生古稀記念論文集：市民の司法をめざして，頁
　　347以下，2006年12月。

荒木伸怡，事前準備・準備手続と証拠開示に関する一考察，田宮裕博士追悼論集下巻，頁
　　349以下，2003年2月。

香城敏麿，控訴審における事実誤認の審査，載於芝原邦爾等編，松尾浩也先生古稀祝賀論文
　　集下巻，初版，頁623以下，1998年6月30日。

高田昭正，刑事司法の改革課題：「日本の特色」論との関連で，鈴木茂嗣先生古稀祝賀論文
　　集｛下巻｝，頁1以下，2007年5月。

高内寿夫，公判前整理手続と刑事訴訟法の理念，立法の実務と理論：上田章先生喜寿記念論
　　文集，頁435以下，2005年3月。

大野洋，裁判員裁判の現状と刑事裁判全体との関係，載於植村立郎判事退官記念論文集：現
　　代刑事法の諸問題（第3巻第3編公判前整理手続及び裁判員裁判編），頁39以下，2011
　　年7月。

今崎幸彦，裁判員裁判における複雑困難事件の審理についての一試論，小林充先生・佐藤文
　　哉先生古稀祝賀刑事裁判論集下巻，1版，頁629以下，2006年6月。

佐藤博史，裁判員制の制度設計，載於廣瀬健二等編，田宮裕博士追悼論集・下巻，頁828
　　以下，2003年2月。

佐伯千仭，陪審裁判の復活ために，載於石松竹雄等編，えん罪を生む裁判員制度：陪審裁判
　　の復活に向けて，頁201，2007年8月。

阪村幸男，陪審法の理念と大正陪審法の意義，刑事法学の現実と展開：齊藤誠二先生古稀記
　　念，頁561以下，2003年6月。

三井誠，アメリカにおける刑事陪審の実態調査：シカゴ・プロジェクトの紹介，川島武宜
　　編，法社会学講座5，紛争解決と法1，頁162以下，1972年10月。

山田道郎，冒頭陳述・手続二分および裁判員制度，鈴木茂嗣先生古稀祝賀論文集（下巻），
　　頁721以下，2007年5月12日初版。

四宮啓，アメリカの陪審はどこへ行こうとしているか：カリフォルニア州の陪審改革論議
　　から，庭山英雄先生古稀祝賀記念論文集：民衆司法と刑事法学，頁33以下，1999年6
　　月。

四宮啓，陪審裁判と法曹一元，載於丸田隆編，日本に陪審制度は導入できるか：その可能性
　　と課題，1版，頁47，2000年2月。

四宮啓，職業裁判官と陪審制・参審制：刑事裁判における陪審制の意義，松尾浩也，井上
　　正仁編，ジュリスト増刊：刑事訴訟法の争点，3版，頁42以下，2002年4月。

市川正人，国民の司法参加，新しい司法を求めて，頁59以下，2002年3月。

出田孝一，裁判員裁判における裁判官の役割，原田國男判事退官記念論文集：新しい時代の
　　刑事裁判，1版，頁23以下，2010年4月。

小田中聰樹，裁判員制度と民主主義刑事法学の課題，刑事訴訟法の変動と憲法的思考，頁

249 以下，2006 年 12 月。

小田中聰樹，裁判員制度の批判的考察，刑事訴訟法の変動と憲法的思考，頁 165 以下，2006
年 12 月。

松本時夫，事実認定について，田宮裕博士追悼論集下巻，頁 465 以下，2003 年 2 月。

上垣猛，裁判員裁判実施に向けて，鈴木茂嗣先生古稀祝賀論文集（下巻），頁 683 以下，
2007 年 5 月 12 日初版。

上野芳久，裁判員制度とフランスの陪審制，刑事司法への司法参加：高窪貞人教授古稀祝賀
記念論文集，頁 191 以下，2004 年 5 月。

新倉修，裁判員制度の可能性と課題，刑事司法への司法参加：高窪貞人教授古稀祝賀記念論
文集，1 版，頁 7 以下，2004 年 5 月。

杉森研二，裁判員制度導入後の控訴審，鈴木茂嗣先生古稀祝賀論文集（下巻），初版，頁 741
以下，2007 年 5 月 12 日。

杉田宗久，合意書面を活用した「動かし難い事実」の形成：裁判員制度の導入を見据えて，
小林充先生・佐藤文哉先生古稀祝賀刑事裁判論集下巻，1 版，頁 661 以下，2006 年 6
月。

清水真・陪審の量刑手続関与に関する一考察：アメリカ法の素描，刑事司法への司法参加：
高窪貞人教授古稀祝賀記念論文集，1 版，頁 175 以下，2004 年 5 月。

西野吾一，刑事訴訟法三一九条の一七第一項の「事実上の主張」の範囲についての一考察：
同項の憲法適合性を中心として，小林充先生・佐藤文哉先生古稀祝賀刑事裁判論集下
巻，1 版，頁 181 以下，2006 年 6 月。

赤池一将，フランスにおける陪審と循環的控訴について，刑事司法への司法参加：高窪貞人
教授古稀祝賀記念論文集，頁 213 以下，2004 年 5 月。

川口政明，上訴：裁判の立場から，三井誠等編，新刑事手続Ⅲ，1 版，頁 389 以下，2004 年
1 月。

川島健治，刑事裁判への国民の参加にともなう諸問題，刑事司法への司法参加：高窪貞人教
授古稀祝賀記念論文集，1 版，頁 93 以下，2004 年 5 月。

村岡啓一，裁判員制度とその誕生，後藤昭編，東アジアにおける市民の刑事司法参加，初
版，頁 13 以下，2011 年 2 月。

沢田裕治，中世イングランド陪審制の歴史的形成，載於佐藤篤士、林毅編，司法への民衆参
加：西洋における歴史的展開，初版，頁 117 以下，1996 年 2 月。

中山善房，職業裁判官と陪審制・参審制：分かりやすい刑事裁判，松尾浩也、井上正仁編，
ジュリスト増刊：刑事訴訟法の争点，3 版，頁 40 以下，2002 年 4 月。

中山隆夫，模擬裁判を通してみた裁判員制度に関する若干の覚書，小林充先生・佐藤文哉先
生古稀祝賀刑事裁判論集下巻，1 版，頁 503 以下，2006 年 6 月。

中谷雄二郎，刑事裁判の連続性と非連続性：裁判員制度が刑事裁判に与える影響について，
原田國男判事退官記念論文集：新しい時代の刑事裁判，2010 年 4 月，1 版，頁 4 以下。

椎橋隆幸，裁判員制度が克服すべき問題点，田宮裕博士追悼論集（下巻），1 版，頁 119 以
下，2003 年 2 月。

田口守一，白取祐司，二重の危険と上訴・再審，載於光藤景皎等編，事実の誤認と救済，
初版，頁 93 以下，1997 年 11 月 1 日。

田口守一，実体的真実主義の相対性，田宮裕博士追悼論集下巻，1 版，頁 89 以下，2003 年 2
月。

田中嘉之，事実認定における予断偏見，庭山英雄先生古稀祝賀記念論文集：民衆司法と刑事

法学，頁 175 以下，1999 年 6 月。

渡辺咲子，現行刑事訴訟法中の証拠法の制定過程と解釈：伝聞法則を中心として，河上和雄先生古稀祝賀論文集，頁 293 以下，2003 年 12 月初版。

渡邊一弘，裁判員裁判における訴訟活動について：ある模擬裁判員裁判の傍聴を素材に，小林充先生・佐藤文哉先生古稀祝賀刑事裁判論集下巻，1 版，頁 481 以下，2006 年 6 月。

土井真一，日本国憲法と国民の司法参加：法の支配の担い手に関する覚書，岩波講座・憲法 4：変容する統治システム，頁 235 以下，2007 年 11 月。

馬場健一，裁判官の職務統制と独立保障：よき司法の実現に向けての理論モデル試論，宮本康昭先生古稀記念論文集：市民の司法をめざして，1 版，頁 301 以下，2006 年 12 月。

白取祐司，三審制の意義，載於松尾浩也、井上正仁編，刑事訴訟法の争点第 3 版，頁 208 以下，2002 年 4 月 25 日。

平田元，イギリスにおける刑事陪審と上訴制度：「内在的疑い（lurking doubt）」を中心に，竹澤哲夫先生古稀祝賀記念論文集・誤判の防止と救済，頁 455 以下，1998 年 7 月 20 日。

平田元，控訴審の構造，載於松尾浩也、井上正仁編，刑事訴訟法の争点第 3 版，頁 210 以下，2002 年 4 月 25 日。

平野龍一，控訴審の構造，裁判と上訴／刑事法研究第 5 巻，初版，頁 145 以下，1982 年 9 月 10 日。

平野龍一，現行刑事訴訟の診断，団藤重光博士古稀祝賀論文集，第四巻，初版，頁 407 以下，1985 年 9 月。

平良木登規男，当事者主義と予断排除，田宮裕博士追悼論集下巻，頁 323 以下，2003 年 2 月。

片山智彦，裁判員制度における裁判所の構成の合憲性，元山健、澤野義一、村下博編，平和・生命・宗教と立憲主義，頁 71 以下，2005 年 5 月。

捧剛，イギリスにおける陪審制批判の系譜，刑事司法への司法参加：高窪貞人教授古稀祝賀記念論文集，頁 149 以下，2004 年 5 月。

利谷信義，戦後改革と国民の司法参加：陪審制・参審制を中心として，載於東京大學社會科學研究所戰後改革研究會編，戰後改革 4 司法改革，頁 77 以下，1975 年 7 月。

和田敏朗，フランスにおける刑事陪審制，載於佐藤篤士，林毅編，司法への民衆参加：西洋における歴史的展開，初版，頁 167 以下，1996 年 2 月。

鯰越溢弘，陪審制度の復活のために：陪審制度の正当化根拠と陪審の事実認定能力について，秋山賢三等編，庭山英雄先生古稀祝賀記念論文集：民衆司法と刑事法学，頁 17 以下，1999 年 6 月。

鯰越溢弘，刑事司法と市民参加，刑事司法改革と刑事訴訟法・上巻，頁 98 以下，2007 年 5 月。

（四）日文研討會、座談會、演講記錄、演講講義

「日本国憲法研究第 1 回・裁判員制度」座談會，ジュリスト，1363 号，頁 88 以下，2008 年 9 月。

井上正仁，刑事裁判の充実・迅速に向けて：刑事司法制度改革の趣旨とその経緯，司法研修所論集 2004-II，113 号，頁 115 以下，2005 年 3 月。

井上正仁、山室惠、古江賴隆、佐藤博史、佐伯仁志，「裁判員制度の導入と刑事司法」公開講演会，ジュリスト，1279 号，頁 72-114，2004 年 11 月 15 日。

井上正仁、池田修、酒巻匡、三浦守、大澤裕、岩村智文，特集・刑事訴訟法 60 年・裁判員法元年（座談会：総括と展望），ジュリスト，1370 号，頁 178 以下，2009 年 1 月。

井上正仁、長沼範良、山室惠，国民の司法参加・刑事司法（鼎談），特集・司法制度改革審議会意見書をめぐって，ジュリスト，1208 号，頁 116 以下，2001 年 9 月。

刑事司法はどう変わるのか，特集・姿を見せた刑事司法改革，法律時報，76 巻 10 号，頁 4 以下，2004 年 9 月。

刑事司法改革関連法の成立と展望，特集・刑事司法改革関連法の成立，現代刑事法，67 期，頁 4 以下，2004 年。

後藤昭，裁判員裁判の事実認定を争う上訴の運用，司法院国民参与刑事審判制度学術研討会，2012 年 5 月 4 日。

裁判員制度の可能性と課題，特集・裁判員制度の総合的研究，法律時報，77 巻 4 号，頁 4 以下，2005 年 4 月。

裁判員制度導入の是非をめぐって，特集・裁判員制度導入の諸問題，現代刑事法，32 号，頁 4 以下，2001 年 12 月。

三井誠、飯田英男、井上正仁、大川真郎、佐藤文哉、田口守一，「裁判員制度をめぐって」座談會，載於ジュリスト，1268 号，頁 6-48，2001 年 6 月 1 日。

酒巻匡、河本雅也，（対談）裁判員制度実施に向けた新たな刑事裁判の在り方，法学教室，308 号，頁 16 以下，2006 年 5 月。

酒巻匡、河本雅也、小島吉晴、岡慎一等，裁判員裁判における審理等の在り方第 2・3・4・5 回（共同研究），ジュリスト，1323・1326・1328・1338，2006 年 11 月—2007 年 7 月。

松尾浩也、長谷部恭男、戸松秀典、高木俊夫、椎橋隆幸，裁判員制度と日本国憲法，判例タイムズ，1146 号，頁 4 以下，2004 年 6 月。

中村睦男，日本における司法制度改革の最近の動向，臺灣司法院演講，2011 年 3 月 9 日。

三、英文

（一）英文書籍

John Hostettler, The Criminal Jury Old and New—Jury Power from Early Times to the Present Day(2004).

Mirjan R. Damaška, The face of jusitice and state authority—A comparative approach to the legal process(1986).

Neil Vidmar & Valerie P. Hans, American Juries: The Verdict(2007).

Philippe Nonet & Philip Selznick, Law & Society in Transition: Toward Responsive Law(2001).

（二）英文期刊

Gerhard Casper & Hans Zeisel, Lay Judges in the German Criminal Courts,1 J. Legal Stud.135(1972).

John D. Jackson & Nikolay P. Kovalev, Lay adjudication and human right in Europe, 13 Colum. J. Eur. L. 83(2006/2007).

John H. Langbein, Mixed Court and Jury Court, 1981 Am. B. Found. Res. J. 195(1981) .

Markus Dirk Dubber, American Plea Bargains, German Lay Judges, and the Crisis of Criminal Procedure, 49 Stan L. Rev.547(1997).

Ryan Y. Park, The globalizing jury trial: Lessons and insights from Korea, 58 Am. J. Comp. L. 525(2010).

Thomas Weigend, Lay Participation in German Criminal Justice, 平民審判權研討會發表論文 , 2012 年 3 月 9 日 .

Valerie P. Hans, Jury systems around the world, 4 Annu. Rev. Law. Soc. Sci. 275(2008).